Günther Jontes

Das österreichische Schimpfwörterbuch

Günther Jontes

Das österreichische Schimpfwörterbuch

Leykam

Coverbild: © Ilka Burckhardt – Fotolia.com
Umschlaggestaltung: Peter Eberl, www.hai.cc

ISBN 978-3-7011-7672-4

Vorwort

Schimpfwörter stellen einen Bereich unserer Alltagssprache dar, der zwischen offenem Gebrauch und Verdrängen, zwischen Intellekt und Affekt, zwischen Zorn und Lachen liegt. Was Schimpf und Spott in Vergangenheit und Gegenwart bedeuteten und bedeuten, welche kulturellen Faktoren, lokalen und regionalen Eigenheiten das Schimpfwörterrepertoire der Menschen prägten und prägen, wird deutlich, wenn wir versuchen, aus unserem eigenen Erfahrungsbereich Wörter dieser Art zu sammeln und zu überdenken. Herkunft und Schicksal, sozialer, historischer und kulturgeschichtlicher Hintergrund stellen sich als viele Fragen zu diesem Gebiet der Sprache dar, das zu einem großen Teil außerhalb der Schriftlichkeit liegt und vielleicht gerade deshalb interessante Blicke in vielfach bereits vergangene Erscheinungen der Volkskultur zu tun erlaubt.

Die diesen Betrachtungen beigefügte Bibliografie der verwendeten Schriftquellen, Wörterbücher von Fach- und Sondersprachen, Dialektlexika zeigt auch eine große Zahl älterer bis neuester Schimpfwörterbücher, unter denen sich auch meine bisher erschienenen Beiträge zu diesem Sektor befinden, denen damals ein überraschender Erfolg beschieden war. Meiner damaligen Bitte um Ergänzungen und Verbesserungen entsprachen zahlreiche Leser, denen ich für ihre Bemühungen an dieser Stelle wiederum meinen herzlichen Dank aussprechen möchte. Dabei ergab sich, dass viele von ihnen auch Wörter beisteuerten und inhaltlich erläuterten, die nicht zum bisherigen bodenständigen Schimpfwörterschatz gehörten, „Entdeckungen“ oder aber auch Neuerungen waren.

Meine zahlreichen inzwischen wieder niedergelegten Aufzeichnungen und die gerade innerhalb der letzten Jahre in verstärktem Maße vorgestellten neuen Wörter aus dem gesamten Bundesgebiet taten ein Übriges. Dabei wurde wieder deutlich, dass die bairischen und alemannischen Mundarten Österreichs, die in engster Verknüpfung mit ihren Nachbarn in Süddeutschland und der Schweiz stehen, eine Fülle von eigenständigem Schimpfwortgut enthalten, das den gemeinsamen, gemeindeutschen, vor allem hochsprachlich fixierten Bestand haushoch übersteigt. Gerade bei den Schimpf- und Spottwörtern werden die schöpferische Kraft, die Plastizität, der Witz der Mundart in Stadt und Land, der Umgangssprache, besonders auch der Sondersprache Rotwelsch (Gaunersprache) deutlich.

Hier konnte auf meine durch viele Jahre hindurch geführten Aufzeichnungen zurückgegriffen werden, die als Frucht von Befragungen und Quellenauszügen zu einem ansehnlichen Kompendium angewachsen waren, das ständig Zuwachs erhielt. Bei diesen Arbeiten der Aufnahme und Einordnung ergab es sich auch, dass durch Erinnerung und Assoziation manch längst dem Bewusstsein entrück-

tes Wort zum Vorschein kam, dass sich Wortfelder ausbreiteten, Nuancen der Bedeutung klarer wurden.
Dieser Wortschatz erhielt seine systematische Weite, den Verbreitungsraum, manches Detail einer inhaltlichen Klärung sowie die solide Vergleichsbasis durch die zielgerichtete Erfassung aller Schimpfwörter, die in den Mundartwörterbüchern österreichischer Bundesländer und Landschaften enthalten sind. Hier zeigt es sich, dass durch die lexikalische Aufarbeitung der Volksmundarten in verschiedener Qualität und Quantität öfters eine überproportionale Fülle von Belegen auftritt. Besonders deutlich wird dies bei Vorarlberg, dessen alemannische Mundarten Leo Jutz in seinem zweibändigen Werk eingehend und präzis erfasst hat. Ebenso kann Tirol besonders exakt dokumentiert werden, weil hier Josef Schatz die notwendige Grundlage geschaffen hat. Unter den regionalen Mundartwörterbüchern sind allerdings diese beiden die einzigen mit streng wissenschaftlichem, dialektologischem und sprachgeschichtlichem Anspruch. Während für das Burgenland bisher Wörterbücher der genannten Art überhaupt fehlen, sind die für Kärnten (Lexer 1862) und Steiermark (Unger – Khull 1903) nur mehr von historischem Wert, wenngleich sie einst für ihre Zeit die absolute Höhe der Möglichkeiten verkörperten. Ihr Quellenwert ist aber nach wie vor unumstritten, zumal Unger – Khull unmittelbar und bewusst an Johann Andreas Schmeller und sein Bayerisches Wörterbuch anknüpfen, es ergänzen und damit auf die großräumigen Zusammenhänge innerhalb der bairischen Dialekte hinweisen. Wienerische Mundart, über die die meisten Wörtersammlungen existieren, hat durch Maria Hornung zuletzt auch eine wissenschaftlich-lexikalische Bearbeitung erfahren.
Wissenschaftlichen Anspruch unter den neueren Wörterbüchern österreichischer Mundarten kann das Weststeirische Wörterbuch erheben, das Claus Jürgen Hutterer nach der Sammlung von Walter Kainz und Eduard Walcher edierte und nach Sachgruppen ordnete. Otto Jungmairs „Wörterbuch zur oberösterreichischen Volksmundart“ (1983) und Leopold Zillers „Salzburger Mundart-Wörterbuch“ (1979), die einschlägigen Wörterbücher von Hager (N), Pohl (K) und Wintersberger (Ö) verfolgen andere Intentionen, erwiesen sich jedoch als gute Quellen. Sie sind mehr dem Bereich der Volkstumspflege, der Erhaltung auch der Volkskultur in ihrem sprachlichen Ausdruck zuzuordnen bzw. suchen wie die beiden zuletzt Genannten Originalität und Witz der volkstümlichen Ausdrucksweisen zu dokumentieren, was jedoch nichts an ihrem Verdienst für die Aufzeichnung der jeweiligen Mundarten und Jargons schmälert. Ebenso verhält es sich mit den Wörterbüchern, die die Wiener Volkssprache behandeln. Die neu entdeckte Vorliebe für Bodenständigkeit und Heimat hat hier sogar zur Wiederauflage älterer Mundartwörterbücher geführt (Jakob, Schuster) bzw. mit Teuschls Buch ergötzliche Einblicke in die Dynamik und Innovationskraft der Wiener Volkssprache gestattet.

Das größte wissenschaftliche Unternehmen zur lexikalischen Erfassung österreichischer Mundarten, das Wörterbuch der bairischen Mundarten in Österreich, ist im langsamen Entstehen begriffen. Das seit 1963 in Lieferungen erscheinende Werk ist erst bis zur 29. Lfg. gediehen (1991) und erfasst die Buchstaben A bis Dei, Tei-.

An spezifischen Mundartwörterbüchern wurde auch Reinhold Amans „Bayrisch-Österreichisches Schimpfwörterbuch“ beachtet, das seiner Anlage nach allerdings vor allem auf die bairischen Dialekte Süddeutschlands, Bayerns zielt, hauptsächlich deren Lautgestalt berücksichtigt und nur wegen zahlreicher Gemeinsamkeiten im Wortschatz mit dem Überbegriff umgehen kann. Amans Verdienst besteht vor allem in der gründlichen und tiefschürfenden Einführung in die Psychologie des Schimpfens, auf die hier ausdrücklich zur weitergehenden Information verwiesen werden soll. Der letzte umfassende Versuch einer Erfassung der gebräuchlichsten „Schimpf-, Spott- und Neckwörter“ der deutschen Sprache ist Herbert Pfeiffers „Das große Schimpfwörterbuch“ (1997, 2. Aufl.), das laut Titel über 10 000 Begriffe erfasst und ebenfalls noch miteinbezogen werden konnte. Es erweist auch im hochsprachlichen Bereich die große Eigenständigkeit des österreichischen Schimpfwortschatzes gegenüber dem der Bundesrepublik Deutschland. Dass ein großer Teil der in Österreich gebrauchten Schimpfwörter nicht nur hier verwendet wird, leuchtet ein, da diese ja zum Teil zum Grundstock der deutschen Sprache gehören bzw. der Grundausstattung der oberdeutschen Mundarten zuzurechnen sind. Mit den Bundesländern von Tirol bis zum Burgenland haben wir Anteil an den bairischen, mit Vorarlberg auch an den alemannischen Mundarten. Dadurch ergibt sich eine enge Verknüpfung mit den beiden Nachbarländern gleicher Zunge. Ebenso ist aus anderen Sprachen, vor allem denen unserer romanischen, slawischen und magyarischen Nachbarn, so manches eingeflossen, was in klar erkennbarer, zuweilen auch verhüllter Gestalt zum ständigen Bestand unserer Schimpfwörter geworden ist. Nicht unterschätzt darf auch der Anteil der sozialen Unterschichten, Minderheiten werden, deren eigenständige bzw. Subkulturen sprachliche Spuren hinterlassen haben und hinterlassen.

Schimpfwörter entstehen durch Affekte, die ja auch sprachgestaltende Kräfte darstellen. Während Kose- und Schmeichelwörter als Ausdruck positiver, homogener Gefühlsimpulse von Liebe und Freundschaft der Zahl nach verhältnismäßig gering sind, umfassen die Schimpfwörter als Ergebnis negativer Emotionen einen weitaus größeren lexikalischen Bereich. Zorn aller Abstufungen, Hass, Eifersucht, enttäuschte oder vergebliche Liebe, verletzte Eitelkeit, Ungeduld, plötzliches Erschrecken oder Erstaunen, auch Aggressionen gegen sich selbst („Ich Trottel!“) sind die Affekte, denen Gewalt, Pathos und Nachdrücklichkeit des Schimpfwortes entspringen. Dazu kommen auch Spott und Necken mit ihrem Vokabular, das oft in witziger Übersteigerung zusätzliche begütigende Elemente

des Humors freisetzt, in dessen Reich die verletzende Kraft auch in befreiendes oder versöhnliches Lachen umgewandelt werden kann.
Schimpfwörter sind Ausdruck der Expressivsprache, die im Gegensatz zur Intellektualsprache steht. Ihre Kennzeichen sind Spontaneität, Eruptivität, Zurückdrängung der logischen Gedankenfolge beim Sprechen, die Wortwahl, Artikulation und Lautstärke stark beeinflussen und verändern. Als sprachlich-soziales Regulans ist das Schimpfwort wie der Fluch als Handlungsersatz wichtig. Wenngleich es oft tätliche Aggression provoziert, kann es diese vom Sprecher aus auch verhindern.
Schimpf, Spott und Rüge sind als Ausdruck innerer Haltungen und differenzierter Stimmungen in ihrer Entstehung und in ihrem Gebrauch nicht nur Gegenstand sprachwissenschaftlicher Betrachtungen und Forschungen. Sie werden auch vonseiten der Psychologie und Soziologie her immer häufiger untersucht.
Heute kommt ein interessantes neues Element der Gestaltung von Schimpf und Spott hinzu. Kraft und Nachdrücklichkeit der verbalen Beleidigung erwuchs und erwächst zu einem gerüttelt Maß aus dem Durchbrechen der Tabuisierung bestimmter körperlicher Bereiche wie Sexualität und Stoffwechsel. Dieser Bruch scheint heute – als seien wir in einem neuen Zeitalter des Grobianismus – auf breiter Front vollzogen und äußert sich, in den Massenmedien am besten zu beobachten, als alltägliches Phänomen. Auf der anderen Seite haben die Erscheinungen einer um sich greifenden neuen politischen und medial verbreiteten Verschämtheit, die man seit einigen Jahren als „political correctness" kennt, sprachliche Tugendzwänge heraufbeschworen, denen sogar alteingesessene, historisch fundierte ethnische Bezeichnungen wie Neger oder Zigeuner zum Opfer fallen, die damit langsam als Schimpfwörter empfunden werden.
Grundsätzlich kann gesagt werden, dass j e d e s Wort, das aggressiv gebraucht und vom Angeredeten im Zusammenhang mit der Gesamtsituation als Schimpfwort empfunden wird, auch als solches zu verstehen ist. Dass es feine Unterschiede in Absicht und Resultat gibt, ist klar. Deshalb wurde auch zwischen Schimpf- und Rügewort unterschieden, wobei die Grenzen natürlich oft fließend sind. Es kommt dabei immer „auf den Ton" an, wie es in der Redensart heißt. Die deutsche Sprache besitzt aber dennoch einige Tausend Affektwörter, die nur als Schimpfwörter gebraucht werden. Sie stellen in ihren inhaltlichen und individuell zugemessenen Abstufungen auch ein juristisch-praktisches Problem dar, weil ihr Gebrauch ja auch Rechtsfolgen haben kann und ständig Gegenstand zahlloser Ehrenbeleidigungsprozesse ist. Die „Verbalinjurie" spielt im Gesellschaftsleben eine enorme Rolle, wandelt sich nach Form und Inhalt aber ebenfalls mit dem Wandel der Gesellschaft.
Im Gegensatz dazu können durch Veränderungen im Ton, durch Verkleinerung oder anderen Kontext Schimpfwörter zu Kosewörtern oder auch Bonmots wer-

den. Der Fluch, eigentlich ein Schimpfwort ohne direkten Adressaten, ist der Schelte ebenfalls verwandt, ebenso die sehr individuell geprägten Spitznamen, die zwischen Kose- und Schimpfwort stehen können und ihres affektiven Charakters weitgehend beraubt sind. Ihnen verdanken wir einen gewissen Teil unserer heutigen Familiennamen, die einst ja auch Ausdruck individueller Charakterisierung waren. Auch der Ortsspott mit seiner oft nur begrenzten Verständlichkeit ist zu beachten.

Ich betrachtete das hiermit vorgelegte Werk als einen Baustein zu einem Gebäude, als das sich unsere schöne, kraftvolle deutsche Muttersprache darstellt, das aber aus einem etwas ungewöhnlichen, aber nicht minder interessanten Blickwinkel gezeigt wird. Wie alle Wörterbücher einer lebenden Sprache kann es nur eine Momentaufnahme sein, eine Aufnahme durch ein höchst subjektives „Objektiv“, die allerdings vom Willen getragen ist, wissenschaftliche Objektivität mit praktischem Wert, ja sogar Lese- und Nachschlagevergnügen zu verbinden. Möge es wieder einige Jahre lang Bestand haben.

Graz, im Sommer 2009 Univ.-Prof. Dr. Günther Jontes

Zur Benützung

Bei der Ordnung des erfassten Wortschatzes wurde in diesem Buch aus sprachlichen Gründen das Alphabet nicht in der unbedingten Gesetzlichkeit der üblichen Reihenfolge geordnet, und zwar sowohl im Anlaut als auch im Wortinneren. Wegen des in den bairischen Mundarten, die einen großen Teil des erfassten Wortschatzes darstellen, häufig zu beobachtenden Zusammenfalls von b und p, d und t, g und k wurden die beiden Lautpaare gleichrangig behandelt. Bei g und k ist unter beiden Buchstaben zu suchen. Bei den Dentalen und Labialen wurden auch Verdoppelungen dem einfachen Laut gleichgestellt. Ebenso wurden Doppelvokale, ie mit i, gleichgehalten sowie die Umlaute ä, ö und ü den Grundvokalen a, o und u beigestellt. Aus phonetischen Gründen finden sich k, c, ch (im Anlaut) sowie f, v, ph nebeneinander.
Schimpfwörter sind oftmals nicht der Hochsprache und deren schriftlich fixierter Form zuzurechnen. Um nun das Wörterbuch nicht in einer konsequenten, wissenschaftlich genormten Mundartlautschrift führen zu müssen, was vor allem für den linguistischen Laien die Benützung und Lektüre unnötig erschwert hätte, musste der Kompromiss einer Normalisierung auf schriftsprachliche Formen gesucht werden, indem wiederum Orthografie und Etymologie des Wortes zu berücksichtigen waren. Auf diese Weise sind deshalb auch Formen zum Ausdruck gekommen, die auf den Leser in dieser Gestalt (z. B. Gefraßt, Gefrieß) einen seltsamen, ja komischen Eindruck machen müssen. Mundart ist ja – wie der Name sagt – in erster Linie gesprochenes Wort, und selbst schriftlich niedergelegte Mundartdichtung kann eigentlich nur Gedächtnishilfe für den Vortragenden sein.
In vielen Fällen ist wegen unklarer oder dunkler Herkunft ein Anschluss an schriftsprachliche Formen schwer möglich. Hier wurde das Wort in Anführungszeichen gesetzt (z. B. „Boschluach"). Wo sich die normalisierte Form und die in den verschiedenen Mundarten übliche Aussprache nach lautgeografischen Besonderheiten als sehr weit auseinander liegend erwiesen, wurde die Aussprache in Klammer und Anführungszeichen nachgestellt, z. B. Ente („Anten"), wobei hier aus satztechnischen Gründen auf alle Sonderzeichen mit Ausnahme von Akzent (á) und Längenzeichen (ā) verzichtet werden musste, sodass etwa die Färbungen des a nicht zum Ausdruck kommen und allgemein die reichen Abstufungen im Vokalismus der bairischen Mundarten nicht wiedergegeben sind. Der Verzicht darauf lässt sich bei einem kulturgeschichtlich orientierten Werk wie dem vorliegenden jedoch verschmerzen.
Akzente wurden bei den Wörtern nur dann gesetzt, wenn das Wort wegen seiner Herkunft aus anderen Sprachen den deutschen Betonungsregeln nicht unterliegt

bzw. eine lokale Abweichung zu beobachten ist. Das grammatische Geschlecht ist immer angegeben (m., f., n.), da es sich zuweilen von dem des hochsprachlichen Begriffes unterscheidet (z. B. Schwein f.).
Die Herkunft oder Verteilung eines Wortes wurde in Klammer nach dem Bundesland wiedergegeben, wobei innerhalb desselben auf eine weitere Zuordnung verzichtet werden musste. Diese kann – falls feststellbar und aufgezeichnet – der jeweils zitierten Literatur entnommen werden. Den wort- und sprachgeschichtlichen sowie den kulturgeschichtlich-volkskundlichen Erklärungen ist auch Quelle bzw. Vergleichszitat in Klammer beigegeben. Die Kurzzitate, meist der Autorenname, lassen sich nach dem Literatur- und Quellenverzeichnis auflösen, die übrigen Abkürzungen sind einem eigenen Register zu entnehmen.
Wenn bei Wörtern Quellen bzw. Literatur nicht verzeichnet sind, so handelt es sich um lexikalisch bisher nicht erfasste Begriffe, die zur Gänze der Sammeltätigkeit des Autors zuzuordnen sind.

Abkürzungen

a. a. O.	am angeführten Ort (bei Literaturangaben)
Abl.	Ableitung
Adj.	Adjektiv
ahd.	althochdeutsch
alem.	alemannisch
allg.	allgemein
amerik.	amerikanisch
anord.	altnordisch
arab.	arabisch
B	Burgenland
bair.	bairisch
Bed.	Bedeutung
Bez.	Bezeichnung
chin.	chinesisch
ders.	derselbe
d. h.	das heißt
Dim.	Diminutiv
ds.	dasselbe
dt.	deutsch
ehem.	ehemalig
engl.	englisch
Etym.	Etymologie
f.	femininum/weiblich
fol.	folio
friul.	friulanisch
frühnhd.	frühneuhochdeutsch
frz.	französisch
gemeindt.	gemeindeutsch
Gerichtsprot.	Gerichtsprotokoll
germ.	germanisch
got.	gotisch
griech.	griechisch
hebr.	hebräisch
HS	Handschrift
idg.	indogermanisch
ital.	italienisch
jap.	japanisch
Jh.	Jahrhundert
jidd.	jiddisch
K	Kärnten
kärntn.	kärntnerisch
koll.	kollektiv
kroat.	kroatisch
lat.	lateinisch
lautm.	lautmalerisch
m.	masculinum/männlich
ma.	mundartlich
mhd.	mittelhochdeutsch
mitteldt.	mitteldeutsch
mlat.	mittellateinisch
mndt.	mittelniederdeutsch
N	Niederösterreich
n.	neutrum/sächlich
nd.	niederdeutsch
nhd.	neuhochdeutsch
nl.	niederländisch
nordt.	norddeutsch
O	Oberösterreich
oberdt.	oberdeutsch
oö.	oberösterreichisch
österr.	österreichisch
pl.	Plural
poln.	polnisch
port.	portugiesisch
provenz.	provenzalisch
pseudolat.	pseudolateinisch
Ratsprot.	Ratsprotokoll
rom.	romanisch
rotw.	rotwelsch
russ.	russisch
S	Salzburg

s.	siehe	s. u.	siehe unten
s. d.	siehe dort	Synon.	Synonym
schwäb.	schwäbisch	T	Tirol
skand.	skandinavisch	tib.	tibetisch
Skr.	Sanskrit	tirol.	tirolerisch
slaw.	slawisch	tschech.	tschechisch
slow.	slowenisch	türk.	türkisch
sog.	sogenannt	u. dgl.	und dergleichen
span.	spanisch	unbest.	unbestimmt
spätlat.	spätlateinisch	ung.	ungarisch
spr.	sprachlich	urspr.	ursprünglich
schles.	schlesisch	u. U.	unter Umständen
Schpfw.	Schimpfwort	V	Vorarlberg
schwed.	schwedisch	venez.	venezianisch
St	Steiermark	W	Wien
stadtma.	stadtmundartlich	vgl.	vergleiche
steir.	steirisch	zig.	zigeunerisch

A

Apparatschik *m.* Verächtlich für einen Parteifunktionär, der seine ganze Karriere nur seiner bedingungslosen Treue zu einer politischen Partei verdankt und dementsprechend agiert; russ. Wortbildung nach russ. apparat „Verwaltungsbehörde". Im ehemaligen Sowjetsystem wertfrei verwendet, abfällig in demokratischen Staaten zur Kennzeichnung seelenloser und hündisch ergebener Parteigänger. *(Pfeiffer 23)*

Abbrenner *m. (St)* Bez. für ungebetenen, zudringlichen Gast („Er hat ihn abgebrennt. Er war bey ihm ein zudringlicher Gast"). Übertriebener Vergleich mit einem Brandschatzer. *(Idiotikon Eisenerz 1812, Jontes 13).*

Aberlank *m. (V)* Bez. für affektiert tuenden, unausstehlichen Menschen. *(Jutz 10)*

Äpfelschäler *m. (K, „Epflschöler")* Spött. Bez. für jemanden, der sich mit unwichtigen Dingen beschäftigt. *(Lexer, KWB 8)*

Abgebrochener *m. (W, „Abrochener")* Scherzhaft für kleingewachsenen Menschen, noch ironischer auch als „abgebrochener Riese". *(Pfeiffer 10, Teuschl 17)*

Abgeschmack *m. (T, „Agschmach")* Bez. für widerwärtigen, unausstehlichen Menschen. *(Schatz I, 2)*

Abgesottener *m. (St)* Schpfw. für raffinierten, abgebrühten Menschen. *(WStWB 165)*

Abkassierer *m.* Sich schamlos Bereichernder; gerne zur charakterlichen Kennzeichnung bestimmter Politiker und Multifunktionäre gebraucht. *(Pfeiffer 10)*

Abortdeckelschnitzer *m. (St)* Scherzhaftes Schpfw.

Abräumer *m. (St, „Abiramer")* Verstärkt für „Abstauber" (s. d.), auch im Sinne von Dieb, Korruptionist. Auf jeden Fall schwingt hier charakterliche Minderwertigkeit in hohem Maße mit. *(UK 8, Jontes 13)*

Aprilaffe *m. („-aff")* Siehe Aprilnarr. *(WBÖ I, 99, 290ff., Jontes 13)*

Apriltepp *m.* Wie Aprilnarr (s. d.). *(WBÖ I, 293)*

Apriltrottel *m.* Wie Aprilnarr (s. d.). *(WBÖ I, 293)*

Aprilhirsch *m.* Wie Aprilnarr (s. d.). *(WBÖ I, 293)*

Aprilgack *m.* Wie Aprilnarr (s. d.). *(WBÖ I, 293)*

Aprilkalbel *n.* Wie Aprilnarr (s. d.). *(WBÖ I, 293)*

Aprillapp *m.* Wie Aprilnarr (s. d.). Vgl. Lapp (s. d.). *(WBÖ I, 99)*

Aprilnarr *m.* Über die Benennung des brauchtümlich „in den April Geschickten" hinaus auch als Spottwort für jemanden gebraucht, der auch zu anderen Anlässen leichtgläubig einem Streich oder einer Scherzlüge aufgesessen ist. *(Pfeiffer 23, Jontes 13)*

Aprilochse *m. („-ochs")* Wie Aprilnarr; ähnlich Pfingstochse (s. d.). *(WBÖ I, 99, Pfeiffer 23)*

Aprilschöps *m.* Wie Aprilnarr (s. d.). *(WBÖ I, 293)*

Abstauber *m.* Bez. für jemanden, der sich mit Frechheit, ohne viel Arbeit, wohl auch durch Betteln einen Anteil an einer Sache sichert, wenn bereits andere die Vorarbeiten geleistet haben. Übertragen auch auf einen, der sich sexuell mit einer bereits vergebenen Frauensperson geheim einlässt. Am harmlosesten die Benennung eines Kindes, das durch Bitten eine kleine Gabe bekam. *(UK 9, Jontes 13, Ziller 21)*

Abstierer *m. (St)* Abfällig für Schnorrer; ma. abstieren „um Geld erleichtern".

Abseiler *m.* Bez. und Rügewort für einen, der sich von einer Arbeit, Verpflichtung, Verantwortung drückt (zuerst soldatensprachlich?). Bildhaft nach dem alpinistischen Abseilen aus einer Felswand, bei dem man eine Stelle auf dem kürzesten Wege verlassen kann, bzw. für einen Gefängnisausbrecher. *(Pfeiffer 11, Jontes 13)*

Abwaschtrampel *m. (St)* Grobe u. gemeine Bez. für die unterste Küchenmagd, die die Schmutzarbeit des Geschirrabwaschens besorgt. Vgl. Trampel (s. d.). *(UK 10, Jontes 13)*

Abwischfetzen *m. (W)* Verächtl. Schpfw. für unsauberes, schlampiges Frauenzimmer; eig. Wischlappen, auch Abwaschfetzen. *(Jakob 32, Teuschl 22)*

Achetze *f.*, **-er** *m. (T, O)* Bez. und Rügewort für Menschen, die häufig über Schmerzen oder zu große Anstrengung bei der Arbeit klagen. Vom ächzenden Schmerzensruf achetz! *(WBÖ I, 51)*

Adabei *m.* Spött. Bez. für einen, der überall dabei ist („Auch dabei"), Neugieriger, auch Wichtigmacher. Im Inhalt mehr dem Scherze zuneigend, sodass sich ein bekannter Kolumnist der „Kronenzeitung" heute Adabei nennen kann. Ursprünglich eine Bühnengestalt. *(Pfeiffer 12, Jakob 19)*

Adam *m.* Auch in Zusammensetzungen, die als Spott- oder Schimpfwörter dienen. Vgl. Patsch-, Trumpf-, Hiesel-, Schiedel-, Stiefeladam (s. d.). *(WBÖ I, 80)*

Atelplutzer *pl. (O)* Spottname für die Bewohner des unteren Mühlviertels, weil sie zur Jauche „Atel" sagen. Vgl. Plutzer (s. d.). *(WBÖ III, 508)*

Atout *m. (W. „Adutt")* Schpfw. für egoistische Menschen; eigentlich der Trumpf im Kartenspiel, frz. atout; vgl. auch Hauptatout (s. d.). *(Schuster 20)*

Afaden *m. (T)* Bez. für mürrischen Menschen; ma. afadnig „lästig, widrig". *(Schatz 1, 2)*

Äfterer *m.* Bez. für nachlässig gekleideten Menschen. *(WBÖ I, 107f.)*

Afelarsch *m. (K)* Derbes Schpfw. für leicht reizbare Personen; Afel *m.* „Hautentzündung, Geschwür". *(WBÖ I, 360)*

Affe *m. („Aff")* Häufiger Schimpfname für Dummkopf im gutmütigen Ton, auch verkleinert als Afferl *n.* Etwas akzentuierter zum Bösartigen hin mit Adj.: alter, blöder, geiler, boshafter, gescherter, geselchter, „schienglater" (schielender), eingebildeter A., in zahlreichen Zus. (*Grimm I, 182f., WBÖ I, 98ff., Küp-*

per 46, Pfeiffer 13, Aman 26, Teuschl 22, UK 13, Jontes 13, Ziller 22, Schatz I, 9)

Affenarsch *m.* Spöttisch-derbe Bez. für bartlosen Mann. Vergleich mit dem nackten Gesäß von Affen, etwa des Pavians (s. d.). *(WBÖ I, 101, 360)*

Affenbalg *m.* Schpfw. allg. Art. *(WBÖ II, 120)*

Affenpeter *m. (S)* Spött. Bez. und Anrede für ein Kind, das den Mund offen hält, „Maulaffen feilhält". *(Ziller 22, WBÖ II, 1142)*

Affenpinsch, -pinscher *m.* Schpfw. als Verstärkung von Affe, nach der Hunderasse. *(WBÖ III, 191, Pfeiffer 13, Aman 26, Jakob 19)*

Affenplutzer *m.* Verstärkt für Dummkopf. Vgl. Plutzer (s. d.). *(WBÖ III, 508)*

Affenpoldel *m.* Schpfw. für einen Dummkopf, in Verb. mit der Kurzform für Leopold. *(Jakob 19, UK 13, Jontes 13, WStWB 155)*

Affenweibel *n. (W)* Schpfw. für dumme Frauensperson. *(WBÖ I, 102, Jakob 19, Teuschl 23)*

Afrikaner *m.* Scherzh. Bez. für einen durch Sonneneinwirkung stark Gebräunten; ähnlich Neger, Zulukaffer (s. d.). *(WBÖ I, 104)*

Agalster *f.* Bez. für flatterhafte, diebische Person, ma. „Elster", deren Charaktereigenschaften auf den Menschen übertragen werden. S. a. Galster. *(UK 13, Jontes 13)*

Agent *m.* Handelsreisender, Vertreter (ital. agente), auch im abträglichen Sinne gebraucht und mit dem Inhalt von „Spion, Feindagent" vermengt; linker Agent „hinterhältiger Mensch". *(WBÖ I, 110, Pfeiffer 14)*

Agerl *f.* Bez. für leichtfertiges Mädchen; aus Agnes. *(WBÖ I, 112, 236, UK 21)*

Aktenschmierer *m.* Scherzh.-boshaftes Synonym für Beamten. *(WBÖ I, 122, 199, Küpper 47)*

Aktenschupfer *m.* Wie zuvor. *(WBÖ I, 122, 199)*

Ackerhottel *f. (T)* Bez. für schlampiges Weib, vielleicht im Sinne von Vogelscheuche. Vgl. Hottel. *(Schatz I, 14)*

Ackramdudel *f. (O)* Bäuerl. Spottname für diejenige Dirn, die einst beim von versch. Bräuchen begleiteten Flachsbrecheln am schlechtesten arbeitete. Wahrsch. zu Ackrem, Ackeran *m. n.* „Buchecker" (got. akran, ahd. acharan, nhd. Ecker, vgl. Grimm I, 173, Ziller 23). *(Jungmair 19)*

Alala *m. (W, N)* Bez. für dummen, täppischen Menschen; wohl ursprünglich ein Spottruf. *(WBÖ I, 124)*

Alchbruder *m.* Älterer Ausdruck für Landstreicher, Vagabund. In einem untersteirischen Pestedikt von 1624 werden „gortierende Alchbrüder und alles dergleichen onnutzes Gesindel" genannt. Aus der Gaunersprache. Rotwelsch alchen aus hebr. halak „wandern". *(UK 14, WBÖ I, 135, III, 1146; Jontes 13)*

Altarsch *m. (K)* Derbes Schpfw. für alte Frauen. *(WBÖ I, 360)*

Altarwanze *f.* Bez. für Frauenzimmer von geradezu lästiger, aufdringlicher Frömmigkeit und Betulichkeit in der Kirche.

Alte *f.*, **Alter** *m.* Abfällige bis scherzhafte Bez. für Ehefrau, Ehemann; für eigene und fremde Ehepartner gebraucht. Dazu auch abfällig für Vorgesetzte beiderlei Geschlechts. Alter *m.* heute auch für Älteren allg. („Hörst, Alter ..."). *(Küpper 48, Pfeiffer 16, Teuschl 23)*

Alten *pl.* „Die Alten" abfällig bis gleichgültig für die Eltern. *(Teuschl 23)*

Altvater *m. (W)* Spöttisch für älteren Herrn; im Zusammenhang mit altväterisch „altmodisch, überholt". *(Teuschl 24)*

Altspatz *m. (W)* Scherzh. für älteren Menschen; auch gemütliche Anrede für Freund. *(Teuschl 23f.)*

Alleebrunzer *m.* Scherzh. für Mann, der seine Notdurft im Freien verrichtet, sein Wasser an einen Baum abschlägt; auch seniler Mann; ähnlich Schneebrunzer (s. d.). *(WBÖ I, 144, III, 1192)*

Alfanz, Alefanz *m. (O, V)* Bez. für Schmarotzer, genäschigen Menschen, auch für die als Nichtgeladene bei Hochzeiten schmarotzenden Gäste *(O)*; auch für Hanswurst, lästigen, eigensinnigen, widerborstigen Menschen, vor allem für Kinder *(V)*; zu ital. all' avanzo, frz. a l'avance „zum Vorteil", davon auch mhd. alevanz „hergelaufener Schalk". (*Grimm I, 203ff., WBÖ I, 137, Pfeiffer 15, Schmeller I, 55f., Jungmair 23, Jutz I, 59)*

Alfons *m. (W)* Vorname als Hüllwort für Zuhälter. *(Teuschl 23)*

Alkoholleiche *f.* Bez. für besinnungslos Betrunkenen; ähnl. Bier-, Schnapsleiche (s. d.). *(WBÖ I, 139)*

Almtepp *m.,* siehe Tepp *m.*

Almtodel *m. (O)* Schpfw. für Dummkopf, siehe Todel. *(Jungmair 25)*

Almerl *m., n. (St.)* Wie zuvor.

Almjodel *m.*, siehe Jodel *m. (WStWB 155)*

Almjokel *m. (St)* Bäuerl. Schpfw. unbest. Bed. Vgl. auch Almjodel. Jokel ist Kurzform von Jakob. *(UK 16, Jontes 14)*

Almkuh *f. (St)* Bez. f. eine eitle, hoffärtige Frauensperson („Du gspreizte Almkua", gspreizt „geziert"). Vgl. auch Kuh. *(Idiotikon Rottenmann 1818, Jontes 14)*

Almranzl *m. (St)* Ein harmloser, zuweilen leicht boshafter Almgeist im steir. Ennsbereich, der in der Meinung des Volkes die nach dem Almabtrieb nun leerstehenden Almhütten bezieht. Er stört und neckt auch die Burschen beim nächtlichen Fensterln. Deshalb wurde sein Name auch als eher gutmütiges Spottwort auf boshafte Mannspersonen übertragen. *(UK 16, Jontes 14)*

Alsterbalg *m. (K)* Bez. für diebische Person; Alster *f.* „Elster" als der diebische Vogel. *(WBÖ II, 120)*

Amerl *n.* Bez. für dummes Frauenzimmer. Viell. aus Annemarie. *(WBÖ I, 175)*

Ammerling *m. (S)* Bez. für genäschiges Kind; eig. Ammer. *(Ziller 24, WBÖ I, 180)*

Ammerzistel *f. (S)* Bez. für genäschiges Kind; Zistel für Körbchen. *(Ziller 24)*

Ami *m.* Scherzhaft, auch spöttisch für Amerikaner, US-Bürger, vorerst für Soldaten der amerikanischen Besatzungsmacht 1945–1955. *(WBÖ I, 177, Küpper 49, Pfeiffer 19)*

Amihure *f. („-hur")* Verächtlich für weibliches Wesen, das sich zur Zeit der Besatzungsmächte mit amerikanischen Soldaten einließ. In Deutschland auch entsprechend Amiflittchen. Analog die Russenhure (s. d.); vgl. Hure (s. d.). *(Pfeiffer 19)*

Amsel *f. (W, N, „Amschl")* Auch Bez. für hässliche Frau („schiache" A.), kosend hingegen für lustig plauderndes Kleinkind. Vgl. auch Dreckamsel. *(WBÖ I, 186ff., Pfeiffer 19, Teuschl 24)*

Analphabet *m.* Verächtlich für Ungebildeten, griech. eigentlich „einer, der das Alphabet nicht beherrscht, nicht lesen und schreiben kann"; auch geistiger A. *(Pfeiffer 19f.)*

Anbändler *m. („-bandler")* Bez. für Burschen, der gerne Raufhandel vom Zaune bricht, auch einer, der bei einem Mädchen Annäherungsversuche macht. Vgl. Bändler (s. d.). *(WBÖ II, 205)*

Anpumperer *m.* Bez. und Schpfw. für einen ungeschickten Menschen, der überall anstößt und anrennt und damit ein Geräusch, einen „Pumperer" verursacht; auch Angeber, Großmaul *(W)*. In Graz versteht man darunter auch einen eher beschränkten, harmlosen Möchtegern-Casanova. *(WBÖ III, 1371, 1372, Jakob 23, Teuschl 27, UK 128, Jontes 14)*

Änder, Anderl *m.* Form von Andreas; auch in verschiedenen Schpfw. und Rügewörtern enthalten. Vgl. Türkenstingeländer, Fetzanderl, Friedhofsanderl, Schweinsänder, Stärränder, Zerreißänder (s. d.). *(WBÖ I, 213)*

Anterer *m. (T)* Bez. für Nachahmer, Nachäffer; zu antern „spöttelnd nachahmen" *(Schmeller I, 114f., WBÖ I, 257f., Schatz I, 26)*

Andeuter *m.* Ältere Bez. für Denunziant, Anzeiger, heimlicher Verleumder, Anschwärzer. *(UK 19, Jontes 14)*

Antimmerer *m. (St)* Wie Anpumperer (s. d.) für beschränkten Menschen; ma. timmern „anstoßen, schlagen". *(WStWB 164)*

Antodel *m.*, siehe Todel *m.*

Antomerl *m.*, siehe Tomerl *m.*

Antrapperl *m.*, siehe Trappe, Trapperl *m.*

Antrampel *m.*, siehe Trampel *m.*

Antutsch *m. (St)* Schülersprachl. Spottwort, das die geistigen Fähigkeiten in Zweifel zieht. Vergleich mit einem angeschlagenen („angetutschten") Ei, mit dem der Kopf gemeint ist. Im selben Sinne auch Tepsch (s. d.). Zu mhd. duz „Schall, Geräusch, Gesumme". *(Jontes 14)*

Angebrannter *m. (St, „Anbrennter")* Bez. für einen leicht schwachsinnigen Menschen bzw. jemanden, der wie ein solcher agiert. *(Jontes 14)*

Angeber *m.* Rügend für einen Prahler, Renommisten, jemanden, der trotz mangelnder Fähigkeiten sich vor anderen produziert, „angibt". Ursprünglich war damit ein Denunziant gemeint, jemand, der andere bei den Behörden und der Polizei angibt. *(Pfeiffer 20)*

Angeschoß *n. (T, „Ungschoß")* Bez. für ungeschickten Menschen, einen, der überall anstößt. Vgl. auch Anschuss (s. d.). *(Schatz I, 19)*

Angstglocke *f. (T)* Bez. und Rügewort für ängstliche, jammernde Frauensperson; eig. die Glocke, die am Donnerstag zur Erinnerung an die Todesangst Christi auf den Kirchtürmen geläutet wurde. *(Schatz I, 25)*

Angsthase *m. („-has“)* Bez. und Rügewort für ängstlichen, unentschlossenen Menschen ohne Wagemut. Der Hase gilt als Inbegriff des furchtsamen Charakters. *(Pfeiffer 20, Jontes 14)*

Ängstling *m. (O)* Bez. für ängstlichen Menschen, analog zu Feigling gebildet. *(WBÖ I, 244)*

Angstmeier *m. (St)* In der Bedeutung wie oben. Zusammensetzung mit der im bäuerlichen Bereich einst gebräuchlichen Funktionsbezeichnung Meier, die wegen ihrer Häufigkeit als Familienname auch zur Verallgemeinerung von Eigenschaften verwendet wird. *(Pfeiffer 21, UK 22, Jontes 14)*

Anhängsel *n. (W, „Anhangsel“)* Bez. für unliebsame Geliebte, eine, die der Galan wieder loswerden will. *(Petrikovits 14)*

Anreißer *m.* Mensch, der mit unsanften Methoden für eine Sache wirbt. *(Küpper 49f.)*

Anschuss *m. (T, „Unschuss“)* Bez. für ungeschickten Menschen, wie Angeschoß (s. d.). Vgl. auch Schussbartel. *(Schatz I, 20)*

Anschwarer *m. (O)* Bez. für beschränkten Menschen; eig. einer, der mit etwas beschwert ist. *(Jungmair 31)*

Anzahrer *m.* Synonym für Angeber; von zarren, „durchdringend jammern“. Ursprünglich also einer, der viel Aufhebens von einer Sache macht. *(Jontes 14f., Teuschl 30)*

Arbeiterdenkmal *n.* Scherzh. Bez. für jemanden, der bei der Arbeit gerade wieder einmal rastend innehält, sich auf Schaufel, Krampen u. dgl. stützt und dabei in seiner unbeweglichen Pose einem Denkmal gleicht. Pfeiffer a. a. O. verweist auf ein um 1900 errichtetes Berliner Denkmal, das einen sich auf einen Hammer stützenden Arbeiter zeigt. *(Pfeiffer 23)*

Armaturspengler *m. (W)* Scherzhaft für Frauenarzt; nach dem Autohandwerker. *(Teuschl 31)*

Armenhäusler *m.* Spött. Bez., auch Anrede für jemanden, der sich gerade mit einer dummen Aussage blamiert hat und sich deshalb als ein geistiger A. erweist. Urspr. der Insasse eines öffentlichen Armeninstitutes, auch Altersheimes. *(WBÖ I, 342, Schatz I, 284)*

Armleuchter *m.* Verhülltes Schpfw. für Arschloch (s. d.), eig. Leuchter auf Wandarm. *(WBÖ I, 339, Pfeiffer 24, Kapeller 14)*

Armloch *n.* Wie zuvor, jedoch drastischer andeutend; eig. das Ärmelloch im Rock. *(WBÖ I, 339, Pfeiffer 25, Kapeller 14)*

Armutschkerl *n.* Bez. und abfällig gefärbtes Mitleidswort für körperlich und geistig dürftig veranlagten Menschen, armen Kerl. Mischwort mit teilweiser Lehnübersetzung: tschech. chudy „arm, dürftig, mager“ + Ableitungssilbe -ček, die erhalten blieb und um die dt. ma. Verkleinerungsform vermehrt wurde. *(WBÖ I, 345, Wintersberger 9, Pfeiffer 25, Teuschl 31, Jontes 15, Ziller 27)*

Arrestvogel *m. (St)* In der älteren Soldatensprache Spottname für den im Kasernarrest sitzenden Kameraden. *(UK 29, Jontes 15)*

Arsch *m.* Eines der häufigsten, kräftigsten, jedoch durch vielmaligen und allgemeinen Gebrauch heute eher entschärften gemeindeutschen Schimpfwörter, bei dem es wirklich auf den Ton ankommt, in dem es gebraucht wird. Im Grund wird damit Dummheit und Desinteresse einer Person, weniger deren Bosheit oder Gemeinheit gekennzeichnet. Die Verkleinerung ist in der Form „Du Arscherl!“ harmloser Spott im Sinne von kleiner Kritik unter Freunden, einst in der Bedeutung „Kindchen“. Ein „Arsch mit Ohren“ verstärkt hingegen den verächtlichen Charakter der Aussage. In zahlreichen Zus. *(Grimm I, 564ff., WBÖ I, 354ff., Küpper 51, Pfeiffer 25, Aman 27, UK 29, Jontes 15, WStWB 168, Ziller 27, Schatz I, 30)*

Arschaufdererd *m. (W)* Scherzhaft-spöttisch für kleingewachsenen Menschen, einen, der sein Hinterteil fast auf der Erde hat, weil er so klein ist. *(Teuschl 31)*

Arschbohrer *m. (St)* Wie Folgendes.

Arschpuderer *m.* Verächtl. Bez. für Homosexuellen, Analerotiker; pudern „coire“ eigentlich Butter machen, buttern, nach den Bewegungen des Stößels im Stoßbutterfass der alten bäuerlichen Hauswirtschaft; vgl. auch Arschficker, Puderant (s. d.). *(WBÖ III, 1311)*

Arscheler *m. (T)* Schpfw. für feigen, unfähigen Menschen. *(Schatz I, 30)*

Arscher *m.*, **-in** *f. (T, O)* Scherzhaft für Person mit starkem Hinterteil. *(WBÖ I, 364)*

Arscherl *n.* siehe Arsch. *(Teuschl 31f.)*

Arschetzer *m. (T)* Bez. und Rügewort für unruhig herumwetzendes Kind. *(WBÖ I, 364)*

Arschvieh *n. (W, „-viech“)* Dummkopf. *(Teuschl 32)*

Arschficker *m.* siehe Arschpuderer. *(Pfeiffer 25)*

Arschgefrieß *n. („-gfrieß“)* Bez. und verächtliches Schpfw. allg. Art; ursprünglich Bez. für einen Menschen mit rundem Gesicht (ma. „Gefrieß“) mit vollen Backen, die einem Hintern gleichen, besonders aber für jemanden, der ausdruckslos dreinschaut, weil er leere Gesichtszüge wie ein Gesäß hat. Vgl. auch Arschgesicht *n.* *(Aman 27, Jontes 15)*

Arschgeier *m.* Neueres Schpfw. für einen raffgierigen Menschen, einen, der sich auf etwas „geiert“, d. h. wie ein Geier auf etwas stürzt. Auch für Homosexuelle verwendet. *(Jontes 15)*

Arschgeige *f. („-geigen“)* Derbes und verächtliches Schpfw. allg. Art. Vielleicht urspr. scherzh. Vergleich mit der akustischen Seite der Verdauungsphänomene. Auch für Homosexuellen verwendet *(W)*. *(WBÖ I, 363, Pfeiffer 25, Teuschl 32, Jontes 15)*

Arschgesicht *n. (St, „-gsicht“)* Wie Arschgefrieß. *(Pfeiffer 25, WStWB 164)*

Arschinger *m. (T)* Bez. für einen nichtsnutzigen, unzuverlässigen Menschen. *(WBÖ I, 365)*

Arschkappelmuster *n.* Schpfw. für besonders dummen, dabei aber auch aufsässigen oder sonst wie gemeinen Menschen. Es dürfte sich hier um ein schon längere Zeit hindurch missverstandenes Wort für Arschkerbe, Gesäßspalte handeln, das im Sinne von Arschloch (s. d.) verwendet wird, wobei das angefügte -muster wohl ironischen Charakter hat. U. U. ist auch Kappe *f.* „Schlag, Streich“ mitverantwortlich. *(Schmeller I, 148, 1270; Grimm I, 566, Teuschl 32, Jontes 15, WStWB 164)*

Arschkletze *f. (W, „-kletzen“)* Schpfw. für aufdringlichen, lästigen Menschen. Vgl. Kletze (s. d.). *(Teuschl 32)*

Arschkraller *m. (W, „-kräuler“)* Wie Arschkriecher (s. d.). Ma. krallen, kräulen „kriechen, schliefen“. *(Wintersberger 10, Teuschl 32)*

Arschkratzer *m.* Bez. für einen Schmeichler, der sich nicht scheut, jemandem, von dem er sich Vorteile erhofft, bildlich die intimste Tätigkeit, nämlich „sich am Arsch zu kratzen“, abzunehmen. *(Grimm I, 567, UK 29, Jontes 16)*

Arschkriecher *m.* Abfällig-kritische Bez. für einen sich unterwürfig und liebedienerisch gebärdenden Menschen, der einem, von dem er etwas erhofft, in den Arsch kriecht. *(Pfeiffer 26, Aman 27, Jontes 16, Jutz I, 132)*

Arschlecker *m. (St)* Abfällig für Schmeichler. *(Pfeiffer 26, WStWB 164)*

Arschling *m. (T)* Allg. Schpfw. *(WBÖ I, 365)*

Arschloch *n.* Bereits deutlich gröber als Arsch, besonders in der direkten Anrede im Affekt. Zur Charakterisierung eines Dritten in eher abwertendem, verächtlich machendem Sinne gebraucht. Verstärkt mit Attributen wie „gusseisenes, gerunzeltes“ A. *(Grimm I, 567, Küpper 51, Pfeiffer 26, Aman 27, Jontes 16, WStWB 164, Jutz I, 132)*

Arschwetzer *m. (W)* Bez. und Schpfw. für Homosexuellen; ma. wetzen „coire“. *(Teuschl 32)*

Aas *n.* Derbes Schpfw. für unausstehliche, gemeine, faule Menschen. Vgl. auch Rabenaas. *(Grimm I, 6, WBÖ I, 384f., Küpper 45, Pfeiffer 9, Kapeller 11, Jutz I, 2)*

Asank *m. („Osank“)* Bez. für langweiligen, faulen Menschen; von Asant „Teufelsdreck“, einem Räuchermittel; vielleicht auch zu Absank „Inhalt der Senkgrube“. *(WBÖ I, 385ff., Schatz I, 31)*

Aschanti *m. (W)* Scherzhaft für Schwarzafrikaner, Neger; nach der Stammesgruppe der westafrikanischen Sante, Asante. Die Begegnung erfolgte durch die einst sehr beliebten „Völkerschauen“ der Zirkusse, in denen Schwarze besondere Schaulust erweckten. Früher wurden auch die Erdnüsse ihrer Herkunft wegen Aschantinüsse genannt. *(Teuschl 32)*

Ast *m. (O)* Tadelnde Bez. für widerspenstigen, groben Menschen; auch anerkennend für starken, auch fachkundigen Menschen („ein schöner Ast“, *St*). *(WBÖ I, 411)*

Astel *f.* Bez. und Schpfw. für ungepflegte Frauensperson. Ma. für „Assel“, womit ein Mensch mit dem Schutzmilieu eines niederen Tieres gekennzeichnet wird. *(WBÖ I, 406f., Teuschl 32, UK 30, Jontes 16, Ziller 28)*

Assel *f.* Hochsprachl., jedoch auch umgangssprachl. verwendete Form von Astel *f.* (s. d.); Bed. wie zuvor („schiache“ A.*) (WBÖ 406f., Pfeiffer 27, Aman 26)*

Aserer *m.* Gaunersprachl. verächtlich für Verräter; zu Aas. *(WBÖ I, 398)*

Asphaltbiene *f.* Scherzh. Synonym für leichtes Mädchen, Dirne, „Biene“ (s. d.), die ihrem Gewerbe auf dem Asphalt der Stadt nachgeht.

Audienzschwester *f. (W)* Bez. für vornehm gekleidete und sich adelig gebende Bettlerin, die sich zu Audienzen an den Kaiserhof begab, um dort zu schnorren. *(Schuster 24, WBÖ I, 436)*

Autler *m.* Scherzhafte Bez. und Kurzform für Autofahrer, Chauffeur in den Anfängen der Motorisierung. *(WBÖ I, 488)*

Autogeier *m.* Schpfw. für betrügerischen, gefinkelten Autohändler. Vgl. Geier (s. d.). *(Teuschl 87)*

Autonarr *m.* Spöttisch für jemanden, dem nichts über ein Auto geht. *(Pfeiffer 32)*

Aufpasser *m.* Im abträglichen Sinne für jemanden, der andere überwacht oder darauf achtet, dass keine ungebetenen Zeugen zu einer bedenklichen Sache hinzukommen („Schmiere stehen“). *(WBÖ II, 435)*

Aufdreher *m. („Aufdrahrer“)* Bez. für einen, der Krach macht, Radaubruder, Choleriker. In Oberösterreich der Anführer der Aperschnalzer, die mit Peitschenknallen den Frühling ankündigen; aufdrahren „sich in Szene setzen, rechthaberisch auftreten, Lärm machen“. *(Aman 23, Teuschl 33, Jungmair 20)*

Aufgeblasener *m.* Schpfw. für arroganten Kerl; meist in Verbindungen wie aufgeblasener Kerl, Frosch; wohl aus dem Tierreich entnommen für das Prahlgehabe balzender Tiere. *(Pfeiffer 29)*

Aufschneider *m.* Bez. und Rügewort für Prahler, Lügner, bei Letzterem in milder Form. *(Grimm I, 728, Pfeiffer 29, Aman 24, Kapeller 16)*

August, dummer *m.* Spaßmacher im Zirkus, Clown, auch allg. für dummen Menschen; wegen der Entwertung des Namens durch allzu große Häufigkeit im 19. Jh. besonders in Deutschland zu dieser Bed. gelangt. *(WBÖ I, 469, Küpper 54f., Pfeiffer 30)*

Auk *f. (St)* Schpfw. für Frauen, aus der ma. Bed. des Wortes für Unke. Eine der häufigsten Übertragungen von Tiernamen als Schpfw. auf Menschen. Graupete Auk, „schlampige, zerzauste Frauensperson“. Vgl. auch Donnerauk *f.* (s. d.). *(WBÖ I, 471, UK 35, Jontes 16)*

Ausbeinler *m. (W, „Ausbaanler“)* Scherzhaft für jemanden, der Autos ausschrottet, Autowracks verwertet. Ursprünglich Bez. für Fleischhauer, der das Schlachtvieh entbeinte. *(Teuschl 35)*

Ausbund *m.* Steigerndes Wort auf das Beste oder Schlechteste seiner Art hin, meist für das Negative verwendet; „ein Ausbund an Gemeinheit“; vielleicht urspr. „aus einem Bündel heraus“ gemeint. *(Grimm I, 840ff., Pfeiffer 30, Jakob 29)*

Auschelm *m. (W)* Soviel wie Erzschelm; für sehr gewitzten Menschen, durchtriebenen Burschen; Au- soll das Empfindungswort sein (?). *(Jakob 29, Schuster 24)*

Auster *f. (W, N)* Älteres Schpfw. für dumme Person; nach dem Muscheltier. *(WBÖ I, 488)*

Ausfratschler *m.* Bez. für jemanden, der ständig aufdringliche, auch peinliche Fragen stellt, neugierig fragt. Vgl. auch Fratschler. Zu mhd. vreischen „erfragen“. *(Schmeller I, 831f., Aman 25)*

Auslaufmodell *n.* Scherzhaft für Politiker oder öffentlich Tätige, deren Tätigkeit und Gedankenführung nicht mehr den Anforderungen der Zeit und der Gesellschaft entsprechen; eigentlich der Sprache der Wirtschaft mit ihren rasch umgesetzten, technisch ständig verbesserten Waren entnommen, vor allem Autos und andere Modeartikel rasch wechselnden Geschmackes sind gemeint. *(Pfeiffer 31)*

Ausreibfetzen *m. (W)* Bez. für verächtliche Frauensperson, Aufräumerin. Vergleich mit dem Scheuerlappen, Tuch zum Ausreiben der hölzernen Bodendielen, einer einst sehr schmutzigen Arbeit. Demselben Milieu wie Abwischfetzen, Abwaschtrampel, Schuhfetzen (s. d.) entstammend. *(Jakob 30, Teuschl 37)*

Aubel, Auwel *m. (S)* Bez. für hässliche Weibsperson, übertragen von der Nachteule (mhd. iuwel) wie Uhu (s. d.). *(WBÖ I, 491, Ziller 30)*

Awasel *m. n.* Bez. und Schpfw. für Kretin in leiblicher und geistiger Beziehung. Ursprünglich wurde darunter ein tierischer Kadaver, ein Aas, auch eine Lockspeise für die Fallenjagd verstanden, in *O* auch Bez. für ein kümmerliches Ferkel. *(Grimm I, 1046, Schmeller II, 1019, UK 41, Jontes 16, Jungmair 40)*

B, P

Papaturl *m. (W)* Schpfw. für blöden Menschen, auch Geisteskranken. Herkunft dunkel. *(Teuschl 170)*

Papagallo *m.* Frauenheld, jugendlicher Schürzenjäger; ursprünglich waren Italiener damit gemeint, die sich an den Stränden an Urlauberinnen heranmachten, heute auch schon allg. verwendet; ital. „Papagei“. *(Pfeiffer 303)*

Papagei, Papageier *m.* Bez. für gedankenlos plappernde, nachplappernde Person, auch für jemanden, der sich stark schminkt. Siehe auch Faschingspapperl. *(WBÖ II, 265f., Küpper 169, Pfeiffer 303, Jontes 17, Aman 31)*

Pappenscherer *m.* Scherzh. für Barbier, Bartscherer. *(WBÖ II, 100)*

Pappenschlosser *m.* Scherzh.-spöttische Bez. für Zahnarzt, Dentist, der wie ein Schlosser im Mund (ma. „Pappen" *f.*) arbeitet. *(WBÖ I, 384, Küpper 169, Wintersberger 61, Teuschl 170, Jontes 17)*

Pappenschmied *m.* Wie zuvor. *(WBÖ II, 285)*

Pappenschuster *m.* Wie zuvor. *(WBÖ I, 384)*

Paperl *m.* Bez. und Rügewort für schwatzhafte, auch einfältige, kindische Person; Paperl als Kurzform von Papagei; vgl. Faschingspapperl (s. d.). *(WBÖ II, 292f., Teuschl 170, WStWB 156)*

Paperlarsch *m. (N)* Bez. und Schpfw. für unsinnigen Schwätzer; Paperl *m.* „Papagei". *(WBÖ I, 360)*

Papphengst *m. (W)* Scherzhafte Bez. für Schuster; nach dem Schusterpech, -papp. Vgl. auch Pechhengst (s. d.). *(Petrikovits 63)*

Babbler *m. (W)* Synonym für Bettler, eig. Schwätzer. *(Pfeiffer 33, Jakob 33)*

Papplöffel *m. (O)* Bez. für langweiligen Menschen, auch schlampige Frau; eig. ist ein klebriger Löffel gemeint. *(WBÖ II, 276, Jungmair 205)*

Pappsäckel *m. (V)* Schpfw. für einfältigen, auch gleichgültigen Mann oder Burschen; einer, der Kleister im Sack hat. *(Jutz I, 237)*

Babschinek *m. (W)* Bez. für dummen, unanstelligen, unfähigen Mann. Viell. ein Eigenname, der zum Gattungsbegriff geworden ist. *(Jakob 33, Schuster 26)*

Babuschka *f. (W)* Spöttische ältere Bez. für altes Weib böhmischer Herkunft; russ. babuška „Großmutter, alte Frau". *(WBÖ II, 5, Jakob 33)*

Bacchant *m. (T)* Bez. und Rügewort für ungeschliffenen, rohen jungen Mann; urspr. fahrender Student (lat. bacchari „umherschweifen"). *(WBÖ II, 14, Pfeiffer 34)*

Bachtel *m., f.* Bez. und Schpfw. für unreinlichen, schlampigen Menschen, auch einen, der schlampig und ungeschickt zugleich ist. In Tirol für dummes, unsauberes Frauenzimmer („Bachte"). *(WBÖ II, 45ff., UK 97, Jontes 17, Schatz I, 41)*

Bachlanl, -lenl *m.* Schpfw. für Dummkopf. Wohl zu Bachtel (s. d.) zu stellen. *(WBÖ II, 45ff., UK 42, Jontes 17)*

Bachscheitelbader *m. (O)* Abfäll. Bez. für schlechten Arzt, wohl urspr. der Badergehilfe damit gemeint, der die Badstube heizte. *(WBÖ II, 27)*

Bachstelzenarsch *m. (St)* Schpfw. unbest. Bed. *(WBÖ I, 363, UK 43)*

Bachsimpel *m. (St)* Bez. für dummen, tölpelhaften Menschen; übertragener Gerätenamen: Bachsimpel, -simperl ist das Formkörbchen beim Brotbacken (ma. bachen, „backen"). Gleichzeitig Wortspiel mit Simpel „Einfaltspinsel" (s. d.). *(UK 43, 596, Jontes 17)*

Bachsumper *m.* In der Bedeutung wie Bachsimpel (s. d.). Sumper ist ein hölzernes Gefäß zum Wassertragen. Es scheint jedoch auch der Begriff Beinsumper „Bienenkorb" (Kopf als Behälter wirr durcheinanderfliegender Gedanken) mitzuspielen. *(Grimm*

XX, 1076ff., UK 43, 63, 600, Jontes 17)

Patentpatzer *m. (W)* Bez. für Stümper; Patent hebt das Besondere hervor (vgl. ein patenter Kerl). *(WBÖ II, 525)*

Bader *m.* Scherzhaft, auch spöttisch für Arzt; studentensprachl. für den Mensurarzt, Paukbader. Ursprünglich war der Badstubenbetreiber und Barbier gemeint, der auch chirurgische, wundärztliche Eingriffe vornahm und zur Ader ließ. Auch in Zus. wie Vieh-, Goschenbader (s. d). *(WBÖ II, 76ff., Pfeiffer 34)*

Badhure *f. („-hur“)* Derbes Wort für leichtfertige Frauensperson, Dirne, letztklassige Prostituierte. Nach den leichten Mädchen, die einst in den Badstuben der Städte, später in den Kurorten ihrem Gewerbe nachgingen. *(WBÖ II, 72, Pfeiffer 34, Teuschl 40)*

Patient *m.* Scherzh. für Kunde, Kandidat, übertragen vom ärztlichen Patienten.

Pattler *m. (T)* Bez. für Menschen, der sich auf sein Geschäft nicht recht versteht, auch für ungeschickten Arbeiter. *(WBÖ II, 499)*

Badlerl *n. (O)* Schpfw. für leicht beleidigte, empfindliche Frau; Herkunft dunkel. *(WBÖ II, 79)*

Patriarch *m.* Ursprünglich für die alttestamentarischen Erzväter, dann als kirchlicher, bischöflicher Würdentitel verwendet; die emanzipatorischen Frauenbewegungen haben daraus ein Tadel- und Spottwort gemacht, das wie Pascha (s. d.) einen autoritär agierenden Familienvater oder Ehemann charakterisieren will. Von einer Matriarchin ebensolcher Haltung ist bislang aber noch nicht die Rede. *(Küpper 171, Pfeiffer 306)*

Patron *m.* Meist als „sauberer P.“ für bedenklichen, unzuverlässigen Menschen, fragwürdigen Charakter, wie etwa auch „scheinheiliger P.“. Lat. patronus „väterlicher Beschützer“, mhd. patron „geistl. Schutzherr, hl. Schutzpatron“ im ironischen Sinne verkehrt. In Wien auch für Gauner. *(WBÖ II, 471ff., Pfeiffer 306, Jakob 134, Schatz I, 50)*

Patsch *m.* **-erl** *n.* Bez. und Schpfw. für Dummkopf, Tölpel, Tolpatsch, ungeschickten, linkischen Menschen; auch im gutmütigen Sinne (*V, O*), „einer, der sich ausnützen lässt“, ein guter P.; Patsch eigentlich „Straßenschmutz, regenweicher Boden“, ein lautmalendes Wort, übertragen auf einen schwerfälligen Menschen. Verkleinerungsform Patscherl. *(WBÖ II, 480ff., Pfeiffer 38, 306, Aman 31, Wintersberger 62, Jakob 134, Teuschl 171, UK 44, Jontes 17, Ziller 131, Lexer, KWB 18, Pohl 39, Schatz I, 50, Jutz I, 252)*

Patschachter *m.* Harmloses Rügewort für einen etwas unbeholfenen, eher gutwilligen Menschen, dem gerade etwas misslungen ist, der überall zu spät kommt und deshalb milde getadelt wird. Vielleicht zu Potschach, Potschich, einer Kollektivbildung für Abfall, Kehricht *(UK 99)* aus Patsch, „Straßenkot“ *(UK 99)*, das lautmalend gebildet ist. Möglicherweise liegt jedoch auch ein übertragener Gerätename vor, der einen Badeschöpfer, ein gebundenes Holzgefäß zum Wasserschöpfen im Bade bezeichnet. Vgl. Inventar Deutschlandsberg 1563, „2 Padschöchter", dazu ebenda „Mellchschöchter", also ähnlich wie Sechter (s. d.) als Schimpfwort. Ein Erklärungsversuch zielt auf Patschafter, „ungeschickter Mensch, der überall zu spät kommt", also einer, der schwerfällig hintendrein (ma. „after") kommt („patscht"). Unter Badschöpfer versteht die ältere Sprache auch einen Badeknecht, Badediener in den alten Badstuben *(UK 44)*, womit eine Erklärung auch über diese Funktion möglich ist (vgl. auch Badwaschel, Waschel s. d.). Auch eine Erklärung über Tolpatsch, Mensch, der in der Patsche sitzt, wurde versucht (Kapeller a. a. O.) *(WBÖ II, 479f., 491, Pfeiffer 306, Kapeller 120, Wintersberger 62, Jakob 124, Teuschl 171, UK 44, Jontes 17f., WStWB 156, Ziller 131, Hager 9)*

Patschadam *m. (N)* Bez. für Dummkopf. Vgl. Patsch, Adam (s. d.). *(WBÖ I, 80)*

Patsche *f. (N; „Patschen")* Dicke, unmäßig viel essende Frauensperson, eig. Fettbauch, dazu auch noch für schwatzhafte Frau. *(WBÖ II, 483, Pfeiffer 39, 306)*

Patscherl *n. (W)* Hilfloses Kind. *(Pfeiffer 306, Teuschl 171)*

Patscherling *m. (N, O)* Bez. für ungeschickten, körperlich unbeholfenen Menschen. Vgl. Patsch (s. d.). *(WBÖ II, 494)*

Patschgaggel *m.*, **-gagel** *m.* Bez. und Rügewort für Dummkopf, unbeholfenen, untauglichen Menschen, auch für Schmierfink *(T)*. Vgl. Patsch, Gack, Gock (s. d.). *(Schmeller I, 415, Jungmair 206, Schatz I, 50, 199)*

Patschgari, -gori *m.* Bez. und Rügewort für einfältigen Mann; vgl. Patsch (s. d.). Gari, Gori kann Kurzform von Gregor sein. *(WBÖ II, 494)*

Patschock *m.* (Dt. Sprachinsel Pladen/Sappada, Oberitalien). Bez. für Faulpelz, Nichtsnutz; friul. pacioca „viel essen". *(WBÖ II, 496)*

Badwaschel *m.* Spöttisch-abfällige Bez. für den Bademeister in öffentlichen Bädern; einst Name des Badeknechtes in der mittelalterlichen Badstube (auch Badschöpfer, vgl. Patschachter s. d.), der einen nach dem Schwitzbad mit dem Badewaschel, einem Reibtuch, grob abrieb, frottierte und durch diese Tätigkeit überhaupt als Grobian angeschaut wurde. Auch die Kurzform Waschel wird durchaus verallgemeinernd für einen groben Menschen verwendet. *(Grimm XXIII, 2223, Küpper 55, Wintersberger 12, Jakob 33, Teuschl 40, UK 44, Jontes 18, Jungmair 41)*

Pafer *m. (T)* Bez. und Rügewort für unappetitlichen Menschen, der seinen Speichel rinnen lässt, „trenzt"; ital. bava „Geifer". *(WBÖ II, 83f.)*

Pavian *m.* Bez. für einen dummen und dabei eingebildeten, eitel-stolzen Menschen. Der Tiername Pavian aus dem provenz. baboue „Maul" über altfrz. babouin. *(Grimm VII, 1515, Kluge 535, WBÖ II, 86, Pfeiffer 307, UK 45, Jontes 18)*

Pafnúzi *m. (W)* Bez. für jemanden, der plötzlich im Grinsen eine Grimasse schneidet; Dummkopf, der verblüfft dreinschaut; auch geistloser Betbruder. Verballhornung des Heiligennamens Paphnutius († um 360 *n.* Chr.) und Nähe zum Ausruf des Erstaunens paff! *(WBÖ II, 87, Jakob 132, Schuster 115)*

Pagat *n.(!)* Bez. für stämmige Frau, von der Karte im Tarockspiel (ital. pagato „der Gezahlte". *(WBÖ II, 88)*

Bagatellerl *n. (W)* Spött. Bez. für schwächliches Frauenzimmer; frz. bagatelle „Nichtigkeit, Kleinigkeit". *(WBÖ II, 89, Jakob 33)*

Bagage *f. („Bagásch", „Bagáschi")* Allg. Bez. und Schpfw. für Gesindel, Pack („dreckige B."). Aus der älteren Soldatensprache, da sich beim Gepäck (frz. bagage), beim Tross einer Armee allerlei fragwürdige Gestalten, Dirnen usw. einfanden. Auch in etlichen Zusammensetzungen abfälligen Charakters: Hunds-, Huren-, Lumpen-, Mords-, Sau-, Zinsbagage. *(WBÖ II, 87f., Pfeiffer 34, Wintersberger 12, Aman 28, Kapeller 18, Jakob 33, Teuschl 40, Jontes 18, Pohl 37, Schatz I, 41)*

Bagantsch, Bakantsch *m. (W)* Spött. Bez. für Infanterist, nach dem plumpen Soldatenschuh (ung. bakancs, tschech. bakanče „Schnürschuh"). Vgl. auch Kamerad Schnürschuh (s. d.) nach der Fußbekleidung. *(WBÖ II, 95, Jakob 33)*

Pager *m.* Schpfw. für einen unreinlichen Menschen (Sulmtal); von Pager *m.* „Tabaksaft im Pfeifenkopf" (aus ungar. bago „Kautabak"), der als etwas besonders Unappetitliches gilt. *(WBÖ II, 90, 92, Jontes 18)*

Bagges *m. (T, N)* Bez. für kleinen, untersetzten Menschen; wohl nach Gott Bacchus und dessen Statur; dickes Kind, bes. Bub *(N)*. *(WBÖ II, 52, Schatz I, 41)*

Pagetzer *m. (N, O)* Abfäll. Bez. für zittrigen Menschen; ma. pagetzen „zittern" aus mhd. wagen „wackeln" + Iterativsuffix -etzen. *(WBÖ II, 91)*

Baggin *f. (St)* Wegwerfende Bez. für törichte, ungeschickte Weibsperson, neutraler auch allg. für Geliebte. *(UK 45, Jontes 18)*

Pagler *m. (T)* Bez. für mürrischen, unausstehlichen Menschen; mhd. bagen „keifen, murren, schimpfen". *(WBÖ II, 92)*

Pagode(l) *f., n. (W, K, S)* Stadtma. Schpfw. für kleinen, dumm dreinschauenden Menschen. Mit Pagode urspr. buddhistische Kultanlage (skr. stupa, singh. dagoba zu port. pagoda) gemeint; wohl aus der Zeit der Chinoiserien des Rokoko, da damit auch Figur eines Chinesen mit beweglichem Kopf als Zier für Schrank oder Ofen benannt wurde. Vgl. auch Chineser (s. d.). *(WBÖ II, 92, Kluge 527f.)*

Bajass *m. (V)* Bez. für Spaßmacher, Hanswurst, lustigen Menschen. Zur Etym. vgl. Pojatzer (s. d.). *(Jutz I, 219f.)*

Bayer *m. (V)* Bez. für unreinlichen, ungepflegten Menschen. Scheint wie das folgende Wort auf die Zeit der Besetzung durch bayerische Truppen während der Franzosenzeit und die zeitweilige politische Angliederung an Bayern zurückzugehen. *(Jutz I, 220)*

Bayernfack *m. (T, „Boarfack")* Schpfw. für die Bayern unter Anlehnung an Bärfack *m.* „Zuchteber". Herkunft wie zuvor. *(Schatz I, 42)*

Pack *n.* Hauptsächl. hochsprachl. verwendet für Gesindel, Bagage (s. d.); entspricht wörtlich Letzterem. *(Grimm XIII, 1399, WBÖ II, 53, Aman 30, Pfeiffer 302, Schatz I, 43)*

Bakauner *m.* Schpfw. und Bez. für einen dicken Menschen. Vergleich mit einem ebenso genannten Mastschwein, einer Art, die ursprünglich im ungarischen Bakonyerwaldgebiet gezüchtet wurde. Reim mit Gauner färbt die Bedeutung ins Abfällige hin. *(WBÖ II, 95f., UK 46, Jontes 18, Jungmair 41, Jakob 33, Ziller 129, Letzteres nicht als Schpfw.!)*

Packelmensch *n. (St)* Älteres Schimpfwort für leichtfertige Dirne (vgl. Knittelfelder Gerichtsprot. 1770, fol. 239). Zusammenhang mit dem Wiener Kollektivschimpfwort „Packelrass" scheint vorzuliegen. Damit ist jemand gemeint, der sich mit anderen Gleichgesinnten „auf ein Packel zusammenschmeißt", wobei „Packel" hier dasselbe wie (Lumpen)Pack, Bagage (s. d.) bedeutet und „packeln" sich zu einem gemeinsam zu begehenden Betrug verabreden heißt. *(UK 43, Jontes 18)*

Packelrasse *f. („-rass")* Bez. für Gesindel, einst das niedere Volk, die Fahrenden, die mit Bündeln („Packeln") herumziehen. *(WBÖ II, 55f., Wintersberger 60, Teuschl 169, Ziller 129)*

Bäckenjodel *m.* Spottname für Bäcker, Bäckengeselle. Jodel ist die Kurzform für Georg (seltener auch für Johann oder Josef). *(UK 43, Jontes 18f., Jakob 33)*

Packer *m. (St)* Soldatenspr. ältere Bez. für Infanteristen ohne Charge, da diese mit dem meisten Gepäck marschieren mussten. *(WBÖ II, 67, UK 73)*

Packerin *f.* Bez. für Prostituierte, Dirne; wohl von ma. packen (jemanden p.) „geschlechtlich verkehren". *(WBÖ II, 67, Petrikovits 9)*

Packesel *m.* Spöttisch-bedauernd für jemanden, dem besonders viel aufgebürdet wird. *(Pfeiffer 302)*

Packler *m. (W)* Bez. und Rügewort für Falschspieler, wohl weil dieser mit einem Kumpan „packelte", ein Komplott zur Übervorteilung des Gegners schmiedete. *(WBÖ II, 68, Petrikovits 35)*

Backofentürtreiber *m.* Synonym für Bettler; vielleicht Reminiszenz an die Zeit des häuslichen Brotbackens und den Diebstahl von Brot aus dem Backofen. *(WBÖ II, 1170)*

Palanzer *m. (W)* Schpfw. für Bettler, Herumtreiber. Herkunft dunkel. *(Teuschl 169)*

Balare *m. (V)* Bez. für gutmütigen, dummen Mann; einfältiger Schwätzer; zu ital. parlare „reden". *(Jutz I, 222, 227 „Balöre" m.)*

Palasch *m. (T)* Bez. für Dummkopf; viell. zu tschech. peleš „Lump". *(WBÖ II, 98)*

Palésterer, Ballesterer *m. (W)* Scherzhaft für Fußballer; von Palester *m.* „Armbrust, Kinderspielzeug zum

Schleudern von Bällen“ (ital. balestro „Armbrust“) mit volksetym. Anklang an Ball. *(WBÖ II, 111, Pfeiffer 35, Teuschl 41)*

Balg *m.* Bez. und Schpfw. für ungezogenes, boshaftes Kind. Verkürzte Form von Wechselbalg, also eines hässlichen, missgestalteten Kleinkindes, das dem Volksaberglauben zufolge vor der Taufe von Hexen oder vom Teufel selbst in der Wiege vertauscht wurde. Zahlreiche Zus. *(WBÖ II, 123ff., Pfeiffer 35, UK 46, Jontes 19, Jutz I, 224, Aman 32)*

Balling *m. (W)* Scherzh.-spött. Bez. für Wickelkind; Ableitung von Spielball; aus einer Zeit, in der ein Ball noch nicht aus Gummi gefertigt, sondern aus Stoffstreifen gewickelt war („Fetzenlaberl“). *(WBÖ II, 142, Jakob 33)*

Palmaffe *m. („-aff“)* Spottbez. für auffallend geschmacklos gekleideten Menschen, nach Palmesel (s. d.) gebildet. *(WBÖ I, 99)*

Palmesel *m.* Bez. für übermäßig geputzten Menschen *(W)*, auch spöttisch für denjenigen, der am Palmsonntag als Letzter aufsteht *(O, N, T)*, auch für den Buben, der beim Kirchgang den Palmbuschen fallen lässt *(T)*. Nach dem brauchtümlichen Palmesel, einer Skulptur, die einst reich geschmückt („aufputzt wie ein P.“!) mit einer Christusfigur als Reiter am Palmsonntag in einer Prozession herumgeführt wurde. *(Grimm XIII, 1417f., Schmeller I, 387f., Pfeiffer 302, Jakob 132, Teuschl 169, Hager 44, Jungmair 204, Schatz I, 44)*

Balster *m. (N, O)* Bez. und Rügewort für unruhigen, unsteten, flatterhaften, leichtfertigen Menschen, besonders Mann, auch für unruhiges Kind; balzen, „wie ein Vogel um ein Weibchen werben“. *(WBÖ II, 157)*

Balstor *m. (V)* Unreinlicher Mensch. *(Wintersberger 12)*

Pamper *m.* Abfällige Bez. für Kind allgemein oder für ein uneheliches Kind im Besonderen; auch als Rügewort für ein unartiges, schlimmes Kind gebraucht. Ursprünglich war damit eine Kinderpuppe bzw. eine Strohpuppe gemeint, die in der Nacht zum 1. Mai eifersüchtigen Frauenspersonen gemeinsam mit einem dürren Bäumchen vors Fenster gehängt wurde (Rügebrauch). Grundlage ist wohl die Bez. für „kleines rundes Ding“, jedoch ist auch Kurzform von Pamperletsch (s. d.) nicht auszuschließen. Vgl. auch Pams „dickes Kind“. *(Grimm XIII, 1421, WBÖ II, 158ff., Teuschl 41, UK 47, Jontes 19, Schatz I, 45)*

Pamperletsch *m.* Mehr abfällige Bez. für Kind im Allg. Aus der Wiener Mundart bis nach Innerösterreich gedrungen. Ursprünglich eine Art Fetzenpuppe als Kinderspielzeug (vgl. ital. bambola „Puppe“), dann auf Kind allg. in der Bedeutungsbreite von herzig, possierlich bis schlimm, unerwünscht übertragen. Die Vollform aus dem ital. bambolaccia „kindisches Getue“. *(WBÖ II, 160f., Pfeiffer 36, 303, Wintersberger 12, Jakob 33, Teuschl 41, 170, UK 47, Wudi 22, Jontes 19, WStWB 169, Lexer, KWB 15, Ziller 130, Hager 44, Jungmair 42)*

Pampfer *m. (O)* Bez. für starken Esser; ma. pampfen „kauend in sich hineinschlingen". *(WBÖ II, 163)*

Bampfle *m. (V)* Bez. für sehr dicken Mann; zu bampfen „Nahrung hastig kauend in sich hineinstopfen". *(Jutz I, 228)*

Bammel *f. (V)* Bez. für verschwenderisches Weib. *(Jutz I, 228)*

Pamfili *m.* Bez. für dummen Menschen, Handlanger; aus dem Heiligennamen Pamphilius. *(WBÖ II, 157f.)*

Bams *m. (W)* Abfällig für Kleinkind; Kurzform von Bamper, Bamperletsch (s. d.). *(Pfeiffer 36, Teuschl 41)*

Bamst, -el *m.* Bez. für einen dicken, ungefügen Menschen, besonders auch für dickes, auch lästiges, ungezogenes Kind *(O)*; verwendet im Sinne gutmütigen Spottes. Lehnwort aus ital. pancia „Bauch, Wanst" (aus lat. pantex „ds."); vgl. auch Wamstel, Pamsterling, Wamsterling (s. d.). *(WBÖ II, 164f., UK 47, Jontes 19, Jakob 34, Jungmair 42, 204, Schatz I, 45)*

Pamsterling *m. (S)* Bez. für Tolpatsch, kleines, dickes Kind; abschätzig auch für lediges Kind. Vgl. Bambst (s. d.), Wamsterling (s. d.). *(Ziller 130)*

Bamstling *m.* Bez. für dicken, faulen, langsamen Menschen; wie Bamst, Bamsterling, Wamsterling (s. d.). *(WBÖ II, 166)*

Banda, Bande *f.* Abschätzig für Schar, Bande, Truppe (von Künstlern), Räuberbande, Bubenbande, Musikkapelle (diese als Banda wertneutral); hauptsächlich im Sinne von schlechte Gesellschaft. Aus dem ital. banda „Truppe, Schar". Abfällig auch in Zusammensetzungen wie Räuberbande, Saubande, Schabbetzbande, Schinderbande, Schwefelbande, Zigeunerbande (s. d.). *(WBÖ II, 197ff., Pfeiffer 36, Jakob 34, Jungmair 42, Schatz I, 46)*

Pantatsch, Pantatz *m.* Bez. und Schpfw. für Flegel, Gassenjunge, Herumtreiber, zu lat. pantex „Wanst". *(WBÖ II, 245)*

Bandelkrämer *m. („-kramer")* Bez. und Spottwort für umständlichen Menschen, Umstandskrämer. Ursprünglich Händler mit Kurz- und Schnittwaren, Zwirn und Bändern, deren Anbieten umständlich vonstatten ging. *(Küpper 56, Jakob 34, Schuster 26, Teuschl 41, Ziller 32)*

Bandelwurm *m. (W)* Scherzh.-spött. Bez. für lang gewachsenen Menschen, der mit dem schmarotzenden Bandwurm verglichen wird. *(Jakob 34, Teuschl 41)*

Bandit *m.* Bez. und Schpfw. für gemeinen Menschen; im Sprachgebrauch des Dritten Reiches für Partisan, Widerstandskämpfer. Aus ital. bandito „Bandenangehöriger, Straßenräuber". *(WBÖ II, 204, Pfeiffer 36, Aman 28)*

Bantle *m. (V)* Bez. für sehr dicken Mann; Kurzform des Heiligennamens Pantaleon. *(Wintersberger 13, Jutz I, 234)*

Bändler *m. („Bandler")* Bez. für langsamen, umständlichen Menschen; ma. bandeln „herumnesteln, sich bei der Arbeit mit Kleinigkeiten abgeben", wie Bandelkrämer (s. d.). *(WBÖ II, 205)*

Pantoffelheld *m.* Scherzh. Bez. für Mann, der unter der Herrschaft seiner Frau, unter dem Pantoffel steht. *(WBÖ II, 249, Pfeiffer 303, Aman 31)*

Pantsch *m.* Bez. für Vielfraß, Dickwanst. Vgl. Pantscher (s. d.). *(WBÖ II, 250ff.)*

Pantscher *m.* Bez. für Stümper, Pfuscher, Patzer, Verfälscher. Zu Pantsch *m.* „Mischmasch, verwässertes Getränk" (vgl. Weinpantscher). *(WBÖ II, 256, Pfeiffer 303, Kapeller 118, UK 48, Jontes 19)*

Pantscherl I *n.* *(N)* Scherzh. Bez. für nacktes Kleinkind, ähnlich Nackerbatzel (s. d.); vom klatschenden Geräusch zärtlicher Schläge auf das Hinterteil. *(WBÖ II, 252)*

Pantscherl II *n.* Verhältnis, Liaison. *(Teuschl 170)*

Bank *f.* Schpfw. für unmoralische, liederliche Frau, wohl wegen der allgemeinen Benutzbarkeit einer Bank. *(WBÖ II, 214, Schatz I, 45)*

Bankel *m.* *(St)* Bez. für Säugling; wohl zu Bunker (s. d.). *(WBÖ II, 229)*

Bankert *m., n.* Abfällige Bez. und Rügewort für ein schlimmes, boshaftes oder unfolgsames Kind; ursprünglich vor allem sozial abwertend gebraucht, da damit ein Bastard, ein uneheliches Kind, eines, das „auf der Bank" (und nicht im Ehebett) gezeugt worden war, bezeichnet wurde. Auch in zahlreichen Zus. *(WBÖ II, 230f., Kluge 49, Pfeiffer 36f., Kapeller 19, Wintersberger 13, Jakob 34, Teuschl 41, UK 47, Jontes 19, Schatz I, 45, Jungmair 42)*

Banklappin *f.* *(T)* Siehe Lappin *f.* *(Schatz I, 45)*

Bankling *m.* *(O)* Schpfw. für schlimmes Kind; vermutlich von Bankert (s. d.). *(WBÖ II, 232)*

Panzach *n.* *(T)* Abfällig für Kinderschar; Kollektivbildung zu Panze (s. d.) Schpfw. für Kinder. *(WBÖ II, 257)*

Panzen, Paunzen *m.* Abwertende Bez. für zwergenhaften Menschen, auch „Kind, welches im Wachstum zurückbleibt" oder „widerwärtiges Kind". Zur ma. gleichlautenden Bez. für Pansen, Wanst. Lebendig heute noch die Verkleinerungsform Baunzerl *n.*, die als Kosewort für Kleinkinder verwendet, aber auch für „kleines Schwarzbrotweckerl" gebraucht wird (lat. panicullus „Brötchen"). Auch für beleibten Menschen *(T)*, dann Ableitung von Panzen *m.* für Fass, Bauch. *(Grimm I, 1120, WBÖ II, 259, 688ff., Jakob 35, UK 56, Jontes 19f., Pohl 38)*

Panzer *m.* *(T)* Bez. für dicken Menschen, Mann mit Bierbauch, auch dickes Kind *(N)*. Ableitung von Panzen (s. d.). *(WBÖ II, 262, 692)*

Bär *m.* Bez. für körperlich ungepflegten, aber auch moralisch verkommenen Mann; hier Kurzform von Saubär (s. d.); auch anerkennend für starken, großen Mann („ein schöner, sauberer Bär"). *(WBÖ II, 1026, Aman 32)*

Baraber, -er *m.* Abwertende Bez. für Hilfsschwerarbeiter (Straßenbau, Erdarbeiten u. dgl.); davon auch barabern „arbeiten". Wahrscheinlich um 1900 als Lehnwort aus dem Italienischen: barabba „Landstreicher, Taugenichts" (nach dem biblischen Barabbas), da damals zahlreiche Wanderarbeiter aus

Oberitalien im Bahn- und Straßenbau tätig waren. *(WBÖ II, 309f., Küpper 56f., Pfeiffer 37, Aman 28, Schuster 115, Teuschl 41)*

Paradeiser *m.* Gaunersprachl. für Dummkopf, auch Betrogenen, wohl weil dieser wie eine Tomate („Paradeiser") rot anläuft. *(WBÖ II, 311)*

Paragrafenhengst *m.* Scherzhaft für Jurist, Verwaltungsbeamten. *(WBÖ II, 311, Küpper 170, Pfeiffer 304)*

Paragrafenreiter *m.* Wie zuvor. *(WBÖ II, 311, Küpper 170, Pfeiffer 304)*

Baracke *f. (T)* Verächtl. für gebrechliche, alte Frau, übertragen von der Bretterhütte (span. baracca „Hütte aus Luftziegeln"). *(WBÖ II, 310, Kluge 51)*

Parasit *m.* Hochsprachl. Begriff aus der Biologie für tierische oder pflanzliche Schmarotzer, auf den Menschen übertragen. Über frz. parasite aus dem griech. parásitos „Mitesser, Schmarotzer". Vor allem sozialer Tadel, wie in Sozialschmarotzer (s. d.).

Barchtel *m. (S)* Wie das folgende Wort; hier vermengt mit „Bartel" (wie Saubartel (s. d.); vgl. auch Bachtel (s. d.). *(Ziller 130)*

Bartaffe *m. („-aff")* Spottbez. für Menschen mit auffallend starkem Bartwuchs, nach versch. bärtigen Affenarten. *(WBÖ I, 99, Pfeiffer 38)*

Bartbruder *m. (St)* Scherzhafte Bez. für einen Kapuzinermönch. Bei diesem Orden gehört das Tragen eines Vollbartes zum traditionellen äußeren Erscheinungsbild, sodass der synonyme Gebrauch möglich ist. Ein Kapuziner, der keinen Bart hat, wird als Kapuzinerweibel *n.* bezeichnet. *(UK 50, Jontes 20)*

Bartdoktor *m.* Scherzhaftes Synonym für Barbier. *(WBÖ II, 100)*

Parteibonze *m.* siehe Bonze. *(Küpper 170, Pfeiffer 305)*

Bartel *m.* Scherzhafte Bez. für bärtigen Menschen, Bartträger, aber auch ungepflegten Mann, Schmutzfink; davon auch der teuflische Begleiter des hl. Nikolaus (Krampus s. d.) übertragen. Auch Ableitung und Kurzform von Bartholomäus. In vielen Zus. wie Saubartel (s. d.). *(WBÖ II, 371ff., Pfeiffer 38)*

Bärtelmann *m. (W)* Scherzhaft für Bartträger. *(Teuschl 42)*

Bartkratzer *m.* Scherzhaftes Synonym für Barbier. *(WBÖ II, 379, Küpper 57, Pfeiffer 38)*

Bartling *m. (T)* Scherzhaft für bärtigen Menschen. *(WBÖ II, 379)*

Bartscherer *m. (W)* Scherzhaft für Barbier, Friseur. Ursprünglich wertneutral verwendet. *(Teuschl 42)*

Bartschinder *m.* Scherzhaft für Barbier, der den Bart ungeschickt abnimmt. Vgl. Schinder (s. d.). *(WBÖ II, 100, Küpper 57)*

Pareckenhansel *m. (W)* Schpfw. für älteren Mann mit eitlem, stutzerhaftem Gebaren. Parecke = Perücke (ital. parrucca). *(WBÖ II, 353, Schuster 116)*

Bärentreiber *m. pl. (St)* Ortsspott; Bez. für die Bewohner des Ortes Neudorf (Weststmk.), weil dort einst eine Bäuerin angeblich einen „Bären" (Eber des Hausschweins) anstelle einer Sau zum Eber trieb. *(Küpper 57, Jontes 20)*

Bärenhäuter *m.* Älteres Schpfw., das Faulheit, Trägheit zum Ausdruck brachte. Gemeint ist ein Faulenzer, der „auf der faulen Haut liegt", wie es auch die bekannte Redensart von den alten Germanen zum Ausdruck bringt, „die auf Bärenhäuten lagen und immer noch eins tranken" (Studentenlied von der Schlacht im Teutoburger Wald). Das Wort bezeichnet dann allg. schlechte menschliche Eigenschaften. Fohnsdorf 1813: „Ein Schimpfname, der faulen Leuten gegeben zu werden pflegt; auch bezeichnet man damit einen Schurken; oft ist es auch im vertraulichen Scherze gebraucht". Kurzform Häuter (s. d.). *(Kluge 52, Pfeiffer 37, Aman 32, Jontes 20)*

Bärfut *f. (St)* Älteres Schimpfwort für leichtsinnige Frauenzimmer. Vgl. Fut (s. d.). Ma. bärig „trächtig". *(UK 51, Jontes 20)*

Parkler *m.* Abfällige Bez. für schwachen Greis, altersschwachen Mann; ma. parkeln „torkeln, stolpern". *(WBÖ II, 337)*

Parkschani *m.* Spöttisch für Parkwächter als Inbegriff des leicht zu übertölpelnden Aufsehers. Vgl. Schani (s. d.). *(WBÖ II, 336)*

Paarl *n.* Abfäll.-spött. Bez. für Menschenpaar, das sich außerhalb der Norm bewegt; „ein sauberes Paarl". *(WBÖ II, 305ff.)*

Barlagge *m. (V)* Bez. und Rügewort für langsamen und lässigen Arbeiter. *(Jutz I, 243)*

Barockteenagerl *n.* (engl. ausgesprochen). Scherzh.-spött. Bez. für üppig gewachsenes Mädchen, Teenager, ironisch auch für nicht mehr ganz jugendliche, sich aber als solche gebende Frauenzimmer. Teenager (mit dt. Diminutiv!) seit etwa 1960 aus dem Amerikanischen für Mädchen zwischen 13 und 19 Jahren (thirteen bis nineteen). Vergleich mit den üppigen Frauendarstellungen der Barockkunst.

Pascha *m.* Scherzh.-abfällige Bez. für herrisch-bequemen Ehemann, der sich wie ein orientalischer Potentat von seiner Frau „hinten und vorne" bedienen lässt. Türk. -s-paşa „Exzellenz". *(WBÖ II, 393, Kluge 533, Pfeiffer 305)*

Pascher I *m.* Bez. für Schreier, Großmaul, Lärmmacher. Zu paschen „Lärm machen, klatschen". *(WBÖ II, 399, Küpper 171, UK 52, Kapeller 120, Jontes 20)*

Pascher II *m.* Synonym für Schmuggler. Aus dem Zig. über rotw. Vermittlung. *(WBÖ II, 397, 399, Pfeiffer 306, Schatz I, 49)*

Paschi *m. (T)* Rügewort für ungeschickten Menschen, Tölpel. Viell. Kurzform von Sebastian. *(WBÖ II, 399, Schatz I, 49)*

Bastard (el) *m. (n.)* Abfällig für unehelich oder außerehelich Geborenen, auch nichtsnutzige Person, tückischen Menschen; bei Tieren („Bastardel"), besonders Hunden, nicht reinrassiges Tier, „Promenadenmischung" *f. (WBÖ II, 447f.)*

Basilisk *m. (W)* Scherzhaft-spöttisch für ausnehmend hässliche Frau. Nach dem Fabeltier, dessen Blick denjenigen, der es ansah, versteinern ließ; nach griech.-lat. basiliscus „Königseidechse". *(Kluge 54f., Küpper 57, Teuschl 42)*

Basler, Bastler *m.* Bez. für einen Faulpelz oder Zeitverschwender, einen Menschen, der die Zeit durch kleine, unwichtige Arbeiten vertut („vertrantschelt"). In Wien wird auch alter, kranker Mensch damit bezeichnet. Basteln ursprünglich „kleine Bastflechtarbeiten machen". Ein anderer Erklärungsversuch (Jakob a. a. O.) zielt auf frz. passer le temp „die Zeit verstreichen lassen, Zeit vertreiben", das u. U. in der Franzosenzeit popularisiert worden sein könnte. *(WBÖ II, 450ff., UK 53, Jakob 34, Jontes 20, Petrikovits 19)*

Bauchschwester *f.* Scherzhaftes Synonym für Geliebte, eine Frauensperson, deren Verwandtschaft sich nur auf die untere Region des Körpers bezieht. Gerne als Antwort auf die Frage, ob diese oder jene Person die Schwester eines bestimmten Mannes sei. *(Jakob 35, Jontes 21)*

Bauchwarze *f. (St)* Spöttische Bez. für einen kleinwüchsigen Menschen. *(UK 54, Jontes 21)*

Bauchwehtommerl *m. (W)* Scherzh. für jemanden, der häufig über Leibschmerzen, Bauchweh klagt; auch für Feigling, Hasenfuß. Tommerl ist die Verkleinerungsform von Thomas. *(Jakob 35, Schuster 28)*

Baudechse *m. (N, „Baudaxl")* Ältere spött. Bez. für kleinen, dicken Menschen; eig. eine böhmische Mehlspeise, eine Art Buchteln; lautl. Einfluss von Bauxel und Eidechse („Adaxel"). *(WBÖ II, 549f.)*

Bauer *m.* Schpfw. für jemanden, der sich unter dem Standard seiner Gesellschaftsschicht benimmt oder sich allgemein ungebildet gibt. Wie „Gescherter" (s. d.) einst als Gegensatz zum Höfischen, dann Bürgerlichen empfunden. In zahlreichen Zusammensetzungen mit anderen Schpfw. zur Verstärkung oder Differenzierung derselben verwendet. *(WBÖ II, 580f., Küpper 58, Pfeiffer 39, Jontes 21)*

Bauernaffe *m. („-aff")* Spöttisch für Bauer. *(WBÖ I, 99)*

Bauernarsch *m.* Grobes und gemeines Schpfw. für einen Menschen aus dem ländlichen Milieu (verstärkt auch als ungesalzener oder ungewaschener Bauernarsch, wobei „salzen" die körperliche Züchtigung meint, also im Schpfw. die Prügelstrafe in Aussicht stellt). *(WBÖ I, 361, Jontes 21)*

Bauernbengel *m. (N)* Bez. und Schpfw. für groben, bäurischen Menschen. Vgl. Bengel (s. d.). *(WBÖ II, 1004)*

Bauernpienk *m. („-peank")* Schpfw. für geizigen alten Bauern; vgl. Pienk (s. d.). *(WBÖ III, 150)*

Bauernpinsch *m. (St)* Derbes Schpfw. für Bauer; vgl. Pinsch (s. d.). *(WBÖ III, 191)*

Bauernpoppel *m.* Siehe Poppel. *(WBÖ III, 611, Jontes 21)*

Bauernbraut *f. (W)* Scherzh.-abfällig für Frau, die der Arbeit aus dem Wege geht. *(Jakob 35)*

Bauernprotz *m.* Wie Protzenbauer (s. d.); stolzer Bauer. *(WBÖ II, 583, III, 1118)*

Bauernbub *m. („-bua“)* Als Schpfw. Bed. wie bei Bauer (s. d.), jedoch auf jüngere Person bezogen. *(WBÖ II, 589, Pfeiffer 39, Jontes 21)*

Bauernbüffel *m. (St, O)* Bez. und Rügewort für sturen Bauern. Siehe Büffel (s. d.). *(WBÖ III, 1318, Jontes 21)*

Bauernbumpf *m.* Siehe Bumpf. *(Jontes 21)*

Bauernbummerl *m.* Bez. für einen verwahrlosten, hässlichen Hund, einen Bastard, wie er auf Bauernhöfen als Haushund häufig war. Bummerl wird auch ein kleiner, zottiger Hund genannt (vgl. Bummerlhaus in Steyr, das als altes Hauszeichen einen Löwen in der Sicht der Volkskunst aufweist, der wie ein Hund aussieht). Bummerl tritt jedoch auch als Stiername auf und wird dann auf einen sturen, eigensinnigen Menschen übertragen. *(WBÖ III, 1363, Aman 28, UK 54, Jontes 21)*

Bauerntrampel *m.* Abfällig für bäuerliche weibliche Person; vgl. Trampel (s. d.). *(Pfeiffer 40)*

Bauernfänger *m. („-fanger“)* Betrüger, der die einst gegebene Unerfahrenheit des Bauern in städtischen Dingen ausnützt, um als Spieler, Händler u. dgl. zu Gewinn zu kommen. *(WBÖ II, 589, Küpper 58, Pfeiffer 40)*

Bauernfuchser *m.* Scherzh. Synonym für Advokat; fuchsen „jemanden quälen, schikanieren“. *(WBÖ I, 89)*

Bauernfünfer *m. (O)* Schpfw. für Landwirt, Menschen vom Lande, „gescherter B.“ Vielleicht nach dem alten Rechtsbrauch, fünf Bauern als geschworene Rechtssprecher in Fällen der niederen patrimonialen Gerichtsbarkeit einzusetzen. *(Pfeiffer 40)*

Bauerng(e)lumpert *n. (St)* Abfällige Kollektivbez. für den Bauernstand im Gegensatz zu den Städtern. „Gelumpe“ koll. für Lumpen. In einem volkstümlichen Merkvers heißt es: Dick bungert ist's Bauernglumpert, dünn und schlank is die Stadtposchon (= Person). *(Jontes 21)*

Bauerngretel *m. (St)* Bez. für Mädchen, Frau vom Lande im Gegensatz zur Städterin. (Vgl. auch „Gretelfrisur“ für als typisch bäuerlich angesehene Haartracht). Kurzform von Margarethe. *(UK 54, Jontes 21)*

Bauernlümmel *m.* Grobes hochsprachl. Schpfw. für ländlichen Menschen, sozial diskriminierend. Vgl. Lümmel (s. d.). *(Pfeiffer 40, Aman 30)*

Bauernmelker *m.* Scherzh. Synonym für Advokat, der den prozessierenden Bauern wie eine Kuh melkt. *(WBÖ I, 89)*

Bauernmensch *n.* Spöttisch bis grobe Bez. für Bauernmädchen. Vgl. Mensch *n.* (s. d.). *(Aman 30)*

Bauernrammel *m.* Als Schpfw. verstärkend für Bauer, Rammel (s. d.). *(Pfeiffer 40, Aman 30)*

Bauernsau *f.* Grobes Schpfw. für Bauern, ländlichen Menschen („blöde, grobe B.“). *(Pfeiffer 40, Aman 30)*

Bauernschädel *m.* Verstärkend für Bauer als Schpfw. unter Hinweis auf bäuerliche Starrköpfigkeit. Vgl. Schädel (s. d.). *(WBÖ II, 589, Pfeiffer 40, Aman 30)*

Bauernscheck *m. (St)* Schpfw. mit der Bedeutung „roher Kerl“, „Bauerntölpel“, wobei der Wortteil Bauer- abwertende Wirkung hat. „Scheck“ vielleicht Hinweis auf ein auffallend geschecktes Tier oder auf oberdt. Scheckel „Prügel, Stecken“. *(Grimm XIV, 2382, UK 54, Jontes 21)*

Bauernschinder *m.* Ursprünglich Bez. für den hartherzigen, die bäuerlichen Untertanen erbarmungslos unterdrückenden und aussaugenden Grundherrn, der ihnen bildlich wie der Schinder (s. d.) die Haut abzieht. In Tirol auch rügend-spöttisch für den Rechtsanwalt, der für Bauern Prozesse führt. *(WBÖ II, 589, Schatz II, 524)*

Pauggi *m. (K, N, W)* Unbest. Schpfw.; auch Lauspauggi *m.*; zu paggen „knicken, zerdrücken“ (wie etwa Laus oder Floh). *(WBÖ II, 604, Lexer, KWB 14, 19)*

Paukner *m.* Bez. für Schläger, Gewalttäter, einer, der seinen Gegner wie eine Pauke schlägt. *(WBÖ II, 605)*

Baum *m. (W)* Bez. für großen, „baumlangen“ Menschen; im Wiener Theaterjargon auch spöttisch für Statisten, Bühnenkomparsen, der stumm ist wie ein Baum der Bühnendekoration. *(WBÖ II, 620)*

Baumaffe *m. („-aff“)* Verstärkt für Affe. *(WBÖ I, 99, Küpper 58)*

Baumviech *n. (W, „Bam-“)* Bez. und Schpfw. für Dummkopf; eig. der Affe gemeint. *(Jakob 34)*

Baumölbrunzer *m. (K)* Spottname für jemanden, der nichts zustande bringt; Baumöl älter für Olivenöl. *(WBÖ III, 1192, Lexer, KWB 337)*

Baumschabel *m. („Bam-“)* Eher gutmütig gemeinte Bezeichnung für einen dummen, unbeholfenen, aber ungefährlichen Menschen, auch als Rügewort verwendet. Als Erklärung bietet sich entweder der Vergleich mit einem Gerät grober Arbeit, nämlich dem Baumschaber, einem Entrindeisen, oder mit dem Baumschaub an, einer Vogelscheuche, die man auf Obstbäumen anbrachte. *(Jakob 34, UK 56, Jontes 22, WStWB 156, Jungmair 42, Ziller 31)*

Baumwollleutnant *m. (W)* Scherzh. älteres soldatensprachl. Wort für den Gefreiten in der Armee, der wie ein Leutnant einen Stern, diesen jedoch nur in weißem Baumwollgespinst, auf dem Kragenspiegel trug. *(Jakob 34)*

Baunze *f.*, **Baunzerl** *n.* Bez. für dicke, kleine Person, auch Säugling, dickes Kleinkind; allg. etwas Knolliges, Wulstiges, vor allem Gebäck, Brot; vgl. auch Panzer (s. d.). *(WBÖ II, 688ff., Jakob 35, Jungmair 44, Ziller 33, Schatz I, 52, Schmeller I, 394)*

Pauser *m. (K)* Bez. für aufgeblasenen Menschen; Paus- wie in Pausbacke „etwas Aufschwellendes“. *(WBÖ II, 708)*

Baux, Bauxel, Bauxerl *n.* Leicht abfällige Bez. für kleine, rundliche Person, aber auch Kosewort für liebes Kind oder Tier. Zu Pausch „Schwellendes, Rundliches“; auch lat. pauxillus „winzig“ wird vorgeschlagen. *(WBÖ II, 734f., Pfeiffer 40, Wintersberger 14, Jakob 35, Teuschl 172, Jontes 22, WStWB 168, Ziller 33, 134, Jungmair 44)*

Pawlátschenprimadonna *f. (W)* Spöttisch für schlechte Sängerin, „Primadonna“ einer Vorstadtbühne, Bretterbühne (tschech. pavlač „Balkon, Hausumgang, Bühne“). *(WBÖ II, 740)*

Pawlátschentischler *m. (W)* Scherzhaft für Gerüstbauer. *(Teuschl 172)*

Pawlátschennymphe *f. (W)* Ähnlich wie zuvor. Nymphe scherzhaft für leichtfertige weibliche Person, vgl. Grabennymphe „Straßendirne am Wiener Graben“. *(WBÖ II, 740)*

Pax *m.* Bez. für dummen, auch nur spaßhaft-komischen Menschen, dazu auch runder, dicker Mensch, *(T)*, wie Fax (s. d.), ma. paxen „boxen“. *(WBÖ II, 740f., Lexer, KWB 19, Schatz I, 53)*

Patze *m.* (Dt. Sprachinsel Pladen). Bez. für Dummkopf; ital. pazzo „Narr“. *(WBÖ II, 503)*

Batzelschupfer *m. (St)* Kindl. Schpfw., das eine Person kennzeichnet, die sich nicht scheut, mit Vogelkot („Batzel“) herumzuspielen. *(UK 45, Jontes 22)*

Patzen I *m.* Klumpen, Klecks; in zahlreichen Zusammensetzungen als Schimpfwort. *(WBÖ II, 508ff.)*

Patzen II *m. (O)* Scherzh. Bez. für Schüler der ersten Klasse. *(WBÖ II, 510)*

Patzenjanker *m.* Bez. und Schpfw. für sich hochfahrend-frech („patzig“) gebenden Dummkopf. Der Männerrock „Janker“ steht für die ganze Person. *(WBÖ II, 515, Jakob 134)*

Batzenlippel *m.* Scheltwort für kleine Kinder, die sich beim Essen beklecken, angepatzt haben, auch für tintenbeschmierte Schüler. Wer sich anpatzte, hatte „Batzen“ zu gewärtigen, eine noch vor wenigen Generationen gebräuchliche Schulstrafe, die in Schlägen auf Finger oder Handrücken bestand. Beim Erwachsenenspott ist B. ein dummdreister Mensch. Vgl. auch Batzenlümmel (s. d.). Lippel ist die Kurzform von Philipp. Möglicherweise einst auch aktuelle Bezüge auf „Lipperl“, eine komische Bühnenfigur, einen Hanswurst auf dem Grazer Theater um 1760. Im Ennstal hieß ein älteres bäuerliches Kartenspiel das „Batzenlippelspiel“. *(Pfeiffer 39, Aman 31, Jakob 134, UK 45, 438, Jontes 22, WStWB 156, Jungmair 44, Schatz II, 392)*

Batzenlümmel *m.* Bez. für einen Geldprotz und aufgeblasenen Menschen. Hier treffen die Bedeutungen Batzen „Geldstück, einst gängige kupferne Vierkreuzermünze“, und patzig sein „sich stolz, protzig geben“, aufeinander. Als Geldprotz konnte der Batzenlümmel mit Batzen um sich werfen. *(UK 45, Jontes 22, Lexer, KWB 18)*

Patzenrübentonl *m. (W, „-ruabm-“)* Schpfw. für sich patzig machenden Dummkopf; auch für Vegetarier! Tonl ist Kurzform von Anton. *(Jakob 134)*

Patzer *m.* Bez. für Pfuscher, Stümper, einen, der etwas „verhaut“ hat. *(WBÖ II, 524f., Pfeiffer 306, Aman 31, Kapeller 120, Jakob 134, Teuschl 172, Jontes 22)*

Patzerl *n. (St)* Scherzhaft für dickes Kind, feistes („foastes“) P. *(WStWB 168)*

Bazi *m.* Schpfw. für frechen, aufdringlichen, auch skrupellosen Menschen; freundschaftlich-vertraulich gemeint, kann es auch anerkennend für Tausendsassa stehen. In seiner Etymologie dunkel, könnte das Wort der volkstümlich verkürzte Namen des Geistes Lumpazivagabundus aus Nestroys gleichnamiger Zauberposse sein. Ortsspott für Wiener als „Wienerbazi". *(WBÖ II, 744, Pfeiffer 40, Aman 30, Wintersberger 14, Kapeller 20, Teuschl 43, Jontes 22, Ziller 33)*

Patzin *f. (S)* Bez. für leichtfertiges Mädchen, das sich mit Männern einlässt. *(WBÖ II, 527)*

Patzler *m.* Spött. Bez. für Maurer *(N)*, Fleischhauer *(K)*, Greißler *(St)*, weil sie mit Mörtel, Fleisch usw. herumpatzen, -patzeln. *(WBÖ II, 528)*

Patzlerin *f.* Bez. für Wahrsagerin, die aus dem Kaffeesud, mit dem sie „herumpatzt", die Zukunft weissagt. *(WBÖ II, 528)*

Beamtenbesen *m. (K)* Spött.-abfäll. Bez. für einen Bauern, der den Beamten zu willfährig ist. *(WBÖ II, 1119)*

Pepihacker *m. (W)* Scherzhaft für Pferdefleischhauer, Pepi war beliebter Name der Wiener Fiakerpferde; vgl. auch Gigerer (s. d.). *(Wehle 88, Teuschl 173)*

Pecharsch *m.* Bez. für jemanden, der gerne sitzenbleibt, der „pickenbleibt". *(WBÖ I, 361, Pfeiffer 307)*

Pechtschegg *m. (T)* Abfällig-spöttische Bez. für Bergbauern, der hier pechbeschmutzt gezeigt wird. Vgl. Tschegg (s. d.). *(Schatz II, 658)*

Pechei *n. (S)* Bez. und Rügewort für unbeholfenes Geschöpf, dummes Kind. Viell. von Pech „Rotz, Nasenschleim". *(WBÖ II, 748f., Ziller 131)*

Becher *m. (St, N, S)* Schpfw., das allg. auf den Mann bezogen ist. Vielleicht vom Trinkbecher abgeleitete urspr. Bez. für den Mann als Alkoholiker. Möglich ist aber auch der Hinweis auf den durch seine Waldarbeit etwas unheimlichen Pechsammler (Pecher, Pecherer, Pechler). *(WBÖ II, 761, UK 57, Jontes 22f.)*

Pechvogel *m.* Mensch ohne Glück, einer, der Unglück anzieht. *(Küpper 172, Pfeiffer 307)*

Pechhäfen *m. (T, „-hafen")* Bez. für schmierigen Menschen. Vergleich mit dem Gefäß des Harzsammlers. *(WBÖ II, 757, Schatz I, 53)*

Pechhengst *m. (W)* Handwerkerspott für Schuster, nach dem Schusterpech als Klebstoff. Vgl. auch Papphengst (s. d.). *(WBÖ II, 757, Küpper 172, Pfeiffer 307, Petrikovits 63)*

Pechmarie *f.* Mädchen, Frau, die von Unglück verfolgt wird; nach der gleichnamigen Märchenfigur. *(Pfeiffer 307)*

Pechzarrer *m. (St)* Spottname für den Schuster, der mit Schusterpech hantiert. Ma. zarren, zahren „zerren, ziehen". *(WBÖ II, 757, UK 57, Idiotikon Rottenmann 1818, Jontes 23)*

Pedant *m.* Rügewort und Bez. für Haarspalter, umständlichen Menschen; frz. pédant „Schulmeister, Kleinigkeitenkrämer". Viele Synonyma für die Besitzer solcher als negativ empfundenen Charaktereigenschaften: Brosamentupfer, Tüpfler, Haftelbeißer, I-Tüpferlreiter, Minutenfuchser, Zipfelhuber (s. d.). *(WBÖ II, 799, Pfeiffer 307)*

Betbruder *m.* Abfäll. Bez. für frömmelnden, an äußerlichen Frömmigkeitsformen hängenden Mann. *(Grimm I, 1696, Schmeller I, 302, WBÖ II, 1139, Pfeiffer 45, Aman 33)*

Bettbrunzer *m.* Rügewort für unreife Kinder im Sinne von Bettnässer, auch für kindische, nicht ernstzunehmende Erwachsene; vgl. auch in derselben Bed. Bettseicher („-soacher" von seichen „urinieren"). Mangel an der Beherrschung körperlicher Funktionen wird hier wie in Bettscheißer (s. d.) ausgedrückt. In Wien Redensart „sich schämen wie ein B.". *(WBÖ III, 1192, Pfeiffer 45, Aman 34, Jakob 37, Teuschl 45, Jontes 23, Lexer, KWB 44, Schatz I, 114)*

Bettellotter *m. (St)* Abfällige Bez. für einen mittellosen alten Mann, Bettler, Vgl. Lotter (s. d.). *(UK 57, Jontes 23)*

Bettelrichter *m.* Älteres Schpfw. für Bettler u. dgl. (Judenburger Ratsprot., fol. 43. „Schölm und Diep und Bettelrichter"). Ursprünglich gab es in den Städten und Märkten einen von der Obrigkeit bestellten Bettelrichter, einen Bürger, der das Bettler- und Armenwesen im Ort regelte. Möglicherweise bezeichnete das Schpfw. im übertragenen Sinne eine Art Bettlerkönig. *(Grimm I, 1731, Pfeiffer 46 „Bettelvogt", UK 57, Jontes 23)*

Peter, gespreizte *pl. (O)* Regionalspottname, den die Landler (Bewohner des oö. Hausruckviertels) den Innviertlern wegen ihres selbstbewussten („gspreizten") Wesens geben. Peter als Spottname auch anderswo, auch in Zus., z. B. Affenpeter, Maulaufpeter, Pleschpeter, Dreckpeter, Fleckpeter, Fotzpeter, Höherpeter, Kleibenpeter, Krätzenpeter, Lauspeter, Leckerpeter, Nasenpeter, Rutschipeter, Schnarchpeter, Stehpeter, Sterzpeter, Stinkpeter, Struwwelpeter, Zappelpeter (s. d.), wohl vom Apostel Petrus abzuleiten, dessen Charakterschwäche in entscheidenden Situationen ihm in Legende und Volksglauben ein Odium des Spottes angehängt haben. *(WBÖ II, 1143, Pfeiffer 308, Jungmair 109)*

Betthase, -haserl *m.* Abschätzig für den weiblichen Teil einer rein sexuell bestimmten Liebesbeziehung; vgl. Hase (s. d.) für weibliches Wesen. *(Pfeiffer 46)*

Betthupferl *n.* Spöttisch für rein aufs Sexuelle hin gehaltene, meist junge Geliebte; nach dem Kindern vor dem Schlafengehen verabreichten Zuckerl, das das Zubettgehen erleichtern sollte. *(Pfeiffer 46f., Teuschl 45)*

Bedienerin *f. (W)* Spöttisch für Prostituierte, eine, die jemanden sexuell „bedient"; nach der Haushaltshilfe. *(Teuschl 43)*

Betjár *m. (B)* Spott- und Schpfw. für lügenhaften Menschen, Grobian, im Nationenspott auch für Ungar; ungar. betyár „Räuber, Wegelagerer". *(WBÖ II, 1146)*

Bettkatzerl *n. (St)* Scherzhaft für Kind, das sich gerne ins Bett hineinkuschelt. *(WStWB 169)*

Bettler *m.* Wie allg., jedoch auch abfällig für jemanden, der stets um etwas bittet, ebenso für geistig Minderbemittelten („ein so ein B."). *(WBÖ II, 1170ff., Pfeiffer 47, Aman 33)*

Betonkopf *m.* Abfällig für verbohrten, eigensinnigen Menschen, vor allem auf ideologisch fixierte Politiker bezogen. *(Pfeiffer 45)*

Betriebsnudel *f.* Scherzhaft für jemanden, der sich besonders um kollegiales Klima in einem Betrieb, Büro bemüht, ein „Mädchen für alles". *(Pfeiffer 45)*

Betschwester *f.* Abfällig im selben Sinngehalt wie Betbruder für Frömmlerin. *(Pfeiffer 45)*

Bettschwester *f.* Scherzhafte Umbildung des vorigen Wortes in Richtung Dirne. *(Küpper 60, Pfeiffer 45)*

Bettseicher *m. („-soacher")* Wie Bettbrunzer (s. d.); seichen „urinieren". *(Pfeiffer 47, Aman 34)*

Befel *f. (S, T)* Bez. für schwatzhafte Frauensperson; ma. befeln „schwätzen, plappern" (mhd. beffen „schelten, zanken"). *(WBÖ II, 801, 803f., Ziller 33, Schatz I, 54)*

Pefler *m. (T)* Bez. für zänkischen Mann; Etym. wie bei Befel (s. d.); auch für einen Gesichterschneider, einen, der „zannt". *(WBÖ II, 803f., Schatz I, 54)*

Paiterbub *m.* **-dirndl** *n. (T)* Bez. für schlimmen Buben, schlimmes Mädchen; nach dem Warnungsruf ma. pait du! „warte du (nur)!" *(WBÖ II, 932f., Schatz I, 58)*

Peitsche *f.* Bez. für liederliche Frauensperson, Hure, Prostituierte. Wohl wegen der früheren Art der dafür vorgesehenen Strafe des Auspeitschens. Dazu auch Peitscherlbub „Zuhälter" (s. d.). Vielleicht auch zu slaw. bič „Vulva" zu stellen. *(WBÖ II, 940 ff., Pfeiffer 307, Aman 28, UK 61, Jontes 23, Ziller 131)*

Peitscherlbub *m. („-bua")* Bez. und Schpfw. für Zuhälter, auch jugendl. Homosexuellen, Strichjungen. Bedeutete ursprünglich nur einen mit der Peitsche spielenden, damit auch einen Kreisel („Wolferl") antreibenden Knaben bzw. einen kindischen Jugendlichen. Jedoch ist auch Nähe zu Peitsche „Hure" (s. d.) zu beachten. Nach Jakob a. a. O. einst ein Halbnarr, eine stadtbekannte Wiener Straßengestalt. *(WBÖ II, 945, 1223, Wintersberger 62, Jakob 135, Wehle 82, Teuschl 172, Jontes 23, Jungmair 207)*

Peitscherlhusar *m. (W)* Spöttische Bez. für Trainsoldaten; vgl. Tschihü, Veigerldragoner (s. d.). *(Schuster 169)*

Bein *n. („Ban, Boan")* Ma. Bein „Knochen" wird übertragen auf einen Menschen, mit dem man Schwierigkeiten hat, der charakterlich problematisch ist, der bildlich also einen harten Knochen darstellt, an dem man schwer zu nagen („kiefeln") hat. Der Begriff wird besonders bei Frauen verwendet, wobei auch eine magere, dürre, knochige Person diesen Namen aus äußeren Gründen bekommen kann. Im Wienerischen auch „fideler Geist, lustiger Mensch". *(WBÖ II, 876f., Wintersberger 12, Jakob 34, Teuschl 39, Jontes 23f.)*

Peinäster *f. (S)* Schpfw. für lästige, Ärgernis erregende Person; zu Bein und Aas (s. d.), vgl. auch Ramanaster (s. d.). *(Ziller 131)*

Beinelbeißer *m. („Baanl-, Boandl-")* Spött. Bez. für armen, mageren, ausgehungerten Menschen, der nur Knochen abnagen kann. *(WBÖ II, 928)*

Beinelkrämer *m. (W, „Baanlkramer“)* Landstreicher, Sandler, der in Abfallbehältern nach Essbarem, vielleicht Fleisch an einem Knochen, sucht. Eigentlich der personifizierte Tod. *(Teuschl 39)*

Beinelstierer *m. (W, „Baanl-“)* Wie zuvor. Vgl. auch Stürler (s. d.). *(Teuschl 39)*

Beinergeist *m. (W, „Baaner-“)* Spöttisch für Menschen, der dürr wie ein Gespenst ist. *(Teuschl 39)*

(Ge)Beinergestell *n. („Boanergstell, Baner-“)* Scherz. Bez. für knochendürren, mageren Menschen. *(Teuschl 39)*

(Ge)Beinerhaufen *m.* Wie zuvor. *(WBÖ II, 889, Teuschl 39, WStWB 156)*

Beinhäusel *n. (W, „Ban-“)* Scherzh. Bez. für hageren Menschen; übertragen vom Beinhaus, dem Karner. *(WBÖ II, 889, Jakob 34)*

(Ge)Beinerhengst *m. (S, „Boaner-“)* Scherzh. für mageren Menschen, Knochengerüst. *(Teuschl 39, Ziller 37)*

Beiße *f. (S, „Beissen“)* Schpfw. für bissiges Weib. Wie Beißzange (s. d.). *(Ziller 33)*

Beißer *m.* Bez. für Mann oder Burschen mit ungehobeltem, forderndem Auftreten aggressiv-selbstbewusster Art; negativ belegt bis hin zu Strolch, Krakeeler; neuer in der Bed. strenger Ausbildner im Bundesheer, militärischer Vorgesetzter, der von seinen Untergebenen, aber auch von sich selbst alles fordert. Spöttisch einst damit die Angehörigen der Wiener Stadtwache bezeichnet. *(WBÖ II, 927, Pfeiffer 42, Wintersberger 14, Jakob 35, Petrikovits 20, Teuschl 44)*

Beißzange *f.*, **-zangl** *n. („-zangen“)* Schpfw. und Bez. für streitlustige, zänkische, bissige Frauensperson; nach dem Werkzeug. *(WBÖ II, 926, Pfeiffer 42, Jakob 224, Teuschl 44, Jontes 24)*

Beiwagen *m. (W)* Scherzhaft-spöttisch für Ehegattin. *(Teuschl 44)*

Beiwagerl *n.* Scherzhaft schülersprachlich für Probelehrer am Gymnasium, der im Gefolge des „einführenden“ Professors am Unterricht teilnimmt. Nach dem einst beliebten Beiwagen des Motorrades. Auch für Geliebte. *(Küpper 59, Wintersberger 14, Teuschl 44)*

Peckel *f. (T)* Abfäll. Bez. für kränkelnde, schwächliche Frau; wie Peckler (s. d.). *(WBÖ II, 776)*

Pecketzer *m. (S)* Bez. für jemanden, der in einem fort hustet; ma. pecken, pecketzen „husten“. *(WBÖ II, 797)*

Peckler *m. (T)* Abfäll. Bez. für kränklichen Menschen; ma. pecken „leise und anhaltend husten, hüsteln“. *(WBÖ II, 797, Schatz I, 54)*

Pelz *m. (T)* Schpfw. für groben Menschen, vgl. Schweinepelz (s. d.); auch ethnischer Spott der Sprachinseldeutschen gegen die Italiener. *(Schatz II, 698)*

Pelzbartel *m. (O)* Synonym für Schmutzfink; vgl. Bartel (s. d.). *(WBÖ II, 372)*

Pelzer *m.* Wie Halbpelzer (s. d.) für Dummkopf. *(WBÖ II, 985)*

Pelzgosche *f. (W, „-goschen“)* Scherzhaft für Bartträger. *(Teuschl 173)*

Pemperer *m.* siehe Pimperer.

Bemmer *(m. ?) (W)* Spöttische Bez. für dickes Kind. Vgl. Pommer (s. d.). Auch zu Bemmerl *n.* „Kotkügelchen". *(Jakob 36)*

Bemstel, Bemsel *m.* Bez. für Dummkopf aus ma. Bemstel „Pinsel, Einfaltspinsel", kann aber auch hochmütigen, eingebildeten Menschen bedeuten. Im gutmütigen Handwerkerspott steht „Meister Bemstel" scherzhaft für Maler und Anstreicher. *(WBÖ II, 1013ff., Wintersberger 62, Jakob 135, Teuschl 173, UK 65, Jontes 24, Ziller 132)*

Pemsterling *m. (O)* Bez. für dicken Menschen, wie Bamsterling, Wamsterling (s. d.). *(WBÖ II, 992)*

Pennäler *m.* Ursprünglich eher geringschätzig vor allem für Gymnasiasten, nach lat. penna „Feder, Schreibfeder" über studentensprachlich Pennal *n.* „Schule, Gymnasium". Später auch positiv gebraucht wie in der Bez. Pennalkorporation, Pennälerverbindung für farbentragende Vereinigungen von Mittelschülern. *(Küpper 172, Pfeiffer 307)*

Bendel *m. (St)* Bez. für Krüppel, verkrüppeltes Wesen. *(UK 65)*

Benel *n. (S)* Wie zuvor, kleiner Mensch, kleines Ding. Zu mhd. benne „Wagenkorb, Sitz auf einem Schlitten". *(WBÖ II, 1011, Ziller 34)*

Penft *m. (O, S)* Abschätzig für kleines Kind, Dreikäsehoch; auch Bez. für Sumpfmeise. Etym. dunkel, wohl kindersprachlich. *(WBÖ II, 1002f., Ziller 132)*

Bengel *m.* Bez. für großen, kräftigen, auch ungehobelten Mann; übertragen von Bengel „Knüttel, Dreschflegel" (mhd. bengel). Vgl. auch Bauernbengel, Kropfbengel (s. d.). Als Bez. für schlimmen Knaben aus der Schriftsprache. *(WBÖ II, 1003ff., Pfeiffer 42, Jakob 36, WStWB 156, Pohl 40)*

Penze, Penzer *f., m. („Penzen")* Bez. für einen ungeduldig drängenden, bittenden, mahnenden und deshalb lästig erscheinenden Menschen („Sei net so a Penzer!", „Du Penzer du!"). Aus älterem ma. beengetzen, einer Intensivbildung zu beengen „in die Enge treiben". In der Voitsberger Gegend auch für die Klümpchen aus getrocknetem Nasenschleim. *(WBÖ II, 1023f., Pfeiffer 42, UK 66, Jontes 24, WStWB 156)*

Penzeler *m. (T)* Bez. für leicht erregbaren Menschen, jemanden, der leicht „in Saft" gerät. Vgl. Penze (s. d.). *(WBÖ II, 1021)*

Benzinkutscher *m.* Spöttisch für Autofahrer; aus der Frühzeit des Automobilismus stammend. *(Küpper 59)*

Bercht, -el *f.* Die bekannte Brauchtumsgestalt; wegen der Verkleidung mit Lumpen auch auf hässliche, schlampig gekleidete Frau als Schpfw. übertragen *(T)*. *(WBÖ II, 1042, Pfeiffer 308, Pohl 40, Schatz I, 61)*

Perversling *m.* Schpfw. für Mann mit abartigen sexuellen Neigungen, auch Homosexueller; lat. perversus „verkehrt, verdreht". *(Pfeiffer 308)*

Bergbalg *m. (St)* Abfäll. Bez. für Mädchen, das sich gerne liebhaben lässt; auch für Drückeberger. *(WBÖ II, 120)*

Bergfex *m.* Scherzhafte Bezeichnung für einen eingeschworenen Alpinisten oder Bergwanderer. Vgl. Fex (s. d.). *(Pfeiffer 43, Jontes 24)*

Bersch *m.* Mehr abwertende Bez. für Knabe, jedoch nicht Bursche. Wird auch für unfolgsame kleinere Mädchen verwendet. Pl. Berschen. Ursprünglich ist damit der Barsch gemeint, dann in Anlehnung an Bursch gebildet. Stadtsprachlich. Auch erweitert zu Berschling *m. (WBÖ III, 631ff., Wintersberger 15, Jakob 36, Teuschl 44, Jontes 24)*

Berschling *m.*, siehe Bersch.

Person *f.* Auch abfällig gebraucht, um jemanden als Nichts zu charakterisieren. „Diese Person hat sich erlaubt ...". Mit zahlreichen Negativa verbunden wie etwa eingebildete, hässliche, lästige, langweilige, schlechte P. vor allem auf Frauen gemünzt. *(Pfeiffer 308)*

Persönchen *n.* Scherzhaft, auch anerkennend für weibliches Wesen, das klein ist und trotzdem seinen „Mann" stellt.

Berufsintrigant *m.* Scherzhaft für besonders versierten Ränkeschmied, besonders in Politiker- oder Beamtenkreisen.

Berufsjugendlicher *m.* Spöttisch für Funktionär parteipolitisch gebundener Jugendorganisationen, der über das jugendliche Alter hinaus noch den Jugendlichen mimt. *(Pfeiffer 60)*

Berufskatholik *m.* Abfällig für jemanden, der ohne große innere Anteilnahme sich vereinsmeierisch im Umfeld der katholischen Kirche bewegt.

Beschissterer *m.* Scherzhafte Umdeutung von Pfisterer (s. d.). *(WBÖ III, 63)*

Beschwichtigungshofrat *m.* Scherzhaft für jemanden, der Beschwerden und Kritik herunterspielt, um Optimismus zu verbreiten. *(Teuschl 44)*

Pestfetzen *m. (W)* Schpfw. für sehr hässliche Frau. *(Pfeiffer 308, Teuschl 173)*

Peste, Besti, Peschti *f.* Schpfw. für bösen Menschen, besonders weiblichen Geschlechts; lat., ital. bestia „Tier, Untier", auch lautl. Nähe zu Pest. *(WBÖ II, 1130f., Pfeiffer 45, Jakob 36, Schatz I, 63)*

Pestgrammel *f. (W)* Wie Pestfetzen (s. d.). Vgl. Grammel (s. d.). *(Teuschl 173)*

Pesthase *m. (W, „-has")* Wie zuvor; auch Ratte. *(Teuschl 173)*

Besen *m.* Bez. und Rügewort für widerborstigen Menschen, bes. auch ungepflegte, widerspenstige Frauensperson; Vergleich mit dem Hausgerät. *(WBÖ II, 1119, Küpper 60, Pfeiffer 44, Aman 33, Jontes 24, Ziller 34, Jakob 36, Petrikovits 21)*

Besuff *m. („Bsuff")* Bez. und Schpfw. für Mann, der gerne trinkt, der sich eben betrunken hat, Alkoholiker im allg. Zu saufen. *(Wintersberger 17, Teuschl 54, Hager 11, UK 72, Jontes 24, Pohl 37)*

Beutegermane *m.* Scherzhaft für „Angehörige anderer, vor allem osteuropäischer Staaten, die während der nationalsozialistischen Herrschaft als Deutsche anerkannt wurden" (Pfeiffer a. a. O.). Spöttisch nannte man so auch

NS-Politiker wie Goebbels, selbst Hitler, die keineswegs dem propagierten Idealbild eines Germanen entsprachen; im selben Sinne wurde von den „Fußkranken der Völkerwanderung“ gesprochen, die in Deutschland zurückgeblieben seien. *(Pfeiffer 47)*

Beutel *m.* Bez. und Schpfw. für dummen und läppischen Mann; notiger B. für Geizhals. Pars pro toto vom Hodensack auf den ganzen Menschen übertragen. Auch in etlichen zusammengesetzten Schpfw. (Hurenbeutel, Nissenbeutel, Flohbeutel, s. d.). *(WBÖ II, 710ff., Pfeiffer 47, Aman 28, Wintersberger 14, Jakob 37, Teuschl 43, Jontes 24)*

Beutelvieh *n. (W)* Gemeiner Mensch. *(Teuschl 43)*

Beutelschneider *m.* Hochsprachl. für geldgierigen Betrüger, Profitmacher auf Kosten anderer; urspr. der Dieb, der den Geldbeutel, der bei der innentaschenlosen Männertracht noch am Gürtel hängend getragen wurde, verstohlenerweise abschnitt und so an sich brachte. *(Grimm I, 1753, WBÖ II, 721, Küpper 61, Aman 28)*

Beutelzucker *m. (St)* Älteres Schpfw. in der Bed. „Dieb“, einer, der einem den Geldbeutel entreißt. Mhd. zucken „an sich reißen, stehlen, rauben“. *(UK 73, Jontes 24)*

Beugel *pl. (N)* Spottbez. für alte Leute, die schon recht gebeugt daherkommen; eig. eine wie ein Kipfel gebogene Mehlspeise mit verschiedenartiger Fülle, z. B. Nuss-, Mohnbeugel. *(WBÖ II, 597)*

Beuschel *n.* Scherzh.-abfäll. Bez. für Mädchen mit schlechtem Ruf; nach den Innereien als etwas Minderwertigem. *(WBÖ II, 700)*

Beuscheltandler *m.* Abfällige Bez. und Gewerbespott für Kleingastwirte, die als warmes Essen bestenfalls ein Beuschel (Innereien, Speise aus geschnittenen und gekochten Lungen) anzubieten haben. Tandeln „Kleinhandel treiben“. *(WBÖ II, 703, UK 56, Jontes 24)*

Beuschelreißer *m.* Bez. und Schpfw. für einen Wucherer, Ausbeuter, auch Advokaten, der seinen Opfern quasi die Eingeweide („Beuschel“ für Lunge) herausreißt. Auch auf minderwertige Zigaretten übertragen (etwa Austria III), die einem förmlich die Lunge zerreißen, ebenso auf starken Schnaps. *(WBÖ I, 89, II, 703, Teuschl 45, UK 56, Jontes 25, Jungmair 44)*

Petz, Petzel *m., n.* Bez. für einen dicken Menschen, auch kleinen Buben *(K)*; übertragen von der Bez. für ein zu Mastzwecken kastriertes männliches Schwein. Wohl Koseform von (Sau)Bär. *(WBÖ II, 1174, UK 59, Jontes 25, Pohl 41, Ziller 132)*

Petzer *m.* Schpfw. und Bez. für einen, der jemanden verpetzt, anzeigt, verrät; über das Rotwelsch aus hebr. pazah „den Mund auftun“. *(Kluge 540, Pfeiffer 309)*

Pfaderer *m.* Wie das folgende Wort. *(Teuschl 174)*

Pfadschaß *m.* Spöttisch-abfällige schülersprachl. Bez. für Pfadfinder, sowohl die Gesamtorganisation als auch der Einzelne damit gemeint. *(Jontes 25)*

Pfaffe *m. („Pfaff")* Verächtl. für Priester, Kleriker, urspr. wertneutral; einst auch spöttisch für einen nach Priesterart glattrasierten Mann; got. papa „Geistlicher" aus griech. papas „ds.". *(Kluge 540, WBÖ III, 4, Küpper 173, Pfeiffer 309)*

Pfaffenbankert *m. (S)* Altes Schpfw. im Sinne von „Kind, das von einem Geistlichen gezeugt wurde"; siehe Bankert. *(Ziller, Schelmen 384)*

Pfaffenhure *f. (S)* Altes Schpfw. für Frau, der ein Verhältnis mit einem Geistlichen nachgesagt wird. *(Ziller, Schelmen 381)*

Pfäffin *f.* Älter für Konkubine, auch Hexe; ursprünglich damit Pfarrersliebchen gemeint. *(WBÖ III, 5, Schatz I, 65)*

Pfacker *m. (K)* Bez. für schmutzigen, unbeholfenen, blödsinnigen Menschen; ma. pfackern „brodeln, sieden" (lautm.). *(WBÖ III, 2)*

Pfahlkalb *n. (V)* Schpfw. für dummen, ungeschickten Burschen. *(Jutz I, 325)*

Pfandler *m. (T)* Spött.-rügend für Knaben, der in die Hosen macht, auch Schwächling; Syn. Hosenpfandler. *(WBÖ III, 13, Schatz I, 66)*

Pfanntrittling *m. (O)* Bez. für Person, die jemanden unabsichtlich gekränkt, beleidigt hat; entspr. „ins Fettnäpfchen steigen", hier „in die Pfanne treten". *(Jungmair 208)*

Pfanne *f. (N, „Pfann")* Schpfw. für alte Frau, im Sinne von „altes Geschirr". *(WBÖ III, 10, Pfeiffer 309)*

Pfarrerlehrbub *m. (St)* Scherzhaftes Syn. für Priesterseminaristen, Kleriker.

Pfasterer *m. (K)* Abfäll. Bez. für starken Raucher oder jemanden, der unvorsichtig mit Feuer umgeht, auch für Pfuscher, Faulpelz; ma. pfastern „brutzeln" (lautm.). *(WBÖ III, 22)*

Pfau *m.* Spöttisch für recht eitle, stolze Person, die mit Charaktereigenschaften ausgestattet ist, die man dem männlichen Prachtvogel zuschreibt; lat. pavo. *(Pfeiffer 310)*

Pfaunzerl *n. (S)* Bez. für kleine Person, auch kleines Gebäck. Lautl. Nähe zu Baunzerl (s. d.). und Pfanne. *(Ziller 132)*

Pfetterer *m.* Verächtl. für alten Mann im Sinne von „alter Scheißer"; ma. pfettern „brodeln, furzen" (lautm.). *(WBÖ III, 55)*

Pfeffersack *m.* Einst abfällige Bez. für Kaufmann, nach dem überaus kostbaren Handelsgut; heute vor allem für saturierten Bürger, selbstgefälligen Philister verwendet. *(Grimm XIII, 1639, Kluge 542, Küpper 173, Pfeiffer 310)*

Pfeidgeist *m. (T, „Pfoad-")* Scherzh.-rügend für Büblein, das nur im Hemd (ma. Pfeid *n.*) herumläuft. *(Schatz I, 65)*

Pfeidschwaderer *m. (T, „Pfoad-")* Wie zuvor; ma. schwadern „herumplätschern". *(Schatz II, 559)*

Pfeife *f.* Bez. für Nichtskönner, Ignorant, Dummkopf. Angeblich aus Berlin eingewandert. Vielleicht im Sinne der Redensart „nach der Pfeife tanzen". *(WBÖ III, 31, Pfeiffer 310, Kapeller 122, Jontes 25)*

Pfeifendeckel *m.* Scherzh. für Offiziersbursche, -diener in der alten k. k. Armee. *(Küpper 173, Pfeiffer 310, Jakob 136, Teuschl 174, Schatz I, 67)*

Pfeifenstürer *m. (W, „-stierer")* Schpfw. für heimtückischen, hinterhältigen Menschen; vom Reinigungsgerät für die Tabakspfeife. *(Teuschl 174)*

Pfeifer *m.* Gaunersprachl. verächtl. für einen Verräter bzw. Komplizen, der gestanden („gepfiffen"), jemanden verraten („verpfiffen") hat. *(WBÖ III, 36)*

Pfennigfuchser *m. („Pfenning-")* Verächtl. für Geizhals, Knauser; ma. fuchsen „reiben, scharren, quälen". *(Jakob 136, Schuster 117)*

Pfenze *m. (T)* Abfäll. Bez. für Nörglerin, auch dickes Weib; ma. pfenzen „nörgeln" (lautm.). *(WBÖ III, 51)*

Pfenzer *m. (T)* Bez. für zudringlichen Menschen; Etym. wie zuvor. *(WBÖ III, 51)*

Pferdenarr *m.* Spöttisch für übertriebenen Freund des Reitsports. Vgl. Narr (s. d.). *(Pfeiffer 310)*

Pferderl *n. (W)* Abfäll.-scherzh. Bez. für Dirne, Prostituierte; vor allem Straßendirne; ein Zuhälter hat einige P. „laufen", d. h., sie gehen für ihn ihrem Gewerbe nach; bildlicher Vergleich mit einem Rennstallbesitzer, der aus seinen Pferden durch Rennsiege finanzielle Gewinne zieht. *(WBÖ III, 17, Küpper 174, Pfeiffer 310, Wintersberger 63, Teuschl 174)*

Pferscher *m.*, siehe Pfirsich. *(Teuschl 174)*

Pfester *f. (T)* Rügewort für schlechte Näherin; ma. pfestern „stümperhaft arbeiten". *(WBÖ III, 53)*

Pfeserer *m. (K)* Abfäll. Bez. und Rügewort für brummelnden, übelgelaunten Menschen; ma. pfesern „brodeln" (vgl. Brodler s. d.). *(WBÖ III, 53)*

Pfitsch *m. (K)* Schpfw. für hochnäsiges Mädchen, Kind; ma. pfitschen „davonhuschen". *(WBÖ III, 63f., Lexer, KWB 26)*

Pfitschel *n. (S, „Pfitschei")* Spött. Bez. für dummes, kleines Mädchen. Etym. wie zuvor. *(Ziller 133)*

Pfitschale *n. (K)* Schpfw. für eingebildetes, auch flatterhaftes Mädchen. *(Pohl 41)*

Pfiengge *f. (T)* Schpfw. für umständliche, unbeholfene Frau. *(Schatz I, 69)*

Pfifferling *m. (N)* Bez. für schlauen, aber sonst unbedeutenden Menschen; eig. das Eierschwammerl, inhaltlich zu pfiffig. *(WBÖ III, 59)*

Pfiffikone *m.*, **-oni** *(W, St)* Bez. für Pfiffikus, listigen, schlauen Menschen; pfiffig „schlau" + ital. vergrößernde Silbe -one. *(WBÖ III, 60, Schuster 118, UK 77)*

Pfiffikus *m.* Wie zuvor; wahrsch. urspr. studentensprachl. Pfiff + lat. Endung -icus. *(WBÖ III, 60, Pfeiffer 310)*

Pfickerl *n. (T)* Bez. für lebhafte Person, wörtl. Pfeife; ma. pficken „pfeifen" (lautm.). *(WBÖ III, 56)*

Pficketze *f.* **-er** *m.* Abfällige Bez. für kicherndes Mädchen bzw. für ebensolchen Mann; ma. pficketzen „schrill pfeifen" von pficken „pfeifen". *(WBÖ III, 56f.)*

Pfingstbloch *m. (N)* Langschläfer am Pfingstsonntag, der einst im Rahmen eines Rügebrauches in Birkenzweige eingehüllt durch den Ort geführt wurde; vgl. Pfingstlucke (s. d.). *(WBÖ III, 422)*

Pfingstböhnel *m. (K, „-beanl")* Wie zuvor; siehe Pfingstlucken. Böhnel Verkleinerungsform von Bohne. *(WBÖ III, 602f.)*

Pfingstdreck *m. (T)* Ältere Sprache für einen, der bei etwas zu spät kommt; wohl Zusammenhang mit dem Pfingstrügewort, vgl. Pfingstlucke (s. d.). *(Schatz I, 70)*

Pfingstlotter *m. (St)* Wie Pfingstlucke (s. d.); vgl. auch Lotter (s. d.). *(UK 77)*

Pfingstlucke *f.* Scherzhaft-tadelnde Bez. für denjenigen, der am Pfingstsonntag als Letzter aufwacht bzw. aufsteht. Bei diesem einst im bäuerlichen Milieu geübten Rügebrauch wurde dem Langschläfer eine Spottkrone aus Laub oder Brennnesseln aufgesetzt. Dazu wurde auch den Mädchen von den Burschen eine Fetzenpuppe („Pfingstlotter") auf das Hausdach oder vor das Fenster gesetzt. Ursprünglich verstand man unter der Pfingstlucke das sog. Heiliggeistloch in der Decke des Kirchenschiffes, durch das in der Zeit vor den josephinischen Reformen zu Christi Himmelfahrt der „Auffahrts-Christus", eine Holzfigur des Heilands, hinaufgezogen bzw. zu Pfingsten eine hölzerne Heiliggeisttaube herabgelassen wurde. Synonym auch Pfingstnudel *f.*, womit das Liegenbleiben im Bett wie das einer Nudel im Topf ausgedrückt wird. Viele andere Synon. *(UK 77, WBÖ III, 61, Jontes 25)*

Pfingstlümmel *m. (O, S)* Wie Pfingstlucke (s. d.). In Salzburg auch die Spottfigur aus Stroh und Lumpen, die den „gefallenen" Mädchen in der Pfingstnacht von den Burschen vor das Fenster gesetzt wurde; vgl. auch Lümmel (s. d.). *(Jungmair 209, Ziller 133, Jutz I, 334)*

Pfingstnigel *m. (St)* Wie Pfingstlucke (s. d.); vgl. auch Nigel (s. d.).

Pfingstnudel *f. (St)* Wie Pfingslucke (s. d.).

Pfingstochse *m. („-ochs")* Wie Pfingstlucke(?) (s. d.); auch für einen sehr geputzten Menschen *(S, „aufkranzt wie ein P.")*, der mit einem zu Pfingsten für den Almauftrieb geschmückten Ochsen verglichen wird. *(Pfeiffer 310, Ziller 133)*

Pfirsich *m. (W, O, „Pferscher")* Schpfw. und Bez. für Dummkopf, Menschen mit großem Kopf, unbeholfenen, einfältigen Mann; vulgärlat. persica „Baum aus Persien", mhd. pfersich. *(WBÖ III, 53, Petrikovits 64, Teuschl 174)*

Pfistel *f. (S)* Schpfw. für alte Frau; vgl. auch Pfisterer, Pfiesel (s. d.). *(Ziller 133)*

Pfistere *f. (N, „Pfistern")* Bez. für alte Nörglerin; von Pfisterer (s. d.). *(WBÖ III, 63)*

Pfisterer *m.* Bez. für Stümper, auch tückischen Menschen. Lat. pistor „Bäcker", mhd. pfister „Klosterbäcker"; im Schpfw. kommt der alte soziale Gegensatz zwischen dem zunftgebundenen Handwerker und dem unzünftigen, störenden Klosterhandwerker zum Ausdruck. Umdeutung auch scherzh. in Beschissterer *m. (WBÖ III, 63, Teuschl 174)*

Pfiesel *m. (T)* Schpfw. unbest. Bed., Herkunft dunkel. *(WBÖ III, 57, Schatz I, 69)*

Pflader *f.* Bez. für dickes, unbeholfenes Frauenzimmer; zu Fladen; vgl. auch Pflodel (s. d.). *(Ziller 133, Jutz I, 337)*

Pflacke *f.*, auch **Flacke** *f.* Bez. für dicken Menschen. *(WBÖ III, 65)*

Pfläntsche *f. (V)* Bez. für unförmig dicken Menschen. *(Jutz I, 335)*

Pflanzbeutel *m. (B, N)* Bez. für eitle, angeberische, „pflanzerische" Person; vgl. Pflanzer, Beutel (s. d.). *(WBÖ II, 714)*

Pflanze *f.*, **Pflanzerl** *n.* Schpfw. für unbekümmerte, liederliche Person, Tunichtgut. *(WBÖ III, 66, Pfeiffer 310f., Jutz I, 335)*

Pflanzer *m.* Bez. und Rügewort für jemanden, der andere hänselt, in frecher oder scherzhafter Weise an der Nase herumführt. Zu mhd. pflanzen „zieren, schmücken" (etwa mit der Narrenkappe), ma. pflanzen „hänseln", auch „Großtuer". *(WBÖ III, 69, Jakob 136, Jontes 25)*

Pflanzmajor *m. (W)* Bez. für Großtuer, Schwindliger, Lügner; ma. Pflanz *m.* „Lüge, Schwindel". *(Jakob 136)*

Pflanzreißer *m. (W)* Wie zuvor. *(Jakob 136, Teuschl 175)*

Pflanzritter *m. (W)* Wie zuvor. *(Jakob 136)*

Pflaster *n.* **Pflasterl** *n.* Abfäll. Bez. und Schpfw. für Mädchen, aber auch für jemanden mit als lästig empfundener übergroßer Anhänglichkeit, der an einem wie ein Pflaster klebt; auch für dickes, schwerfälliges Mädchen *(S)*. *(WBÖ III, 71, Ziller 133, UK 78, Jontes 25, WStWB 156, 161, Jutz I, 336)*

Pflastertreter *m. (St)* Scherzh. für jemanden, der nur in der Stadt, auf dem Stadtpflaster herumgeht, auch für schweres Schuhwerk. *(Pfeiffer 311)*

Pflasterhirsch *m. (W)* Scherzhaft-spöttisch für Prostituierte. *(Teuschl 175)*

Pflasterling *m.* Bez. und Schpfw. für faulen, trägen Menschen, urspr. Kuhfladen; vgl. Pflaster (s. d.). *(WBÖ III, 74, Schatz I, 71, Ziller 133)*

Pflasterschmierer *m.* Scherzhafte oder auch herabsetzende Bez. für Bader, Apotheker, Sanitäter. Von der einstigen Herstellung der Heil- und Zugpflaster (lat. emplastrum) abgeleitet, bei der ein Leinwandfleck mit der wirksamen Pflastermasse bestrichen, beschmiert wurde. *(Grimm XIII, 1728, UK 78, Jakob 136, Jontes 25f.)*

Pflastersibylle *f. (V)* Bez. für geschwätzige Frau, soviel wie eine, die ihre Prophezeiungen auf der Straße kundtut. *(Jutz I, 336)*

Pflaume *f.* Bez. und Schpfw. für unfähigen, dummen Menschen, Versager; umgangssprachl., aus Norddeutschland eingewandert. *(Pfeiffer 311)*

Pflausler *m. (W)* Schpfw. für Schwätzer, Großsprecher, Maulhelden. *(Teuschl 175)*

Pfleger *m. (K)* Bez. für faulen Menschen; ma. sich pflegen „faulenzen", wohl auch Erinnerung an die Pfleger „Verwalter von Grundherrschaften". *(WBÖ III, 81)*

Pflitter *f.* Bez. für stets lachende Frau. *(Jutz I, 340)*

Pflodel *n. (S)* Bez. für dickes Weib; vgl. auch Pflander, Pfluder (s. d.). *(Ziller 134)*

Pflotsche *m. (T)* Bez. für schwerfälligen Menschen, übertragen vom Filzpatschen, Hausschuh; ma., pflotschig „ungeschickt". *(WBÖ III, 84, Jutz I, 341)*

Pflock *m.* Fast anerkennend, aber mit leicht spöttischem Unterton für starken, muskulösen Mann. *(Pfeiffer 311)*

Pfluttel *f.*, **Fluttel** *f. (T)* Bez. für dicke Frau; ma. pfluttern „brodeln, Blasen werfen" (lautm.). *(WBÖ III, 91, Schatz I, 72, Jutz I, 341)*

Pfluder *f. („Pfludern")* Bez. für ungeschickte Frau; ma. pludern „plätschern, flattern; aufgedunsen sein". *(WBÖ III, 445, Teuschl 175)*

Pflutter *f. (S, „Pfludern")* Wie zuvor. *(Ziller 134)*

Pflutsche *f.* siehe Pflotsche, Plotsche.

Pfluftel *f. (St)* Bez. für Dummkopf; Kontaminationsform.

Pfnattel *f. (T)* Schpfw. für Frau, Weib; ma. pfnatten „sieden, brodeln" (lautm.). *(WBÖ III, 94)*

Pfnatsche *f.* **-el** *f. (T)* Bez. und Schpfw. für ungeschickte Frau; ma. pfnatschen „schmatzen, knattern" (lautmalend). *(WBÖ III, 93, Schatz I, 72)*

Pfnacke *f. (T)* Bez. und Schpfw. für nachlässiges, ungeschicktes, dickes Frauenzimmer, auch schwer atmende Frau; ma. pfnacken „glucksend, schmatzend tönen" (lautm.). *(WBÖ III, 91, Schatz I, 72)*

Pfarze *m. (T)* Bez. für kleinen, gedrungenen Knaben, auch für im Wachstum zurückgebliebenen Menschen. Herkunft dunkel. *(Schatz I, 72)*

Pfnäster *m. (V)* Jemand, der stets keucht, ächzt. *(Jutz I, 342)*

Pfnauder *f. (T)* Bez. für dummes, unbeholfenes Weib, auch schwerhörige, schwachsinnige Frau; ma. pfnattern „knallen, furzen" (lautm.). *(WBÖ III, 94, Schatz I, 72)*

Pfnauser *m. (N, O)* Bez. für dicken, protzigen Menschen; ma. pfnausen „schnauben" (lautm.). *(WBÖ III, 95)*

Pfnetscher *m. (T)* Scherzhaft für jemanden, der viel und ausdauernd niest; ma. pfnetschen „knallen, niesen" (lautm.). *(WBÖ III, 98)*

Pfniher *m. (T)* Bez. für kurzatmige, asthmatische Person; ma. pfnihen „schwer atmen" (lautm.). *(WBÖ III, 98)*

Pfnise *m. (T)* Wie zuvor, auch schwächlicher Mensch; ma. pfnisen „schnauben, hart atmen". Vgl. auch Pfnüser (s. d.). *(Schatz I, 73)*

Pfnotte *f. (O, „Pfnotten")* Bez. für Frau, die sich häufig und gern in den Schmollwinkel zurückzieht; ma. pfnotten „brodeln". *(Jungmair 210)*

Pfnotterer *m.* Bez. für Griesgram, Sauertopf, mürrischen Menschen. Zu ahd. pfnatten „sieden, brodeln". Nähe zu ma. pfuttern „keifen". *(WBÖ III, 101, UK 79, Jontes 26)*

Pfnotsche *m. (B, „Pfnotschen")* Bez. und Rügewort für ungeschickte, schlampig gekleidete Frau; ma. pfotschen „den Mund weinerlich verziehen" (lautm.). *(WBÖ III, 99)*

Pfnotschel *n. (S)* Bez. und Rügewort für dummes, tölpelhaftes Mädchen; vgl. Pfnotsche (s. d.). *(Ziller 134)*

Pfnock *m. (O)* Bez. und Rügewort für unfreundliche Frauensperson; ma. pfnocken „mit Fäusten stoßen". *(WBÖ III, 98)*

Pfnorgg *m. (T)* Bez. für kleinen, dicken Menschen; Etym. dunkel. *(Schatz I, 72)*

Pfnorz *m.*, **-e** *m.*, **Pfnortsch** *m. (T)* Bez. für kleinen, dicken Buben oder Menschen, der im Wachstum zurückgeblieben ist; Etym. dunkel. *(WBÖ III, 99, Schatz I, 72)*

Pfnostel *m. (N)* Scherz. Bez. für dicken, pausbäckigen Buben, auch Mann; ma. pfnasten „schwer atmen" (lautm.). *(WBÖ III, 99)*

Pfnucker *m. (T)* Bez. für Person, die verhalten lacht; ma. pfnucken „verhalten lachen" (lautm.). *(WBÖ III, 101)*

Pfnurre *f. (W, „Pfnurren")* Bez. für alten, langweiligen Menschen; eigentlich ist der Brummkreisel damit gemeint; ma. pfnurren „brummen, schnurren". *(WBÖ III, 102)*

Pfnüser *m. (T)* Bez. für schwer atmenden, schwachen Menschen; ma. pfnusen „schnauben, schwer atmen"; vgl. auch Pfniher, Pfnise (s. d.). *(WBÖ III, 103)*

Pfott *f. (T)* Schpfw. für Mädchen; wohl Kontamination aus Pfote und Fut (s. d.). *(Schatz I, 74)*

Pfocker *m.* (*T*, *K*) Bez. für langsam und uneffektiv arbeitenden, hilflosen und ungeschickten Menschen; ma. pfocken „schlagen, stoßen, langsam sein". *(WBÖ III, 105)*

Pforzer *m.* Schpfw. für Furzer, auch Dummkopf. *(Teuschl 175)*

Pfostel *m. (W)* Siehe Pfosten (s. d.). *(Jakob 136)*

Pfosten *m.* Bez. für dicken, schweren Menschen, auch Tölpel, gaunersprachl. auch Tölpel, ehrlicher Mensch; in Bezug auf die körperliche Konstitution teilweise auch im anerkennenden Sinne für einen athletisch gebauten Mann. *(WBÖ III, 108, Petrikovits 64, Teuschl 175)*

Pfrelli *m. (T)* Abfäll. Bez. für unansehnlichen Knaben; ma. pfregeln „abmagern". *(WBÖ III, 112, Schatz I, 74)*

Pfriem *m. (T)* Bez. für lästiges Kind, wohl Vergleich mit dem stechenden Werkzeug. *(Schatz I, 75)*

Pfrienker *m.*, siehe Prienker.

Pfründner *m.* Spött. Bez. für schwerfälligen, unentschlossenen Menschen, Stümper, Dummkopf, auch abfäll. für Gemeindearmen. Lat. provendarius, praebendarius „Inhaber einer Pfründe, geistlichen Stiftung", mhd. phründaere; in jüngerer Zeit auch abfällig für Inhaber einer politischen Pfründe, Sinekure. *(WBÖ III, 117, Teuschl 175, Schatz I, 75)*

Pfuchetze *f. (S, „Pfuchetzen")* Bez. und Rügewort für Frau, die viel lacht; ma. pfuchetzen, „verhalten lachen"; vgl. auch Pfucketze (s. d.). *(WBÖ III, 118)*

Pfude *m. (V)* Derbes Schpfw. wie Hundsfott, schamloser Mensch. *(Jutz I, 344)*

Pfuttel *f. (T)* Spottbez. für lächerlich, übertrieben modisch gekleidete, auch sonderbar angezogene Person, ma.

pfuttern „lachen". *(WBÖ III, 127, Schatz I, 76)*

Pfutterer *m.* Bez. für jemanden, der unterdrückt schimpft, halblaute, giftige Bemerkungen ausstößt, sich über etwas erregt. Ursprünglich in der Bedeutung „unterdrückt lachen, kichern" (ahd. pfnuten „anschnauben") mit späterem Bedeutungswandel. *(WBÖ III, 127, Grimm XIII, 1786, Jontes 26)*

Pfütschele *n. (K)* Bez. für schnippisches Mädchen. *(Lexer, KWB 26)*

Pfufeler *pl. (T)* Ortsspott für die Bewohner des Sanna- und Inntales, weil der Sterz dort angeblich mit so wenig Fett gekocht wird, dass man ihn wegblasen kann; ma. pfufen „blasen, wegblasen" (lautm.).*(WBÖ III, 120)*

Pfuketzer, Pfuketze *m., f.* Bez. für einen Menschen, der gerne kichert. „Pfuketzen" ist Intensivbildung zu pfuchen „verhalten lachen, kichern". *(WBÖ III, 119, UK 80, Aman 107f., Jakob 136, Jontes 26, Jungmair 211)*

Pfummerl, Pfummerling *n., m. (St)* Bez. für einen Menschen, der oft und leicht schmollt, „eingeschnappt" ist. In der Oststmk. vor allem auf Frauenpersonen angewendet. Herkunft dunkel. *(UK 80, Jontes 26)*

Pfundarsch *m. (O)* Spottwort für Menschen mit breitem Gesäß, gewichtigem Hinterteil. *(WBÖ I, 361)*

Pfundhammel *m. (S)* Schpfw. für einen schweren, dicken Mann, Pfund als Gewicht, vgl. auch Hammel (s. d.). *(Ziller 134f.)*

Pfundlaibler *pl. (V)* Spottname für die Einwohner von Buch/Vorarlberg. *(Jutz I, 346)*

Pfundloch *n. (S)* Derbes Schpfw. für Frau; Pfund für Gewichtigkeit, körperliche Schwere; Loch für Vulva pars pro toto. *(Ziller 135)*

Pfunz *f. (T)* Bez. und Schpfw. für übelgelauntes Frauenzimmer; zur Herkunft vgl. Funze (s. d.), auch nangete P. „zuwidere Frau". *(Schatz I, 76, II, 445)*

Pfunze *m. (T)* Bez. und Rügewort für langweiligen Menschen. *(Schatz I, 76)*

Pfurre *f. (V)* Bez. für unfreundliche Frau. *(Jutz I, 346)*

Pfurfel *f. (T)* Abschätz. Bez. für zierliches, kleines Mädchen, schlecht entwickeltes Wesen; ma. pfurren „sich schnell bewegen". *(Schatz I, 76)*

Pfuscher *m.* Als Schpfw. hauptsächlich für jemanden verwendet, der etwas nicht zustande gebracht, schlecht gemacht oder „verhaut" hat. Ursprünglich damit ein nicht zünftiger, heute auch ein nicht gewerbeberechtigter Handwerker gemeint. *(WBÖ III, 125, Küpper 174, Pfeiffer 311, Aman 108, Kapeller 123, Teuschl 175, Jontes 26, Schatz I, 76)*

Pfuste *f. (V)* Bez. für dicke, schnaufende Frau; zu pusten „atmen, blasen". *(WBÖ III, 126, Jutz I, 348)*

Pfustel *f. (St)* Bez. für ungepflegten, unsauberen Menschen beiderlei Geschlechts; zu pfui? *(WBÖ III, 126)*

Pfusterer *m. (N)* Bez. für Pfuscher, Stümper; ma. pfustern „nutzlos arbeiten, herumtändeln". *(WBÖ III, 126)*

Pfuse *m. (T, V)* Bez. und Rügewort für schläfrigen Menschen; ma. pfusen „zischen, schnarchen" (lautm.). *(WBÖ III, 125, Schatz I, 76, Jutz I, 347)*

Pippe *f.* („Pippen“) Bez. und Schpfw. für Jugendlichen, der sich ungehörig benimmt, immer aus der überlegenen Position des Älteren herab verwendet. Kurzform von Rotzpippe (s. d.), womit der Vergleich mit dem Kind offensichtlich wird, dessen Nase noch wie eine Fasspipe Rotz, Nasenschleim abgibt, ohne dass es schon in der Lage ist, sich selber zu schnäuzen. Vgl. auch Rotzglocke (s. d.). *(WBÖ III, 195, Wintersberger 64, Jakob 137, Teuschl 176, Jontes 26, Ziller 135, Jungmair 211)*

Bibelforscher *m.* Eher salopp für „Zeugen Jehovas“.

Bibelhusaren *pl. (W)* Siehe Ölberghusaren. *(Küpper 61, Schuster 112)*

Pippenlackel *m. (W)* Scherzhaft für Schankburschen. Vgl. Lackel (s. d.). *(Teuschl 176)*

Piperhahn *m.* Bez. für einen jähzornigen, leicht aufgebrachten Menschen. Urspr. Name des Truthahnes, der unter den Vögeln als die Personifikation des Jähzorns gilt. Ma. bibern „beben, zittern“ (vor Zorn). Vgl. auch Zornbinkel (s. d.). *(Schmeller I, 399, WBÖ III, 194, UK 81, Jakob 37, Jontes 26)*

Piperl *n.* Wie Hendl (s. d.) Bez. für ein schreckhaftes, naives, verlegenes, hilfloses weibliches Wesen, zuweilen auch für Männer gebraucht. Ma. für Huhn, Küken. Siehe auch Piperhahn. *(WBÖ III, 194, UK 81, Jontes 26, Ziller 135)*

Piperlarsch *m. (O)* Schpfw. für jähzornigen Menschen, leicht erregbares, zorniges Kind; ähnlich Hennen-, Hühnerarsch (s. d.). *(WBÖ I, 361)*

Pippler *m.* Scherzhaft-harmlose Bez. für einen, der gerne trinkt, einen, der gerne „pippelt, pipperlt“, ohne eigentlich Gewohnheitssäufer zu sein. Namengebend ist die Fasspipe. Nähe auch zu lat. bibulus „gerne trinkend“. *(WBÖ III, 196 UK 80, Jontes 26f., Jakob 37, 137)*

Pienk, Pienke, Biengel, Bienk *m., f.* *(„Peank“, „Peanken“)* Bez. für einen tölpelhaften bzw. zurückgebliebenen, verkrüppelten oder missgestalteten Menschen, auch ungezogenes Kind. Allg. Bez. für etwas Kleines, Dickes, Verkrüppeltes. Verwandt mit Bengel. Judenburg 1812 (Wudi a. a. O.): „pienget: knollicht, bucklicht“. Unter Bunkerl wird in der St auch ein kleines, kugeliges Bierkrügerl verstanden. Pienk auch für Sperling (Eisenerz) und Buchfink *(S)*. Vgl. auch Bunke (s. d.), Kropfbengel (s. d.). *(WBÖ III, 149ff., Aman 33, 35, Wintersberger 14, UK 66, 82, Wudi 22, Jontes 27, Jungmair 47, 207, Ziller 131)*

Piefke *m.* Abwertend für Reichsdeutschen, Norddeutschen; seit etwa 1850 Name einer Berliner Witzfigur, seit dem I. Weltkrieg Spottbez. für den deutschen Soldaten, seit 1938 für jeden missliebigen Deutschen, auch Touristen usw. Laut anderen nach einem preußischen Militärkapellmeister dieses Namens, auch Bez. für Rekrut. *(WBÖ III, 161, Küpper 175, Wintersberger 64, Wehle 79, Teuschl 176)*

Piefkinäuler *m. (W)* Wie zuvor. *(Teuschl 176)*

Piefkinese *m.* **-eser** *m.* Wie zuvor; Weiterbildung nach dem Muster Chineser (s. d.). *(WBÖ III, 161, Pfeiffer 312)*

Piefkone, Piefkonier *m. (W)* Wie zuvor. *(Teuschl 176)*

Piffl *m.* Dummer und gleichzeitig rücksichtslos-grober Mensch; wohl mit der ma. Lautung von „Büffel“ identisch. *(Wintersberger 64)*

Pifler *m. (T)* Bez. für Schimpfer, übelgelaunten Menschen; ma. pifeln „geifern, schimpfen; zannen, Gesichter schneiden“. *(WBÖ III, 136)*

Pickerpatzen *m.* Bez. und Rügewort für langsamen Arbeiter; eigentl. einer, der an seinem Platz kleben, picken bleibt, auch Schulrepetent. *(WBÖ II, 511)*

Pikkolomankacko *m. (N)* Spöttisch, scherzend für Knabe, ital. piccolo macacco „kleiner Affe“. *(WBÖ III, 164)*

Bilcherl *n.* Scherzhaft strafendes Rügewort und Bez. für ein vorlautes oder unruhiges Kind. Urspr. Name des Bilchs (Glis glis), eines heimischen Nagetieres, der harmlosen Schlafmaus. Auch für einen kleinen oder durchtriebenen Menschen verwendet (Salzkammergut). *(WBÖ III, 164f., UK 83, Jontes 27)*

Pillendreher *m.* Scherzhaft für Apotheker, Vergleich mit dem Mistkäfer (Scarabaeus sacer), der Dungkugeln zur Eiablage dreht. *(Pfeiffer 313, Küpper 176)*

Pilger *m. („Pülcher“)* Bez. und Schpfw., das soziales Fehlverhalten, allg. Schlechtigkeit bzw. überhaupt Angehörigkeit zu einer sozialen Unterschicht mit Verdacht auf Kriminalität, Vagabundentum usw. andeuten soll (auch „schöner Pülcher“ als Verstärkung). Lat. peregrinus „Fremder“ über pelegrinus zu dt. Pilgrim, Pilger. Die Pilgerscharen des Mittelalters und der frühen Neuzeit waren immer auch von Landstreichern und kriminellen Elementen durchsetzt, die die frommen Wallfahrer durch ihr Verhalten derart diskriminierten, dass dann der Begriff Pilger mit fahrendem Gauner gleichgesetzt wurde und auf diese Weise zum Schimpfwort werden konnte. Daher auch der ma. Ersatz durch Kirchfahrer, Wallfahrer. *(WBÖ III, 170f., Küpper 183, Pfeiffer 327, Kapeller 131, Wintersberger 66, Jakob 140, Teuschl 181, Jontes 27)*

Billing *m. (S)* Abfällig für Buckligen, Verunstalteten, viell. zu Bilwis (s. d.) oder zu Birling „Heuschober“. *(Ziller 35)*

Pilmaschkopf *m. (T)* Bez. und Rügewort für tückischen Menschen. Siehe Bilwis *m. (Schatz I, 79)*

Pilmaschwurze *f. (T)* Wie zuvor.

Pils *m. (W)* Wie Pilger (s. d.). *(Teuschl 181)*

Bilwis *m.*, auch **Bilwes, Bilmes** Schpfw. für ungeschickten, plumpen Mann, Dickschädel, Lümmel; mhd. bilwiz; eigentl. eine gespenstische, koboldartige Sagengestalt. Vgl. auch Pilmaschkopf, -wurze (s. d.). *(WBÖ III, 175, Kluge 78, Schatz I, 79, Jungmair 48)*

Pilz, Pilzling *m. (O, W, N)* Bez. für Menschen mit dickem, rundem Gesicht, auch jungen, fürwitzigen Menschen, auch grobe, ungebildete Person, selbst Strolch; auch Stiername. Vergleich mit dem Pilz (lat. boletus). *(WBÖ III, 1352ff., Petrikovits 38, Teuschl 176)*

Pimperer *m.* Spöttisch für sexuell sehr aktiven Mann; ma. pimpern, pempern „coire". *(Pfeiffer 313)*

Pimperl *n.* Abfällig für Kind, Puppe; eigentl. Kinderpenis; viell. Einfluss von ital. bimbo „Knabe". *(WBÖ III, 175, Pfeiffer 313)*

Pimperlhuber *m. (W)* Scherzhaft für unbedeutenden Menschen. *(Teuschl 176)*

Pimperling *m. (N, O)* Bez. für kleines, schlimmes, trotziges Kind; Ableitung von Pimperl (s. d.). *(WBÖ III, 176)*

Pimpf *m.* Bez. und Schpfw. für eigensinnigen, beschränkten, auch groben, schwerfälligen Menschen. Siehe auch Pumpf; in der Bedeutung halbwüchsiger Knabe wurde es vor allem während des Dritten Reiches für die jüngeren Mitglieder der Hitlerjugend verwendet. *(WBÖ III, 1375ff., Küpper 176, Pfeiffer 314, Jungmair 211)*

Bimser *m.* Älterer Spitzname für Artilleristen in der Soldatensprache. Vielleicht Hinweis auf das Krachen des Geschützes („Bumser") oder auf das Kommissbrot, das Bims genannt wurde (auch heute noch herabsetzend für Brot jeder Art gebraucht). Vgl. auch Bumser (s. d.). *(WBÖ III, 1380f., UK 84, Jakob 37, Jontes 27)*

Biene *f.* Abwertend für Mädchen, besonders gut gewachsenes. Vgl. auch Asphaltbiene (s. d.). *(WBÖ III, 840, Küpper 61)*

Pinguin *m. (W)* Scherzhaft für Mann im Frack, auch Nonne. Nach dem antarktischen Vogel und seiner Menschenähnlichkeit. *(Küpper 176, Teuschl 176)*

Binkel, Binkerl *m., n.* Bez. für einen Mann, Kerl, im anerkennenden, aber auch abwertenden Sinne (z. B. „feiner Binkel" für herausgeputzt oder übertrieben fein tuend); auch ein dicker Mensch von gedrungenem Körperbau kann damit bezeichnet werden. Wertneutral oder eher ins Mitleidige hineinspielend die Verkleinerungsform Binkerl *n.* So im steirischen Kindervers: „I bin a kloans Binkerl / und stell mi ins Winkerl. / Und weil i nix kann, / so fang i nix an." Als Kosewort auch in Herzbinkerl „Liebling". *(WBÖ III, 1403f., 1399, Küpper 176, Pfeiffer 50, 314, Jakob 38, Teuschl 46, UK 129, Jontes 27f., WStWB 169, Ziller 36, Jungmair 48)*

Binkelburd *f. (S)* Bez. für Lumpenpack; eigentlich ein großer Packen („Binkel") Hadern. *(WBÖ III, 1427, Ziller 35)*

Binkeljude *m. („-jud")* Scherzhaftes Rügewort für jemanden, der sehr mit irgendwelchen Traglasten bepackt, dazu auch schlampig gekleidet ist. Die Binkeljuden gehörten im 19. und frühen 20. Jahrhundert noch zum Straßenbild. Als arme, wandernde Kleinstgewerbetreibende waren sie – wie auch die Gottscheer, Tiroler oder kroatischen Wanderhändler – gezwungen, ihr Gewerbe im Handel von Haus zu Haus auszuüben. Ihre Spezialität war der Handel mit Gebrauchtwaren, besonders Kleidern, die sie in einem Sack, dem „Binkel", über der Schulter trugen. Die letzte Spur von ihrer einstigen Existenz findet sich heute in dieser Redensart („Du kommst ja daher wie ein Binkeljud"). *(Jakob 38, Schuster 31, Teuschl 46, Jontes 28)*

Pinker *m. (V)* Bez. für Knirps; vgl. schweizerdt. bink „Penis". *(Jutz I, 358)*

Pinsch *m.* Verächtl. Bez. für Narren, Tölpel; nach der Hunderasse (engl. to pinch „zwicken"); mit P. wird auch die schlechteste Schulnote bezeichnet. *(WBÖ III, 191)*

Pinsel *m.* Spöttisch für einfältigen Menschen, Einfaltspinsel; angeblich über die studentensprachliche Bez. Pinsel „Penis" zu dieser Bed. gekommen. *(Küpper 176, Pfeiffer 314)*

Pinsler *m.* Spöttisch für schlechten Kunstmaler. *(Küpper 176, Pfeiffer 314)*

Pinzgauer *m. (St)* Bez. für kleinen, gedrungenen Menschen, Zwerg, Kind. Urspr. Bez. für einen Kinderkreisel (*B* bezeugt). In der Bed. unklar. *(WBÖ III, 193f., UK 85, Jontes 28)*

Pinzger *m.* Bez. für kleingewachsenen Menschen, Zwerg, Kind (Oststmk.). Urspr. Bez. für einen Kinderkreisel (*B* bezeugt). In der Bed. unklar. *(WBÖ III, 193f., UK 85, Jontes 28)*

Bierarsch *m.* Scherzhaft für Mann mit feistem, breitem Gesäß, der sich sein Hinterteil durch großen Biergenuss erworben hat; studentensprachl. Bierarsch N. N. als Anrede. *(Pfeiffer 48)*

Bierbass *m.* Spöttisch für Sänger mit tiefer Stimme, die dieser eher dem Biergenuss zu verdanken hat. *(Küpper 61)*

Bierpritschler *m. (St)* Verächtliche Bez. für Wirt, einen, der mit Bier achtlos herumschüttet („pritschelt"). *(WBÖ III, 999, UK 82, Jontes 28)*

Bierbrunzer *m. (W)* Scherzhafte Bez. für Wirt, der keinen großen Bierumsatz hat. *(WBÖ III, 1192)*

Biertippler *m. (W)* Spött. für eine besondere Art von Vagabunden, die auf das Trinken der Bierreste aus geleerten Fässern spezialisiert war; auch ausgepichter Biertrinker. *(Jakob 37, Teuschl 46)*

Bierdümpfel *m.* Scherzhaft für Mann, der viel Bier trinkt. Gewohnheitstrinker; viell. von Dümpfel „Blutwurst". *(Pfeiffer 48, Aman 34, Ziller 34)*

Bierfass, -fassel *n.* Spöttisch für beleibten Trinker. *(Pfeiffer 48)*

Bierhäuselmensch *n. (W)* Bez. für Dirne, die sich hauptsächlich in Bierhäuseln, einst den Kneipen niedrigster Art, herumtrieb. *(Schuster 30)*

Bierleiche *f.* Wie Alkoholleiche (s. d.). *(Pfeiffer 49)*

Birne *f.* Rügewort für unfolgsames Kind, Jugendlichen, der etwas angestellt hat. Da auch als Synonym für Kopf verwendet, wohl damit im Zus. *(WBÖ III, 203ff., Pfeiffer 50, Jontes 28)*

Birneisel *m. (T)* Bez. für Dummkopf; vgl. Birne (s. d.). *(Schatz I, 81)*

Birnhüter *m. (W, „-hüater")* Scherzhaft für Dummkopf. *(Teuschl 46)*

Birnlümmel *m. (T)* Wie zuvor. *(Schatz I, 81)*

Biernigel *m. (W)* Spött. Bez. für Biertrinker; vgl. Nigel (s. d.). *(Jakob 37)*

Bierseidelstritzi *m. (W)* Schpfw. für letztklassigen Zuhälter; nach dem Bierglas, vgl. auch Stritzi (s. d.). *(Teuschl 46)*

Bierweigel *m.* Eines der wenigen Schimpfwörter für Tiere; Bez. für einen durch Verweichlichung und Liebkosung verdorbenen, in seinem Gebrauchswert als Wächter geminderten Hund. Mhd. weigen „wackelnd bewegen", auf das Tier übertragen, das sich Liebkosungen heischend am Boden wälzt und gewöhnt ist, auch Bier verabreicht zu bekommen. Möglicherweise liegt auch Studentensprachliches vor, indem bestimmte Dinge aus der Lebens- und Brauchtumssphäre vor allem der korporierten Studenten mit dem Wort Bier verbunden werden (z. B. Bierbibel „Kommersbuch", Bierorgel „Klavier in der Kneipe"). Einst waren große Hunde als studentische Begleittiere (sogen. Couleurhunde) durchaus gebräuchlich. *(UK 83, Jontes 28)*

Bierzwerg *m.* Studentensprachl. abfällige Bez. für Kommilitonen, der nur wenig Bier zu trinken imstande ist.

Biss *n. (V)* Bez. für bissiges Weib. *(Jutz I, 364)*

Biest *n.* Bez. für verkommenen Menschen; lat. bestia „Tier" über nl. beest „ds." ins Dt. *(Kluge 70, Pfeiffer 49)*

Pistenrowdy *m. („-raudi")* Schpfw. für rücksichtslosen Schifahrer. *(Pfeiffer 347)*

Pistensau *m.* Wie zuvor.

Pistenschreck *m.* Wie zuvor. *(Pfeiffer 315)*

Bissen *m.* Bez. für einen unausstehlichen, schwer verdaulichen Menschen („ein sättiger Bissen"); sprachl. Nähe zu bissig formt den abwertenden Charakter des Wortes mit. Vgl. auch Braten, Rabenbraten (s. d.). *(WBÖ III, 227ff., UK 87, Jontes 28)*

Bissgurre *f. („-gurrn")* Spott- und Schimpfwort für zänkisches, bissiges Frauenzimmer. Urspr. Bez. für ungehorsames, um sich beißendes Pferd (mhd. gurre „schlechte Stute"), andere Erklärungsversuche wollen das Wort zu poln. piskorz „stacheliger Fisch" stellen. *(Schmeller I, 292, Kluge 80, 537, 653, Pfeiffer 51, Aman 35, Wintersberger 15, Teuschl 46, Hager 9, UK 87, Jontes 28, Pohl 43, Jungmair 49, Ziller 36)*

Pitz *m.*, **Pitzi** *m. (W, N, O)* Bez. und Schpfw. für kecken Burschen, kleinen Gauner, Proleten, ordinären Kerl, auch Geck; tschech. bijec „Schläger, Raufer". *(WBÖ III, 242, Jakob 38, Teuschl 47)*

Bitzel *m.* Bez. für jähzornigen oder auch hochnäsigen Menschen oder für Hochmut, Jähzorn überhaupt. Vielleicht übertragen von der gleichlautenden Bez. für Pickel, Eiterbläschen auf der Haut, die auch plötzlich auftreten. Ein Erklärungsversuch zielt auf ital. bizza „Zorn" (Jakob a. a. O.). Vgl. auch Pitz (s. d.). *(WBÖ III, 242f., UK 82, Jontes 29)*

Pützelarsch *m. (O, „Pitzel-")* Bez. und Schpfw. für jähzornigen Menschen; ma. pützeln „sich wie ein Putz (böser Geist) benehmen". *(WBÖ I, 361)*

Bitzelbalg *m. (W)* Bez. für zorniges Kind, vgl. Bitzel (s. d.). *(WBÖ III, 120, Jakob 38)*

Bitzelgeher *m. (W)* Ältere Soldatenspr. für unzufriedenen, meuterischen Soldaten; vgl. Bitzel (s. d.). *(Jakob 38)*

Bitzelreiter *m. (W)* Wie zuvor. *(Jakob 38)*

Bitzler *m.* Bez. für Pedanten, Nörgler, kleinlichen Charakter. Im Steir. urspr. wertneutral für „Holzschnitzer" (zu „abbeißen"?), also für einen Handwerker, der kleinteilig und genau arbeitet. *(WBÖ III, 245, Teuschl 177, UK 243, Jontes 29)*

Plapperer *m. (T)* Abfällig für geschwätzigen Menschen; gaunerspr. auch für Lehrer. *(WBÖ III, 264f., Pfeiffer 315, Schatz I, 85)*

Plapperling *m. (St)* Wie zuvor. Siehe auch Plepperling. *(WBÖ III, 265, WStWB 156)*

Plappermaul *n.* Rügewort für Schwätzer. *(Pfeiffer 316)*

Blähboy siehe Playboy.

Platte *f.*, siehe Plattenbruder *m.*

Plattenbruder *m.* Bez. für einen Angehörigen einer Gaunerbande („Platte"), dann allgemein abwertend im sozialen Sinn als Schpfw. Aus dem Rotwelsch. Bruder als alter Begriff der Zugehörigkeit zu einer Vereinigung (vgl. Klosterbruder, Bundesbruder, Sangesbruder), wie sie im laienreligiösen Bereich einst die Bruderschaft darstellte. Mit „Platte" urspr. viell. die sich im Wirtshaus formierende, um einen Tisch, eine Tischplatte sitzende Clique, die gemeinsame Gaunereien beredet, gemeint, das auch eigenes Schpfw. sein kann. Ein anderer Erklärungsversuch aus dem Rotwelschen (Puchner a. a. O.) verweist auf jidd. polat „entwischen", polit „Flüchtling". Im selben Sinne wie Plattenbruder auch Plattinger *m.*, Platte *f. (WBÖ III, 301, Küpper 177, Pfeiffer 316, Wintersberger 65, Jakob 137, Teuschl 177f., Puchner 260, Jontes 29)*

Blader *m.*, **Blade** *f.* Abfällig für beleibten Menschen, „Aufgeblähter"; zu blähen „aufblasen". Als Adj. in Zusammenhängen wie blader Sechter (s. d.), blade Blunzen (s. d.). *(Pfeiffer 51, Teuschl 47)*

Blatter *f.* Abfällige Bez. für geschwätzige Person *(T)*, auch dickes Weib (S, T), auch Dorfblatter; eig. Blase. *(WBÖ III, 307, Schatz I, 86, 87, Ziller 36, Jutz I, 368)*

Platterer *m. (T)* Bez. für geschwätzige Person; ma. plattern „klatschend schlagen, klatschen, tratschen" (lautm.). *(WBÖ III, 309, Schatz I, 87)*

Bladern *f. (W)* Wie Platte für Bande, Clique; ma. Blase. *(Teuschl 47)*

Plascháck *m.* **-e** *f. (O)* Bez. und Rügewort für Aufschneider, Lügner, auch unwirsche, mürrische, grobe Frau; tschech. plášati „lügen, aufschneiden". *(WBÖ III, 267)*

Plattfußindianer *m.* Scherzh. für Mann mit Plattfüßen, auch langweiliger Dummkopf; scherzhafte Umbildung nach dem Muster Schwarzfußindianer. *(Küpper 177, Pfeiffer 316, Aman 36)*

Plattinger *m.*, siehe Plattenbruder. *(WBÖ III, 309)*

Platsche *f. (T)* Bez. für dicke Frau; ma. platschen „ein klatschendes Geräusch verursachen“. *(WBÖ III, 290, Schatz I, 87)*

Plätschentandler *m. (W)* Scherzhaft für Gemüsehändler; ma. Plätschen, Plotschen *f.* „üppiges Blatt“. *(Teuschl 177)*

Platschére *f.* *(„Platschérn“)* siehe Pletschére.

Plafterling *m.* Bez. für groben, polternden Menschen. Zu plaftern „mit groben Schuhen polternd herumgehen“. Übertragen von Pflafterling als „grober, zu großer Schuh“. *(WBÖ III, 252, UK 89, Jontes 29)*

Plafondtuscher *m. (St)* Scherzhaft für Dummkopf; jemand, der mit seinem Kopf an der Decke anstößt. Vgl. Tuscher (s. d.)

Plaggeist *m. (V)* Wie Quälgeist. *(Jutz I, 368)*

Placke *f. (T)* Abschätzig für plumpe, dicke Frau; mhd. placke „Fleck“. *(WBÖ III, 247, Schatz I, 84, Jutz I, 370)*

Plall *m.*, **Plalle** *m.*, **Plalli** *m. (T)* Bez. für plumpen, ungeschickten Menschen; wohl Kontaminationsform mit Lalli (s. d.). *(Schatz I, 84)*

Plamper *f. (O, „Plampern“)* Bez. für Schwätzerin; ma. plampern „schwätzen“ (lautm.). *(WBÖ III, 256)*

Plantsch *m. (T)* Abfäll. Bez. für dicken, schwerfälligen Menschen, auch unbeholfenes Kind; ma. plantschen „im oder mit Wasser herumpritscheln“ (lautm.). *(WBÖ III, 263)*

Plantschi *m. (T, S, N)* Wie zuvor. (*WBÖ III, 263)*

Plänkel *m.* Bez. für plumpen, ungeschickten, beleibten Menschen. Urspr. als Bez. für Holzklotz, Glockenschwengel; siehe auch Plenkel. *(WBÖ III, 261, 359f., UK 89, Jontes 29, Schatz I, 85, Jutz I, 371)*

Planker *m.* Bez. für Polterer, Grobian; zu Planke „Holzbohle“. *(WBÖ III, 262)*

Plarberl *m.* Bez. und Rügewort für jemanden, der Unsinn spricht oder gehaltlos daherplaudert. Ma. plarberln, plaberln zu hochsprachl. plappern „kindlich plaudern“. *(WBÖ III, 265, Jontes 29)*

Plarre *f. (S, „Plarren“)* Bez. für dicke Frau, auch dumme Person, übertragen von Kuhfladen (lautm.). *(WBÖ III, 260, Jutz I, 373)*

Plarfer *m. (T)* Bez. für Menschen mit grobem, wulstigem Gesicht; eig. ein abgetretener Schuh; ma. plarfen „schlurfend gehen“ (lautm.). *(WBÖ III, 266, Schatz I, 91)*

Plärrhoden *m. (V)* Schpfw. für boshaft schreiendes Kind. *(Jutz I, 373)*

Plärrscherben *m. (N)* Schpfw. für stark zum Weinen neigendes Kind. *(Hager 44)*

Plark *m. (T)* Bez. für Tölpel; zu ma. plarfen „schlurfend gehen“ (lautm.). *(WBÖ III, 266)*

Blasbalg *m. (T)* Bez. für aufgedunsenen, fetten Menschen; nach der Gestalt des Blasbalges, wie er vor allem in Schmieden und Eisenschmelzhütten zu sehen war, dazu auch noch nach dem schweren Atem einer korpulenten Person. *(WBÖ II, 121)*

Plasche *m. f. (T)* Bez. für dicken, pausbäckigen Menschen; ma. plaschen „schlagen, plätschern", plaschet „fett, üppig". *(WBÖ III, 268, Pfeiffer 58, Schatz I, 86)*

Blase *f.* Abfäll. für beleibte, dicke Frau *(T)*; jedoch auch verächtlich für eine Gruppe von Menschen, Verein etc., z. B. abfällig für Studentenverbindung schlechten Rufes (Pennalblase „Mittelschülerkorporation"). Vgl. auch Blatter (s. d.). *(WBÖ III, 271, Pfeiffer 51, Schatz I, 85)*

Blasengel *m.* Bez. für einen dicken, besonders dickgesichtigen Menschen mit vollen Backen, auch dicken Säufer. Im Barock wurden bei der Darstellung musizierender Engel gerne kindliche Putten gezeigt, die mit vollen Backen in Trompeten blasen. *(Pfeiffer 51, Aman 36, Jakob 38, Jontes 29f., Ziller 37)*

Blaser *m. (St, K)* Bez. für jemanden, der an Kurzatmigkeit leidet, Asthmatiker; nach den pfeifenden, blasenden Geräuschen; auch aufgeblasener Mensch damit gemeint *(St)*. *(WBÖ III, 281, WStWB 156)*

Bläser *m.*, **Bläserer** *m.* Stadtma. für Gewohnheitstrinker, Alkoholiker; ma. blasen, bläsern „trinken, sich besaufen". *(WBÖ III, 281f.)*

Blasi *m.* Stadtma. Bez. und Schpfw. für Angeber, Geck, dummer Kerl. Zum Fremdwort blasiert und zur ma. Kurzform des Heiligennamens Blasius zu stellen, der volksetymologisch zu „der Blasende" umgedeutet wurde (vgl. auch „es hat einen Blasius" für „der Sturm geht"). *(WBÖ III, 283, Pfeiffer 51, Jontes 30, Jutz I, 374)*

Plauderarsch *m. (W)* Rügewort für eine schwatzhafte Person, die alles ausplaudert. *(WBÖ I, 361)*

Plaudertasche *f.* Scherzh., mild rügende Bez. für Schwätzer, jemanden, der Geheimnisse verrät. *(Küpper 188, Pfeiffer 316f., Jakob 137)*

Plauderer *m.* Leicht abfäll. Bez. für Vielredner; dafür viele Synonyma: Pleschpeter, Plaudertasche, Plauderling, Plauscher, Dampfplauderer, Plaudermirl, Plauschmirl, Ploderjodel, Prechtler, Fabelhans, Plauderhansel, Schwaderer, Schwadroneur (s. d.). *(WBÖ III, 324f., Pfeiffer 316, Jutz I, 381)*

Plauderhansel *m.* Spött. Bez. für Vielredner. *(WBÖ III, 325)*

Plauderling *m. (St)* Bez. für einen geschwätzigen, ununterbrochen redenden, plaudernden Menschen. *(WBÖ III, 325, UK 90, Jontes 30)*

Plauder *f. (N)* („Plaudern") Bez. für geschwätzige Frau, Ausplauderin. *(WBÖ III, 324, Jakob 137)*

Plaudermirl *f.* Wie oben. Mirl ist Kurz- oder Koseform von Maria. Synonym auch Plauschmirl *f.* *(UK 90, Jakob 138, Jontes 30)*

Blauvogel *m. (St)* Älteres Schpfw. unbest. Inhaltes. Sonst damit die Blaumeise benannt. *(Grimm II, 85, UK 90, Jontes 30)*

Bläuling *m. (St)* Abfäll.-scherzh. Bez. für uneheliches Kind, eines, das unter blauem Himmel gezeugt wurde; gaunersprachl. auch für Gendarm wegen der um 1900 blaugrauen Uniform dieses Korps. *(WBÖ III, 328, UK 91)*

Blaunase *f. (W, „-nasen")* Gaunersprachl., abfällig-scherzhaft für Kriminalbeamten wegen der vor Kälte blauen Nase beim Dienst im Freien. *(Petrikovits 22)*

Plausche *m. (O, W, T, „Plauschen")* Bez. für Schwätzerin, Klatschbase, Lügnerin. *(WBÖ III, 329, Jakob 138)*

Plauscher *m.* Wie zuvor, jedoch für männliche Personen. *(WBÖ III, 330, Jakob 138, Ziller 136, Schatz I, 87)*

Plauscherl *n. (O)* Wie zuvor, für Personen beiderlei Geschlechts; auch für ein kleines, oberflächliches, gemütliches Gespräch an sich. *(Jungmair 211)*

Plauschmirl *f.*, siehe Plaudermirl. (*UK 91, Jontes 30, Jakob 138)*

Blaustrumpf *m.* Abfällig-spöttische Bez. für gelehrte, gescheite, intellektuell bestimmte Frau; aus einer Zeit, in der Bildung für Frauen noch selten war. Nach einem adeligen, schöngeistigen Frauenkreis um 1750 in London, in dem statt der üblichen schwarzen Seidenstrümpfe blaue Wollstrümpfe getragen wurden, was Anlass zur Verspottung als The blue stocking society („Blaustrumpfgesellschaft") gab. *(Kluge 82, Küpper 63, Pfeiffer 52)*

Playboy *m.* Sexuell auftrumpfender, oberflächlichem Lebensgenuss hingegebener, reicher Tagedieb; nach dem bekannten amerikanischen Hochglanzmagazin; scherzhaft auch zu Blähboy (s. d.) verballhornt. *(Küpper 188)*

Playgirl *n.* Weibliches Gegenstück zum Vorigen. *(Pfeiffer 317)*

Platze *f. (O, N, W, „Platzen")* Bez. und Rügewort für Schreihals, aber auch weinerliche Person; ma. platzen „weinen, schreien". *(WBÖ III, 331f.)*

Platzer *m.* Bez. für jemanden, der oft weint, auch für Schreier, Schreihals; wie zuvor. *(Jakob 18)*

Plätzer *m.* Bez. für Dummkopf. *(Jakob 137)*

Platzhirsch *m.* Seine jeweilige Umgebung dominierender Mann, Lokalmatador; jägersprachl. der stärkste Hirsch auf dem Brunftgelände. *(Pfeiffer 316)*

Platzling *m. (St)* Bez. für ständig heulendes Kind. *(WBÖ III, 333)*

Pleppe *f. (T)* Bez. für Schwätzerin, auch Frau, die viel weint; vgl. Plepper (s. d.). *(WBÖ III, 362)*

Plepper *f.* Bez. und Schpfw. für fortwährend schimpfende und keifende Frauensperson. Auch Pleppermühle. Pleppern ablautend zum lautmalenden plappern, in der Bed. von klappern, gleichmäßig klapperndes Geräusch verursachen. *(Grimm XIII, 1897, UK 91, Jontes 30)*

Plepperarsch *m. (N)* Bez. für Menschen mit gewandter Zunge; ma. pleppern „schwätzen". *(WBÖ I, 361)*

Plepperer *m.* Bez. wie Schwätzer, wie zuvor. *(WBÖ III, 362)*

Plepperling *m. (St)* Wie zuvor. Siehe auch Plapperling. *(WStWB 156)*

Pleppermühle *f.*, siehe Plepper *f. (UK 91)*

Blech *n. (V)* Bez. für alte, körperlich verbrauchte Frau („altes B."). *(Jutz I, 382)*

Blechtodel *m.* *(W)* Wie das folgende Wort; vgl. Todel (s. d.). *(Teuschl 48)*

Blechtrottel *m.* Scherzhaft für Computer, schon gebräuchlich, als selbiger noch als Elektronengehirn bezeichnet wurde; vgl. Trottel (s. d.). Ein Schimpf- und Spottwort für die menschenähnlichste aller Maschinen! *(Teuschl 48)*

Pletter *f.* *(T)* Schpfw. für unordentliches, schlampiges, ungepflegtes Weib; eig. Vulva. *(Schatz I, 89)*

Pleder *f.* *(O, „Pledern")* Bez. für Schwätzerin, ma. pladern „plaudern". *(Jungmair 211, 212)*

Pletterer *m.* Bez. für Schwätzer, Vielredner *(O)*, auch spöttisch für Menschen mit großen, abstehenden Ohren *(N)*; ma. plettern „schlagen, tratschen, sich langsam bewegen". *(WBÖ III, 387)*

Pletschéder *f.*, auch **Platschéder** *f.* *(T)* Bez. und Rügewort für tratschsüchtige Frauensperson; ma. pletschédern „viel reden". *(WBÖ III, 381)*

Pletschére *f.*, auch **Platschére** *f.* *(W, N, „Platschérn")* Bez. für hässliche Person, auch schlecht gekleidete, unsympathische Frau; urspr. „Fleck"; zu ma. Pletsche *f.* „großes Pflanzenblatt". *(WBÖ III, 382f.)*

Plefter *f.* *(S, „Pleftern")* Bez. für schwatzhaftes Weib; ma. Lefter *f.* „Lefze, Lippe". *(Ziller 136)*

Pleffer *m.* **-in** *f.* *(T)* Bez. für weinendes, weinerliches Kind; ma. blaffen „jammernd schreien". *(WBÖ III, 342, Schatz I, 88)*

Bleiarsch *m.* *(N)* Schpfw. für schwerfälligen, trägen Menschen; einer, dessen Hintern mit Blei gefüllt zu sein scheint. *(WBÖ I, 361, Küpper 63)*

Bleipatzen *m.* *(W, N)* Abfäll. Bez. für schwerfälligen Menschen, dickes Kind. Vergleich mit einem Bleiklumpen als Inbegriff der Schwere. *(WBÖ II, 511)*

Bleichel *n.* *(T, „Bloachel")* Bez. für blasses Mädchen, Kind mit ungesunder Hautfarbe. *(WBÖ III, 347)*

Pleife *f.* *(St, „Ploafen")* Bez. für dicke, plumpe Frau; eig. Kuhfladen; Etym. dunkel. *(WBÖ II, 353)*

Bleckarsch *m.* *(K)* Scherzhaft für Kleinkind; ma. blecken „entblößen", also Kind, das mit nacktem Hinterteil herumläuft. *(Lexer, KWB 9)*

Plecker *m.* Bez. für weinerl. Person; ma. plecken „weinen, blöken". *(WBÖ III, 340, Schatz I, 88)*

Plemperer *m.* *(T)* Bez. für großen, schwerfälligen Menschen; ma. plempern „trinken, plätschern, schlenkern". *(WBÖ III, 356, Schatz I, 88)*

Plemperling *m.* *(St)* Wie zuvor. *(WBÖ III, 356)*

Plempler *m.* *(W)* Spöttisch für gewohnheitsmäßigen Biertrinker, Säufer. *(WBÖ III, 357)*

Plenkel *m.* Bez. für groben Kerl, dicken, ungeschlachten Menschen; ma. plenkeln „schlagen, dreschen"; vgl. auch Plänkel (s. d.). *(WBÖ III, 359f., Lexer, KWB 30)*

Plärrarsch *m.* *(T)* Bez. und Rügewort für stets weinendes Kind. *(WBÖ I, 361)*

Plärre *f.* *(„Plerren")* Bez. und Rügewort für Frau, die viel weint. Ma. plärren „schreien, weinen". *(WBÖ III, 363)*

Plerénke *m. (K, „Plerénken")* Schpfw. für weinerliche Person. *(Pohl 45)*

Plärrer *m.* Bez. und Rügewort für Lärmmacher, Schreihals. Ma. plärren „schreien, weinen", aus lautmalend mhd. bleren, blerren „ds.". Bezeichnet auch einen einzelnen Schrei (Kollektivbildung Plärrament *n.* „Geschrei"). *(WBÖ III, 365, UK 90, Aman 36, Jontes 29, Ziller 136)*

Plärrfist *m. (St)* Abfällig für weinerliches Kind. *(WStWB 169)*

Plärrling *m. (St)* Bez. für schreiendes Kind. *(WBÖ III, 365)*

Pleschpeter *m.* Bez. und Rügewort für Vielredner, Ausplauderer von Geheimnissen; ma. pleschen „klatschen, tratschen, schlagen". *(WBÖ II, 1142, III, 324f.)*

Plesche *f. (T)* Bez. für unbeholfene, plumpe, vierschrötige Frau; Etym. wie zuvor. *(WBÖ III, 368, Schatz I, 89)*

Pleschel *m. (T, O)* Bez. für geschwätzige Frau; Etym. wie zuvor. *(WBÖ III, 368)*

Plescher *m.* Bez. für körperlich oder geistig schwerfälligen Menschen, auch Schwätzer oder Raufbold; Etym. wie oben. *(WBÖ III, 372, Schatz I, 89)*

Plesse *f. (T)* Bez. für weinende, weinerliche Person, flennendes Weib, Kind; ma. plessen „blöken, weinen". *(WBÖ III, 375, Schatz I, 89)*

Plesser *m. (T)* Wie zuvor, auf weinenden Buben bezogen. *(WBÖ III, 376)*

Pleuel, Bleuer *m. (T, „Pluier")* Bez. für plumpe, große, starke, derbe Person; übertragen vom Pleu, Pleuer, Pleuel, dem Schlagholz, das einst beim Wäschewaschen verwendet wurde; ma. pleuen „schlagen", „klopfen" (engl. to blow „ds."). *(WBÖ III, 399, 404, UK 93, Jontes 30, Schatz I, 90)*

Pleuwasch *m. (T, „Pluiwasch")* Wie zuvor, umgedrehtes Waschpleu. *(WBÖ III, 405, Schatz I, 90)*

Pliempel *m. („Pleampl")* Bez. und Rügewort für dummen, ungeschickten Menschen, Einfaltspinsel. Zu ma. plempern „schlenkern, baumeln", auch „viel trinken". *(WBÖ III, 355f., Pfeiffer 317 „Plempel", Wintersberger 65, Teuschl 178, Hager 44, Jontes 30, Pohl 44, Ziller 136, Jungmair 211)*

Plimsel *m. (T)* Bez. und Schpfw. für Tölpel, wohl lautmalend. *(WBÖ III, 410, Schatz I, 90)*

Blindekuh *f. (T)* Bez. und Rügewort für unachtsamen Menschen; einen, der wie beim Blindekuhspiel mit verbundenen Augen durch die Welt tappt; wegen des Schimpfwortcharakters von Kuh (s. d.) noch deutlicher. *(Schatz I, 90)*

Blinder *m.* Bez. und Rügewort für Menschen, der einer Situation wegen mangelnder Einsicht nicht gewachsen ist, Versager; seltener im eigentlichen ursprünglichen Wortsinn jemand, der etwas trotz angestrengten Suchens mit dem Auge nicht erfassen kann. *(Jontes 30)*

Blinderling *m. (N)* Bez. für unersättlichen Menschen; eigentlich ist damit der Magen des Hausschweins gemeint (vgl. Blinddarm). *(WBÖ III, 418)*

Blindgänger *m.* Schpfw. für unfähigen, untüchtigen Menschen. Eigentlich nicht detoniertes Artilleriegeschoss, auch Fliegerbombe, deren Zündmechanismus versagte. *(Küpper 64, Pfeiffer 53)*

Blindscheank, -schink *m. (O)* Schpfw. für jemand Unaufmerksamen, der irgendwo anstößt, jemand Unachtsamen; ma. scheangeln „schielen". *(Jungmair 51)*

Blindschleiche *n.* Spött. Bez. für Menschen, der schlecht sieht, auch Brillenträger. Vergleich mit dem Reptil. *(Pfeiffer 53)*

Blinker *m.* Gaunersprachl. für Hochstapler, Betrüger; entsprechend hochsprachl. Blender. *(WBÖ III, 414)*

Blinzler *m.* Bez. für jemanden, der ständig nervös zwinkert, einen Tick hat. *(WBÖ III, 416)*

Blitz *m. (W)* Scherzh.-spöttisch für Polizist, einst nach dem Glänzen des Helmes, auch Nähe zu „blitzdumm" ist zu beachten. *(WBÖ III, 418)*

Blitzkneißer *m. (W)* Anerkennend-spöttisch für jemanden, der eine Sache blitzschnell begreift, ma. „kneißt". Wie Gachkneißer, Oberkneißer (s. d.). *(Teuschl 48)*

Blitzmädel *n.* Bez. für sehr hübsches Mädchen, scherzhaft früher auch für Telegrafistin, hier in Verbindung mit der dafür gebrauchten Elektrizität; im II. Weltkrieg auch für die Nachrichtenhelferinnen der Deutschen Wehrmacht, deren Uniformemblem einen Blitz zeigte. *(Küpper 64, Jakob 39, Jutz I, 389)*

Plopperer *m. (T)* Abfällig für redseligen Menschen; ma. ploppen „quirlen" (lautm.). *(WBÖ III, 436, Schatz I, 91)*

Bloch *n.* Bez. für großgewachsenen, starken, auch beleibten Menschen beiderlei Geschlechts. Von der Benennung für einen Baumstamm, Holzblock; in Zusammensetzungen auch für Langschläfer an Brauchtumsterminen; vgl. Pfingstbloch, Neujahrsbloch, Osterbloch (s. d.). *(WBÖ III, 422, UK 93, Jontes 31, Ziller 37)*

blöd- Zur Steigerung von Schimpfwörtern verwendet, z. B. Gans, Kuh, Hammel, Hund, Kerl, Heini

Blödel *m.* Bez. für einen Dummkopf, einen, der sich blödsinnig aufführt. Zu blödeln, das unreflektiertes Lustigsein, kindisches Benehmen, unsinniges Übermütigsein ausdrückt. Die urspr. ma. Bedeutung von blöde nimmt Bezug auf körperliche Schwäche, Ohnmacht, Benommenheit bzw. wird auch auf die Charakterisierung unfruchtbarer Getreideähren übertragen. *(WBÖ III, 429, Pfeiffer 54, Aman 36, Kapeller 22, Jontes 31)*

Bloder *m. (T)* Bez. für aufgedunsenen Menschen, auch Schwätzer, fehlerhaft sprechendes Kind, als Schpfw. für unreifen Naseweis; ma. plodern „plaudern" (lautm.). *(WBÖ III, 429)*

Bloderer *m.* **-in** *f. (St, T)* Bez. für Schwätzer, Vielredner; Etym. wie zuvor. *(WBÖ III, 430f., WStWB 156, Schatz I, 91)*

Ploderjodel *m. (St)* Bez. und Rügewort für einen schwatzhaften Menschen (vgl. auch Plaudermirl, Plauschmirl, Dampfplauderer, s. d.). Plodern „plaudern". Jodel ist Kurzform von Georg, auch Johann oder Josef. (Vgl. Bäckenjodel, Kropfjodel, s. d.). *(UK 94, Jontes 31)*

Plodern *f. (T)* Bez. für Schwätzerin, tratschsüchtige Frau, Plaudertasche; Etym. wie zuvor. *(WBÖ II, 430)*

Blödian *m.* Schpfw. im Sinne von Dummkopf; scherzhaft nach dem Muster von Heiligennamen wie Cassian, Cyprian usw. gebildet. *(WBÖ III, 432f., Pfeiffer 54, Aman 36, Kapeller 22, Jontes 31)*

Blödianski *m.* Wie zuvor, jedoch mit slawisierender Erweiterung. *(WBÖ III, 433)*

Blödídl *m. (W)* Bez. und Schpfw. für Trottel. *(Jakob 39, Teuschl 48)*

Blödist *m.* Wie zuvor; mit Endsilbe nach dem Typus Kanzlist usw. *(WBÖ III, 433, Jakob 39)*

Blödler *m.* Bez. und Rügewort für unernsten, albernen, „herumblödelnden" Menschen. *(WBÖ III, 433)*

Blödling *m.* Bez. für faden Menschen, Dummkopf. *(WBÖ III, 433, Pfeiffer 54, Schatz I, 91)*

Blödmann *m.* In jüngerer Zeit aus Deutschland zugewandertes Schpfw. *(Pfeiffer 54)*

Plotsche *f. (St, K, „Plotschen")* Bez. für dicke Frau; nach dem Wort für dicke, fleischige Blätter verschiedener Pflanzen wie Kohl, Kraut, Fette Henne usw. *(WBÖ III, 441)*

Plötsch *m. (V)* Schpfw. für ungehobelten Menschen; ma. plötschen „prügeln".

Plotschentreter *m. (St)* Harmlosscherzh. Bez. für einen Menschen mit ungeschlachtem Gang. Seine Füße werden mit Plotschen, „breitblättrigen Pflanzen", verglichen. *(Jontes 31)*

Plotschengendarm *m. (St)* Scherzhaft-spöttisch für Mitglied der Bergwacht, Alpingendarm.

Plotschenkopf *m.* Bez. für Dummkopf. Wörtl. „einer, der einen Kopf wie eine Plotsche hat". *(UK 91, Jontes 31, Ziller 137)*

Blödser *m. (W)* Bez. für Dummkopf, Nähe von blöd zu Plutzer (s. d.). *(WBÖ III, 433, Jakob 39)*

Blöhú *m. („Blehú")* Verhüllende Abkürzung von blöder Hund.

Plojer *m. (!) (St)* Spöttisch für dicke, auch kropfbehaftete Frau. Könnte mit ma. pluien, ploien „schlagen" zusammenhängen. *(WStWB 156)*

Plonel, Plonerl *n., f.* Abkürzungsform, Koseform von Apollonia, jedoch auch selbstständig für einfältige Weibsperson, eine, die unbesonnen ausplaudert, dazu auch für dicke Person *(St)*; „Zahntwehplonerl" scherzhaft-vertraut für die hl. Apollonia als Patronin und Helferin gegen Zahnschmerzen. *(WBÖ III, 435, WStWB 156, Ziller 137)*

Plorfer *m. (T)* Abfäll. für Menschen mit grobem, unschönem, wulstigem Gesicht; ma. plorfen „mit schlotternden Schuhen daherkommen; auch laut weinen" (lautm.). *(Schatz I, 91)*

Plork *m. (T)* Bez. für Tölpel, ma. plarfen „schleppend gehen"; siehe auch Plark. *(WBÖ III, 266, 436, Schatz I, 91)*

Plosche *f. (T)* Bez. und Schpfw. für üble Schwätzerin; ma. ploschen „schlagen" (lautm.). *(WBÖ, 436, Schatz I, 46)*

Blöschenkopf *m. (V)* Bez. für Dummkopf. *(Jutz I, 391)*

Bloßfüßiger *m.* Bez. und Schpfw. für bäuerlichen, primitiven, unerfahrenen Menschen. Auch abfällig für Bauernvolk, Landbevölkerung, Provinzler („bei den Bloßfüßigen") bzw. für exotische Fußballmannschaften, denen man nachsagt, ohne Schuhe zu spielen. Das Wort geht in der spöttischen Bed. auf die einst ausgeprägte Tatsache zurück, dass Schuhe von der bäuerlichen Bevölkerung nur in der kalten Jahreszeit oder bei bestimmten Arbeiten, wo sie notwendig waren, getragen wurden. Es stellt somit einen heute nur mehr unbewusst empfundenen Standesspott dar. *(Jontes 31)*

Plotze *m. (T, K)* Bez. für dicken, beleibten Menschen; eig. Klotz, Prügel. *(WBÖ III, 443f., Schatz I, 92, Lexer, KWB 33)*

Plüttel *f.* Bez. für dickes, plumpes Frauenzimmer; mhd. blut, ma. blutt „bloß, kahl, nackt". *(WBÖ III, 505, Schatz I, 93, Jutz I, 397f.)*

Blüter *m. (K)* Bez. für armen Menschen, abfällig für Tropf; Etym. wie zuvor. *(WBÖ III, 501, Lexer, KWB 34, 225)*

Bluträuschler *m. (W)* Jähzorniger Mensch, Choleriker; Blutrausch übertreibend für Wutanfall. *(Teuschl 48)*

Blutsauger *m.* Bez. für Ausbeuter, Wucherer; eig. Blutegel, Stechmücke. *(Küpper 64, Pfeiffer 55)*

Plutsche *f.*, siehe Plotsche *f.* *(WBÖ III, 504)*

Plümpling *m. (N)* Bez. für plumpen, ungeschickten Menschen. *(WBÖ III, 485)*

Plumpsack *m. (O)* Bez. für schwerfälligen, unbeholfenen, auch faulen Menschen; nach dem geknoteten Tuch, mit dem bei verschiedenen Spielen Schläge ausgeteilt werden. *(Jungmair 212)*

Plumpse *f. (O)* Bez. für ungeschickte, plumpe Frau; umgangssprachl. plumpsen „schwer und dumpf auffallen". *(WBÖ III, 485)*

Plunder *m. (K)* Schpfw. für faule Frau; mhd. plunder „Hausgerät, Kleider usw.", später zu abwertender Bed. gelangt, heute „wertloses Zeug". *(WBÖ III, 484ff., Lexer, KWB 33)*

Blunze *f. („Blunzen")* Bez. und Schpfw. für eine dicke Frauensperson; übertragen von der Bez. für eine dicke Wurst, meist Blutwurst; verstärkt am häufigsten in der Form „blade (aufgeblähte) Blunzen". Zu mhd. blunsen „aufblasen, aufblähen". Fohnsdorf 1813: „Blutwurst, auch nennt man so ein kurzes dickes Weibsbild", Göß 1811: „dicke, fette Weibsperson, auch eine Blutwurscht". *(WBÖ III, 490, Aman 37, Wintersberger 16, Kapeller 125, Jakob 39, Teuschl 49, Hager 10, Jungmair 51f., UK 96, Jontes 31, Ziller 37, Schatz I, 93, Jutz I, 395)*

Blunzenbub *m. (W, „-bua")* Schpfw. für dicken Buben; wie Blunze (s. d.). *(WBÖ III, 1224)*

Blunzenstricker *m. (W)* Scherzhaft für Narr, einen Menschen, der an bestimmte Dinge vollkommen falsch herangeht, ungeschickt ist, der bildlich eine Blutwurst durch Stricken erzeugen will; mhd. blunsen „aufblähen". *(Wintersberger 16, Jakob 39, Teuschl 49)*

Plutz *m. (T)* Abfäll. Bez. für zurückgebliebenes Wesen, Tier, usw.; ma. blutt „nackt, bloß". *(WBÖ III, 505, Schatz I, 93)*

Plutzer *m.* auch **Pluntzger** Bez. und Schpfw. für dummen Menschen. Übertragen von Plutzer für Kürbis (Schallwort, das von der Grundvorstellung des Bauchigen, Plumpen ausgeht) über Kopf und Denkfehler auf den Menschen selbst. *(WBÖ III, 506f., Pfeiffer 317, Jakob 39, Teuschl 178, Hager 10, UK 95, Jontes 32, Ziller 37, Jungmair 212, Jutz I, 398)*

Plutzerschädel *m.* Großer Kopf, auch Besitzer eines solchen. *(Jakob 39)*

Poppe *f.* **-en** *m. (T)* Spött. für ein verzärteltes, verwöhntes Mädchen, eig. Spielpuppe. Vgl. Puppe, Docke (s. d.). *(WBÖ III, 609, 612, Schatz I, 97, Jutz I, 415)*

Poppel *m.* Bez. für einen mürrischen, unfreundlichen Menschen, Dummkopf, Kretin. In der Form Bruckerpoppel Spottname für die Bewohner von Bruck a. d. Mur. Ursprünglich ist damit eine Fetzenpuppe gemeint. Als Spottname für Bauer. Auch Hammerpoppel einst für protzigen Hammergewerken. Vgl. auch Popper (s. d.); auch Hauspoppel (s. d.). *(WBÖ III, 610, UK 97, 120, Jakob 139, Jontes 32)*

Popper *m.* Abschätzige Bez. für kleines, unartiges Kind (vgl. auch Pamper, s. d.). Ursprünglich war damit eine Puppe gemeint (vgl. auch Poppel, s. d.). Fohnsdorf 1813: „Ein kleines Kind. Dieses Wort wird gebraucht, wenn man schimpflich oder verdrießlich von einem Kind spricht." *(WBÖ III, 613, UK 97, Jontes 32, Lexer, KWB 35, Pohl 46)*

Popperach *n. (K, St)* Abschätzig für große Kinderschar, auch für uneheliches Kind. Etym. siehe Popper. Kollektivbildung dazu. *(WBÖ III, 614, UK 97)*

Poberer *m.*, **-er** *f. (O)* Abfäll. Bez. für jemanden, der übereilt, hastig, fahrig, nervös reagiert, arbeitet; ma. popern „zittern, hastig arbeiten". *(WBÖ III, 509)*

Poppern *f. (N)* Bez. für kleinen, rundlichen Menschen, besonders kleines Mädchen. *(WBÖ III, 614)*

Poppetzer *m. (T)* Bez. und Rügewort für Aufschneider, Prahler; ma. poppetzen „zu weinen beginnen", Etym. dunkel. *(WBÖ II, 615)*

Populist *m.* Spottwort für Politiker, die sich eingängiger Formulierungen und simpler Problemlösungsvorschläge bedienen, um beim Wählervolk anzukommen; häufig fallen diejenigen, die diesen Begriff für den politischen Gegner stets im Munde führen, unter die objektiv selbe Kategorie; lat. populus „Volk"; ersetzte die früher häufig gebrauchte Qualifizierung Demagoge. *(Pfeiffer 320)*

Bobby, Graf *m.* Spöttisch für degenerierten Aristokraten, auch jemanden, der vorgibt, ein Adeliger zu sein und in Wahrheit nur eine Karikatur eines solchen darstellt. Nach der bekannten Wiener Witzfigur. Der ins Englische verbogene Name Robert soll die Vorliebe der Aristokratie für englische Lebensformen um 1900 andeuten. *(Teuschl 49)*

Bocher *m.* Abfällig für Kerl; „mieser Bocher", aus dem Jiddischen „Talmudschüler" *(Teuschl 49)*

Pocher *m. (O)* Bez. für Angeber, Prahlhans. Auch in der Redensart „Der Socher (= kränklicher Mensch) überlebt den Pocher", also den, der so tut, als ob er besonders gesund sei. Mhd. pocher „Prahler". *(WBÖ III, 511)*

Poder *m. (T)* Kosende, aber auch tadelnde Bez. für Kind, kleinen Buben; rom. Herkunft, vgl. ital. putto „Knäblein". *(WBÖ III, 541, Schatz I, 94)*

Potterer *m.*, **Potterich** *m. (T)* Bez. für behäbigen, korpulenten Menschen; zu Bottich „Holzgebinde". *(WBÖ III, 676, Schatz I, 100)*

Pötterl *n.* Bez. für kleingewachsenen Menschen, Zwerg. Wörtlich „kleiner Bottich, Holzgebinde". *(UK 98, WBÖ III, 676f.)*

Bottich *f., m.* Bez. für dicke Frau, kleinen Menschen; eigentlich „Behälter, Holzgebinde", mhd. botech viell. aus griech.-lat. apothéca „Lagerraum, Magazin". *(WBÖ III, 678)*

Potúkl *m. (K)* Schpfw. für ungehobelten, dummen Hinterwäldler; im ethnischen Spott auch windischer P. für slowenischsprachigen Kärntner. Zu slow. potuhnjen „heimtückisch, hinterhältig". *(Pohl 47)*

Pofel *m.* Abfällige Bez. für niederes Volk, rohe Volksmasse, Pöbel, aber auch für ungezogene halbwüchsige Jugend. Lat. populus „Volk", ital. popolaccio „Pöbel", mhd. bovel „Volk". *(WBÖ III, 544f., Pfeiffer 318, Aman 37, Jakob 138, Teuschl 178, Jontes 32, Ziller 38)*

Pofelwerk *n. (St)* Kollektivbildung aus Pofel mit -werk. *(Jontes 32, UK 99)*

Bogátzer *m. (V)* Bez. und Schpfw. für Bettler, Landstreicher; zu ital. pochezza „Mangel"? *(Jutz I, 405)*

Poger *m.* Bez. für große, dicke Frau, eig. Bez. für den Truthahn; ungar. póka „Truthahn". *(WBÖ III, 558)*

Pojátzer *m.*, **-el** Bez. für Narr, Spaßmacher. Aus Bajazzo (ital. „Spaßmacher, Clown"), aus pagliazzio „Strohsack, Strohpuppe". Beliebt als Bettzier waren einst Pojátzer-Puppen, bunt gekleidete Bajazzi, die heute durch Mädchenpuppen, vor allem aus Italien, verdrängt sind. *(WBÖ II, 93f., Pfeiffer 318, Jakob 40, Teuschl 50, Jontes 32, Schatz I, 43, 118, Jungmair 41, 53)*

Bock *m.* Bez. und Rügewort für sexuell aktiven, geilen, aber auch unnachgiebigen, sturen, starrsinnigen Mann („sturer Bock"). Übertragung von tierischen Eigenschaften des so eingeschätzten Ziegenbockes. Wenn zwei Böcke sich feindlich und kampfbereit gegenüberstehen, starren sie sich unverwandt in die Augen, „Bockschauen" daher auch ein Kinderspiel als mentaler Kampf, bei dem zwei Kontrahenten sich so lange aus kurzer Entfernung in die Augen schauen, bis einer von ihnen zu lachen beginnt. Kampflustige Menschen stehen sich „wie zwei Böcke" gegenüber. Auch in vielen Zus. Vgl. Puppen-, Trutz-, Tschoder, Geiß-, Hahn-, Huren-, Sau-,

Schiengel-, Stein-, Zottel-, Zorn-, Zuwider-, Zwirnbock (s. d.). *(WBÖ III, 512, Pfeiffer 56, Aman 37f., Jakob 39, Jontes 32, Lexer, KWB 34, Schatz I, 95, Jutz I, 399)*

Bocker *m.* Bez. für widerspenstigen, halsstarrigen Menschen, auch Tier; zu Bock (s. d.). *(WBÖ III, 526, Jutz, 400)*

Pockerl *n.* Bez. für kleine Person, ursprünglich für Föhrenzapfen, auch Truthahn. *(WBÖ III, 523)*

Pöcketzer *m.* Bez. und Rügewort für Schreihals; ma. pöcketzen „schreien, brüllen" (lautm.). *(WBÖ III, 527)*

Bockleder *n. (K)* Schpfw. für einen widerspenstigen, rohen, empfindungslosen Menschen, der mit dem Leder aus einer Bockshaut verglichen wird. *(Lexer, KWB 175)*

Bockmahder *m. (T)* Spottwort für den Mahder, der zuletzt mit der Arbeit fertig wird. *(Schatz I, 95)*

Bockreiterin *f. (V)* Syn. für Hexe. *(Jutz I, 402)*

Bocksäckel *m. (V)* Schpfw. für Dummkopf; eig. Hodensack des Bockes. *(Jutz I, 402)*

Bocksäckler *pl. (V)* Spottname für die Einwohner von Gisingen, die angeblich einmal einen Bock melken wollten. *(Jutz I, 402)*

Bockschädel *m. (O)* Bez. für Starrkopf. *(Jungmair 238)*

Polák *m.* Nationenspottwort abfälligen Charakters für Pole, aus dem Slaw. für denselben; übertragen auch auf groben Kerl. *(WBÖ III, 564, Pfeiffer 318, Aman 38, Jakob 138, Jontes 32, Jutz I, 410)*

Polterer *m.* Bez. und Rügewort für Herumpolterer, Lärmmacher, auch Unfriedenstifter. *(WBÖ III, 587, Pfeiffer 319, Jutz I, 413)*

Poltsch *m. (T)* Bez. und Schpfw. für Tölpel; Etym. unklar, vielleicht Zusammenhang mit schweizerdeutsch Pöltsch *m.* derb für „Kopf". *(WBÖ III, 588, Schatz I, 96)*

Polentafresser *m.* Ethnischer Spott für Italiener wie das folgende Wort.

Polentasäckel *m. (V)* Schpfw. für Italiener, nach deren Nationalspeise. *(Jutz I, 410f.)*

Polente *f.* Abfällig für Polizei. *(Küpper 178, Pfeiffer 318)*

Böller *m. (N)* Begriffsstutziger Mensch; nach dem Lärmgerät. *(Hager 11)*

Bölli *m.*, auch **Wölli** *m.* Bez. und Schpfw. für einen sturen, unzugänglichen, groben Menschen. Urspr. eine Bez. für Stier, auch als Ochsenname verwendet. *(WBÖ III, 578, UK 102, Jontes 32f., WStWB 156, 167, Jungmair 319, 325f., Jutz I, 411)*

Polyp *m.* Scherzhaft-spöttische Bez. für Polizist, urspr. gaunerspr. Hüllwort mit Gleichklang des Wortanfanges. *(WBÖ III, 572, Küpper 179)*

Politiker *m.* In Zusammensetzungen gewinnt das Wort oft spöttische Bedeutung wie etwa Biertischpolitiker, Bierzeltpolitiker, Verzichtpolitiker.

Polinger *m. (T)* Wie zuvor; Umbildung wie zu einem Herkunftsnamen. *(WBÖ III, 572)*

Poliquetsch *m.* Scherzhaft, auch verächtlich *(T)* für Polizist; Umbildung durch Verbindung des urspr. Wortbeginnes mit einem umgangssprachl. Ausdruck für verhören, ausfragen „(aus)quetschen". *(WBÖ III, 574 „Quetsch", Küpper 178, Pfeiffer 318, Jakob 138, Lexer, KWB 35, Schatz I, 96)*

Polizant *m. (St)* Scherzhaft für Polizist; durch die Wahl einer anderen Endsilbe entsteht im Sinne des Spottes ein komischer Effekt.

Bolschewik, Bolschewist *m.* Abfällig für Kommunisten, linksideologischen Parteigänger; in Zus. auch als Salonbolschewik „Edelkommunist" (eine schon in sich widersprüchliche Aussage!), scherzhaft Herzjesubolschewik für Linkskatholiken, von der Linken missbrauchten Christen. Nach der Fraktion der russ. Bolschewiki „Mehrheitler", aus denen der mörderische Leninismus-Stalinismus erwuchs, im Gegensatz zu den Menschewiki. Der Begriff prägte auch in verzerrender Weise die Diktion der deutschen Kriegspropaganda und der Wehrmachtsberichte, die alle Kämpfer der Sowjetarmee als Bolschewisten bezeichnete und auch die Floskel vom „jüdischen Bolschewismus" standardisierte. *(Pfeiffer 57)*

Polster *m. (T)* Spött. Bez. für dicke Frau; nach den schwellenden Formen. *(WBÖ III, 584)*

Bolzen *m.* Bez. für unmanierlichen, ungehobelten, unhöflichen Mann; Vergleich mit einem ungefügen Eisenstift. *(Aman 38)*

Pomadehengst *m. (St)* Bez. und Spottname für Modegigerl, Geck, Stutzer. Wörtlich „jemand, der viel Pomade zur Verschönerung seiner Frisur verwendet". Synonym Brillantinehengst. Sowohl Pomade (ital. pommata „nach Äpfeln riechende Salbe") als auch Brillantine (fr. briller „glänzen") sind heute durch die Erfindung des Haarsprays nur mehr selten im Gebrauch. *(Pfeiffer 319, UK 103, Jontes 33)*

Böhmak *m. (W)* Abfällig für Tscheche, Böhme (vgl. auch böhmakeln „deutsch mit tschechischem Akzent sprechen"); Mischform aus dem dt. Wort Böhm(e) und der tschechischen, die Herkunft anzeigende Endung -ak; auch allg. für eigensinnigen, trotzigen Menschen gebraucht. *(WBÖ II, 810, Pfeiffer 56, Aman 33)*

Bombe *f. (W, „Bomben")* Scherzhaft für Frau mit großen Brüsten; vgl. auch Sexbombe (s. d.). *(WBÖ III, 594, Pfeiffer 57)*

Bomber *m.* Wie zuvor; vgl. auch Sexbomber (s. d.). *(Pfeiffer 57)*

Pompfuneber(er) *m. (W, „Pompfineberer")* Leicht abschätzige Bez. für Bestatter, uniformierten Leichenträger, der unabdingbaren Ingredienz einer „schönen Leich'"; frz. Enterprise des pompes funèbres „Bestattungsunternehmen"; vgl. auch Leichenschani (s. d.). *(WBÖ III, 599, Wintersberger 65, Teuschl 179, Jakob 139)*

Böhme *m. („Behm")* Wertneutrale, später auch leicht abfällige Bez. für Tscheche (vgl. auch Böhmak s. d.). In Wien einst als zugewanderte, dienende Unterschicht unterprivilegiert und deshalb auch mit Spottnamen belegt. Auch in Zusammensetzung als

Schimpfwort: Powidel-, Erdäpfel-, Gleis-, Sau-, Saubüttelböhm (s. d.). *(WBÖ II, 807, Pfeiffer 56, Aman 33, Jutz I, 407)*

Pommer, Pömmer *m.* Bez. für einen starken, gedrungenen Menschen. Wohl verwandt mit Pamer (s. d.). Siehe auch Bemmer. *(WBÖ III, 595f., UK 103, Jontes 33, Lexer, KWB 36)*

Pömmerling *m.* Wie zuvor; auch kräftiges, dickes Kind; Abl. von Pommer (s. d.). *(WBÖ III, 598)*

Bonnétel *m. (N)* Bez. für untersetzten, kräftigen, auch gefräßigen Menschen; frz. bonnet „Kappe, aber auch zweiter Magen der Wiederkäuer". *(WBÖ III, 607)*

Böhnel *m. („Beanl")* Harmloser Spott für kleingewachsenen Menschen, Knaben; Verkleinerungsform von Bohne. *(WBÖ III, 602, WStWB 156, Pohl 39)*

Böhneler *m. (V)* Spött. Bez. für Pedant. *(Jutz I, 408)*

Bohnenstange *f.* Bez. und scherzhafte Anrede für einen langen, dürren Menschen. Nach der Stange, an der Bohnen gezogen werden. Für diese im Steir. auch Bohnrache *(UK 100)*, Bohnenstecken. Für diesen Vergleich auch Hopfenstange (s. d.) gebraucht. *(Pfeiffer 56, Aman 39, Kapeller 23, Jontes 33, Jutz I, 409)*

Bohnenstecken *m.*, siehe Bohnenstange.

Bohnerer *m. (S)* Abfällig für jemanden, der besonders gerne Bohnen isst (und vielleicht deshalb an für seine Umgebung lästigen Flatulenzen leidet). *(WBÖ III, 606)*

Bonze *m.* In der gehobenen Umgangssprache für Privilegierten, vor allem Politiker, der seine Stellung als Pfründe, Sinekure ansieht und dementsprechend materiellen Gewinn daraus zieht. Chin. fanseng, jap. bonso „buddhistischer Mönch", über engl., frz. bonze seit dem 17. Jh. in Europa bekannt, seit dem 18. Jh. auch schon kritisch, spöttisch verwendet; vgl. auch Parteibonze, Industriebonze, Nazibonze, Gewerkschaftsbonze. *(WBÖ III, 608, Kluge 91, Pfeiffer 58)*

Borstling *m.* **Börstling** *(N, St)* Bez. für Menschen mit widerspenstigem, struppigem Haar, auch jähzornigen, widerborstigen Menschen; Vergleich mit den Borsten eines Tieres. *(WBÖ III, 639f.)*

Porze *m.* **Pörzel** *m. (T)* Bez. für kleinen, auch dicken Menschen; eig. Bez. für Baumstrunk, Hügel, Rundung. *(WBÖ III, 646, Schatz I, 98)*

Portion, halbe *f.* Scherzhaft-spöttische Bez. für Menschen, der körperlich nur die Hälfte des allgemein Üblichen darstellt, von der Natur benachteiligt wurde. Angeblich von Berlin ausgegangen und der Terminologie der Gaststätten entnommen, die beim Essen ganze und halbe Portionen anboten. *(WBÖ III, 649, Pfeiffer 160f., Kapeller 57, Jontes 33)*

Portiunkula *f. (N, „Portschunkula")* Ablasstag (2. August) seit Franz v. Assisi, nach der Berufungskirche dieses Heiligen bei Assisi. Als Spottname auch für ungeschicktes Mädchen. *(WBÖ III, 649)*

Posche *f. (T)* Spött. Bez. für dickes Mädchen; zu ma. Posch *m.* „Busch, Büschel“ wegen der Umrissform. *(WBÖ III, 651, Schatz I, 99)*

„Boschlúach“ *m. (St)* Bez. und Schpfw. für hinterhältigen, verkommenen Menschen. Vermutlich aus der slowenischen Unterstmk. nach Norden gewandert; schwierig zu deuten, vielleicht zu slow. poslušati „zuhören“ (im Sinne von „aushorchen“). *(Jontes 33)*

Postenträger *m. (W, „-trager“)* Abfäll. Bez. für Zwischenträger, Verbreiter von Gerüchten, Ausplauderer von Geheimnissen. Post *f.* im ursprünglichen Sinn von Nachricht. *(Jakob 139)*

Postler *m.* Volkstümlich, u. U. leicht abfällige Bez. für Postbeamten allg. Briefträger. *(WBÖ III, 670)*

Postross *n. (V)* Spött. Bez. für schwerfällige Frau. *(Jutz I, 422f.)*

Posselbeutel *m. (K)* Schpfw. für Kleinkind, das schlimm ist, Possen treibt. *(WBÖ III, 715)*

Poseur *m.* Hochsprachl. für jemanden, der sich wirkungsvoll in Pose zu setzen versteht; frz. „ds.“. *(Pfeiffer 321)*

Bösian *m.* Bez. für bösartigen Menschen, Bösewicht, schlimmen Charakter. Gebildet nach dem Muster von Heiligennamen wie Cassian, Cyprian, ähnlich wie Blödian, Schmutzian. *(WBÖ III, 657, UK 105, Jontes 33)*

Bösler *m. (K, St)* Bez. für Jammerer *(K)*, aber auch übelwollenden, böswilligen Menschen, als Zauberer männlicher Gegensatz zu Hexe *(St)*. *(WBÖ III, 658)*

Bosnigel, Bosnickl *m.* Bez. für boshaften Menschen in abgeschwächter Form, der geringeren Schaden anrichtet, meist durch pointierte Streiche und Possen auffällt. „Nigl“ ist ma. Igel, übertragen auch „kleiner Mensch“, Nickl Kurzform von Nikolaus. *(Pfeiffer 60, Aman 38, Kapeller 24, Wintersberger 16, Jakob 40, Teuschl 50, Hager 11, Jontes 33, WStWB 70, Pohl 47, Ziller 39, Jungmair 53)*

Powidelböhme *m. (W, „-böhm, -behm“)* Spött. Bez. für Tschechen (vgl. Böhme s. d.) nach tschech. powidli, powidlo „Zwetschkenmus“, das in der böhmischen Küche eine große Rolle spielt. *(WBÖ II, 809)*

Potz, Pötzel *m. (K)* Bez. für zornigen, auch mürrischen Menschen oder Schreihals; eigentl. Kater. *(WBÖ III, 680f.)*

Brachte *f.*, **-er** *m. (O, T, V, „Brachten“)* Bez. für Schwätzerin, Prahlerin *(O)* bzw. männliches Gegenstück (*T, V*); ma. brachten „reden, plaudern“. Vgl. auch Brechter usw. (s. d.). *(WBÖ III, 699, 701, Jutz I, 426)*

Brachtler *m. (K, St)* Wie zuvor, jedoch auch für Großmaul, Angeber. *(WBÖ III, 702, Lexer, KWB 37)*

Brachs *m. (O)* Bez. für starken, beleibten Menschen, wie Brechsel (s. d.); wohl von einem lautmalenden Wort. (WBÖ III, 693)

Bratel *n.* Bez. und Schpfw. für einen durchtriebenen, abgefeimten Menschen, bei Frauenspersonen auch im erotisch-sexuellen Sinn. Verkleinerung von Braten wohl als Kurzform von Teufelsbratel, Rabenbratel (s. d.) zu verstehen, wodurch die Verfallenheit an böse Mächte zum Ausdruck kommen soll. *(WBÖ III, 750, UK 106, Jontes 33, Jungmair 54)*

Prattel *f. (T)* Bez. für dicke, große Frau; Etym. unklar, viell. Zusammenhang mit Pratze „Pranke". *(WBÖ III, 768, Schatz I, 104)*

Bratelgeiger *m.* Abfällige Bez. und Schpfw. für einen schlechten Musikanten, ursprünglich ein sozial tief stehender Wandermusikant, der mit seiner Geige in Wirtshäusern um einen Braten als Gage aufspielte. Davon auch brateln „in Gasthäusern musizieren". Gleichbedeutend auch Bratelmusikant. *(WBÖ III, 748, Wintersberger 16, Jakob 40, Teuschl 51, UK 106, Jontes 34, Ziller 39)*

Bratelmusikant *m.*, siehe Bratelgeiger.

Bratelschütz *m. (St)* Scherzhaft-spöttische Bez. für Sonntagsjäger, einen, der sich seinen Braten schießt. Wohl in Anlehnung an Wildpret(prat)schütz „Wilderer". *(UK 106, Jontes 34)*

Praterbein *n. (W, „-baa")* Letztklassige Prostituierte mit Standplatz im Wiener Prater. Vgl. Bein (s. d.). *(Teuschl 180)*

Praterfee *f. (W)* Leichtes Mädchen im Prater.

Praterschlampe *f. (W, „-schlampen")* Bez. und Schpfw. für Dirne der untersten Kategorie, verkommenes Mädchen, das sich im Prater herumtreibt. *(Jakob 140, Petrikovits 65)*

Prattiche *f. (T)* Bez. für geschwätziges, altkluges Frauenzimmer; mlat. practica „Kalender". Der Kalender mit seinen praktischen Anweisungen, aber auch prognostischen Angaben galt im Volk als Hauptquelle von Wissen und Information. Damit wird auch die spöttische Verwendung für eine schwatzhafte Person klar. *(Schatz I, 104)*

Bradle *m. (V)* Schwätzer, Prahler; ma. bradlen „brodeln". *(Jutz I, 427)*

Bratsche *f. (T, K)* Bez. für schwatzhaften Menschen, auch dicke Frau, urspr. für Mund oder feistes Gesicht; teilweise wohl verkürzt aus Labratsche (s. d.) oder aber lautmalend. Siehe auch Bretsche *f. (WBÖ III, 766, Schatz I, 104, Lexer, KWB 39)*

Bratschler *m. (V)* Bez. für Flunkerer; ma. bratschlen „plaudern". *(Jutz I, 435)*

Pracke *m. (T)* Spött. Bez. für schwächliches Wesen, Mensch oder Tier. Viell. zu ma. pracken „niederschlagen". *(Schatz I, 101)*

Prahlarsch *m. (O)* Bez. für Prahler, Großtuer. *(WBÖ III, 361)*

Prahlfist *m. (St)* Dasselbe wie Prahlhans (s. d.); ma. Fist *m.* „Furz". *(WStWB 156)*

Prahlhans *m.* Schpfw. für prahlerischen Mann. *(Pfeiffer 322, WStWB 156)*

Brandinéser *m. (W)* Scherzhaft für Schnapswirt, Inhaber einer der einst in den untersten Volksschichten mit ihrem Elendsalkoholismus beliebten Branntweinschenken. Wortbildung nach dem Schema Chineser, Kalabreser u. dgl. *(Teuschl 50)*

Brandinger *m. (W)* wie zuvor. *(Teuschl 50)*

Brandler *m. (St)* Bez. für jähzornigen Menschen, Hitzkopf; eig. einer, der „brandelt", Brandgeruch ausströmt. *(WBÖ III, 734)*

Brantsch *f. (T, V)* Abfäll. für Bande, Gesindel, Schar; frz. branche „Ast, Zweig; Abteilung", wahrsch. in der Franzosenzeit übernommen. *(WBÖ III, 739, Schatz I, 102, Jutz I, 431)*

Branntweiner *m. (W)* Vgl. Brandinéser; bedeutet aber auch den Schnapssäufer an sich. *(Teuschl 50)*

Prank *m. (O)* Bez. für ungeschlachten, groben Menschen; urspr. damit ein Knüttel gemeint. *(Jungmair 214)*

Branscher, Branschi *m. (V)* Bez. und Rügewort für dummen, hohlen Schwätzer, zu Brantsch (s. d.). *(Jutz I, 431, Wintersberger 17)*

Pransterer *m.* Bez. und Rügewort für Zögerer, Zauderer, unentschlossenen Menschen, daneben auch für ungeladenen Hochzeitsgast. Zu ma. pranstern „zögern" (viell. zu slow. prezati „müßig zuschauen, gaffen"). Vgl. auch Pransterling (s. d.). *(WBÖ III, 739, UK 109, Jontes 34)*

Pransterling *m.* Bez. für Eigenbrötler, Sonderling. Vgl. Pransterer. *(UK 109, Jontes 34)*

Brasche *f. (N, T, „Braschen"),* **-el** *n.* Bez. für dicke, alte Frau, auch dickes Kind. Wohl von einem lautmal. Wort abzuleiten. *(WBÖ III, 741, 742, Schatz I, 103)*

Bräsche *m. (V)* Wie zuvor, auf den Mann bezogen. *(Jutz I, 431)*

Prastler *m.* Bez. und Schpfw. für Prasser, übermütigen Renommierer, auch jemanden, der hastig spricht *(O)*. Von ma. prasteln „großtun, prassen" aus mhd. brasteln „krachen, lärmen, Aufsehen erregen, prasseln" (lautm.). *(WBÖ III, 746, UK 110, Jontes 34)*

Prasser *m.* Rügend für Verschwender, Schlemmer, auch Prahler, Vielredner; etym. vgl. Prastler (s. d.). *(WBÖ III, 743, Schatz I, 103)*

Prasotter, -er *m. (T)* Bez. für dicken, plumpen Mann; Etym. dunkel. *(Schatz I, 103)*

Brauer *m. (T)* Bez. für starken, dicken Mann; nach dem Gewerbe. *(Schatz I, 108)*

Praunélle *f.*, **Prunélle** *f. (T)* Scherzhafte Bez. für Mädchen mit brauner, sonnengebräunter Gesichtsfarbe; rom. brunella „die Braune" wird für allerlei Pflanzen und Tiere dieser Grundfarbe verwendet. *(WBÖ III, 787)*

Brauner *m.* Abfällig für Nationalsozialist nach der erdbraunen Uniformfarbe der Amtsträger der NSDAP.

Braunhaxler *m. (W)* Scherzhaft-spöttisch für Freilandgärtner, der bildlich bloßfüßig mit von Erde braunen Beinen herumgeht. *(Teuschl 51)*

Braunschweiger *m.* Scherzhaft für Kapuzinermönch nach seiner dunkelbraunen Kutte; eig. damit die nach der deutschen Stadt Braunschweig benannte billige Wurstsorte mit ihrer braunen Haut. *(WBÖ III, 789)*

Brauser *m. (St)* Abfällig für Dummkopf; ma. geh brausen! „scher dich zum Teufel".

Pratzenschuster *m. (W, „-schuaster")* Scherzhafte Bez. für Handschuhmacher; ma. Pratze „Pranke, derbe Hand". *(Jakob 140, Teuschl 180)*

Precht *f. (T)* Bez. für schmutzige, unordentliche Person; Metathesis für Percht, Bercht (s. d.). *(Schatz I, 105)*

Brechter *m.*, **Brechtler** *m.*, **Brechtel** *f.* Bez. für Schwätzer, Vielredner; Schpfw. für böses Tratschweib (*O*, „Brechtel"); ma. prechteln, prachteln „prahlen, viel reden", zu Pracht „Überfluss, Üppigkeit"; siehe auch Brachter. *(WBÖ III, 325, 816, Schatz I, 105, Jungmair 56)*

Brechel *f.* Bez. für geschwätzige Frau, auch abschätzig für altes Weib; nach der Flachsbrechel, dem Gerät zum Brechen der Flachsstängel, die beim Arbeiten ein stetes, klapperndes Geräusch erzeugt. *(WBÖ III, 801)*

Brechsel *m. (T)* Bez. für dickes Kind; vgl. auch Brachs (s. d.). *(WBÖ III, 815)*

Brettelaffe *m. („-aff")* Schpfw. für ungeschickten Menschen, auch unbeholfenes Kind. Vgl. dazu die Redensart „ein Brettel vor dem Kopf haben". *(WBÖ I, 99, Schmeller I, 372)*

Brettelarsch *m. (O)* Bez. für Frauensperson, die stets geschäftig unterwegs ist; ma. bretteln „unterwegs sein" (nämlich einst auf Holzschuhen). *(WBÖ I, 361)*

Brettelbohrer *m. (T, W)* Spöttisch für eifrigen Scheibenschützen, der die hölzerne Zielscheibe gleichsam wie mit einem Bohrer bearbeitet. *(WBÖ III, 623)*

Brettelhupfer *m. (W)* Scherzh.-spött. Bez. für Volkssänger, einer, der auf der Pawlatschen, dem hölzernen Galeriegang des Altwiener Hauses (vgl. auch Pawlatschentheater) auftritt; auch spöttisch für einen kleinen Kinderschlitten aus Brettern; ma. hupfen „herumspringen, hüpfen". *(Jakob 11, Schuster 34)*

Bretteljause *f. (St, „-jausen")* Scherzhafte Bez. für magere, knochige Frau, eine, die „vorn (so flach) wie ein Brettel" ist; übertragen von der rustikalen Jause, bei der auf einem Holzbrettchen als Schneideunterlage kalte Fleisch- und Wurstwaren serviert werden.

Brettelochse *m. („-ochs")* Wie Brettelaffe (s. d.). *(WBÖ I, 99)*

Pretsch *m. (N, O)* Bez. für Tolpatsch (s. d.), plumpen Menschen; ma. Pretsch *f.* „großer Fuß, auch großer Mund" (zu Brett). *(WBÖ III, 909)*

Pretsche *f. („Pretschen")* Bez. für schwatzhafte Frau; Etym. wie zuvor. *(WBÖ III, 909, UK 112, Schatz I, 108)*

Bretschélle *f.* Bez. für geschwätzigen Menschen, Plaudertasche. Zu ma. bretschellen „schwätzen, plaudern" (studentensprachl.? romanisierende Weiterbildung von lautmalendem pretschen „plaudern, schwätzen"). *(Schmeller I, 348, WBÖ III, 910, UK 112, Jontes 34, Ziller 139)*

Prefel *f. (K)* Bez. für Kind, das viel und gern redet, schwätzt; ma. prefeln „schnell und undeutlich sprechen", eventuell vom murmelnden Geleier des Brevierbetens der Priester (lat. breviarium). *(WBÖ III, 820)*

Prefler *m. (T, K)* Wie zuvor für Mann. (WBÖ III, 821)

Pregler *m. (N, O)* Bez. für Nörgler; zu mhd. bregler „Schwätzer". *(WBÖ III, 822, Schmeller I, 352)*

Breitachselträger *m. (St)* Bez. für Schmeichler, einen, der sich andienert, Bed. dunkel, wohl nach dem für Tirol bezeugten Beidachselträger, „einer, der es mit beiden streitenden Parteien hält“. *(UK 113, WBÖ I, 54, Jontes 34)*

Breitarsch *m. (O, „Broat-“, Brat-“)* Spottwort für Menschen mit breitem Gesäß. *(WBÖ I, 361, Jungmair 57)*

Breitpappe *f. (St, N, O, „Broatpappen“)* Scherzhaft für Menschen mit breitem Mund oder Gesicht; ma. Pappe *f.* „Mund“. *(WBÖ II, 282)*

Breitdrescher *m. (St, „Broat-“)* Schpfw. für Aufschneider, Großmaul, großspurig auftretenden Menschen. *(WStWB 156)*

Breitling *m.* Bez. für breit gebauten Menschen, dicke Person. *(WBÖ III, 850)*

Breitmacher *m. (W, „Brat-“)* Bez. für Prahler, Großsprecher, Aufschneider, einer, der sich breit macht. *(Jakob 40, Schuster 33)*

Breitner *m. (T)* Bez. für einfältigen Menschen; von ma. breiten „sich breitmachen, dehnen“? *(WBÖ III, 850)*

Breitschädel *m. (O, „Broat-“)* Scherzhaft für breit- oder großköpfigen Menschen. *(Jungmair 57)*

Breinfresser *m.* Spitzname für die Bewohner des linken Murufers bei Ehrenhausen, der den Nahrungsgegensatz zum rechten Ufer, wo Türkensterz (Maissterz) bevorzugt wird, zum Ausdruck bringt. Brein ist die heute als menschliche Nahrung in der St nicht mehr angebaute Hirse. *(UK 114, Jontes 34)*

Prälat *m.* Scherzhafte Bez. für beleibten Menschen, auch dickes Kind; Vergleich mit dem geistlichen Würdenträger (mittelalt. praelatus „Prälat“, eigentl. „der an die Spitze Gestellte“), der aufgrund seiner gesellschaftl. Stellung einst zu den Bestgenährten zählte. *(WBÖ II, 852)*

Bremme *f. („Bremmen“)* Bez. für zudringliche, lästige, auf die Nerven fallende Person, auch für fahrigen, hastig arbeitenden Menschen. Vergleich mit dem Insekt Bremse (ahd. bremo „Brummer“). *(WBÖ III, 860)*

Bremselhund *m. (St)* Scherzhaft für ungeduldigen Menschen. *(WStWB 156)*

Bremser *m.* Bez. und Rügewort für jemanden, der eine in Gang befindliche Handlung behindert, einer, der am Misslingen einer Sache schuld ist, auch jemand, der eine Arbeit nur lässig oder zögernd ausführt. Übertragen vom Bremsen eines Fahrzeuges, ursprünglich bei den Bremsbergen im Bergbau, vom Bremser bei der Eisenbahn. *(Küpper 66, Pfeiffer 61, Jontes 34)*

Bremsler *m.* Bez. für einen ungeduldigen Menschen. Meint eigentlich einen kurzen, stechenden Schmerz; zum Insektennamen Bremse. *(Jakob 41, UK 114, Jontes 34f., WStWB 156)*

Brentenweiblein *n. (V, „-weible“)* Scherzhafte Bez. für sehr dickes, kleingewachsenes Frauenzimmer; nach der Brente, einem Holzgebinde. *(Jutz I, 447)*

Brennter *m.* Bez. für durchtriebenen, schlauen, pfiffigen, anpassungsfähigen Menschen; ma. für „der Gebrannte", eigentl. der mit dem Brandeisen markierte Verbrecher, ein Gebrandmarkter, wie es einst die Galeerensträflinge oder auch in milderer Form derart gekennzeichnete und aus dem Lande verwiesene Missetäter waren. *(Petrikovits 23)*

Brennnesselpelzer *m. (St, K)* Spottname für Gärtner, aber auch für jemanden, der unnötige Arbeiten verrichtet, wörtl. jemand, der Nesseln durch Pelzen zu veredeln sucht. *(WBÖ II, 986, UK 115)*

Brenzler *m. (St)* Einer, der ungeduldig drängt. *(WStWB 156)*

Preschgatl *n. (T)* Schpfw. und Bez. für dummes Mädchen; Etymologie dunkel. Viell. zu Kathel *f.* (s. d.). *(Schatz I, 108)*

Preuße *m. („Preiß")* Vor allem während des Dritten Reiches in Österreich spöttisch für Reichsdeutsche, besonders Norddeutsche gebraucht, wenngleich nicht in der Intensität, wie es heute noch in Bayern der Fall ist. *(Pfeiffer 322)*

Bretzel *f.*, **Bretzler** *m. (St)* Bez. und Rügewort für schwatzhaften Menschen; ma. pretzeln „prasseln, brutzeln", lautmalend für das Geräusch der steten Rede, des Geschwätzes. *(WBÖ III, 928)*

Brittler *m. (V)* Schpfw. für Schürzenjäger, besonders einen solchen, der hinter Mädchen her ist; ma. britteln „brünstig sein". *(Jutz I, 455)*

Pritsch *m.* Bez. für verrückten Menschen; übertragen von Pritsch „üble Laune" („er hat einen Pritsch, er ist pritscht"). Dieses wiederum von der lautmalenden Bez. für Schlag, klatschendes Geräusch. Erweitert auch als Pritschling *m. (WBÖ III, 990f., UK 116, Jontes 35)*

Pritsche *f. („Pritschen")* Teils verächtliche Bez. und Schpfw. für Frauenzimmer, auch für neugierige Frau *(V)*; eigentlich Vulva (Ober- und Weststmk.). Von Pritsche „Schlagholz, Schlaggerät der lustigen Person, des Hanswursts im älteren Theater" (alte Ableitung von Brett? Vgl. aber auch Pritsch s. d.). Leoben 1812: „Ein Spitzname, jedoch nicht von böser Art, nur bei Frauenspersonen und kleinen Mädchen gewöhnlich". Fohnsdorf 1813: „Ein weiblicher Schimpfname und auch der weibliche Schamtheil". Derb auch für Hure. Vgl. auch Kuhpritsche (s. d.). *(WBÖ III, 991ff., Pfeiffer 323, Aman 40, Wintersberger 66, Teuschl 180, UK 116, Jontes 35, Ziller 139, Jungmair 57, Jutz I, 454)*

Pritscher *m. (T)* Bez. für tratschsüchtigen Mann; Hinterbringer; ma. pritschen „schlagen, klatschen". *(WBÖ II, 998, Schatz I, 110)*

Pritschkittel *m. (St)* Scherzhaft für Mädchen, das sich ziert; Kittel pars pro toto. *(WStWB 156)*

Pritschkönig *m.* Bez. für mürrischen, verrückten Menschen. Vielleicht urspr. dasselbe wie Pritschenmeister „Ordner bei Schützenfesten oder Faschingszügen, der mit der Pritsche (s. d.) für Ordnung sorgt und züchtigt", oder bildlich für jemanden, der den größten Pritsch, die größte üble Laune hat. *(Jontes 35)*

Pritschler *m.* Bez. Rügewort für jemanden, der viel oder unnötigerweise mit Wasser oder anderen Flüssigkeiten herumschüttet, „pritschelt", oder auch Getränke mit Wasser verfälscht, panscht (siehe auch Pantscher *m.*). Ma. pritscheln „mit Wasser hantieren", lautm. Siehe auch Bierpritschler *m.* Auch für Neugierigen *(V)*. *(WBÖ III, 999, Lexer, KWB 43, Aman 40, Jontes 35, Jutz I, 454)*

Pritschling *m.* Bez. für Narr, Verrückter; ma. pritschen „schlagen". Siehe auch Pritsch *m. (WBÖ III, 1000, UK 116)*

Pritschmicherl *m.* Scherzhaftes Rügewort für ein Kind, das launisch und mürrisch ist, einen „Pritsch" hat. *(Jontes 35)*

Pritschurl *f.* Bez. für unfreundliche, mürrische Frauensperson (Obersteiermark). Zu Pritsche (s. d.) im Sinne von Vulva oder möglicherweise über nö. und oö. Zeugnisse aus tschech. bručeti „brummen, murren". Idiotikon Rottenmann 1818: „Brutschidl: mürrisches Weib". *(WBÖ III, 1209, UK 116, Jontes 35)*

Priegetzer *m. (O)* Bez. und Rügewort für säumigen Menschen, langsamen Arbeiter; ma. priegetzen, prugetzen „zaudern" aus mhd. brüejetzen „ds.". *(WBÖ III, 950, 1153)*

Prienker, **-ler** *m. (T)* Bez. für Zauderer, zögernden Menschen, auch magere triefäugige Person (auch Pfrienker); ma. prienken „den Mund zum Weinen verziehen, raunzen, zwinkern" zu ahd. briohan „krümmen, verziehen". *(WBÖ III, 951, Schatz I, 109, 116)*

Privatdozentin *f. (W)* Scherzhaft gaunersprachl. für reiche Prostituierte, die mit eigenem Auto auf Kundenfang aus ist. *(Pfeiffer 323, Wehle 13, Teuschl 180)*

Brieftaube *f. (W, „Briaftauben")* Scherzhaft für Geldbriefträger. *(Küpper 67, Wehle 89)*

Prickel *f.*, **Prickler** *m. (O)* Schwätzer, Person, die jegliches Geheimnis preisgibt, Intimes weitererzählt; ma. prickeln „ein brennendes Gefühl erzeugen". *(WBÖ III, 933f.)*

Brillantinehengst *m.*, siehe Pomadehengst.

Brillenaffe *m. („-aff")* Scherzhaft für Brillenträger, lautl. Nähe zu Brüllaffe (s. d.). *(Pfeiffer 61, WBÖ I, 99)*

Brillenschlange *f.* Scherzhaft-boshafte Bez. für Brillenträgerin. Vergleich mit der Kobra. *(Pfeiffer 61, Aman 41, Jontes 35)*

Primitivling *m.* Schpfw. für ungebildeten, ungehobelten Menschen. *(Pfeiffer 323)*

Brimsenneger *m. (W)* Scherzhaft-spöttisch für bleichen, blassen Menschen, der eine Gesichtsfarbe wie Brimsen, ein weißer Weichkäse, hat; ähnlich Topfenneger (s. d.). *(Teuschl 52)*

Brinnerl *m. (W)* Bez. und Rügewort für Menschen, der gerne zankt und brummt, mault; ma. brinnen „brennen". *(WBÖ III, 986)*

Prinz *m. (V)* Scherzhaft für neugeborenen Sohn. *(Jutz I, 452)*

Prinzginkerl *m. (St)* Bez. für kleingewachsenen Wichtigtuer; Umbildung von Springinkerl (s. d.), das wahrscheinlich aus dem Satznamen für Landsknechte, Handwerksburschen „Springinsfeld“ kommt. *(Schmeller II, 705, UK 117, Jontes 35f., WStWB 169)*

Prinzipienreiter *m.* Bez. u. Rügewort für unpragmatischen Menschen, Starrkopf; umgangssprachlich.

Prinz Schnudi *m.* *(W)* Bez. und Rüge für hochfahrenden, eingebildeten Menschen („Der tut grad, als wenn er der Prinz Schnudi war“). Spontanbildung vor unbekanntem Hintergrund? Vielleicht zu nd. Schnute „Mund, Schnauze“. *(Schuster 122)*

Probst, Probstel *m.* Wie Pröbstling (s. d.). *(WBÖ III, 1007, Schuster 122, Jakob 140, UK 117, Schatz I, 111)*

Pröbstling *m.* Bez. für dicken, voll- und rotgesichtigen Menschen. Urspr. Bez. für Gartenerdbeere, Gartenananas, deren Runde und Röte auf den Menschen übertragen wird. Wohl aus der kirchl. Bez. Propst „Abt, Kirchenvorsteher“ (lat. praepositus) unter Bezug auf die einstige Wohlgenährtheit dieses Standes. *(WBÖ III, 1011f., Jontes 36, Ziller 139, Jungmair 215)*

Brotpampfer *m.* Abfäll. Bez. für Menschen, der mit Vorliebe Brot isst; ma. pampfen „kauend hinabschlingen“. *(WBÖ II, 163)*

Protektionskind *n.* Umgangssprachl. für jemanden, dem durch einen gewichtigen politischen Fürsprecher, Protektor, die Wege in der beruflichen Karriere bereitet oder geebnet werden; frz. protection aus spätlat. protectio „Schutz, Förderung“. *(WBÖ III, 1115, Pfeiffer 325)*

Brodel *f.* Bez. für schwatzhafte Frau; im Übrigen wie das Folgende. *(WBÖ III, 1027)*

Brodelhäfen *m.* Bez. und Rügewort für einen Schwätzer, der ununterbrochen redet. Bildlich ein Topf, in dem es ständig brodelt; dazu auch brodeln „unentwegt schwätzen bzw. auch murren, unterdrückt schimpfen“, Brodel *f.* „Mund, auch Vulva“. Gebrodel *n.* „Geschwätz“. Synonyma sind Brodelhans, Brodler, Farferlhäfen, Brummelhäfen (s. d.). *(WBÖ III, 1028f., UK 118, Aman 40, Jakob 41, Jontes 36)*

Brodelhans *m.*, siehe Brodelhäfen.

Broderling *m.* *(N)* Bez. und Rügewort für langsamen, umständlichen Menschen; wie Brodler (s. d.). *(WBÖ III, 1030)*

Protestierte *f.* *(W)* Scherzhafte Verballhornung von Prostituierte. *(Teuschl 180)*

Brotfresser *m.* Schülersprachl. scherzhafte Umbildung von Professor. *(WBÖ III, 1034, Küpper 67, Pfeiffer 62)*

Broding *m.* *(V)* Ältere Bez. für schwermütigen Menschen; mhd. broede „schwach, gebrechlich“. *(Jutz I, 456)*

Brodler *m.*, **-in** *f.* Bez. und Rügewort für langsamen, saumseligen, herumtrödelnden Menschen, auch Schwätzer, Vielredner, Zänker, Nörgler; zur Etym. vgl. Brodelhäfen (s. d.). *(WBÖ III, 1031, Pfeiffer 61f., Jakob 41, Teuschl 52, WStWB 156, Ziller 41, Jungmair 57)*

Brotsitzer *m.* *(W)* Abschätzig für jemanden, der stets zu Hause hockt, aber auch feigen Spieler. Brotsitzer vertrieben einst auf dem Marktplatz, an den Brottischen sitzend, die Erzeugnisse der Bäcker. *(Jakob 41)*

Prof *m.* Schülersprachl., leicht abwertende Kurzform von Professor für Mittelschullehrer in buchstäbl. Aussprache der Abkürzung. *(Küpper 181)*

Profáx *m.* Schülersprachlich für Professor; die pseudolat. Endung -fax erinnert an älteres Fax „Diener bei Studentenkorporationen". *(WBÖ III, 1034, Küpper 181)*

Professor, zerstreuter *m.* Scherzhaft für zerstreuten Menschen allgemein oder für Intellektuellen, dem es an Konzentration fehlt.

Provinzler *m.* Abfällig für Menschen, die nicht in einer Großstadt wohnen. *(Pfeiffer 325)*

Progel *f.*, **Progler** *m.*, **-in** *f.* *(T)* Bez. für prahlende, angeberisch auftretende Person; ma. progeln „prahlen" zu mhd. brogen „sich erheben, großtun". *(WBÖ III, 1037f.)*

Progetzer *m.* *(O, N)* Bez. für Zauderer, Menschen, der nichts weiterbringt, Herumtrödler; ma. progetzen „sich strecken, langsam aufstehen" (Intensivbildung zu mhd. brogen „sich erheben"). *(WBÖ III, 1038)*

Bröckel, Bröckerl *n.* Scherzhaft-anerkennende Bez. für stämmigen, muskulösen, eher kleingewachsenen, aber auch dicken Menschen, auch wohlmeinend für stämmiges, dickes Kind. Verkleinerungsform von Brocken, das ebenfalls („ein schöner Brocken") anerkennend von Menschen solcher Statur, besonders von Sportlern wie Ringern, Stemmern, Bobfahrern gesagt wird. *(WBÖ III, 1015ff., Aman 40, Jakob 41, Teuschl 52, UK 117, Jontes 36, Jungmair 57)*

Brocken *m.* Bez. wie zuvor für stämmigen Menschen, auch robustes Frauenzimmer *(V)*. *(Pfeiffer 61, Teuschl 52, Jutz I, 455)*

Brockenpasser *m.* *(N)* Abfäll. Bez. für Schmarotzer, auch ungebetenen Gast oder Bettler bei Hochzeiten; ma. passen „auf etwas warten". *(WBÖ II, 435)*

Prolét *m.* Umgangssprachl. für unkultivierten, rohen Menschen, abfällig auch für Angehörigen unterer Volksschichten, des Arbeiterstandes schlechthin; verkürzt aus Proletarier (lat. proletarius „Bürger der Unterschichten; Bürger, der dem Staat nur durch Zeugen von Kindern von Nutzen ist"). Den Charakter eines Ehrenmannes, wie er dem Wort von den Sozialrevolutionären des 19. und 20. Jh.s zugedacht war, konnte dieses im allg. Sprachgebrauch auch nicht in Ansätzen erlangen. Es zählt heute zu den abfälligsten, den sozialen Stand bzw. das diesem angeblich eigene Benehmen kritisierenden Schpfw. *(WBÖ III, 1041f., Küpper 182, Pfeiffer 324, Aman 40, Wintersberger 66)*

Prolo *m.* Jugendsprachlich für Prolet, einfachen Menschen, für jeden, den der junge Herr als unter seinem eigenen Stande angesiedelt erachtet. *(Pfeiffer 324, Wintersberger 66, Teuschl 180)*

Promenadenmischung *f.* Abfäll. scherzhafte Bez. für Hundebastard, nicht reinrassigen Hund, der auf der

Straße zustande kam. Wie Straßenpotpourri (s. d.). *(Pfeiffer 324)*

Brosamentupfer *m. („Brosen-")* Spött. Synonym für Pedanten, kleinlichen Menschen, der ängstlich genau ist; wörtl. jemand, der Brosamen mit den Fingerspitzen aufliest. *(WBÖ III, 799, Schatz I, 115)*

Brosenklauber *m. (St)* Abfällig für jemanden, der ständig jammert; ma. Brosen „Brosamen, Brösel". *(WStWB 156)*

Brosner *m. (T)* Bez. für langsamen Arbeiter; ma. brosen „bröckeln, in Brosamen, Brösel auflösen". *(WBÖ III, 1053, Schatz I, 112)*

Prosótter, -er *m. (T)* Bez. für schwerfälligen, dicken, plumpen Menschen; Etymol. dunkel. *(WBÖ III, 1053f., Schatz I, 103)*

Protz, Protzer, Protzler *m.* Synonym für Großtuer, Prahler, jemanden, der seinen Reichtum auffällig zur Schau stellt, dazu ein eingebildeter, dummer Mensch ist. Urspr. Bez. für Kröte. *(Kluge 567, WBÖ III, 1118ff., Pfeiffer 325, Aman 40, UK 119, Jontes 36, Schatz I, 112, Jutz I, 461)*

Protzbeutel *m. (O)* Bez. für großtuerischen, reichen Bauern. *(WBÖ II, 715)*

Protzenbauer *m.* Wie zuvor. *(WBÖ III, 583)*

Prozesshansel *m.* Bez. und Rügewort für jemanden, der ständig prozessiert, wegen jeder Kleinigkeit das Gericht bemüht. In Graz einst Name eines Gasthauses gegenüber dem Landesgericht für Strafsachen. *(Pfeiffer 326, Aman 40, Kapeller 130, Teuschl 180, UK 120, Jontes 36)*

Protzmäuler *m. (O)* Bez. für Angeber, Großmaul; ma. protzen „angeben". *(Jungmair 215)*

Brut *f. („Bruat")* Abfäll. für Gesindel, auch schlimme Kinder, unehrenwerte Familie; Vergleich mit der Tierwelt. *(WBÖ III, 1203, Pfeiffer 64, Aman 40, Jakob 42, Schatz I, 113)*

Brüter *m. (S, O, „Bruater")* Bez. für langsam und zögernd arbeitenden, auch unentschlossenen Menschen, der nichts zuwege bringt; Vergleich mit einem brütenden Vogel. *(WBÖ III, 1207, Ziller 41)*

Bruder *m.* Mit Eigenschaftswörtern abwertenden Charakters gebraucht, wird die urspr. Bez. für Blutsverwandtschaft oder Zusammengehörigkeit in einer Vereinigung (Bruderschaft, Verein usw.) zum Abfälligen hin verändert. Langweiliger Bruder: „Fadian, Langweiler, Mensch, der anödet". Staubiger Bruder: „Mann mit schlechten Charaktereigenschaften". Wahrscheinlich ein Begriff aus der Sprache der einst wandernden Handwerksburschen, die sich mit „Bruder" ansprachen und auf ihrer Gesellenwanderung („Walz") auf den Straßen sehr staubig werden konnten. Warmer Bruder: „Homosexueller". Vgl. Warmer (s. d.). *(WBÖ III, 1146, Küpper 68, Pfeiffer 62, Aman 40f., Jakob 41f., Jontes 36f., Jutz I, 465)*

Bruthenne *f. („Bruathenn")* Bez. für übelgelaunte Frau, die in ihrer Stimmung mit einer brütenden Henne verglichen wird; auch Stubenhockerin, dazu Frau mit übertriebenen

Muttergefühlen. *(Jakob 42, Teuschl 53)*

Prügel *m. (W)* Scherzhaft-spöttisch für sehr kräftigen, muskulösen Mann. *(Teuschl 181)*

Bruckerpoppel *m.*, siehe Poppel *m.*

Brüllaffe *m. („-aff")* Rügewort und Bez. für lauten Schreier, Vergleich mit dem neuweltlichen Brüllaffen. *(WBÖ I, 99, Küpper 68, Pfeiffer 63)*

Brüller *m. (V)* Bez. und Schpfw. für lärmenden Schwätzer. *(Pfeiffer 63, Jutz I, 469)*

Brüllhafen *m. (V)* Schpfw. u. Bez. für fortwährend schreiendes Kind; ma. Hafen „Topf". *(Jutz I, 469)*

Brüllhans *m. (V)* Wie zuvor. *(Jutz I, 469)*

Brüllochse *m. („-ochs")* Wie zuvor. *(Pfeiffer 63)*

Brummel *f. (T)* Bez. und Rügewort für Person, die ständig murrt und brummt; Vergleich mit der Hummel. *(WBÖ II, 1164)*

Brummelhäfen *m. (St)* Bez. für jemanden, der ständig brummelt, unterdrückt schimpft. Siehe auch Brodelhäfen (s. d.). *(UK 121, Jontes 37, WStWB 156)*

Brummbär *m.*, **Brummelbär** *m.* Scherzhaft für Raunzer, übelgelaunten Menschen. *(WBÖ II, 1028, Schatz I, 114, Aman 41)*

Brummer *m.* Wie zuvor; jedoch auch für dicke Fliege oder als dicker B. für Schwerfahrzeug. *(Küpper 68, Pfeiffer 63)*

Brummfut *f. (W)* Abfällig für mannstolle, abgelebte Frau; vgl. Fut (s. d.). *(Teuschl 53)*

Brummler *m. (T)* Wie Brummbär (s. d.). *(WBÖ III, 1167, Pfeiffer 63)*

Brumser *m. (T)* Wie zuvor; eigentlich ist damit eine dicke Fliege, Brummfliege gemeint. *(Schatz I, 114)*

Prunélle *f.*, siehe Praunélle *f.*

Brunnzagel *m.* Älteres Schimpfwort unbestimmter Bed., vielleicht in Richtung auf jemanden, der seine Blasenfunktionen nicht unter Kontrolle hat. Zagel „tierischer Schweif, Penis" und Brunn „Harn" bzw. Zagel, der wie ein Brunnen rinnt. *(UK 122, Jontes 34)*

Brunzbutte *f. (W, „-butten")* Gemeinabfällig für weibliches Wesen. *(Teuschl 53)*

Brunze *f. (O, „Brunzen"), m. (V)* Derbes Schpfw. für dumme, Freundlichkeit vortäuschende Frau bzw. unreifen Burschen; ma. brunzen „pissen". *(WBÖ III, 1189, Jutz I, 473)*

Brunzer *m.* Schpfw. für ungepflegten, auch alten, feigen Mann; zur Etym. vgl. Schneebrunzer (s. d.). *(WBÖ III, 1191f., Pfeiffer 63)*

Brunzerling *m. (N)* Scherzhaft-rügend für Kind, das noch nicht rein ist. *(WBÖ III, 1193)*

Brusler *m. (K)* Bez. für behäbigen Menschen; ma. Brusen „Brosame, Brösel". *(WBÖ III, 1196)*

Pseudo- Hochsprachl. zur Kennzeichnung einer Abwertung gebraucht, wie etwa Pseudokünstler, Pseudointellektueller. *(Pfeiffer 326)*

Psych *m.* Abschätzige Bez. und Schpfw. für schwierigen Menschen mit schwer vorhersehbaren, unberechenbaren Reaktionen, Neurotiker. Seit den späten fünfziger Jahren des 20. Jh.s im Gymnasiastenjargon und auch umgangssprachlich im gehobeneren sozialen Milieu und Bildungsmilieu. Kurzform von Psychotiker, Verkleinerungsform Psycherl *n.* *(Pfeiffer 326, Teuschl 181, Jontes 37)*

Psycherl *n.*, siehe Psych *m.*

Bubach *n.* Ältere, abfällige (?) Bez. für Bubenvolk, Gesamtheit der unverheirateten Männer. Kollektivbildung von Bub. *(WBÖ III, 1214, UK 123, Jontes 37)*

Bube *m.* *(V)* Schpfw. für Mann ohne Anstand und Würde. *(Pfeiffer 64f., Jutz I, 476)*

Puppe *f.* Bez. für jüngere oder sich jung gebende Frauensperson, die bildl. mit einer Spielzeugpuppe verglichen wird. Meist von männlicher Seite gebraucht. Eigenschaftswörter können dem an sich eher wertneutralen Begriff verschiedene, nicht immer abfällige Bedeutungen geben: fesche, saubere Puppe (eher anerkennend), wilde Puppe (abfällig; auf übertriebene Aufmachung, auch ungepflegtes Äußeres oder ungeordneten Lebenswandel, burschikoses Auftreten bezogen), harbe Puppe (negativ qualifizierend, abweisenden, herben Charakter kennzeichnend). Die Verkleinerungsform Pupperl *n.* nur im anerkennenden Sinne. Puppe verdrängte älteres Tocke (s. d.). *(WBÖ III, 1421, Pfeiffer 328, Kapeller 131, Jakob 141, Jontes 37)*

Puppenbock *m.* *(W)* Bez. für Homosexuellen, Strichjungen. *(WBÖ III, 516)*

Bubenfattler, -füttler *m.* *(T, „Buaben-")* Spött.-rügend für Mädchen, das sich gerne bei den Knaben aufhält. *(Schatz I, 158, 197)*

Bubenhottel *f.* *(K, „Buaben-")* Bez. und Rügewort für leichtfertiges Frauenzimmer; vgl. Hottel (s. d.). *(Lexer, KWB 144)*

Bubenkrätze *f.* *(„Buakrätzen")* Abfällige Bez. und Schpfw. für kleinen Buben, der einem Erwachsenen in irgendeiner Weise lästig fällt; im Zusammenhang mit der einst vor allem bei Kindern häufigen Hautkrankheit; vgl. Krätze (s. d.). *(Jontes 37)*

Bubenmädel *n.* *(W, „Buabenmadel")* Tadelnd für Mädchen, das gerne mit Knaben spielt. *(Jakob 43)*

Bubenrolle *m.* *(V)* Wie zuvor; vgl. Rolle (s. d.). *(Jutz I, 476)*

Bubenschmeckerin *f.* *(V)* Wie zuvor; ma. schmecken „riechen". *(Jutz I, 476)*

Pubertätler *m.* *(St)* Scherzhaft-spöttisch für jungen Mann, besonders auch Gymnasiasten der Oberstufe; vgl. auch Pubertätlerball „Maturaball".

Bubi *m.* Als Kosename für kleinen Knaben, aber auch spöttisch für kindischen Erwachsenen, weibischen Mann, Homosexuellen. *(Pfeiffer 65)*

Bubin *f.* *(St, „Buabin")* Abfäll. für Mädchen, das sich gerne mit Burschen abgibt, herumtreibt; widersinnige Bildung eines weiblichen Begriffes aus einem sonst der Bedeutung nach nur dem männlichen Geschlecht vorbehaltenen Wort. *(WBÖ III, 1242)*

Buchtel *f.*, siehe Wuchtel.

Büchernarr *m.* Bibliomaner Mensch, der dem Eros des Buches erlegen ist, der viel mehr Bücher kauft oder sonst wie an sich bringt, als er selber bis an sein seliges Ende zu lesen vermag oder unterzubringen imstande ist; Ernährer zahlreicher Familien, die ihrerseits vom Buchhandel, Antiquariat und Verlagswesen leben; einer, der an einer Krankheit leidet, die keinerlei Schmerzen bereitet und jeden Tag neue Freuden und Hochgefühle bringt; einer, dessen Nachbarn mit zusätzlichen, tonnenschweren Lasten über ihren Häuptern zu leben haben, dessen Haus zuweilen dem Einsturz nahe ist; einer, der in dem endgültigen Mangel an weiter zu verbauenden Bücherwänden, an Regalen und Kästen, an Bücherborden und -schränken den allergeringsten Grund sieht, seine Leidenschaft einzudämmen; einer, der sich gegen die Errichtung von Leserheilstätten wehrt, der noch im dümmsten und unfreundlichsten Buchhändler das Edle, Wahre, Gute und Schöne des Menschen exemplarisch vertreten sieht; ein Belauerer der Flohmärkte, Durchstöberer der Antiquariate, ein Stratege der Altpapiersammlungen, ein Generalstabsoffizier der Buchmärkte, ein Spurensucher der Nachlässe, ein Jäger verlorener Schätze, ein raffgieriges Scheusal, vor dem nichtsdestoweniger Buchhändler tief den Hut ziehen, dem Buchhändlerinnen mit honigsüßen Stimmen Versprechungen höchster Lese-Lust ins Ohr flüstern, ihm, dem Hasser und Todfeind aller übrigen Büchernarren. Eines der wenigen Spott- und Schimpfwörter, das dem Insultierten Vergnügen und innere Befriedigung, da Bestätigung seiner Passion schenkt. Schon im Kanon der frühneuzeitlichen Narrenliteratur enthalten. *(Pfeiffer 65)*

Bücherwurm *m.* Vorstufe zu obigem; endet oft als Büchernarr (s. d.). *(Küpper 68, Pfeiffer 65)*

Puchhanderl *m. (W)* Bez. für Homosexuellen; nach dem Wiener Kaffeehaus Puchheim, das als bekannter Treffpunkt solcher galt. *(Wehle 26)*

Büchse *f. („Bixen")* Abfäll. für Frau, Mädchen; Büchse „Vulva" für die ganze Person. *(Pfeiffer 65, Teuschl 47, Jutz I, 479)*

Büchsenpolierer *m.* Spöttisch-vulgär für Frauenarzt; wie Feigenpolierer, Puttenpolierer; Büchse „Vulva". *(WBÖ III, 572)*

Büchsenmacher *m.* Scherzhaft-spöttische Bez. und Anrede für einen Vater, der nur oder viele Töchter gezeugt hat. Der Wortwitz liegt im Vergleich mit dem Handwerker, wobei allerdings Büchse synonym für Vulva verwendet wird. *(WBÖ III, 1270ff., Pfeiffer 65, UK 124, Jontes 37, WStWB 156, Jutz I, 479)*

Büchsenspanner *m.* Spöttische Bez. für Hausfreund, Liebhaber einer verheirateten Frau. Ursprünglich der Jagdgehilfe, der für die jagende Herrschaft das Laden der Gewehre und die Vorbereitung zum Schuss durch Spannen des Hahnes am Gewehrschloss sorgte. Hier Büchse in der Bed. Vulva und spannen „auf etwas spannen, begierig sein". Vgl. auch Büchsenwischer (s. d.). *(UK 124, Jontes 37)*

Büchsenschuster *m. (W, „-schuaster")* Spöttisch für Frauenarzt, Gynäkologen. *(Teuschl 47)*

Büchsenwischer *m.* Älteres Schpfw. obszöner Bedeutung im Sinne von Geschlechtsverkehr treiben. Bezug auf den Jagdgehilfen, der die Jagdwaffen reinigte, den Lauf auswischte. Büchse „Vulva" wie bei Büchsenspanner (s. d.). *(UK 124, Jontes 34)*

Büchsloch *n.* Gemein-obszönes Schpfw. für alte Frau in der Bed. „Vulva". Vergleich mit der Waffe im Wortspiel. *(UK 124, Jontes 38)*

Putátsch *m. (T)* Verächtl. Bez. für Knabe, Bube, zu rom. buttis „Fass". *(WBÖ III, 1525)*

Butte *f. („Butten")* Bez. für dicke Person, hauptsächlich auf Frauen bezogen; übertragen von Butte „Fass, Holzgebinde" (ahd. butto aus rom. butta „ds."). Verkleinerungsform Butterl *n.* für Kind dieser Statur. *(WBÖ III, 1543, UK 125, Jakob 44, Jontes 38)*

Pudel *m.* Spött. Bez. für Menschen mit krausem Haar, auch Schuldiener *(V)*; Vergleich mit dem modisch frisierten Hund. Ursprünglich ein pudelnder „im Wasser plätschernder" Hund, Jagdhund gemeint. *(WBÖ III, 1300, Kluge 569, Küpper 182, Pfeiffer 326, Jutz I, 482)*

Pudeltetscher *m.* Scherzhaft-spöttische Bez. für Kaufmannsdiener, Verkäufer. Wegen der inhaltlichen Nähe zu Budelschupfer (s. d.) wohl nicht vom Pudelhund herzuleiten. Tetschen „Ohrfeigen austeilen". *(UK 126, Jontes 38)*

Budelhupfer *m., (W)* siehe Budelschupfer *m. (Teuschl 54, 181)*

Budelräumer *m. (W, „-ramer")* Wie Budelschupfer; einer, der den Ladentisch abräumt. *(Jakob 43)*

Pudelscherer *m. (W)* Scherzhaft-spöttisch für Friseur. *(Küpper 182, Teuschl 181)*

Budelschupfer *m.* Scherzhaft-spöttisch für Kommis, Verkäufer, Handelslehrling, Kaufmannsdiener. Wörtlich jemand, der die Waren auf dem Ladentisch („Budel") herumschiebt („schupft"). Vgl. auch Ladelschupfer (s. d.) und Synonym Budelhupfer *m.*, bei dem das geschäftige Herumspringen hinter dem Ladentisch zum Ausdruck kommt. *(Jakob 43, UK 126, Jontes 38, WStWB 156, Ziller 42)*

Buttenhuber *m. (W, „-huaber")* Abfällig spottend für einen vornehmen Dummkopf; ma. Butte auch für „Zylinderhut". *(Schuster 36)*

Buttenzwerg *m. (W)* Spött. Bez. für lächerlichen Menschen, auch Spießbürger; wie Gartenzwerg (s. d.). Dieser wird oft mit einer Butte „Holzgebinde als Rückentrage" dargestellt.

Puderant *m.* Scherzhaft-abfällig für Homosexuellen, aber auch allg. für jemanden, der nach der Meinung anderer häufig Geschlechtsverkehr ausübt; ma. pudern „coire" zu mhd. buden „klopfen, schlagen", ma. pudern = buttern „Butter im Stoßbutterfass erzeugen". Bildung mit lat. Endung (-ans, -antis) eines Nomen agentis. *(WBÖ III, 1311, Teuschl 181)*

Butterpritsch *m. (K)* Spottname für Buttersammler, Bettelmönch eines

Mendikanten-, besonders Kapuzinerklosters. Vgl. Pritsch (s. d.). *(WBÖ III, 991)*

Puderer *m.* Wie Puderant *m.* (s. d.). *(WBÖ III, 1311)*

Bütterling *m. (N, O)* Bez. für dicke, dazu auch einfältige Person; eig. Gefäß, Bauch. *(WBÖ III, 1564)*

Putitze, Potitze *f. (St, „Putitzen“)* Auch windische P. Abfällig einst für faule, dumme, aus dem Windischen stammende, slowenische Magd. Nach der typisch untersteirischen Mehlspeise, dem mit Mohn oder Nüssen gefüllten Kuchen. *(WStWB 167)*

Büttling *m.* Bez. für kleinen Knirps, untersetzten Menschen; zu Butte *f.* (s. d.). *(WBÖ III, 1566f., UK 125)*

Buttóln *f. (O)* Spött. Bez. für dicke Frau; frz. bouteille „Flasche“. *(WBÖ III, 1526)*

Pütsche *m. (V)* Bez. für Dummkopf; ma. pütschen „einen Stoß versetzen“. *(Jutz I, 501)*

Büffel *m.* Bez. und Scheltwort für einen rohen, brutalen, sturen, lümmelhaften Menschen. Vergleich mit dem Tier ist augenscheinlich. Dickköpfigkeit und Eigensinn werden damit ausgedrückt. Auch in Zusammensetzung Bauernbüffel, Luthersbüffel (s. d.). *(WBÖ III, 1317f., Küpper 69, Pfeiffer 66, Jakob 43, UK 127, Jontes 38, Schatz I, 117)*

Büffler *m.* Eher abwertende Bez. für einen Schüler oder Studenten, der stur (wie ein Büffel) auswendig lernt. *(WBÖ III, 1322, Pfeiffer 66, Jakob 43, UK 127, Jontes 38)*

Puffmutter *f.* Bez. für Bordellwirtin; besonders auffallend hergerichtete Damen „schauen aus wie eine P.“ *(Küpper 182, Bornemann, Sex II, 48.24)*

Bügelladen *m. (W, „Bögel-, Begel-“)* Spött. Bez. für mageres Frauenzimmer, eine Frau, die flach wie ein Bügelbrett ist; vgl. auch Bretteljause (s. d.). *(Jakob 35, Teuschl 43)*

Puger *m. (T, V)* Schpfw. für Schelm, Schlingel, auch Italiener; wohl frz. bougre „Ketzer“ als Soldatenfluch aus den Franzosenzeiten. *(WBÖ III, 1328, Jutz I, 485)*

Buhu *m.* Bez. für Menschen mit bösem, finsterem Gesichtsausdruck *(N)*, auch unfrisierte *(N)* oder übertrieben geputzte, aufgedonnerte Frau *(O)*; eig. Bez. für den Uhu, dessen Ruf lautm. nachgeahmt wird. Auch die Verkleinerungsform Búhudel *m.* wird verwendet. *(WBÖ III, 1333)*

Búhudl *m.* siehe Buhu.

Buckel *m. (W)* Scherzhaft für Beschützer, Leibwächter; ma. Buckel „Rücken“. *(Teuschl 54)*

Buckelkraller *m.* Bez. für ungebetenen, ungeladenen Gast, früher besonders bei Hochzeitsmählern, die viele Arme, Bettler, aber auch Schmarotzer anzogen. Sie stellten sich hinter die Essenden und suchten deren Aufmerksamkeit durch das Berühren des Rückens („Buckel“) zu erregen, was gleichzeitig Heischegestus und Ausdruck des Bettelns um Essen ist. Buckelkraller *m.* von krallen „mit den Fingernägeln kratzen“. *(UK 125, Jontes 38)*

Buckerlmacher *m.* Wie das Folgende. *(Pfeiffer 65)*

Buckerlreißer *m. (St)* Bez. und Rügewort für einen unterwürfigen, kriecherischen Menschen, der dies bildl. durch ständige Bücklinge zum Ausdruck bringt. Buckerl von Pucker „Verbeugung" reißen, auch „etwas tun" (vgl. Krenreißer, Schmähreißer, s. d.). *(Jontes 39)*

Buckleter *m.* Abfällige Bez. für verwachsenen, buckligen, mit einem Höcker versehenen Menschen. *(Aman 42, Jakob 43, Jontes 39)*

Buckler *m.* Abfällige Bez. für jemanden, der sich unterwürfig gibt, den Rücken („Buckel") demütig beugt (vgl. auch Buckerlreißer, s. d.), jünger auch für einen, der sich einer schweren Arbeit ganz hingibt, den Rücken beugt und dadurch bei den fauleren Arbeitsgenossen Anstoß erregt. Auch „Einibuckler". *(Jontes 39)*

Pulver *n. (S)* Bez. für lustiges, übermütiges, lachfreudiges Mädchen; von der leichten Entflammbarkeit des Schießpulvers oder viell. Kürzung von Juckpulver. *(Ziller 140)*

Pulvergriesler *m. (W, „-griasler")* Scherzhaft für Apotheker. Vgl. Griesler (s. d.). *(Teuschl 181)*

Pulverjude *m. (W, „-jud")* Spöttische ältere soldatensprachl. Bez. für Artilleristen, wohl weil diese sparsam mit dem Schießpulver umgingen. Vgl. Jude (s. d.). *(Jakob 140)*

Bulge *f. (V)* Bez. für dicke Frau; eigentlich Ledersack, ahd. bulga, zu Balg. *(Jutz I, 485)*

Pulgerling *m. (N)* Abfällig für verkümmertes Wesen, Krüppel; ma. pulgen „dahinvegetieren", Etym. unklar. *(WBÖ III, 1344)*

Büllhäfen *m. (St)* Scherzhaft-spöttisch für laut und falsch singenden Sänger; auch gschrickter B., ma. Schricken „Sprung, Riss in einem Topf, einer Mauer"; nach dem Volksmusikinstrument B., bei dem ein Topf mit einer Blase verschlossen, durch einen Holzstab brummende Töne von sich gibt. *(WStWB 157)*

Pumpbruder *m. (W)* Bez. für jemanden, der sich ständig Geld ausborgt, „pumpt". *(WBÖ III, 1146)*

Pumpeluser *pl. (V)* Spottname für die Rätoromanen; rätorom. pompalugo „Dummkopf"? *(Jutz I, 489)*

Bumper *m. (V)* Spött. Bez. für kleines, dickes Kind; vgl. Pamper (s. d.). *(Jutz I, 489)*

Pumperer *m. (T)* Bez. für kleingewachsenen Menschen; ma. pumpern „pochen, klopfen", vgl. auch Anpumperer (s. d.). *(Schatz I, 119)*

Pumperlitz *m. (N)* Bez. für dickes Kind; Etym. wie zuvor + slaw. Suffix; vgl. auch tschech. pumperlik „Knirps". *(WBÖ III, 1373)*

Pumpernigl *m. (K)* Bez. für kleines, lebhaftes Kind; Etym. wie oben, vgl. auch Nigel (s. d.). *(Pfeiffer 327 „Pumpernickel", Lexer, KWB 46, Jutz I, 490)*

Bumpf *m.* Bez. und Schpfw. für groben, tölpelhaften, ungebildeten Menschen, in *O* auch für kleine, dicke Person. Ursprünglich ein Schallwort, das ein dumpfes Geräusch ausdrückt und Furz, Faustschlag und dgl. bedeutet. Dazu auch Pimpf „einer, der nur einen kleinen Bumpf – ‚Furz' – zustandebringt, ein Knabe". Abfällig für Bauer als Bauernbumpf. Judenburg 1812 a. a. O. für Grobian. Vgl. auch Mehlpumpf (s. d.). Ähnlich auch Pumps (s. d.). *(WBÖ III, 1375f., Jakob 37, 44, Jungmair 215, Jontes 39)*

Pümpfinger *m. (S, O)* Bez. für ungeschickten, auch unbedachten Menschen; zu Bumpf (s. d.). *(WBÖ III, 1378)*

Pumpier *m. (W)* Scherzhaft für Schuldenmacher, jemanden, der sich ständig Geld ausborgt. Umgangssprachl. pumpen „Geld ausborgen" mit frz. Endung nach dem Muster von Bankier. *(WBÖ III, 1378)*

Pumps *m. (N)* Bez. für dickes Kind; ma. Pums „Schlag, Stoß", lautm. wie Bumpf (s. d.). *(WBÖ III, 1378)*

Bummtschäsen *f. (O)* Scherzhaft-abfällige Bez. für altes Weib; frz. chaise „Kutsche" mit einem Schallwort verbunden. *(Jungmair 60)*

Bummelant *m.* Siehe Bummler. *(Pfeiffer 67)*

Bummer *m. (V)* Bez. für dickes, drolliges Kind, auch ebensolches Hündlein. *(Jutz I, 488)*

Bummerl *n.* Bez. für willenlosen Menschen, einen, dem man immer den Schwarzen Peter zuschiebt; auch Verlustpunkte beim Kartenspiel. *(Ziller 43)*.

Pummerlitzer *m.* Bez. und Rügewort für jemanden, der heftig aufbegehrt; ma. pumperlitzen „poltern" zum Schallwort pumm. *(WBÖ III, 1360, Schatz I, 119)*

Bummler *m.* Bez. für jemanden, der ziellos und ohne eine bestimmte Absicht zu verfolgen umhergeht; auch Langzeitstudent damit gemeint („Semester um Semester verbummeln"); auch Bummelant *m.* „ds." mit scherzh. lat. Endung. In der Studentensprache um 1900 auch Bez. für Stock mit Silberknauf, der für Couleurstudenten obligat war. *(WBÖ III, 1366, Pfeiffer 67)*

Bumse *f. (N, „Bumsen")* Abfäll. Bez. für korpulente Frau; nach einem schallnachahmenden Wort. *(WBÖ III, 1379)*

Bumser *m.* In der älteren Soldatensprache Bez. für Artillerist, vom Schallwort für „dumpfer Knall" abgeleitet. Heute allg. als Bezeichnung für einen Mann, dem man häufigen Geschlechtsverkehr nachsagt („ein fester, ein mords Bumser"). Vom älteren Begriff her in den sechziger Jahren aktualisiert für die „Südtirol-Bumser", die durch Sprengstoffanschläge auf die Lage in Südtirol aufmerksam machten, wobei ihre Tätigkeit mit dem Worte spöttisch verharmlost werden sollte. Vgl. auch Bimser (s. d.). *(WBÖ I, 374, III, 1379, Pfeiffer 67f., UK 128, Jontes 39)*

Bundesheerler *m.* Spöttisch-gleichgültig für Angehörigen des österreichischen Bundesheeres.

Bunker *m.*, **-erl** *n.* Bez. für kleinen, untersetzten Menschen bzw. rundliches Kind oder Mädchen. Bedeutet auch Schlag, Hieb, Beule, Knollen, kleiner, runder Gegenstand. Vgl. auch Pienk (s. d.). Bunket „gebaucht", Bunkerl

„kleines, gebauchtes Bierkrügel" damit verbunden. *(WBÖ III, 1399ff., 1411, UK 129, Jakob 44, Jontes 39, Schatz I, 119, Jungmair 60)*

Bunketze *f. (K)* Spöttische Bez. für dicke Frau; ma. punketzen „poltern, lärmen". *(WBÖ III, 1411)*

Bunkse *f.* Verächtliches Schpfw. für Frauen, vielleicht Mischform aus Bunker (s. d.) und dgl. und Blunze „Blutwurst" (s. d.) oder gar Punze „Vulva". *(UK 129, Jontes 39)*

Punze *f. („Punzen")* Bez. für dicken Menschen; zu mhd. punken „schlagen, stoßen". *(WBÖ III, 1419, Schatz I, 120)*

Punzel *m. (S, V)* Bez. für kleinen Mann; Etym. wie zuvor. *(Ziller 140, Jutz I, 493)*

Punzierer *m. (N)* Handwerkerspott für Spengler, Klempner, der mit einem Goldschmied verglichen wird, der seine Arbeiten mit Edelmetallpunzen kennzeichnet. *(WBÖ III, 1421)*

Burtschinellenmanderl *n. (St)* Scherzhaft für Kasperl (s. d.), lächerliche Figur. Ital. Policinello, Pulcinella „komische Gestalt der Commedia dell'arte". *(WStWB 86)*

Purre *f. („Purren")* Bez. für übermütig-wilde, auch vergnügungssüchtige Person. Eigentlich ein Gerät gemeint, das ein dröhnendes Geräusch erzeugt (die Sirene „purrt"); ma. purren „dröhnen, sausen". Siehe auch Schusspurre. *(WBÖ III, 1450f.)*

Burli *m. (W)* Allg. als Kosewort für lieben, kleinen Buben; übertragen wie Burschi (s. d.) aber für Homosexuellen. *(Teuschl 55)*

Bürohengst *m.* Scherzhaft für Beamten, jemanden im Gefolge des Amtsschimmels; im militärischen Bereich auch als Schreibstubenhengst. *(Küpper 70, Pfeiffer 68, Aman 35)*

Bürscherl *n.* Außer dem verkleinerten Grundwort für jungen Mann auch herausfordernde, spöttische Bez. für jüngeren Mann, der aber kein eigentlicher Bursche mehr ist. „Komm nur her, du Bürscherl!" als häufige Herausforderung zum Raufen, spottend auch für einen Schwächling „Du ausgeronnenes Bürscherl!" *(Pfeiffer 69, Aman 34, Jontes 39)*

Burschi *m. (W)* Über das Kosewort für kleinen Buben hinaus auch spöttisch für Homosexuellen. *(Teuschl 55)*

Burschierer *m.* Ältere Bez. für nach Art der Burschen (bes. Handwerksburschen, Studenten) herumziehende Gesellen; Wortbildung nach dem Vorbild von Fremdwörtern aus dem Lateinischen oder Französischen. „Burschieren" scheint als Ztw. auch den Beigeschmack von „mit Angehörigen sozial tiefer stehender Schichten vertraulich umgehen" gehabt zu haben. *(WBÖ III, 1461, UK 131, Jontes 40)*

Bürschling *m. (T)* Bez. für burschikosen, mutwilligen jungen Mann; Weiterbildung von Bursche. *(WBÖ III, 1461, Schatz I, 121)*

Bürstenbinder *m.* In der Redensart „saufen wie ein B." abfällig für Alkoholiker, Säufer. Anscheinend galten diese Handwerker vielleicht wegen der Staubentwicklung in ihrem Gewerbe als besonders durstig. *(WBÖ III, 187)*

Burz *m.*, **Burzel** *m.* Bez. für zwergenhaft gewachsenen Menschen, auch Tier, kleiner Mensch, Knirps; zu purzeln „kollern". *(WBÖ III, 1477ff., Jakob 141, UK 132, Jontes 40, Schatz I, 122)*

Buschán *m. (N)* Schpfw. für großes, gefräßiges Kind; Etymologie unklar, vielleicht von frz. bouchon „Pfropfen" oder ung. busa „Dickkopf". *(WBÖ III, 1387)*

Buschláppin *f. (S)* Bez. und Spottwort für Frau, die sich in übertriebener Weise mit Blumen umgibt, Blumennärrin; vgl. Lapp (s. d.). *(Ziller 43)*

Buserant *m.* Bez. für Homosexuellen; scheinbar lat. Wortbildung, jedoch vom frz. pousse arrière „Stoß von hinten" (aus der Terminologie des Billardspiels) abzuleiten. Vgl. auch Puderant (s. d.). *(WBÖ III, 1513f., Pfeiffer 69, Jakob 44, Teuschl 56, Jontes 40, Jutz I, 500)*

Buserer *m. (W)* wie zuvor. *(Teuschl 56)*

Buserin *f. (W)* Analog zu Buserant (s. d.) für Lesbierin. *(WBÖ III, 1514)*

Bussler *m. (W)* Schpfw. für Kriecher, Schmeichler, Duckmäuser; wörtlich einer, der stets Küsse austeilt; ma. Bussel „Kuss". *(Teuschl 56)*

Butz *m. (V)* Bez. für schwächliches Kind; mhd. butze „Geist, Schreckgespenst". *(Jutz I, 504)*

Putz *m.* Spöttische Bez. für Polizist, ursprünglich für den Offiziersdiener (auch Putzer, Putzfleck). *(WBÖ III, 1573, 1576, Küpper 71, 183, Pfeiffer 70, Jakob 141, Jontes 40, Pohl 51, Schatz I, 123)*

Putzteufel *m.* Scherzhafte, fast anerkennende Bez. für putzwütige Hausfrau, die bildlich vom Putzteufel befallen ist, einer amüsanten Personifizierung eines angeblichen Lasters. *(Pfeiffer 328, Kapeller 132, Teuschl 182, Jontes 40)*

Putztocke *f.* Bez. für eitles, aufgeputztes Frauenzimmer, „Modepupperl", vielleicht Vergleich mit einer Schneiderpuppe. Zu mhd. ma. tocke „Puppe" (s. d.). *(Aman 42, UK 126, Jontes 40, WStWB 157, Jungmair 216, Ziller 49, 140)*

Butzerl *n. (W)* Allg. für Kleinkind, Säugling; lat. pusillus „winzig"?; übertragen aber als Spott für unangenehmen Menschen. *(Teuschl 56)*

Putzfleck *m.* Spöttisch für den einst in der Armee üblichen Offiziersdiener. *(Küpper 184)*

Putzgretel *f.* Bez. für putzsüchtiges Frauenzimmer; vgl. auch Gretel, Bauerngretel (s. d.). *(Jakob 141, Teuschl 182, Jungmair 216)*

C, CH

Siehe K.

D, T

Tapp *m.* Bez. und Schpfw. für Dummkopf, ungeschickten, einfältigen Menschen. Dazu die Verkleinerungsformen Tappel, Tapperl. Wörtlich einer, der sich tappend, unbeholfen bewegt, benimmt. Zu mhd. tâpe „Pfote, Tatze" (dazu ma. Tapper *m.* „schmutziger Hand- oder Fußabdruck"). Lebt auch im hochsprachl. täppisch. Wichtigste Ableitung ist Tepp (s. d.), auch Tapps (s. d.). *(Aman 43, UK 133, Jontes 41, Lexer, KWB 52, Schatz II, 629, Jutz I, 529)*

Tabakschmecker *m. (T)* Spottname für Finanzwachebeamte, die einst zum Schutz des staatlichen Tabakmonopols unbefugtem Tabakbesitz und -anbau durch Riechen nachgingen. *(Schatz II, 624)*

Tappauf *m.* Bez. für schwerfällig gehenden, tappend auftretenden Menschen. *(UK 133, Jontes 41)*

Tappe *f.* Schpfw. und Bez. für unbeholfene, auch dumme Frauensperson. Vgl. Tapp (s. d.). Auch Tappin *(K)*. *(WBÖ IV, 25, Pfeiffer 424, UK 133, Jontes 41, Lexer, KWB 52)*

Tappel *m.* Schpfw. und Bez. für unbeholfenen Dummkopf beiderlei Geschlechts. Verkleinerungsform zu Tapp (s. d.). *(WBÖ IV, 25, UK 133, Jontes 41, WStWB 157, Lexer, KWB 52)*

Tappeltoli *m.* Schpfw. für dummen Kerl. Vgl. auch Tapp (s. d.) -toli (s. d.) steht tollen nahe und entspricht mit seiner Endung dem Schimpfworttypus Gari, Bölli (s. d.). *(UK 133, Jontes 41)*

Tabernakelente *f. (St, „-anten")* Scherzhaft-spöttisch für Frömmlerin.

Tablette *f.* Scherzhafte Bez. für Gattinnen der Mitglieder des Serviceclubs Round Table.

Tappnachi *m.* Bez. für Menschen, der immer zu spät kommt, hintennach (ma. nachi) tappt. *(UK 134, Jontes 41, Jakob 190, Schatz II, 629, Schuster 164)*

Tapps *m. (O)* Bez. für ungefügen, ungeschickten, täppischen Menschen; wie Tapp, Tepp (s. d.). *(Pfeiffer 424, Jungmair 291)*

Tappschädel *m.* Bez. und Schpfw. für unbeholfenen, dummen Menschen. Ursprünglich vergröbernd für Kopf verwendet. Dieses Wort wird ebenfalls als eigenes Schpfw. gebraucht (s. d.). Vgl. Tapp (s. d.). *(Pfeiffer 424, Jakob 190, UK 134, Jontes 41, Ziller 177, Jungmair 291, Schatz II, 515, 629)*

Tachinierer *m.* Bez. und Rügewort für Drückeberger, Nichtstuer, der aber vorgibt, ungemein geschäftig zu sein. Ursprünglich für Soldaten, die sich vor dem Frontdienst drückten und sich im Hinterland aufhielten, sich dort unabkömmlich zu machen suchten. Viell. zu tschech. táhnouti „sich ziehen" oder rotwelsch Tarchener *m.* „Bettelbetrüger". *(WBÖ IV, 48f., Pfeiffer 423, Schuster 163, Teuschl 227, Jungmair 88)*

Dachs *m.* Scherzhaft für jungen, unerfahrenen Menschen. *(WBÖ IV, 51)*

Dachshacker *pl. (V)* Ortsspottname für die Einwohner von Alberschwende; (Ge)Dachs *n.* „Geäst". *(Jutz I, 512)*

Tate *m. (T)* Bez. für dicken Menschen, eig. Teigpatzen; ob zu Tatel *m.* (s. d.) fraglich. *(Schatz II, 630)*

Tatte *f. (S, „Tatten")* Schpfw. für Mädchen („Du blöde Tatten"); Etym. fraglich. *(Ziller 177)*

Taddédel *m.* Bez. für einen Menschen ohne Energie und Willenskraft, ähnlich Lapp (s. d.). Ursprünglich Verkleinerungsform des Vornamens Thaddäus. Thaddädl hieß eine populäre, lustige Figur des Wiener Theaters in der Nachfolge des Hanswursts. Sie wurde von Hansenhut um 1790 kreiert und hatte vor allem wegen ihrer kindlichen Komik so großen Erfolg, dass ihr Hinausdringen in die Volkssprache denkbar erscheint. Vielleicht in noch mehr verkürzter Form Erklärung für Dedel (s. d.). *(Wintersberger 82, Jakob 192, Teuschl 230, UK 135, Jontes 41)*

Tatel *m.* Bez. für einen alten Mann, der körperlich und geistig gebrechlich ist. Meist in der Form alter Tatel gebraucht. Verkleinerungsform von kindersprachlich Tatta, Tati „Vater" (vgl. auch jidd. Tate „ds."). Entspringt der älteren ma. Anrede Vater auch für nichtverwandte ältere Männer. Beleidigend hingegen wirkt die Zusammensetzung Narrentatel (s. d.). *(Wintersberger 82, UK 136, Jontes 41f., WStWB 157, Ziller 177, Schatz II, 630)*

Täteler *m. (V)* Bez. für Schwätzer; ma. tattern „schwatzen" (lautm.). *(Jutz I, 536)*

Tatterer *m. (W)* Spöttisch für alten Mann, Tattergreis; einst auch mit dem tschechischen Auto der Marke Tatra in Verbindung gebracht. *(Pfeiffer 424, Teuschl 228, WStWB 157)*

Tatterlatsch *m.,* auch **Taderlatsch** Bez. für einen langsamen, langweiligen Menschen, der mit seiner Arbeit nicht weiterkommt. Latsch (s. d.) verbindet sich mit dem Zeitwort tattern, tadern „zittern, schnell reden", einem wohl lautmalenden Wort (mhd. tateren „schwatzen, plappern"). *(UK 135, Jakob 46)*

Tatterling, Taderling *m. (St)* Wie zuvor. -ling-Bildung wie Frissling, Hundling usw. *(UK 135, WStWB 157)*

Tattermann *m.* , **-mannl** *n.* Neben seiner Bed. als alte Brauchtumsgestalt (Reflexion der Türkenzeit, „Tartaren"-Figur, die im Rahmen eines Volksfestes z. B. im alten Graz verbrannt wurde) auch Schpfw. für einen nicht zielstrebigen Menschen, der nichts fertigbringt. An den Schreckpopanz des Brauches, der auch noch einer Spukgestalt den Namen gab, hängte sich auch der Begriff tattern „schwatzen". Vgl. auch Tatterlatsch, Tatterling (s. d.). *(Grimm XXI, 159, UK 135f., Jontes 42, WStWB 157, Schatz II, 630)*

Tattermaul *n.* Schpfw. für einen hohlen Schwätzer, dessen Mund fortwährend „tattert". Vgl. Tatterlatsch (s. d.). *(UK 136, Jontes 42)*

Tatsch *m.* Bez. und Schpfw. für Kretin, schwächer für linkischen, ungeschickten, tölpelhaften Menschen. Heute gebräuchlicher in der Zusammensetzung Schlampertatsch (s. d.). Das Schallwort Tatsch bezeichnet ursprünglich den Schlag mit der flachen Hand, der ein klatschendes Geräusch verursacht (vgl. auch tätscheln). Lautlich verwandt ist auch Patsch (s. d.), Tauntsch (s. d.) und Tosch (s. d.). Judenburg 1812: „Tatsch: ein Tölpel". *(Grimm*

XXI, 160, Wintersberger 82, Aman 43, UK 136, Jontes 42, Lexer, KWB 53 Schatz II, 631)

Tatschbär *m. (W)* Bez. für plumpen, ungeschickten Menschen; wie Tatzbär (s. d.) für den Tanzbären als Vergleich. *(Jakob 190)*

Tatsche *f. (St, „Tatschen")* Schpfw. für ungeschicktes weibliches Wesen; siehe Tatsch. *(WStWB 157)*

Tatschenbäcker *m. (St, N, W, „-bäck, -bacher")* Spottwort für schlechten Bäcker, der nur missratene, sitzengebliebene Gebäcke fertigbringt, dann übertragen auf ungeschickten Menschen. *(WBÖ II, 40f., 771, Jakob 191)*

Tatscher *m. (V)* Bez. für Schwätzer. *(Jutz I, 538)*

Tatscherlbäck *m. (W)* Kleinbäcker, Bäckermeister mit nur kleinem Gewerbebetrieb. *(Teuschl 228)*

Tatschker *m. (St, B)* Bez. und Schpfw. für unbeholfenen, dicken Menschen. Ursprünglich damit eine Kröte gemeint. Gebildet nach dem Schallwort Tatsch (s. d.), das wohl in diesem Falle das Aufklatschen der hüpfenden Kröten nachahmt. Als Tatschkerland bezeichnet der Steirer das oststeirische Grabenland mit dem Hauptort Gnas, weil dort Kröten und Frösche besonders häufig sind. Kröte selbst auch als Schpfw. gebräuchlich (s. d.). Im Burgenland auch als Ortsspott der Bewohner von Kittsee für die von Berg. *(UK 136, Jontes 42, WStWB 157)*

Tatschkerlist *m. (W)* Schpfw. für Sittlichkeitsverbrecher. Vielleicht zu ma. titschkerln „coire". *(Teuschl 228)*

Tatschler *m. (V)* Bez. und Schpfw. für dicken, unbeholfenen Menschen; ma. tatschen „schwerfällig gehen". *(Jutz I, 525)*

Taferlklassler *m.* Scherzhaft-spöttische Bez. und Anrede für einen Schüler der untersten Pflichtschulklasse. Erinnert noch an die Zeit bis etwa 1930 herauf, als die Schüler die Anfangsgründe des Schreibens noch nicht mit der Feder auf Papier, sondern mit dem Griffel auf dem „Taferl", der holzumrahmten, schwarzen Schiefertafel übten, die wieder abgewischt werden konnte. *(Küpper 222, Jakob 189, Jontes 42)*

Tafelkratzer *m.* Scherzhafte Bez. für Volksschüler der untersten Klasse, weil diese noch nicht mit der Feder schreiben durften, sondern auf der Schiefertafel mit dem Griffel übten. Vgl. den Spottvers „Erste Klasse Taferlkratzer, zweite Klasse Tintenpatzer". *(WBÖ II, 525)*

Davidl *m. (N)* Verkleinerungsform von David als Spottname für Pantoffelheld oder Bez. für dickes Kind. *(WBÖ IV, 92)*

Tagblatt *n. (N, O)* Scherzh. Rügewort für geschwätzige Person, die wie eine Tageszeitung Neuigkeiten verbreitet. *(WBÖ III, 294, Pfeiffer 423)*

Tagedieb *m.* Jemand, der dem lieben Gott den Tag stiehlt, fauler Müßiggänger. *(Pfeiffer 423)*

Tagerer *m. (W)* Scherzhaft für älteren Herrn, Knacker (s. d.). Herkunft dunkel. *(Teuschl 227)*

Tagstürzer *m.* Bez. für einen faulen Menschen, der seine Pflicht nicht erfüllt, Tagedieb, einen, der den Tag stürzt. Stürzen im Sinne von „umdrehen, ungenützt verstreichen oder vorbeigehen lassen" (wie etwa in hochsprachlich Schulstürzer „Schulschwänzer"). *(UK 138, Jontes 43)*

Tack *m.*, **Tacke** *f. (T)* Bez. und Schpfw. für ungeschickten Menschen, auch einfältige, aber gutmütige Frauensperson. Vgl. Scheißtacke (s. d.). *(WBÖ IV, 70 Schatz II, 625)*

Daldra *m. (K)* Schpfw. für tratschsüchtige Frauensperson; ma. daldern „daherschwätzen". *(Pohl 53)*

Dalk *m.* Bez. und Schpfw. für Tölpel, dazu auch das Eigenschaftswort dalket „dumm, ungeschickt" (z. B. dalketer Bua). Ursprünglich eine unausgebackene, teigige, halbrohe Mehlspeise oder etwas Mühsames (vgl. auch „er ist nicht ausgebacken" für körperlich und geistig unterentwickelt oder nicht recht ausgeschlafen). Die Dalken als eine urtümliche steirische Speise scheinen hier auch mithereinzuspielen: Sie sind gequollene, dann ofengedörrte und entspelzte Haferkörner, die in Milch aufgeweicht gegessen wurden. Man vergleiche auch die steirische Redensart „Heb dich, Schöberl (ein gebackener Teigfleck, eine Suppeneinlage), sonst wirst/bleibst a Dalken!" als Aufforderung an einen faulen Menschen, sich zu erheben und an die Arbeit zu gehen. Die Verkleinerungsform Dalkerl auch als Kosewort für Kinder gebräuchlich. Idiotikon Fohnsdorf: „Talg: Ein dummer, ungeschickter Mensch". *(Grimm II, 699, Pfeiffer 76, Jakob 45, Teuschl 59, UK 139, Jontes 43, Lexer, KWB 51, Ziller 44, Jungmair 289, Jutz I, 521)*

Talke *f. (T)* Wie oben für ungeschicktes Frauenzimmer. *(Schatz II, 626f.)*

Dalkentippel *m.* In der Bed. „dummer Teufel" als Schpfw. bei UK a. a. O. mit Verweis auf kärntnerisch „Dalkenlippel". Im steir. Beleg wohl eher auf Tippel „Beule, Klumpen in der Nahrung" zurückzuführen, das auch einen groben Menschen bezeichnet (s. d.). Vgl. auch Tenkentippel (s. d.). *(UK 139, Lexer, KWB 51, Jakob 45, Schuster 41, Jontes 43, Jungmair 289)*

Talkerl *n.*, siehe Talk.

Dalkerling *m. (St)* Spöttisch für unbeholfenes Wesen; zu Dalk (s. d.). *(WStWB 157)*

Tampel *m.*, **Tamperl** *n.* Bez. für einen einfältigen Menschen, Tropf. Vielleicht zu tamisch, damisch „betäubt, verwirrt". Vgl. auch ober- und mitteldt. tampern „zaudern, langsam arbeiten". Judenburg 1812: „Tampl: ein ungeschickter Mensch". *(Grimm XXI, 103, UK 140, Jontes 43)*

Tamperling *m. (S)* Bez. und Rügewort für ungebärdiges Kind, auch Mädchen; zu mhd. tamer „Lärm, Getöse", vgl. aber auch Tampel (s. d.). *(Ziller 176)*

Dampfplauderer *m.* Bez. und Rügewort für jemanden, der unentwegt redet oder zumeist hohles, inhaltsleeres Geschwätz von sich gibt. Eine der zahlreichen Bez. für diesen menschlichen Charakterzug (vgl. auch Plaudermirl, Ratschkathl usw., s. d.). Der Inhalt des Redens wird mit dem sich rasch auflösenden, verflüchtigenden

Wasserdampf oder Rauch verglichen. Auch mag der rasche und monotone Gang der Dampfmaschine gemeint sein, der Schwätzer wird also gleichsam wie mit einem Dampfantrieb ausgestattet angesehen. *(WBÖ III, 431, Pfeiffer 77, Wintersberger 20, Jakob 46, Teuschl 49, Jontes 43)*

Dampfgescherter *m. (W, N, „-gscherter") Spött.* Bez. für Bauern aus dem Marchfeld. Viell. Bezug darauf, dass dort die ersten Dampfmaschinen in der Landwirtschaft eingesetzt wurden. Auch allg. für Provinzler. *(Schuster 41, Teuschl 59)*

Tamdoli *m.* Bez. und Schpfw. für Tölpel, ungeschickten Menschen. Ursprünglich herabsetzender Nationenspott für die slowenisch sprechenden Weinfuhrleute aus dem untersteirischen Luttenberg, die, nach ihrem Herkommen befragt, in ihrer Muttersprache mit slow. tam doli „von da unten her" geantwortet haben sollen. *(UK 140, Jontes 43f.)*

Tammel *m. (T)* Dummkopf, beschränkter Mensch. *(Schatz II, 627)*

Damenschneider *m.* Scherzhaft für gynäkologischen Chirurgen, Frauenarzt. *(Küpper 73)*

Damian *m.* Bez. und Schpfw. für einen unbeherrschten, unkontrolliert und unberechenbar handelnden Menschen; vom Eigenschaftswort tamisch, damisch „geistig verwirrt, benommen" (s. d.) her nach dem Muster von Heiligennamen wie Cassian, Cyprian u. dgl. gebildet (vgl. auch Blödian usw.). *(Pfeiffer 76, Kapeller 30, Jakob 46, Teuschl 59, Hager 12, Jontes 44)*

Damisch, Tamisch *m.* Bez. für Narr, psychisch Gestörten. Abgeleitet von damisch (vgl. Damian s. d.) aus mhd. toum „Qualm, Dunst". Bezeichnet auch eine Kopfkrankheit beim Vieh. *(Grimm II, 704, UK 140, Jontes 44)*

Tamleschi *m. (W)* Bez. und Rügewort für ungeschickten Menschen, Faulpelz, auch Unachtsamen; tschech. tam lezi „dort liegt er" (lezeti „müßig daliegen"). *(Schuster 41, Jakob 46, 189, 190)*

Dammrutscher *m. (V)* Spottbez. für Grenz- und Zollbeamte, wegen des Rheindammes. *(Jutz I, 522)*

Tanterer *m. (O)* Bez. und Rügewort für verspielten Menschen; viell. verselbstständigt aus Tanderlaun (s. d.). *(Jungmair 290)*

Tanterln *n. (T)* Bez. für frisches, lebhaftes Mädchen, im leicht spöttischen Sinne verwendet; wohl Verkleinerungsform von Tante, um Altklugheit auszudrücken. *(Schatz II, 628)*

Tanderlaun *m.*, auch **Tanderlan**, **Taderlan** Bez. für langweiligen Menschen, Zeitvertrödler, jemanden, der keine Arbeit fertigbringt (wie Laundler, Lienl s. d.). Zu launen, laundeln „herumlungern, schläfrig tun, langsam herumgehen". Tander – dissimiliert aus Tandler „Trödler" (s. d.), das auch im Sinne von Zeitverschwender gebraucht wird. *(Jakob 46, Schuster 41, Teuschl 60, UK 141, Jontes 44, Jungmair 290, Ziller 45)*

Tandler *m.* Bez. für jemanden, der seine Zeit vertrödelt, der aus Mangel an Zeitgefühl und Unfähigkeit keine Arbeit vollendet. Umlautlose Form von Tändler „Händler mit wertlosem Zeug, Tand, alten und abgetragenen Kleidern usw." (Tand aus lat. tantum „soviel" als Kaufmannswort bereits im Mittelalter). Siehe auch Tendel. *(Grimm XXI, 107, Kluge 768, Aman 43, Wintersberger 82, Jakob 190, Teuschl 227, UK 141, Jontes 44, Jungmair 290, Ziller 176)*

Dängler *m. (V)* Bez. und Rügewort für jemanden, der unaufhörlich, aber langweilig schwätzt, zu dangeln „Sense schärfen". *(Jutz I, 525)*

Tangojüngling *m.* Spöttisch für jungen Mann, der sein Hauptaugenmerk den modischen Dingen des Lebens zuwendet; in den zwanziger Jahren entstanden, als der Tango als neuer Modetanz die Gemüter junger Leute bewegte. *(Pfeiffer 423)*

Tanker *m. (W)* Bez. für schwächliches Kind; Etym. dunkel. *(Schatz II, 628)*

Tankwaschel *m. (W)* Scherzhaft für Tankwart, da dieser auch die Scheiben des Autos mit dem Waschel putzt. *(Teuschl 227)*

Tanzbär *m. (W)* Scherzhaft für plumpen, ungeschickten Menschen, der mit einem zum Tanze abgerichteten Bären der alten Schausteller verglichen wird. Vgl. auch Tasch-, Tatzbär (s. d.). *(WBÖ II, 1028, Pfeiffer 423, Jakob 190)*

Tanzgretel *f. (O)* Scherzhaft für tanzlustige Frauensperson. Vgl. Gretel (s. d.). *(Jungmair 290)*

Tanzkönig *m.* Scherzh. Bez. für schlechten Tänzer. *(Sonntag 52f., Jontes 44)*

Tartscher *m. (T)* Schpfw. für unsauberen Menschen, einen, der sich beim Essen bekleckert hat; ma. Tartsch *m.* „Brei". *(Schatz II, 629)*

Dariwudl *m. (W)* Schpfw. für Wirrkopf, Tolpatsch; Herkunft unklar; ein Kartenspiel heißt Dariwudeln. *(Teuschl 60)*

Tarl *f. (T)* Bez. für nettes Mädchen, feine Frau, spöttisch aber auch für Närrin im Sinne von Tschapperl (s. d.); Herkunft unklar. *(Schatz II, 629)*

Darmdörrer, -dürrer *m. (St, O)* Spött. Bez. für Hungerleider, armen Menschen, der so wenig zu essen hat, dass ihm die Gedärme förmlich austrocknen. *(Jungmair 63)*

Daschtodel *m.* Bez. für Schwachsinnigen, geistig Behinderten. Differenzierung von Todel (s. d.). Näher erläutert Dasch *f.* „Brechelstube, -hütte", ein in der Ober- und Mittelsteiermark wegen der Feuersgefahr beim Flachsrösten in einiger Entfernung vom Bauernhof erbautes Häuschen, in dem der Kretin abgesondert hausen musste. *(UK 143, Jontes 44)*

Tasche *f. („Taschen") Schpfw.* und Bez. für liederliche, unmoralische Frauensperson; das auf die gesamte Person übertragene Wort für Vulva. Auch ungeschickter Mensch *(K)*, einfältige Weibsperson. *(Schmeller I, 627, Pfeiffer 424, UK 143, Jontes 44, Lexer, KWB 543, Schatz II, 630)*

Taschel *m. (T)* Bez. für gutmütigen Menschen, besonders alten Mann, leicht spöttisch gemeint; ma. taschet „täppisch". *(Ziller 177)*

Taschelzieher *m. („-ziager")* Bez. für den Taschendieb, der das Geldtäschchen aus der Tasche zieht. *(Jakob 190, Teuschl 228, Jontes 44)*

Tascher *m. (T)* Bez. für ungeschickten Mann. *(Schatz II, 630)*

Taschge, Toschge *m. (K, T)* Bez. für dummen Menschen; vgl. auch Tusche (s. d.). *(Lexer, KWB 53, Schatz II, 630)*

Taschlowitz *m. (W)* Scherzhaft für Taschendieb; pseudoslawische Wortbildung zur Charakterisierung balkanesischen Diebsgesindels. *(Teuschl 228)*

Tastel *f. (T)* Bez. für schwerfällige, dicke Frau; Nähe zu Astel (?) (s. d.). *(Schatz II, 630)*

Daserl *n.* Abfäll. Bez. für ungeschickte Frauensperson; Diminutiv von Anastasia, aber auch mögliche Kontamination von Waserl (s. d.) und dasig „verlegen, still". *(WBÖ I, 213, Schmeller I, 546)*

Taube *f.* Eher abwertende Bez. für unverheiratete Frau, Mädchen. *(Jontes 44)*

Taubenfickerer *m. (St)* Schpfw. unbestimmter Bedeutung, vielleicht grobsexuellen Inhalts. *(WStWB 157)*

Täude *m. (V)* Bez. für dummen bis närrischen Burschen. *(Jutz I, 538)*

Dauertschick *m. (St)* Schülersprachliche Bez. für jemanden, der beim „Abfangenspiel" wegen seiner Ungeschicklichkeit ständig der Fänger ist. Tschick „Zigarettenstummel" (ital. cicca) als Ausdruck von etwas besonders Minderwertigem. *(Jontes 45)*

Taufscheinkatholik, -christ *m.* Spöttisch für einen, dem die Konfession, der er angehört, herzlich egal ist. *(Pfeiffer 425)*

Taufsteinel *n. (St, „-stoanel")* Spottbezeichnung unsicherer Herkunft für Langschläfer am Pfingstsonntag, an dem es besondere Rügebräuche für solche gibt (vgl. auch Pfingstlotter, Pfingstlucke, Pfingstnudel s. d.). *(WStWB 157)*

Taugenichts *m.* Der Nichtsnutz schlechthin. *(Pfeiffer 425)*

Dauggi *m. (V)* Blöder Kerl. *(Wintersberger 20)*

Tauli *m.*, siehe Toli.

Daumenlutscher *m.* Schpfw. für Nichtstuer, Faulpelz, dessen einzige Beschäftigung anscheinend im Daumenlutschen besteht; nach der bekannten Struwwelpeter-Figur. *(Küpper 64, Pfeiffer 77f.)*

Tauntsch *m. (St)* Schpfw. für langweiligen, unschlüssigen Menschen. Zu Tatsch (s. d.). *(UK 146, Jontes 45)*

Taundei *n. (T)* Bez. für langsamen Menschen; ma. taunln „langsam sein". *(Schatz II, 632)*

Tatzbär *m.* Bez. für groben, plumpen und ungeschlachten Menschen, der andere mit seinen Pranken anfasst oder abtätschelt und daher mit einem Bären verglichen wird, der seine Tatzen drohend erhebt. Sicherlich noch eine Erinnerung an die bis in die erste Hälfte des 19. Jh.s auch in den Alpenländern noch vorkommenden Braunbären bzw. an die früheren Bärentreiber, wandernde, oft zigeunerische Schausteller mit ihren dressierten Tanzbären. Auch Tatschbär (s. d.). *(Grimm XXI, 915, UK 137, Aman 44, Jakob 190f., Jontes 45, Ziller 177, WBÖ II, 1028)*

Theatergretel *f.* *(W)* Spöttische Bez. für Schauspielerin, aber auch Theaterfreundin. *(Jakob 192, Teuschl 230)*

Tepp *m.* Schpfw. und Bez. für einen dummen, unbeholfenen, langweiligen, eingebildeten, uninteressanten Menschen. Das häufigste Schimpfwort im Lande. Durch den allgemeinen Gebrauch in seinem Beleidigungseffekt schon sehr gemindert und mehr oder minder harmlos, wenn die sozialen Unterschiede der Kontrahenten nicht zu groß sind. Zu Herkunft und Verwandtschaft vgl. Tapp (s. d.). Inhaltliche Differenzierung in Zusammensetzungen wie Haustepp, Halbtepp. *(Pfeiffer 79, Aman 45, Kapeller 31, Jakob 190, Teuschl 229, UK 133, Jontes 45, Ziller 178, Schatz II, 637, Jungmair 293)*

Teppeter *m.* Wie zuvor. *(Teuschl 229)*

Teppenschädel *m.* *(W)* Wie zuvor. *(Teuschl 229)*

Tepfer *m.* *(T)* Bez. für Alkoholiker, Säufer ma. tepfen „dem Trunke ergeben sein" (ablautend zu Topf?). *(Schatz II, 637)*

Teppichbeißer *m.* Abfällig über besinnungslos zornigen Menschen; wohl von der häufig zu hörenden Anekdote, Adolf Hitler habe bei Wutausbrüchen sich zu Boden geworfen und in den Teppich gebissen.

Tepsch *m.* Bez. für ein unartiges, schlimmes Kind. Ursprünglich in der Bed. „Stoß, Schlag, Klaps". Vgl. auch ma. Tepscher „Delle, Einbeulung durch Schlag", das übertragen auch für die Bez. einer leichteren psychischen Störung verwendet wird („Er hat einen Tepscher"). Im selben Sinne auch Antutsch, Tutsch (s. d.). Zu tappen, tapsen „unbeholfen nach etwas greifen". *(UK 146, Jontes 45)*

Techtelmechtel *m.* Bezeichnet an und für sich einen heftigen Flirt und eine daraus erwachsende schnelllebige Liebschaft, wird aber auch spöttisch auf den weiblichen Teil des Paares übertragen. Vielleicht aus ital. teco meco „ich mit dir, du mit mir". *(Kluge 774, Wintersberger 82)*

Dedel *m.* Bez. für läppischen Mann; graduell etwas harmloser als Todel (s. d.), in dem der psychisch-körperliche Defekt voll enthalten ist. Zu tedeln „kosend spielen, tändeln". Vielleicht zu „dede machen", ein älteres kindersprachliches „Adieu sagen". Andere Erklärungen stellten das Wort zu Agnus dei, dem wächsernen Lamm Gottes als älterem Objekt der Volksfrömmigkeit, dessen wachsweiche Eigenschaft auf den menschlichen Charakter übertragen wird. Auch Kurzform von Taddédel (s. d.) ist nicht auszuschließen. *(Grimm II, 894, UK 148, Aman 44, Jontes 45, Schatz II, 634)*

Tedelbacher *m.*, **Dedel-** *(St, N)* Bez. für beschränkten Menschen; wie zuvor, jedoch Weiterbildung in Art eines fingierten Herkunftsnamens. *(WBÖ II, 40)*

Tefter *f.* *(S, „Teftern")* Bez. für Tratschweib; ma. teftern „dämpfen, niederdrücken" (vgl. geteftet sein „gedrückte Stimmung haben") im Sinne von „nicht zu Wort kommen". *(Ziller 177f.)*

Tegel *m.* Bez. für groben, unliebenswürdigen Menschen, auch kleinen, dummen Menschen *(T)*, ungeschickten Kerl *(K)*; ursprünglich ma. für Tiegel, Büchse, Behälter, auch (Judenburg) für rohe, zähe, schwer genießbare Speise; wörtlich also für einen ungenießbaren Menschen. Auch Kurzform von Wörtern, in denen Tiegel als Behälter menschlicher Schwächen zum Ausdruck kommt, ist augenscheinlich (vgl. Trentschtegel, Granttegel, s. d.). *(UK 148, Jontes 45f., WStWB 157, Pohl 55, Schatz II, 634)*

Teigaffe *m.* Schpfw. unbestimmter Bed. Bei Schmeller a. a. O. Scheltwort für dumme, unbeholfene und – darauf weist Teig – feige Person (vgl. auch „patzweich" als Charakterkennzeichnung). Nicht auszuschließen ist eine Vorlage, die auch in der 19. Historie von Till Eulenspiegel vorkommt, der anstelle der üblichen Brote und Wecken „Eulen und Meerkatzen" buk, die in ihrer Gestalt gegen die gebräuchliche Norm verstießen. Die leichte Formbarkeit des Teiges steht für die Willensschwäche eines Menschen. In Wien wird damit spöttisch der Bäcker bezeichnet. *(Grimm XXI, 237, Schmeller I, 595, WBÖ I, 99, Küpper 223, Pfeiffer 425, Kapeller 163, Aman 46, Jakob 189, UK 148, Jontes 46, Ziller 178, Schatz II, 626)*

Teigpatzen *m. (T, O)* Bez. und Rügewort für schwerfälligen Menschen, dickes Kind, langweilige Person. *(WBÖ II, 513)*

Teigpatzer *m. (T)* Handwerkerspott für Bäcker. *(WBÖ II, 525)*

Teische *f. (T, „Toasche")* Bez. für beschränktes, ungeschicktes Frauenzimmer; ma. toaschet „täppisch". *(Wintersberger 20, Schatz II, 626, Jutz I, 550)*

Deixfigur *f.* Mensch, der in seinem Aussehen und Verhalten den Gestalten des zeitgenössischen österreichischen Karikaturisten Deix gleicht, der unserer Gesellschaft einen unbarmherzigen satirischen Spiegel vorhält. *(Wintersberger 20)*

Teckler *m. (T)* Abfällig für kraftlosen alten Mann; ma. tecklen „schwächlich, kränklich sein". *(Schatz II, 634)*

Telachistin *f.* Gaunersprachl. Bez. für Prostituierte; rotwelsch Telach „Lauf". *(Wehle 62f.)*

Telderer *m. (T)* Bez. für ungehobelten, rückständigen Menschen, eigentlich einer, der aus dem hintersten Tal stammt. Vgl. auch Tolderer (s. d.). *(Schatz II, 635)*

Tellerlecker *m.* Schpfw. und Bez. für Parasit, Schmarotzer; bildlich einer, der sich nicht scheut, als Gast den Teller auszulecken, um, Gier und Geiz verbindend, etwas voll auszukosten und sein Wohlgefallen zu zeigen. Schon bei Luther gilt das Tellerlecken als Eigenschaft des schmeichlerischen Bettlers. *(Grimm XXI, 240f., Pfeiffer 425f., Jakob 192, UK 149, Jontes 46)*

Tellerschlecker *m. (W)* Wie zuvor. *(Jakob 192)*

Delmer *m. (St)* Bez. für Narr, Dummkopf. Herkunft dunkel, vielleicht zu ung. döme „Damian, dick". *(UK 149, Jontes 46)*

Delsterling *m.* Bez. für geistlosen Faulpelz, Zeitvertrödler, Herkunft dunkel, vielleicht Erweiterungsbildung von Dost (s. d.). *(UK 149, Jontes 46, Ziller 46)*

Tempel *m. (T)* Bez. für ungeschicktes Frauenzimmer; wohl zu Trampel. *(Schatz II, 636)*

Teenagerspätlese *f.* Stadtjargon für reiferes, sich aber noch sehr jugendlich, jungmädchenhaft gebendes Frauenzimmer. Nach dem aus dem Amerikanischen in den 50er Jahren übernommenen Wort für Jugendliche zwischen 13 und 19 Jahren, verbunden mit dem Begriff aus dem Weinbau. Vgl. auch Barockteenagerl *n.* und Spätlese (s. d.). *(Pfeiffer 425)*

Tenchtler *m. (St, „Teanchtler")* Spöttisch für langsamen Arbeiter; vielleicht Nebenform zu Tenkler (s. d.). *(WStWB 157)*

Tendel *m. (T)* Bez. für trägen Menschen; weibiger Tendel „Mädchenfreund"; zu Tandler (s. d.). *(Schatz II, 636)*

Tenderling *m. (T)* Wie zuvor. *(Schatz II, 636)*

Denkawitzl *m. (N)* Scherzhaft für Linkshänder; siehe das folgende Wort. *(Hager 12)*

Tenkentippel *m. (St, S)* Tippel „grober Mensch" (s. d.) verbindet sich mit tenk „links" (mhd. tenk „ds."). Im selben Sinne auch Tenkler (s. d.). Linkstatzler (s. d.). *(UK 149, Jontes 46, Ziller 46)*

Tenkfleck *m. (O)* Scherzh. Bez. für Linkshänder; zur Etym. vgl. Tenkentippel. *(Jungmair 292)*

Tenkler *m. (St)* Bez. für Linkshänder; siehe wie zuvor. *(UK 149, Jontes 46)*

Tenkwatsch *m.*, **Tankiwatsch** *m. (T)* Wie Tenkentippel (s. d.). *(Schatz II, 628, 636)*

Tercher *m. (T)* Bez. für Landstreicher, Bettler, Menschen ohne Verantwortungsgefühl. Ursprünglich damit die nomadisierenden Tercher oder Karner gemeint, die als Landplage mit ihren Wohnkarren besonders im oberen Inntal wie die Zigeuner herumzogen, mit diesen jedoch nichts gemein hatten; ma. terchen „herumziehen, betteln". *(Schatz II, 637)*

Teschek *m.* Einer, der stets das Nachsehen hat, benachteiligt wird; zu ung. tessék „bitte, na bitte!" *(Wintersberger 82)*

Testpilot *m. (W)* Gaunersprachl. Bez. für Opfer von Falschspielern. *(Wehle 58)*

Deutschländer *m.* Spöttisch für Einwohner von Deutschland, Deutschen, nach dem Muster Engländer, Holländer und dgl.

Teufel *m.* Bösartiger Mensch schlechthin. Mit dem Attribut sperer T. „unguter Mensch", derschlichener T. „hinterhältiger Mensch". *(Küpper 224, Pfeiffer 426, WStWB 157)*

Teuchsel *m. („Teixel")* Schpfw. für schlechten Menschen, Hüllwort für Teufel. *(Pohl 52)*

Teufelsbraten *m.* Schpfw. meist für weibliche Personen verwerflichen Charakters. Vgl. Teufelsgefraß (s. d.). *(WBÖ III, 751, Jontes 46, Jutz I, 558)*

Teufelsbub *m. („Teixlsbua")* Schpfw. für besonders schlimmen Knaben. *(WBÖ III, 1225, Jakob 192)*

Teufelsgefraß *n. (St)* Älteres Schpfw. im Sinne von „für den Teufel bestimmte Speise". Im Oberwölzer Ratsprot. 1637, fol. 403: „Die Tochter Ändl hat sein Weib ein Teufelsgfraß ausgeschrien". In der Bed. Speise für finstere Mächte oder die Justiz, vgl. auch Teufelsbraten, Satansbraten, Rabenbraten und Kurzform Bratel (s. d.). Siehe Gefraß. *(UK 152, Jontes 46f.)*

Dieb *m. (W, „Diab")* Auch häufig als reines Schpfw. verwendet; auch in Zusammensetzungen wie Gaudieb, Diebsbub als Schpfw. *(Jakob 48)*

Tippel *m.* Bez. für groben, unempfindlichen Menschen ohne Umgangsformen, Flegel, Lümmel, auch Dummkopf *(K)*. Übertragen von Beule, Geschwulst, Knödel, fester Klumpen in Breinahrung (germ. *dub „schlagen", vgl. auch Dübel „Holznagel, Pflock"). Idiotikon Fohnsdorf 1813: „Dippel: Ein grober Mensch". *(Pfeiffer 83, UK 180, Jontes 47, WStWB 157, Pohl 57, Jungmair 64, Ziller 50, Jutz I, 637)*

Tippelbruder *m.* Abfällig für Herumtreiber, einst für wandernden Handwerksburschen, wie Walzbruder (s. d.); inhaltliche Nähe zu umgangsspr. eintippeln „einbrechen" verstärkt die abschätzige Bedeutung. *(WBÖ III, 1146, Küpper 226, Pfeiffer 428)*

Tippeltandler *m. (W)* Bez. für Stümper, Nichtskönner; vgl. Tippel und Tandler (s. d.). *(Jakob 51)*

Tippler *m. (W)* Bez. für Bettler, auch Spieler; vgl. auch Biertippler für den Bierreste aus Fässern trinkenden Strolch. *(Pfeiffer 226, 429, Teuschl 230, Jakob 193)*

Tippelneiger *m. (O, „Tüppelnoager")* Scherzhaft für einen begriffsstützigen Menschen, eig. ist der Bohrer („Neiger") zum Bohren der Dübellöcher gemeint. *(Jungmair 69)*

Diebsbub *m. (W, „Diebsbua")* Siehe Dieb. *(Jakob 48)*

Diebshure *f. (S, „-hur")* Älteres Schpfw. *(Ziller, Schelmen 381)*

Dichtel *f. (V)* Bez. und Rügewort für mutlose Person, besonders Frau; vgl. schwäb. Dichtele „Sorgenkind". *(Jutz I, 561)*

Dichterling *m.* Spöttisch für jemanden, der sich selbst für einen Dichter hält, ohne wirklich einer zu sein. *(Küpper 74, Pfeiffer 80)*

Tideltapp, Tiltapp *m.* Bez. für Tölpel, ungeschickten Menschen. Tidel- (wie in dideldum) vielleicht zu dudeln „vor sich hinsingen, jodeln". Zusammen mit Tapp „Tölpel" (s. d.). Ein Erklärungsversuch verweist auf zig. dilyinav „ich bin dumm" (Puchner a. a. O.). *(Pfeiffer 82, Jakob 48, Schuster 42, Puchner 232, UK 153, Jontes 47, Ziller 48)*

Tiefflieger *m.* Als „geistiger Tiefflieger" umgangssprachlich scherzhaft für dummen, unintelligenten Menschen, der zu einem geistigen Höhenflug nicht fähig ist, in die Tiefe gesteigert noch das „geistige Unterseeboot". *(Pfeiffer 138)*

Tiger *m. (T)* Scherzhaft für Italiener nach der Gewohnheit, in die Rede dico „ich sage" einzuflechten. *(Schatz II, 639)*

-tiger *m.* In Zusammensetzung umgangssprachlich scherzhaft bis spöttisch als Kennzeichen für eine Person, die irgendetwas besonders liebt, begehrt, z. B. Mehlspeistiger. *(Pfeiffer 428)*

Dicker *m.* Beleibter Mensch; häufiger Spitzname „der Dicke". *(Pfeiffer 81)*

Dickerl *n.* Spöttisch für kleinen, beleibten Menschen. In *S* auch für kleines, starrköpfiges Kind; für Letzteres ma. dickeln „sich dickköpfig benehmen". *(Ziller 48)*

Dickhäuter *m.* Unsensibler Mensch ohne Gefühl für ethisches Verhalten, oft für Politiker verwendet, nach dem älteren zoologischen Begriff, der Elefant, Nashorn, Flusspferd zusammenfasste. Pointiert ausgedrückt jemand, der kein Rückgrat zum Stehen braucht, da er eine dermaßen dicke Haut besitzt. *(Pfeiffer 81)*

Dickkopf *m.* Bez. für Starrkopf. *(Grimm II, 1082, Pfeiffer 81, Jutz I, 562)*

Dickgrind *m. (T)* Bez. und Rügewort für starrköpfigen Menschen, wie Dickschädel (s. d.). Ahd. grint „Kopf". *(Schatz I, 130, 256)*

Dickschädel *m.* Bez. und Rügewort für Starrkopf, unversöhnlichen Menschen, entspricht dem gemeindt. Dickkopf in der oberdt. Form, dessen ursprünglicher Bedeutungsinhalt mit „geistig beschränkter Mensch" jedoch nicht mehr anklingt. Idiotikon Rottenmann 1818: „Bist a rechter Dickschedl: eigensinnig", Judenburg 1812: „Dickschedl: Trotzkopf". *(Grimm II, 1082, Pfeiffer 81, Aman 46, Kapeller 32, Jakob 48, UK 153, Jontes 47, Jungmair 65, 238, Schatz II, 515)*

Tiltapp *m.*, siehe Tideltapp.

Dillenk *m. (O)* Bez. für schwerfälligen, plumpen Menschen; Herkunft dunkel. *(Jungmair 65)*

Tillhaube *f. (St, „Tillhauben")* Spöttisch für langsamen, behäbigen Menschen. „Haube" für etwas, das gemächlich ist (wie Schlafhaube oder alte Haube für verschlafenen Menschen bzw. gemütlichen Kumpan). Till- könnte demselben Wortfeld entstammen, wie es in Tideltapp (s. d.) vorkommt. *(WStWB 158)*

Dillo *m.* Bez. und Schpfw. für Dummkopf; aus der Zigeunersprache? *(Wintersberger 21, Teuschl 62)*

Tintenabschlecker *m. (V)* Spöttisch für Vielschreiber. *(Wintersberger 21)*

Tintenpatzer *m.* Scherzhafte Bez. für Schüler der unteren Volksschulklassen. Enthalten auch im Spottspruch „Erste Klasse Tafelkratzer, zweite Klasse Tintenpatzer" nach der Verwendung der Schreibgeräte. *(WBÖ II, 525, Pfeiffer 428)*

Tintenbrunzer *m.* Scherzhaft-spöttische Bez. für Bürokraten, dessen Tätigkeit in symbolischer Weise, wie auch die folgenden Spottwörter zeigen, häufig mit der Tinte in Verbindung gebracht wird, und ältere Synonymik mit Schreiber erweist. *(WBÖ II, 1192)*

Tintenhengst *m.* Wie oben; inhaltliche Nähe zum Amtsschimmel offensichtlich. *(WBÖ I, 199)*

Tintenkleckser *m.* Wie Tintenpatzer (s. d.). *(Küpper 225, Pfeiffer 428)*

Tintenlecker *m.* Wie oben. *(WBÖ I, 199)*

Tintenscheißer *m. (St)* Wie zuvor. *(Küpper 225, WStWB 157)*

Tintenschlecker *m.* Wie oben. *(WBÖ I, 199, Küpper 225, Jakob 193, Jutz I, 570)*

Tinterl *m., n.* Bez. für überflüssigen, nur geduldeten Gast. Vielleicht zu oberdt. Tunte „schwerfälliges, ungeschicktes Weibsbild" zu stellen, das im oberdt. aber noch nicht allgemein im norddt. Sinn von Homosexueller (vgl. Gebackener, Geheizter, s. d.) gebraucht wird. Wird auch mit einer Alt-Wiener Bühnengestalt, dem Herrn v. Tinterl in N. Geweys Posse „Die Modesitten" erklärt (Jakob a. a. O.). *(Grimm XXII, 1812f., UK 155, Jakob 193, Jontes 47)*

Tintinger *m.* Bez. für jemanden, der immer wieder auf etwas hereinfällt, für etwas unverschuldet büßen muss, dem der „Schwarze Peter" als Letztem in der Hand bleibt. Vielleicht vom als tintenschwarz angesehenen Unglück, vom „in der Tinte sitzen" genommen. *(Teuschl 230, Jontes 47, Jungmair 294)*

Ding *n.* Geringschätzig für weibliches Wesen, besonders Mädchen, „eingebildetes Ding". Vgl. auch Dingin (s. d.). *(Jakob 49)*

Dingeler *m. (T)* Bez. für ungeschickten Menschen, einen, der ohne Ernst bei der Sache ist. *(Schatz I, 131)*

Dinger *m. (St)* Als heiklicher Dinger für wählerischen Menschen. *(WStWB 161)*

Dinghartel *m.* Bez. für ungefälligen, widerwärtigen Menschen. Zu mhd. dingen „verhandeln, einen Vertrag abschließen, Frieden machen". Die Substantivierung von hart „schwierig, kaum" ergibt mit -hartel ein Wort, das gleichzeitig auch die Verkleinerungsform von Leonhard ist und deshalb vertrauter klingt. *(Grimm II, 1173, UK 155, Jontes 47)*

Dingin *f. (S)* Mildes Schpfw. für Frauenzimmer, weibl. Person. Vgl. Ding (s. d.) mit weibl. Endung. *(Ziller 49)*

Dienstkeule *f. (W, „-käuln")* Spöttisch für Dienstmädchen; hebr. kalle „Braut". *(Teuschl 62)*

Dienstkutsche *f. („-kutschen")* Wie zuvor. *(Wintersberger 20)*

Dirndlbosser *m. (B)* Ortsspottname für die Bewohner des burgenländischen Ortes Stotzing, weil diese angeblich die Kornelkirschen („Dirndl") von den Bäumen schlagen und nicht schütteln; ma. bossen „schlagen". *(WBÖ III, 666)*

Dirndlbub *m. (K, S, „-bua")* Bez. und Rügewort für verweichlichten Knaben, der eher einem Dirndl, „Mädchen" nachgerät. *(WBÖ III, 1225)*

Dirndlheiliger *m. (St, „-halener")* Spöttisch für Knaben, der sich viel mit Mädchen abgibt bzw. von diesen verwöhnt wird. *(WStWB 157)*

Disputierhansel *m. (W, „Dischpatier-")* Bez. und Rügewort für streitsüchtigen, rechthaberischen, zankliebenden Mann, einen, der sich gern auf Dispute einlässt. Wie Streithansel (s. d.). *(Schuster 42, Jakob 49)*

Tischentaschentrager *m.*, auch **Tischeltascheltrager** *(St)* Bez. für jemanden, der Klatsch und Gerüchte weiterträgt und verbreitet. Vom Worte tischtaschen, das das Gezwitscher der Schwalben lautmalend wiedergibt, über Tischeltaschelwerk „Quertreiberei, Intrige". *(Grimm XXI, 519, UK 156, Jontes 47f.)*

Diskel *m. (T)* Bez. für Narr, verrückten Menschen; Herleitung dunkel. *(Schatz I, 131)*

Dixi *m.* Schülersprachlich für Schuldirektor. *(Küpper 75)*

Ditzelkopf *m.* Bez. und Rügewort für Starrkopf, Dickschädel, eigensinnigen Menschen. Zu mhd. duz „Schall, Geräusch, Gesumme" (vgl. auch Tutsch, Antutsch, s. d.) oder Dutzel, Ditzel „Kinderschnuller". *(Grimm II, 1773, UK 181, Jontes 48)*

Tnorggen *m. (S)* Bez. für kleines, missgebildetes Kind, Missgeburt; zu Knorren. *(Ziller 178)*

Topfenneger *m.* Scherzhaft-spöttische Bez. für einen am ganzen Körper ungebräunt gebliebenen sommerlichen Badegast. Witziger Gegensatz in der absurden Vereinigung von schwarz und weiß (Topfen *m.* „Quark"). *(Pfeiffer 430, Wintersberger 83, Teuschl 230f., Jontes 48)*

Topfnudel *f.* Harmlose, scherzhafte Bez. für einen klein geratenen Menschen, der bildlich so klein ist, dass er wie eine Nudel im Topf Platz hat. *(Jontes 48)*

Tod auf Urlaub *m. (St)* Scherzhafte Bez. für mageren, hohlwangigen Menschen, der mit der Personifikation des Todes im Bilde verglichen wird.

Todel *m.* Häufiges Schpfw. und Bez. für Dummkopf, in dem die Bed. von schwachsinnig oder stumpfsinnig mitschwingt. Wird wegen dieser inhaltlichen Färbung nach dem mentalen Zustand hin beleidigender als Tepp (s. d.) empfunden. Zu oberdt. lautmalend dodeln „schwätzen, plappern, stottern". Idiotikon Eisenerz 1812: „Dodl: ein armsinniger Mensch". Verstärkt als Dorftodel. Interessant die neue Personifizierung des Computers mit seinen negativen, menschlich gesehenen Eigenschaften als Blechtodel. *(Grimm II, 1218, Pfeiffer 84, Aman 46, Jakob 49, Teuschl 48, 230, UK 159, Jontes 48, WStWB 157, Lexer, KWB 66, Pohl 57, Jungmair 66, 295, Ziller 49, Schatz II, 644, Jutz I, 590)*

Todelklassler *m. (St)* Scherzhaft-abfällige Bez. für Sonderschüler, auch schlechten Schüler im Allg.; nach der einstigen sogen. Abschlussklasse der alten Volksschule, einer Vorstufe der späteren und heutigen Sonderschule für behinderte Kinder, die einst als Todelklasse bezeichnet wurde (sog. 5. und 6. Klasse). Vgl. auch Hilfsschüler (s. d.).

Totenschlögel *m. (O)* Abfällig für faules, dummes, auch sehr krankes Tier; Schlögel wohl pars pro toto für das ganze Wesen. *(Jungmair 297)*

Tödling *m. (K, „Teatlin")* Wie zuvor, auch für schwachen, kranken Menschen bzw. als Schpfw. für einen, der zu nichts zu gebrauchen ist. *(Lexer, KWB 66)*

Totschei *n. (S)* Bez. und Rügewort für tolpatschiges Kind, dumme Person mit der typischen Diminutivendung, mit der in *S* bedauernswerte Wesen benannt werden, so Patschei, Trutschei. Vgl. Tatsch (s. d.). *(Ziller 179)*

Toichtel *m. (St, S)* Schpfw. und Bez. für groben, ungeschickten, dummen Menschen. Herkunft unsicher, vielleicht mit Vokalisierung von Talk- (s. d.) her. Leoben 1812: „Doichtl. Ein Spitzname einer ungeschickt gemachten Sache, auch wohl eines ungeschickten Menschen". *(UK 159, Jontes 48, Ziller 49)*

Doktorbazi *m. (O)* Scherzhaft umgangssprachl. für Krankenwärter, einer, der einem Arzt gleichen will. Vgl. Bazi (s. d.). *(WBÖ II, 744)*

Tocke *f.* Abfälliges älteres Schpfw. und Bez. für Mädchen. Entspricht in der Bed. dem Synonym „Puppe", „Pupperl" (s. d.). Mhd. tocke „ds.". Idiotikon Fohnsdorf 1813: „Tokn: Puppe, geputztes Weibsbild". *(Pfeiffer 84, Aman 46, Jakob 49, Schuster 42, UK 157, Jontes 48, Schatz II, 641)*

Tocker *m.* Bez. und Schpfw. für einfältigen Menschen, einst auch zum Hause gehörigen Kretin (Haustepp, s. d.). Zu Tocke (s. d.) im Sinne von „willenloser Mensch". Auch in Lumpen gekleideter Mann *(K)*. *(UK 158, Jontes 48, WStWB 157, Lexer, KWB 53, Pohl 57, Schatz II, 641, Jutz I, 542f.)*

Tola, Tula *f.* Bez. für hässliches, uncharmantes Mädchen. Zu ma. toll „dumm, benommen". Vielleicht verwandt mit Trulla, Trolla, „starkes, aber faules Mädchen" (Wien, von trollen „bummeln"). *(UK 160, Jontes, Jakob 196)*

Tolp *m. (S)* Wie Tölpel. *(Ziller 179, Jutz I, 579)*

Tolpatsch *m.* In der gehobeneren Umgangssprache Bez. und Rügewort für unbeholfenen Menschen. Keine Zusammensetzung von toll und Patsch (s. d.), sondern aus ung. talpacs „Plattfuß", das scherzhaft-spöttisch für die Fußsoldaten der ungarisch-kroatischen Truppenteile an der k. k. Militärgrenze gebraucht wurde. Wohl wegen der in den Alpenländern ungewohnten Fußbekleidung, die einer Opanke mit flacher Sohle glich. *(Grimm XXI, 650ff., Pfeiffer 429, Aman 46, Kapeller 164, UK 139, Jontes 48f., Jakob 49, 189, Lexer, KWB 64, Jungmair 296, Ziller 179, Schatz II, 627, Jutz I, 579)*

Tölpel *m. (T, K)* Bez. und Schpfw. für plumpen, dummen Menschen. Siehe Telderer. *(Pfeiffer 430, Schatz II, 642)*

Tollei *n. (S)* Bez. für dummes Mädchen; zur Wortbildung siehe Totschei (s. d.). *(Ziller 179)*

Dollfuß *m. (T)* Bez. für Menschen mit Klumpfuß. *(Schatz II, 641, Jutz I, 579)*

Toli *m.* auch **Tauli, Tuli** Bez. für Tölpel männlichen Geschlechts (vgl. auch weibl. Tola, s. d.). Vielleicht Kurzform aus Tamdoli (s. d.). Auch in der Bed. ungeschickter Mensch *(K)*. *(UK 160, Jontes 49, Lexer, KWB 53, 75)*

Dolm *m.,* auch **Dol** Bez. und Schpfw. für Dummkopf, Kretin. Nebenform zu Tölpel, in der St damit auch ein Fisch bezeichnet (Cottus gobio „Kaulkopf"). *(Grimm XXI, 649, Pfeiffer 85, Wintersberger 21, Teuschl 62, UK 160, Jontes 49, Pohl 58, Schatz II, 641)*

Dolzer *m. (T)* Bez. und Schpfw. für gierigen Esser. Herkunft dunkel. *(Schatz I, 131)*

Tomerl *m.* Bez. und Spottname für einen einfältigen, dümmlichen, jedoch harmlosen Menschen. Ma. Koseform zu Thomas, wobei zum Bedeutungsinhalt sicher der biblische „ungläubige Thomas" beigetragen hat. Auch der Kinderlockruf tommerl her da, „komm her" aus der kindlichen Lallsprache ist daran beteiligt. Erweitert auch als Antomerl *m.*, von antomerlt sein „Eigenschaften eines Tomerls zeigen", oder Trampeltomerl (s. d.). Tomerl ist auch der Name verschiedener, einst typisch oststeirischer Ofenspeisen (Türkentomerl, Bluttomerl, Äpfeltomerl). *(Jakob 192, UK 160, Jontes 49, WStWB 157)*

Donaufetzen *m. (W)* Schpfw. für übelbeleumdete, sittenlose Weibsperson, Hure mindester Sorte, die sich viell. am Donauufer hingab. Vgl. Fetzen. Auch „ausgeschwabter D.", ma. schwaben „schwemmen, spülen". *(Schuster 41, Teuschl 62)*

Donner *m. (T, „Tunder")* Als Bez. elementarer Macht auch Schpfw. für bösen Menschen. Auch in zahlr. Zusammensetzung als Verstärkung. *(Schatz II, 667)*

Donnerauk *f.* Schpfw. für Frauenpersonen wie Auk (s. d.). Ursprünglich Bez. für große Waldkröte. Wie bei den folgenden Wörtern Verstärkung durch die Verwendung des Namens des elementaren Phänomens. *(UK 160, Jontes 49)*

Donnerbube *m. (St)* Älteres Schpfw. in der Bed. Teufelsbube. *(UK 160, Jontes 49)*

Donnerhund *m. (St)* Älteres Schpfw. in der Bed. Schalk, Schelm. *(UK 160, Jontes 49)*

Donnersmensch *m. (T, „Tunders-")* Schpfw. für Männer im Sinne von Teufelskerl. *(Schatz II, 667)*

Donnerzagel *m.* Älteres Schpfw., bei dem Zagel „Schweif, Schwanz, Penis" (s. d.) verstärkt wird. *(UK 161, Jontes 49)*

Dörpel *m. (V, „Därpel")* Bez. und Rügewort für trägen, ungeschickten, schwachen Burschen; ma. dörpeln „sich träge bewegen". *(Jutz I, 585)*

Dorf- *n.* In Zusammensetzung bei Schpfw. entweder das Provinzielle hervorkehrend oder die Gesamtheit des Dorfes meinend. Besonders häufig für Tratschsüchtige.

Dorfbesen *m. (T, O)* Bez. für jemanden, der im Dorf herumziehend und tratschend Neuigkeiten verbreitet. Vgl. auch Besen (s. d.). *(WBÖ II, 1120, Pfeiffer 86)*

Dorfblatt *n. (St)* Wie Tagblatt (s. d.). Vergleich mit einer Neuigkeiten verbreitenden Zeitung für eine klatschsüchtige Person. *(WBÖ III, 295, Pfeiffer 86 „Dorfzeitung")*

Dorfblatter *f.* Abfäll. Bez. für dicke, lästige, auch alte Frauensperson; zu Blatter „Blase" (s. d.). *(WBÖ III, 307)*

Dorfprinz *m. (St)* Ironisch oder spöttisch für den bestaussehenden Burschen im Dorf. *(WBÖ III, 987)*

Dorftepp *m.* Bez. und Schpfw. für einen besonderen, weithin bekannten

Schwachkopf, Tepp (s. d.), einen, der dem ganzen Dorf als solcher bekannt ist. Geht über den Hausteppen (s. d.) hinaus. *(Küpper 76, Pfeiffer 86, Jontes 49)*

Dorftodel *m.*, siehe Todel.

Dorftrottel *m.*, siehe Trottel. *(Pfeiffer 86)*

Dorfglocke *f. (St)* Scherzhaft-rügende Bez. und Schpfw. für einen geschwätzigen Menschen, besonders weiblichen Geschlechts. Einer, der bildlich wie eine Glocke vom Kirchturm Neuigkeiten über das ganze Dorf hin signalisiert. In ähnlichem Sinngehalt Ratschen, Ratschkathl (s. d.). *(UK 161, Jontes 49f.)*

Torger, -es *m. (T)* Bez. für Tölpel; Herkunft dunkel. *(Schatz II, 643)*

Torze, Tarze *m. (T)* Bez. für kleinen, mageren Menschen; ob zu ital. torta „Torte" fraglich. *(Schatz II, 643)*

Tosch *m. (St)* Schpfw. für dummen Kerl. Zu oberdt. lautmalendem Totsch „schallender Schlag". Vgl. auch Tatsch (s. d.). *(Schmeller I, 557, Grimm XXI, 914, UK 163, Jontes 50, Schatz II, 644, Jutz I, 587)*

Doscher *m. (S)*, siehe Duscher.

Toschge *m.* Wie oben *(K)*. *(Lexer, KWB 65)*

Tost *m.* Bez. für einen Kretin; als Schpfw. allgemein für Dummkopf, verwandt damit Tosch (s. d.). Tost „etwas Aufgeblähtes, Buschiges"; dazu auch steir. tostig „aufgedunsen, schlaff, welk"; tosteln „Geräusch stetig fallenden Regens auf dem Dache" (Ennstal). Idiotikon Fohnsdorf, 1813: „Tost: ein taubstummer oder blöder tölpelhafter Mensch"; Idiotikon Eisenerz, 1812: „Tost: ein schwachsinniger Mensch"; Idiotikon Hieflau, um 1812: „tostig: ein aufgedunsener Mensch". Verkleinerungsform Tostel. *(Grimm II, 1311 und XXI, 904f., UK 163, Jakob 49, Jontes 50, Ziller 49, Lexer, KWB 65, Schatz II, 644)*

Dostel *m. (W)* Verkleinerungsform zu Tost (s. d.). *(Jakob 49, Schuster 42)*

Tosmer *m. (T)* Bez. für schläfrigen, lässigen Menschen; ma. tousen „dösen". *(Schatz II, 643)*

Trabánt *m.* Bez. für einen unerwünschten, unablässigen Begleiter, auch für plumpe Frauensperson, schließlich auch allgemeines älteres Schpfw. für weibliche Dienstboten (vgl. auch Kucheldragoner, s. d.). In gemilderter Form als Trabantling *m.* Das Wort bezeichnet ursprünglich einen Leibgardisten, eine standesgemäße Begleitperson. Beamte dieses Titels gab es auch an den fürstlichen Höfen, von wo aus die Bez. in die Volkssprache eingedrungen sein dürfte. Im selben Sinne auch Hatschierer (s. d.) und Kucheldragoner (s. d.). *(Küpper 227, Pfeiffer 431, UK 163, Jontes 50, Schatz II, 644, Jutz I, 590)*

Trappe *f.* Bez. für plump einherschreitende Person, ungeschickten Menschen, Tölpel. Auch in der männl. Form Trappel in derselben Bed. Ursprünglich für plumpen Fuß, auch deformierten Klumpfuß. Zum Schallwort trappen „Geräusch beim Auftreten machen" gehörig. Dazu auch Trappel „Fußspur". Bedeutungsgleich mit

Trappel, Trampel, Trapperl, Antrapperl (s. d.). *(Grimm XXI, 1251ff., UK 163, Jontes 50, Jakob 24, Schatz II, 646)*

Trappel *m., n.*, siehe Trappe.

Trapperl *m.*, siehe Trappe.

Trachtel *f. (T)* Bez. für dickes Frauenzimmer, auch Truchtel (s. d.). Wohl zu ma. Trachter „Trichter". *(Schatz II, 645)*

Drache *m. („Drachen")* Bez. und Scheltwort für eine meist weibliche, bösartige, zänkische, streitsüchtige, überkritische, wie ein Drache (lat. draco) Gift, Feuer und Galle speiende Person. *(Küpper 76, Pfeiffer 87, Aman 48, Jontes 50, Jutz I, 591)*

Drahdiwaberl *n.* Scherzh. Bez. für tanzlustiges Mädchen oder Menschen, der schnell seine Meinung ändert *(S)*, aber auch Maschinen und Installationen aller Art, hier im abfälligen Sinne bei mangelhaftem Funktionieren. Satzname mit Imperativ „Dreh' dich, Waberl" (Koseform zu Barbara), der ursprünglich einen Drehkreisel als Kinderspielzeug bezeichnete, auf dessen Seiten Frauengestalten aufgemalt waren. *(WBÖ II, 316, Pfeiffer 87f., Wintersberger 21, Jakob 49, Teuschl 62f., UK 165, Jontes 50f., Ziller 49)*

Tratsche *f. („Tratschen")* Bez. und Rügewort für eine Person, die Klatsch verbreitet, „tratscht". Substantivisch gebrauchtes, lautmalendes Tratschen „klatschen, schwätzen, unbedacht reden, sich plaudernd unterhalten". Vgl. auch Ratsche (s. d.). *(Grimm XXI, 1276, Pfeiffer 432, Aman 47, Kapeller 165, Jakob 194, Teuschl 231, UK 164, Jontes 51, Schatz II, 646, Jutz I, 599)*

Tratschkathel *f.* Bez. und Rügewort für redselige, klatschsüchtige Frauensperson, ähnlich Tratsche (s. d.). Kathel ist Koseform von Katharina. Mit Personennamen verbunden auch Tratschmirl (s. d.). Vgl. auch Ratschkathel, Ratschkatzel *f.* (s. d.). *(Pfeiffer 432, Aman 47, UK 164, Jontes 51, Ziller 180)*

Tratschmirl *f.* Wie Tratschkathel (s. d.). Mirl ist Koseform zu Maria. *(UK 164, Aman 47, Jakob 194, Jontes 51)*

Dragoner *m. (W)* Spöttisch für ein robustes, bestimmt auftretendes Frauenzimmer, meist Dienstbotin, auch Mannweib. Nach der schweren Reiterei der alten Armee benannt. Vgl. auch Kucheldragoner (s. d.). *(Pfeiffer 87, Aman 47, Jakob 49, Teuschl 62, Jutz I, 594)*

Tragsnachi *m.* Bez. für einen unbeholfenen, energielosen Menschen, der mit seiner Arbeit immer als Letzter fertig wird, sie also „nachi" (= ma. nachhin) tragen muss. Satzname wie Tappnachi (s. d.). *(UK 165, Jontes 51, Ziller 180)*

Dráhanek *m. (W)* Scherzhafte Bez. für Werkelmann, Leierkastenmann, mit Bezug auf einen im alten Wien volkstümlichen Musiker dieses Namens, der außerdem das Element des Drehens (ma. drahn) der Kurbel des Instrumentes hat. *(Schuster 43)*

Trackler *m. (T)* Bez. für dummen Menschen; ma. trackeln „herumziehen". *(Schatz II, 645)*

Trall *(T)*, **Traller** *f. (K)* Bez. für dummes Frauenzimmer. Vgl. auch Trolle, Trulle, Trulla (s. d.). *(Schatz II, 645, Pohl 59)*

Tralläsch *m.* Schpfw. für plumpes und dummes Frauenzimmer. Weiterbildung von oberdt. Trall *m., f.* (s. d.). *(Grimm XXI, 1173f., UK 166, Jontes 51, WStWB 158, Lexer, KWB 66, 72)*

Trallawatsch *m., f. (K, „Troalawátsch")* Bez. für dumme, auch taube Person; Kontamination aus Trall (s. d.). und Pallawatsch *m.* „Durcheinander". *(Lexer, KWB 251)*

Trale *m. (V)* Bez. und Spottwort für läppischen Menschen; ma. tralen „müßig umhergehen". *(Jutz I, 595)*

Trampel *m.* Bez. und Rügewort für eine plumpe, ungeschickte, ungeschlachte, ungehobelte Frauensperson; wörtlich jemand, der gefühllos herumtrampelt. Auch verbunden zu Bauerntrampel. Verkleinerungsform Tramperl *n.* in derselben Bed. Judenburg, 1812: „Trompl: ein ungeschicktes, plumpes Weibsbild"; ebenso Idiotikon Fohnsdorf, 1813. *(Grimm XXI, 1178f., Küpper 227, Pfeiffer 431, Aman 48, Kapeller 165, Wintersberger 83, Jakob 194, Teuschl 231, UK 166, Jontes 51, Jungmair 298, Schatz II, 645, Jutz I, 596)*

Trampeltier *m.* Schpfw. in der Bed. von Trampel (s. d.) mit Blickrichtung auch auf Kamel (s. d.). *(Grimm XXI, 1182f., Pfeiffer 431f., Aman 48, UK 166, Jontes 51, Schatz II, 646, Jutz I, 596)*

Trampeltomerl *m.* Bez. für plumpen, ungezogenen Menschen. Vgl. Tomerl (s. d.). *(UK 166, Jontes 51)*

Tramperl *n.*, siehe Trampel.

Trampsamper *m.* Bez. und Rügewort für ungeschickten Menschen. Kontamination aus Traum- und Ramsampel (s. d.). *(WBÖ I, 183)*

Tranawansch *m. (N, „Traunawaunsch")* Schpfw. unbestimmter Bedeutung für Frauen; zu den Trantsch-Lautungen zu stellen. (s. d.). *(Hager 55)*

Trantsch *m.* Bez. für plumpen, dummen Menschen. Lautmalendes Wort, das ursprünglich Schmutz, Kot bedeutet, dann aber auch leeres Geschwätz. Vgl. auch Trantschker, Hienpertrantsch (s. d.). Auch trensen „langsam arbeiten" mag hereinspielen (vgl. Trenzer, s. d.). Jakob a. a. O. verweist auf tschech. dranč „Fetzen". Judenburg, 1812: „Trantsch: eine plumpe Weibsperson"; Idiotikon Fohnsdorf 1813: „Trantsch: ein dummes Weibsbild". *(Grimm XXI, 1248f., und XXII, 150, Wintersberger 83, Jakob 194, Teuschl 231, UK 166, Jontes 51f., Schatz II, 646, Lexer, KWB 67, Ziller 180)*

Trantscharsch *m. (W)* Abfällig für schwerfällige, dumme Frauensperson. *(WBÖ I, 361)*

Trantscher *m. (T, K)* Wie Trantsch, für unbeholfenes Kind. *(Schatz II, 646, Lexer, KWB 67)*

Trantschker *m.* Bez. und Schpfw. für dummes, ungeschicktes Frauenzimmer, Erweiterung von Trantsch (s. d.) nach dem Muster von Tatschker, Watschker (s. d.). *(Jontes 52)*

Drangg *m.*, siehe Dranggin. Bez. für „unholdes Weib", auch ungeschickte

Frau *(T)*, Geliebte *(St, S)*. In der männlichen Form Drangg auch für verkrüppelten, blödsinnigen, ebenso für vor Alter steifen Menschen *(K)*. Herkunft dunkel. Vorgeschlagen wurde Bezug auf einen Zaubertrank und auf „Trinkgesellin" = lockeres Mädchen. *(Schmeller I, 668, UK 166, Jontes 52, WStWB 158, Schatz II, 646, Lexer, KWB 67, Ziller 180)*

Dranggin *f.* Bez. für „unholdes" Weib, auch ungeschickte Frau *(T)*, Geliebte *(St, S)*. In der männl. Form „Drangg" auch für verkrüppelten, blödsinnigen, ebenso für vor Alter steifen Menschen *(K)*. Herkunft dunkel. Vorgeschlagen wurde Bezug auf einen Zaubertrank und „Trinkgesellen" = lockeres Mädchen. *(Schmeller I, 667, UK 166, Jontes 52, Lexer, KWB 67, Pohl 58, Schatz II, 646, Ziller 180)*

Tranktese *f. (T)* Bez. und Rügewort für versoffenen Menschen, eigentlich ist ein Trankkübel damit gemeint. Ma. Tese *f.* „Kochgeschirr, Bratrein". *(Schatz II, 645)*

Drangger *f. (St)* Siehe Dranggin. *(WStWB 158)*

Trankschaffel *m.* Schpfw. und Bez. für schmutzige, ungepflegte Frauensperson; Vergleich mit dem Schaff, in dem der „Sautrank", das Schweinefutter, angerichtet wird. *(Grimm XXI, 1232, UK 166, Jontes 52)*

Traschel *f.* Bez. für geschwätzigen Menschen. Lautmalend Tratsch „Geschwätz", in Nebenform nach dem Typus eines Gerätenamens (etwa Trischel, Bleuel). Vgl. auch Tratschen (s. d.). Idiotikon Rottenmann, 1818: „Bist a rechte Traschl. Plaudertasche". *(Grimm XXI, 1275, UK 166, Jontes, 52, Schatz II, 646)*

Traschge *f. (T)* Bez. für dummes Weib; zu Trantsch (s. d.). *(Schatz II, 646)*

Trautel, Traudel, Traundel *f. (St)* Spöttisch für langsame Frau; Kurzform von Gertraud. *(WStWB 158)*

Traumbüchel *n. (St)* Spöttisch für verträumten, versonnenen Menschen; nach dem volkstümlichen Wahrsagebuch.

Traumichnicht *m. („Trauminet")* Bez. und Rügewort für Feigling, zaghaften, auch anderen gegenüber stark befangenen Menschen. Als Satzname „(Ich) (ge)trau mich nicht". *(Grimm XXI, 1517, Pfeiffer 432, Wintersberger 83, Jakob 194, Teuschl 231, UK 167, Jontes 52)*

Traummirl *f. (St, „Tram-")* Langsames, begriffsstutziges Wesen. Mirl als Kurzform von Maria, Annamaria. *(WStWB 158)*

Trauschel *f. (K)* Verächtl. Bez. für plumpe Weibsperson, auch Truschel. Zu Trantsch, Trutscherl, Trauschel, Troschel (s. d.). *(Lexer, KWB 73)*

Drax *m. (K)* Bez. für Menschen, „dem man nicht viel anvertrauen darf". Herkunft dunkel. *(Lexer, KWB 67)*

Tratzer *m.* Bez. für jemanden, der mutwillig Menschen, aber auch Tiere reizt (mhd. und ma. tratzen „Trotz bieten, reizen"). Vgl. auch Gitschen-, Kindertratzer (s. d.). *(Jontes 52, Lexer, KWB 67)*

Treapen *f.* Bez. und Schpfw. für einfältige Frauensperson, früher auch für weiblichen Hauskretin. Verkleinerungsform Treaperl *n.* meist für Mädchen gebraucht, wobei hier auch Befangenheit, Verlegenheit hinzutritt. Herkunft dunkel. Vielleicht zu Trempel, „Stützpfahl, Schwelle". Judenburg, 1812: „Treapn: Trottl einer Weibsperson"; Idiotikon Fohnsdorf, 1813: „Treapn: ein blödsinniges Weibsbild". *(Grimm XXII, 104, UK 167, Jontes 52, WStWB 158, Lexer, KWB 72, Schatz II, 649)*

Treberer *m. (T)* Bez. für jemanden, der beim Essen verschüttet, sich bekleckert; ma. trebern „verschütten, verzetteln", zur Weintreber? Vgl. auch Tresterer (s. d.). *(Aman 50, Schatz II, 647)*

Treppler *m.* Bez. und Rügewort für einen unentschlossenen, zaghaften Menschen, der vor lauter Unschlüssigkeit aufgeregt hin und her trippelt (ma. treppeln). *(UK 167, Jontes 52)*

Trebulierer *m. (St, „Trewlierer")* Drängler; lat. tribulare „bedrängen, drängen". *(WStWB 158)*

Trefel *f. (St, T)* Bez. und Rügewort für langsam arbeitende Frau; wie Trefler (s. d.). auch ma. trefeln „tröpfeln, triefen". *(WStWB 158, Schatz II, 648)*

Trefler *m. (W)* Bez. für Schwätzer, Angeber, Prahlhans. Zu ma. triefeln, trefeln „schwätzen, plaudern, faseln". *(Grimm XXII, 467f., UK 168, Jontes 52)*

Dreher *m. („Drahrer")* Bez. für Nachtschwärmer, Lebemann, auch leidenschaftlichen Tänzer; vom Wienerischen ausgehend. *(Wintersberger 21, Jakob 49, Teuschl 62, Ziller 49)*

Drehhose *f. (St, „Drahhousn")* Scherzhaft-spottend für langsamen Arbeiter; das nur langsame Um- und Zuwenden als Arbeitsbewegung wird damit charakterisiert. *(WStWB 157)*

Drehscheibe *f. (St, „-scheiben")* Wie zuvor. *(WStWB 158)*

Treiber *m. (W)* Bez. für Zuhälter, vgl. auch Hurentreiber. *(Jakob 195, Teuschl 232)*

Treinfl *f. („Tranl, Traunl")* Bez. für altersschwachsinnige Frauensperson. Entweder als Koseform zu Katharina (Treinl neben Kathl) oder ma. Tendel „Kreisel als Kinderspiel" (wienerisch Traunl). *(UK 169, 170, Jontes 52, Jakob 49, Ziller 180, Jungmair 299)*

Dreizehner *m. (W)* Bez. für Unglücksraben, nach der Unglückszahl. *(Jakob 50)*

Dreck- Zur Verstärkung zahlreicher Begriffe, die dadurch in ihrem schimpflichen Charakter eine Steigerung erfahren. Siehe auch das jeweilige Grundwort. Sehr abfällig „letzter Dreck" für Sachen und Personen. *(Pfeiffer 88)*

Dreckaffe *m. (O, „-aff")* Derbes Schpfw. für jemanden, der besonders dumm oder boshaft gehandelt hat. *(WBÖ I, 99)*

Dreckammer *m.*(!) *(W)* Bez. für Schmutzfink, schlechte Frauensperson. Eine der Zusammensetzungen von Dreck- mit Vogelnamen. *(WBÖ I, 180f., Jakob 50)*

Dreckamsel *f.* Wie zuvor. *(WBÖ I, 180, Küpper 76, Pfeiffer 88)*

Dreckarsch *m. (K)* Abfällig für Feigling, furchtsamen Menschen. *(WBÖ I, 361)*

Dreckbalg *m.* Synonym für schlimmes, unfolgsames Kind. *(WBÖ II, 122)*

Dreckbankert *m., n.* Wie Bankert (s. d.). *(WBÖ II, 231)*

Dreckbartel *m. (O)* Drastische Bez. für Schmutzfink, vgl. auch Saubartel (s. d.). *(WBÖ II, 372, Pfeiffer 88)*

Dreckpatzer *m.* Rügewort für im Sand, Schmutz spielende Kinder. *(WBÖ II, 525)*

Dreckpeter *m. (N)* Schpfw. für schmutzigen, ungepflegten Menschen. *(WBÖ II, 1142)*

Dreckbeutel *m. (W, N)* Schpfw. für unsaubere Person. *(WBÖ II, 715)*

Dreckpippe *f. („pippen")* Wie Rotzpippe (s. d.) Schpfw. für ungezogenes Kind, auch Jugendlichen. *(WBÖ III, 195)*

Dreckeler *m. (T)* Abfällig für schwachen, unfähigen Menschen; ma. dreckelen „nach Kot, Schmutz riechen". *(Schatz I, 134)*

Dreckente *f. (W, „-anten")* Schpfw. für Schmutzfink, aber auch ordinären Menschen. *(Teuschl 63)*

Dreckfink *m.* Derbe Bez. und Rügewort wie Schmutzfink für schmutzige Person, meist Kind, auch vom körperlichen Zustand auf Charakterschwächen übertragen. Hier nicht Verstärkung eines Grundwortes, da Fink allein als Schpfw. nicht vorkommt. Bildlich vom Vogel, der sich im Straßenschmutz zu Nahrungssuche und Bad herumtreibt. *(Grimm II, 1358, Küpper 76f., Pfeiffer 89, Aman 49, Jakob 50, UK 167, Jontes 53, WStWB 158, Jutz I, 605)*

Dreckhammel *m.* Schpfw. für körperlich, mehr aber noch charakterlich verkommene Person männlichen Geschlechts. Nicht Verstärkung des Wortteiles Hammel (s. d.), sondern Betonung des Schmutzigen. *(Grimm II, 1358, Pfeiffer 89, Aman 49, UK 167, Jontes 53)*

Dreckhaufen *m. (V)* Abfäll. Bez. für schmutzigen Menschen. *(Jutz I, 605)*

Dreckkäfer *m.* Bez. und Schpfw. für ungepflegten, schlecht gewaschenen, auch charakterlich schmutzigen Menschen (ähnlich Dreckfink, s. d.). Die Übertragung scheint vom Mistkäfer (Scarabaeus stercorarius) her erfolgt zu sein, da das Grundwort Käfer als Personencharakteristik sonst nur im positiven Sinne („ein netter Käfer") gebraucht wird. *(Grimm II, 1359, Pfeiffer 89, Aman 49, UK 167, Jontes 53, WStWB 158)*

Drecklatter *f. (V)* Schpfw. für schmutziges Weib, eig. Dreckkruste. *(Jutz I, 605)*

Dreckloch *n. (V)* Wie zuvor. *(Küpper 77, Jutz I, 605)*

Dreckmaul *n.* Schpfw. für Verleumder, üblen Schwätzer. *(Pfeiffer 89)*

Dreckmensch *n.*, siehe Mensch *n.* *(Pfeiffer 89)*

Drecknase *f.*, **-nasle** *m. (V)* Bez. für unsauberes Kind. *(Jutz I, 605)*

Dreckrammel *m.* Bez. und Schpfw. für Schmutzfink. *(Jakob 50, Jungmair 68)*

Drecksack *m.* Grobes Schpfw. für Menschen schlechten Charakters. *(Pfeiffer 89)*

Drecksau *f.* Derbstes und gemeinstes Schpfw. und Bez. für körperlich verkommene Person, darüber hinaus auch bei starken Charakter- oder Verhaltensfehlern verwendet und besonders bei sexuell vulgär auftretenden Menschen beiderlei Geschlechts gebraucht. *(Grimm II, 1359, Pfeiffer 89, Aman 49, Kapeller 33, Jakob 50, UK 167, Jontes 53, Jutz I, 605)*

Dreckspatz *m.* Bez. für schmutziges Kind. *(Aman 49)*

Dreckschlampe *f. („-schlampen")* Verstärkt für Schlampe (s. d.). *(Aman 49)*

Dreckschleuder *f. („-schleudern")* Schpfw. für einen Verleumder, jemanden, der schmutzige Anschuldigungen verbreitet. Synonym auch für loses Mundwerk. Vorbild nach Grimm a. a. O. einst eine Belagerungsmaschine, mit der man dem Feind in einer belagerten Burg oder Festung allerlei Schmutz und Unrat über die Mauern schleuderte. *(Grimm II, 1359f., Pfeiffer 89f., Aman 49, Kapeller 33, Jakob 50, Teuschl 63, UK 167, WStWB 158, Ziller 50, Jutz I, 605f.)*

Dreckschwalbe *f. (W)* Schmutzfink, scherzhaft auch für Maurer, der mit einer Hausschwalbe verglichen wird, die ihr Nest aus Schmutzklümpchen baut. *(Küpper 77, Pfeiffer 90, Aman 49, Jakob 50, Teuschl 63)*

Dreckschwein *n., f.* Grobes Schpfw. wie Drecksau (s. d.). Ma. häufig weiblich gebraucht. *(Pfeiffer 90, Jontes 53)*

Dreckstößel *m.* Bez. für einen körperlich ungepflegten Menschen, meist männl. Geschlechts bzw. Schpfw. für eine charakterlich schmutzige Person (vgl. auch Schmutzian, s. d.). Stößel ursprünglich ein Gerät zum Zerstampfen etwa in einem Mörser oder zum Einstampfen von Kraut u. dgl. in ein Fass. Der Dreckstößel war ein Gerät zum Durchstoßen und Freimachen verstopfter Abtritte. Vgl. auch Stößel (s. d.). *(Aman 49, Jakob 50, Teuschl 63, Jontes 109)*

Dreckstück *n.* Derbes Schpfw. für Menschen schlechten Charakters. *(Pfeiffer 90)*

Dreckskerl *m.* Wie zuvor. *(Pfeiffer 90)*

Dreckulaner *m. (W)* Bez. für Schmutzfink; mit latinisierender Ableitungssilbe oder auch Anklang an Ulaner „Ulan, Reitersoldat". *(Jakob 50, Schuster 43, Teuschl 63)*

Tremmel *m.* Bez. für groben, ungehobelten Mann; eig. Prügel, zu mhd. drâm „Balken", ma. tremmeln, antremmeln „sich anessen, anstopfen". *(Aman 49f.)*

Trenchtel, Trienchtel *f., m.* Schpfw. für ungeschickten, dummen, ungeschliffenen Menschen. Herkunft unsicher. Eventuell zu ma. trendeln „langsam gehen, nicht vorwärts kommen"; vielleicht auch mhd. trien, tren „Brutbiene, Drohne, Hummel", als Begriff von etwas Lästigem. Leoben, 1812: „Treinchtl: Schimpfname, den man etwas dummen und ungeschliffenen, auch ungeschickten Menschen beylegt." *(Grimm XXII, 109, UK 170, Jontes 53f., Ziller 181)*

Trenderling *m. (O, „Treanderling")* Wie Trenzerling (s. d.). *(Jungmair 299)*

Trentsche *f. (W, „Treantschen")* Spöttisch für sich weinerlich gebendes weibliches Wesen; eigentlich Schmollmund. *(Teuschl 232, WStWB 158)*

Trentschtegel *m.* Bez. für Menschen ohne Tischsitten, jemand, der sich beim Essen bekleckert. Zu trentschen, trenzen „Speichel oder Speise aus dem Munde fließen lassen". Vgl. auch Tegel (s. d.). Versch. Weiterbildungen s. u. *(Grimm XXII, 149, UK 170, Jontes 54)*

Trenschkel *m. (St, „Treanschgl")* Spöttisch für unbeweglichen alten Mann. *(WStWB 158)*

Trentscher, Trientscher *m.*, siehe Trentschtegel.

Trentscherling *m.*, siehe Trentschtegel.

Trensterer *m.*, siehe Trentschtegel.

Trenzpappe *f. (St, „-pappen")* Abfäll. Bez. und Rügewort für Menschen, der häufig weint, eine weinerliche Miene zur Schau trägt; ma. trenzen „Speichel rinnen lassen, heulen weinen". *(WBÖ II, 283)*

Trenzbartel *m.* Rügewort und Bez. für Menschen, der sich mit seinem eigenen Speichel „antrenzt", bekleckert; vgl. auch Bartel (s. d.) als Unsauberkeit andeutenden Personennamen; auch Nähe zu Bartel *n.*, Patterl *n.* „Umbindetuch für Kleinkinder". *(WBÖ II, 372; WStWB 169)*

Trenzbeutel *m.* Schpfw. für dauernd jammernde, weinerliche Person, auch für unehrlichen, hinterhältigen Charakter. *(WBÖ I, 717)*

Trenzpippe *f. (S, „-pippen")* Rügewort für beharrlich weinendes Kind, wie Rotzpippe (s. d.), aber nicht mit dessen abfälliger Bedeutung. *(Ziller 181)*

Trenzbutte *f. (St, „-butten")* Abfäll. Bez. für jemanden, der sich ständig mit Speichel „antrenzt". *(WBÖ III, 1544)*

Trenzer *m.* Bez. für unsauberen Esser wie Trentschtegel (s. d.), aber auch für Faulpelz, langsamen Arbeiter. Zu trensen „langsam sein". Idiotikon Eisenerz, 1812: „Trenzer: ein bei der Arbeit langsamer Mensch". *(Grimm XXII, 150, 159, UK 171, Aman 50, Jontes 54, Jungmair 300)*

Trenzerling *m.* Bez. für jemanden, der häufig eine missmutige, weinerliche Miene aufsetzt, auch der Speichel, Geifer an sich; auch Trenderling *m.* (s. d.). *(Jungmair 300)*

Trenzzalder *f. (T)* Abfällig für zerlumptes, ungepflegtes Weib, eig. Schleim-, Speichelfaden. *(Schatz II, 719)*

Drescher *m.* Bez. für starken, großen Mann, auch etwas spöttisch gemeint; vgl. Redensart fressen wie ein Drescher „gewaltig viel essen". Nach dem Getreidedrescher, der bei dieser Arbeit große Kräfte entwickeln musste. *(Schatz I, 136)*

Drescherl *n. (W)* Schpfw. für Strichjungen. *(Teuschl 63)*

Tresterer *m. (T)* Bez. und Spottwort für schwächlichen Mann; ma. trestern „beim Essen verschütten". Vgl. auch Treberer (s. d.) zu Weintrester „Pressrückstand"? *(Schatz II, 649)*

Trichel, Trilchel *m.* Bez. und Rügewort für rohen Mann, auch jungen Dickwanst; ma. trichlen „langsam arbeiten". *(Schatz II, 651, Jutz I, 615)*

Trittbrettfahrer *m.* Abfällig für Schmarotzer; aus der Zeit, wo es noch möglich war, bei Eisenbahn oder Straßenbahn ohne zu bezahlen auf dem Trittbrett mitzufahren.

Triedler, Trieler *m. (T)* Abfällige Bez. für alten Mann, eigentlich jemanden mit Speichelfluss; ma. Triel „Lippe", trielen „den Speichel rinnen lassen". *(Schatz II, 650f.)*

Tritsche *f. (W, „Tritschen")* Schpfw. für dumme Weibsperson. *(Teuschl 232)*

Triempippe *f. (= „Treampippen")* Bez. für ständig unzufriedenen Menschen; ma. triemen „klagen", siehe zur Erklärung aber auch Triemhirsch. *(WBÖ III, 195, Jungmair 299)*

Triemveitl *m. (O, „Tream-")* Wie zuvor; siehe auch Veitl. *(Jungmair 299)*

Triemhantling *m.*, auch **„Triemling"** *m. (S, „Tream-")* Bez. für Spötter, Menschen, der andere zum Narren hält; eig. Handschuh, der mit Fransen besetzt ist. Vgl. auch Triemhirsch (s. d.). *(Ziller 180)*

Triemhirsch *m. (St)* Schpfw. für einfältigen, gedankenarmen, denkfaulen Menschen. Hirsch (s. d.), an sich schon als Schpfw. gebraucht, hier näher mit Triem erläutert bzw. verstärkt, das „Endfäden eines Gewebes" bedeutet und sich wahrscheinlich auf das fetzige Aussehen eines Hirsches beim Fegen des Geweihbastes bzw. beim jahreszeitlichen Wechsel des Haarkleides und die damit verbundene Zurückgezogenheit und Reizbarkeit bezieht. *(UK 173, Jontes 54)*

Triemhirschjackel *m. (St)* Wie zuvor, mit der Kurzform für Jakob verbunden. *(UK 173, Jontes 54)*

Triemling *m.*, siehe Triemhantling.

Triemsack *m. (O, „Tream-")* Wie Triempippe (s. d.). *(Jungmair 299)*

Trienk *m. (S, „Treank")* Bez. für spöttischen Menschen; Herkunft dunkel. *(Ziller 181)*

Triensche *f. („Treanschen")* Harmloses Rügewort für einen großmäuligen Menschen. Von „ds." Mund, Maul, Gesicht. *(UK 170, Jakob 194, Jontes 54, Ziller 181)*

Trieschel *m. (K)* Bez. für blödsinnigen Menschen; zu Triensche (s. d.). *(Lexer, KWB 70)*

Trieschler *m. (T)* Bez. für Schwätzer; ma. triescheln „schwätzen" (lautm.). *(Schatz II, 650)*

Trifel *f. (S)* Bez. und Rügewort für schwatzhaftes, auch keifendes Frauenzimmer; ma. trifeln „unablässig reden" (mhd. triefen „tropfen"). *(Ziller 181)*

Drischak, -er *m. (O)* Schpfw. für Grobian, Lümmel, auch Name eines Kartenspiels; ma. drischaken „dreinschlagen", Grundwort unklar, dazu slaw. -ak- Suffix für Herkunftsbez. *(WBÖ I, 119)*

Drischdrein *m. (O)* Bez. für flegelhaften, brutalen Menschen; in Art eines Satznamens. *(Jungmair 68)*

Triste *f. (St)* Bez. für üppige und dabei schwerfällige Frau, bildlich nach Triste „Heuschober". *(Grimm XXII, 657, UK 174, Jontes 54, Ziller 182)*

Dristler *m. (St)* Bez. für jemanden, der alles überhastet, eilfertig vorwärtsstrebt. Zu dristeln „drängen". *(UK 174, Jontes 54)*

Tropf *m.* Gemeindt. Bez. für armen, bedauernswürdigen Menschen, jedoch auch mit leicht abwertender Färbung der Bedeutung auf mangelnden Geist und Verstand hin. *(Pfeiffer 435, Aman 51, Jontes 54, Schatz II, 653, Jutz I, 625)*

Tröpfin *f.* Wie oben, für „arme, alte Frau". *(UK 175, Jontes 54)*

Trottel *m.* Häufiges gemeindt. Schpfw. für einfältigen, dummen Menschen, auch im Sinne von Kretin. Neben Tepp und Todel (s. d.) in unserem Bereich besonders stadtma. das häufigste, das durch seinen allgemeinen Gebrauch auch in seinem Beleidigungsgrad gemindert erscheint. Wurde ursprünglich nur als wertneutrale Bez. für Kretin verwendet (vgl. auch Haustepp, Gack, Dost s. d.). Bei UK a. a. O.: „Am Lande pflegt man die Trotteln gut zu behandeln, weil man glaubt, sie erdulden für die Sünden aller ihrer Angehörigen die Strafe der Verblödung". Das Wort ist nach dem trottenden Gang der Debilen gebildet. Auch die Verkleinerungsform Trotterl *n.* ist für jugendliche Behinderte mit Mongolismus gebräuchlich. Seit den letzten etwa zwei Jahrzehnten ist im Schülerjargon auch der affektive, größtes Erstaunen ausdrückende Ausruf „trotti" (mit besonderer Betonung und Artikulation des -r-) entstanden. Als Differenzierungsform Dorftrottel, also einer, der im ganzen Dorf bekannt ist. Idiotikon Fohnsdorf, 1813: „Trottl: ein blödsinniger Mensch, auch wohl zu Zeiten ein guter mensch, a gueter Trottel". Zur neueren Computerbeschimpfung Blechtrottel vgl. Todel (s. d.). *(Grimm XXII, 1076f., Pfeiffer 435, Aman 51, Kapeller 166, Jakob 196, Teuschl 48, 232, UK 175, Jontes 54f., Jungmair 302)*

Trottelhofer *m. (St)* Bez. wie Trottel (s. d.), Einfaltspinsel. Das Wort ist wie ein Vulgar- oder Hofname gebildet und erweckt scherzhaft den Eindruck, als ob der damit Bezeichnete von einem Bauernhof käme, der von lauter Trotteln bewohnt wird. *(UK 175, Jontes 55)*

Trotscherl *n. (St)* Bez. für dumme Frauensperson. Siehe Trutscherl. *(UK 175, Jontes 55)*

Trog *m. (St)* Schpfw. für ungeschickte Weibsperson, die mit einem Trog, Viehtrog, Schweinetrog verglichen wird, was auch dessen Inhalt „Schmutz, Ungepflegtheit", oder auch „Plumpheit, Ungeschlachtheit" (wie bei einem Back-, Wasch-, Wasser-, Brunntrog) suggeriert. *(Grimm XXII, 788, UK 175, Jontes 55)*

Troll *m., f.* **-e** *f. (T)* Bez. für unbeholfenen Menschen, ungeschickte Frauensperson. Vgl. auch Trall, Trull (s. d.). Mhd. trol, trolle „Unhold". *(Pfeiffer 435, Aman 51, Schatz II, 652)*

Trolla *f. (W)* Bez. und Schpfw. für starkes, aber arbeitsscheues Mädchen. *(Jakob 196)*

Trollei *n. (S)* Bez. für tölpelhaftes Mädchen; vgl. Troll mit Diminutivsuffix. *(Ziller 182)*

Trompeter *m. (W)* Scherzhaft-abfällig für derbes Weib; nach dem Armeetrompeter, der ein kräftiger Mann sein musste, um bei Atem zu bleiben. *(Jakob 196)*

Trommel *f.* *(„Trummel")* Spött. Bez. für Klatschbase, auch dickes Weib *(V)*; nach der Trommel, mit der die Ausrufer ihre Mitteilungen ankündigten. *(Jakob 196, Jutz I, 624)*

Trommelhund *m.* *(W)* Ältere soldatensprachl. Bez. für denjenigen Soldaten, der in der Militärmusikkapelle das Wägelchen mit der großen Trommel zog, weil dies zuweilen auch von Hunden, meist Bernhardinern, besorgt wurde. *(Schuster 169)*

Drohne *f.* Hochsprachl. spöttisch für Schmarotzer, meist Mann, der seine Frau für die Familie arbeiten lässt und selbst faulenzt; Vergleich mit der männlichen Biene, die nur der Zeugung dient und nicht arbeitet. *(Pfeiffer 90f.)*

Droschel *n.* *(K)* Verächtl. Bez. für plumpes Frauenzimmer; von Droschel *f.* „Drossel", auch Nähe zu Trutsche (s. d.) zu beachten. *(Lexer, KWB 73)*

Truchtel *f.* Abfällige Bez. für alte und hässliche Frau und oberdt. für dicke Weibsperson. Herkunft dunkel, wohl Mischwort aus Trenchtel (s. d.). und Wuchtel (s. d.) oder ähnlich. *(Grimm XXII, 1233, UK 176, Jontes 55, Schatz II, 645, 653)*

Trud *f.* Als Spottname Bez. für jemanden, der nächtlicherweise im Hause wie ein Gespenst herumgeht, aus Schlaflosigkeit oder anderen Gründen „herumgeistert". Ursprünglich ist damit im Volksaberglauben ein Nachtgespenst gemeint, das sich dem Schläfer auf die Brust setzt und diesem Alpträume verursacht. *(Grimm XXII, 1233ff., Pfeiffer 436, Aman 51, UK 176, Jontes 55, Ziller 182, Jakob 196, Schatz II, 655)*

Trutsche *f.*, *(„Trutschen")* siehe Trutscherl.

Trutschel *f.* *(V)* Bez. für alte, dicke, aber gutmütige Frau. *(Jutz I, 632)*

Trutscherl *n.* Heute Bez. für verlegen tuendes, „g'schamiges", jüngeres weibliches Wesen; um die Jahrhundertwende noch als Kosewort bzw. als Benennung für rundliches Mädchen oder Kind gebraucht. Etwas schärfer zum Tadel hin akzentuiert ist das Wort Trutschen, in dem auch Trotzigkeit mitschwingt. Der Stamm scheint zu mhd. trutschel „koketter Augenaufschlag", zu gehören, doch ist auch Verbindung zu mhd. trute, trut „Alb, weibl. Schreckgestalt", und nhd. Trotz anzunehmen. Nebenform ist Trotscherl. Idiotikon Fohnsdorf, 1813: „Trutscherl: ein hübsches Mädchen"; Judenburg, 1812: „Trutscherl: ein kleines Mädchen". *(Grimm XXII, 1434ff., Pfeiffer 436, Wintersberger 84, Jakob 196, Teuschl 233, UK 177, Jontes 55f., WStWB 169, Pohl 59, Jungmair 303, Ziller 182, Schatz II, 655)*

Trüeggen *f.* *(T)* Schpfw. für dumme Frauensperson; Herkunft unklar. *(Schatz II, 653)*

Trugel *f.* *(V)* Bez. für dicke, unbeholfene Frau; zu Truhe? *(Jutz II, 629)*

Trüherlaffe *m.* *(„Trücherlaff")* Allg. Schimpfwort; eig. Vergleich mit einem Äffchen, wie es einst fahrende Werkelmänner mit sich führten. Das Tier saß auf dem Werkelkasten, aber auch etwa als besonderer Anziehungspunkt auf dem Wagen wandernder Scherenschleifer. Zuweilen zogen solche dressierten Affen auch Lose oder Horoskope. Vgl. auch die sprichwörtl. Redensart „er sitzt da wie der Aff auf dem Schleifstein". *(WBÖ I, 99)*

Trüherltreiber *m. (St, „Trücherl-")* Älterer Spottname für den Werkelmann, der als Straßenmusikant seinen Leierkasten (auch die Bettlerleier wurde mit einer Kurbel angetrieben) dreht, der mit einem Trühlein („Trücherl") verglichen wird. *(UK 177, Jontes 56)*

Trulla, Truller *f. (W, St)* Bez. und Rügewort für ein starkes, jedoch faules, auch beschränktes Mädchen. Vgl. Trall (s. d.). *(Pfeiffer 436, Jakob 196, WStWB 158)*

Trullala *f. (W)* Wie zuvor mit Erweiterung nach dem Muster von Trallala; auch alte Frau. *(Jakob 196, Teuschl 233)*

Trulle *f. (T)* Bez. für ungeschickte, kindische Weibsperson. Vgl. Trall, Troll (s. d.). *(Schatz II, 654)*

Trumm *n.* Bez., spöttisch bis anerkennend, für einen kräftig gewachsenen Menschen, ein starkes, kräftiges Weibsbild. Urspr. nur für „Brocken, Stück", dann Ausweitung auf groß, gewaltig („ein Trumm Felsen, Brot"). *(Pfeiffer 436, Aman 51, UK 177, Jontes 56, Jakob 196, Jungmair 303, Ziller 182, Jutz I, 630)*

Trumpfadam *m. (O)* Bez. für ungeschickten Menschen; aus dem Kartenspiel(?). *(WBÖ I, 8O.)*

Trumse *f. („Trumsen")*, **Trumser** *m. (T)* Bez. und Schpfw. für Menschen, der anderen im Wege ist; ma. trumslig „benommen, schwindelig". *(Schatz II, 654)*

Trüninger *m. (T)* Bez. für unartigen Menschen; Herkunft unklar. *(Schatz II, 654)*

Trutschel *f.*, siehe Trauschel, Troschel.

Truste *f.* Bez. für üppiges, dabei aber schwerfälliges, plumpes Frauenzimmer. Vgl. auch Triste (s. d.). Zu mhd. trüster „Schar, Haufe, Monstrum", oberdt., mitteldt. trühen „wachsen, gedeihen". *(Grimm XXII, 139ff., 1431, UK 178, Jontes 56)*

Trutzbeutel *m. (K)* Schpfw. für ein weinerliches Kind, in der Art der Zusammensetzungen, in denen eine Charaktereigenschaft mit einem Behälternamen verbunden wird. *(WBÖ II, 715)*

Trutzbinkel *m. (O)* Bez. und Rügewort für Trotzkopf. Zur Wortbildung vgl. oben; Trutz „Trotz". *(WBÖ III, 1404, Teuschl 233)*

Trutzbock *m. (W, N, St)* Bez. und Rügewort für trotzigen, nachtragenden, widerspenstigen Menschen; Vergleich mit dem sprichwörtlich widerspenstigen, „bockigen" Ziegenbock. *(WBÖ III, 517, Jakob 196)*

Trutzel *f. (K)* Scherzhaft für dicke Person, eigentlich weiche, rundliche Masse. *(Pohl 60)*

Tschappel *m.*, **Tschapperl** *n.* Bez., Schimpf- und Kosewort für einfältigen, dummen, auch hilflosen Menschen. Auch leicht rügend und begütigend gebraucht. Bauernma. Tschappel (Kurzform auch Tschapp), stadtma. Tschapperl häufiger. In seinem Gebrauch nuancenreich: „Du Tschappel", wenn jemand etwas fahrlässig angestellt hat; „Du Tschapperl, du armes“ zu einem Kind, das Angst vor etwas Harmlosem hat. Angeblich aus tschech. čapek (Aman a. a. O.). Nach Jungmair a. a. O. „wohl von mhd. schapel *n.* Kopfschmuck, den nur Jungfrauen trugen, der Einfalt, Unschuld voraussetzte“. Idiotikon Fohnsdorf, 1813: „Tschapl: ein blöder Mensch“. Unter Umständen liegt eine Übernahme aus dem Ital. vor, wo der biblische Hiob, Job, das Urbild eines bedauernswerten Menschen, Giobbe heißt, dem u. a. in Venedig eine bedeutende Kirche geweiht ist. *(Grimm XXII, 1441, Pfeiffer 436, Aman 51, Kapeller 167, Wintersberger 84, Jakob 196, Teuschl 233, Hager 56, UK 178, Jontes 56, WStWB 169, Lexer, KWB 214, Pohl 139, Schatz II, 657, Jungmair 303, Ziller 182)*

Tschatt *m. (T)* Bez. für einfältigen Menschen; wohl Kurzform von Tschatter (s. d.). *(Schatz II, 657)*

Tschatter *f. (T)* Bez. und Schpfw. für schwatzhafte Frauensperson; eig. Name der Dachtraufe; ma. tschattern „plätschernd rinnen, schwätzen“, lautm. *(Schatz II, 657)*

Tschader *f.* **-er** *m. (T)* Bez. für jemanden Unbeholfenen, einen, der schlecht zu Fuß ist. *(Schatz II, 655)*

Tschatterähnel *f. (T, „-ahnl“)* Bez. für Schwatzweib; vgl. Tschatter (s. d.). das mit dem Begriff Ähnel „Großmutter“ verbunden wird. *(WBÖ I, 231)*

Tschatscher *m.*, auch **Tschascher** *m. (T)* Bez. für alten Mann mit schleppendem, schlurfendem Gang; auch Bez. des Schuhabstreifers vor der Türe; ma. tschatschen „schleppend gehen“. *(Schatz II, 657)*

Tschafit *m. (T)* Bez. und Rügewort für Schlingel; Kurzform von Tschaffitel (s. d.). *(Schatz II, 655)*

Tschaffitel *f.* Bez. und Schpfw. für Dirne, Nachtschwärmerin; von der Zwergohreule auf den Menschen übertragen. Über Dialektformen aus ital. civetta „Eule“, das auch schon Kokette bedeuten kann, in die oberdt. Mundarten. In der lokalen Lautgestalt Tschafiggel auch für Kretin *(T)*. *(Grimm XXII, 1440, UK 178, Jontes 56, Schatz II, 655)*

Tschackler *m. (T)* Abfäll. Bez. für gebrechlichen, unbeholfenen Mann; ma. tschackeln „glucksen (im Sinne von hilflose Laute von sich geben)“. *(Schatz II, 656)*

Tschal *f.* **-e, -er** *m.* Bez. und Rügewort für Tratschweib, Schwätzerin, auch gutmütiger, aber beschränkter Mensch; Herkunft dunkel. *(Schatz II, 356, Jutz I, 633)*

Tschalderer *m.*, auch **Tschelderer** *m. (K)* Bez. für alten gebeugten Mann; ma. tschaldern „schwerfällig daherkommen“. *(Lexer, KWB 213)*

Tschaldra *f. (K)* Wie zuvor für schwerfällige Frauensperson. *(Pohl 139)*

Tschampe *f. (T)* Bez. und Schpfw. für schlampiges Weib; ma. tschampen „verwahrlost sein“ und Nähe zu Schlampe (s. d.). *(Schatz II, 656)*

Tschank *m.* **-e** *f. (T)* Bez. und Rügewort für linkischen Menschen; ital. stanco „müde“ als germanisches Lehnwort (vgl. Tenk, s. d.). *(Schatz II, 656)*

Tschascher *m.*, siehe Tschatscher.

Tschaute *m. (V)* Bez. und Rügewort für Einfaltspinsel. *(Jutz I, 633)*

Tschecherant *m.* Bez. für Säufer; stadtma. tschechern „trinken" zu rotwelsch schejcher „alkoholisches Getränk", dazu auch Tschecherl *n.* „Gasthaus". *(Wehle 54, Teuschl 233)*

Tschederer *m. (T)* Bez. und Rügewort für Schwätzer, Menschen, den man nicht ernst nehmen kann; ma. tschedern „plätschernd, scheppernd tönen", lautm. *(Schatz II, 658)*

Tscheteretze *f. (St)* Lästig keifendes Weib. Vielleicht lautmalend unter Einbeziehung von „zetern" gebildet. Ähnlich Tschoderetze (s. d.). *(WStWB 158)*

Tscheierl *m. (T)* Bez. für einfältigen Menschen. Herkunft dunkel. *(Schatz II, 659)*

Tscheifler *m. (T)* Bez. und Rügewort für jemanden, der umständlich, langsam arbeitet, nichts vom Flecke bringt; ma. tscheifeln „brodeln, langsam arbeiten". *(Schatz II, 658)*

Tscheck, -el *m. (T)* Bez. und Schpfw. für schlampigen Menschen; ma. tschecket „scheckig". *(Schatz II, 658)*

Tschelderer *m.*, siehe Tschalderer.

Tschentsche *f. (K, „Tschentschen")* Frau, die sich grundlos über alles aufregt.

Tschentscher *m. (St)* Bez. für einen Müßiggänger, Zeitvertrödler. Ma. tschentscheln, tschatscheln „sich mit Spielzeug, Kleinkram, abgeben, trödeln" (tschech. čač „Spielzeug, Tand"). *(UK 179, Jontes 56)*

Tscherk *m. (T)* Spött. Bez. für Krummbeinigen; ma. tscherken „schleppend, schlurfend gehen". *(Schatz II, 569)*

Tscherker *m.*, **-ler** *m. (T)* Bez. für schleppend gehenden Menschen; Herkunft wie oben. *(Schatz II, 659)*

Tscheschger *f. (T)* Verächtlich für Frau aus der Stadt, bauernsprachl., Herkunft dunkel. *(Schatz II, 659)*

Tschihü *m. (W)* Spöttischer, soldatensprachl. Ausdruck für Trainsoldat, Angehörigen der Traintruppe der alten Armee, die in der Wertschätzung zuunterst rangierte und deshalb mit verschiedenen Spottnamen belegt wurde. Nach dem Pferdeleitruf tschihü „rechts!" *(Schuster 169, Jakob 197)*

Tschickarretierer *m.* Spött. Bez. für jemanden, der weggeworfene Zigarettenstummel (umgangsspr. Tschick, von ital. cicca „ds.") sammelt, um aus deren Tabak wiederum Zigaretten zu drehen. In der rauchwarenknappen Nachkriegszeit waren T. ein alltäglicher Anblick. Dafür auch Syn. Stumpferlarretierer. *(WBÖ I, 354, Wintersberger 84, Wehle 50)*

Tschickbeutel *m. (St)* Spöttisch-abfällig für Großbauern, der wenig arbeitet und groß redet.

Tschicker *m.* Abfällig für Raucher von Zigaretten, vor der hohen Zeit derselben dem Tabakkauer vorbehalten. Zur Herkunft vgl. oben. Zu Tschick als Spottwort vgl. Dauertschick (s. d.).

Tschinelle *f. (S, „-en")* Schpfw. für alte Frau; eig. die Blechbecken der Musikkapelle, deren geräuschvoller Klangcharakter auch den Begriff Tschinelle für Ohrfeige erklärt, die auch im

Schpfw. mitspielen dürfte; ital. cinelli. Ziller a. a. O. verweist auf die mhd. schijnelle „Blechscheibe am Harnisch, die das Knie deckt“, aus frz. genouillère „ds.“. *(Ziller 183)*

Tschingl *m.* Abfäll. Bez. für Japaner, auch Chinese; chin. klingende Silbe ohne weitere Bed. mit Verkleinerungssuffix.

Tschinkeler *m.*, auch **Tschink** *(V)* Abfäll. Bez. für Italiener; ma. tschingelen, „zündeln“, womit also eine verbrecherische Eigenschaft unterstellt wird (wie etwa auch das Messerstechen, Brigantentum). *(Pfeiffer 436, Schatz II, 660, Jutz I, 633f.)*

Tschinkerle *n. (K)* Mitleidswort, auch leicht spöttisch für kränkliches Kind, altes Mütterchen, aber auch alte, mürrische Person; ma. tschinkeln „beim Gehen schwanken, torkeln“. *(Lexer, KWB 218)*

Tschmaucke *f. (St)* Bez. für zwergenhaft verkrüppelten Menschen. Dunkler (slawischer?) Herkunft (tschech. čmauka, „Flecken“). *(UK 179, Jontes 57)*

Tscho *m. (K)* Schpfw. für schusseligen Menschen; Herkunft dunkel, viell. zu Tschörper (s. d.) oder ähnlich. *(Lexer, KWB 74)*

Tschopetalpes *m. (T)* Bez. und Schpfw. für beschränkten Menschen, Dummkopf; Herkunft nicht erklärt. *(Schatz II, 661)*

Tschope *f.*, **-er** *m. (T)* Bez. für unbeholfenen, armseligen Menschen; zu Tschappel (s. d.). *(Schatz II, 661)*

Tschoderbock *m. (St)* Bez. und Rügewort für Burschen mit zerrauftem Haar, vgl. auch die Schpfw. mit Schoder-, Zoder- (s. d.). *(WBÖ III, 517)*

Tschoderl *n. (St)* Spöttisch für ungekämmtes Kind. *(WStWB 169)*

Tschodernigel *m.* Bez. für Menschen mit verwildertem, ungepflegtem Haarwuchs. Zu Tschoder-, vgl. Zoder-, Zottel-, Nigel vgl. Bosnigel (s. d.). *(UK 179, Jontes 57)*

Tschogeretze *f. (St)* Lästig keifendes Weib; wie Tscheteretze (s. d.). *(WStWB 158)*

Tschock, -el, Tschöckel *m. (K, T)* Bez. und Schpfw. für Dummkopf, Schwachsinnigen, auch Grobian; ital. ciocco „Klotz“. *(Lexer, KWB 225, Schatz II, 660)*

Tscholle, Tschulle *f. (T)* Bez. und Rügewort für unbeholfenes Weib; ma. tscholdern „plaudernd herumschlendern“. *(Schatz II, 661)*

Tschörper *m. (K)* Bez. für Kretin. Tscherper *m.* „Bergmannsmesser“ *(Grimm XXII, 1441f.)* kommt wegen seiner mitteldt. Herkunft für Erklärung nicht in Frage; vielleicht Nähe zu Tschreppe (s. d.). *(Lexer, KWB 225)*

Tschore *f.*, **Tschorer** *m. (T)* Bez. für einfältiges, unbeholfenes Frauenzimmer bzw. alten, hilflosen Mann; ma. tschoret „einfältig, dumm“. *(Schatz II, 661)*

Tschorke *m. (T)* Bez. für gebrechlichen, schwachen Mann; Etym. siehe oben. *(Schatz II, 661)*

Tschreppe *f. (St, „Tschreappen“)* Bez. für geschwätzige alte Frau, auch alter Topf, zerbrochenes Geschirr (steir. ma. Gschreappen). Vielleicht zu slow.

čeprkati „scharren". In erweiterter Form als Intensivbildung Tschreppetze *f.* in derselben Bed. *(UK 179, Jontes 57, WStWB 158)*

Tschrieschel *m. (K)* Bez. für gutmütigen, auch schwachsinnigen Menschen; Herkunft unklar, viell. nur fast willkürlich Konsonantenhäufung zur Erzielung eines spottenden Ausdrucks. *(Lexer, KWB 226)*

Tschupe *m. (V)* Rügewort für Menschen mit zerzaustem Haar; zu Schuppe. *(Jutz I, 635)*

Tschudel *m., f. (V)* Wie zuvor. *(Jutz I, 634)*

Tschulle *m., f. (K)* Bez. und Rügewort für dummen, ungeschickten Menschen. Siehe Tscholle, Zoll, Zolper (s. d.). *(Lexer, KWB 267, Schmeller IV, 253, 255, „Zoll")*.

Tschumpen *m. (S, „-en")* Abfäll. Bez. für Schindmähre, schlechtes Pferd; viell. ladinischer Herkunft. *(Ziller 183)*

Tschunder *f. (T)* Bez. und Rügewort für unruhig herumeilendes Frauenzimmer; ma. tschundern „auf dem Eise schleifen, herumsausen", lautm. *(Schatz II, 662)*

Tschurimuri *m.* Bez. für unbesonnenen Menschen, Wirrkopf, jemanden, der übersprudelnd denkt und handelt. Lallwort dunkler Herkunft (vgl. auch Kramuri „Kram, ungeordnetes Zeug", Remasuri „Unordnung") oder Fantasiewort als Füller für Verlegenheitspause beim Suchen nach einer Umschreibung für peinlich zu Nennendes. Lautlich nahe steht zig. tschor „stehlen". Idiotikon Fohnsdorf 1813: „Schurimuri: Ein leichtsinniger, unbesonnener Mensch." *(Grimm XV, 2054f., Wintersberger 84, UK 179, Puchner 277, UK 179, Jontes 57)*

Tschurl *f.* Bez. für leichtlebige Frauensperson, Dirne; ma. tschurlen, schurlen „müßig herumgehen, sich gemütlich fortbewegen", viell. auch Nähe zu tschech. čura „Schlampe"; in anderer Bed. auch für Krauskopf, Menschen mit lockigem Haar (vgl. engl. curl „Locke"). *(UK 179f., Jontes 57, Jakob 197, Schatz II, 663)*

Tschurlkind *n. (T)* Abfäll. Bez. für uneheliches Kind; zu Tschurl *f.* „Dirne" (s. d.). *(Schatz II, 663)*

Tschurlkopf *m. (T)* Bez. für Krauskopf; siehe Tschurl. *(Lexer, KWB 227 für Tirol!)*

Tschusch *m.* Abfällige Bez. und Nationenspottwort für Gastarbeiter oder sonstige Menschen aus dem südslawischen Raum, ohne nähere volksmäßige Unterscheidung (diese etwa bei Zwiefelkrowót, s. d., oder Windischer, s. d., gegeben). Noch nicht bei UK. Wohl aus dem Wiener Jargon, vielleicht aus dem Sprachgebrauch der alten Armee mit ihren Sprach- und Nationalitätenproblemen. Nach Wehle a. a. O. nach der unverstandenen Frage der ortsfremden und sprachunkundigen Arbeiter „ćuješ", hörst du? Verstehst du? Vielleicht auch Zusammenhang mit tschechisch čušeti „still sein", im Sinne von „sich sprachlich nicht ausdrücken können". Älteres kärntnerisches Tschusch *m.* „ungeschickter Mensch, auch solcher mit ungekämmten Haaren" könnte auch andere Herkunft andeuten. *(Pfeiffer 436f., Wintersberger 83, Wehle 48, Teuschl 234, Jontes 57, Lexer, KWB 267)*

Tschuse *m. (V)* Rügewort und Bez. für jemanden, der sich beim Essen beklekkert. *(Jutz I, 635)*

Tschwank *m. (T)* Bez. für ungeschickten Menschen; ma. tschwanken „ausschütten", wohl kontaminiert aus schwanken und schwappen. *(Schatz II, 633)*

Tschwarkel *m. (T)* Bez. und Spottwort für einen, der schwerfällig einhergeht; ma. tschwarkeln „torkeln". *(Schatz II, 663)*

Tuppe *m. (K)* Bez. für blödsinnigen Menschen; slow. top „stumpf, blöd, stumpfsinnig". *(Lexer, KWB 77)*

Tuberer *m.* Abfällige Bez. für Tuberkulosekranken oder jemanden, der wie ein solcher stark hustet. *(Jakob 197, Teuschl 234, Jontes 57)*

Tupperl *n. (St)* Spöttisch für leicht beschränktes Frauenzimmer, auch Kind. Nebenform von Dummerl? *(WStWB 158, 169)*

Tupf *m. (T)* Bez. und Rügewort für ungeschickten Menschen, dummen Buben; urspr. nur Bez. des Winzigen, Unbedeutenden, dann übertragen. *(Grimm XXII, 1816 f., Schatz II, 667)*

Tupfer *m. (S)* Bez. und Spottwort für jungen, noch unerfahrenen Menschen; zu Tupf (s. d.), kontaminiert mit Hupfer (s. d.), auch Nähe zu ma. tupfen „coire". *(Ziller 184, Jutz I, 646)*

Tüpfler *m.* Bez. für Pedant, Tüftler; tüpfeln „etwas mit kleinen Tupfen versehen", auch Nähe zu ma. tüpfeln „coire" (zu ma. tupfen „ds."). *(WBÖ II, 799, Jutz I, 646)*

Tüpflereiter *m. (V)* Spottwort für Pedant; wie I-Tüpferlreiter (s. d.). *(Jutz I, 646)*

Tüpflescheißer *m. (V)* Wie zuvor. *(Jutz I, 646)*

Tuch, leichtes *n. (St, „Tuach")* Schpfw. für leichtlebige, leichtsinnige Frau. *(Pfeiffer 245, WStWB 158)*

Tutte *f. (T)* Mehr gutmütiges, allg. Rügewort für Mann. Viell. urspr. weibische Wesenszüge andeutend, zu Tutte *f.* „Mutterbrust". *(Schatz II, 669)*

Tudel *f.* Schpf. für eine dumme weibliche Person, auch Bez. für dicke Frau („a so a dicke Tudel"), allgemein abfällig für weibliches Wesen. Zu Duttel *f.* „große, weibliche Brust" zu stellen, jedoch auch mit dem Bedeutungsumfang „dumm". Idiotikon Fohnsdorf, 1813: „Tudl: ein kurzes, dickes Weibsbild". *(Jakob 51, Teuschl 64, UK 181, Jontes 57f., WStWB 158, Lexer, KWB 75, Jungmair 69, Ziller 50, Schatz II, 664)*

Tuttelaffe *m. (O, „-aff")* Bez. für Dummkopf, wie Tuttelkalbel; ma. tutteln „saugen". *(WBÖ I, 99)*

Dudelsack *m. (W)* Scherzhafte Bez. für dicken Menschen; Vergleich mit dem seit dem 18. Jh. in den Alpenländern außer Gebrauch gekommenen Volksmusikinstrument. *(Jakob 51)*

Duttelfee *f. (W)* Spöttisch für vollbusige Frau; Fee euphemistisch allg. für weibliches Wesen. *(Teuschl 65)*

Duttelsheriff *m. (W)* Scherzhaft-spöttisch für Politesse, Polizeibeamtin. *(Teuschl 65)*

Dutter *m.* Bez. und Spottwort für Springinsfeld („junger Dutter"). Übertragen von der Bez. für Fohlen, einjähriges Pferd (auch Duttler *m.*), das noch Muttermilch trinkt. Zu Duttel „Euter, Mutterbrust". *(Pfeiffer 439, Aman 52, Teuschl 65, UK 181, Jontes 58, Pohl 61, Ziller 184, Jungmair 305)*

Duderer *m. (S)* Spöttische Bez. für Menschen mit undeutlicher Aussprache, Stotterer; ma. dudern „stottern". *(Ziller 50)*

Tüderling *m. (O)* Bez. und Rügewort für unentschlossenen, zaghaften, auch ungeschickten Menschen; zu Dutter (s. d.). *(Jungmair 294, Aman 52)*

Düttler *m.*, siehe Zudüttler.

Tutsch *m.*, siehe Antutsch.

Tuer *m. (W, „Tuarer")* Im Gegensatz zum Lasser der aktive, männliche Teil eines homosexuellen Pärchens. *(Teuschl 234)*

Tüftler *m.* Bez. für Pedanten, Kleinigkeitenkrämer. *(Grimm XXII, 1559)*

Tuck *m. (K)* Bez. für heimtückischen, hinterlistigen Menschen; zu tückisch. *(Lexer, KWB 74)*

Dukatenscheißer *m.* Verächtlicher Ausdruck für Geldprotz, Verschwender, einen, der Geld wie Mist hat. Bildlich wie im Märchen vom Tischlein deck dich mit seinem Gold scheißenden Esel. Umgangssprachlich, wenn man zu Geldausgaben gedrängt werden soll: „Ich habe ja keinen Geldscheißer." Nach einem älteren Scherzartikel aus Holz oder Porzellan, der einen kauernden Mann darstellte, der auf diese Weise Geld von sich gab. Der Dukat war einst die wertvollste Goldmünze. *(Grimm II, 1488, Küpper 78, Pfeiffer 91, UK 182, Jontes 58)*

Duckmäuser *m. („-mauser")* Bez. für einen Menschen, der immer den Weg des geringsten Widerstandes geht, Leisetreter, hinterlistiger und verschlagener Mann. Bildlich eine Maus, die sich überall verbirgt, hineinduckt. Auch Duckel- *(T)*. *(Grimm II, 1495, Aman 51f., Kapeller 34, Jakob 51, Jontes 58, Lexer, KWB 74, Jungmair 69, Schatz II, 665, Jutz I, 638)*

Tull *m. (T)* Bez. und Rügewort für unwilligen, aufbegehrenden Menschen; ma. tullet „widerspenstig". *(Schatz II, 666)*

Tula *f.*, siehe Tola.

Tulle *m. (K)* Bez. für halsstarrigen, auch hinterlistigen, missmutigen, beschränkten Menschen; eigentlich Stier oder Ochse; vgl. Tull (s. d.). *(Lexer, KWB 75, Pohl 60)*

Dultaffe *m. (O, „-aff")* Allg. Schpfw.; eig. ein Affe, der von Schaustellern auf Jahrmärkten (bair. Dult) gezeigt wurde. *(WBÖ I, 99, Aman 52)*

Tuli *m.*, siehe Toli.

Duliöbruder *m. (W, auch „Duliäh-")* Bez. für vergnügungssüchtigen, leichtsinnigen Menschen, der auch dem Alkohol zuneigt; Duliö „sinnlose Silben zur sangbaren Unterlegung von Liedmelodien ohne Text", auch in der Bed. „Alkoholrausch" (*m.* „einen D. haben"). *(WBÖ III, 1146, Jakob 51)*

dumm- Zur Steigerung von Schimpfwörtern verwendet, z. B. dumme Kuh, Gans, dummer Junge usw. *(Pfeiffer 92)*

Dumpak *m. (N)* Bez. für Dummkopf, blöden Menschen; aus dumm mit slaw. Suffix -ak zur Herkunftsbez. *(WBÖ I, 119)*

Tumpe *f.*, **Tumper** *m.*, *n. (St)* Bez. und Schpfw. für blöde, ungeschickte Frauensperson. Ohne abfälligen Inhalt einst Bez. für eine untergeordnete Magd auf großen Bauernhöfen, im Range nach der Hühnerdirn. Aus mhd. tump „dumm, schwach von Verstand, unbesonnen". Idiotikon Göß, 1811: „Tumper: eine blödsinnige Weibsperson". *(UK 182, Jontes 58, WStWB 158)*

Dummerl *n.* Zart-vorwurfsvoll rügende oder mitleidige Bez. und Anrede für naive, meist weibliche Person. *(Pfeiffer 93, Aman 52, Jakob 51, Jontes 58)*

Dummian *m.* Bez. und Rügewort für Dummkopf, Tölpel. Aus dumm nach dem Muster von Heiligennamen wie Cassian, Cyprian usw. gebildet (wie Grobian usw.). *(Pfeiffer 93, Aman 52, UK 182, Jontes 58, Schatz II, 666)*

Dummkopf *m.* Allg. und weithin gebrauchtes Schpfw. Wie hochsprachl. *(Grimm II, 1520f., Pfeiffer 93, Schatz II, 666, Jutz I, 642)*

Tummler *m.* Bez. für Lärmmacher, polternden Menschen. Zu mhd. tummern „klopfen, schlagen". *(Grimm XXII, 1752, UK 182, Jontes 58)*

Tummling *m.* Bez. für ungeschlachten, ungebildeten Menschen. Mhd. tummelinc „törichter Mensch". *(UK 182, Jontes 58, Jakob 51)*

Tunichtgut *m. (W, „Tuenetguet")* Bez. für Taugenichts, in Form eines Satznamens. *(Pfeiffer 438, Jakob 197)*

Dunze *f. (St, „Dunzen")* Bez. für dicke Frauensperson; ma. dunsen „aufschwellen". *(UK 183, Jontes 58)*

Turbeler *pl. (V)* Spottname für die Einwohner von Lauterach; wegen der Torfgewinnung. *(Jutz I, 647)*

Durchübel *m. (T)* Bez. für bösen Menschen, jemanden, der durch und durch schlecht, übel ist. *(Schatz I, 138)*

Turtsch *m. (K)* Bez. und Rügewort für dickköpfigen, halsstarrigen Menschen. Vgl. Tutsch (s. d.). *(Lexer, KWB 78)*

Türkenstingeländer *m. (T)* Spottname für lang gewachsenen, dürren Menschen; Vergleich mit den Stengeln der Maispflanze („Türken", aus „türkisch Weiz"), Änder „Andreas". *(WBÖ I, 213, 223)*

Turl *m. (St)* Als langer T. hochgewachsener Mann; Kurzform von Arthur? *(WStWB 158)*

Dürrling *m. (V)* Bez. und Spottwort für mageren Menschen; nach dem abgestorbenen Baum. *(Jutz I, 658)*

Türlschnapper *m. (W)* Spöttisch für Türwächter, Wagentüröffner, der trinkgeldheischend die Hand aufhält. *(Wintersberger 85, Teuschl 235)*

Dürmer *m.* Bez. für wilden, trotzigen Menschen. Zu mhd. türmic „tobend, ungestüm", türmel „Schwindel, Taumel". Auch Dürmling *m. (Grimm XXII, UK 184, Jontes 58f.)*

Dürmling *m.*, siehe Dürmer.

Türschlieferin *f. (W, „-schliaferin")* Spöttisch-abfällige Bez. für Frau, die zur Nachbarin tratschen geht, dazu bei fremden Türen hinein„schlieft" (-schlüpft). *(Jakob 198)*

Tuschberger *m.* Bez. für aufbrausenden, jähzornigen Menschen; in Gestalt eines Familiennamens; zu ma. tuschen „zuschlagen". *(WBÖ II, 1095)*

Tusche *f.* *(„Tuschen")* Bez. und Schpfw. für dicke, grobe, dumme Frauensperson; von der Bez. für Rübe (Brassica papus), das für sich ebenfalls als Schpfw. verwendet wird (s. d.). *(UK 185, Jontes 59, Jungmair 304, Ziller 184, Schatz II, 644 „Toasche, Toaschgen", Aman 52)*

Tuscher *m. (T, S)* Bez. und Schpfw. für starken, jedoch beschränkten, tölpelhaften, auch gutmütigen Mann; wohl eher zu ma. tuschen „schlagen" (vgl. Tuschberger s. d.), als zu Tusche *f.* (s. d.). *(Schatz II, 669, Ziller 49)*

Tusse *m. (V)* Bez. und Schpfw. für heimtückischen Menschen, Schleicher; ma. tussen „schleichen, leise reden". *(Grimm XXII, 193 2, Lutz I, 659)*

Dusel *m.* Bez. für schwachsinnigen Menschen, Kretin (nd. Entsprechung ist Dussel). Auch für dummes Mädchen *(S)*. Zu mhd. duseln „taumeln", und Dusel „Halbschlaf, Betäubung, Rausch, dumpfes Hinleben". *(Grimm II, 1756f., UK 185, Jontes 59, Ziller 51)*

Tussi *f.* Scherzhaft, auch abfällig für Mädchen im Allg., Freundin; Kurzform von Thusnelda als einem sehr ausgefallenen Namen. *(Pfeiffer 438)*

Düßlar *m. (V)* Heimtücker, hinterhältiger Mensch; auch verhangener, nebliger Tag. *(Wintersberger 22)*

Dutzendpommer *m. (N)* Bez. für groben, ungeschlachten Kerl; siehe Pommer *m. (WBÖ III, 596)*

Typ *m.* Abwertende Bez. für Mann, der seiner Persönlichkeit entkleidet wird, indem man ihn mit einer industriellen Serienbez. gleichsetzt. *(Pfeiffer 439)*

Type *f.* Wie zuvor, jedoch mit Beiwörtern wie üble, komische T. usw. *(Pfeiffer 439)*

E

Edelkommunist *m.* Siehe Bolschewik, Salonbolschewik (s. d.). *(Pfeiffer 96)*

Edi *m.* Harmloses Schpfw. als Einwurf im Gespräch; Verkl. für Eduard. Vielleicht zum Hirnederl (s. d.). *(Jontes 59)*

Etsche *m. (T)* Bez. und Spottwort für kleinwüchsigen Menschen; Herkunft ungeklärt. *(Schatz I, 151)*

Evangéler *m.* Abfällige oder leichthin gebrauchte Bez. für evangelische Christen. *(Pfeiffer 106 „Evangele", Jontes 60)*

Ehekrüppel *m.* Spöttische Bez. für Ehemann, der ganz seiner Frau unterworfen ist. *(Grimm III, 45, Pfeiffer 97, Jakob 52, UK 188, Jontes 59)*

Ehestandskrüppel *m. (W)* wie zuvor. *(Teuschl 67)*

Ei *n. (St)* Schpfw. und spottender Einwurf („Du Ei") im Gespräch, wenn jemand etwas sagt, das einem anderen stark unlogisch, lügenhaft oder dumm erscheint. Nur stadtma. gebraucht, erscheint nicht als „Oa". *(Pfeiffer 97f., Jontes 59)*

Eitervulkan *m. (W)* Spöttischer, derber Ausdruck für jemanden, der im Gesicht viele Eiterbläschen („Wimmerl") hat. *(WBÖ I, 110)*

Eiertänzer *m.* Schpfw. für jemand, der übervorsichtig agiert, skrupulöse „Eiertänze" aufführt. *(Pfeiffer 98)*

Eiergänger *m. (W)* Spöttisch für übervorsichtigen, skrupulösen Menschen, Angsthasen; wörtlich einer, der auf Eiern geht, einen Eiertanz aufführt. *(Teuschl 67)*

Eierkopf *m.* Scherzhaft für Menschen mit ausgeprägt eiförmiger Kopfform, dazu noch dieselbe betonender Glatze; aber auch nach dem engl. Wort egghead für Intellektuellen, Gelehrten. *(Pfeiffer 98)*

Eierspeistrapper *m.*, auch **Eierspeisler** *m.* Scherzhaft-soldatensprachl. für Soldaten der Panzeraufklärungstruppe des Österr. Bundesheeres, die goldgelbe Waffenfarbe der Uniformaufschläge aufweist; auch für Stabsoffizier mit viel Gold auf den Aufschlägen; Trapper als Vergleich mit dem Späher, Waldläufer im Wilden Westen; Eierspeise *f.* („-speis") „Rührei". *(Teuschl 68)*

Einbilderischer *m. (St)* Eingebildeter, auch wählerischer und vornehm tuender Mensch, einer, der „eingebildet", arrogant ist. *(WStWB 155)*

Einfalt *m., (K, „An-")* Bez. und Rügewort für einfältigen, dummen Menschen. *(Lexer, KWB 89)*

Einfaltspinsel *m.* siehe Pinsel

Eingespritzter *m. („Eingspritzter")* Spöttisch für Betrunkenen. *(Teuschl 70)*

Einhachs, -ler *m. („-hax")* Bez. und Spottwort für einbeinigen Menschen, jemanden, der nur ein Bein („Hachse") besitzt. Entsprechend Einhandler (s. d.). *(UK 194, Jontes 59, Jakob 22)*

Einibuckler *m.*, siehe Buckler.

Einiraunzer *m.*, siehe Raunzer.

Eisensteckenzweiger *pl. (V)* Spottname für die Bewohner von Batschuns. *(Jutz I, 711)*

Eiszapfenschlichter *m. (W)* Schpfw. für jemanden, der eine vollkommen nutzlose Arbeit verrichtet. *(Teuschl 72)*

Ecksteinhaberer *m. (W, „Eckstaa-")* Spöttisch für Schwerverbrecher, schwer Vorbestraften; Wortspiel mit dem Namen der Strafanstalt Stein bei Krems; siehe auch Haberer. *(Teuschl 67)*

Ellbogentechniker *m.* Umgangssprachl. abfällig für jemanden, der sich rücksichtslos, egoistisch durchsetzt, sich bildlich mit seinen Ellbogen durchboxt.

Elend *n.* Nur in der Form „langes Elend" als scherzhaft-spottende Bez. für sehr langen und dünnen jungen Burschen. *(Pfeiffer 240, Aman 53, Jontes 59)*

Ellenreiter *m. (St)* Spöttische Bez. für Tuchhändler oder Kaufmann mit Schnittwaren, der bildlich auf seinem Messstock, der Elle, reitend dargestellt wird. *(UK 200, Jontes 59f.)*

Elster *f.* Schpfw. für diebische Person; nach dem als diebisch verschrienen Vogel. *(Pfeiffer 101)*

Elsterknittel *m. (S)* Bez. für neugierigen Menschen, jemanden, der neugierig wie eine Elster ist. Knittel als eigenes Schpfw. nicht belegt. *(Ziller 53)*

Elsterloch *n. (S)* Wie zuvor. *(Ziller 53)*

Emserhaken *pl. (V)* Spottname für die Einwohner von Hohenems. *(Jutz I, 715)*

Ente *f. („Anten")* Spöttische Bez. und Schpfw. für Frau, die sich dumm gebärdet („blöde Anten"), da die Ente wie die Gans als dummes Tier betrachtet wird, auch für Lesbierin *(W)*. Scherzhaft für Nichtschwimmer „er schwimmt wie eine bleierne Ente" *(W)*. *(WBÖ I, 253f., Teuschl 29, Jontes 50)*

Engel *m. (W)* Spöttische Bez. für vierschrötiges, grobes, unschönes Frauenzimmer (z. B. „a Engel aus der Holzkammer"). *(Jakob 55)*

Engelmacherin *m.* Abfällig für „weise Frau", die im Hinterzimmer Abtreibungen vornimmt, also Ungeborene zu Engeln macht. Auch Pflegemutter, Kostfrau, die am Pflegegeld der ihr anvertrauten Kinder so sparte, dass diese auch Hungers starben, zu „Engeln" wurden. Heute auch scherzhaft, im Vergleich zum Vorgenannten, für Frauen, die in vorweihnachtlichen Bastelrunden Weihnachtsengel herstellen. *(Küpper 81, Pfeiffer 102, Kapeller 37, Jakob 56, Teuschl 72)*

Engerichdörrer *pl. (V)* Spottname für die Bewohner von Röthis; ma. Engerich *m.* „Engerling". *(Jutz I, 719)*

Erbschleicher *m.* Abfällig für jemanden, der sich eine Erbschaft ohne großen Aufwand, auch bei Fehlen einer inneren oder verwandtschaftlichen Beziehung zum Erblasser zu Lebzeiten dess. durch Schmeicheleien sichern, erschleichen will. Vgl. den Begriff Erbschleichersendung für das ehem. Wunschkonzert „Ein Gruß an Dich" im Rundfunk, bei dem Glückwünsche gesendet werden, oder Erbschleichertag für Besuchstag in Krankenhäusern oder Altersheimen. *(Grimm III, 739, Küpper 81, Pfeiffer 102, Kapeller 38)*

Erdäpfelböhm *m. (W, N, „-behm")* Ortsspottname für die Bewohner von Seyring, Gerasdorf und Stammersdorf. *(WBÖ II, 809)*

Erdapfelgidi *m.* Schpfw. für unbesonnenen Menschen; Gidi ist Kurzform von Ägidius. *(WBÖ I, 111)*

Erdäpfelschädel *m. (W)* Scherzhaft von Wienern für die Niederösterreicher verwendet. *(Teuschl 73)*

Erdäpfler *m. (V)* Abfällige Bez. für Armen, der sich nur von Kartoffeln ernähren kann. *(Jutz I, 730)*

Erdmechaniker *m. (W)* Spöttisch-euphemistisch für Erdarbeiter. *(Teuschl 73)*

Ersterle *n. (K, „Erstale")* Scherzhaft für das erstgeborene Kind. *(Pohl 63)*

Erz- Steigerungswort, das vor allem im negativen Bereich den Inhalt steigert. Z. B. Erzgauner, Erzlump, Erzspitzbub; griech. archi- „Erster, Oberster". *(Grimm III, 1076, Kluge 174, Pfeiffer 103f., Schatz I, 150)*

Erzscheißerl *n.* Spöttisch für jüngstes Kind einer größeren Familie; vgl. Scheißerl (s. d.). *(Wintersberger 24)*

Esel *m.* Das häufigste aus einem Tiernamen gebildete, zur Charakterisierung von Dummheit und Sturheit verwendete Schpfw. Allen dt. Mundarten eigen. „Alter Esel" differenzierter für erwachsenen Mann, der sich kindisch, aber betont jugendtümlich gebärdet, sich vor allem an jüngere weibliche Wesen heranmacht. *(Pfeiffer 104, Aman 53, Jontes 60, Jutz I, 746)*

Eselslackel *m. (St)* Scherzhaft für großgewachsenen Mann. Vgl. Lackel (s. d.). *(WStWB 158)*

Euterfleisch *n. (T, „Auter-")* Bez. für aufgedunsenen Trunkenbold. *(WBÖ I, 490, Schatz I, 39)*

Eule *f. („Ahln")* Abfällige Bez. und Schpfw. für unansehnliche, auch alte Frau („schiache E."), mürrischen Menschen. Vgl. auch Nachteule (s. d.). *(WBÖ I, 473, Pfeiffer 105, Kapeller 38, Teuschl 73)*

Ewiggestriger *m.* Jemand, dessen Ideologie durch die Geschichte bereits außer Kurs gesetzt wurde, der dieser aber noch nachhängt. Nach einem Zitat in Schillers „Wallensteins Tod". *(Pfeiffer 107)*

Extrablatt(l) *n. (W)* Scherzhaft-spöttische Bez. für klatschsüchtige Person, die wie die Sonderausgabe einer Zeitung Neuigkeiten umgehend verbreitet. Wie Dorfblatt, Tagblatt, Dorfglocke (s. d.). *(WBÖ III, 296)*

Extriger *m. (St, „Extraner")* Sonderling, auch berühmter, bedeutender Mensch, einer, der „extra" (lat. außerhalb) ist. *(WStWB 158)*

F, V

Fabelhans *m.*, **-hannes** *m.* Bez. für Vielredner, Prahlhans, Fabulierer, aber auch lustigen Plauderer, Spaßmacher *(T). (Grimm III, 1215, WBÖ III, 325, Pfeiffer 108, Schatz I, 153)*

Fabler *m. (V)* Wie zuvor; auch Lügner. *(Pfeiffer 108, Wintersberger 25)*

Fache *f. (V)* Schpfw. für unsaubere, liederliche Frau, auch Hexe; Herkunft unklar. *(Jutz I, 757)*

Fachs *m.* Bez. für gutmütig-dummen Menschen, auch Spaßmacher (vgl. auch Fachsenmacher (s. d.), Possenreißer. Zu Fechs gehörig. Fachse „Posse", auch „Widerstand". Studentensprachl. wurden die einst üblichen Couleurdiener akademischer Korporationen als Fax bez. *(Grimm III, 1385, Küpper 84, UK 208, Jontes 60, Lexer, KWB 87)*

Fachsenmacher *m.* Bez. für Possenreißer, Spaßmacher (wie Fachs, s. d.), einer, der „Fachsen" macht, dazu aber auch für jemanden verwendet, der sich weigert, irgendetwas auszuführen, der Einwände gegen etwas macht. Fachsen machen eig. „sich hin und her bewegen". Synonym auch Fachsenschneider *m. (Grimm III, 1385, Pfeiffer 112, Aman 56, UK 208, Jontes 60, Schatz I, 159)*

Fachsenschneider *m.*, siehe Fachsenmacher.

fad- Zur Steigerung von Schimpf- und Spottwörtern verwendet, z. B. fade Nocken, fader Zipf, Kerl. *(Pfeiffer 108)*

Fadel *n.* Schpfw. für Kinder oder Jugendliche, die sich schmutzig gemacht haben oder allgemein ungepflegt sind. Ma. Bez. für Ferkel (wie Fack, -erl, s. d.). Mhd. varhelîn. In der vom Schwein abgeleiteten Gruppe von Schpfw. das harmloseste Wort. *(UK 211, Aman, 54, Jakob 57, Jontes 60, Ziller 54)*

Fadelmacher *m. (St)* Älteres Schpfw. obszönen Charakters. Wörtl. einer, der Ferkel zeugt. „... er hate ihme für einen Sauhalder und gar für einen Farlmacher ausgeruffen." Auf derselben Verständnisebene wie später Katzelmacher (s. d.), jedoch im Gegensatz zu diesem etymologisch klar auf das Tier bezogen. Bis ins 18. Jahrhundert wurde Sodomie mit dem Tode bestraft. Das Schimpfwort hatte wegen des damit formulierten Verdachtes daher ausgesprochen beleidigenden Charakter. *(UK 211, Jontes 60f.)*

Fadenfresser *m.* Älteres Schpfw., wahrscheinlich Handwerkerspott. Das Gewerbe des Schneiders galt als Hungerleiderberuf, deshalb der Hinweis auf das „Fadenfressen", das spöttisch das Abbeißen des Zwirns beim Nähen umdeutet. Vergleichbar damit ist mhd. vadenbîz als Schneiderschelte. *(Grimm III, 1234, UK 208, Jontes 61)*

Vaterunserdieb *m. (W, „-diab")* Bez. für Frömmler, auch frommtuenden Bettler. *(Jakob 205)*

Fadian *m.* Bez. und Schpfw. für langweiligen, faden Menschen. Gebildet nach dem Vorbild von Heiligennamen wie Cyprian, Cassian. *(Pfeiffer 108, Jakob 57, Jontes 61, Schatz I, 153)*

Fadist *m.* Bez. für faden Menschen, wie zuvor; mit pseudolat. Endung. *(Jakob 57)*

Fadling *m.* Wie oben, jedoch in dt. Wortbildung. *(UK 209, Jontes 61, Ziller 54)*

Fatschenledel *n. (St)* Abfällige Bez. für Kleinkind, Wickelkind, Kind, das noch „gefatscht" ist. Einst wurden Säuglinge mit einer langen Fatsche am ganzen Körper unter Bindung der Gliedmaßen eingewickelt und so verschnürt als Fatschenkindl bezeichnet. Ital. fascia „Binde, Band", Ledel für Kind (s. d.). *(UK 209, Jontes 61)*

Fatschenpopperle *n. (K)* Wie zuvor. *(Pohl 65)*

Vagabund *m.* Hochsprachl. Begriff, auch umgangssprachl. verwendet; Landstreicher, Herumtreiber; spätlat. vagabundus zu vagari „umherschweifen". *(Grimm XXV, 5, Pfeiffer 446, Aman 54, Jutz I, 758f.)*

Vagierer *m.* Wie oben. *(Grimm XXV, 6f., Aman 54, Jungmair 311)*

Fack *m.*, **Fackerl** *n.* Bez. und Schpfw. für unsauberen, auch unzüchtigen Menschen (wie Fadel, s. d.). Bezeichnet ursprünglich Schwein, Frischling, auch Zuchteber (ahd. farh, farah, mhd. varch) bzw. „ds." aus mhd. vake. Unter den von Schwein abgeleiteten Schpfw. neben Fadel zu den harmloser gemeinten. *(Grimm III, 227, UK 208, Aman 54, Jontes 61, Lexer, KWB 87, Pohl 64, Jungmair 76, Schatz I, 154)*

Fackachter *m. (S)* Bez. und Rügewort für Erzähler unanständiger Dinge, Zotenreißer; zu Fack (s. d.), gebildet wie Patschachter (s. d.). *(WBÖ I, 59)*

Fackenpilatus *m. (T)* Schpfw. für unordentlichen, ungepflegten, schlampigen Menschen; Vergleich mit Schwein

(„Fack") und dem biblischen Pilatus. *(WBÖ III, 164, Schatz I, 78)*

Falótt *m.* Bez. und Schpfw. für Lumpen in moralisch-charakterlicher Beziehung, darüber hinaus allgemein für Taugenichts, Strolch, Landstreicher. Steht im Zusammenhang mit lat. fallere „betrügen, täuschen" (davon als Fremdwort für Pleite machen, „fallieren") oder frz. filou „Gauner". Teuschl a. a. O. schlägt ital. il fa lotto „er spielt Lotto" vor. *(Pfeiffer 109, Aman 55, Kapeller 39f., Wintersberger 25, Jakob 57, Teuschl 75, UK 210, Jontes 61, Jungmair 76, Lexer, KWB 89, Schatz I, 155, Jutz I, 767)*

falsch- Zur Steigerung von Spott- und Schimpfwörtern gebraucht, z. B. falscher Hund, Fünfziger. *(Pfeiffer 109)*

Fahn *m.* Gekürzte, etwas vertraulich-spöttische Bez. für Fähnrich. Neuere Soldatensprache (Österr. Bundesheer). *(Jontes 61)*

Vandale *m.* Abfällig für zerstörungswütigen Menschen; nach dem germanischen Volk der Wandaler, die 455 Rom plünderten und deshalb, teilweise zu Unrecht, durch die Geschichtsschreibung mit dem Odium der blindwütigen Zerstörer umgeben wurden. *(Pfeiffer 456)*

Fanern *f. (O)* Abfäll. Bez. für schlecht wirtschaftende Frau; ma. verfanern „vergeuden, heimlich verschachern" zu mhd. vervendern „verkaufen, auch verwahrlosen", wohl aus lat. vendere „verkaufen". *(Jungmair 76)*

Fanke *f. (T)* Bez. für unholdes, gespenstisches Weib, Kinderschreck, auch Hexe; vgl. Fankerl (s. d.). *(Schatz I, 156)*

Fankerl *m., n.* Bez. für lebhaftes Kind, eigentlich „Teufel, Kobold", das wiederum mit dem gleichlautenden Wort für Fünkchen zusammenhängt. Erweitert auch zu Spirifankerl *n.* (s. d.). *(Grimm III, 1317f., Aman 55, UK 211, Jontes 61, WStWB 169, Ziller 55, Lexer, KWB 89)*

Farferl *n.*, **Farfe** *f.* Bez. und Rügewort für dummen Schwätzer, jemanden, der ständig dummes Zeug von sich gibt, auch für unverständig redende Kinder („was farferlst denn da daher?"), eingebildetes Mädchen *(K)*. Farferln „vor sich hinsieden, brodeln", „Blasen werfen", wohl lautmalend auf das Reden übertragen. Das Hauptwort, das als Schpfw. verwendet wird, bedeutet einen in kleine Teile zerteilten Teig, der in Suppe eingekocht wird („Suppenfarferl"), mit dieser gemeinsam die Farferlsuppe ergibt. Jakob a. a. O. stellt für Wien zu ital. farfalla „Schmetterling", farfarella „Koboldin". Vgl. auch Brodelhans, Brodelhäfen (s. d.). *(Wintersberger 25, Jakob 57, UK 211, Jontes 61f., WStWB 159, 169, Pohl 64f., Ziller 55)*

Farferlarsch *m. (St)* Bez. für jemanden, der wegen nichtiger Dinge, Lappalien außer sich gerät, in Rage kommt. Vgl. Farferl (s. d.). *(WBÖ I, 361)*

Farferlhäfen *m.* Wie zuvor; übertragen von einem Topf, in dem „Farferln" vor sich hinsieden (vgl. auch Brodelhäfen, s. d.). *(UK 211, Jontes 62)*

Pharisäer *m.* Schpfw. für frömmelnden Heuchler; nach den biblischen

Pharisäern, einer Geistesrichtung innerhalb des antiken Judentums.

Farnfresser *pl. (V)* Spottname für die Einwohner von Viktorsberg; wegen der dort häufigen Farnkräuter. *(Jutz I, 772)*

Farrstier *m. (V)* Schpfw. für einen sexuell überaktiven, ausschweifenden Mann (wie Gemeindestier, s. d.); eig. Zuchtstier, mhd. varre „Stier". *(Jutz I, 772)*

Farze *f. („Forzn")* Schpfw. verächtlicher Art für Frauen. Zu farzen „furzen". *(Grimm III, 1336, UK 212, Jontes 62)*

Farzkachel *f., m. („Forz-")* Schpfw. in der Bedeutung Furzer. Kachel „Nachttopf". *(Grimm III, 1336, UK 212, Jontes 62)*

Faschingspapperl *m.*, **-popperl** *(St)* Faschingsnarr, im Fasching vermummter, verkleideter, kostümierter Narr; als Schimpfwort auch außerhalb der Faschingszeit auf Personen übertragen, die sich auffällig, jenseits der Bekleidungsnormen anziehen. Entweder ma. Verkleinerungsform für Papagei „Papperl", der ein „bunter Vogel" ist. Papagei, ein lautmalender Name afrikanischer Herkunft, als „Papageier" (analog zu Geier) auch für jemanden als Rügewort verwendet, der alles nachplappert, gedankenlos redet. Auch Anlehnung an Popper (s. d.) möglich. *(Kluge 530, WBÖ II, 293, III, 613, UK 41, Jontes 62, WStWB 159)*

Faschinggack *m.* Bez. für Faschingsnarr. Vgl. Gack (s. d.). *(UK 212, Jontes 62)*

Faschinglapp *m. (T)* Wie zuvor; siehe Lapp. *(Schatz I, 158)*

Faschist *m.*, neuere Kurzform **Fascho** Bez. für politisch Andersdenkende, vorzugsweise Anhänger bürgerlicher politischer Vorstellungen, vor allem von Linksradikalen verwendet, wobei damit eigentlich ursprünglich nur ein Anhänger der italienischen Staats- und Parteidoktrin Mussolinis zu verstehen ist; geflügeltes Wort wurde das „Du Faschist" der sowjetischen Besatzer 1945. Die sprachliche Gleichsetzung von Nationalsozialismus mit Faschismus ohne nähere Differenzierung durch das Kommunistendeutsch der DDR und der 1968er-Bewegung ermöglichte eine Verunklarung der historischen Terminologie, mit der dann alles Nichtlinke als faschistisch diffamiert werden kann. Auch „faschistoid" ist in dieselbe Kategorie zu stellen. *(Pfeiffer 111)*

Fasel *m. (T)* Bez. für unreifen jungen Menschen; eig. Jungvieh, Jungschwein; ahd. fasal *m.* „Frucht, tierischer Nachwuchs". *(Schatz I, 157)*

Fassel *n.* Bez. für dicken Menschen, dessen Leibesmitte mit einem Fass verglichen wird. Verkleinerungsform hat in der Ma. nicht unbedingt auch objektiv verkleinernden Charakter. *(Jontes 62, Jutz I, 774)*

Fasseltippler *m. (W)* Schpfw. für Säufer; eigentlich ein Sandler (s. d.), der die letzten Reste eines Bierfasses trinkt. *(Teuschl 76)*

Faselhans *m. (V)* Bez. für Spaßmacher, närrischer Mensch; zu faseln. *(Jutz I, 773)*

Fasselreiter *m. (W, St)* Spöttische Bez. für Menschen mit O-Beinen. *(Jakob 58, WStWB 158)*

Fäutsch *f. (V)* Schpfw. für nymphomanes Frauenzimmer, eig. Hündin; zu Fut (s. d.)? *(Jutz I, 782)*

Faulpelz *m.* Auch umgangssprachlich verwendet. *(WBÖ II, 973, Pfeiffer 112, Aman 56, Jutz I, 780)*

Faultier *n.* Wie Faulpelz. *(Jutz I, 780)*

Faulenzer *m.* Bez. und Rügewort für faulen Menschen. Auch für liniertes Unterlegblatt in Schulheften. *(WBÖ II, 973, Pfeiffer 112, Aman 56, Jontes 62, Ziller 55, Jutz I, 780)*

Faulkäse M. *(St. „-kas")* Syn. für Faulpelz, Faulenzer; Ausdruck für die Redensart „vor Faulheit stinken".

Fausthobel *m.* Harmlos-scherzhafte Bez. für ein Mädchen, das so klein ist, dass man es wie einen Hobel umfassen kann. *(Grimm III, 1383, UK 215, Jontes 62)*

Fazi *m. (W)* Bez. für Kumpan von Verbrechern; eig. Geschäftsführer, ital. facitore „Erzeuger", lautl. und inhaltl. Nähe zu Bazi (s. d.). *(Petrikovits 31, Schuster 51)*

Fatzmann *m.* Bez. für Spaßmacher, Possenreißer, unernsten Menschen. Mhd. fatzen „necken, foppen" (dunkler Herkunft, wohl nicht zu lat. facetiae „Scherz, Witz", zu stellen). *(Grimm III, 1363, 1366, UK 209, Jontes 62)*

Fatznarr *m.* Wie Fatzmann (s. d.). *(Grimm III, 1366, UK 209, Jontes 62)*

Fee *f.* Anerkennend, aber auch leicht abfällig für hübsches Mädchen („a klasse Fee"), auch Hexe (W, „alte Fee"); lat. fata „Schicksalsgöttin", fatua „Weissagerin" zu frz. fée. *(Grimm III, 1411, Kluge 188, Jakob 58)*

Fechtbruder *m.* Synonym für Bettler. Unter den Fahrenden befanden sich einst auch Schaufechter und wandernde Fechtlehrer, die unterwegs ihre Künste zeigten und wie Bettler Gaben heischend auftraten. Fechtergilden waren bruderschaftlich organisiert, deshalb auch -bruder. *(Küpper 84, Pfeiffer 112, Aman 57, Jakob 58, Puchner 234, Jontes 62f., Ziller 56, Jutz I, 782)*

Fechter *m.* Wie oben. *(Teuschl 76, Hager 13, Schatz I, 159)*

Fechs *m. („Fex")* Bez. für Kretin. Vielleicht Kurzform des pseudolat. Narrifex, eine scherzhafte Bez. für Narr, das aus einem dt. Grundwort und dem lat. Suffix -fex (wie in Pontifex) besteht. Auch in der Zusammensetzung Bergfex (s. d.). Vgl. auch Fachs (s. d.). *(Grimm III, 1225, 1612, Kluge 196, Pfeiffer 116, Aman 57, Kapeller 41, UK 215, Jontes 63, Lexer, KWB 92, Pohl 65, Ziller 57, Jungmair 81, Schatz I, 171)*

Fettpatzen *m. (W)* Spött. Bez. für dickes Kind, beleibten Menschen; Vergleich mit einem Stück tierischen Fettgewebes. *(WBÖ II, 513)*

Vettel *f.* Bez. und Schpfw. für altes, schlampiges Weib, aber auch jüngere, liederliche Frau sowie Kebsweib; „herrische V." tadelnd für ein sich städtisch kleidendes Bauernmädchen *(T)*. Lat. vetula „Greisin". *(Grimm XXVI, 23ff., Pfeiffer 451, Aman 57,*

UK 215f., Jontes 63, WStWB 158, Hager 58, Schatz I, 169)

Federant *m.* Bez. und Spottwort für furchtsamen Menschen, Hasenfuß. Scherzhafte pseudolat. Bildung mit Feder. Federn haben „Angst haben", ähnlich federieren („es hat ihn federiert"). Federntandler „Angsthase" (s. d.) weist auf den Begriff des Vorsichtigseins (Jakob 58, „Federn") hin, jedoch kann auch eine Erklärung mit dem Angstgefühl versucht werden, bei dem sich einem die „Federn" sträuben. *(Teuschl 76, Jontes 63)*

Federblaser *pl. (V)* Spottname für die Bewohner von Au im Bregenzer Wald, die angeblich eine Feder in die Luft bliesen, um die Richtung der Auswanderung einer Wiedertäufergruppe 1585 durch das Schicksal feststellen zu lassen. *(Jutz I, 783f.)*

Federfuchser *m. („-fuxer")* Abfäll. Bez. für Schreiber, Beamter, schlechter Schriftsteller; ma. fuchsen „quälen, peinigen". *(Pfeiffer 113, Kapeller 40, Jakob 58)*

Federntandler *m.* Wie Federant (s. d.). Jemand, der mit Federn für das Bettzeug handelt, muss vorsichtig zu Werke gehen, damit ihm seine Ware nicht davongeblasen wird. Deshalb wohl auch die Übertragung auf ängstliches Gehabe. *(Jontes 63)*

Federngalesser *m. (St)* Wie Federnhändler und Federnleute (s. d.) älteres Spottwort für Gendarmen. Diese trugen bis 1918 einen Hahnenfederbusch auf dem Uniformhut (vgl. auch Hahnenschwanzler für die Heimwehr in der Ersten Republik). Galesser? *(UK 216, Jontes 63)*

Federnhändler *m. (W, „ -handler")* Wie Federntandler (s. d.) für Feigling, wegen des einstigen Federbusches auf dem Tschako auch für Gendarm. *(Petrikovits 33, Puchner 234)*

Federnjude *m. (W, „-jud")* Abfäll. Bez. für Gendarm, wegen des Federbusches auf dessen Tschako; Jude allg. abwertend (siehe auch Pulverjude). *(Petrikovits 33)*

Fettfleck *m. (St)* Spött. Bez. für dicken Menschen, Vergleich mit der Fettspur auf Papier, Stoff u. dgl. *(Pfeiffer 115)*

Fettlax *m. (St)* Schülersprachliche Bez. für einen dicken Menschen. Fantasiebildung mit Fett. *(Jontes 63)*

Fettling *m.* Scherzhaft-abschätzige Bez. für dicken Mann. *(Grimm III, 1574, Teuschl 77, Jontes 63)*

Fettsau *f.* Derbe Bez. für dicken Menschen, der mit einem Mastschwein verglichen wird. *(Pfeiffer 115, Jontes 63)*

Vetsch *m. (St)* Geringschätzige Benennung für den Vater; schülersprachliche Spontanbildung in Anlehnung an Vater; vgl. auch Merse (s. d.). *(Jontes 63)*

Fettschwein *n.* Wie Fettsau (s. d.), doch vielleicht etwas weniger beleidigend. *(Pfeiffer 116)*

Fettwanst *m.* Eher hochsprachlich verwendetes Schpfw. für schwelgerisch veranlagten dicken, beleibten Menschen. *(Pfeiffer 115, 116)*

Fege *m.,* **-er** *m. (V)* Bez. und Rügewort für unruhigen, hin und her rutschenden Menschen, wie Rutschipeter (s. d.). *(Pfeiffer 113, Jutz I, 785)*

Feger *f.* *(T)* Bez. für lässigen, langsamen Menschen; mhd. vegen „putzen, fortwischen". *(Grimm III, 1415, Schatz I, 160, Lexer, Mhd. 265)*

Fegfeuer *n.* *(W)* Scherzhafte Bez. für böse Frau, an der man seine Sünden abbüßt. *(Jakob 58)*

Feggin *f.* *(T, S, K)* Schpfw. für liederliches, schlampiges, auch blödes weibliches Wesen; Form von Fechs (s. d.). *(Schatz I, 160, Ziller 56, Lexer, KWB 92)*

Fegnest *n.* *(V)* Bez. für lebhaftes, unruhiges Kind. *(Jutz I, 785)*

Veitel *m.* Bez. und Rügewort für einen mutlosen, ungeschickten, leichtgläubigen, auch neidischen Menschen. Kurz- und Koseform von Vitus, Veit (u. U. auch Valtl von Valentin). In der Redensart „Ich will Veitel heißen" wird ausgedrückt, dass man für die Lösung einer unmöglich scheinenden Aufgabe oder für die Verbürgung einer Aussage seine Hand ins Feuer legen will. Man droht sich also selbst einen augenscheinlichen Spottnamen an. *(UK 217, Aman 55, Jakob 205, Jontes 63f., Lexer, KWB 92, Schatz I, 161)*

Feierer *m.* *(T, „Feirer")* Bez. für Müßiggänger; vgl. auch Feierzottel (s. d.). *(Schatz I, 161)*

Feierzottel *m.* *(St)* Bez. und Schpfw. für Tagedieb, Faulenzer, auch jemanden, der herumschlendert, diesen und jenen besucht und deshalb zu keiner Arbeit kommt. Feiern im ursprünglichen Sinne von „nicht arbeiten" (lat. feriae „Ruhetag, Feiertag"). Zottel (s. d.) ein allg. Schpfw. *(UK 217, Jontes 64)*

feig- Zur Steigerung von Schimpfwörtern verwendet, z. B. feiger Hund, feiges Schwein.

Feigenpolierer *m.* Scherzhaft-spöttisch für Frauenarzt; ma. Feige *f.* „Vulva". *(WBÖ III, 572)*

Veigerl *n.* Bez. für Feigling, eig. Veilchen.

Veigerldragoner *m.* *(W)* Spöttische, ältere, soldatensprachl. Bez. für Trainsoldaten. Da diese Truppe in der alten Armee in ihrer Reputation ganz unten rangierte, wurden ihre Angehörigen gerne im Spott mit der noblen Kavallerie verglichen. Hier spielt auch die Waffenfarbe der Uniformaufschläge eine Rolle. Vgl. auch Peitscherlhusar (s. d.). *(Schuster 169)*

Feigling *m.* Wie hochsprachl., umgangssprachl. kann feig auch „unfair" bedeuten. *(Pfeiffer 114, Aman 55)*

Feikaffe *m.* *(W, „-aff")* Schpfw. für jemanden, der Maulaffen feilhält, faulenzend in den Tag schaut; zu feixen „gaffen, Gesichter schneiden", viell. auch zu ital. ficcare „mit den Fingern die Feige als Spottgeste weisen" *(vgl. Grimm III, 1446) (Jakob 59)*

fein- Zur Steigerung von Spott- und Schimpfwörtern verwendet, z. B. feiner Binkel, Hund, Maxe.

Feinspitz *m.* Anerkennend, aber auch leicht spöttisch für Genießer, genussbewussten Menschen, jemand, der alles „Feine" schätzt. *(Wintersberger 26)*

Feinzling *m.* Bez. für feindseligen, bösartigen Menschen. Zu ma. fienzen, fenzeln, fienzeln, „reizen, necken, zum Narren halten" (Intensivbildung zu mhd. vienen „zum Besten halten, Ränke schmieden“). *(Aman 56, UK 218, Jontes 64)*

Feistling *m. (St, „Foastling“)* Scherzhaft für dicken, feisten Menschen. *(WStWB 159)*

Felberer *m. (W)* Scherzhaft-abfällige Bez. für Beamten, Schreiber; ma. felbern „schlecht, flüchtig schreiben“. *(WBÖ I, 199, Jakob 59, Petrikovits 31)*

Feldhase *m.* Soldatensprachlich für Feldjäger, Infanterist. *(Jontes 64)*

Feldmaus *f. (W)* Scherzhaft-abfällige Bez. für schüchternes, unschönes, provinzielles Frauenzimmer; schon in der Fabel und im Exempel als Gegensatz zur gewandten, welterfahrenen Stadtmaus.

Feldschneck *m. (St)* Ältere schülersprachliche Bez. für Bauer. *(UK 219, Jontes 64)*

Feldsockle *m. (V)* Bez. und Rügewort für schlampig gekleideten Menschen; eig. Vogelscheuche. *(Jutz I, 792)*

Feldwebel *m.* Scherzhaft für herrschsüchtige, resolute Frau; nach dem Unteroffiziersdienstgrad der alten k. k. Armee. *(Pfeiffer 114)*

Fensterschliefer *m. (St)* Älteres Synonym für Dieb; einer, der sich durch das Fenster zwängt, hindurchkriecht. Rotenfelser Verh.-Prot. 1720, fol. 15: „Ainen Fensterschliefer haißen bedeutet sovil als denen Leuthen etwas zu entfrembden hineinschlieffen“). *(UK 220, Jontes 64)*

Verbrechergesindel *n.* Kollektives Schpfw. *(Pfeiffer 447)*

Verdrusszapfen *m.* Bez. für einen mürrischen, unangenehmen, stets verdrießlichen Menschen; vgl. auch Zapfen (s. d.). *(Aman 54)*

Vereinsmeier *m.* Bez. und scherzhaftes Schpfw. für jemanden, der sich sehr für einen Verein engagiert, in diesem aufgeht, dabei auch übertreibt und deshalb für Außenstehende lächerlich wirkt; auch jemand, der bei vielen Vereinen Mitglied ist. *(Pfeiffer 448, Kapeller 171, Jontes 64)*

Verfressener *m.* Abfäll. Bez. für jemanden, der dem Fraß ergeben ist. *(Aman 54, Schatz I, 164)*

Ferkel *m.* Eher hochsprachlich verwendetes Schpfw. für jemanden, den Schmutz und Dreck wenig kümmern. Eine Spur weniger schimpflich als Schwein oder gar Sau. *(Kluge 193, Pfeiffer 115)*

Verkehrtscheiber *m. (W)* Bez. für jemanden, der in betrügerischer Weise handelt; nach einem Billardstoß „verkehrte Quart“; scheiben „schieben“. *(Wehle 55)*

Verkehrssünder *m.* Jemand, der sich im Straßenverkehr nicht an die Regeln hält. *(Pfeiffer 449)*

Verkehrsrowdy *m. („-raudi“)* Rücksichtsloser Verkehrsteilnehmer; vgl. Rowdy (s. d.). *(Küpper 231, Pfeiffer 347, 448)*

Verreckerl *n.* Bez. für missratenes Lebewesen, in meist mitleidigem Sinne für Tiere, seltener auch spöttisch für Menschen verwendet. Direktbildung aus verrecken „sterben“. Wie Krepierl (s. d.). *(Jakob 208, Teuschl 242, UK 226, Jontes 64, Ziller 188, Jungmair 313)*

Versager *m.* Umgangssprachl. für jemanden, der an bestimmten Problemen gescheitert ist, für gewisse Lebenssituationen unbrauchbar ist, dem es an Talent mangelt. *(Pfeiffer 450)*

Verschönerungsbader *m. (N)* Scherzhafte Bez. für Barbier, Friseur. *(WBÖ II, 77)*

Fersenpumperer *m.* Spött. Bez. für Menschen mit plumper, polternder Gangart; ma. pumpern „klopfen, poltern", vgl. auch Anpumperer (s. d.). *(WBÖ III, 1372)*

Verzug *m. (W)* Abfäll. Bez. für jemand, der verwöhnt, verzogen ist, besonders Kind. *(Jakob 210)*

Féschak *m.* Anerkennende, aber auch leicht spöttische Bez. für schneidigen, flotten, fesch gekleideten Mann, „verfluchten Kerl", Frauenliebling; fesch „hübsch" aus engl. fashionable mit slaw. Suffix -ak für Herkunftsbez. *(WBÖ I, 119, Wintersberger 26, Teuschl 77)*

Fetzak *m.* Bez. für Lumpen, verwahrlost Gekleideten; Gegenteil von Feschak (s. d.): Fetzen „Lumpen" mit slaw. Herkunftssuffix -ak. *(WBÖ I, 119)*

Fetzanderl *m. (T)* Schpfw. unbest. Bed. ma. fetzen „pissen", Anderl Kurzform von Andreas. *(WBÖ I, 213, 223)*

Fetzpelz *m. (S)* Wie zuvor. *(WBÖ II, 973)*

Fetzen *m.* Abfällige Bez. und Schpfw. für liederliches Frauenzimmer, ein Mensch, der minderwertig wie ein Lumpen, Fetzen ist, an dem man sich abputzen kann. Allgemein zur Charakteristik der Minderwertigkeit, Billigkeit, z. B. bei Kleidungsstücken, die abfällig so genannt werden (vgl. auch die bekannten Grazer Fetzenmärkte). Hochsprachl. Entsprechungen Lump, Lumpenkerl usw. Vgl. auch Fetzenschädl (s. d.). In der älteren Soldatensprache auch Bez. für den taghabenden Feldwebel in militärischen Erziehungshäusern. Siehe auch Donaufetzen. *(Pfeiffer 116, Aman 57, Jakob 59, Teuschl 77, UK 216, Jontes 64)*

Fetzenbankert *n. (W)* Abfällig für Kind, das in zerlumpten Kleidern herumläuft; vgl. Bankert (s. d.). *(WBÖ II, 231, Jakob 59)*

Fetzenbeiner *m. („-baner")* Bez. für die einstigen Lumpensammler (s. a. Zottenklescher) nach seinem Gewerberuf „Fetzen, Beiner (= Knochen), Glasscherben, Eisen, alte Weiber!" Übertragen noch lebendig bei der Bez. zerlumpter oder ungepflegt gekleideter männlicher Personen („Du kommst daher wie ein Fetzenbeiner"). *(Jontes 65)*

Fetzenbinkel *m. (W)* Bez. für zerlumpten Menschen, Vergleich mit einem Lumpenbündel. Siehe auch Binkel. *(Jakob 59, Teuschl 77)*

Fetzenplutzer *m. (W)* Wie Fetzenschädel (s. d.) für Dummkopf; vgl. Plutzer (s. d.). *(Teuschl 78)*

Fetzentandler *m.* Abfällig-spöttische Bez. für Trödler, dann aber auch Textilhändler. Ma. Tandler „Tändler, Händler". *(Küpper 85, Jontes 65)*

Fetzenmufti *m.* Scherzhaft-spöttische Bez. für den Verwaltungsunteroffizier, dem die Bekleidungskammer einer militärischen Einheit untersteht. Neuerer soldatensprachlicher Ausdruck im Österr. Bundesheer nach 1955. Auch für Garderobier. Mufti nach dem muslimischen Würdenträger, Richter. *(Teuschl 78, Jontes 65)*

Fetzennese *f.* *(„-nes")* Schpfw. für schlampig gekleidetes Frauenzimmer; -nes Kurzform von Agnes, wie Agerl (s. d.). *(WBÖ I, 112)*

Fetzenschädel *m.* Schpfw. ziemlich allgemeiner Art für jemanden, der unvernünftig handelt, der „Fetzen im Kopf hat"; vielleicht auch von Fetzen „Rausch" beeinflusst bzw. Hinweis auf wirres, struppiges Haar. *(Pfeiffer 116, Wintersberger 26, Teuschl 78, Jontes 65)*

Fetzer I *m.* *(W)* Spöttisch für Prahlhans, Stutzer; ma. fetzen „Eindruck machen". *(Teuschl 78)*

Fetzer II *m.* *(T)* Allg. derbes Schpfw. für einen Mann, eigentlich Penis, wie Schwanz (s. d.). *(Schatz I, 169)*

Fetzinger *m.* Schpfw. wie Fetzenschädel (s. d.).

Fipperer *m.* Scherzhafte Bez. für jemanden, der vor Angst oder vor Kälte zittert. Ma. fippern zu lat. vibrare „zittern". *(UK 230, Jontes 65)*

Vieh *n.* *(„Viech")* Bez. für rohen, brutalen Menschen, aber auch für originellen, lustigen Kerl, wie Urviech (s. d.). Auch werden Tiere allg. salopp als V. bezeichnet. *(Pfeiffer 451, Kapeller 172, Jakob 210, Jutz I, 919)*

Viehbader *m.* *(„Viech")* Tierarzt, siehe Bader. *(WBÖ II, 77)*

Viehbasche *m.* *(V)* Mensch, der ins Vieh vernarrt ist. *(Jutz I, 919)*

Viehdoktor *m.* *(„Viech-")* Wie Viehbader (s. d.). *(Küpper 232, Pfeiffer 451, Jakob 210, Jutz I, 919)*

Viehlappe *m.* *(V)* Spottwort für jemanden, der für das Vieh übertriebene Fürsorge und Gemüt aufwendet. *(Jutz I, 919)*

Viehnarr *m.* *(V, Viech-")* Wie Viehlappe (s. d.). *(Jutz I, 920)*

Viehskerl *m.* *(„Viechs-")* Bez. für rohen Menschen, aber auch anerkennend für lustigen, tüchtigen Menschen als Ausdruck komischer Bewunderung. *(Grimm XXVI, 86, Pfeiffer 451, Jakob 210)*

Viehschelm *m.* *(T, „Viech-")* Bez. für Dieb, abfällig für Menschen, der nicht vertrauenswürdig ist; siehe Schelm. *(Schatz II, 517)*

Fiedlerin *f.* Schpfw. für Frau im Allgemeinen. In der Vergangenheit war eine der Schandstrafen für Frauen das Zurschaustellen mit der Fiedel, einem geigenförmigen, aufklappbaren Holzbrett, das ein größeres Loch für den Hals und zwei kleinere für die Hände hatte, die dadurch in Kopfhöhe vor dem Gesicht wie in der Gestik des Streites fixiert waren. Im Wort mag auch mhd. videlen „geigen, Geschlechtsverkehr treiben" mitschwingen. *(Teuschl 78, UK 231, Jontes 65, Ziller.)*

Fitschel, Fitscherl *n.* *(St)* Bez. für leichtfertiges Mädchen; Nebenform zu Flitscherl (s. d.). *(UK 231, Jontes 65)*

Fienzer *m. („Feanzer")* Bez. für leichtfertiges Mädchen; Nebenform zu Flitscherl (s. d.). *(UK 232, Jontes 66, Ziller 65)*

Fifatel *m.* Ältere Bez. für Menschen, der gerne beim Glase lustig ist. Zum Zutrinken und Gratulationswunsch lat. vivat „er möge leben". *(UK 234, Jontes 65)*

Figur *f.* Abfällige allg. Bez. für einen Kontrahenten, Streitgegner oder eine kritisierte Person („so eine miese, schräge, lächerliche Figur"). Das Prinzip des Beschimpfens liegt hier nicht in der Präzisierung negativer Eigenschaften, sondern in der Entpersönlichung auf den bloßen Umriss hin. *(Pfeiffer 117, Jakob 60, UK 234, Jontes 65)*

Fick, -e *f. (T)* Abfäll. Bez. für im Wachstum zurückgebliebenes Kind, auch schmächtiges, verdrossenes Frauenzimmer; eig. gedörrte Obstschnitze. *(Schatz I, 171)*

Fickerl *n. (St)* Bez. für leichtsinniges Mädchen; zu ma. fickerln „Geschlechtsverkehr treiben" (ficken dafür nur im Stadtjargon üblich, zu mhd. vicken „reiben"). *(UK 230)*

Vielfraß *m.* Wie hochsprachlich in gemeindeutscher Bedeutung für gefräßigen Menschen. Die Benennung des nordischen Pelztieres beruht auf anderen sprachgeschichtlichen Grundlagen. *(Pfeiffer 452, WStWB 159).*

Filou *m. („Filú")* Auch umgangssprachl. für Gauner, Lebemann; frz. filou „ds." aus engl. fellow „Bursche, Geselle". *(Pfeiffer 118, Aman 58)*

Filutíerer *m.* Synonym für Betrüger, Schwindler, Gauner; wie Filou (s. d.). *(Wintersberger 27, Puchner 235, UK 234, Jontes 65f., Jakob 60, Schuster 60)*

Filúkerl *m. (St)* Synonym für Schurke, Gauner; wie zuvor. *(UK 234, Jontes 66)*

Filz *m.* Bez. für geizigen, habgierigen Menschen; urspr. für Bauern, der sich in groben Filz, Loden kleidete (lat. filtrum „verdichtete Wolle"). Dann aber einer, der charakterlich zäh wie Filz ist und sich nichts entlocken lässt. *(Grimm III, 1632, Pfeiffer 118, Jakob 60, Teuschl 78, UK 234, Jontes 66, Lexer, KWB 95, Jutz I, 926)*

Filzlaus *f.* Abfällig-scherzhafte Bez. für lästige Person; nach dem Ungeziefer (Pediculus pubis „Schamlaus"). *(Pfeiffer 118, Jakob 60)*

Fingerlutzerl *n. (St)* Tadelnd für Kind, das gern an seinen Fingern lutscht. *(WStWB 169)*

Fingerschuster *m.* Scherzhaft für Handschuhmacher; vgl. auch Pratzenschuster (s. d.). *(Wintersberger 27)*

Finke *m. („Fink")* Zur Zeit der Hochblüte der akademischen Studentenkorporationen abschätzige Bez. für nichtkorporierten Hochschulhörer. *(Küpper 88)*

Finsterling *m.* Bez. und Rügewort für mürrischen, finster dreinblickenden Menschen, einst auch für jemanden, der sich der Aufklärung widersetzte; rotwelsch auch für Geistlichen nach der Farbe der Soutane. *(Grimm III, 1669, Pfeiffer 118, Petrikovits 32).*

Vieraugeter *m.* *(W)* Scherzhaft für Brillenträger. *(Teuschl 243)*

Fispel *m.* *(St)* Bez. für unerfahrenen, dabei unüberlegt handelnden jungen Menschen. Zu fispern „wispeln, mit dem Munde vor sich hinpfeifen“ im Sinne von „sich eins pfeifen“. *(UK 235, 637, Jontes 66)*

Fisperl *n.* *(St)* Bez. und Rügewort für junges, schnippisches Mädchen; ursprünglich Bez. für Nachtschmetterling, der lautmalend nach dem schwirrenden Geräusch seines Fluges benannt ist. Idiotikon Admonttal: „Visperl: ein junges, schnippiges Mädchen“. *(UK 235, Jontes 66, Jakob 60)*

Fisperling *m.* *(T)* Bez. für zerfahrene, nervöse Frau. *(Schatz I, 174)*

Fisch *m.* Abfällig für gefühlskalten Menschen. *(Pfeiffer 119)*

Fistel *m.* *(W)* Bez. für unerfahrenen Menschen, Dummkopf; zu Fispel (s. d.). *(Petrikovits 32)*

Fistler *m.* *(St)* Bez. und Rügewort für Pedant, auch Jammerer.

Fistnigl *m.* *(St)* Bez. und Rügewort für Denunzianten, böswilligen Angeber (ähnlich Schirgenfist, Schirgengangerl, s. d.), aber auch für klein geratenes, zwergenhaftes Kind. Fist „Furz“ tritt zu Nigl (vgl. Bosnigl, s. d.). *(UK 236, Jontes 66)*

Fise *f.* *(V)* Bez. und Schpfw. für raffiniertes, auch prahlerisches Frauenzimmer. *(Jutz I, 934)*

Fiesel *m.* *(W)* Bez. für Strolch, Vagabund; eig. Penis (wie in Ochsenfiesel als Raufwaffe). Wie Fetzer, Schwanz (s. d.). *(Grimm III, 1690, Puchner 235, Petrikovits 32)*

Fisolenbuckel *m.* *(St)* Abfäll. Bez. für buckligen Menschen; unbek. Ableitung. *(UK 237, Jontes 66)*

Flachlandindianer *m.* Vorzugsweise von Alpinisten gebrauchte abschätzig-scherzhafte Bez. für Nichtbergsteiger.

Flachsenpantscher *m.* *(W)* Spöttisch für Würstelmann, dem humorvoll eine Verfälschung seiner Ware mit minderwertigem Fleisch (ma. Flachsen „Sehnen, Bindegewebe“ in Art eines Weinpantschers angedichtet wird. *(Teuschl 79)*

Flät, Fläde, -ere *m.* *(V)* Bez. für abgeschmackten, einfältigen Menschen; schweizerdt. flädern „plaudern“. *(Jutz I, 937f., 941)*

Flatterer *m.* *(T)* Abfäll. Bez. für herumschlendernde Frau; Nähe zu flatterhaft. *(Schatz I, 176)*

Flattierer *m.* *(V)* Bez. für Schmeichler; frz. flatter „schmeicheln“. *(Jutz I, 942)*

Flatscher *m.* Person mit großen Ohren. *(Wintersberger 27)*

Flamme *f.* Spöttisch, auch leicht abfällig für Angebetete, platonisch verehrtes weibliches Wesen, für das die Flamme der Leidenschaft brennt.

Flammer *m.* *(T)* Schpfw. für ungeschickten Mann; Herkunft dunkel. *(Schatz I, 175)*

Flams *m.*, **-e** *(T)* Bez. und Rügewort für ungeschickten Knaben; ma. flamsen „Ohrfeigen geben“. *(Schatz I, 175)*

Flantsche *f.*, **Flantscherl** *n.* *(St)* Bez. und Schpfw. für leichtsinniges Frauenzimmer (ähnlich Flitscherl, s. d.). Vielleicht zu ma. Flantschger *m.* „etwas abgerissen Herabhängendes“ (mhd. vlansch „Zipfel“). *(UK 238, Jontes 66)*

Flanke *f. („Flanken")* Bez. und Schpfw. für herumstreunendes, leichtsinniges Frauenzimmer; eigentl. Flocke, Fetzen, aber auch zu ma. flankieren „flanieren, herumziehen". *(Jakob 60f., Schatz I, 176, Lexer, KWB 97)*

Flankel, -ler *m. (T)* Bez. für unzuverlässigen Menschen, Müßiggänger, Herkunft wie zuvor. *(Schatz I, 176)*

Flankerl *n. (O)* Bez. für flatterhafte Weibsperson; Herkunft wie zuvor. *(Jungmair 81)*

Flärgge *m., f. (V)* Bez. und Rügewort für schlampig gekleidete Person, auch unsaubere Köchin; Herkunft dunkel. *(Jutz I, 939)*

Flasche *f. („Flaschen")* Bez. für Taugenichts, zu Leistungen unfähigen Menschen („traurige F."), aber auch lustigen, unterhaltsamen Kerl *(K)*; in der älteren Sprache wird damit liederliche Frauensperson bezeichnet, die als Strafe (vgl. dazu auch Fiedlerin, s. d.) für ihre Zanksucht einen flaschenförmigen Schandstein tragen musste. Aus dem Ital. fiasco „beim Herstellen missratene Flasche, Misserfolg". Vielleicht auch bildlich von der geleerten Flasche auf den Kopf übertragen. Schon mhd. bedeutete vlasche auch Ohrfeige (heute mehr ein Kopfstück so benannt). *(Küpper 88, Pfeiffer 119, Aman 58, Kapeller 43, Teuschl 79, UK 238, Jontes 66, Pohl 68)*

Flaschelbalg *m. (St)* Abfällig für Kind, das mit der Flasche aufgezogen und nicht gestillt wird. *(WBÖ II, 121)*

Flaschenkopf *m.* Wie Flasche (s. d.). *(Pfeiffer 119)*

Flaschenkürbis *m.*, siehe Kürbis.

Flascher *m. (S)* Bez. für jemanden, der mit grobem Schuhwerk umherläuft, herumlatscht; zu Flaser *m.* „abgetragene Schuhe". *(Ziller 58)*

Flautel *m. (T)* Bez. und Rügewort für gleichgültigen, auch leichtsinnigen Menschen; zu älterem Flaute *f.* „Flöte"? Vgl. auch Floite (s. d.). *(Schatz I, 177)*

Flausenbeutel *m. (N)* Bez. für großtuerischen, prahlerischen Bauern; Flausen „Grillen, skurrile Anschauungen und Gedanken" von den beim Spinnen, Weben herumfliegenden Wollfasern. *(WBÖ II, 716, Kluge 203)*

Flausenmacher *m.* Wie zuvor, aber allgemeiner angewendet. *(Pfeiffer 120)*

Flettache *f. (S, „Flettachen")* Bez. und Schpfw. für liederliches Weib; ma. flodern „herumflattern", Fletten *f.* „Schwungfeder". *(Schmeller I, 799, Ziller 59)*

Flederwachel *m. (W)* Bez. für unruhige, flatterhafte Person; vgl. Wachel (s. d.). *(Jakob 61)*

Fletsch *m. (T)* Bez. und Schpfw. für verkommenen Menschen; ma. fletschen „herumlungern", wie fletzen. *(Schatz I, 178)*

Flegel *m.* Bez. für groben, lümmelhaften Menschen; ursprünglich den Dreschflegel bezeichnend. Wirtshäuser mit groben Wirten werden im Volksmund öfters Flegelwirt benannt *(St)*. *(Grimm III, 1747f., Pfeiffer 120, Aman 59, Jontes 66f., Schatz I, 177, Jutz I, 945)*

Fleitsche *f. (S, „Floatsch")* Bez. und Schpfw. für schlampiges, unordentlich gekleidetes Frauenzimmer, das sich auch schlecht benimmt; zu Flitsche (s. d.). *(Ziller 59)*

Fleischbauch *m. (T)* Bez. für einen Fleischliebhaber, Fleischfresser. *(WBÖ II, 545)*

Fleischpatzen *m. (K)* Abfällig-spöttisch für dicken Menschen, wie Fettpatzen (s. d.). *(WBÖ II, 513f., Grimm III, 1755)*

Fleischbrocken *m. (T)* Wie zuvor. *(WBÖ III, 1019)*

Fleischhacker, -hauer *m.* Scherzhaft-spöttisch für brutalen Arzt, Chirurgen, Gynäkologen, auch allg. für Grobian. *(Pfeiffer 120, Teuschl 80)*

Fleischmarder *m. (W)* Bez. für Fleischliebhaber, wie Fleischbauch; nach dem Raubtier. *(Jakob 61, Teuschl 80)*

Fleckpeter *m. (S)* Spött. Bez. für jemanden, der ein geflicktes Gewand trägt. *(WBÖ II, 1142)*

Flenntasche *f. (O, S, „-taschen")* Rügend für jemanden, der häufig und leicht weint; ma. flennen „wie ein Kind weinen". *(Jungmair 82, Ziller 59)*

Flentsche *f. (K, „Flentschen")* Weinerliche Frau. *(Pohl 69)*

Flenner *m.* Wie Flenntasche (s. d.). *(Pfeiffer 120)*

Flenngeige *f. (O)* Wie zuvor. *(Jungmair 82)*

Flittersch *m. (V)* Schpfw. für flatterhaftes Mädchen; eig. Schmetterling; zu flattern. *(Jutz I, 950)*

Flitsche *f.*, **Flitscherl** *n. („Flitschen")* Bez. und Schpfw. für junges, leichtsinniges Mädchen, auch dummes, „modern" tuendes weibliches Wesen; zu älterem Flitsch *f.* „Flügel", was auf die Kennzeichnung eines flatterhaften Charakters deutet. Idiotikon Fohnsdorf, 1813: „Flitsch: ein schnippisches, naseweises, auch ein liederliches Weibsbild. Auch nicht vollbürtiges, halbausgewachsenes Mädchen." Puchner a. a. O. stellt auch zu schwed. flicka „Mädchen". *(Grimm II, 1804, Pfeiffer 121, Puchner 67, Jakob 62, Teuschl 80, UK 241, Jontes 67, WStWB 159, Pohl 68, Jungmair 84, Ziller 59, Schatz I, 180, Jutz I, 950)*

Fliege *f. (St, „Fliag"!)* Schpfw. für flatterhaftes Frauenzimmer. Aus Vergleich mit dem Insekt. *(WStWB 159)*

Flientsche *f.*, **-er** *m. (T)* Bez. und Rügewort für lästigen Menschen; ma. flientschen „jammern, lästig sein". *(Schatz I, 179)*

Fließmaul *n. (St)* Älteres Schpfw. unbekannter Bed. *(UK 242, Jontes 67)*

Flinte *n.* Bez. für Dirne, liederliche Frauensperson, obszön-bildlicher Vergleich mit der Schusswaffe, die geladen wird. *(UK 242, Jontes 67)*

Flintenweib *n.* Schpfw. für aggressive, brutale Frau; in der Kriegspropaganda weibliche Angehörige der Roten Armee in der nationalsozialistischen Diktion des Zweiten Weltkrieges. *(Pfeiffer 121)*

Flohbeutel *m.* Scherzhafte Bez. für Hunde, aber auch Menschen mit Ungezieferbefall, besonders Anrede an Hunde, die sich gerade heftig kratzen. Allg. auch für unzuverlässige Person. Bei Menschen der Name heute nahezu irrelevant, da Flöhe fast ausgerottet sind. Einst versuchte man, die Flöhe am eigenen Leib in ein dazu bestimmtes Kleidungsaccessoire (Flohbeutel, Flohpelzchen, Bisamknopf) zu locken, das man von Zeit zu Zeit ausbeutelte, um die Quälgeister vollends zu entfernen. *(WBÖ II, 716, Wintersberger 27, Jakob 62, Teuschl 80, Jontes 67, WStWB 159)*

Floh *m.* Scherzhaft für kleinen Menschen, Kind; so etwa Eisfloh für kleine Eisläuferin. *(Küpper 89f.)*

Flohkrämer *n. (St)* Bez. für Schmutzfink, ungepflegter Mensch („windischer Flohkrämer"). Wie die Schpfw. mit Laus Hinweis auf die einstige Bedrängung durch Ungeziefer. *(UK 243, Jontes 67)*

Flohzecker *m.* Wie Flohbeutel (s. d.); ma. Zecker *m.* „Tragtasche" auch als eigenes Schpfw. (s. d.). *(WBÖ II, 716)*

Floite *f. (T)* Bez. und Rügewort für nachlässig gekleidetes, schlampiges Frauenzimmer; vgl. Flautel (s. d.). *(Schatz I, 180)*

Floitel *m. (T)* Bez. für dummen Mann; wie zuvor. *(Schatz I, 180)*

Floigt *n.*(?) *(N)* Scherzhaft für Person, die es stets eilig hat; vielleicht zu ma. Floign „Fliege". *(Hager 13)*

Floigeler, Fluigeler *m. (T)* Bez. und Spottwort für schwächlichen Menschen; ma. Floige *f.* „Fliege". *(Schatz I, 179)*

Flordan *m. (T)* Bez. für ungeschickten Menschen; Herkunft ungeklärt. *(Schatz I, 180)*

Flortsche *f. (K, „Flortschen")* Frau, Mädchen schlechten Rufes. *(Pohl 69)*

Florgge *m. (T)* Bez. für nichtsnutzigen, groben, ungeschlachten Menschen; Herkunft dunkel; vgl. auch Flurgge (s. d.). *(Schatz I, 180)*

Flöschel *f. (T)* Bez. für Dummkopf, blöden Menschen; zu mhd. flosche „Flosse"? *(Schmeller I, 798, Schatz I, 181)*

Fluttel *m. (T)* Bez. für Tölpel; zu fluttern „flattern, zittern", auch „geifern, sprudeln". *(Grimm III, 1862, Schatz I, 182, Schmeller I, 799)*

Fluder *f. (W, „Fludern")* Bez. und Schpfw. für flatterhafte, liederliche Frau; Herkunft wie zuvor. *(Jakob 62, Teuschl 80)*

Fludriwudri *m. (W)* Bez. und Rügewort für oberflächlichen, schlampig arbeitenden, hin und her eilenden Menschen, wie Hudriwudri, Hudriwusch. Fantasiebildung mit Nähe zu Fluder (s. d.). *(Jakob 62)*

Flutsch *f. (T)*, **Flutscherl** *n. (W)* Bez. für übelbeleumdetes Frauenzimmer; zu Flitsche (s. d.). *(Schatz I, 182, Teuschl 81)*

Flug *f. (St)*, **Flugerl** *n. (W)* Bez. für flatterhaftes Mädchen, Geliebte; umgangsspr. ummerfliegen „streunen, sich herumtreiben". *(Petrikovits 33, Teuschl 81, WStWB 159)*

Flugfut *n. (W)* Schpfw. für Nymphomanin; zu Flugerl (s. d.) und Fut „Vulva" (s. d.).

Flugmaschine *f. (W, „-maschin")* Spött. für herumstreunende, sich unstet herumtreibende Person. *(Jakob 62)*

Flugsumi *m. (O)* Bez. für unsteten, rastlosen, flüchtigen Menschen, eig.

damit ein bestimmter Volkstanz gemeint; ma. „flugs umi" flugs hinüber? *(Jungmair 84)*

Flumser *m. (T)* Bez. für ungeschickten, tölpelhaften Menschen; ma. Flumse *f.* „Ohrfeige". *(Schatz I, 182)*

Flungges *m. (T)* Bez. für Schwätzer, Schwadroneur; zu flunkern „lügen, angeben". *(Schatz I, 182)*

Flurgge *f. (T)* Bez. für schlampige Person; Herkunft ungeklärt, vgl. auch Florgge (s. d.). *(Schatz I, 182)*

Vogel *m.* Als Schpfw. (sauberer, lockerer, komischer Vogel) auf das freche Gehaben bestimmter Vögel eingehend. Vgl. auch Blauvogel (s. d.). und Redensart „einen Vogel haben". *(Pfeiffer 224, 452, Aman 59, Jontes 67, Jutz I, 958)*

Vogelscheuche *f.* Bez. und Schpfw. für ungepflegte, schlecht gekleidete, auch dazu hagere Personen (vgl. auch Krautmannl, -scheuche, s. d.). *(Pfeiffer 453, Aman 59, Kapeller 172, Jontes 67)*

Voll- Vorsilbe zur Steigerung von Schpfw., z. B. Volltepp, Volltrottel, Vollidiot, Vollkoffer. *(Pfeiffer 453)*

Vollkoffer *m.* Steigerung von Koffer (s. d.). *(Teuschl 244)*

Vollmondpappe *f. („-pappen")* Scherzhaft-spöttisch für Menschen mit rundem Gesicht, wie Mondgesicht (s. d.); ma. Pappe *f.* „Mund, -partie". *(WBÖ II, 284)*

Vollmondgesicht *n.* Wie zuvor. *(Pfeiffer 454, Jakob 211)*

Vorzimmerdrache *m.* Scherzhaft für Sekretärin, Vorzimmerdame, die den Zugang zum Chef wie ein Drache den Schatz bewacht. *(Küpper 234, Pfeiffer 454)*

Fotzpeter *m. (N, W)* Scherzhafte Bez. und Spottwort für Barbier, auch für jemanden, der immer melancholisch dreinblickt, seinen „Fotz" hängen lässt *(W)*; zur Etymologie vgl. Fotze (s. d.). *(WBÖ II, 100, 1142)*

Fotze *f. („Fotzen")* Grob-obszönes Schpfw. für Frau schlechten Lebenswandels oder allg. zur derben Beleidigung. Ursprünglich Mund, Maul (vgl. ma. Fotz *m.* „Mund" bei Unmutsausdruck, „mach net so einen Fotz"), dann auf Vulva übertragen und für die ganze Person verwendet (vgl. auch Fut, Fummel, Schwanz, s. d.). Idiotikon Fohnsdorf, 1813: „Votz: der weibliche Schamteil. Ein Schimpfwort über ein schlechtes Weibsbild. Auch wird das Wort Votz als ein Schimpfname für ledige Dirn gebraucht, z. B. ‚du sagrische, verboanti Votz'". *(Grimm IV, 42ff., Küpper 91, Pfeiffer 122, Aman 59, Jakob 211, Jontes 67)*

Fotzenputzer *m.* Scherzhafte Bez. für Barbier; wie zuvor. *(WBÖ II, 100)*

Fotzle *m. (V)* Bez. und Schpfw. für minderwertigen Menschen; zu Fotze *f.* „Ohrfeige". *(Jutz I, 985f.)*

Fotzmatz *m. (W)* Bez. für Maulhelden, Feigling; vgl. auch Matzfotz (s. d.), das silbengewechselt sein könnte. Matz auch Kurzform von Matthias. *(Jakob 62)*

Frachetl *n. (S)* Altes Schpfw. für frechen, kecken Burschen; mhd. vrechelt „Keckheit, Frechheit". *(Ziller, Schelmen 378, Lexer, Mhd. 297)*

Fratsch *f. (T)* Bez. für Schwätzer, Klatschmaul; vgl. Fratschler (s. d.), aber auch Nähe zu Fratz (s. d.). *(Schatz I, 188)*

Fratschler *m.* Bez. für einen, der neugierige Fragen stellt („ausfratschelt"), um Verborgenes zu erfahren. Nebenbed. von fratscheln „Kleinhandel treiben". *(Grimm IV, 68, UK 249, Aman 60, Jontes 68)*

Fracke, Frackel *f. (St)* Bez. für geschwätzige, alte Frau, jedoch auch für unfolgsames Mädchen. Vielleicht zu Frackerl *f.* „Schnapsfläschchen" (durch Dissimilation aus frz. flacon „Fläschchen") oder aber nach dem Kleidungsstück Frack in der urspr. Bed. „(Frauen)Kittel" (engl. frock), womit es wie in „Schürzenjäger" für die ganze Person stünde. *(UK 249, Jontes 68)*

Frankfurter *m. (W)* Gaunersprachl. abfällige Bez. für alle, die nicht zu den Verbrecherkreisen zählen; in den Ortsnamen verhülltes frank „frei". *(Wehle 14)*

Frankist *m. (W)* Wie zuvor, aber auch Bez. und Rügewort für Vielesser, Vielfraß. *(Jakob 63, Teuschl 81)*

Frankistin *f. (W)* Bez. für Geheimprostituierte; Etym. wie zuvor. *(Teuschl 81)*

Frauenzimmer *n.* Ursprünglich wertfreie Bez. für die Angehörigen des weiblichen Geschlechtes, dann auch leicht abwertend gebraucht. Übertragen vom einstigen Aufenthaltsraum der Frauen im ritterlich-höfischen Bereich. *(Grimm IV, 86ff., Aman 60)*

Fratz *m.* Bez. und Rügewort für schlimmes, unartiges, unfolgsames Kind. Verstärkt auch als Saufratz, garstiger Fratz. Aus ital. frasca „Laubast als Schankzeichen" zur Bed. Possen, jedoch scheint auch Herkunft aus mhd. vrast „Kühnheit, Keckheit, Mut" nicht von der Hand zu weisen zu sein. Idiotikon Fohnsdorf, 1813: „Fratz: ein Kind, auch wohl ein kindischer Mensch." *(Grimm IV, 68, Kluge 215, Pfeiffer 123, Aman 60, Kapeller 44, Wintersberger 28, Jakob 68, Jontes 68, Lexer, KWB 101, Pohl 70, Jungmair 86, Schatz I, 188, Jutz I, 989)*

Fratzwerk *n.* Abfällige Bez. für Kinderschar. Kollektivbildung zu Fratz (s. d.). *(UK 249, Jontes 68)*

Frechdachs *m.* Bez. für frechen Jugendlichen oder Kind. Mhd. vrech „kühn, tapfer, gierig" in Verbindung mit dem Tiernamen. *(WBÖ IV, Pfeiffer 124, Aman 60, Kapeller 44, Jontes 68, Pohl 70, Jutz I, 991)*

Frechling *m.* Wie zuvor. *(Pfeiffer 125, Kapeller 44, Jontes 68)*

Fretter *m.* Bez. für Stümper, Pfuscher, jemanden, der von einer Arbeit nichts versteht, sie aber trotzdem angeht. Ursprünglich einer, der sich nur kümmerlich fortbringt („durchfrettet"). Dazu auch ma. Gefrett „Schwierigkeit, Schererei, Sorge, Problem" (mhd. vretten „wundreiben, quälen, plagen", vrater „durchtriebener, verschlagener Kerl"). Auch für unzünftige Handwerker verwendet. *(Grimm IV, 140f., Aman 60, Jakob 63, UK 252, Jontes 68, WStWB 159, Pohl 70,* Jungmair 87, Ziller, Schelmen 379)

Freihure *f. (S)* Altes Schpfw. für verkommenes Frauenzimmer, eig. öffentliche Dirne. *(Ziller, Schelmen 381)*

Fresser *m.* Abfällig für Vielfraß. *(Pfeiffer 126, Schatz I, 189)*

Fresshansl *m.* Bez. und Rügewort für unmäßigen Esser. *(UK 253, Jontes 68)*

Fresssack *m.* Wie zuvor. *(Grimm IV, 139, Pfeiffer 126, Aman 60)*

Fresssackerl *n. (St)* Tadelnd für essgieriges Kind. *(WStWB 169)*

Freunderl *n.* Abfäll. Bez. für Kumpan, Zechgenosse, jemanden, dessen Freundschaft sich nur auf bestimmte, meist anrüchige Seiten des Lebens erstreckt, auch politische Bed. in Freunderlwirtschaft „Protektionismus“ deutlich. *(Pfeiffer 127, Jakob 63)*

Frischgefangener *m. (W, „-gfangter“)* Spöttisch für Neuling. *(Jakob 63)*

Frischling *m. (W)* Scherzhafte Bez. für junges Mädchen, eig. Jungtier, Jungschwein, Ferkel. *(Küpper 92, Pfeiffer 127, Jakob 63)*

Frischlingsdieb *m.* Älteres Schpfw., das einen Viehdieb meint. 1602 klagt der Grazer Bürger Veit Peissenpacher über den Weizer Hans Noa, dass dieser „ime ainen Lemberschenckl gehaisen und gar in die lezt in gar ainen Lember oder Frischling Dieb ...“. Frischling „Jungtier“ (Lamm oder Schwein). *(Jontes 68)*

Frissling *m.* Bez. und Rügewort für einen unmäßigen Esser. *(Wintersberger 28, Jakob 64, Teuschl 82, Jontes 68f., Jungmair 87)*

Frissumsonst *m. (St, „-sist“)* Bez. für Taugenichts, Faulenzer, Schmarotzer; in Form eines Satznamens gebildet. *(UK 254, Jontes 69, WStWB 159)*

Frorenheckerl *n.* siehe Gefrorenheckerl.

Frosch *m. (T)* Schpfw. für lästige Kinder. *(Küpper 92, Pfeiffer 128, Schatz I, 191)*

Frostbeule *f. („-baln“)* Scherzhafte Bez. für Postbeamtin, Witz durch den Schüttelreim aus Postfräule(in).

Frotzler *m.* Bez. für jemanden, der andere böswillig neckt, zum Narren hält; ma. umgangsspr. frotzeln „necken“. *(Schmeller I, 834, Pfeiffer 128, Aman 61)*

Frucht *f. (W)* Wie Früchterl (s. d.); goschete Frucht „Großmaul, vorlauter Mensch“. *(Teuschl 83)*

Früchterl *n.* Bez. und Schpfw. für jugendlichen Taugenichts; in der Bed. wie Sprössling, jedoch mit negativem Klang. Verstärkt sauberes, feines Früchterl. *(Pfeiffer 129, Aman 60, Jakob 64, Teuschl 83, Jontes 69, Ziller 62)*

Frührentner, geistiger *m.* Scherzhaftspöttisch für Dummkopf, senil wirkenden Mann.

Frustel *m., n. (W)* Scherzhaft für frustrierten Menschen; lat. frustra „vergeblich“. *(Teuschl 83)*

Frühstücksdirektor *m.* Im bundesdeutschen, ironischen Politjargon für hochgestellte Person ohne Entscheidungsbefugnisse. Im Bundespräsidentschaftswahlkampf 1998 auch auf österreichische Verhältnisse gemünzt. *(Küpper 92, Pfeiffer 129)*

Fuchtel *f.* Bez. für scharfzüngige, zornige, schusselige oder auch liederliche Frauensperson, ein „fuchtiges“ Weib. Ursprünglich damit ein Degen mit breiter Klinge gemeint, auch Rute, Pritsche damit gemeint; ma. fuchteln „fechten, mit etwas herumschlagen". *(Grimm IV, 359, Kluge 222f., Schmeller I, 688, Küpper 92, Pfeiffer 129, Aman 61, Wintersberger 29, Teuschl 83, UK 256, Jontes 69, Pohl 71, Schatz I, 192, Ziller 62, Jungmair 88, Jutz I, 1013)*

Fuchsbartel *m. (St)* Bez. für schlauen Menschen, Pfiffikus; Vergleich mit dem sprichtwörtl. klugen Tier, Bartel „Bartholomäus", vgl. auch gestürzte Form Fuchsbratel (s. d.). *(WBÖ II, 372)*

Fuchspasser *m.* Scherzhaft-spöttische Bez. für werdenden Vater, der mit einem Jäger auf der Fuchsjagd verglichen wird, wobei das „Passen" (warten, auf Vorpass liegen) vor dem Fuchsbau und Warten auf den aus diesem hervorschliefenden Fuchs bildlich übertragen wird. *(WBÖ II, 435)*

Fuchsbratel *n. (St)* Bez. für durchtriebenen, schlauen Menschen; wie Fuchsbartel (s. d.); vielleicht gestürzte Form von diesem oder Nähe zu Rabenbratel (s. d.). *(WBÖ III, 751)*

Fuchsschwanz *m.*, auch **Fuchsschwänzer** *m.* Älteres Schpfw. für listigen, falschen Menschen, Schmeichler, Intriganten. „Mit dem Fuchsschwanz streichen" bedeutete einst, jemanden unbillig sanft anfassen. Idiotikon Eisenerz, 1812: „Fuchsschwanz: Schmeichler". *(Grimm IV, 355, UK 256, Jontes 69)*

Fut *f.* Gemein-obszönes Schpfw. für Frauensperson im Allgemeinen. Bez. für Vulva in Vertretung für die ganze Person (vgl. auch Fotze, Fummel, s. d.); auch für feigen, unzuverlässigen Menschen allg. *(V)*. *(Grimm IV, 362, Schmeller I, 694, Pfeiffer 131, Aman 61, Teuschl 84, UK 256, Jontes 69, Ziller 63, Schatz I, 197, II, 543, Jutz I, 1014)*

Futpleuer *pl. (O)* Älterer Ortsspottname für die Einwohner von Wels; ma. pleuen „schlagen", Ursache der Benennung unbekannt. *(WBÖ III, 404, Schmeller I, 321)*

Futterer *m. (V)* Bez. für Raunzer; ma. futtern „aufbrausen, fluchen". *(Jutz I, 1039)*

Futgefrieß *n. (St, „-gfrieß")* Bez. für Galgengesicht, verdächtig Aussehenden. Gefrieß „Gesicht" (s. d.), das futig „sehr verächtlich" ist. Zu Fut (s. d.). *(UK 257, Jontes 69)*

Futikerl *m.* Derbes Schpfw. für elenden Lumpen, schändlichen Gesellen; Herkunft wie zuvor. *(Schuster 64, UK 257, Jontes 69)*

Futlecker *m.* Verächtliches Schpfw. für niederträchtigen Kerl. Wörtlich einer, der Cunnilingus ausführt. *(UK 257, Jontes 69)*

Füdlemann *m. (V)* Bez. und Schpfw. für Weichling, weibischen Mann; ma. Füdle „Arsch". *(Jutz I, 1016)*

Füdler *m. (V)* Spöttische Bez. für jemanden, der beim Gehen kokett mit dem Hinterteil wackelt; wie oben. *(Jutz I, 1017)*

Füdlerutscher *m. (V)* Bez. und Schpfw. für unterwürfigen Menschen, Kriecher. *(Jutz I, 1017)*

Futschererin *f.* Älteres verächtliches Schpfw. für Frauensperson. Gerichtsprot. Neumarkt, 1616: „... die Marie die Schmidtin ain Futschererin gescholten ...“. Vielleicht im Zusammenhang mit dem Wissen gebraucht, dass die Orientalinnen, vor allem Türkinnen, ihre Scham enthaarten, also Hinweis auf den Erbfeind in der Vergangenheit. *(UK 257, Ziller, Schelmen 382, Jontes 69)*

Fückel *m. (V)* Scherzhaft für Mädchen; eig. junges Huhn. *(Jutz I, 1013f.)*

Fummel *f.* Verächtliche Bezeichnung für weibliche Person, speziell Dirne. Übertragen von Fummel „Vulva“ (fummeln „reiben“) auf die ganze Person (wie Fut, Fotze, s. d.). Vgl. auch Klosterfummel (s. d.). *(Grimm IV, 525f., Pfeiffer 129, Aman 61, Teuschl 83, UK 258, Jontes 69, Ziller 62, Jungmair 88, Lexer, KWB 104)*

Fünfziger, falscher *m. („Fuffzger, Fuchzger“)* Bez. für hinterlistigen, falschen, betrügerischen Mann; übertragen von einer Münzsorte. *(Aman 61, Wintersberger 29)*

Funkenschuster *m. (W)* Spöttisch-scherzhaft für Elektriker, Elektrotechniker. *(Küpper 93, Teuschl 83)*

Funze *f. („Funzen“)* Bez. und Schpfw. für geziert tuende, dumme, anmaßende, fade Frauensperson („blöde Funzen“). Zusammenhang mit Funzel „schwach brennendes Licht“. *(Grimm IV, 614, Pfeiffer 130, Wintersberger 29, Jakob 64, Teuschl 83, UK 259, Jontes 69f., Pohl 71, Schatz I, 194, Ziller 63, Jungmair 89)*

Fürbeißer *m. (S)* Spött. Bez. für Menschen mit vorstehender Kinnlade, mit „Vorbiss“. *(WBÖ II, 929)*

Furchthenne *f. (V)* Bez. und Spottwort für furchtsames weibliches Wesen. *(Jutz I, 1028)*

Furchtscheißer *m. (T)* Schpfw. für Feigling, der aus Furcht in die Hose macht. *(Schatz I, 185)*

Furchenhopser *m. (St)* Scherzhaft-abfällige Bez. für Bauer. *(Jontes 70)*

Furchenscheißer *m. (St)* Wie zuvor; auch für Studenten der Universität für Bodenkultur *(W)*. *(Küpper 93, Pfeiffer 130, Jontes 70, Teuschl 84)*

Fure *f. (T)* Bez. und Schpfw. für wildes, zorniges Weib, Furie. *(Schatz I, 196)*

Furian *m. (T)* Bez. für jemanden, der unüberlegt handelt; zu Furie(?), in Form eines Heiligennamens nach dem Muster Blödian usw. *(Schatz I, 196)*

Fürschnalzer *m. (St)* Älteres Schpfw. unbest. Bed. Weißkirchener Gerichtsprot., 1615: „... hab ihn ein Fürschnalzer gehaißen.“ Vielleicht im Sinne von Preistreiber (vgl. ma. schnalzen „betrügerisch Handel treiben“, Preise hinaufschnalzen, Holzschnalzer „Holzhändler“, Preise wie mit der Peitsche in der Hand diktieren). *(UK 260, Jontes 70)*

Furzglocke *f. (V)* Scherzhaft für alte Frau; eig. vom Unterrock übertragen. *(Jutz I, 1034)*

Fußfetzen *m. (W)* Bez. für jemanden, der als Arbeiter, Untergebener sehr schlecht behandelt, drangsaliert, wie ein Fußlappen behandelt wird. Dieser galt einst als eines der mindesten Bekleidungsstücke. Er war bei der Armee und bei den Armen anstelle eines Sockens oder Strumpfes gebräuchlich.

Ähnlich auch Schuhfetzen. *(Jakob 64)*

Futzler *m.*, auch **Fitzler** *m.* Bez. und Rügewort für jemanden, der besonders klein und unleserlich schreibt. Futzeln „klein schreiben", ursprünglich „etwas in kleine Fetzen zerreißen". *(UK 257, Jontes 70)*

Fützler *m. (V)* Bez. für Angsthase. *(Jutz I, 1042)*

G

Gabelreiterin *f. (V)* Altes Schpfw. für Hexe; die Ofengabel vertritt hier den sonst üblichen Besen für den Hexenflug. *(Jutz I, 1045)*

Gablitzer *m. (N, W)* Bez. und Spottwort für Dummkopf, eig. Ochse. Nach dem einstigen großen Rinderstandplatz von Purkersdorf-Gablitz, NÖ, der früher scherzweise „Hochschule von Gablitz" genannt wurde. Ein Gablitzer Student war also ein Rindvieh. *(Schuster 65)*

Gache *f.*, **-er** *m.* Bez. für aufbrausenden, jähzornigen Menschen; ma. gach „jäh, plötzlich". *(Schatz I, 199)*

Gachkneißer *m. (W)* Anerkennend-spöttisch für jemanden, der eine Sache rasch begreift, ma. „kneißt". Wie Blitzkneißer, Oberkneißer (s. d.). *(Teuschl 85)*

Gättling *m. (V)* Bez. für ungezogenes Kind; mhd. getelinc „Bursche". *(Jutz I, 1067)*

Gatsche *f. (W, „Gatschen")* Schpfw. für jemanden, der kein Geheimnis für sich behalten kann, Ausplauderer; ma. Gatsch „Schlamm". *(Teuschl 86)*

Gagge *m. (V)* Wie Gack (s. d.) für Tölpel, auch magerer, lang gewachsener, alter, gebückt gehender Mann. *(Jutz I, 1049)*

Gagel *m. (V)* Abfäll. Bez. für Kind, auch kurz gewachsenes, dickes Mädchen; eig. Exkremente. *(Jutz I, 1048)*

Gagelheber *m.* Pedant, Krämerseele; eigentlich einer, der sogar Gagel „Exkremente" aufhebt. *(Wintersberger 30)*

Gäggeläsche *m. (V)* Bez. und Schpfw. für faulen, langsamen Burschen. *(Jutz I, 1049)*

Gäggeler *m. (V)* Bez. für Herumtrödler; ma. gäggelen „ohne rechten Ernst arbeiten". *(Jutz I, 1049)*

Gack *m.* Bez. für Kretin, geistig behinderten Menschen, auch als milderes Schpfw. gebraucht. Verwandt mit gemeindt. Geck. „Beide sind lautmalende Schelten des Halbgescheiten, der unverständliche Töne ausstößt." (Kluge, a. a. O.). Das Wort bezeichnet in Pfanngack *m.* auch ein altes Küchengerät aus der Zeit des offenen Herdfeuers, einen Pfannenhalter für das Kochen am Herd. Nebenformen sind Gock, Gocker *m.* Gackelwerk meint Dummheit, Spielerei, unnützes Zeug („a so a Gackelwerk"). Idiotikon Fohnsdorf, 1813: „Gak: ein blödsinniger, nach dem Provinzialverstand unweltläufiger Mensch; auch ein Schimpfwort, welches statt dumm gebraucht wird." Idiotikon Göß, 1811: „Gari, Gimpel, Gagg: Eine dumme, taube Mannsperson, die auch mit der Sprache nicht recht fortkommen kann." *(Grimm IV, 1916, Schmeller I, 871, Kluge 238, Pfeiffer 132, UK 262, Jontes 70)*

Gacke *f.* *(T)* Bez. für dumm-drolliges Weib. *(Schatz I, 199)*

Gackeler *m.* *(T)* Bez. für einfältigen, herumtändelnden Menschen; ma. gackeln, gageln „gaukelnde Bewegungen machen". *(Schatz I, 199)*

Gacker *m.*, siehe Gack.

Gackerl *n.* *(St)* Bez. für unerfahrenen Jugendlichen, auch zwergenhaften Menschen. Zu Gack (s. d.), jedoch mag auch ma. gacken „scheißen" mitklingen. *(UK 262, Jontes 70)*

Gackerling *m.* *(S)* Bez. für jungen, lebhaften Burschen, Springinsfeld; wie Springginkerl (s. d.). *(Ziller 64)*

Gallapfel *m.* *(St)* Bez. für übellaunigen, ungenießbaren Menschen. Vergleich mit dem bitteren Gallapfel („Knopper"), der in der Gerberei Verwendung findet. Diese Charaktereigenschaft findet auch in hantig „bitter" für Menschen Ausdruck. Idiotikon Rottenmann, 1818: „Du Gallapfel: wenn man unangenehm ist." *(WBÖ I, 279, UK 264, Jontes 71)*

Gallbinkel *m.* *(St)* Bed. wie zuvor. Binkel (s. d.) bedeutet hier ein Bündel im Sinne von Behältnis für einen gallbitteren Charakter (vgl. auch Zornbinkel, s. d.). *(UK 264, Jontes 71)*

Galltippel *m.* *(W)* Bez. und Rügewort für jähzornigen Menschen. Vgl. Tippel (s. d.). *(Jakob 66)*

Galle *f.* *(„Gall")* Bez. für eine unbequeme Person. Vergleich mit dem Organ und seinen bitteren Eigenschaften wie auch in den folgenden Zusammensetzungen. Idiotikon Göß, 1811: „Gall: eine lästige Person". *(Jontes 70f.)*

Galleehund *m.* *(V)* Schpfw. für nichtswürdigen Mann; mhd. galê, galîe „Galeere" (s. d.). *(Jutz I, 1051)*

Gallenbündel *m.* *(V)* Bez. und Schpfw. für jähzorniges Kind. *(Jutz I, 1052)*

Galeere *f.* *(St)* Bez. für großgewachsene, ungeschickte Frauensperson. Vergleich mit dem großen Ruderschiffstyp (ähnlich aus der Seefahrt genommen wie der Begriff „aufgetakelt sein" für aufgedonnert, geputzt). Auch mag ein Wortspiel mit Galle hinzukommen. Das mediterrane Wort Galeere war auch im innerösterreichischen Binnenland durchaus geläufig, da die als Rudersträflinge für die Galeeren bestimmten Malefizpersonen aus dem süddeutsch-österreichischen Raum auf ihrem Wege nach den südlichen Meeresküsten hier durchgeführt wurden. *(UK 264, Jontes 71)*

Galerist *m.* *(W)* Gaunersprachlich für jemanden, der der „Galerie", der Unterwelt angehört. Vielleicht nach der Galerie der Fahndungsfotos oder der Aufnahmen im Verbrecheralbum. *(Küpper 94, Pfeiffer 132, Teuschl 85)*

Galgen *m.* *(W, „Galing")* Bez. für Lump, Strolch, Gauner, eig. der Galgen, der dem Verbrecher zugedacht ist, selbst. *(Jakob 65)*

Galgenbraten *m.* Wie das Folgende, nach dem Muster Rabenbraten (s. d.). *(Aman 63f.)*

Galgenvogel *m.* Bez. für verdächtigen Menschen, jemanden, dem man Schlechtes zutraut oder den man für einen Spitzbuben hält. In allen Schimpfworten mit Galgen- wird die alte, ehrlose Strafe des Hängens deutlich und damit eine Zuweisung in das unterste soziale oder kriminelle Element manifest. Galgenvogel ist dabei nicht der Gehängte oder zum Hängen Bestimmte. Das Wort ist synonym für die Vögel (Raben, Krähen) gebraucht, die einst als Aasfresser an der Vernichtung der Leichen mitwirkten, die öffentlich an den Galgen der Richtstätten hingen. Er ist also in dieser Hinsicht ein Schandvogel (vgl. auch Rabenbraten, s. d.). Da die Gerichteten oft bis zu ihrer physischen Auflösung als abschreckendes Beispiel am Galgen blieben, waren sie immer von Vögeln umschwärmt, die an ihnen ihre Nahrung suchten. Andererseits gilt der Rabe aber auch in Märchen und Sage als weises und sprechendes Tier. *(Grimm IV, 1179, Pfeiffer 133, Aman 63, Jontes 71)*

Galgenkerl *m. (V)* Schpfw. wie Galgenstrick (s. d.). *(Jutz I, 1052)*

Galgenklachel *m. (St)* Bez. für schimpflichen, verdächtigen Menschen. Das Wort meint wie das synonyme Galgenschwengel den im Winde am Galgen schwingenden Gehängten. Klachel ist der Name für den Glockenschwengel. *(UK 264, Jontes 71)*

Galgenschwengel *m.*, siehe Galgenklachel. *(Pfeiffer 133)*

Galgensiech *m. (V)* Bez. und Schpfw. für abgefeimten Spitzbuben. *(Jutz I, 1052)*

Galgenstrick *m.* Bez. für infamen Menschen wie zuvor. Gemeindt. Begriff, der das Richtseil des Henkers meint. Dieses war in den abergläubischen und zauberischen Anschauungen und Praktiken der Vergangenheit ein beliebtes und begehrtes Objekt, das die Henker nach der Exekution oft um gutes Geld verkauften; Kurzform Strick (s. d.). *(Grimm IV, 1178, Pfeiffer 133, Aman 63, Kapeller 46, Jakob 65, Jontes 72)*

Galöre *m. (V)* Schpfw. für grobschlächtigen, dummen Burschen, Mann; siehe auch Laggöre. *(Jutz I, 1053f.)*

Galster *f.* Bez. und Rügewort für vorwitzige Mädchen und Burschen; auch Hexe *(V)*, nach der Galster „Elster", die in der Volksmeinung diesen Charakter zeigt. Dazu kommt auch das Element des Lärmens, lebhaften Scherzens und Schwätzens bei diesem Vogel, das ausgedrückt wird. Ahd. agalstra „Elster", zu westgerm. *ago „die mit dem spitzigen Schwanz". Vom Verbum galstern auch Galsterer *m. (Grimm IV, 1204, UK 264, Kluge 164, Jontes 72, Schatz I, 202, Jutz I, 1054)*

Galsterer *m. (V)* Bez. für Vagabund; wie oben. *(Jutz I, 1054)*

Galsterkathel *f.* Bez. für geschwätziges Frauenzimmer; Vergleich mit der Elster (vgl. Galster, s. d.), die auch als diebisch und flatterhaft gilt. Frauen mit dem Vornamen Katharina (Kurzform Kathel) wurde übertriebene Klatschsucht zugeschrieben. *(WBÖ I, 155, UK 264, Jontes 72)*

Galsterling *m. (St)* Übermütiger Mensch. Vgl. Galster (s. d.). *(WStWB 159)*

Gamaschenritter *m. (W)* Scherzhaft spöttische Bez. für Fußsoldaten, Infanteristen, die zur Schonung der Uniformhose und des Schuhwerkes Gamaschen trugen; arab. gadamasi „Leder aus Gadames" über span. und provenz. zu frz. gamaches. *(Kluge 230, Küpper 95, Schuster 65, Jakob 66)*

Gamp *f. (T)* Bez. für lebhaftes Mädchen, unruhige Person; ma. gampern „hüpfend laufen". *(Schatz I, 202)*

Gambel *m. (T)*, auch **Gammel** *m.* Schpfw. unbest. Bed. für Mensch und Zugtier; zu ma. gampern wie oben, vgl. auch Gammel *f.* „starke Weibsperson" *(Schmeller II, 46), (Pfeiffer 133, Schatz I, 202)*

Gamper *m. (K)* Rügewort für springlebendiges, auch schlimmes Kind; Etym. wie zuvor. *(Pohl 73)*

Gamperfranze *f. (T)* Bez. und Rügewort für Frauensperson, die unruhig und stets unterwegs ist; wie Gamp (s. d.), Franze „Franziska". *(Schatz I, 202)*

Gammel *m.*, siehe Gambel.

Gammi *m. (T)* Bez. für übermütigen, lustigen Kerl. *(Schatz I, 202)*

Gammler *m.* Bez. für ungepflegten Jugendlichen, jüngeren Strolch, Vagabunden. Modewort um 1960; ahd. gamel „Lust, Übermut" zu mhd. gemelich „lustig, wunderlich, närrlich", dazu aber auch norddt. vergammelt „verschimmelt, ungepflegt". *(Pfeiffer 133, Kluge 230)*

Gamliger *m. (St)* Spöttisch für heikligen, wählerischen Menschen. Herkunft dunkel. *(WStWB 159)*

Gamskämmer *m. (St, „-kampler")* Scherzhaft für jemanden, der nutzlose Dinge tut.

Gande *f. (T)* Bez. für robustes, festes, starkes Frauenzimmer; eig. Felsenschutt, Steinbrocken, Moräne, ein vorrom. Alpenwort. *(Grimm IV, 1215, Schatz I, 203)*

Gandhi *m.* Scherzhaft-spöttische Bez. für unterernährte, magere Personen; in der Zeit nach dem Zweiten Weltkrieg nach dem indischen Politiker geprägt. *(Pfeiffer 134)*

Gantsche *f.*, auch **Gauntsche** *(St)* Schpfw. und Bez. für alte Frau. Vielleicht zu ung. gáncs „Tadel, Fehler", oder gancza „Breiknödelchen". *(UK 264, Jontes 72)*

Gánef *m.* Spöttisch, fast anerkennend für schlauen, gerissenen Menschen am Rande der Legalität; jidd. Gauner aus hebr. gannabh „Dieb", das Grundwort für Ganove. *(Kluge 230, Küpper 95, Pfeiffer 134, Wintersberger 30, Teuschl 85)*

Gäggeler *m. (V)* Bez. für langen, hageren Mann. *(Jutz I, 1057)*

Gangster *m.* (auch mit -a- ausgesprochen), Schpfw. auch allg. für jemanden, der gegen einen Kodex verstößt; amerik. gangster „Angehöriger einer Gang, einer Verbrecherbande"; durch

Kriminalroman und Film verbreitet. *(Pfeiffer 134, Kapeller 46, Aman 62)*

Ganke *f.*, **Ganki** *m. (T)* Spött. Bez. für lang gewachsenen, hageren Menschen; Ganker „Spinne, Weberknecht" zu gangeln, gankeln „zappeln, baumeln". *(Grimm IV, 1255, Schatz I, 203)*

Gankerl *m.* Bez. und Rügewort für übermütigen, boshaft-lustigen Menschen, besonders Kind oder Jugendlichen, eigentlich Name des Teufels, besonders als kleiner Bosheitsteufel. Vielleicht zu Ganker „Spinne, unheimliches Tier" zu stellen; vgl. Ganke (s. d.). *(Grimm IV, 1255, Pfeiffer 134, Teuschl 86, UK 266, Lexer, KWB 108, Schatz I, 203, Ziller 65, Jungmair 90)*

Gankerling *m. (T)* Bez. und Rügewort für lebhaftes, auch böses Kind. *(Schatz I, 203)*

Gans *f.* Bez. und Schpfw. für eine sich außerhalb der Norm benehmende Frau, auch im Zusammenhang mit offensichtlicher Dummheit verwendet, dazu für hochfahrendes und eitles Wesen, während das Geschnatter aber nicht zum Ausdruck kommt. Verstärkt mit blöd, eingebildet. Die Verkleinerungsform Ganserl *n.* als Bez. für junges, verlegenes, unerfahrenes Mädchen, jedoch nicht mit den obigen negativen Inhalten, sondern harmlos-mitleidig gemeint. *(Pfeiffer 134, Aman 63, Kapeller 47, Jakob 66, Teuschl 86, Jontes 72, Schatz I, 208, Jutz I, 1058)*

Ganster *f. (T)* Bez. und Rügewort für lebhaftes, unruhiges Mädchen, eig. aufsprühender Funke; ahd. ganastra, mhd. ganster „Funke". *(Grimm IV, 1279f., Schatz I, 204)*

Ganseljüdin *f. (W)* Abwertend für Jüdin; Gänsebraten ist typisch für die klassische ostjüdische Küche. *(Teuschl 86)*

Ganserl *n.*, siehe Gans.

Gansröcker *m. (St)* Altes Schpfw. unbest. Bedeutung; vielleicht wird damit jemand als Gänsedieb angesprochen, einer, der den Gänsen den Hals ausreckt, langzieht, umdreht. *(UK 267, Jontes 72)*

Ganzgescheiter *m. (St, „-gscheiter")* Ein „Ganzgescheiter", Besserwisser, ist noch dümmer als ein „Halbgescheiter". *(WStWB 160)*

Gartenzwerg *m.* Abfäll. Bez. für lächerlichen, kleingewachsenen, unscheinbaren Menschen; nach den kitschig-lustigen Gips- oder Plastikzwergen als bunter Gartendekoration. Auch „lächerlicher G."; auch Buttenzwerg *(W)*. *(Pfeiffer 135, Kapeller 47)*

Gartgänger *m.* Synonym für Landstreicher, jemand, der auf die „Gart" geht, was der Begriff für das Herumtreiben herrenloser, abgedankter Landsknechte war. Zu frz. garde „Wache". *(Grimm IV, 1416, UK 268, Jontes.)*

Gari *m.* Bez. und Schpfw. für Kretin, Blödsinnigen, aber auch ungehobelten, rohen Burschen. Auch in der Zusammensetzung Girigari (s. d.). Falls nicht ein Lallwort vorliegt, ist an Verwandtschaft mit der ma. Bez. Gari *m.* für alten, abgebrauchten Karren zu denken, mit dem der Vergleich geführt wird. Wegen der Bedeutungsdifferenz ist an Ableitung von Garl (s. d.) wohl nicht zu denken. In der Verbindung langer Gari tritt der Inhalt des Kretinösen zurück. Idiotikon Fohnsdorf, 1813: „Gari, auch Girigari: ein blöder, verstümmelter Mensch, auch ein Schimpfwort statt Lümmel, Trotl, Tost." *(Schmeller I, 929, UK 268, Jontes 72f.)*

Garl *f.* Leicht abfällige Bez. für geschäftig tätiges, hin und her schießendes Frauenzimmer. Zu ma. garlen „geschäftig hin und her gehen". Vielleicht Zusammenhang mit Garler „Lohnkutscher, Karrenfuhrmann" *(vgl. Lexer, KWB 108).* Siehe auch „Goare". *(UK 268, Jontes 73)*

Garniemand *m. (St, „-neamd")* Unbedeutende, nichtige Person. Bin ich schon der G.? „Gelte ich schon überhaupt nichts mehr?" *(Pfeiffer 135, WStWB 159)*

Gaspel *m.*, siehe Gispel. *(Lexer, KWB 114, Schatz I, 235)*

Gasch *m. (K)* Bez. und Schpfw. für läppisch daherredenden Menschen; ma. oberdt. gäschen „schäumen, gären", hier „speichelnd reden". *(Lexer, KWB 109)*

Gäsche *f. (V)* Schpfw. für liederliche Frau; eig. Hündin, zu gäschen „schäumen". *(Jutz I, 1064)*

Gassenbub *m.* Bez. und Schpfw. für schlimmen, ungezogenen, schlecht erzogenen Knaben, einen, der sich immer auf der Gasse herumtreibt. *(Grimm IV, 1448, Pfeiffer 135, Jutz I, 1064f.)*

Gassenengel *m. (V)* Bez. für jemanden, der auf der Gasse freundlich, daheim jedoch zänkisch ist. Redensart „Gassenengel – Hausbengel". *(Pfeiffer 135, Jutz I, 1065)*

Gassenführer *m.* Älteres Schpfw. (17. Jh.); vielleicht gemeint als gassenfahrend „sich auf der Gasse herumtreibend" (Leute, die gassatim gehen; vgl. Grimm IV, 1448). *(UK 269, Jontes 73)*

Gassengeist *f. (T, „-gischte")* Abfäll. Bez. und Schpfw. für Frauenzimmer, das sich herumtreibt; vgl. Giste (s. d.). *(Schatz I, 238)*

Gassenmensch *m.* Auf Mädchen bezogen, wie Gassenbub; vgl. auch Mensch *n.* (s. d.). *(Küpper 95, Pfeiffer 135)*

Gassenraup *m. (T)* Wie oben, auf Männer bezogen; vgl. Raup (s. d.). *(Schatz II, 475)*

Gauch *m.* Schpfw. für eingebildeten Menschen, „eitler G.". Ma. Gauch „Kuckuck". *(Küpper 96, Pfeiffer 136)*

Gaudel *m. (K)* Bez. und Schpfw. für Menschen, der zwar viel spricht, aber nur wenig Gehaltvolles von sich gibt, Schwätzer, vgl. Gauder „Truthahn" *(T)*, ma. gaudern „schreien (wie ein Truthahn)". *(Grimm IV, 1538, Lexer, KWB 110)*

Gaudieb *m.* Schpfw. im Sinne von Dieb (s. d.); nd./nl. gauwe dief „flinker Dieb" oder auch analog zu mhd. lantdiep. *(Grimm IV, 1538, Pfeiffer 136, Jakob 48, Kluge 236)*

Gaugel *f. (V)* Bez. und Schpfw. für einfältiges Weib; Herkunft wie Gaukler (s. d.). *(Grimm IV, 1448, Jutz I, 1069)*

Gaukler *m.* Hochsprachl., aber auch schon umgangsspr. für Schwindler, Lügner, Mensch, der etwas vorgaukelt; ahd. gouggolon, mhd. gouggeln „Zauberei treiben", Gaukler urspr. „Zauberer, Taschenspieler". *(Grimm IV, 1563ff., Pfeiffer 136, Kapeller 48, Jakob 67, Jutz I, 1069)*

Gauner *m.* Eines der häufigsten Schpfw. aus dem sozialen Bereich; rotw. Jauner urspr. Falschspieler von jōwānen „falsch spielen wie ein Grieche" (hebr. jōwōn „Grieche", eig. „Ionier"), nach den zahlreichen, nach der Eroberung von Konstantinopel 1453 heimatlos umherziehenden Griechen, von denen viele auf die schiefe Bahn gekommen waren. Vgl. auch frz. grec „Falschspieler". Älter auch Jauner. *(Grimm IV, 1583ff., Kluge 236, Pfeiffer 136, Puchner 237, Schatz I, 208, Jutz I, 1070)*

Gaunkler *m. (T)* Bez. für lebhaften, lustigen Menschen; ma. gaunkeln „baumeln" *(Grimm IV, 1586),* vermengt mit gankeln „gestikulieren". *(Schatz I, 208)*

Gausrab *m. (W)* Schpfw. für Geizhals, habsüchtigen Menschen, charakterlosen Kerl; Herkunft unsicher, viell. zu mhd. gouse „hohle Hand (eines Diebes)". *(Schmeller I, 947)* oder zu ital. gazza, gazzera „Elster". *(Jakob 67, Schuster 65f.)*

Gatzger *m. (V)* Bez. und Spottwort für Stotterer; ma. gatzen „stottern, stammeln". *(Grimm IV, 1517, Jutz I, 1068)*

Gepack *n. (W, N)* Bez. und Schpfw. für trotziges, ungezogenes Kind, auch flatterhafte, unordentliche Frau, nichtsnutzigen Mann; mhd. gebâge „Zank, Hader" (Koll. zu bâc „ds."). *(WBÖ II, 89, Schuster 66)*

Gebackener *m. („Bachener")* Abfällige Bez. für Homosexuellen, aus dem Wiener Jargon. Wie Geheizter, Warmer (s. d.). Wort, das animalische Wärme, Intimität zum Ausdruck bringt. *(Teuschl 40, Wehle 26, Jontes 73)*

Gepanz *n. (T)* Verächtl. Bez. für Kinderschar; Kollektivbildung zu Panze, Panzen „Kind im abfäll. Sinne" (s. d.); vgl. auch Panzach (s. d.). *(WBÖ II, 257)*

Gepel *m. („Göpel")* Schpfw., das Dummheit ausdrückt. Eigentlich Krautkopf, bergmannssprachlich jedoch Gebäude, Förderhaus über dem Schacht. Möglicherweise von griech. kephalé. *(Kluge 265, Jontes 73)*

Gefehlter *m. (T, „Gefahlter")* Abfäll. Bez. für missratenen Menschen, Behinderten; ma. fahlen „verfehlen". *(Schatz I, 155)*

Gefick, Gefickert *n. („Gfickert")* Eher abfällig für eine Schar kleiner Kinder. Koll. zu ficken „coire", also „das durch Ficken Entstandene". *(Pfeiffer 136)*

Gefocks *m. (St, „Gfocks")* Kleiner Lauser. *(WStWB 170)*

Gefraß *n.*, **Gefraßt** *n. („Gfraß", „Gefraßt")* Kollektivbez. für Gesindel, Lumpenpack; ursprünglich schlecht zubereitetes, unappetitliches Essen (zu fressen). Vgl. auch Teufelsgefraß (s. d.). *(Pfeiffer 145, Wintersberger 31, Teuschl 88, UK 273, Jontes 73, Pohl 78, Ziller 67)*

Gefraßtsackl *n. (W, „Gfraßt-")* Für Schuft im scherzhaften Gespräch. *(Teuschl 88)*

Gefratz *n. (T)* Derb-abfällig für Kinderschar; vgl. Fratz (s. d.). *(Schatz I, 211)*

Gefrettbruder *m. (St)* Bez. für jemanden, der sich mühsam durchs Leben bringt. durchfrettet; vgl. auch Fretter (s. d.). *(WBÖ III, 1147, Jakob 69)*

Gefriehütten *f. (S)* Bez. für Menschen mit bösem Mundwerk, üblen Schwätzer; sprachl. Bezüge unklar. *(Ziller 67)*

Gefrieß *n. („Gfrieß")* Abfälliges Schpfw., vor allem für Jugendliche verwendet. Bezeichnet eigentlich das Gesicht (zu fressen), das dann die ganze Person meint. *(Pfeiffer 136, Aman 64, Teuschl 88, Jontes 73, Ziller 68)*

Gefrorenheckerl *n. (St, „Gfroren-"),* **Frorenheckerl** *n.* Ironisch für Kind, das ständig unter Kälte leidet. Siehe auch Heckerl *n. (WStWB 169)*

Gefrörlingfanger *m. (St)* Bez. für einen, der sich immer über die Kälte beklagt, sich Frostbeulen einhandelt. *(Jontes 73)*

Gefüllter *m. („Gfüllter")* Spöttisch-abfällige Bez. für dicken Menschen. *(Teuschl 88, Jontes 73)*

Gegel *m. (K)* Bez. für schwachen, auch feigen Menschen; Dim. „Gegile" *n.* für schwächliches, kränkliches Kind; wie Gigel (s. d.), siehe auch Gogel. *(Lexer, KWB 111)*

Gegler *m. (T)* Bez. für jemanden, der hastig spricht; ma. Gegel *f.* „Mundwerk". *(Schatz I, 230)*

Geheizter *m. („Ghazter"),* siehe Gebackener. *(Wintersberger 31, Teuschl 89, Jontes 73)*

Geider *m. (T)* Bez. und Rügewort für Prahler, Großsprecher; mhd. giuden, ma. geuden, geiden „prahlen". *(Schatz I, 235)*

Geitkragen *m. (K)* Bez. und Schpfw. für Geizhals, neidischen Menschen; ältere Nebenform von Geiz-. *(Grimm V, 2808f., Lexer, KWB 112)*

Geier *m.* Schpfw. für gierigen Menschen, einen, der sich wie ein Geier auf die Beute stürzt; auch rigoroser Geschäftsmann. Vgl. auch Arschgeier, Autogeier, Geldgeier (s. d.). *(Pfeiffer 137, Teuschl 87)*

Geierer *m.* Bez. und Rügewort für habgierigen Menschen, der sich wie ein Geier (damit können auch andere Greifvögel wie der Habicht gemeint sein) auf etwas stürzt. Von Geiern „sich auf etwas stürzen". *(Jontes 73f.)*

Geige *f. (W, „Geigen")* Bez. und Schpfw. für alte Frau („alte G."); eig. Synonym für Vulva, nach dem Instrument mit Anklang zu Feige. *(Grimm V, 2573, Küpper 97, Pfeiffer 137, Jakob 68)*

Geimerl *n.* Bez. für klein geratenen, schwächlich gebauten Menschen („so a Geimerl"), auch allgemein für Kleinigkeit, Stückchen, kleine Objekte. Dunkler Herkunft, vielleicht zu Gaumen, etwas, was zwischen Zunge und Gaumen Platz hat, ein Mund voll. *(UK 276, Jontes 74)*

Geimetzer *m. (St, „Goametzer")* Bez. und Schpfw. für Schwächling; geimetzen, gaumetzen „gähnen" Intensivform von gaumen „ds.". *(Grimm V, 2606, Schatz I, 200)*

Geink *m. („Goank")* Bez. für Menschen, der einen plumpen, ungeschickten Gang hat, auch Dummkopf. Vielleicht Ableitung von gehen mit Anklang an Pienk (s. d.), für Dummkopf vgl. auch ma. genken „schimpfen, übel reden" *(T)*. Vgl. auch Gienk (s. d.). *(UK 276, Jontes 74, Schatz I, 234)*

Geinkel *m. (St, „Geankl")* Dumm-primitiver Mensch. Siehe Geink (s. d.). *(WStWB 159)*

Geiß *f. („Gaas, Goas")* Allgemeines Schpfw. für Frauenspersonen („blöde, dumme Geiß"). Immer in ma. Formen verwendet (älter „Goaß", stadtma. „Gaß"). *(Pfeiffer 138, Teuschl 85)*

Geißbauer *m. („Goaß-")* Spött. Bez. für Kleinbauern, Keuschler, die sich statt einer Kuh nur eine Ziege halten konnten. *(WBÖ II, 584)*

Geißbock *m. („Goaß-", stadtma. „Gaß-")* Spottname für Schneider, die im Volks- und Handwerkerspott immer wieder mit Geiß und Ziegenbock in Verbindung gebracht werden, auch für Trotzkopf wegen des sturen Charakters des Bockes oder für ungepflegten, stinkenden Menschen *(W)*. Rügend „er hüpft wie ein G." Auch für mageren, großen Mann. *(WBÖ III, 518, Pfeiffer 138, Jutz I, 1097)*

Geißpüler *m. (St)* Altes Schpfw. unklarer Bedeutung für Schneider (15. Jh.), Vgl. auch Geißbock, Geißreiter (s. d.). *(UK 276, Jontes 74)*

Geistel *m. (T, „Geastel")* Bez. und Schpfw. für bösen, auch ungeschickten Menschen; Nebenform von Geißel. *(Grimm V, 2615, Schatz I, 231)*

Geißgagler *pl. (V)* Spottname für die Bewohner von Bizau; Geißgagel „Ziegenexkremente". *(Jutz I, 1098)*

Geißhaxelbalbierer *m. (W, „Gaß-")* Scherzhaft-abfällig für Friseur, Barbier, der nur einen kleinen Laden betreibt. *(WBÖ II, 100f., Jakob 66, Schuster 65)*

Geißreiter *m. (St, „Goaß-")* Älteres Schpfw., bei UK a. a. O., „schmutzigen Sinnes" (sodomitisch gemeint), jedoch wohl wie oben Schneiderspott. Dem Schneider wird als ihm angemessenes Reittier die Ziege zugewiesen. Eine Erklärung besagt, dass die Schneider bei ihrer Arbeit auf hölzernen Bänken („Böcken") gesessen seien und deshalb die scherzhaft-spöttische Umdeutung erfolgt wäre. *(UK 276, Jontes 74)*

Geizbeutel *m. (St)* Synonym für Geizhals usw. Vgl. auch Beutel (s. d.). *(WBÖ II, 716)*

Geizteufel *m. (St)* Wie zuvor. *(WStWB 159)*

Geizhals *m.* Wie hochsprachl. *(Grimm V, 2819, Pfeiffer 139, Jutz I, 1101)*

Geizhammel *m.* Wie zuvor. *(Pfeiffer 139)*

Geizkragen *m.* Wie zuvor; siehe auch Geitkragen. *(Grimm V, 2822, Pfeiffer 139, Kapeller 49, Jakob 68, WStWB 159, Jutz I, 1101)*

Geizkropf *m. (St)* Synonym für Geizhals, Geizkragen, wobei als typisch steirische Differenzierung der Kropf eingesetzt wird. *(UK 277, Jontes 74)*

Gejathifler *m. (St)* Bez. und Schpfw. für Nichtsnutz, auch mageren, „zaundürren" Mann; ma. Gejat *n.* „das (an Unkraut) Gejätete", Hifler *m.* „Holzgestell zum Grastrocknen, Hiefel".

Gelappe *n. („Glapp")* Abfäll. Bez. für üble Sippschaft, minderes Gesindel, auch läppische Personengruppe; zu Lapp (s. d.) als Kollektivbildung. *(Schatz I, 214, Ziller 69)*

Gelasch *n. (T)* Wie zuvor; vgl. Lasche (s. d.). *(Schatz I, 214)*

Gelber I *m.* Abfäll. Bez. für Asiaten mongolischer Rasse; vor 1938 auch für Angehörigen der systemkonformen, „gelben" Gewerkschaften. *(Pfeiffer 139)*

Gelber II *m. (W)* Schpfw. für Homosexuellen. Nach einer Kontaktfreudigkeit signalisierenden Blondfärbung der Haare. *(Teuschl 87)*

Gelbfüßler *m.* Scherzhaft-spöttische Bez. und Schpfw. für die Bewohner bestimmter Landschaften, so des Burgenlandes, weil hier die Einheimischen wegen des lehmigen Bodens stets lehmgelbe Beine, Füße hätten. In der Steiermark für die Bewohner des weststeirischen Sulmbereiches westlich Leibnitz. Übertragen des Synonyms für die bekannten, dort von den Bauern gezüchteten Sulmtaler Hühner, die ihren Namen von der gelben Farbe ihrer Beine erhielten. Als Gegendbez. deshalb heute noch in der übrigen Steiermark „dort unten bei den Gelbfüßlern", danach auch der volkstümliche Gelbfüßlerexpreß für die längst eingestellte Lokalbahnlinie Leibnitz–Deutschlandsberg, auf der die Hühner nach Leibnitz gebracht wurden. Eine andere Erklärung weist auf den angeblichen Schildbürgercharakter der Leute in dieser Gegend hin: Um mehr Eier in einem Tragkorb („Butte") packen zu können, hätte man diese mit Füßen in denselben hineingetreten und davon gelbe Füße bekommen. Vgl. dazu auch den gleichlautenden Stammesspott, den die Nachbarn der Schwaben auf diese anwenden *(dazu Grimm V, 2886), (Jontes 74)*

Gelbschnabel *m. (V)* Schpfw. für unerfahrenen, unreifen jungen Menschen; wie Grünschnabel (s. d.). *(Grimm V, 2888, Pfeiffer 139, Jutz I, 1104f.)*

Geldprotz *m.* Bez. und Schpfw. für einen mit seinem Vermögen Prahlenden. *(Aman 63f.)*

Geldegel *m.* Bez. für Wucherer, geldgieriger Mensch, der die Leute wie ein Blutegel aussaugt. *(Grimm V, 2910, UK 278, Jontes 74f.)*

Geldgeier *m.* Geldgieriger Mensch; vgl. Geier (s. d.).

Geldkatze *f. (V)* Rügewort und Bez. für geizigen Menschen, besonders geldgierige Frauensperson; eig. Geldbeutel. *(Grimm V, 2914, Jutz I, 1106)*

Gelfe *f. (V)* Bez. und Schpfw. für streitsüchtige Frau; mhd. gelfen „schreien, übermütig sein". *(Jutz I, 1109)*

Geliebtin *f. (W)* Scherzhaft-spöttische doppelte weibliche Bildung aus Geliebte. *(Jakob 68)*

Gelogener *m. (St, „Glogner")* Synonym für Lügner, verlogener Mensch. *(UK 279, Jontes 75)*

Gelse *f.* *(„Gölsen")* Bez. für hageren, mageren Menschen, auch lustiges, ein wenig aufdringliches Mädchen; schieche G. für hässliches Mädchen und geselchte Gelsen für Schwächling *(W)*; nach dem langbeinigen Insekt, der Stechmücke, dessen Name von gellen „schrill tönen", bair. gelseln „summen" kommt. *(Grimm V, 3052, Kluge 245, Schmeller II, 39, Pfeiffer 140, Jakob 68, Teuschl 87, WStWB 159, Lexer, KWB 112)*

Gelumpe *n.*, **Gelumpert** *n.* *(„Glump", „Glumpert")* Abfällige Bez. für die sozial untersten Schichten; Gesindel, Lumpenpack, Kollektivbildung von Lump, Lumpen. Häufiger gebraucht in der ursprünglichen Bed. „wertlose, verbrauchte, unbrauchbare, unpraktische Dinge, Geräte, Werkzeuge"; spöttisch als langes G. für großgewachsenen, hageren Menschen. *(Grimm V, 3109, Pfeiffer 140, Jakob 70, Teuschl 90, UK 279, Jontes 75)*

Gelürzbottich *m.* *(O)* Bez. für jemanden, der viel und hastig trinkt; zu lurzen, lutzeln „saugend trinken". *(WBÖ III, 679)*

Gelustfuchs *m.* *(St, „Glust-")* Bez. und Rügewort für Menschen, der lüstern nach etwas ist. Dies muss nicht unbedingt auf Sexuelles gerichtet sein, da gelustig „begierlich, voller Verlangen" sich vor allem auf Speise und Trank bezieht. *(UK 279, Jontes 75)*

Gemeinderatsche *f.* *(O, „Gmoanratschen")* Bez. und Schpfw. für Tratschweib, klatschsüchtige Frau, wie Ratsche, Ratschkathel, Karfreitagsratsche (s. d.). Gmoan- *f.* „Gemeinde-" will dörflichen Gemeinschaftsbesitz andeuten. *(Jungmair 98)*

Gemeindestier *m.* *(„Gmoanstier")* Scherzhafte Bez. für sexuell besonders aktiven Mann, meist im ländlichen Milieu. Er wird mit dem besten Stier des Dorfes verglichen, der für die Befruchtung der Kühe gebraucht wurde. Idiotikon Rottenmann, 1818: „Bist a rechta Gman Stier: Verführer der Mädchen." *(Aman 66, Pfeiffer 140, Jontes 75, Jungmair 99, Jutz I, 1116)*

Gemütsmensch *m.* Hochsprachl. Gegensatz zum Verstandsmenschen, auch tadelnd-ironisch für Rohling, dessen Gefühl durch das Leiden anderer nicht berührt wird. *(Grimm V, 3339)*

Gemuraal *m.* *(N, B, „Gmur-")* Rügend für Menschen, vor allem Kinder mit schmutzigem, ungewaschenem Gesicht; eig. der im Schlamm („Mur", „Gemur") lebende Aal. *(WBÖ I, 123)*

Gemüse *n.* Scherzhaft-abfällig für junges Volk, Kinder („junges, unreifes G."), wie Junggemüse (s. d.). *(Pfeiffer 141, Kapeller 49)*

Genäge *m.* *(V)* Bez. und Rügewort für jemanden, der nicht ordentlich isst, sondern nur an etwas herumnagt; zu nagen. *(Jutz I, 1120)*

Genack *f.* *(T)* Bez. für Gesindel, Familie mit üblem Ruf, Sippschaft; zu necken. *(Schatz I, 216)*

Gentsche *f.* *(T)* Bez. und Schpfw. für widerspenstigen, ungeschlachten, groben Menschen; ma. gentschet „unförmig, groß". *(Schatz I, 234)*

Genke *f., m. (T)* Bez. für robustes, großes Weibsbild, aber auch schwächliches Kind; vgl. auch Gienk (s. d.). *(Schatz I, 203, 234)*

Genossen *pl.* Mit leichtem Spott als „die Genossen“ für Parteigänger und politische Funktionäre der SPÖ nach deren Anrede „Genosse“, die auch unter den Angehörigen der verschiedenen kommunistischen Parteien zum Ritual gehörte bzw. noch immer gehört. Vgl. auch Kameraden, Mannen (s. d.).

Genussspecht *m.* Spöttisch-anerkennend für Genussmenschen, jemanden, der es sich gut gehen lässt. *(Pfeiffer 141, Teuschl 88)*

Gerippe *n.* Scherzhafte Bez. für sehr mageren Menschen. *(Grimm V, 3712, Pfeiffer 141, Jutz I, 1134)*

Gerkler *m. (T)* Bez. und Rügewort für lässigen Arbeiter; ma. gergglen „langsam sein“. *(Schatz I, 234)*

Gespargel *m. (St, „Gspargel“)* Abfäll. Bez. für Jugendlichen im Sinne wie von Spargel emporschießend. Kollektivbildung von Spargel (lat. asparagus). *(Jontes 75)*

Gespaßmacher *m. (W, „Gspaß-“)* Wie Spaßmacher, Witzbold. *(Jakob 76)*

Gespenst *n. („Gspenst“)* Bez. für krank aussehenden Menschen, aber auch für unruhiges, lebhaftes Mädchen, Kind *(T)*; Gespenst „Geist, Gespenstererscheinung“ zu ahd. spanan „locken“. *(Grimm V, 4140ff., Kluge 254, Pfeiffer 144, Jakob 76, Schatz I, 224)*

Gesperele *n. (T, „Gsperele“)* Bez. auch abfällig für schwächliches Kind; ma. spör, sper „ausgetrocknet, saftlos“. *(Schatz II, 588)*

Gesponsin *f. (S, „Gsponsin“)* Braut, Geliebte, auch im abfälligen oder spöttischen Tone: Lehnwort aus lat. sponsa „Braut“ mit zusätzlicher weibl. Endung. *(Grimm V, 4157, Ziller 80)*

Gespule *m.* Scherzhaft für Knirps, kleinen Jungen. Herkunft unklar. *(Teuschl 99)*

Gespusi *n. („Gspusi“)* Abfäll. Bez. nicht nur für ein Liebesverhältnis an sich, sondern auch den weiblichen Teil davon. Liebchen, Braut; von ital. sposa „Braut“ (lat. sponsa) mit Kollektivbildung. *(Wintersberger 36, Teuschl 99, Schatz II, 592, Ziller 80, Jutz I, 1161f.)*

Geschaftelberger *m.* Synonym und Rügewort für Wichtigtuer oder jemanden, der neben seinem Beruf in Gremien, Vereinen u. dgl. viele Aufgaben („Geschafteln“) übernommen hat oder sich in alles einmischt. Die Verbindung mit landläufigen Familiennamen (ähnlich wie Biedermeier) als abwertender Effekt. Die unverstärkte Form ist Geschaftler *m.* Häufiger ist in derselben Bed. Geschaftelhuber. Vgl. auch Vereinsmeier (s. d.). *(Aman 72, Kapeller 55, Jakob 74, UK 284, Jontes 75)*

Geschaftelhuber *m. („Gschaftlhuaber“)* Wie zuvor, Wichtigtuer. *(Wintersberger 34, Pfeiffer 142, Teuschl 96, WStWB 162, Pohl 90, Schatz I, 219, Jungmair 106)*

Geschaftener *m. (St, „Gschaftener“)* Bez. für hochnäsigen, gespreizt tuenden Menschen, Geck. *(UK 284, Jontes 75)*

Geschaftler *m. („Gschaftler")* Wie zuvor. *(UK 284, Jontes 75, Schatz I, 219)*

Geschackel *m. (T, „Gschackl")* Bez. und Rügewort für ungeschickten, unbeholfenen Menschen; vgl. Schackel (s. d.). *(Schatz I, 219)*

Geschälter *m. (W, „Gschölter")* Abfällig für Polizist; ma. schälen „zum Narren halten". *(Teuschl 96)*

Geschamster, **-er** *m. („Gschamster, -er")* Abfällige Bez. für Geliebter. Eigentlich einer, der als Gruß „Gehorsamster Diener" sagt. *(Wintersberger 35, Teuschl 96, Jontes 75, Pohl 90, Ziller 77)*

Gescheit, der Herr *m. (W)* Abfällig für neunmalklugen Mann. *(Teuschl 96)*

Gescheiter *m. (St)* Aufdringlich gescheiter Mensch. *(WStWB 170)*

Gescheiterl *n.* Spöttisch für jemanden, der sein Wissen allzu sehr in den Vordergrund stellt. *(Teuschl 96)*

Gescherter *m. („Gscherter")* Bez. für ungehobelten, taktlosen, bäurisch, aber auch ländlich unbeholfenen, im städtischen Milieu verunsicherten Menschen, dazu auch in der Bed. Mensch ohne Geschmack. Für den Wiener alle übrigen Österreicher. Auch als Eigenschaftswort anderen Schpfw. beigesellt („gescherter Rammel, Hund, Affe"). Schpfw. im bairischen Mundartraum, das den einst geschorenen, untertänigen Bauern im Gegensatz zum langhaarigen Freien meint. Auch heute durchaus als abfällige Bezeichnung für den Bauern oder Leute vom Lande verwendet. In der Rolle des Travnicek hat Helmut Qualtinger als Kabarettist den Ausdruck „Gscherte im Pelz" für das nordskandinavische Volk der Lappen geprägt. *(Pfeiffer 142, Aman 73, Kapeller 55, Wintersberger 35, Jakob 74, Teuschl 96, Jontes 75f.)*

Gescheuche *n. (T, „Gschuich")* Bez. und Schpfw. für üble Frauen; Kollektivbildung zu Scheuche „Vogelscheuche". Siehe auch Rappengescheuch. *(Schatz I, 220, II, 520)*

Geschichtenmacher *m. („Gschichten-")* Bez. für umständlichen Menschen, aber auch sich widersetzlich Gebenden, einen, der „Geschichten" (Umstände) macht. *(Jakob 74)*

Geschiet *n. (K, „Gschiat")* Abfäll. Bez. für verachtenswerten Menschen, Pack, Bagage; Herkunft dieser Kollektivbildung unklar. *(Lexer, KWB 218)*

Geschiegleter *m. („Gschiegleter", „Gschiengleter")* Spöttisch-herabsetzende Bez. für schielenden Menschen. Ma. schiegeln, schienkeln „schielen". *(Aman 73, Jontes 76)*

Geschirr *n. (V)* Abfäll. Bez. für alte Frau. *(Grimm V, 3889, Jutz I, 1146)*

Geschirrlbrunzer *m. (W, „Gschirrl-")* Scherzhaft-abfällig für Friedhofsgärtner, denen man nachsagte, dass sie ihre Notdurft in das Blumengeschirr auf den Gräbern verrichteten. *(Teuschl 97)*

Geschlampe *n. („Gschlamp")* Bez. für niederes Volk, schlechtes Weibervolk, arbeitsscheues Gesindel, Abfall, Kollektivbildung zu Schlampe (s. d.). *(UK 285, Jontes 76, Jakob 74)*

Geschlempt *n. (T, „Gschlemt")* Wie zuvor. *(Schatz I, 221)*

Geschlütter *n. (T, „Gschlitter") Abfällig* für Städter, noble Leute, vom Bauern verwendet; eig. „das Schlottrige, Leute in schlottrigen Kleidern". *(Schatz I, 221, Grimm V, 3923f.)*

Geschmacherl *n. (O, „Gschmacherl")* Bez. für einfältig-naives, jedoch gutartiges Geschöpf; zu geschma „langsam, gemütlich". *(Jungmair 107)*

Geschmalzener *m. (W, „Gschmalzener")* Gaunersprachl. für Vorbestraften, jemanden, der seine Strafe („Schmalz") ausgefasst hat. *(Petrikovits 39)*

Geschmeiß *n. („Gschmoaß")* Wie hochsprachl. Gesindel, Geschmeiß ursprünglich Unrat von Vögeln, Insekten usw. Kollektivbildung zu mhd. smeizen „scheißen". *(Grimm V, 3942f., Pfeiffer 142, Schatz I, 221, Jungmair 108, Jakob 75)*

Geschmierter *m. („Gschmierter")* Gauner-, dann auch umgangssprachl. für Polizist im abfälligen Sinne; siehe Schmier. *(WBÖ III, 574, Küpper 103, Teuschl 97)*

Geschnackets *n. (S, „Gschnackets")* Bez. für Kinderschar im leicht abfälligen Sinne; eig. Geplauder, Geschwätz. *(Ziller 78)*

Gschnas *n.*, siehe Geschneise.

Geschneitel *n.*, **Geschneitelwerk** *n. („Gschnoatel-")* Bez. für soziale Unterschichten, Angehörige derselben. Zu schneiteln (Intensivbildung zu schneiden) „etwas zerhacken, zerkleinern" (Äste zu Brennholz, Innereien usw.). Idiotikon Fohnsdorf, 1813: „Gschnoatl, Gschnoatlwerch: Gesellschaftlich geringfügiger Mensch". *(Jontes 76)*

Geschneise, **Geschneiswerk** *n.* (*„Gschnoa", „Gschnas"* stadtma.) Bez. für Volk, Leute, gemischte Gesellschaft; Kollektivbildung zu Schneise *f.* „Zweig, Gerte, Reihe, Schnur, Perlenschnur" („Schnoasn"). Auch die Nähe zu dem ähnlich klingenden Geschmeiß („Gschmoas") mag den negativen Inhalt beeinflusst haben. *(UK 286, Jontes 76, Ziller 78, Grimm V, 3950)*

Geschnudel *n. (W, „Gschnudel")* Abfäll. Bez. für minderwertige Leute, Gesindel, Gelichter, Pack, Bagage; mhd. snoede „verächtlich, gering, arm"; Nähe auch zu ma. schnudeln „abschlecken, unaufhörlich reden". *(Grimm V, 3952, Jakob 75, Schuster 72)*

Geschrapp *n.* („Gschrapp"). Abfällige Bezeichnung für Kind, Kleinkind. Kollektivbildung zu schrappen „zusammenkratzen" (etwa Teigreste im Backtrog usw.). *(Wintersberger 36, Teuschl 98, Jontes 76, Hager 20)*

Geschratz *n. (N, „Gschratz")* Bez. für Kinder in leicht abfälligem Ton; Kollektivbildung von Schrat? (s. d.); Nebenform Geschrutz (s. d.). *(Hager 20)*

Geschriener *m. (St) („Schriaraner")* Bez. und Rügewort für Schreihals, Polterer, Menschen mit überlautem Stimmeinsatz. Bildung wie in Gelogener (s. d.), Gesoffener. *(UK 286, Jontes 76)*

Geschrutz *m. (W, „Gschrutz")* Geschratz (s. d.) Kind, Knirps. *(Teuschl 97)*

Geschuserl, **Geschussel** *m. (N, „Gschuserl, Gschussl")* Schusseliger, nervöser, hastiger Mensch; wie Schussbartel (s. d.). *(Hager 20)*

Geschwadrant *m. (W, „Gschwadrant")* Bez. für Vielredner, Aufschneider, Fantast, Plauscher; zu schwadronieren „daherlügen", vgl. Schwadroneur (s. d.). *(Jakob 75)*

Geschwärl *n. („Gschwärl")* Abwertende Bez. für lästigen Menschen, der mit einem kleinen Geschwür, Eiterbeule (mhd. geswer) verglichen wird. Aman a. a. O. erklärt aus mhd. geswehere „angeheiratete Verwandtschaft, Schwägerschaft". *(Pfeiffer 142, Aman 74, Kapeller 56, Jontes 76)*

Geschwuf *m. („Gschwuf")* Abwertende Bez. für Stutzer, Angeber, Modenarr, Hohlkopf. Dunkler Herkunft. Das gleichlautende Wiener Jargonwort für Liebhaber, Freund, erklärt Wehle a. a. O. mit missverstandenem frz. „permettez que je vous fasse mon compliment" als Soldatenanrede der Franzosenzeit an Mädchen und Frauen. *(Wintersberger 36, Jakob 75, Wehle 75, Teuschl 98, UK 287, Jontes 76)*

Gestatel *f. (St, „Gstatel")* Abfällige Bez. für Frauenzimmer. Übertragen von einem Wort für (Span-)Schachtel („Spatel"). Vgl. auch Schachtel (s. d.). *(UK 287, Jontes 76)*

Gestalt *f. („Gstalt")* Bez. für großgewachsenen Menschen, aber auch allg. in abfälligem Sinne, wie Figur (s. d.). *(Grimm V, 4177ff., Pfeiffer 144, Schatz I, 225)*

Gestauchter *m. (W, „Gstauchter")* Scherzhaft für einen Menschen mit kurzen Beinen. *(Teuschl 99)*

Gestell *n.* Leicht tadelndes Wort, das nicht unbedingt etwas über die Körpergestalt des Angesprochenen aussagen muss. *(Pfeiffer 144, WStWB 162)*

Gestopfter *m. („Gstopfter")* Abfällige Bez. für reichen, begüterten Menschen, der bildlich die Taschen mit Geld vollgestopft hat. *(Teuschl 100, Jontes 76)*

Gestohlener *m. (St, „Gstohlener")* Bez. und Rügewort für jemanden, der stiehlt, Dieb; „falsche" Partizipverwendung wie in Gelogener, Gesoffener (s. d.).

Gestörter *m.* Neueres Schpfw. und Bez. für dummen, außerhalb der Norm handelnden Menschen; Hinweis auf Störung des Verhaltensstandards. Vor allem jugendsprachlich. *(Pfeiffer 144, Jontes 76f.)*

Gestudierter *m. („Gstudierter")* Spöttisch-anerkennend für Akademiker, allg. gebildeten Menschen mit höherer Schulbildung. *(Teuschl 100)*

Gestümmel *m. (W, „Gsteamel")* Scherzhaft für kleingewachsenen Menschen, Knirps; von stümmeln „zerkleinern". *(Teuschl 99)*

Geselchter *m. (W, „Gsölchter")* Scherzhafte Bez. für mageren, quasi luftgetrockneten, durch Räuchern, Selchen konservierten Menschen; auch Dummkopf, selbst für Polizisten verwendet. *(Petrikovits 40)*

Geselle *m.* Abfäll. Bez. für Mann allg. („ein schöner G."). *(Pfeiffer 142, Jutz I, 1155)*

Gesieberl *n.*, **Gesieberlwerk** *n. („Gsieberl")* Abfällige Bez. für Gesindel, Lumpenpack; wörtl. das Gesiebte bzw. das, was beim Sieben an Grobem, Unbrauchbarem zurückbleibt. *(Jontes 77, Jungmair 108, Ziller 79)*

Gesieberlfelberer *m. (W, „Gsieberlfölberer")* Abfällig für Bettelbriefschreiber; gaunersprachlich Gsieberl auch für Kassiber „geheimer Brief in das oder aus dem Gefängnis" (hebr. kathabh „schreiben" zu kethibha „Geschriebenes"); ma. felbern „schreiben". *(Jakob 106, Kluge 356)*

Gesichterschneidwächter *m. (W, „-wachter")* Bez. für Polizist, scherzhafte Verballhornung von Sicherheitswachmann. *(Jakob 76, Schuster 72)*

Gesiefer *n. (S, „Gsiefer")* Abfällig für schlechte Gesellschaft, Gesindel, dasselbe wie Geziefer „Ungeziefer", vgl. auch Ziefer (s. d.). *(Grimm VII, 7045ff., Schmeller II, 1087, Ziller 79)*

Gesindel *n. („Gsindel")* Abfäll. Bez. und Schpfw. für Pack, Bagage, üble Gesellschaft, schlechtes Volk; Diminutiv von Gesinde „Dienstboten, dienendes Volk". In Kärnten wurden im 19. Jh. die Franzosen in Erinnerung an ihre blauen Waffenröcke in der napoleonischen Zeit „das blaue Gesindel" genannt. Heute auch politisch abfällig gemeint rotes, schwarzes G. *(Grimm V, 4109ff., 4113f., Pfeiffer 143, Kapeller 50, Schatz I, 223, Lexer, KWB 233, Jutz I, 1157)*

Gesott *n.*, auch **Gesütt** *n. („Gsott", „Gsütt")* Abfäll. Bez. für Taugenichtse, eig. das Gesottene „Viehfutter aus gesottenem Getreideschrot, Spreu, Häcksel mit Heu". *(Grimm V, 4126f., Wintersberger 31, UK 289, Jungmair 108)*

Gesottfadel *n. (St, „Gsottfadel")* Schpfw. für unsauberen, auch unmoralischen Menschen, wörtl. junges Schwein, Ferkel, das Gesott (s. d.) frisst. *(UK 289, Jontes 77)*

Gesottnigel *m. (N, „Gsodnigl")* Einer, der vom Tragen des Gesotts („Dreschabfall, Spelzen") sehr staubig und schmutzig geworden ist; vgl. Nigel (s. d.). *(Hager 20)*

Gesoffener *m. (St, „Gsoffener")* Abfäll. Bez. für Betrunkenen; „falsche" Partizipverwendung wie in Gelogener, Gestohlener (s. d.).

Gesüttochse *m. (St, „Gsütt-")* Bez. und Schpfw. für Dummkopf; vlg. auch Gesottfadel und Ochse (s. d.). *(UK 289, Jontes 77)*

Geude *m. (V)* Bez. und Rügewort für Prahler, Angeber; ma. geuden „prahlen, verschwenderisch umgehen". *(Grimm VI, 4618, Jutz I, 1170)*

Gewaltinger *m. (W, „Gwaltinger")* Schpfw. für gewalttätigen Menschen, Gewaltverbrecher. *(Teuschl 102)*

Gewampeter *m. („Gwampeter")* Spöttische Bez. für dicken, dickbauchigen Menschen. Ahd. wamba „Bauch, Mutterleib". *(Aman 75, Jontes 77)*

Gewandaffe *m. (O, „Gwandaff")* Scherzhaft-spöttische Bez. für putzsüchtigen Menschen; Geck; nach den von Schaustellern auf Jahrmärkten und Rummelplätzen gezeigten dressierten Affen, die zur Erhöhung des komischen Effektes menschliche Kleidung trugen. *(WBÖ I, 100)*

Gewandlaus *f. (W, „Gwand-")* Bez. und Rügewort für zudringlichen, lästigen Menschen, Schmarotzer; nach dem Ungeziefer (Pediculus vestimenti); auch Filzlaus, Wanze (s. d.). *(Grimm VI, 5295f., Pfeiffer 145, Wintersberger 37, Jakob 78, Teuschl 102)*

Geweih *n.* Schpfw. für dummen Menschen. Da auch Hirsch (s. d.) als Schpfw. gebräuchlich ist, liegt Sinnverwandtschaft und Pars-pro-toto-Analogie vor, außerdem wird das Sperrige, vermeintlich Unpraktische des Hirschgeweihes als Bedeutungsinhalt mitspielen. *(Jontes 77)*

Gewöhn *f. (S, „Gwähn")* Abschätzige Bez. für Geliebte, lockeres Frauenzimmer; wohl von gewöhnen, mhd. gewen „Gewohnheit". *(Ziller 82)*

Gipskopf *m.*, **-schädel** Bez. für Dummkopf. In der älteren Soldatensprache Bez. für den Korporal vom Tag. In *V* auch Spottname für die Bewohner von Vandans. *(Grimm VII, 7542, Pfeiffer 147, Aman 65, UK 291, Jontes 77, Jutz I, 1187)*

Gichs *m. (S, „Gix")* Bez. für Geck, Springinsfeld; mhd. gigzen, gekzen „gicksen, Schluckauf haben". *(Grimm VII, 731f., Ziller 69)*

Gidi *m. (W)* Schpfw. für unbesonnenen, auch ungeschickten Menschen; eig. Kurzform von Ägidius; vgl. auch Erdäpfel-, Strumpfgidi (s. d.). *(WBÖ I, 111, Schmeller I, 873, Teuschl 89)*

Gitsche *f. („Gitschen")* Synonym für Mädchen im Allg., aber auch im leicht abfälligen Ton verwendet. *(Grimm VII, 7571, Pfeiffer 147, Kapeller 52, Wintersberger 32, Schatz I, 238, Ziller 69, Lexer, KWB 128, Pohl 79)*

Gitschentratzer *m. (K)* Spött. Bez. für jemanden, der gerne Mädchen foppt, neckt; vgl. Tratzer (s. d.). *(Lexer, KWB 67)*

Gitschenfattler *m. (T)* Abfällig für Knaben, der sich gerne bei Mädchen aufhält, gerne mit diesen spielt; vgl. auch Bubenfattler (s. d.). *(Schatz I, 158)*

Gitwurm *m. (V)* Schpfw. und Bez. für habgierigen Menschen, Geizhals, auch einer, der für Geld alles tut. *(Wintersberger 32, Jutz I, 1189)*

Gienk *m. (T, „Geank")* Bez. für dummen Mann; ma. genken „schimpfen, übel nachreden", vgl. auch Geink (s. d.). *(Schatz I, 234, 245)*

Giftgeiß *f.* (St, „-gaß") Bez. und Schpfw. für bissigen, aggressiven, giftigen Menschen; stadtma. umgangssprachl. Wortspiel mit Giftgas.

Gifthahn *m.* Bez. und Rügewort für jähzornigen Menschen, der sich ärgert („giftet") und mit einem angriffslustigen Hahn (s. d.) gleichgesetzt wird. Vgl. auch Giftspritze, Giftzwerg (s. d.). *(Grimm VII, 7449, UK 293, Jakob 69, Jontes 77)*

Gifthäferl *n. („-haferl, -heferl")* Bez. und Schpfw. für leicht erregbaren, jähzornigen Menschen; vgl. Häferl (s. d.). *(Pfeiffer 146, Aman 64, Teuschl 89, Jungmair 96)*

Giftler *m.* Kurzform von Rauschgiftler „Drogensüchtiger". *(Pfeiffer 146, Teuschl 89)*

Giftmischer *m.* Scherzhaft-spöttische Bez. für Apotheker, Arzt, auch Branntweinerzeuger *(W)*. *(Grimm VII, 7459f., Pfeiffer 146, Kapeller 51, Petrikovits 36)*

Giftnigel, Giftnickel *m. (W, St)* Schpfw. für jähzornigen, auch streitlustigen Mann. Vgl. Nigel (s. d.). *(Pfeiffer 146, Teuschl 89, WStWB 159)*

Giftnudel *f.* Bez. und Schpfw. für jähzornigen Menschen, meist für weibliche Personen gebraucht. *(Grimm VII, 7461, Pfeiffer 146, Aman 64)*

Giftspritze *f.* Bez. für Menschen, der bösartig sarkastisch-giftige Bemerkungen von sich gibt wie eine Spritze; vor allem für zänkische Frauen verwendet. *(Grimm VII, 7465, Pfeiffer 146, Teuschl 89, Jontes 77)*

Giftscheißer *m. (V)* Bez. und Schpfw. für Menschen, der leicht in Ärger und Zorn gerät; ma. giften „sich ärgern". *(Jutz I, 1184)*

Giftschüppel *m. (W)* Schpfw. für Choleriker, zänkischen Menschen; auch eine widerspenstige Haarsträhne so benannt. Vgl. Schüppel (s. d.). *(Teuschl 89)*

Giftzwerg *m.* Bez. und Rügewort für „giftigen" kleineren Menschen. Vgl. wie zuvor. *(Pfeiffer 146, Aman 65, Jontes 77)*

Gigel *m.*, siehe Gegel.

Gigelgagel *m. („-gogel")* Schpfw. unbest. Bed., vielleicht auf Vulva *(S)* bezogen, in anderen Bezügen Ablautspiel zu gickeln „kichernd lachen". *(Grimm VII, 7315, 7476, UK 292, Ziller 68)*

Gigelhütte *f. (S, „-hütten")* Spöttisch für nacktes Mädchen; zu Gigel *f.* „Vulva", Hütte Synonym für weiblichen Körper („Holz bei der Hütten" für üppigen Wuchs). *(Ziller 68)*

Gigere *m. (V)* Bez. und Rügewort für jemanden, der andauernd lacht und kichert; ma. gigeren „kichern". *(Jutz I, 1184f.)*

Gigerer *m. (W)* Scherzhaft für Rossfleischhauer, wie Pepihacker (s. d.). *(Petrikovits 37)*

Gigerl *m.* Spöttische Bez. und Rügewort für Modenarr, eitlen Gecken, Stutzer, ma. Gigerl *m.* „Gockel, Hahn" (*O*, *N*). Von Wien ausgegangen. *(Grimm VII, 7477, Pfeiffer 147, Kapeller 51, Aman 65, Wintersberger 32, Jakob 70, Schuster 67, Teuschl 89)*

Gigolo *m. („Schigolo")* Abfällig für Frauenheld, Schönling; ursprünglich bezahlter Tänzer in Nachtlokalen, Tanzbars, Eintänzer. Aus dem Frz. *(Pfeiffer 147, Kapeller 51)*

Gicke *m. (K)* Bez. für Stotterer, Narr, urspr. für den Taubstummen, der nur einzelne gicksende Töne hervorbringen kann; auch Nähe zu mhd. giegel „Narr". *(Lexer, KWB 114)*

Gicketzer *m.* Bez. für Stotterer, Stammler, Menschen mit Sprachfehlern. Damit auch der einzelne Stotterlaut, das Überkippen der Stimme (besonders beim Singen) oder fehlerhaftes Überblasen eines Blasinstrumentes bezeichnet. Intensivbildung zu gicken „einen hellen Laut ausstoßen". *(Grimm VII, 7319, UK 191, Jontes 77, WStWB 159)*

Gicketzmichel *m. (St)* Bez. für Stotterer wie zuvor. Verbindung mit der Koseform für Michael. *(UK 292, Jontes 77, WStWB 159)*

Gickin *f. (T)* Schpfw. für feigen Mann; zu Gicke (s. d.)? *(Schatz I, 237)*

Gimpel *m.* Bez. und Schpfw. für einfältigen, aber auch fürwitzigen, neugierigen, meist noch jüngeren Menschen. Übertragen vom Singvogel, wohl weil dieser in den Zeiten des weit verbreiteten, sportlich betriebenen Vogelfanges als leicht zu überlisten und zu fangen angesehen wurde. Auch mag seine Neugier auffällig sein. *(Grimm VII, 7313ff., Pfeiffer 147, Aman 65, Kapeller 51f., Jakob 70, Jontes 77f., Pohl 78, Schatz I, 237, Jutz I, 1186)*

Gimser *m. (V)* Bez. für jemanden, der laut schreit; ma. gimsen „schreien". *(Jutz I, 1186)*

Ginggeler *m. (V)* Bez. für langen, unbeholfenen Menschen. *(Jutz I, 1186)*

Gieral *m. (W)* Schpfw. für gierigen Menschen, Geizkragen; sprachliche Bezüge unklar. *(Teuschl 89)*

Girigari *m.* Bez. und Spottwort für lang gewachsenen, dabei aber schmächtigen Menschen, auch Possenreißer *(St)*, im Handwerkerspott damit der Schneider gemeint; Ablautspiel mit Gari (s. d.). *(UK 293, Jontes 78, Ziller 69)*

Gispel *m. („Gischpel")* Bez. für Einfaltspinsel, Dummkopf, auch oberflächlichen, unernsten, leichtsinnigen, närrischen Kerl, Gecken, ebenso Spaßmacher; auch lebhaftes, unruhiges Kind *(V)*; grüner G. für unerfahrenen Menschen *(O)*; viell. zu mhd. gilen „übermütig sein" *(Lexer, Mhd. 73)* und mhd. spil „Spiel. Unterhaltung". Ablautend auch Gaspel *(K)*. *(Grimm VII, 7566, Pfeiffer 147, Aman 65, UK 293, Jontes 78, WStWB 159, Schatz I, 235, 238, Lexer, KWB 114, Ziller 69, Jungmair 97, Jutz I, 1188)*

Giestel *m. (T)* Schpfw. für Männer unbest. Bed. *(Schatz I, 237)*

Gieswaderer *m. (St)* Harmloses Schpfw. für einen langweiligen Menschen. Dunkler Herkunft, vielleicht Zusammenhang mit Waderer „Kripf, Sack, Schlauch" (vgl. auch wienerisch Nasswadi „Säufer"). *(Schmeller II, 850, Jontes 78)*

Giste *f. (T, „Gischte")* Schpfw. für sich herumtreibende Frauen oder Mädchen, eig. herumstreichende Hündin; ma. gisten „schäumen". *(Schatz I, 238)*

Glaglitz *m. (St)* Älteres Schpfw. obszöner Bed. Harrachecker Gerichtsprot. 1726: „Beclagte selben auf seine gethane Spaßröd ain Hundsfud und Glaglitz gehaißen". Vielleicht slaw. Herkunft (tschech. klag „Kälbermagen"). *(UK 294, Jontes 78)*

Glacéstrizzi *m. (W)* Abfällig für einen, der zu Geld kommt, ohne es mit seiner Hände Arbeit zu verdienen, der bildlich Glacéhandschuhe anhat. Vgl. Strizzi (s. d.). *(Wintersberger 32)*

Glank *f. (T)* Bez. und Schpfw. für nachlässige, schlampige Frau; ma. klankeln „schwanken". *(Schatz I, 239)*

Glankel *m. (S)* Bez. und Schpfw. für Schlingel, Spitzbub; wie zuvor, jedoch auch lautl. Nähe zu Schlankel (s. d.). Auch Glankel, Glinkel. *(Ziller 69)*

Glanker *f. (T)* Spött. Bez. für mageres, großgewachsenes Mädchen; Herkunft wie zuvor. *(Schatz I, 239)*

Glankerer *m. (T)* Bez. für lässig gehenden Menschen; wie zuvor. *(Schatz I, 239)*

Glarauger *m. (V)* Bez. für Menschen mit Glotzaugen; ma. glaren „glotzen", mhd. glarren „stieren, glotzen". *(Jutz I, 1192)*

Glare *f. (T)* Bez. für schleppend gehende, langsame Person; ma. glaren „unbeholfen gehen". *(Schatz I, 239)*

Glargetze *f. (St, „-en")* Streitlustige, geschwätzige Frau. *(WStWB 159)*

Glasscherbenpongo *m. (W)* Scherzhaft-spöttisch für männlichen Brillenträger; Pongo, wie Bimbo ein klischeehafter Name für Schwarzafrikaner, könnte von der gleichnamigen Schundromanfigur der einst sehr beliebten Schmökerserie „Rolf Torrings Abenteuer" herkommen. *(Wintersberger 32, Teuschl 90)*

Glawáu *m.* Dummkopf, sturer Mensch; vielleicht zur alpinen brauchtümlichen Schreckgestalt des Klaubauf zu stellen.

Glatzeter *m.* Abfällig für kahlköpfigen Mann; als Schpfw. häufig für bewusst kahlköpfig auftretende Freistilringer verwendet. *(Teuschl 90)*

Glatzentischler *m. (St)* Scherzh. Bez. für Männerfriseur. *(Küpper 100, Jontes 78)*

Glatzkopf *m.* Wie hochsprachl., auch für die ganze Person. *(Grimm VII, 7770f., Pfeiffer 147, Aman 65, Schatz I, 240)*

Gleimer *m. (T)* Bez. und Rügewort für Geizhals, knauserigen Menschen; ma. gleim „fest, dicht, eng anliegend" *(T)*. Auch für kränklichen Menschen gebraucht *(O)*, auch Gleiming. *(Grimm VII, 8284f., Schatz I, 241, Lexer, KWB 115, UK 295, Jungmair 97)*

Gleiming *m.*, siehe Gleimer.

Gleisböhm *m. (W)* Einst spöttisch für die Streckenarbeiter der Wiener Straßenbahn, da früher hier meist zugewanderte Tschechen, Böhmen tätig waren. *(WBÖ II, 809f., Teuschl 90)*

Gleise *f.* **-er** *m. (V)* Bez. für falsch und laut singende Personen; ma. gleisen „schreien", mhd. glîen „ds.". *(Jutz I, 1198)*

Glied *n. (St)* Schpfw. allg. Art für Burschen („Du Glied!"), wohl von hochsprachl. für Penis.

Glenkel *m. (T)* Bez. für langweiligen Menschen; vgl. auch Glankel. *(Schatz I, 241)*

Glinkel *m. (T)* Wie zuvor. *(Schatz I, 241)*

Glister *m. (K)* Bez. und Rügewort für leichtsinnigen Menschen; ma. glistern „glänzen" *(Grimm VIII, 128, Lexer, KWB 115)*

Glodel *m. (St)* Bez. für unbeholfenen Dummkopf. Zusammenhang mit oberdt. Kloder „Fleck, Kleckser, Schleimklumpen" scheint gegeben zu sein. *(Grimm XI, 1221, Jontes 78)*

Gloderer *m. (St)* Abwertende ältere Bez. für Geliebten, dann aber auch für leicht kretinösen Mann. Auch Gloderling *m.* Herkunft siehe Glodel (s. d.). Unter dem Sammelausdruck Gloderwerk werden Lumpen, alte Kleider verstanden, dazu auch allgemein dumme Dinge. *(UK 296, Jontes 78)*

Gloderling *m.*, siehe Gloderer.

Glotsche *f. (St)* Bez. für weibl. Kretin, schwachsinnige Frauensperson. Dunkler Herkunft, vielleicht zu klatschen. Abwertend auch allgemein für Getränke verwendet. *(UK 296, Jontes 78)*

Gloiffel *m. (S)* Bez. und Schpfw. für ungeschlachten, groben, schwerfälligen Mann; viell. zur ma. Kurzform Loipel „Leopold". *(Pfeiffer 147, Ziller 70)*

Glockentrottel *m. (W)* Abfällig-beleidigend für Straßenbahner; nach dem Glockensignal der älteren Straßenbahnen. *(Teuschl 90)*

Glongg *m. (T)* Bez. für jähzornigen Menschen, eig. der Truthahn nach seinem erregten Schrei, der lautmalend nachgeahmt wird. *(Schatz I, 243)*

Gluckel *f.* Älteres Schpfw. für Frauenspersonen. Zu gluckeln „gluckende Laute (etwa wie eine Bruthenne) von sich geben". *(Grimm VIII, 280, Pfeiffer 148, UK 296, Jontes 78)*

Gluckhenne *f. (V)* Scherzhaft für Mutter mit vielen Kindern. *(Jutz I, 1207)*

Gnaunke *f. (S, „Gnaunken")* Schpfw. und Bez. für böses, keifendes Frauenzimmer; zu ma. gnaunzen „keifen" *(Grimm VIII, 629, XI, 1370, Ziller 71)*

Gnaunkerl *n. (S)* Abfällig, aber auch kosend für kleines, schwächliches Kind, Diminutiv von Gnaunke (s. d.). *(Ziller 71)*

Gnefer *m. (T)* Bez. und Rügewort für langweiligen, faden Menschen; ma. gnefen „reiben, abnutzen", viell. auch zu gnepfen „schwanken, hinken" *(Grimm VIII, 641ff., Schatz I, 216)*

Goape *f. (K, T)* Bez. für närrische, ungeschickte, grobe Person; Herkunft ungeklärt. *(Schatz I, 245, Lexer, KWB 118)*

Goale *m., f.* Wie zuvor, auch Spaßmacher; ma. goaln, umargoaln, gaulen „herumtollen, dummes Zeug machen" *(Grimm VIII, 870, Lexer, KWB 118, Schatz I, 244)*

Goare *f. (T)* Bez. und Schpfw. für lebhaftes, ungeschicktes Mädchen; ma. goarlen „ungeschickt arbeiten, herumtrotten", vgl. auch Garl (s. d.). *(Schatz I, 245)*

Göbitz *m. (S)* Bez. und Rügewort für jungen, vorlauten Burschen; wohl Kibitz (mhd. gibiz) als neugieriger Vogel. *(Ziller 71)*

Godel *f. (W)* Spöttisch für Geliebte, allg. auch Frau, Mädchen; eigentlich die Patin gemeint. *(Teuschl 91)*

Goderlkratzer *m.* Bez. für Schmeichler, einer, der jemandem vordergründig lästige Wohltaten erweist. Bildlich das Streicheln und Kraulen unter dem Kinn („Goderl") als Zärtlichkeitsgeste gemeint. *(Grimm VIII, 669, Jontes 78f.)*

Gottesgabschänder *m. (K)* Jemand, der sich frevlerisch an einer Gottesgabe, wie Brot, vergeht. *(Pohl 85)*

Gottsöberster *m.* Scherzhaft für den ersten, obersten Vorgesetzten, den man sich gleich nach dem lieben Gott kommend vorstellt, mit scherzhaft-prätentiöser Steigerungsform. *(Jakob 71, Teuschl 92)*

Goff *m. (T)* Bez. und Schpfw. für Dummkopf; ital. goffo „Narr". *(Schatz I, 244)*

Gogel I *m. (K)* Bez. und Rügewort für kleines, schlimmes Kind, ablautend zu Gegel, Gigel (s. d.). *(Lexer, KWB 118)*

Gogel II *m. (W)* Abfällig für Betrogenen, ausgenützten Mann, auch Kunden einer Prostituierten. *(Teuschl 92)*

Goi I *m.* Von Juden geringschätzig für Nichtjuden gebraucht. Jidd. goi „Christ, Nichtjude". Weibl. Goje, Gojete. *(Pfeiffer 149, Lötzsch 82)*

Goi II *n. (V)* Abfällig-spöttisch für mageres Persönchen; wohl zu jidd. goi „Nichtjude, Christ". *(Jutz I, 1212)*

Gock *m.* Bez. für Tölpel, Blödsinnigen; vgl. auch Gack (s. d.). Unter dem Wort wird auch ein Pfannenhalter für das einstige Kochen auf dem offenen Herd der Rauchküche verstanden. Vgl. auch Buckelkratzer (s. d.). *(Grimm VIII, 660, UK 297, Jontes 79, Ziller 71)*

Gockel *m.* Bez. und Rügewort für eitlen, sich gespreizt gebenden Mann, Angeber. Vom Haushahn übertragen. Vgl. auch Hahn (s. d.). *(Grimm VIII, 660ff., Pfeiffer 148, Jontes 79, Jutz I, 1211)*

Gocker *m.* Bez. für verdrießlichen, alten Mann und älteres Schpfw. für einsilbig-brummigen Menschen, heute allgemein für Dummkopf, uneinsichtigen Mann. Vgl. Gack, Gock (s. d.). *(UK 297, Jontes 79, WStWB 160, Ziller 72)*

Gokolori *m.*, auch **Kokolori** *m.* Bez. und Rügewort für Menschen, der sich läppisch, närrisch benimmt, Dummkopf. Dunkler Herkunft, vielleicht zu mhd. gogelen „sich ausgelassen gebärden", dazu mhd. gougelvuore „Possentreibender". *(Pfeiffer 149, Aman 67, Jontes 79, WStWB 159, Pohl 84)*

Golatschengesicht *n. (W, „-gsicht")* Bez. für Menschen mit rundem Gesicht, von diesem auf die ganze Person übertragen; tschech. koláč „Golatsche, eig. radförmiges Gebäck". *(Grimm VIII, 678f., Jakob 71)*

Goldfasan *m.* Im Dritten Reich spöttisch-verächtlich für die Hoheitsträger der NSDAP; nach der prächtigen, goldstrotzenden Uniform und dem protzigen Auftreten. Jedoch auch schon früher für reiches Mädchen. *(Grimm VIII, 769, Küpper 101, Pfeiffer 149, Kapeller 53, Teuschl 92)*

Goldkäfer *m. (V)* Bez. für reiches Mädchen, gute Partie. *(Jutz I, 1113)*

Goldkragen *m.* Synonym für hohen Beamten von einst; Anspielung auf die goldbestickten Krägen der Beamtenuniformen höherer Ränge in der Zeit der Monarchie. *(WBÖ I, 199, Grimm VIII, 805, Petrikovits 37)*

Golgenholz *n. (V)* Bez. für grobe, ungeschlachte Person; ma. Golgger *m.* „Brunnen-, Pumpenschwengel". *(Jutz I, 1214)*

Golm *m. (V)* Bez. für einfältigen Menschen; eig. Gimpel. *(Jutz I, 1215)*

Gorp *m. (V)* Bez. und Schpfw. für ungezogenes Kind; ma. gorpen „hinken, stolpern". *(Jutz I, 1219)*

Gorper *m. (V)* Abfällig für Gehbehinderten, Hinker; ma. gorpen „hinken". *(Jutz I, 1219)*

Gore, Gori *m.* Bez. und Schpfw. für läppischen, sich seltsam gebärdenden

Menschen; Kurzform von Gregor. *(Pfeiffer 150, Jutz I, 1217f.)*

Gorilla *m.* Scherzhaft für Leibwächter; nach dem größten Menschenaffen, dessen Namen schon von antiken Schriftstellern in dieser Form aus einer afrikanischen Eingeborenensprache übernommen wurde. *(Kluge 265, Küpper 101, Pfeiffer 150)*

Gosche *f.* *(„Goschen")* Bez. und Schpfw. für schimpfende, maulende Person, übertragen von Mund („Gosche"). *(Jakob 71, Grimm VIII, 971ff., Pfeiffer 150)*

Goschenbader *m.* Scherzhaftes Synonym für Zahnarzt; vgl. Bader (s. d.). *(WBÖ II, 77)*

Goschenreißer *m.* Bez. und Schpfw. für Maulhelden, geschwätzigen Menschen, einen, der den Mund („Gosche") weit aufreißt, auch andere verleumdet, sich die „Goschen" über jemanden zerreißt. *(Jontes 79)*

Goschenschlosser *m.* Scherzhafte Bez. für Zahnarzt, wie Goschenbader, Pappenschlosser (s. d.). *(WBÖ I, 384)*

Goschenschuster *m.* *(W, „-schuaster")* Wie zuvor. *(Teuschl 92)*

Goscheter *m.* Schpfw. für vorlauten, frechen Menschen. Zu Gosche (s. d.). *(Teuschl 92)*

Goscherl *n.* *(W)* Bez. für schnippische Person, auch kleines Mädchen; eig. kleiner Mund. *(Jakob 71, Teuschl 92)*

Goschle *m.* *(V)* Bez. und Schpfw. für jemanden, der stets mault, auch Maulheld, Angeber. *(Jutz I, 1220)*

Gösserpläri *m.* *(St)* Ortsspott für die Bewohner des Gössgrabens südlich von Leoben-Göß. Vgl. Plärrer (s. d.). *(UK 300, Jontes 79)*

Götz *m.* *(V)* Bez. für sich eigenartig benehmenden Menschen; mhd. götze „Götzenbild". *(Jutz I, 1223)*

Grapp *m.* *(V)* Bez. und Schpfw. für ungezogenes Kind; Herkunft dunkel, viell. zu Geschrapp (s. d.). *(Jutz I, 1229)*

Grabennymphe *f.* *(W)* Bez. für Straßendirnen, die im 18. und 19. Jahrhundert in der Wiener Innenstadt vorzugsweise auf dem Graben promenierten. 1787 wurde sogar ein eigenes „Taschenbuch für Grabennymphen" herausgegeben, was die Bekanntheit dieser Damen unterstreicht. *(Schuster 70)*

Grabenschnepfe *f.* *(W)* Wie zuvor; vgl. Schnepfe (s. d.).

Graple *m.* *(V)* Bez. für schwerfälligen, unheimlichen Menschen, auch Geizhals; ma. graplen „herumwühlen". *(Jutz I, 1229)*

Grabler I *m.* *(W)* Bez. und Rügewort für einen, der gerne bei weiblichen Wesen handgreiflich wird, sich vergreift; umgangssprachl. grabeln, krapeln „herumtasten, abgreifen". Heute eher durch Grapscher (s. d.) verdrängt. *(Jakob 71, Teuschl 93)*

Grabler II *m.* Bez. für langweiligen, langsamen, beschränkten, geistig unfähigen Menschen. Zu oberdt. grapeln „auf allen vieren herumkriechen, herumschleichen". *(Grimm VIII, 1893, Jakob 71, Teuschl 92f., UK 301, Jontes 79, WStWB 160, Jungmair 102)*

Grapscher *m.* Wie Grabler I (s. d.). Das Wort neuerdings über zahlreiche von den Medien und feministischen Organisationen hochgespielte „Grapschaffären" verbreitet. *(Pfeiffer 151)*

Gräte *f. („Graten")* Abfällig für mageren, dünnen Menschen. Nach der Fischgräte. *(Teuschl 93)*

Graf *m. (T)* Spöttische Bez. für vornehm tuenden Menschen; nach dem Adelstitel. *(Schatz I, 247)*

Graf Bobby *m.*, siehe Bobby.

Gragel *m. (K)* Bez. für hageren Menschen; eig. dürrer Ast, auch Nusshäher. *(Grimm VIII, 1735, Lexer, KWB 120)*

Grägel *f. (V)* Bez. und Rügewort für schnatterndes Weib; ma. gragelen „gackern". *(Jutz I, 1226)*

Graggle *f. (V)* Bez. für Mann mit langen Beinen, der sich mühsam bewegt. *(Jutz I, 1226)*

Gramanzer *m. (W)* Abfällig für Hilfskraft im Wirtshaus, die schmutziges Geschirr abräumt, auch Herumstöberer. Herkunft unklar, Intensivum zu kramen? *(Teuschl 93)*

Grammel *f.* Abfällige Bez. für unhübsche Frauensperson, besonders Mädchen, auch Dirne. Übertragen von der Griebe, die beim Ausschmelzen des Specks zurückbleibt und als unscheinbarer, eingeschrumpfter Rückstand angesehen wird (zu ma. grammeln „knirschen"). *(Grimm VIII, 1810, Pfeiffer 151, Wintersberger 33, Jakob 72, Teuschl 93, Jontes 79, Lexer, KWB 120)*

Grammeltreiber *m. (W)* Bez. für Zuhälter, Hurentreiber; siehe auch Treiber. *(Wintersberger 34, Jakob 195, Teuschl 93)*

Granat *m. (W, „Granót")* Bez. für Falschspieler; wohl Vergleich mit dem Schmuckgranaten, der bloß ein Halbedelstein ist. *(Jakob 72, Schuster 70)*

Granttegel *m.* Bez. für mürrischen, sauertöpfischen, dadurch auch zänkischen, „grantigen" Menschen. Die Herkunft Grant „Übellaunigkeit" ist nicht eindeutig geklärt. Es wird u. a. auf ahd. grinan „murren, knurren" verwiesen. Granttegel entspricht hochsprachlich Sauertopf ziemlich genau. Tegel „Tiegel, Häfen", Scherben „Topf" bilden einen Typus der Zusammensetzung mit Grant in Schpfw., wobei der Mensch mit einem mit Grant gefüllten Gefäß verglichen wird. Vgl. Granthäfen, Grantscherben (s. d.). *(UK 302, Grimm VIII, 1882ff., Aman 68, Jontes 79f.)*

Grantelhuber *m. („-huaber")* Wie zuvor, in Form eines Familiennamens gebildet. *(Pfeiffer 151, Aman 68)*

Granthäfen *m.*, siehe Granttegel. *(WStWB 160)*

Grantjakel *m.* Bez. für mürrischen Menschen wie zuvor. Der zweite Typus der Grant-Schpfw. enthält Vornamen als Zusatz. *(UK 303, Jontes 80)*

Grantler *m.* Bez. wie oben. Einfache Ableitung von Grant. *(Pfeiffer 151, Aman 68, Jontes 80, Ziller 73)*

Grantloch *n. (O)* Wie zuvor. *(Jungmair 103)*

Grantnigel *m.* Bez. wie oben. Siehe Grantjakel. Zu Nigel vgl. Bosnigel (s. d.). *(UK 303, Jungmair 103, Jakob 72, Jontes 80)*

Grantscherben *m. („-scherm")* Bez. wie zuvor. Ableitung siehe Granttegel (s. d.). *(Pfeiffer 151, Jakob 72, Teuschl*

93, UK 303, Jontes 80, WStWB 160, Pohl 86, Ziller 73)

Grantschippel *m. (St)* Bez. wie zuvor. Schippel, Schüppel „Haarschopf", gilt für den ganzen Menschen im Sinne von „verächtlicher Kerl" *(UK 557).* Vgl. auch Lugenschippel *m. (UK 303, Jontes 80)*

Granke *m. (K)* Bez. für schwächlichen, krüppelhaften, auch verkommenen Menschen. *(Grimm VII, 1861, Lexer, KWB 121)*

Granser *m. (O)* Bez. und Rügewort für missmutigen, übellaunigen Menschen; ma. gransen, grannen „weinen", grensen „den Mund vor Zorn verziehen". *(Grimm VIII, 1882, IX, 116, Jungmair 103)*

Grasaffe *m. („-aff")* Schpfw. für unreifen Menschen, jungen Dummkopf, auch vorlautes Mädchen; seit Goethe aus der Hochsprache. *(Grimm VIII, 1942, Kluge 268, WBÖ I, 100, Pfeiffer 151, Jakob 72, Teuschl 93)*

Grasteufel *m. (W)* Bez. und Rügewort für jugendlichen Wildfang, übermütigen jungen Mann; Vergleich mit einer scherzhaften Mischung aus Teufel und einem Wesen niederer Mythologie. *(Grimm VIII, 2007, Jakob 72, Schuster 71)*

Grasel *m.* Synonym für Spitzbube, durchtriebener Kerl. Vielleicht zu grässlich, grauslich, eher aber nach dem bekannten Räuberhauptmann Grasel, der 1818 in Wien gehängt wurde. *(Grimm VIII, 1999f., Pfeiffer 151, UK 303, Jontes 80)*

Grasser *m. (T)*, auch **Gresser** *m.* Bez. für hinfälligen alten Mann („alter G."). Zu Grass *n.* „Gezweige von Nadelbäumen", mhd. graz, grazzach „Astwerk". *(Schatz I, 250)*

Grassgel *m. (T)* Bez. für mageren Menschen; wie oben *(Schatz I, 250, 257)*

Grashupferin *f. (W)* Bez. und Schpfw. für Dirne niederer Kategorie, die sich auf Wiesen hingibt. *(Petrikovits 37)*

Grasrutscher *m. (V)* Spottname für Grenzwach- oder Zollbeamten; wie Grenzrutscher (s. d.). *(Jutz I, 1231)*

Graubartel *m. (S, O)* Spöttisch für Mann mit ergrautem Bart, nach dem Muster Bartel für Bartholomäus, wie in Saubartel (s. d.). *(WBÖ II, 372f.)*

Grauperl *n. (W)* Bez. und Rügewort für ungepflegtes, verwahrlostes Mädchen, eig. etwas Krauses, Wirres, Buschiges. *(Grimm VIII, 2179, Jakob 72)*

Graukerl *n. (O)*, **Graunkerl** *n. (St)* Abfäll. Bez. für altes, schwaches Geschöpf, auch dürrer Mensch nach dem Muster von Raunkerl „etwas Eingetrocknetes, Eingeschrumpftes". *(Jungmair 103, WStWB 160)*

Graunaster *m. (N, B, „-oster")* Bez. und Schpfw. für Herumpolterer, groben, unangenehmen Menschen; oberdt. ma. gronen „murren, brummen, grunzen", gebildet wie Ramanaster (s. d.). *(WBÖ I, 415)*

Graunke *f. (St, „Greankn")* Schpfw. für faules, unnützes Frauenzimmer; zur Etym. vgl. Graukerl (s. d.). *(WStWB 160)*

Grauschädel *m. (St)* Wie das Folgende. *(WStWB 160)*

Grauschippel, -schüppel *m. (W)* Bez. und Schpfw. für alten Mann, Graukopf; ma. Schippel *m.* „Haarschopf", vgl. auch Lügenschüppel (s. d.). *(Jakob 72, Schuster 71)*

Gräußzähler *m. (St)* Älteres Schpfw. und Bez. für dummen und pedantischen Menschen (Gerichtsprot. Voitsberg, 1670). Eigentlich einer, der beim Getreide sogar die einzelnen Körner („Gräuß") zählt. Vgl. auch Greißler (s. d.). *(UK 305, Jontes 80)*

Gräze *f., m. (V)* Bez. und Rügewort für häufig und ausdauernd weinendes Kind; ma. gräzen „heiser schreien". *(Jutz I, 1235)*

Greppetzer *m.* Abfällige Bez. für altersschwachen Mann, der kaum mehr gehen, eigentlich kaum mehr greppetzen „rülpsen" kann. *(UK 305, Jontes 80, WStWB 160)*

Gretel *f.* Allg. Bez. für Frauenzimmer, besonders jüngere und flinke, Kurz- und Koseform von Margarethe; erst in Verbindung mit Eigenschaftswörtern von abfälliger Bed. (faul, spinnet „grillenhaft"). Idiotikon Fohnsdorf *(St)*, 1813: „Gredel: eine muntere Weibsperson, auch ein geputztes Weibsbild". Auch in verschiedenen Zusammensetzungen als Ausdruck besonderer Vorliebe, vgl. Putzgretel, Tanzgretel, Theatergretel (s. d.). *(Grimm IX, 198f., Jakob 73, Teuschl 94, UK 305, Jontes 80, Jutz I, 1236)*

Greteler *m. (T, „Greatler")* Bez. und Rügewort für ängstlichen, auch kleinlichen Menschen; ma. greteln „tändeln, säumen" (vom Namen Gretel, vgl. Grimm IX, 202). *(Schatz I, 254)*

Gredenscheißer *m. (St)* Scherzhafte Bez. für Stubenhocker, eigentlich einer, der zum Scheißen nicht einmal wie einst üblich den Hausbereich des Bauernhofes verlässt, sondern seine Notdurft gleich an der Grede „Weg ums Haus unter der Dachtraufe" (zu lat. gradus „Stufe", über rom. Vermittlung ins Dt.) verrichtet. *(UK 306, Jontes 80)*

Greitscher *m. (T)* Bez. und Rügewort für unbeholfenen Mann, Kind, das unbeholfen geht; zu greitschen, Nebenform von grätschen „die Beine spreizen" *(Grimm IX, 95, Schatz I, 258)*

Greier *m. (T)* Bez. und Schpfw. für lästiges Kind; ma. greien „lästigfallen". *(Schatz I, 255)*

Greifenstein, Herr von *m.* Scherzhaft rügend für einen Mann, der bei Frauen gerne handgreiflich wird. In Art eines Adelsnamens.

Greinkatze *f.* Bez. für streitsüchtige, zänkische Frau, die mit einer greinenden Katze verglichen wird. Ahd. grînan, mhd. grînen „den Mund zum Knurren verziehen, winseln, heulen". *(UK 306, Jontes 81)*

Greißler *m.* Bez. für umständlichen, kleinlichen, pedantischen Menschen; von der Bez. für den Kleinkaufmann, der mit Lebensmitteln, ursprünglich mit Greißelwerk (Hülsenfrüchte, Mehl, Grieß) handelt. *(Grimm IX, 93, Küpper 102, Pfeiffer 152, Jakob 73, Teuschl 94, UK 305, Jontes 81)* Vgl. auch Gräußzähler, Griesler (s. d.).

Grecke *m. (K)* Bez. für schmächtiges Kind, auch etwas Verkrüppeltes, Kleines; vgl. auch Grenke (s. d.), zu (ver) recken? *(Lexer, KWB 123)*

Grecker, -ler *m. (T)* Wie zuvor, auch Bez. für schwächliches Vieh; vgl. Greck *m.* „Schmutzkruste im Augenwinkel" oder wie oben. *(Schatz I, 253)*

Grenadiermodel *m.* Ältere scherzhafte Bez. für starke, große Frau, von der so kräftige Kinder zu erwarten sind, dass diese sich zu Grenadieren in der Armee eignen. *(Grimm IX, 114, UK 306, Jontes 81)*

Grenzrutscher *m. (V)* Spottwort für Grenzwach- oder Zollbeamten; wie Grasrutscher (s. d.). *(Jutz I, 1236)*

Gresser *m. (T)*, siehe Grasser.

Greuwel *m. („Greiwel")* Schpfw. für unfreundliche, ungute Person, eig. Greuel (mhd. griul, griuwel); auch für abgearbeitete Maschine, ebensolches Fahrzeug *(„alter Greiwel", St)*. *(Ziller 74)*

Gritter *m. (V)* Abfällige Bez. für alten, gebrechlichen Mann; mhd. grîten „die Beine spreizen, grätschen". *(Jutz I, 1242)*

Gritsch *m. (W)* Bez. für Kind, zwergenhaftes Geschöpf, aber auch wohlgenährtes Kleinkind mit runden Wangen; zu kreischen, lautm. *(Grimm IX, 385, Jakob 73, Schmeller I, 1018)*

Grienker *m. (T)* Bez. für schwächl. Kind; zu krank? *(Schatz I, 255)*

Griffel *m. (St)* Bez. und Schpfw. für Langfinger, Dieb; Idiotikon Fohnsdorf, 1813: „Griffl: ein diebischer Mensch"; eig. Finger, von greifen. *(Jontes 81)*

Grille *f.* *(„Grill" m.!)* Scherzhaft-spöttische Bez. für kleingewachsenen, schmächtigen, auch mageren Menschen. Vergleich mit dem Insekt (oder ältere Bez. für den Vogel Girlitz, Grimm IX, 314). Redensart „(so wenig) wie ein Grill essen". *(Grimm IX, 318, Jakob 73, Teuschl 95, UK 307, Jontes 81)*

Grillenfürbohrer *m. (N)* Spottname für schlechten Schützen, dessen Kugeln noch vor dem Ziel in den Boden gehen, hier für die Grillen Löcher „vorbohren". *(WBÖ III, 623)*

Grillenkitzler *m.* Scherzhafte Bez. für einen Menschen, der sich mit Geduld und Hingabe einer wenig einträglichen Sache widmet. Einst eine beliebte Tätigkeit von Kindern war das „Grillenkitzeln", bei dem mit einem Grashalm Grillen aus ihren Löchern durch Kitzeln herausgelockt und dann gefangen wurden. Der Bedeutungsinhalt von Grille auch im Sinne von Schrulle schwingt hier mit. *(Jontes 81)*

Grillenröster *pl. (T, „-reaster")* Ortsspottname für die Bewohner von Deutschnofen. *(Schatz I, 255)*

Grillluckenschliefer *m.* Älteres Schpfw. für jemanden, der sich um Dinge kümmert, die ihn nichts angehen; wörtlich einer, der in das Loch einer Grille hineinschlüpfen will. *(UK 307, Jontes 81)*

Grimmling *m.* Bez. für leicht aufbrausenden, reizbaren Menschen, Hitzkopf, der schnell voller Grimm ist. *(Grimm IX, 366, UK 307, Jontes 81)*

Grind *m.* Schpfw. für unsauberen, ungepflegten Menschen, Schmutzfink. Zur Charakterisierung der Kopfgrind, ein einst häufiger Ausschlag, Schorf der Kopfhaut herangezogen.

(Grimm IX, 368ff., UK 307, Jontes 81)

Grindnigel *m.* Bez. für unsauberen Menschen, wie oben. Verbunden mit dem Vornamen (vgl. Bosnigel, s. d.). *(UK 308, Jontes 81)*

Grindschaber *m. (O)* Bez. für eine Schreckgestalt, mit der man schmutzigen Kindern droht. *(Jungmair 105)*

Grindschippel *m.* Bez. wie zuvor; eigentlich Haarschopf, der vom Grind befallen ist. Abraham a Santa Clara nennt die tanzende Salome einen „hupfenden Grindschippel". *(Grimm IX, 377, Pfeiffer 152, UK 308, Jontes 81)*

Griesplatte *m. (St, „-platten")* Bez. für einen Angehörigen von Cliquen von Herumtreibern im Grazer Griesviertel, einer alten westlichen Vorstadt jenseits der Mur, die einst als besonders anrüchig galt und diesen Makel heute noch nicht ganz losgeworden ist. Vgl. Plattenbruder (s. d.). Auch Griesplattinger gebräuchlich. *(Jontes 81f.)*

Grischer *m. (T)* Bez. und Spottwort für Schwächling, auch kleiner Esel; zu ma. grieseln „schaudern"? *(Schatz I, 256)*

Grießkörndlannagler *m. (W)* Spöttisch für Pedanten, für eine Krämerseele. *(Teuschl 95)*

Griesler I *m. (T)* Bez. für Mann mit grauem Haar. *(Schatz I, 256)*

Griesler II *m. (W, „Griasler")* Bez. und Schpfw. für Kleinigkeitenkrämer, umständlichen, beschränkten Menschen; wie Greißler (s. d.). Gaunersprachl. auch ein unterstandsloser Mensch, zu grieseln „unter freiem Himmel schlafen" (eig. schaudern, frösteln, Grimm IX, 265f.). *(Jakob 73, Petrikovits 38, Teuschl 95)*

Groppe *f. (V)* Spottname für die Bewohner von Hard; eig. der Fisch Kaulkopf. *(Jutz I, 1244)*

Grobgenähter *m. (St)* Bez. für groben, brutalen, rücksichtslosen Menschen. Aus der Sprache der Handwerker wie Schneider oder Schuster, die für strapazierfähige, derbe Kleidung oder für Schuhwerk besonders groben Zwirn nahmen. *(Jontes 82)*

Grobian *m.* Bez. für groben Menschen, der auf körperliche oder seelische Empfindlichkeit seiner Mitmenschen keine Rücksicht nimmt. Auch für Ärzte, die nicht zimperlich sind, verwendet. Das Wort nach dem Muster von Heiligennamen wie Cassian usw. gebildet (vgl. auch Blödian, Dummian usw.). Verkürzt aus pseudolat. Grobianus als Vorbild für ähnliche Schpfw. Die lat. Satire Friedrich Dedekinds „Grobianus" geißelt 1549 die rauen Sitten der Zeit. *(Grimm IX, 417f., Kluge 272, Pfeiffer 153, Aman 72, Kapeller 54f., Jontes 82, Jutz I, 1243)*

Groder *m. (T)* Bez. und Schpfw. für langsamen, ungeschickten Arbeiter; ma. groden „müßig herumstehen" zu grotteln „zwecklos arbeiten" *(Grimm IX, 596, Schatz I, 257)*

Grog *m. (V)* Bez. für schwächliches Kind; vgl. schweizerdt. Gröggel „Knirps". *(Jutz I, 1244)*

Grockel *m. (T)* Bez. und Rügewort für griesgrämigen Menschen; ma. grocken „krächzen“ zu mhd. grogezen „winseln“ *(Grimm IX, 426f., Schatz I, 257)*

Gronßer *m. (S)* Bez. und Schpfw. für mürrischen Menschen; ma. grohnen „grunzen, grölen“ zu greinen. *(Grimm IX, 443, Ziller 75)*

Großbeutel *m. (O)* Bez. und Rügewort für eingebildete, stolze Person. *(WBÖ II, 716)*

Großtuer *m.* Bez. und Rügewort für Protz, Angeber. *(Grimm IX, 584f., Pfeiffer 154, Jutz I, 1246)*

Grössingschmecker *m. (St)* Scherzhaft-spöttische Bez. für Forstwart; wörtlich einer, der an einem jungen Nadelbäumchen („Grössing“, auch brauchtümlich als Weihnachtsgrün neben dem Bauernhaus, als Stiergrössing beim Almabtrieb) riecht („schmeckt“). *(UK 309, Jontes 82)*

Großkopf *m. (V)* Spöttische Bez. für herrschsüchtigen, besitzstolzen Großbauern. *(Grimm IX, 551, Pfeiffer 154, Jutz I, 1245)*

Großkopfeter *m.* Spött. Bez. für einflussreichen Menschen, aber auch für Angeber, Großmaul; wörtl. einer mit einem großen Kopf. *(Grimm IX, 552, Teuschl 95, Ziller 76)*

Großmaul *n.* Wie hochsprachl., Schwätzer, Angeber. *(Grimm IX, 562, Pfeiffer 154)*

Großschädleter *m. (S)* Wie Großkopfeter (s. d.). *(Teuschl 95, Ziller 76)*

Grotze *m. (V)* Bez. und Schpfw. für groben Menschen; eig. Baumstrunk, ahd. grozze „Zweig vom Nadelbaum“. *(Grimm IX, 598, Jutz I, 1246)*

Grubenzuzler *m. (W, „Gruaben-“)* Vgl. Rübenzuzler (s. d.). *(Teuschl 95)*

Grudel *f. (S)* Bez. und Schpfw. für altes, hässliches Weib; ma. grudeln „wühlen, scharren; brodeln, prickeln“ *(Grimm IX, 627, Ziller 76, Lexer, KWB 125)*

Grufti *m.* Jugendsprachl. Kurzform von Gruftspion (s. d.). *(Pfeiffer 155)*

Gruftspion *m.* Scherzhaft-boshafte Bez. für einen sehr mageren oder kränklich aussehenden Menschen, Schwerkranken, Todeskandidaten (auch „Tod auf Urlaub“); auch Mann mit stechendem Blick. *(Teuschl 95, Jontes 82)*

Grügge *f. (V)* Abfäll. Bez. für kränkelnde Person; ma. grüggen „weinen, schluchzen von Kindern“. *(Jutz I, 1248)*

Grugerl *n.* Bez. für mühseligen, altersschwachen Mann. Zu bair. krigeln, krügeln „heiser reden, hohl husten, hart und ächzend atmen“. *(Grimm XI, 2303, Lexer I, 992, UK 310, Jontes 82, Schatz I, 259)*

Grummeter *m. (T, „Gruemmeter“)* Bez. für Schwächling, unreifen Menschen, wie Grünling; ma. Grummet „Heu des zweiten Schnittes“, mhd. gruonmât. *(Schatz I, 258)*

Grummetling *m. (T, „Gruemm-“)* Spöttisch für Kind aus zweiter Ehe in Analogie zum zweiten Grasschnitt. *(Schatz I, 259)*

Grummetkind *m. (T)* Wie zuvor. *(Schatz I, 259)*

Grummetnigel *m. (N, „Groamatnigl“)* Scherzhaft für ein Kind, das im selben Jahr wie sein älteres Geschwisterchen zur Welt kommt; nach der zweiten Heuernte im Jahr; vgl. auch Nigl (s. d.). *(Hager 19)*

Grundtrommel *f. (W)* Spött. Bez. und Schpfw. für Tratschweib, Bezirksratsche; nach dem früher geübten Austrommeln von Neuigkeiten durch einen Amtsboten, der mit Trommelwirbeln auf sich aufmerksam machte. Grund „Teil eines Wiener Stadtbezirkes". *(Jakob 74)*

Gruner *m. (T)* Abfäll. Bez. für Murrenden, Brummenden; ma. grohnen, grunen, „knurren, brummen"; vgl. Gronßer (s. d.). *(Schatz I, 249)*

Grüner *m. („Greaner")* Abfäll. Bez. für Polizist; nach der ehem. grünen Uniform der österreichischen Sicherheitswache, wie Grünspecht (s. d.). Es schwingt auch die Bed. Unerfahrener, Uninformierter mit. Als Bez. für Anhänger von Grünparteien ist das Wort im Gegensatz zu Schwarzer und Roter noch wertneutral geblieben. *(WBÖ III, 574, Küpper 103)*

Gruengger *m. (T)* Bez. für krummbeinigen Menschen; vgl. auch Granke (s. d.). *(Schatz I, 258)*

Grünling I *m. („Greanling")* Bez. für unerfahrenen Menschen (Vergleich mit den frischen grünen Trieben einer Pflanze), auch für kränklichen Menschen mit blasser, „grüner" Gesichtsfarbe; auch Vogelname. *(Grimm IX, 956f., Schatz I, 259, Ziller 74, Jungmair 104, Jakob 73)*

Grünling II *m. (W)* Spött. Bez. für Zollbeamten, wegen der grünen Uniformaufschläge; vgl. auch Spinatwächter (s. d.). *(Küpper 103, Jakob 73, Schuster 71)*

Grünspecht *m. (W, „Grean-")* Scherzhaft-spöttischer Name für Polizist, wegen der ehem. grünen Uniform. *(Küpper 103, Teuschl 96)*

Grünspeistandler *m. (St)* Älterer Spottname für Finanzwachebeamten; wohl wegen dessen grüner Uniform Vergleich mit dem Gemüsehändler. *(UK 311, Jontes 82)*

Grünschnabel *m.* Wie hochsprachl. für Neuling, unerfahrenen jungen Menschen; Vergleich mit dem Vogeljungen. *(Grimm IX, 959)*

Grünzeug *n. („Grean-")* Abfällig für unreife junge Leute; grün als Zustand nicht reifen Obstes. *(Küpper 103, Teuschl 94)*

Grünzipf *m. (St)* Bez. für Menschen mit ungesunder, kränklicher, „grünlicher" Gesichtsfarbe. Vgl. auch Zipf (s. d.). *(UK 311, Jontes 82)*

Grutz *m. (W)* Bez. für Knirps, kleingewachsenen Menschen; Grutsch *m.* „Hamster". *(Grimm IX, 1018, Jakob 74)*

Grutzel *m. (K)* Schpfw. für kleine, schlimme Kinder; eig. eine Bez. für den Teufel; zu Grutz (s. d.)? *(Lexer, KWB 126)*

Gschistibohavitschek *m. (W)* Abfällig für Wichtigmacher, auch umständlichen Menschen; einer, der ein Gschistigschasti „Firlefanz, aufgeblasene Sache" macht. *(Teuschl 97)*

Gsiberger *m.* Im ethnischen Spott für Vorarlberger, Alemannen nach dem mundartlichen Kennwort gsi „gewesen". *(Wintersberger 36)*

Gupf *m.*, **Gupferl** *n.* *(St)* Bez. für dummen Menschen; eig. Bergkuppe, das, was über ein Gefäß aus der Fülle hinaussteht; Lehnwort aus lat. cuppa „Becher". *(Grimm IX, 1141)*

Gutter *f.* *(V)* Bez. und Rügewort für geschwätzige, alte Frauensperson; eig. Medizinflasche, lat. guttarium, ahd. gutter. *(Grimm IX, 1481ff., Jutz I, 1274f.)*

Gütterlescheißer *m.* *(V)* Schpfw. für jemanden, der oft Medikamente zu sich nimmt, auch Pedant; ma. Gütterle *n.* „Medizinfläschchen". *(Jutz I, 1275)*

Gütschler *m.* *(V)* Bez. und Rügewort für neugierigen Mann; ma. gutschen „neugierig sein"; Intensivum zu gucken. *(Jutz I, 1274)*

Güfte *m.* *(V)* Bez. und Schpfw. für Prahlhans; ma. güften „prahlen, übertreiben". *(Grimm IX, 1047, Jutz I, 1257)*

Gufter *m.* *(St)* Synonym für Verschwender. Zu mhd. güften, guften „übermütig sein", guftlich „prahlerisch". *(Grimm IX, 1047, UK 313, Jontes 82)*

Gufler *m.* *(W)* Unhold; nach dem gleichnamigen österreichischen Frauenmörder.

Gügere *f.* *(V)* Abfäll. Bez. für einen körperlich verfallenden Menschen; eig. verfallendes Haus; ma. gügeren „auseinanderfallen, aus dem Leim gehen". *(Jutz I, 1258)*

Gucke *f.* Abfällige Bez. für alte Frau; eigentlich damit eine Höhle, ein Loch (so auch für ein Loch im Kopf) gemeint und deshalb wohl obszön zu verstehen. *(Grimm IX, 1029f., UK 312, Jontes 82, Jutz I, 1255)*

Gückerlgeiß *f.* Schpfw. für ein schmächtiges, dürres, heranwachsendes Mädchen. Vielleicht zu mhd. gugen „schwanken". Siehe auch Geiß (s. d.). *(UK 312, Jontes 82f.)*

Guckin *f.* *(S)* Älteres Schpfw. für alte Frau im verächtl. Sinne; ma. guckig „neugierig" *(Grimm IX, 1043),* auch mhd. guchin „Närrin" zu beachten. *(Ziller, Schelmen 382)*

Gula *f.*, **Guli** *m.* Schpfw. im Sinne von Luder (s. d.). Mit dem Wort wird auch die abwehrende und beleidigende Geste mit ausgestrecktem kleinen und Zeigefinger bezeichnet. Vielleicht aus ital. gola „Vielfraß". Auch mhd. gugel „Narrenkappe" vorgeschlagen *(Ziller, Schelmen 383, UK 313, Jontes 83)*

Gumpe *m.* *(T, K)* Bez. und Schpfw. für Grobian, närrischen Menschen *(K)*, auch unbeholfene, dumme Person *(T)*; ma. gumpen „springen, hüpfen". *(Schatz I, 264, Lexer, KWB 127)*

Gumpf *m.* *(St)* Abfällig für Dummkopf; zu Gupf (s. d.) zu stellen.

Gumperer *m.* *(T)* Abfäll. Bez. für Schacherer; ital. comprare. *(Schatz I, 264)*

Gumminäsler *m.* *(V)* Scherzhafte Umbildung von Gymnasiast. *(Jutz I, 1263)*

Gummischuster *m.* *(W, „-schuaster")* Scherzhaft für Vulkaniseur, Autoreifenhändler. *(Teuschl 101)*

Gundl *f.* *(W)* Spöttisch für dumme weibliche Person; nach Vornamen Kunigunde u. dgl. *(Teuschl 101)*

Guntle *m.* *(V)* Bez. und Schpfw. für Mann mit zerlumpter Kleidung; Herkunft dunkel. *(Jutz I, 1265)*

Gunkel *f.* *(V)* Bez. für altes, geschäftiges Frauenzimmer; siehe Rungunkel, Rumpumpel. *(Jutz I, 1264)*

Gunser *m.* *(V)* Bez. und Rügewort für unwürdigen Menschen; ma. gunsen „winseln, aufschreien“, mhd. gunseln „ds.“. *(Jutz I, 1264)*

Gürteltier *n.* *(W)* Scherzhaft für Prostituierte auf dem Wiener Gürtel; Vergleich mit dem tropischen Säugetier. *(Teuschl 102)*

Gurre *f.* *(K, T, „Gurren“)* Bez. für liederliche Frau, böses Weib, dicke Person, Betschwester, auch großen, ungeschlachten Menschen; eig. schlechtes, altes Pferd, Stute, mhd. gurre; vgl. auch Bissgurre (s. d.). *(Grimm IX, 1161ff., Pfeiffer 157, Lexer, KWB 127, Schatz I, 266, Jutz I, 1267f.)*

Gurgel *f.* *(St)* Ungezogenes Mädchen. *(WStWB 160)*

Gurke *f.*, auch **Murke** *f.* (s. d.) Bez. für dumme, uninteressante, uncharmante Frauensperson („blöde G.“), wohl wegen des faden, wässerigen Geschmacks der Frucht. Verkleinerungsform Gurkerl *n.* eher für verlegenes, unbeholfenes, kleineres Mädchen; auch scherzhaft für Nase. *(Grimm IX, 1158ff., Pfeiffer 156, Wintersberger 37, Teuschl 101, Jontes 83, WStWB 164)*

Gurkentreiber *m.* *(W)* Spöttisch für Lenker eines nicht sehr tüchtigen Fahrzeuges. *(Teuschl 101)*

Gurkerl, gefülltes *n.* *(W)* Scherzhaft-spöttisch für schwangere Frau. *(Teuschl 101)*

Güsche *f.* *(V)* Bez. für liederliche, leichtfertige Weibsperson; eig. Hündin. *(Jutz I, 1268)*

Gustokatze *f.* *(W, „-katz“)* Wie das Folgende. *(Wintersberger 37)*

Gustomenscherl *n.* *(W)* Spöttisch, aber fast anerkennend für hübsches Mädchen. Vgl. Menscherl (s. d.). *(Teuschl 102)*

Gustospatzerl *n.* *(W)* Wie zuvor. *(Teuschl 102)*

H

Habel *m.* *(K)* Abfällig für Dummkopf; eigentlich Griff, Hebel. *(Pohl 95)*

Habfest, Habenfest *m.* *(St)* Bez. für Geizhals, einen, der seinen Reichtum festhält. Ma. haben „halten“, aus mhd. haben, hân „festhalten, behaupten, besitzen“. *(UK 317, Jontes 83, WStWB 160)*

Happerdidel, -dedel *m., f.* *(O, S)* Bez. und Schpfw. für Tolpatsch, Tölpel *(S)*, auch dumme, überspannte Frau *(O)*; zu Happel, hoppeln, didel vgl. Dilldapp, Dedel (s. d.). *(Jungmair 117, Ziller 86, 93)*

Haberei *f.* Freundeskreis. Siehe Haberer. *(Teuschl 103)*

Haberer *m.* Eigentlich Freund, Kumpan, jedoch auch ironische bis abfällige Bez. für Mann allg. („a so a Haberer“, „ein mieser Haberer“). Wiener Einfluss; Rotwelsch über jidd. chawer „Freund“. *(Wintersberger 37, Pfeiffer 158, Jakob 82, Teuschl 103, Pucher 240, Wehle 37f., Ziller 83, Jontes 83)*

Haberesel *m. (St)* Schpfw. für dummen Menschen, verstärkt für Esel; der Bedeutungsinhalt der Ungebührlichkeit durch Haber „Hafer“, ausgedrückt, da dieser eigentlich nur den anspruchsvollen Pferden zustand. *(UK 317, Jontes 83)*

Habergeiß *f.*, **Haberngeiß** *f. (W)* Scherzh.-spöttische Bez. für mageres, schmächtiges Mädchen mit dünnen Beinen; auch widerliches weibliches Wesen *(W)*. Übertragen von der ziegengestaltigen Spukgestalt der Habergeiß, die in den Haferfeldern umgeht und die Menschen erschreckt. *(Grimm X, 82f., Pfeiffer 158, Aman 80, Wintersberger 37, Teuschl 103, UK 317, Jontes 83, Pohl 95, Ziller 83, Schatz I, 268, Jutz I, 1285)*

Happerl *n.* Bez. für dumme Person. Verkleinerungsform zu Haupt für Kopf (wie Happel „Salatkopf“). Vgl. auch Zornhapperl (s. d.). *(UK 317, Jontes 83f., Aman 79, Schatz I, 278)*

Haberschneller *m. (V)* Spottname für die Bewohner von Blons. *(Jutz I, 1286)*

Habichtbalg *m. (K)* Schpfw. für diebischen Menschen; nach dem Habicht als Hühnerdieb. *(WBÖ II, 121)*

Habnicht *m. (T)* Abfäll. Bez. für armen, besitzlosen Menschen, Habenichts. *(Pfeiffer 158, Schatz I, 269)*

Habrecht *m. (T)* Bez. für rechthaberischen Menschen. *(Schatz I, 269)*

Habsburger *m. (W)* Scherzh. Bez. für Falschspieler, gaunersprachl.; weil das Geld („Habe“) des Opfers in Sicherheit gebracht („bergen“) wird. *(Wehle 58)*

Hachel *f.* Bez. und Schpfw. für Frau mit böser Zunge, losem Mundwerk, Schwätzerin; nach der Hechel, dem Gerät zum Flachsreinigen, vgl. die Redensart „jemanden durchhecheln“. *(Grimm X, 735ff., Kapeller 56, Schatz I, 269, Jungmair 113f.)*

Hacher *m. (S)* Bez. und Schpfw. für gemeinen Kerl, üblen Burschen; mhd. hache „Bursche, Kerl“. *(Ziller 84)*

Hachselbeißer *m. (W, „Haxel-“)* Schpfw. für Heimtücker, Intriganten; jemand, der einem unvermutet wie ein heimtückischer Hund ins Bein beißt; wie Wadelbeißer (s. d.). *(Teuschl 110)*

Hattel *f. (V)* Bez. für hilfloses Kind, Rügewort für Mädchen mit zerzaustem Haar. Eig. Ziege; mhd. hatele „Ziege“. *(Jutz I, 1331)*

Hader *m., f. (W, „Hadern“)* Bez. und Schpfw. für böses, schlechtes, verkommenes Weib; wie bei Fetzen, Lump usw. Bezug auf verbrauchte, verschmutzte Textilien. *(Grimm X, 112, Jakob 79, Teuschl 104)*

Haderer I *m.* Bez. für zänkischen, zum Stänkern geneigten Menschen, jemanden, der Streit und Hader sucht. *(Grimm X, 113, Pfeiffer 159, UK 319, Jontes 84)*

Haderer II *m. (S)* Bez. für kränklichen, schwachen Mann; wohl vom Hadernsammeln, einer Beschäftigung, der auch ein Mensch nachgehen konnte, der körperlich nicht auf der Höhe war. Vgl. auch Hauderer (s. d.).

Haderer III *m. (O)* Bez. und Rügewort für jemanden, der schlampig arbeitet, mit seiner Arbeit wie mit Hadern umgeht. *(Jungmair 114)*

Haderlak *m. (W)* Bez. für Strolch, wie Haderlump; Hader mit slaw. Herkunftsendung -ak (wie in Böhmak usw.). *(Jakob 79)*

Haderling *m. (T)* Bez. und Schpfw. für streitsüchtigen Menschen, jemanden, der Hader sucht. *(Schatz I, 269)*

Haderlmann *m. (St)* Spött. Bez. für Ehemann; wohl Spielform von Hiderlmann (s. d.), jedoch auch mit Bedeutungsrichtungen nach Lump und Hader, Streit hin (vgl. Hadermann bei Grimm X, 116). *(UK 319, Jontes 84)*

Haderlump *m.* Bez. und Schpfw. für unmoralischen, haltlosen Mann. Die beiden Wörter selber Bed. verstärken einander. Urspr. wohl für moralisch schlechte Bettler verwendet. *(Grimm X, 115 f., Küpper 104, Pfeiffer 159, Kapeller 57, Jakob 79, Jungmair 114, UK 319, Jontes 84, Ziller 84, Schatz I, 269, Jutz I, 1288)*

Hadermaikl *m. (T)* Schpfw. für schlampigen Menschen; zweiter Wortteil ungeklärt. *(Schatz II, 419)*

Haderntippler *m. (W)* Gaunersprachl., abfällig für Kartenspieler; Hadern Synonym für Spielkarte; vgl. Kartenspieler (s. d.); tippeln „Kartenspielen, auch zu Fuß gehen". *(Petrikovits 42)*

Haderwachel *m. (T, „-wachtel")* Bez. für ungepflegten, in zerlumpten Kleidern gehenden Menschen. Wachel wohl zu ma. wachteln „dahertrotten, lässig daherkommen" (vielleicht vom Gang des verschlafenen Wachters, „Nachtwachters"). Vgl. auch Hallawachel (s. d.), dem es angeglichen sein könnte. *(Pfeiffer 159, UK 319, 612, Jontes 84, Schatz I, 269)*

Hatsche *f. (W, „Hatschen")* Verächtl. Bez. und Schpfw. für übles, liederliches Frauenzimmer; eig. für Pantoffel, schlechtes Schuhwerk (wie Schleipfe s. d.), womit auch allg. Verbrauchtheit angedeutet wird; ma. hatschen „dahinschlurfen". *(Grimm X, 59, Pfeiffer 167, Jakob 83, Wehle 25, Teuschl 108, Schatz I, 303)*

Hatscher, Hatscheter *m.* Bez. für Menschen mit angeborenem oder auch durch Verletzung erworbenen, unbeholfenen, schleppenden, hinkenden Gang, dessen körperliche Schwachheit sich im Gang ausdrückt; ma. hatschen „dahinschlurfen" zu mhd. hakezen „hinken". Gleichlautend auch die Bez. für langes, zu Fuß zu bewältigendes, anstrengendes Wegstück oder für den Marsch selbst. *(Grimm X, 559, Pfeiffer 167, Aman 77, Wehle 25, Teuschl 108, UK 319, Jontes 84, Schatz I, 281)*

Hatschierer *m. (St)* Ältere Bez. für lang gewachsenen, ungeschlachten Menschen von rauem Auftreten. Übertragen von den einstigen fürstlichen Leibgarden (ital. arciere „Bogenschütze") oder Trabanten (s. d.), die ihre Herrschaften mit brutaler Gewalt vom drängenden Volke abschirmten. Auch hatschen mag volksetymologisch mitspielen. *(Grimm X, 559, UK 319, Jontes 84)*

Haftelbeißer *m. (T)* Bez. für Pedanten, übergenauen Menschen; die Redensart aufpassen wie ein Haftelmacher „sehr konzentriert arbeiten, über etwas wachen, auf etwas achten" weist auf die feinteilige und genaue Arbeit des Haftelmachers, dessen Gewerbe meist ein Zweig des Nadlerhandwerks war, hin, die bei der Herstellung der kleinen Gewandhaften und Ösen erforderlich war. *(Grimm X, 132f., 768, WBÖ II, 799, 929)*

Haftelmacher *m.* Pedant, übergenauer Mensch; nach dem alten, dem des Nadlers verwandten Handwerk, das zur Herstellung von Ösen und Hafteln große Genauigkeit erforderte. *(Pohl 95)*

Haftling *m. (T)* Bez. für zornigen, streitsüchtigen Menschen; ma. haftig „heftig, widerspenstig, boshaft", Nebenform von heftig *(vgl. Grimm X, 135, Schatz I, 270)*

Hafen *m.* Spottbez. für ältliches Frauenzimmer, bes. alte Jungfer; ma. Hafen „Topf", wie Geschirr (s. d.). *(Pfeiffer 159, Jutz I, 1288)*

Häfenbruder *m. („-bruader")* Abfällige Bez. für Häftling, Zuchthäusler; gaunersprachl. Häfen *m.*, *n.* „Gefängnis". *(WBÖ III, 1147, Pfeiffer 159, Wintersberger 38, Teuschl 104)*

Hafenlaiber *m. (V)* Spottname für die Bewohner von Wolfurt nach deren angebl. Leibspeise Hafenlaib. *(Jutz I, 1289)*

Hafenware *f. (V)* Schpfw. für Gesindel, Bettelvolk; viell. nach den wandernden Kesselflickern. *(Jutz I, 1289)*

Häferl *n. (St)* Bez. und eher mitleidiges Rügewort für naiven Menschen. Vergleich mit einem kleinen Henkelgefäß (Kaffeehäferl, Teehäferl), jedoch auch Zusammenhang mit der älteren Redensart, einem ein Häferl setzen „jemanden zum Narren halten". *(Pfeiffer 159, Teuschl 104, UK 320, Jontes 84)*

Häferlgucker *m.* Bez. für jemanden, der sich ungefragt um alles Mögliche kümmert, eigentlich einer, der in der Küche neugierig in alle Gefäße und Töpfe schaut; Synonym Kuchelschmutz (s. d.). *(Pfeiffer 159, Aman 77, Jakob 79, Teuschl 104f., UK 320, Jontes 84, WSTWB 169, Ziller 84, Jutz I, 1289)*

Hagen *m. (V)* Bez. für jungen, wilden Burschen, Lümmel; eig. Zuchtstier, mhd. hagen „ds.". *(Jutz I, 1292)*

Häggle *f. (V)* Bez. für verschmitztes, spitzbübisches Mädchen; vgl. schweizerdt. häggelen „kleine Kniffe anwenden"; zu Haken. *(Jutz I, 2393)*

Hagschlupf *m. (V)* Bez. und Schpfw. für Schleicher, Kriecher; eig. der Vogel Zaunkönig (wörtl. Zaunschlüpfer). *(Jutz I, 1294)*

Hakel *m.* Bez. für langen, hageren Burschen, Mann; meist als „langer Hakel" gebraucht, wobei damit ursprünglich ein Gerät der Flößer, Holzarbeiter, aber auch in der Brandbekämpfung gemeint war, ein an einer langen Holzstange befestigter Eisenhaken. *(Jontes 84f., Schatz I, 270 Haken.)*

Hackelschmeißer *m.* Synonym für hinterhältigen Menschen, Intriganten, Denunzianten, der einem bildlich aus sicherer Deckung, aus der Anonymität heraus, eine Hacke nachwirft, Stadtjargon. *(Jontes 85)*

Haken *m.* Bez. und Schpfw. für böses, altes, hässliches Weib, auch Spottname für die Bewohner von Hohenems. *(Jutz I, 1297)*

Hakenkreuzler *pl.* Bez. und Schpfw. für Nationalsozialisten in den Anfängen der NSDAP auch in Österreich, nach dem Hakenkreuz als Parteisymbol. Vgl. auch Hackinger, Nazi (s. d.). *(Pfeiffer 160)*

Hacker *m.* Neues Wort aus der amerikanischen Fachsprache der Computerfreaks, mit dem jemand benannt wird, der sich unberechtigterweise Zutritt in Computersysteme verschafft, die er nun boshaft attackiert oder in krimineller Weise sich zunutze macht.

Hackerpepi *m. (W)* Spöttisch für Pferdefleischhauer, jemand, der Pepihacker, „faschiertes Pferdefleisch", in seinem Laden verkauft. In den Worterklärungen häufig Pepi als Pferdename genannt. *(Teuschl 104)*

Hackerbub *m. (W, „-bua")* Bez. für jungen Strolch, rohen, brutalen Burschen; ma. hacken „dreinschlagen". Hacker *m.* auch „Zug aus einer fremden Zigarette" („Gib ma an H.!"). *(WBÖ III, 1228, Jakob 79)*

Hackinger *m. (W)* Spött. Bez. für Nationalsozialisten, Hakenkreuzler (s. d.), nach dem Hakenkreuz als Parteisymbol wie der Wiener Ortsteil Hacking gebildet. *(Schuster 74)*

Hackler *m.* Spöttisch-abwertend für manuellen Arbeiter, einer, der in die Hacken „Arbeit" geht. *(Wintersberger 38)*

Hallawachel *m.* Bez. und gutmütig-spöttisches Rügewort für Dummkopf, unbeholfenen Menschen. Jakob a. a. O. stellt für Wien zu tschech. halama „Bengel, Schlingel", jedoch bietet sich auch dt. Herkunft an: „halla", „holla" (ahd. halôn „holen, überholen"), der ursprüngliche Zuruf an den Fährmann *(Kluge 285, 314).* Wachel (s. d.) ist ein plumper Mensch, der unbeholfen mit den Armen winkt (ma. wacheln, zu wehen). Ursprünglich wohl jemand gemeint, der sich in auffälliger Weise bemerkbar machen will. Vgl. auch Haderwachl (s. d.), das eine Umdeutung daraus sein könnte. In der Weststeiermark wird damit auch eine hölzerne Gabel über der Spule am Spinnrad bezeichnet. *(Wintersberger 38, Jakob 80, Teuschl 105, Jontes 85, WStWB 160, Ziller 84)*

Halbpelzer *m.* Synonym für Dummkopf, Nichtskönner, auch verstädterter, dünkelhafter Mensch; bedeutet eigentlich einen Obstbaum, der nur halb veredelt, gepelzt wurde. *(WBÖ II, 985f., UK 322, Jontes 85, WStWB 161)*

Halbtepp *m.*, siehe Tepp. Qualitative Halbierung des Bedeutungsinhaltes bringt hier in der Differenzierung einen Verstärkungseffekt hervor, weil sie eine Intensivierung der sprachlichen Quantität ergibt. *(Pfeiffer 160, Jontes 85)*

Halberter *m.* Bez. für Menschen, der in seinen geistigen Fähigkeiten nur halb entwickelt ist; auch Homosexueller *(W). (Teuschl 105, UK 322, Jontes 85)*

Halperl *n. (S, „Halpei")* Bez. und Rügewort für dummes Mädchen; wohl aus „halb" nach dem Muster Walperl (s. d.) gebildet. *(Ziller 85)*

Halbgebildeter *m.* Abschätzig für Menschen mit geringer oder nur oberflächlicher Bildung. *(Pfeiffer 161)*

Halbgescheiter *m. (St)* Bez. für Dummkopf, wie Halbeter (s. d.). *(Pfeiffer 161, WStWB 161)*

Halbhut *m. (V)* Bez. für albernen Menschen, Halbnarr. *(Jutz I, 1299)*

Halblustiger *m.* Wie oben, jedoch mehr ins Närrische hin.

Halbnarr *m.* Wie hochsprachlich. *(Pfeiffer 161, Jutz I, 1300)*

Halbschlitten *m. (T)* Abfäll. Bez. für gefallenes Mädchen, uneheliche Mutter; nach dem Transportgerät; vgl. Schlitten (s. d.). *(Schatz I, 274, II, 534)*

Halbschuhtourist *m.* Abfällig-tadelnd für nur mangelhaft ausgerüsteten Gebirgswanderer, Hochgebirgstouristen. *(Pfeiffer 161)*

Halbstarker *m.* Bez. für Jugendlichen, der sich im äußeren und inneren Gehabe gegen die Erwachsenen auflehnt. Obwohl schon im ausgehenden 19. Jh. gebräuchlich, ist dieses Wort erst in der Jugendkultur der fünfziger Jahre Allgemeingut geworden und löste damals bei uns den Begriff Schlurf (s. d.) weitgehend ab, ist heute aber wiederum weitgehend durch Bezeichnungen ersetzt, die bestimmte modische Untergruppierungen der Jugendszene benennen (z. B. Punk, Rocker, Mod usw.). Literarisch titelgebend schon im Roman „Die Halbstarken" des Berliner Schriftstellers Karl Escher um 1920. *(Küpper 105, Pfeiffer 161, Kapeller 58, Jontes 85)*

Halbseidene *f. (W)* Spöttisch für Dame zweifelhaften Lebenswandels. *(Küpper 105, Pfeiffer 161, Teuschl 105)*

Halbseidener *m. (W)* Gaunersprachl. Bez. für intelligenten Sträfling; umgangsspr. halbseiden „halbweltlerisch, bedenklich", urspr. Gewebe, das aus Seide und Wolle gemischt ist. *(vgl. Grimm X, 213, Pfeiffer 161, Jakob 80)*

Halbwilder *m.* Bez. für rücksichtslosen Menschen, Steigerung von Wilder (s. d.); in Wien einst damit der Naturapostel Florian Berndl verspottet. *(Schuster 74)*

Hallelujah, langer *m. (W)* Spöttisch für großgewachsenen Menschen. *(Teuschl 105)*

Hälfterling *m. (St)* Bez. für zerlumpten oder unordentlich gekleideten Menschen. Zu Halfter „Zaumzeug, Hosenträger" oder auf jemanden gemünzt, der nur zur Hälfte gekleidet ist. *(UK 324, Jontes 85)*

Hälgeiger *m. (V)* Bez. und Schpfw. für verschlagenen Schmeichler; ma. häl „schlüpfrig, glatt". *(Jutz I, 1302)*

Halmtreter *m. (N, „Häumtreda")* Spöttisch für Bewohner des flachen Landes, der „Landler". *(Hager 21f.)*

Hallodri *m.* Bez. für leichtsinnigen, verantwortungslosen, unzuverlässigen, sorglos dahinlebenden, meist jungen Menschen, auch Weiberhelden. Möglicherweise über den humanistischen Schulunterricht in die Volkssprache: griech. allótrios „andern gehörig, fremd, befremdend". *(Schmeller I, 1077, Pfeiffer 162, Aman 78, Kapeller 58, Wintersberger 38, Teuschl 105, UK 324, Jontes 85, WStWB 160, Pohl 97, Ziller 85, Jungmair 116, Schatz I, 275 „Hallodrer")*

Halsabschneider *m.* Wie hochsprachl. für Betrüger, Wucherer; eig. Hüllwort für den Henker. *(Grimm X, 256, Pfeiffer 162, Kapeller 58f., Jutz I, 1304)*

Halser *m. (St)* Älteres Schpfw. für unzüchtigen (?) Menschen. Gerichtsprot. Voitsberg 1767: „... solte mich vor einen Halser außschreien, weil ich mit Weibsbildern ein Umgang hatte." Zu ma. und schon mhd. halsen „um den Hals fallen, umhalsen, schmusen" und mhd. halser „Buhle". *(Grimm X, 261, UK 325, Jontes 86)*

Halunke *m.* Hochsprachl. Bez. für Gauner, Betrüger; tschech. holomek „nackter Bettler" zu holý „kahl, nackt, arm". *(Grimm X, 305, Kluge 285f., WBÖ I, 147, Pfeiffer 162, Kapeller 59, Jutz I, 1307)*

Hampelmann *m.* Abfäll. Bez. für willenlosen Menschen, Ehemann, Schwächling; nach der Puppe, die ihre Glieder mittels Schnurzug regt. *(Grimm X, 321f., Küpper 106, Pfeiffer 163, Kapeller 59)*

Hamperl *m., n.* Bez. und Schpfw. für Dummkopf, energielosen, nachgiebigen Menschen, auch Pantoffelhelden; davon auch hamperlet „blöd". Herkunft dunkel. *(UK 325, Jontes 86, Lexer, KWB 132)*

Hammel *m.* Bez. für dummen, sturen, uneinsichtigen Menschen, nach dem kastrierten Widder, auch blöder, sturer H., wie Bock (s. d.). *(Grimm X, 311, Küpper 106, Pfeiffer 162, Kapeller 59, Schatz I, 276, Jutz I, 1308)*

Hammer *m.* Bez. und Schpfw. für Dummkopf, begriffsstutzigen Menschen. Über das Rotwelsch aus hebr. chamór „Esel". *(Grimm X, 315, Landmann 175, Pfeiffer 163, Kapeller 78, Teuschl 106, Jontes 86)*

Hammerpoppel *m.* Bez. für einstige protzige Hammergewerken. Vgl. Poppel (s. d.). *(WBÖ III, 611, UK 325, Jontes 86)*

Hammernix *m. (W)* Bez. für Habenichts, wie Habnicht (s. d.); nach Art eines Satznamens „wir haben nichts". *(Jakob 81)*

Hamster *f. (!) (T)* Bez. und Rügewort für raffgieriges Weib; wie Hamsterer (s. d.). *(Grimm X, 322f., Schatz I, 276)*

Hamsterer *m.* Bez. für raffgierigen, sammelwütigen Menschen. Zu hamstern „wie ein Hamster Vorräte sammeln". Nach dem Zweiten Weltkrieg auch abfällige Bez. für Städter, die versuchten, bei den Bauern Lebensmittel einzutauschen oder zu kaufen. *(Kapeller 81, Pfeiffer 163, Jakob 81, Jontes 86, Jutz I, 1308)*

Hahn *m. (St)* Spöttisch für bubenhaftes Mädchen. *(WStWB 160)*

Hahnbock *m. (T)* Bez. und Schpfw. für mannstolles Mädchen. *(WBÖ III, 518, Schatz I, 272)*

Hahnbratel *m. (O)* Schpfw. für Menschen und Tier; im Sinne von Teufelsbratel, Galgenbratel (s. d.). *(WBÖ III, 752)*

Hantiger *m.*, **Hantige** *f.* Bez. für schroffen, streitlustigen, schwierigen Menschen. Ma. hantig „bitter" (mhd. handec, hantic „bitter", schneidend scharf"). *(Grimm X, 398f., Aman 78, Jontes 86)*

Hahntirl *m.* Schpfw. für dummen Menschen. Vielleicht missverstanden für Hantierer „wandernder Handwerksbursche". *(UK 321, 326, Schuster 74, Jontes 86, Jakob 79, Jungmair 114)*

Handlanger *m.* Urspr. damit ohne negat. Beigeschmack der Zureicher, Gehilfe des Maurers bezeichnet; dann auch für Spießgeselle, Helfershelfer. *(Grimm X; 400f., Pfeiffer 163, Schatz I, 372, Jutz I, 1303)*

Handlee *m. (W)* Mensch, der ständig feilscht; ursprünglich ein umherziehender Handelsjude, jüdischer Hausierer, nach seinem jidd. Kaufruf. *(Teuschl 107)*

Handschuh *m. (T)*, auch **Hantsche, Hentsche** Schpfw. für linkischen Menschen, angebl. weil die Hand im Handschuh für feinere Arbeiten nicht mehr befähigt ist. *(Grimm X, 416ff., Schatz I, 278)*

Hane *m. (St)* Bez. für Tölpel. Schmeller a. a. O. nennt schles. Hannepampel „Wartekind, kindischer, einfältiger Mensch", und hannen „Kinder warten". Idiotikon Fohnsdorf, 1813: „Hane: tölpelhafter Mensch". *(Schmeller I, 1114, UK 327, Jontes 86)*

Hanepampel *m. (T)* Bez. und Schpfw. für Dummkopf, auch spaßigen Menschen; vgl. auch Hane (s. d.). *(Schatz I, 277)*

Háneferl *m. (T)* Bez. und Rügewort für Schwächling; eig. der Vogel Hänfling (s. d.). *(Jakob 81)*

Hahnenschwanzler *m.* In der Ersten Republik abfällige Bezeichnung für die klerikofaschistischen Heimwehren, die in ihrer Uniformierung am Hut einen Spielhahnstoß trugen.

Hänfling *m. (T, „Hamfling")* Bez. für ungeschickten Menschen; anscheinend war dieser Vogel wie der Gimpel (s. d.) leicht zu fangen, weshalb sein Name auch zum Schpfw. werden konnte. *(Grimm X, 435, Schatz I, 277)*

Hahnl *n.* Bez. für kleinen, schmächtigen, jedoch streit- und rauflustigen oder sonst wie aggressiven Menschen. Verkleinerungsform von Hahn. *(Jungmair 115, Jontes 86)*

Hangerlritter *m. (W)* Spött. Bez. für Kellner, Ober, weil dieser eine Serviette („Hangerl" *n.*) über dem Arm trägt und sich so nobel wie ein Adeliger gibt. *(Jakob 81, Teuschl 107)*

Hahnreiter *m. (W)* Spött. Bez. für Buckligen; angeblich nach einem Wiener Straßenoriginal, auch Spottname für säbelbeinigen Menschen. *(Jakob 80, Schuster 74)*

Hansdampf *m.* Schpfw. für oberflächlichen, nutzlos geschäftigen Menschen. Nach einer historischen Gestalt solchen Charakters in der Stadt Gotha um 1850. *(Pfeiffer 165)*

Hansel *m.* Unerfahrener, unbedeutender Mann. *(Küpper 106)*

Hansel, daumlanger *m. (W, „daamlanger H.")* Spöttisch für klein gewachsenen Menschen, nach der Märchenfigur eines Däumlings. *(Teuschl 59)*

Hanseltippler *m. (W)* Bez. für Strolch, der Bierreste („Hansel") aus Fässern trinkt, wie Biertippler, Fasseltippler (s. d.); tippeln viell. vom Tippelbohrer, mit dem man auch Fässer aufgebohrt haben mag. *(Jakob 81, Wehle 88, Teuschl 107)*

Hans-guck-in-die-Luft *m.* Bez. und Rügewort für Menschen, der nicht auf den Weg vor sich achtet, weil er seine Augen in die Luft gerichtet hält, auch für Fantasien; Gestalt aus dem „Struwwelpeter". *(Pfeiffer 164)*

Hanswurst *m. („-wurscht")* Bez. für lächerlichen Mann, jemanden, der sich zum Gespött anderer macht, wie Kasperl, Wurstel (s. d.), auch Spaßmacher. Seit Sebastian Brants Narrenschiff in der niederdt. Fassung von 1519 verbreitet, dann als die spaßhafte Bühnengestalt popularisiert. *(Grimm X, 462, Pfeiffer 165, Kapeller 60, Jutz I, 1320f.)*

Harber *m.*, **Harbe** *f.* Bez. für unfreundlichen, missmutigen Menschen (ma. harb „herb, rau"). *(Jontes 86)*

Harbwieserl *n.* Bez. für schnell aufbrausenden, sonst aber gutmütigen Menschen. Wohl das Wiesel zum Vergleich genommen, das zornig, bösartig („harb") werden kann. *(UK 328, Jontes 86)*

Harter *m. (St)* Bez. und Schpfw. für ungehobelten, gefühllosen Menschen; von hart „gefühllos".

Haarer *m. (V)* Bez. für streitlustigen Menschen, Raufbold; ma. haaren „raufen, balgen". *(Jutz I, 1280)*

Haareule *f. (V)* Bez. und Schpfw. für Frau mit zerzaustem Haar; vgl. Eule (s. d.). *(Jutz I, 1280)*

Harl *n. (K)* Bez. und Schpfw. für sittenloses Frauenzimmer; zu Haar? *(Lexer, KWB 134)*

Haarle *m., f. (V)* Bez. für jemanden, der üppiges, aber wirres, zerrauftes Haar hat. *(Jutz I, 1280)*

Haarspalter *m.* Bez. und Rügewort für Pedanten. *(Grimm X, 38, Pfeiffer 158)*

Harzer *m. (V)* Bez. für langsam arbeitenden oder gehenden Menschen; eig. Pechharzsammler. *(Jutz I, 1325)*

Haspel *m.* Bez. und Rügewort für ungeschickten, langsam reagierenden Menschen, auch im Sinne von Dummkopf. Vergleich mit der Haspel *f.*, der Garnwinde oder der Aufzugwinde im Bergbau. Idiotikon Eisenerz, 1812: „Haspel: ein einfältiger Mensch". Siehe auch Haspler. *(Grimm X, 544, Pfeiffer 166, UK 329, Jontes 86f., WStWB 160, Schatz I, 281, Jutz I, 1329)*

Haspler *m.* Wie zuvor; auch einer, der alles verkehrt angeht und verpfuscht, Tölpel. Im Bergbau einst der Haspelknecht, der über eine Kurbelwelle die Seilwinde für den Schacht bediente. Dazu war ein starker Mann vonnöten, der aber weder über besondere körperliche Geschicklichkeit noch über ausgeprägte Geisteskräfte verfügen musste. *(Grimm X, 544, Wintersberger 39, UK 329, Jontes 87)*

Haschbruder *m. („-bruader")* Bez. und Schpfw. für Rauschgiftsüchtigen, der Haschisch raucht.

Haschel *m. (W)* Bez. für armseligen Juden; wohl Kontamination aus Hascher (s. d.) und dem häufigen jüdischen Namen Herschel. *(Jakob 82)*

Hascher *m.*, **Hascherin** *f.*, **Hascherl** *n.* Bez. für körperlich oder geistig schwachen Menschen, hilflos Kranken in mitleidigem Tone; Verkleinerungsform Hascherl für hilfloses, bemitleidenswertes Kind („armes

Hascherl“). Schwer deutbar. Jakob a. a. O. verweist unbelegt auf mhd. haeschen „schluchzen“, Kapeller a. a. O. auf haschen „ergreifen“. Beide Deutungen befriedigen nicht. Idiotikon Fohnsdorf, 1813: „Hascher, auch Hoascher: ein armer, unbehilflicher Mensch, auch wohl so einer, den man wegen seines blöden Benehmens, seiner blöden Handlungen wegen dies Wort zum Schimpfe beylegt.“ Idiotikon Hieflau, um 1812: „Hascher: ein guter und auch armer Mensch.“ Die Mundartform Hoascher weist auf heischen „erbitten, betteln“, und kommt dem Wortinhalt am nächsten, der also als Bettler zu verstehen ist. *(Pfeiffer 166, Kapeller 60, Wintersberger 39, Jakob 82, UK 329f., Jontes 87, WStWB 160, 169, Lexer, KWB 135, Pohl 98, Jungmair 120, Ziller 86, Schatz I, 281)*

Hase *m. („Has“)* Abfällige Bez. für Mädchen, herablassend vom Burschen gebraucht mit Anspielung auf Befangenheit und Ängstlichkeit, die als Charaktereigenschaften des Tieres nach dessen Verhaltenskodex gelten. Dazu für unerfahrenen Menschen, Mann „heuriger H.“, Haserl *n.* für Mädchen, hingegen „alter H.“ für erfahrene Person. *(Grimm X, 529, Pfeiffer 166, Jakob 82, Teuschl 108, Jontes 87, Schatz I, 280, Jutz I, 1326)*

Hasenfuß *m.* Bez. für ängstlichen Menschen, Feigling; analog auch Hennfuß (s. d.). *(Grimm X, 536f., Pfeiffer 166, Jutz I, 1328)*

Hasengangerl *pl. (V)* Spottname für die Bewohner von Altenstadt. *(Jutz I, 1328)*

Hasenhamperl *n. (St)* Bez. für Feigling, Schwächling, Hasenfuß. Vgl. Hamperl (s. d.). *(UK 330, Jontes 87)*

Hasenherz *n.* Wie zuvor. *(Jutz I, 1328)*

Hasenkönig *m. (St, „-kini“)* Scherzhaft für jemanden mit länglichen Grübchen im Gesicht, die ihm ein hasenartiges Aussehen verleihen. *(WStWB 160)*

Haserl *n.* Siehe Hase *m.*; dazu für schwächl. Person. Auch in Zus. wie Betthaserl, Skihaserl. *(Jakob 82, Teuschl 108)*

Haupt- Zur Steigerung verschiedener Schpfw. verwendet. Siehe das Folgende.

Hauptatout *n. („-adútt“)* Bez. für schlauen, durchtriebenen Kerl, einen, der alle anderen im guten wie schlechten Sinne übertrifft, rügend und lobend verwendet; frz. atout „Trumpf im Kartenspiel“. *(WBÖ I, 91, Jakob 83, Schuster 76, Jungmair 121)*

Hauptpatzer *m. (W)* Bez. und Rügewort für ungeschickten Menschen, sehr schlechten Spieler. Siehe Patzer. *(WBÖ II, 525, Jakob 82)*

Hauptesel *m. (W)* Schpfw. für sehr dummen Menschen. *(Jakob 82)*

Häuptling *m.* Soldatensprachlich für Hauptmann im scherzhaften Vergleich mit Indianerhäuptling. *(Küpper 107, Jontes 87)*

Hauptspitzbub *m. (W)* Schpfw. als Steigerung von Spitzbub (s. d.). *(Jakob 83)*

Hauptschnipfer *m. (W)* Bez. und Schpfw. für den schlimmsten, größten Schelm; ma. schnipfen „stehlen“. *(Jakob 83)*

Haubenscheißer *m. (St)* Älteres Schpfw. unbestimmter Bedeutung. *(UK 331, Jontes 87)*

Haubenstock *m.* Bez. und Schpfw. für starrsinnigen Menschen („alter H."). Unter dem Begriff wurden einst aus Holz geschnitzte Köpfe verstanden, auf die man Hauben oder Perücken setzte, damit diese ihre Gestalt und Form nicht verloren. *(Grimm X, Jakob 83, Teuschl 109, Jontes 87, Ziller 87)*

Häuchel *m. (V)* Bez. für schwachen, schlecht genährten Burschen; ma. Hauchen *m.* „Haken". *(Jutz I, 1333)*

Haucherl I *n. (S)* Bez. für schwaches Kind, entkräfteten, sehr kranken Menschen; zu Hauch „schwacher Atem". *(Ziller 87)*

Haucherl II *n. (W)* Spöttisch für Homosexuellen. *(Teuschl 109)*

Haut *f.* Allg. Bez. mitleidigen oder gutmütigen Charakters für Menschen beiderlei Geschlechts, jedoch nur in Verbindung mit Eigenschaftswörtern: arme, brave, ehrliche, gute H., negativ auch schlechte H. Siehe auch Hauterl. *(Grimm X, 708f., Kapeller 61, Jontes 87, Schatz I, 284)*

Häutel *n. (T, „Heitel")* Bez. für schwächliches Kind, auch Häuterle *n.* *(Schatz I, 284)*

Häuter *m.* Bez. für dummen, gedankenträgen Menschen, auch im Sinne von armer Teufel. Dulder, jemand, der sich nur mühsam durchbringt, frettet, schwächlicher, kretinöser Mensch *(K)*. Möglicherweise Kurzform von Bärenhäuter (s. d.) „Faulenzer, einer, der auf der faulen Haut liegt", einem der beliebtesten Schpfw. der frühen Neuzeit. Es mag aber auch der Begriff des abgemagerten, nur aus Haut und Knochen bestehenden Menschen, besonders in der zweiten Bed., ins Spiel gekommen sein, möglicherweise auch der des Schinders (s. d.). *(Kluge 52, Pfeiffer 169, Aman 78, UK 332, Jontes 87f., WStWB 160, Pohl 96, Jungmair 121, Ziller 87, Schatz I, 284, Jutz I, 1367)*

Hauderer, Hauterer *m.* Bez. für jemanden, der trotz aller Mühen bei der Arbeit und im Leben nicht vorwärtskommt; eig. damit ein Mietskutscher gemeint, der mit seinem Wagen nur langsam weiterkommt; ma. haudern „rütteln, schütteln (wie in einem Wagen)". *(Grimm X, 572f., Pfeiffer 168, Aman 78, Jakob 83, UK 332, Jontes 88, WStWB 160)*

Hauterl *n.* Bez. für gutmütigen Menschen (wie „gute Haut", s. d.), auch altersschwache Frau. *(Grimm X, 708, Kapeller 61, UK 332, Jontes 88)*

Haufen *m.* Abschätzig für ungeordnete, undisziplinierte Menschengruppe, Menschenmasse; vgl. auch Sauhaufen (s. d.). *(Haufen 107)*

Hauke *f. (T)* Abfäll. Bez. und Schpfw. für raunzendes, stets jammerndes Weib, auch für Hexe; ma. hauggen „jammern". *(Schatz I, 282)*

Hauspatsch *m.* Bez. und Schpfw. für gutmütigen Menschen, der zu allen Arbeiten zu gebrauchen ist, auch schlechtes Pferd. Siehe Patsch. *(Jakob 82, Jungmair 121)*

Hausbengel *m. (V)* Gegenteil von Gassenengel (s. d.), jemand, der zu Hause grob, außerhalb desselben aber höflich ist. Redensart „Gassenengel – Hausbengel“. *(Jutz I, 1340)*

Hauspoppel *m. (St)* Bez. für Kretin, ein Poppel (s. d.), der zum Haus gehört. *(UK 332, Jontes 88)*

Haustepp *m.*, siehe Tepp. *(Teuschl 110)*

Hausteufel *m.* Zänkisches Eheweib, auch Hausbewohner, der die übrigen Mieter tyrannisiert. *(Pfeiffer 169)*

Hausdrache *m. („-drachen“)* Bez. und Schpfw. für böses Weib; siehe Drache. *(Küpper 107, Pfeiffer 168, Jutz I, 1340)*

Haustrampel *m. (W)* siehe Trampel. *(Küpper 108, Pfeiffer 169, Teuschl 110)*

Haustrottel *m.* siehe Trottel *m. (UK 333, Jontes 88)*

Haustyrann *m.* Ehemann, Familienvater, der seine ganze Familie tyrannisiert. *(Pfeiffer 169)*

Häusel *n. (W)* Schpfw. für Dummkopf, auch Schlampe. Eigentlich Kurzform von Scheißhäusel. *(Teuschl 109)*

Häuselbesen *m. (W)* Schpfw. für zänkisches Frauenzimmer; nach dem im Klosett verwendeten Besen. *(Teuschl 109)*

Häuselräumer *m.* Synonym für die einstigen Arbeiter der städtischen Fäkalienabfuhr, Abortführer (älter auch Nachtkönig); gleichzeitig auch Rügevergleich für schmutzige Kinder („Du schaust aus wie ein Häuselräumer“). Die Fäkalienabfuhr erfolgte nachts. Die hölzernen Abortfässer wurden vor der Einführung der Schwemmkanalisation über Fassleitern aus dem Keller gezogen und mit Pferdefuhrwerken weggeführt. Die Häuselräumer galten als gesellschaftliche Außenseiter. Häusel *n.* „Abort“, da einst als eigenes Gebäude außerhalb des Hauses, wie zuweilen noch im bäuerlichen Bereich. *(UK 333, Jontes 88, Jakob 83)*

Häuselratte *f. (W, „-ratz“ m.!)* Bez. für kümmerlichen, missachteten, kleinen Menschen, auch heruntergekommene Dirne; eig. Ratte, die sich im Abort aufhält. *(Wintersberger 40, Jakob 83, Teuschl 109)*

Häuselweib *n. (W)* Spöttisch für Klofrau. *(Teuschl 109)*

Hauskreuz *n.* Bez. für das „schwarze Schaf“ einer Familie, auch zänkische Ehefrau; Vergleich mit Kreuz als „vom Himmel geschickte Plage“. *(Grimm X, 677, Pfeiffer 169, Wintersberger 40, Schatz I, 284, Jutz I, 1343)*

Hausmatschger *m. (W, „-motschger“)* Spöttisch für Hausmeister; ma. matschgern „maulen, kritisieren, schimpfen“. *(Teuschl 110)*

Hausmatz *m. (W)* Spöttisch für Hausmeister; siehe Matz. *(Petrikovits 44)*

Hausmeister *m. (W)* Über den Hauswart hinausgehende Bezeichnung für kleinlichen, kleinkarierten Menschen. *(Teuschl 109f.)*

Hausnopper *m. (St)* Älteres Synonym für Einbrecher, Bedränger. Mhd. noppen „stoßen, schaukeln“. *(Grimm XIII, 886, UK 333, Jontes 88)*

Hausnocke *f. (W, „-nocken“)* Spött. Bez. für Frau, die ganz in ihrem Haushalt aufgeht; vgl. Nocke, Nockerl (s. d.). *(Jakob 83)*

Hausstock *m. (St, K)* Bez. für Kretin, auch schwachsinnigen Dienstboten. *(UK 333, Jontes 88, Pohl 98)*

Hauswurze *f. (W, „-wurzen")* Spöttisch für jemanden, dessen Gönnerlaune man leicht ausnützen kann. Die Hauswurz, ein Steinbrechgewächs, das als Hausmittel zur Wundbehandlung verwendet und in Töpfen meist auf dem Hausdach gezogen wurde, scheint den Namen wegen seiner Nützlichkeit geliefert zu haben. *(Teuschl 110)*

Hecht *m. (St)* Sehr schlauer Mensch. *(Pfeiffer 169, WStWB 160)*

Hechtenstutzer *m. (B)* Ortsspott für die Bewohner von Rust.

Hedel, Hettel *f.*, **Hederl** *n.* Abfällig-spöttische Bez. für ungestümes Mädchen; eigentlich Ziege, Geiß, Zicklein. Vgl. auch Geiß (s. d.). *(Grimm X, 1270, UK 335, Jontes 88, Pohl 99)*

Hegel *m.* Bez. für rohen, ungehobelten, rücksichtslosen, ungebildeten Mann, Flegel. Zu oberdt. hegeln, heckeln, „foppen, aufziehen, necken"; auch Heigel. Auch Bez. für Stier. *(Grimm X, 777, Schmeller I, 1069, Jontes 88, Jutz I, 1352)*

Heide *m. (T, „Hoade")* Schpfw. für schlechten Menschen; Heide ursprünglich auch Bez. für Zigeuner (s. d.). *(Grimm X, 801, Schatz I, 271)*

Heier *m. (V, „Hoar")* Bez. für derben, dummen Kerl; Herkunft unklar. *(Jutz I, 1355)*

Heigel *m. (T)* Bez. für lebenslustigen, frischen Gesellen, Burschen, gaunersprachlich ist damit ein gefährlicher Kerl gemeint; wohl wie Hegel (s. d.) ein Stiername. *(Grimm X, 777, Wintersberger 40, Schatz I, 280)*

Heikelkropf *m. („Hoakel-")* Bez. und Rügewort für beim Essen wählerischen Menschen. Ma. heikel, heiklig „wählerisch, schwer zu behandeln, delikat, besorgt" („hoakli"). Kropf nicht für die Schilddrüsenkrankheit, sondern im Sinne von Hals, Vogelkropf. *(UK 337, Jontes 88, Ziller 91)*

Heiligenschneuzer *m. (St)* Spöttisch für Frömmler, religiösen Heuchler, Betbruder.

Heimpoppe *m. (T)* Bez. und Schpfw. für Menschen, der an Heimweh leidet, Muttersöhnchen; vgl. Poppel. *(WBÖ III, 610)*

Heimgartenbrachter *m.* Bez. für jemanden, der stets dasselbe erzählt, wenn er in Gesellschaft ist; Heimgarten *m.* „Plauderei, Besuch" *(vgl. Grimm X, 871),* ma. brachten „reden, plaudern"; siehe auch Brachter. *(WBÖ III, 701)*

Heimgartrolle *f. (V)* Abfäll. Bez. für Mädchen, das Besuche macht, um zu tratschen; wie zuvor. *(Jutz I, 1360)*

Hainbuchener *m. („Hoanbuachener")* Bez. für einen, mit dem man nicht in Güte reden kann, ein grober, unzugänglicher Mensch; wörtl. einer, der aus hartem, „hainbuchenem Holz" verfertigt ist. Hochsprachlich mit Bedeutungswandel „hanebüchen". *(Grimm X, 174f., Aman 79, 82, Jontes 88f., WStWB 160, Jutz I, 1292)*

Heini *m.* Bez. für dummen, starrsinnigen Mann. Der Vorname Heinrich für die allg. Bez. von männlichen Personen verwendet (auch bei Kurzform Heinz, vgl. „Heanzen“ für Burgenländer, Oststeirer). Heini jüngerer Herkunft, vielleicht über Soldatensprache der Deutschen Wehrmacht. *(Grimm X, 886f., Pfeiffer 171, Aman 77, Kapeller 62, Jontes 79)*

Heinzelbankschädel *m. (St, „Hoanzel-“)* Bez. für Menschen mit klobigem Kopf, Sturschädel; nach der Schnitzbank mit ihrem ungefügen Klemmkopf zum Festhalten des Werkstückes.

Heinzelkopf *m. (S, „Hoanzel-“)* Wie oben; Menschen mit missgeformtem Kopf. *(Ziller 92)*

Heirer *m.*, **Heirerle** *n. (T)* Bez. und Spottwort für kränklichen, schwächlichen, auch dümmlichen Menschen; ma. heiret „schwächlichen“, viell. zu ma. Haar *m.* „Flachs“. *(Schatz I, 291)*

Heckerl *n.* Bez. für geistig und körperlich behinderten, aber auch energielosen Menschen. Vgl. auch Hegel, Scheißheckerl (s. d.). *(UK 335)*

Heckerlbube *m.* Wie zuvor, Bube, der jemanden aufzieht, neckt („heckerlt“). *(WBÖ III, 1228, UK 335, Jontes 89)*

Häckerling *m. (St)* Bez. für furchtsamen, scheuen, feigen Menschen; eigentlich einer, der nur gehacktes Kleinzeug wert ist, oder aber jemand, der leicht zu „heckerln“ ist. *(Grimm X, 106, UK 318, Jontes 89)*

Heckerlscheißer *m. (St)* Abfällig für mutlosen, feigen Menschen. Vgl. auch Scheißheckerl (s. d.). *(WStWB 160)*

Heckerlschieber *m. (St)* Schpfw. wie zuvor; Spottname für ungeschickten und mutlosen Menschen. Schieber, vielleicht als Kegelscheiber zu verstehen. *(UK 335, Jontes 89)*

Hecketzer *m. (St)* Bez. für Feigling. Dunkler Herkunft. *(UK 335, Jontes 89)*

Held *m.* Auch ironisch im abwertenden Sinne für Kerl, Wicht gebraucht („so ein Held!“). *(Grimm X, 934, Küpper 109, Pfeiffer 171f., Teuschl 111, Ziller 89, Schatz I, 287, Jutz I, 1368)*

Helfershelfer *m.* Abfällig im Sinne von Komplize, Spießgeselle, Hochsprachl. *(Grimm X, 960)*

Hemdlenzel *m. (W, „Hemmadlenzl“)* Spottwort für einen Hemdmatz, ein nur mit dem Hemd bekleidetes, halbnacktes Kind; siehe auch Lenzel. *(Jakob 85, Jutz I, 1372)*

Hemdler *m. (V)* Wie zuvor. *(Jutz I, 1372)*

Hemdlermichel *m. (V)* Wie zuvor. *(Jutz I, 1372)*

Hemdsplatz *m.* Wie zuvor. *(Jutz I, 1372)*

Henn-, siehe auch die Zusammensetzungen mit Hühner-.

Hendel, Henderl *n.* Bez. und Rügewort für naiven, hilflosen, kopflosen („herumlaufen wie ein H.“) Menschen; wohl hauptsächlich auf Frauen angewandt, jedoch auch für Männer gebraucht. Übertragung von Charaktereigenschaften des Huhnes auf den Menschen. *(Teuschl 111, Jontes 89)*

Hendelbucker *m. (W)* Schpfw. für Sodomiten; ma. bucken „bücken, coire“. *(Teuschl 54, 111)*

Hendelfänger *m. (W, „-fanger“)* Spött. Bez. für wandernden Geflügelhändler, dem damit unterstellt wird, seine Ware unterwegs in diebischer Weise einzufangen; auch allg. für Betrüger und übertragen für Ungarn, Zigeuner. *(Jakob 85, Teuschl 111)*

Hendelgeiger *m. (T, „Hiendl-")* Spottname für italienischen Geflügelhändler, auch schlechten Musiker oder Italiener an sich. *(Schatz I, 304)*

Hendling *m.* Bez. für einen mutlosen, feigen Menschen. Zu Hendel (s. d.). *(Jontes 89)*

Hendelhutscher *m. (St)* Spöttisch-scherzhafte Bez. für Geflügelhändler. Die Hühnerhändler trugen die Tiere einst in Holzsteigen auf dem Rücken daher, „hutschten" (schaukelten) diese. *(UK 321, Jontes 89)*

Hentsche *f.*, siehe Handschuh.

Henne *f. („Henn")* Abfäll. Bez. für Mädchen, junge Frau („klasse, matte, schiache Henn"), auch furchtsames Frauenzimmer, wie Hendel (s. d.). Vgl. auch Suppenhenne (s. d.). *(Grimm X, 996f., Aman 80, Teuschl 111f., Jontes 89, Schatz I, 288, Jutz I, 1374)*

Henneler *m. (T)* Bez. und Schpfw. für Feigling. *(Grimm X, 997, Schatz I, 289)*

Hennenarsch *m.* Bez. und Schpfw. für Feigling. *(WBÖ I, 362, Lexer, KWB 9)*

Hennenbutz *m. (V)* Spött. Bez. für unordentlich gekleidete Frau; eig. Vogelscheuche. *(Jutz I, 1374)*

Hennenfüdle *n. (V)* Bez. und Rügewort für langsamen Feldarbeiter; eig. Hennenarsch. *(Jutz I, 1375)*

Hennenmännle *n. (V)* Bez. und Schpfw. für Feigling, Schwächling, auch jemanden, der keine Kälte verträgt. *(Jutz I, 1376)*

Hennenmauser *pl. (V)* Spottwort für die Bewohner von Tschagguns; eig. Hennendieb. *(Jutz I, 1376)*

Hennenschnätter *f. (V)* Schpfw. und Bez. für schwatzhafte Frauensperson; ma. schnättern „schnattern, gackern". *(Jutz I, 1376)*

Henner *m. (T)* Wie zuvor. *(Schatz I, 289)*

Hennerling *m. (S)* Wie zuvor. *(Ziller 89)*

Hennfuß *m. (T, „Hien-")* Wie zuvor, auch Schwächling; analog Hasenfuß (s. d.). *(Schatz I, 289)*

Henngreifer *m. (K)* Bez. für Feigling, eig. jemand, der eine Henne nach einem Ei abgreift. Siehe auch Hühnergreifer. *(Grimm X, 998, Pfeiffer 173, Lexer, KWB 139)*

Hennkletze *f. (W, „-kletzen")* Abfäll. Bez. für schmächtigen Menschen, eig. mageres Huhn; Kletze *f.* „Dörrobst, besonders Dörrbirne". *(Jakob 84)*

Hengst *m.* Bez. für sexuell aktiven, potenten Mann (stadtma.). *(Grimm X, 986, Pfeiffer 172f., UK 341, Aman 80, Jontes 89)*

Herrenlaiblefresser *pl. (V)* Spottname für die Bregenzer. *(Jutz I, 1383)*

Herrenschrackel *m. (T)* Bez. und Spottwort für eitelstolzen Menschen, auch Faulpelz, Müßiggänger, von bäuerlicher Seite gebraucht. Siehe Schrackel. *(Schatz II, 551)*

Herrgottspfänder *m. (W)* Bez. und Schpfw. für erbarmungslosen Gläubiger, der selbst das Kruzifix von der Wand pfänden lässt. *(Jakob 86)*

Herrgottschlecker *m. (W)* Spöttisch für Frömmler, bigotten Menschen;

einer, der dem Herrgott die Füße abschleckt. *(Teuschl 112)*

Hering *m. („Haring")* Spött. Bez. für mageren Menschen; nach dem einst billigsten Fisch, dem eingesalzenen Hering. *(Grimm X, 1106, Pfeiffer 173, Jakob 82, Teuschl 98, 108, Schatz I, 280)*

Heringseele *f. („Haring-")* Wie zuvor; eigentlich Wirbelsäule und Rückenmark des abgenagten Herings, also noch eine Steigerung des Vorigen. *(Grimm X, 1107, Schatz I, 280, Jakob 82)*

Herumtreiber *m.* Mensch ohne geregelten Lebenswandel, Müßiggänger. *(Pfeiffer 174)*

Herzjesubolschewik *m.* Scherzhaft-spöttisch für Linkskatholiken, der in sich zwei gegensätzliche religiöse und ideologische Positionen vereint. Vgl. Bolschewik (s. d.).

Härmer *m. (W)* Spöttisch für Griesgram; zu Harm „Leid". *(Teuschl 108)*

Hesse, blinder *m. (W, „blinder Hess")* Bez. für jemanden, der schlecht sieht oder vieles übersieht; angeblich, weil der österreichische Feldmarschall Heinrich v. Heß (1788–1870) einäugig war. Geht jedoch wahrscheinlich auf die abschätzige Beurteilung des Volkscharakters der Hessen zurück *(vgl. Grimm X, 1268);* wobei hier mit „blinder Hesse" ein tölpelhafter Mensch gemeint ist. *(Pfeiffer 53, Jakob 86, Wehle 45, Teuschl 113, Jutz I, 1388)*

Heubodentodel *m. (St)* Abfällig für Kretin, jemand, der in der Laune einer sich bietenden Gelegenheit auf dem Heuboden gezeugt wurde. Vgl. Todel (s. d.).

Heuesel *m. (W)* Bez. und Schpfw. für Dummkopf, analog Heuochs (s. d.). *(Jakob 86)*

Heugeige *f. („-geigen")* Scherzhafte Bez. für lang gewachsenen, hageren Menschen, der mit einer Heuschoberstange verglichen wird. Idiotikon Fohnsdorf, 1813: „Heugeigen: eine übermäßig große, schlanke Weibsperson." *(Pfeiffer 175, Aman 77, Jakob 86, Teuschl 113, UK 344, Jontes 89, Lexer, KWB 111, Pohl 95, Schatz I, 292, Ziller 90, Jungmair 124)*

Heuhüpfer *m. („-hupfer")* Bez. für flüchtigen, nicht ernstzunehmenden Menschen, Springinsfeld; eig. Heuschrecke. *(Grimm X, 1287, Pfeiffer 175, Schatz I, 292)*

Heuochse *m.* Bez. für Dummkopf wie Ochse (s. d.); zum Vergleich ein bereits Heu fressender, nicht mehr Muttermilch trinkender Ochse herangezogen. Es ist also ein Erwachsener gemeint, der noch immer ein wenig kindisch-dumm ist. *(Grimm X, 1291, Pfeiffer 176, Aman 77, Ziller 90, Jontes 89, Jutz I, 1392)*

Hexe *f.* Abfällige Bez. für Frau oder Mädchen im Allg. (ahd. hagzissa „die auf dem Zaun Sitzende"), aus Zeiten, in denen Frauen wegen angeblicher Zauberei verfolgt wurden. Beim Schpfw. auch mit wirrem Haar in Verbindung gebracht (vgl. Schoderhexe, s. d., „du schaust aus wie eine Hex'"). Verkleinerungsform Hexerl für kleine Mädchen eher gutmütig-scherzend gemeint. *(Grimm X, 1299f., Pfeiffer*

176, Kapeller 64, Kluge 307, Jakob 87, Jontes 90, Schatz I, 293, Jutz I, 1395f.)

Hetzerl *n. (W)* Bez. und Schpfw. für Aufwiegler, Hetzer, Unruhestifter. *(Jakob 86, Schuster 78)*

Hiderlmann *m. (St, S)* Wegwerfende Bez. für Ehemann; wohl als Hahnrei gemeint, jemand, der Hörner („Hiderl“, vgl. auch „ein Geweih aufgesetzt bekommen“ für betrogen werden) trägt. Vgl. auch Haderlmann (s. d.). *(Ziller 90, UK 346, Jontes 90)*

Hiefler *m. (W, „Hiafler“)* Dummkopf, ungeschickter Mensch; nach dem sperrigen Gerät einer Getreide- oder Grashiefel. *(Teuschl 113)*

Hiemp *m. (S, „Heamp“)* Bez. und Schpfw. für Dummkopf, groben Menschen; mhd. hümpeler „Pfuscher, schlechter Arbeiter“. *(Ziller 88)*

Hiempel *m. (St)* Bez. für Tropf, Tölpel, einfältig-unbeholfenen Menschen, auch kretinöses Kind, Schwächling; Herkunft wie zuvor. Idiotikon Fohnsdorf, 1813: „Hiempel: ein blödsinniger Mensch.“ *(UK 346, Jontes 90, WStWB 160, 169)*

Hiempertrantsch, -tatsch *m. (St)* Bez. für Dummkopf, besonders aber Rügewort für eine zum Jammern neigende, weinerliche Frauensperson. Vgl. Hiempel (s. d.). und Trantsch (s. d.). *(UK 346, Jontes 90, WStWB 160)*

Hiemperling *m. (S)*, siehe Hiemp.

Hiempf *m. (St)* Bez. für Dummkopf; Kurzform zu Hiempel (s. d.). (Vgl. auch kärntn. Himpfazen „Halbweinen der Kinder“. *(Lexer, KWB 141f., Jontes 90)*

Hiengerl *n. (O, „Heangerl“)* Bez. für schwächliches Kind, das deshalb besonders behütet und umsorgt wird, wie Zarterl (s. d.); Herkunft unklar. *(Jungmair 122)*

Hienz I *m. („Heanz),* **Heanzen** *pl.* Bez. und leichter Spott für Burgenländer, genauer Bewohner des mittleren und südlichen Burgenlandes; vgl. dazu das unter Spiegelhienz (s. d.) Mitgeteilte. *(Wintersberger 40)*

Hienz II *m. (S, „Heanz“)* Bez. für Spötter, Zyniker; wie Fienzer (s. d.); ma. hienzen „höhnen“. *(Ziller 88)*

Hiesel *m. („Hiasel“)* Gutmütig-spottende Bez. für ungeschickten, naiven Menschen, dessen geistige Fähigkeiten leise angezweifelt werden; Kurz- und Koseform von Matthias. *(Grimm X, 1320, Pfeiffer 176, Aman 81, Teuschl 113, Jontes 90, WStWB 161, Pohl 100, Schatz I, 294)*

Hieseladam *m. (O)* Bez. und Schpfw. für Dummkopf. *(WBÖ I, 80)*

Hilfsschüler *m.* Spottwort für geistig Minderbemittelten; vor der Schaffung der Sonderschulen für Behinderte gab es mit der Hilfsschule eine Förderinstitution, von der sich dieser Name ableitet. Vgl. auch Todelklassler (s. d.). *(Pfeiffer 176)*

Hilzegeist *m. (T)* Spottwort für mageren Menschen; ma. hilzen „hölzern“. *(Schatz I, 305)*

Himmelbub *m. (St, „-bua“)* Scherzhaft-spöttische Bez. für Kaplan, Kooperator, wegen des jugendlichen Alters. *(WBÖ III, 1229, UK 347)*

Himmeltauklieber *m. (St)* Ortsspott, Bez. für die Bewohner von Tillmitsch

(Bezirk Leibnitz) in Wettmannstätten, weil sie Brei von Himmeltau, einer Art Hirse, die heute nicht mehr angebaut wird, aßen und mit dem Löffel aus der Schüssel herausstachen (klieben „spalten“). *(Jontes 90)*

Himmelträger *m. (O, „-trager“)* Als „siebenseidaner H.“ Bez. und Rügewort für Scheinheiligen, Heiligen; nach dem Träger des Prozessionshimmels. *(Jungmair 267)*

Himmeltürlschmierer *m.* Bez. und Spottwort für Betbruder, der vermeint, mit seinem Heiligtun sich die Himmelstür zu öffnen. *(WBÖ III, 1146)*

Himmelhenne *f. (S, „-henn“)* Abfäll. Bez. für Klosterschwester, Nonne. *(Ziller 90)*

Himmelszanner *m.* Spöttische Bez. für Betbruder, frömmelnden Menschen; eigentlich jemand, der zum Himmel blickt (ma. zannen „hervorlugend schauen“, wie etwa Zähne aus einem nicht ganz geschlossenen Munde). *(UK 347, 643, Ziller 90, Jontes 90f.)*

Hintennach *m. (St, „-nachi“)* Schpfw. für jemanden, der stets der Letzte bei der Arbeit ist. *(WStWB 161, 170)*

Hintertupfinger *m. (W)* Spöttisch für beschränkten, hinterwäldlerischen Menschen; nach dem Pseudo-Ortsnamen Hintertupfing, der für sich schon Hinterwäldlertum evozieren soll; übertragen als Hüllwort auch für Homosexuellen, hier zu ma. tupfen „coire“. *(Teuschl 114)*

Hinterkrummer *m. (St, „-krumper“)* Schpfw. für unehrlichen, heimtückischen Menschen. *(WStWB 161)*

Hinterling *m. (K)* Abfällig für schwächliches, zurückgebliebenes Wesen, Tier. *(Pohl 100)*

Hinhappler *m. (W)* Schpfw. für Dummkopf, jemand, dessen Happel „Kopf“ hin „kaputt“ ist. *(Teuschl 114)*

Hinist *m. (W)* Spöttisch für Dummkopf; Pseudowortbildung mit hin „außer Betrieb, kaputt“. *(Teuschl 114)*

Hirt *m. (St)* Synonym für Dummkopf; stadtmundartlich, in Gymnasiastenkreisen um 1960. *(Pfeiffer 178)*

Hirntampel *m. (St)* Bez. für vollständig verblödeten Menschen; vgl. Tampel (s. d.). *(Wintersberger 41, UK 349, Jontes 91)*

Hirntandler *m. (W)* Spöttisch für Dummkopf. *(Teuschl 115)*

Hirnteppeter *m.* Bez. und Schpfw. für Narr.

Hirnederl, -öderl *m.* Bez. für dummen Menschen, Naivling; zu öde „leerstehend“, einer, dessen Hirn ohne geistigen Inhalt ist. Vgl. auch Edi (s. d.). oder vielleicht ein Rindername (Hiden „Gehörn“). *(Pfeiffer 178, Wintersberger 41, Jontes 91)*

Hirngrillerl *n. (W, „-grüllerl“)* Bez. und Rügewort für jemanden, der Grillen im Kopf hat, spinnt; eig. Name des Gartenzeisigs. *(Grimm X, 1560, Jakob 87)*

Hirngrind *m. (T)* Bez. und Schpfw. für Querkopf, widerspenstigen Menschen; vgl. Grind (s. d.). *(Schatz I, 297)*

Hirnchristel *m. (W)* Bez. für Dummkopf, hirnrissigen Menschen; Vermengung von Christel „Kurzform von Christian“ und g’rissen „gerissen, schlau“. *(Jakob 87, Teuschl 115)*

Hirnschüssler *m.* Bez. für unberechenbar dummen Menschen, wie Kopfschüssler (s. d.), besonders nach den Weltkriegen sehr im Schwange, weil es unter den Kriegsinvaliden auch zahlreiche durch Kopfschussverletzungen am Gehirn Geschädigte gab. *(Wintersberger 41)*

Hirnwichser *m. (W)* Spöttisch für Möchtegern-Intellektuellen, Angeber. Vgl. Wichser (s. d.). *(Teuschl 115)*

Hirsch *m.* Bez. für Dummkopf, begriffsstutzigen Menschen. Vom Tier, dessen Geweih (s. d.) wegen seiner Sperrigkeit ebenfalls als Spottwort herhalten muss. *(Küpper 112, Pfeiffer 178, Aman 81, Jakob 88, Jontes 91)*

Hirschegger *m. (St)* Bez. für Dummkopf, begriffsstützigen Menschen; nach dem Ortsnamen Hirschegg in der Weststeiermark mit Blick auf das Schpfw. Hirsch (s. d.) gebildet. Die Bewohner von Hirschegg galten als Schildbürger. *(WStWB 161)*

Hoppel *m.*, **Hopperl** *n. (St)* Bez. für einfältig-gutmütigen Menschen, besonders Mädchen; wörtl. jemand, der kindisch auf- und abspringt („hoppelt"). Mit Hopperln auch die weibl. Brüste bezeichnet. *(UK 350, Jontes 91, Jungmair 134)*

Hoppertatsch *m.* Bez. für unbeholfenen Dummkopf, aber auch einen aufgeblasenen, anmaßenden, rasch beleidigten Menschen. Vgl. Hoppel (s. d.) und Tatsch (s. d.). *(Hager 23, UK 350, Jontes 91, WStWB 161)*

Hopf *m.*, **Hupf** *m.* Bez. für Tölpel, auch betrogenen Menschen. Zu hupfen „hüpfen". Der Hopf sein im Sinne von „zum Narren gemacht werden". *(UK 350, Jakob 89, Ziller 94, Jontes 91)*

Hopfenstange *f. („-stangen")* Scherzhafte Bez. für langen, dürren Menschen (vgl. auch Bohnenstange, s. d.). Hopfen wurde einst an langen Stangen gezogen. *(Grimm X, 1798, Pfeiffer 181, Aman 82, Jontes 91, Schatz I, 301, Jakob 89)*

Höppin *f. („Heppin")* Abfällige Bez. und Schpfw. für Frauen; eigentlich eine Kröte („Hüpferin") damit gemeint (vgl. auch Kröte, s. d.). *(Grimm X, 1799, UK 350, Schmeller I, 1140f., Aman 80, Jontes 91, Ziller 93, Jungmair 134, Schatz I, 301)*

Höbler *pl. (O)* Spottname der Innviertler für die Hausruckviertler; ma. höbeln „Hülsenfrüchte auslösen". (Jungmair 128)

Hópsassá *m. (St)* Scherzhaft für lustigen, leichtsinnigen Menschen. *(WStWB 161)*

Hottel *m.* Bez. für zerlumpten Landstreicher, schlampige Frau. Zu Hudel, Hodel „Hader, Lumpen" (s. d.). *(UK 351, Jontes 91, Lexer, KWB 144, Schatz I, 303, Jutz I, 1451 „Höttel".)*

Hottelpost *m. (V)* Bez. und Schpfw. für unzuverlässige, unordentliche Frau; vgl. Hottel (s. d.), Post als schlechte Post zu verstehen. *(WBÖ III, 668, Schatz I, 303)*

Hoden *m. (V)* Schpfw. und Bez. für gewalttätigen, derben Mann; Hoden *m.* „Geschlechtsdrüse des Mannes" für den ganzen Menschen. *(Jutz I, 1421)*

Hodenwidder *m. (V)* Wie zuvor. *(Jutz I, 1421)*

Hotifallóti *pl. (W)* Bez. für Gaunerbande; scherzhaft-spöttische Umbildung von frz. haute volée „obere Gesellschaft“ mit deutschem Anklang an Falott (s. d.). *(Jakob 89, Schuster 79)*

Hodle *m. (V)* Bez. und Schpfw. für grobschlächtigen Mann; eig. Zuchtstier. *(Jutz I, 1421)*

Hottler, Höttler *m. (T)* Bez. für ungepflegten Mann; siehe Hottel. *(Schatz I, 303, Jutz I, 1451)*

Hoffartsbeutel *m. (V)* Bez. für eitlen, jungen Menschen, bes. Mädchen. *(Jutz I, 1423)*

Hoffartsesel *m.* Dasselbe für jungen Mann. *(Jutz I, 1423)*

Hofraunze *f. (W, „-raunzen“)* Bez. und Spottwort für Hypochonder, schwermütigen Menschen; wahrscheinl. einer gemeint, der im Hof, dem einstigen Kommunikationsmittelpunkt des städtischen Wohnhauses, sein Leid klagt; vgl. Raunzer (s. d.). *(Jakob 88)*

Höh *f. (W, „Heh“)* Gaunersprachl. für Polizei; jidd. heh „ds.“, oder weil die einst auch berittene Polizei „in der Höhe“ war. *(Wintersberger 40, Petrikovits 45, Wehle 59, Teuschl 115)*

Höherpeter *pl. m. (O, „Heherpeder“)* Bez. für dünkelhaften, stolzen Menschen, einer, der stets höher hinaus will, auch als Spottname für die Innviertler, die als besonders selbstbewusst gelten; siehe auch Peter, gespreizte. *(WBÖ II, 1143, Jungmair 122)*

Höhmann *m. (W, „Heh-“)* Gaunersprachl. für Polizist; siehe Höh. *(Jakob 88)*

Höhnin *f. (O, „Hehnin“)* Bez. und Schpfw. für keifende, schimpfende Frau; ma. höhnen „höhnen, schimpfen, heulen“, mhd. hoenen. *(Jungmair 122)*

Hockenbleiber *m.* Schülersprachliche Bez. für Schüler, der den Aufstieg in die nächsthöhere Klasse nicht geschafft hat, sitzengeblieben ist, Sitzenbleiber. *(WBÖ III, 345, Pfeiffer 179, Aman 82, Ziller 93, Jontes 91)*

Höckerl *m.*, **Höckerling** *m. (St)* Bez. für untauglichen, erfolglosen Menschen, Schwächling, einer, der sich nicht aufraffen kann, „hocken“ bleibt. Vielleicht auch Verbindung zu Heckerl (s. d.). Auch für einen Wirtshaussitzer *(V)*. *(UK 351, Jontes 91, Jutz I, 1420f.)*

Holpe *f. (T)* Bez. und Schpfw. für unhöfliches, dummes Frauenzimmer; ma. holpen „herumstoßen, hudeln“. *(Grimm X, 1761, Schatz I, 300)*

Höderle *m. (V)* Spöttische Bez. für schüchternen Liebhaber; eig. Holunderstrauch. *(Jutz I, 1430)*

Holderstock *m.* Bez. und Rügewort für einfältigen Menschen; Koseform von Berthold? *(Jutz I, 1429)*

Höllenbesen *m. (St, V)* Schpfw. für böses Weib; siehe Besen. *(WStWB 161, Jutz I, 1430f.)*

Höllenbraten *m.* Bez. und Schpfw. für Menschen schlechten Charakters, einer, der dem Teufel, der Hölle verfallen ist, ihr als Speise zufällt (vgl. auch Teufels-, Raben-, Satansbraten, s. d.). *(WBÖ III, 752, Pfeiffer 180, UK 353, Jontes 91f.)*

Höllgankerl *m. (St)* Wie Gankerl (s. d.). *(WStWB 161)*

Holofernes *m. (V)* Bez. für großen, derben Mann; nach dem biblischen Feldherrn. *(Jutz I, 1431)*

Höllwabe *f. (St, „-waben")* Bez. und Schpfw. für böses Weib (Wabe, s. d.), das als der Hölle verfallen oder aus dieser kommend angesehen wird. *(UK 354, Jontes 92)*

Hohlwanger *m.* Schpfw. für Verräter; wörtl. Hohlwangiger, mit Schluss von der Physiognomie auf den Charakter eines Menschen. *(Grimm X, 1763, UK 353, Jontes 92, Jungmair 129)*

Holzhacker *m.* Tadelnd für unbesonnen drauflosarbeitenden, groben Menschen, auch unfairen Fußballspieler. *(Küpper 112, Pfeiffer 181)*

Holzklotz *m.* Bez. für groben, ungeschlachten Menschen. *(Pfeiffer 181, Jutz I, 1435)*

Hölzler *m.* Bez. für Menschen mit Sprachfehler, jemanden, der beim Reden mit der Zunge anstößt, als ob er ein Hölzchen im Munde hätte. *(UK 354, Jontes 92)*

Holzscheiber *m. (W)* Bez. für rohen, brutalen Gesellen, eig. einer, der einen Karren voller Holz schiebt. *(Jakob 89)*

Holzschnalzer *m. (St)* Abfällige Bez. für Holzgroßhändler; Schnalzer ursprünglich ein Zwischenhändler oder Zubringer beim Pferdehandel, dann jemand, der die Preise hinauftreibt („hinaufschnalzt", von Schnalzen „Peitschenknallen"). *(UK 549, Jontes 92)*

Holzwurm *m. (W)* Spött.-scherzhafte Bez. für Tischler; nach der Insektenlarve im Holz. *(Küpper 112f., Pfeiffer 181, Petrikovits 45)*

Homerl *n.* Scherzhaft für Homosexuellen. *(Teuschl 116)*

Homokukuwaua *m. (W)* Bez. für hässlichen Menschen, Wilden, Exoten im spöttischen Sinne; angeblich der Name eines „Schaubudennegers" einer einstigen Völkerschau im Wiener Prater, sprachlich wohl eher einem Polynesier zuzuordnen. *(Jakob 89)*

Hör, Höri *m., n.* Bez. für Tölpel. Gösser Gerichtsprot. 1608: „Dieser Pueb sey ein ainfeltiges Hör gewest." Zu ma. horbig, gehorbig „schmutzig" (mhd. hor „Kot, Schmutz"). Idiotikon Fohnsdorf, 1813: „Höri: ein schwachsinniger Mensch." *(Grimm X, 1801, UK 356, Jontes 92, Lexer, KWB 144, 214)*

Horaxpudel *m. (O)* Abfäll. Bez. für Frau, wohl aus Haxe und Storax (s. d.) oder ähnlich gemengt und mit Pudel (s. d.) verbunden. *(WBÖ III, 1302)*

Hortpatzen *m. (T)* Bez. für jüngstes, kleines Kind einer Familie, „Zarterl" (s. d.). *(WBÖ II, 514)*

Hornaffe *m. (V)* Schpfw. für eitlen, dummen Menschen, Mischform aus Hornochse (s. d.). und Affe. *(Jutz I, 1444f.)*

Hornochse *m.* Bez. und Schpfw. für dummen und begriffsstutzigen Menschen (wie Heuochse, s. d.); eigentlich Ochse, dem schon Hörner gewachsen sind. *(Grimm I, 1830, Pfeiffer 182, Aman 82, Kapeller 66, Jontes 92, Schatz I, 301, Jutz I, 1446)*

Horner *m. (T)* Bez. und Schpfw. für Dummkopf, auch zähen, sturen Menschen; eig. Widder, also Schaf mit Hörnern. *(Schatz I, 301)*

Horze, Hörze *m.*, **Hörzel** *n. (T, K)* Bez. für verkümmertes Stück Vieh, Häuflein *(T)*, auch lästigen, überall hinderlichen Menschen *(K)*; ma. mhd. horzen, hurzen „stoßen, jagen, hetzen", mhd. horzel, hurzel „kleingehauene Steine, Schotter". *(Grimm X, 1972, Schatz I, 302, Lexer, KWB 144)*

Hospes *m. (V)* Schpfw. und Bez. für närrischen, auch überspannten Burschen; lat. hospes „Wirt, Gastfreund". *(Pfeiffer 182, Jutz I, 1449f.)*

Höseler *m. (V)* Bez. und Schpfw. für weibischen Mann, Schwächling; zu Hose. *(Jutz I, 1447)*

Hosenbauer *m. (O)* Spottname für die Kleinbauern des Innviertels (auch „Hosen- und Leibelbauer"), da deren Wohnhaus und Stallgebäude zusammenhängend wie Kinderhose und Oberteil unter einem Dach liegen. *(WBÖ II, 587)*

Hosenpfandler *m. (T)* Wie Pfandler (s. d.). *(WBÖ III, 13)*

Hosenbrunzer *m.* Bez. und Schpfw. für Feigling, auch unreifen Knaben, einen, der in die Hose macht; wie Hosenseicher (s. d.); ma. brunzen „urinieren" zu Brunn *n.* „Harn". *(WBÖ III, 1192, Pfeiffer 182, Schatz I, 114, Jutz I, 1448)*

Hosenkreister *m. (St)* Handwerkerspottname für Schneider; zu ma. kreisten „vor Anstrengung ächzen, stöhnen", Kreister „abgelebter Mensch", hier vielleicht scherzhaft-obszön im Sinne von Furzer. Vgl. Kreister (s. d.). *(Schmeller I, 1383, UK 356, Jontes 92)*

Hosenlotterer *m. (V)* Abfällige Bez. für alten, hageren Mann, der in den Hosen schlottert, auch schlampig Gekleideten. *(Jutz I, 1448)*

Hosenscheißer *m.* Bez. für Angsthase, Feigling, Mensch, der vor Angst in die Hose macht. *(Grimm X, 1842, Pfeiffer 182, Aman 83, Kapeller 66, Jakob 89, UK 356, Jontes 92, WStWB 170, Jungmair 135, Ziller 93, Schatz I, 302, Jutz I, 1449)*

Hosenseicher *m. („-soacher")* Schpfw. für Feigling, Schwächling; wie Hosenbrunzer (s. d.). *(Grimm X, 1842, Pfeiffer 182, Ziller 93, Jutz I, 1448f.)*

Hosenzitterer *m. (St)* Bez. und Spottwort für einen Menschen, der leicht von Schwindel befallen wird. *(UK 356, Jontes 92, WStWB 161)*

Höser *m. (T, „Heser")* Spöttisch für Knaben, der die erste Hose trägt und damit über das Kleinkindstadium hinaus ist. Heute durch die Änderung der Kinderkleidung seiner urspr. Bed. verlustig gegangen. *(Schatz I, 302)*

Hubertler *m. (W)* Spöttisch für affektierten, arroganten jüngeren Menschen „aus gutem Haus"; von der aristokratischen Vorliebe zum grünlodenen Hubertusmantel herzuleiten.

Hupf *m.*, siehe Hopf.

Hupfauf *m.* Scherzhafte Bez. für Frühaufsteher, flinken Menschen, übermütiges Kind; in Form eines Satznamens; ma. hupfen „springen". In Wien auch älterer Spottname für Straßenbahnschaffner (auch Hupferl, s. d.), weil dieser bei den einst offenen Wagen immer als Letzter bei der

Abfahrt aufspringen musste. *(Ziller 94, Jakob 90)*

Hüpfer *m. („Hupfer“)* Bez. für Springinsfeld, unternehmungslustigen, wenngleich noch unerfahrenen Menschen („junger Hupfer“, wie Dutter, Tupfer, s. d.). Ma. hupfen „hüpfen“. *(Küpper 114, Pfeiffer 185f., Aman 85, Teuschl 118, Ziller 94, Jontes 92)*

Hupferl *n. (W)* Bez. für springlebendigen, kleinen Menschen, auch älterer Spottname für Straßenbahnschaffner, wie Hupfauf (s. d.); ebenso für lahmen, behinderten Menschen. *(Jakob 90, Petrikovits 46)*

Hutaffe *m. (V)* Bez. für lächerlichen, dummen Menschen. *(Jutz I, 1470)*

Hutblume *f. (W, St, „Huatbluamen“)* Spöttisch für hässliche Frau. *(Teuschl 117)*

Hudel *m.*, **Huttel** *f.* Bez. für zerlumpten Kerl, nachlässig gekleideten Menschen (vgl. auch Haderlump, Hottel, s. d.). Hudel „Lumpen, Fetzen“, schon mhd. neben Hader auch in der Bed. „schlechte Person, Hure“. *(Grimm X, 1681, Pfeiffer 183, UK 357, Jontes 92f., Jungmair 136, Schatz I, 303)*

Hudelwirt *m. (St)* Bez. für Spelunkenwirt, Wirt eines übelbeleumdeten Gasthauses. (Ausseer Gerichtsprot. 1605, fol. 10) Vgl. Hudel (s. d.). *(UK 358, Jontes 93)*

Hudere *m. (V)* Bez. und Schpfw. für zerlumpt gekleideten Mann. *(Jutz I, 1454)*

Huderer *m. (T)* Bez. und Schpfw. für Betrüger; eig. Lumpensammler; ma. hudern „schlampig arbeiten“. *(Schatz I, 303)*

Huterer *m. („Huaterer“)* Bez. und Rügewort für unmoralischen, verkommenen Mann, der sich mit Huren einlässt. Wortspiel mit Hutmacher und Hure. *(Aman 83, Jontes 93)*

Huderling *m. (St)* Wie Hudler (s. d.). *(WStWB 161)*

Huderlump *m. (T)* Wie Haderlump (s. d.). *(Schatz I, 399)*

Hudle *m. (V)* Bez. und Schpfw. für Lumpen, liederlichen Menschen. *(Jutz I, 1454)*

Hudler *m.* Bez. für Menschen, der alles übereilt, dadurch schlampig erledigt. Bedeutungswandel über „zerlumpt“, „verkommen“ (vgl. Hudel, s. d.) zu „überstürzt“. *(Grimm X, 1665, Pfeiffer 183, Aman 83f., UK 358, Jontes 93, Jutz I, 1454f.)*

Huttler *m. (T)* Bez. und Schpfw. für schlampigen, unordentlichen Mann; eig. Hadernsammler, wie Huderer (s. d.), auch Name einer Faschingsfigur. *(Schatz I, 308)*

Hudriwudri *m.* Bez. für oberflächlichen, unordentlichen, flüchtig arbeitenden oder handelnden Menschen (wie Hudler, s. d.). Auch Hudriwusch *m.* Zu hudeln und wischen „vorbeisausen“. *(Schmeller I, 1055, Pfeiffer 183, Aman 84, Wintersberger 42, Jakob 89, UK 358, Jontes 93, WStWB 161, Ziller 93)*

Hudriwusch *m.*, siehe Hudriwudri.

Hutschpferd *n. (W)* Bez. für Dirne, Prostituierte; eig. Schaukelpferd; Pferderl auch Dirnenbez. *(WBÖ III, 18, Teuschl 119)*

Hutsche *f. (W, „Hutschen")* Bez. und Schpfw. für leichtfertiges, leicht zugängliches Frauenzimmer, eig. Schaukel; Nähe zu Hatsche (s. d.). *(Pfeiffer 187, Wintersberger 42, Jakob 90)*

Hutschenschleuderer *m. (W)* Schpfw. für Tagedieb; ursprünglich Hilfsarbeiter im Wiener Wurstelprater, der die Schaukel antrieb wie Schnitzlers Liliom. *(Teuschl 119)*

Huf *n. (St, „Huaf")* Bez. und Schpfw. für Dummkopf; Vergleich mit einem Huftier.

Hügere *m. (V)* Bez. und Schpfw. für dummen, dabei aufdringlichen Menschen. *(Jutz I, 1456)*

Humpel *f. (K)* Bez. und Schpfw. für böses Weib; eig. Hummel. *(Lexer, KWB 145)*

Humpelhase *m. (St, „-has")* Schülersprachl. Bez. für gehbehinderten, humpelnden Menschen.

Hummel *f. (V)* Bez. und Rügewort für unruhig umherrennende Person. *(Jutz I, 1457)*

Hund *m.* Grobes Schpfw. allg. Art. Trotz der sprichwörtlichen Treue und Anhänglichkeit des Hundes eines der häufigsten und ältesten idg. Schpfw. aus dem Tierreich, was auf ältere, verächtliche Anschauungen, besonders religiöse und Rechtsbräuche, weist. Oft in Verbindung mit negativen Eigenschaften verwendet: „blöder, schiecher, buckleter, geselchter, wilder, scharfer Hund". Scherzhaft-spöttisch „Gscherter Hund vom Bauernbund" *(O)*. Kann jedoch auch im anerkennenden Sinn gebraucht werden („a mords Hund"; „a Hund auf der Geigen"). Auch als Steigerung verwendet. *(Grimm X, 1910ff., Küpper 114, Pfeiffer 184, Aman 163, Teuschl 117f., Jontes 93, WStWB 162, Schatz I, 306, Jutz I, 1459)*

Hundenarr *m.* Mensch mit übertriebener Tierliebe, die er auf Hunde richtet, der seinen Tages- und Lebensrhythmus seinem Hund unterordnet und deswegen auch auf Spott und Ablehnung stößt. *(Pfeiffer 184)*

Hundianer *m.* Wie zuvor; pseudolat. Erweiterungsbildung, die eine Abkunft oder Herkunft anzeigen soll (wie etwa Indianer). Auch im anerkennenden Sinne gebraucht (vgl. Hund, s. d.). *(Jakob 90, Teuschl 118, Jontes 93)*

Hundling *m.* Wie zuvor, jedoch in germ. Ableitungsbildung. *(Pfeiffer 185, Aman 84, Jakob 90, Teuschl 118, Jontes 93)*

Hundsbagage *f. („-bagásch")* Wie Bagage (s. d.). *(WBÖ II, 87f.)*

Hundsbalg *m. (N)* Schpfw. für ungezogenes, lästiges, schlimmes Kind. Vgl. Balg (s. d.). *(WBÖ II, 122)*

Hundsbankert *m., n. (W)* Wie Bankert (s. d.). *(WBÖ II, 231)*

Hundsbein *m. („-bua")* Schpfw. für gemeinen Menschen. Vgl. Bein (s. d.). *(WBÖ II, 882)*

Hundsbeutel *m. (W)* Schpfw. für Schuft, Lump, schlechten Menschen. Vgl. Beutel (s. d.). *(Teuschl 118)*

Hundsbube *m. („-bua")* Grobes Schpfw. für Knaben, ursprünglich Bez. für Hundejunges, Welpe oder für Jagdgehilfen, der die Hunde führt. *(Grimm X, 1933, WBÖ III, 1229, Pfeiffer 185, Aman 84, UK 360, Jontes 93)*

Hundspuffer *m. (St)* Verächtliche Bez. für Hundefänger, Hundeschläger (s. d.), auch als Schpfw. gebraucht und empfunden. Eigentlich jemand, der Hunde erschießt (puffen „knallen, schießen"; Puffer „Pistole"). Gerichtsprotokoll Neumarkt, 1707 fol. 115: „... es were ein rechter Hundspuffer, ob es ein ehrlichen Handwercher gebihre, die Hundt nider zu schüessen undt abzupuffen". Die Tätigkeit des Hundefängers wie die des Abdeckers galt als unehrlich. Die öffentliche Tötung eines Hundes brachte Ehrverlust mit sich. *(WBÖ III, 1321, UK 360, Jontes 93f.)*

Hundsduttel *n. (W)* Wie Hundsbeutel (s. d.); ma. Duttel „weibliche Brust". *(Teuschl 118)*

Hundschinder *pl. (T)* Spottname für die Bewohner von Tiers in Tirol; vgl. Schinder (s. d.). *(Schatz I, 306)*

Hundsvieh *n. („-viech")* Schpfw. für Hunde selbst, die etwas angestellt haben oder nicht parieren wollen. *(Jakob 90, Teuschl 118, Jontes 94)*

Hundsfut *f., n.* Älteres, verächtliches Schpfw. allg. Art (hochsprachl. Hundsfott), eigentlich Vulva der Hündin (vgl. auch Fut, s. d.). Gerichtsprot. Harracheck 1726: „Beclagte selben auf seine gethane Spaßröd ain Hundsfud und Glaglitz gehaißen." *(Grimm X, 1934f., Pfeiffer 185, Aman 84, Kapeller 66, Teuschl 118, UK 294, Jontes 94, Ziller 94, Jutz I, 1461 „-fott" f.)*

Hundsfutter *n. („-fueder")* Schpfw. allgemeiner Art als ins Verharmlosende hin umgedeutetes Hundsfut (s. d.). *(Teuschl 118, Jontes 94, Ziller 94)*

Hundshaut *f. (W)* Schpfw. für Schurken, Lumpen; auch schwarzgeselchte H. *(Teuschl 213)*

Hundskapauner *m. (W)* Schpfw. wie Hund, Hundianer, Hundling (s. d.); eig. kastrierter Hund. *(Jakob 90)*

Hundskette *f. (S, „-ketten")* Älteres Schpfw. für üble Gesellschaft, Bande; mhd. kütte „Schar, Herde von Tieren"; vgl. auch eine Hundskette schmieden „sich gegen etwas verschwören". *(Ziller, Schelmen 380, Grimm X, 1937)*

Hundsknochen *m.* Wie Hundsbein (s. d.). *(Pfeiffer 185, Jakob 90, Jutz II, 103)*

Hundskrüppel *m.* Derbes Schpfw., verstärktes Krüppel (s. d.). *(Pfeiffer 185, Jontes 94)*

Hundsmierchen *f. („-mierchen")* Schpfw. für unfolgsamen Hund, seltener für Menschen verwendet. Vergleich mit einem abgerackerten Pferd, Schindmähre. Ahd. mariha, mhd. mähre „Stute", mit späterem Bedeutungswandel zum Negativen hin, weil Stuten schneller ihre Leistungskraft einbüßten. *(Jontes 94)*

Hundsmutter *f. (W, „-muatter")* Spött. Bez. und Rügewort für Frau, die viele Hunde besitzt. *(Jakob 90)*

Hundsrippe *f. (W, „-rippen")* Wie Hundsbein, -knochen (s. d.). *(Jakob 90)*

Hundschlager *m.* Bez. für Schinderknecht, der streunende oder herrenlose Hunde erschlug; wegen der Unehrbarkeit dieser Tätigkeit auch als Schpfw. (vgl. Hundspuffer, s. d.). *(Grimm X, 1933, UK 360, Jontes 94)*

Hundsschneider *m. (St)* Ortsspottname der Hirschegger für die Wettmannstätter (Weststmk.). *(Jontes 94)*

Hundschopper *m. (St)* Spottname für Sattler vonseiten der Riemer, weil sie auch mit Hundehaaren auspolsterten. *(UK 360, Jontes 94)*

Hühner-, siehe auch die Zusammensetzung mit Henn-.

Hühneramtmann *m. (St)* Älteres Spottwort für Amtmann einer kleinen Herrschaft ohne Gerichtsbarkeit, der quasi nur über Hühner gebieten konnte (vgl. auch Hühnerrichter, s. d.). *(UK 359, Jontes 94)*

Hühnerarsch *m.* Verächtliches Schpfw., Feigling, verstärktes Arsch (s. d.). Siehe auch Hennenarsch. *(WBÖ I, 362, Jontes 94)*

Hühnerbeuterl *n. (S)* Bez. für verzärteltes Kind, Nesthäkchen, Kind von Eltern vorgerückten Alters, auch Zauderer. Herkunft dunkel. *(WBÖ II, 717)*

Hühnerbohrer *m. (St, „Hiehn-")* Zum Inhalt vgl. Hühnergreifer (s. d.). *(WStWB 160)*

Hühnerbruder *m. (St)* Ortsspottname für die Einwohner von Lassing. *(UK 359, Jontes)*

Hühnerdoktor *m. (St, „Hiehndokter")* Schpfw. mit bereits sodomitischem Hintergrund.

Hühnerdreck, aufgestellter Wie aufgestellter Mausdreck (s. d.) für kleinwüchsigen Wichtigmacher.

Hühnerfut *f., m. (St, „Hiehn-")* Bez. und Schpfw. für jemanden, der in einem fort und über alles klagt und jammert. Ähnlich wie Hundsfut (s. d.) gebildet. *(UK 346, Jontes 90)*

Hühnergreifer *m. („Hean-")* Harmloses Schpfw. für Feigling. Anscheinend Bedeutungswandel, denn der Hühnergreifer ist ein umschreibender Name für den Habicht bzw. für eine ländliche Maskengestalt. Aman a. a. O. weist auf jemanden hin, der ein Huhn nach noch ungelegten Eiern abgreift. Siehe auch Henngreifer. *(Grimm X, 998, Aman 81, Jontes 94f.)*

Hühnerrichter *n. (St)* Ähnlich wie Hühneramtmann (s. d.) Spottname für den Verwalter einer einstigen Herrschaft ohne Gerichtsbarkeit, der quasi nur über Hühner zu Gerichte sitzen konnte. *(UK 359, Jontes 95)*

Hungerturm *m. (St)* Schülersprachl. Bez. für Menschen, besonders Lehrer, die sehr groß und mager sind. Unterrichtsreminiszenz an den Schuld- oder Hungerarrest im Turm in der Rechtspflege der Vergangenheit. *(Pfeiffer 185, Jontes 95)*

Hungerl *n. (W)* Bez. und Spottwort für habgierigen Menschen, jemanden, der hungrig nach etwas ist. *(Jakob 90)*

Hungerleider *m.* Wie hochsprachlich für Armen. *(Pfeiffer 185, Jutz I, 1464)*

Hunkel *f.*, **Hunkler** *m. (T)* Bez. und Schpfw. für raunzenden, stets jammernden Menschen; mhd. hungeln „zaudern". *(Schatz I, 270)*

Hure *f. („Hur")* Derbes Schpfw. für leichtlebige Frau, Dirne; in zahlreichen Zusammensetzungen und Ableitungen, auch zur Verstärkung anderer Schpfw. In der Besatzungszeit 1945–1955 wurden die Freundinnen von Besatzungssoldaten gerne mit diesem Schpfw. belegt und z. B. als Amihure oder Russenhure bezeichnet. *(Grimm X, 1958f., Pfeiffer 186)*

Hurenbagage *f. („-bagásch")* Wie verstärktes Bagage (s. d.). *(WBÖ II, 87f.)*

Hurenbalg *m.* Derbes Schpfw. für uneheliches Kind, auch ungezogenes, schlimmes Kind *(T, N)*, liederliches Frauenzimmer *(K, S, N)*, ebenso für Frauenheld *(St)*. *(Grimm X, 1961, WBÖ II, 122, Pfeiffer 186)*

Hurenbankert *m., n.* Wie oben; siehe Bankert. *(WBÖ II, 231)*

Hurenbeutel *m.* Abfäll. Schpfw. und Bez. für Herumtreiber, Besucher von Huren. Verstärkt für das allgemeinere Beutel (s. d.). *(WBÖ II, 717, Pfeiffer 186, Teuschl 118, Jontes 95)*

Hurenbock *m.* Bez. und Schpfw. für unsittlichen Mann. Vgl. auch Bock (s. d.). *(WBÖ III, 519, Pfeiffer 186, Aman 83, Jontes 95, WStWB 161, Jutz I, 1466)*

Hurenpommer *m. (N)* Schpfw. für zügellosen Menschen; vgl. Pommer (s. d.). *(WBÖ III, 596)*

Hurenbube *m. (V)* Grobes Schpfw., wie Hurenbock (s. d.). *(Jutz I, 1466)*

Hurentreiber *m. (W, St)* Bez. und Schpfw. für jemanden, der hinter Dirnen her ist, der oft zu Prostituierten geht; urspr. Zuhälter. *(Grimm X, 1965, Teuschl 118)*

Hurenhengst *m.* Sexuell besonders aktiver Mann; vgl. Hengst (s. d.). *(Pfeiffer 186)*

Hurenhund *m. (W, V)* Wie Hurenbock (s. d.). *(Teuschl 118, Jutz I, 1467)*

Hurenkerl *m. (V)* Wie zuvor. *(Jutz I, 1467)*

Hurenkind *n.* Abfällige Bez. und Schpfw. für uneheliches Kind, Kind einer Dirne. Im Handwerkerspott auch für die Riemer gebraucht. *(Grimm X, 1962f., Pfeiffer 186, Kapeller 67, UK 361, Jontes 95, Jutz I, 1467)*

Hurenmensch *n.* (!) Besonders abfällig für Mädchen mit schlechtem Ruf, auch Dirne. *(Pfeiffer 186)*

Hurensäckel *m.* Grobes, verächtl. Schpfw. für Mann. *(Jutz I, 1467)*

Hurensohn *m.* Auch in scherzhaft-emphatischer Rede gebrauchtes Schpfw. hochsprachl. Ausrichtung. *(Grimm X, 1964, Pfeiffer 186, Jutz I, 1467)*

Husar *m. (V)* Scherzhafte Bez. für robustes Frauenzimmer, wie Dragoner (s. d.) nach einem Reitersoldaten. *(Pfeiffer 187, Jutz I, 1468)*

Huspel *f.* Bez. und Rügewort für schlampiges Frauenzimmer *(S)*, auch Hexe *(T)*; zu huschen, hussen? *(Ziller, 94, Schatz I, 308)*

Huspler *m. (T)* Schpfw. für oberflächlichen, schlampigen Arbeiter; vgl. Huspel (s. d.). *(Schatz I, 308)*

Husspudel *m. (N)* Bez. und Rügewort für schlampig und schlecht arbeitende Frau; zu huss! „Hetzruf für Hunde"? *(WBÖ III, 1302)*

Husch *n. (O)* Bez. und Schpfw. für unordentliche Frau; zu dem Scheuchruf? *(Ziller 94, Schmeller I, 1185)*

Huscheter *m. (W)* Spöttisch für dummen Menschen, einen, der einen Huscher hat. *(Teuschl 119)*

Huscherl *n. (O)* Spött. Bez. für jemanden, dem ständig kalt ist; zum Ausruf

„husch-husch" zum Anzeigen von Kälte. *(Jungmair 137)*

Hutze *m.* Bez. für lauernden, unheimlichen Menschen, zu mhd. hûzen, hiuzen „zur Verfolgung rufen" (ma. aufhussen). In der Bed. alte, runzlige Frau von dem Wort für gedörrtes Obst, besonders Äpfel, Birnen. *(Pfeiffer 187, Aman 85, Kapeller 67, UK 358, Jontes 95)*

Hutzelbär, armer *m. (St)* Bez. für Habenichts, armen Menschen; wohl missverstandenes ma. -bir „Birne"; vgl. Hutzel *f.* „Dörrbirne".

Hutzeler *pl. (V)* Spottname für die Bewohner von Schwarzach. *(Jutz I, 1472)*

Hutzenmandl *n. (S)* Bez. und Spottbez. für kleines, unbedeutendes Männlein; verhutzelt „eingeschrumpft". *(Ziller 95)*

Hutzer, Hutzler *m. (T)* Schpfw. für Aufreizer, Anstifter; ma. hussen „aufstacheln". *(Grimm X, 2002, Schmeller I, 1195, Schatz I, 308)*

Hutzle *m. (V)* Schpfw. und Bez. für zerlumpten Mann; auch Spottname für die Bewohner von Mäder. *(Jutz I, 1473)*

I

-i, -ie In jugendsprachl. Spottnamen wie Grufti, Oldie, Softie als Endsilbe, die einerseits als Anglizismus, andererseits als bewusster Reflex auf die verniedlichende Kindersprache zu sehen ist.

Itaker *m.* Spöttisch-abfällig für Italiener; in Anlehnung an den Namen der Heimatinsel des Odysseus Ithaka ursprünglich nur auf italienische Soldaten gemünzt, die ja zeitweise Verbündete der Deutschen Wehrmacht im griechischen Raum waren. *(Küpper 116, Pfeiffer 192)*

Idi *m. (St)* Schpfw. für Dummkopf; Abkürzung von Idiot (s. d.), sicherlich aber mitbestimmt von der skurrilen Despotengestalt Idi Amins in Uganda. Man denke auch an die linken Beschimpfungen des bayerischen Ministerpräsidenten Franz Joseph Strauß als Idi Alpin. *(Pfeiffer 188)*

Idiot *m.* Schpfw., das geistige Beschränktheit zum Ausdruck bringt; griech. idiotes „Privatmann, Laie in Staatsgeschäften" zuerst durchaus wertneutral, seit Paracelsus idiotisch „verrückt, sinnlos". *(Pfeiffer 188, Kapeller 68, Kluge 324)*

I-Tüpferlreiter *m.* Synonym für Pedant, kleinlichen Menschen; eig. Schreiber, der genau darauf achtet, auch die I-Punkte richtig zu setzen. *(WBÖ II, 799, Wintersberger 43, Teuschl 121, Hager 25)*

Igel *m.* Scherzhafte Bez. für Knaben, Mann mit Igelfrisur, borstig wegstehenden Haaren. *(Pfeiffer 189, Jutz I, 1489 und allg.)*

Ihaha *m. (W)* Spöttisch für Pferdefleischhauer; nach dem Pferdewiehern, das lautmalerisch wiedergegeben wird. *(Küpper 115, Teuschl 121)*

Iltis *m.* Bez. und Rügewort für ungepflegten und deshalb übelriechenden Menschen; nach dem Mardertier, das durch seine Stinkdrüsen auffällt. *(Grimm X, 2061, Jontes 96)*

Impotenzler *m.* Scherzhaft-abfällig für impotenten Mann. *(Pfeiffer 189)*

Individuum *n.* (meist fälschlich „*Individium*") Abfällige Bez. für fragwürdige Persönlichkeit, verdächtigen Menschen; eig. die Bez. für ein Einzelwesen. *(Pfeiffer 189, Kapeller 68, Jakob 91)*

Inselfrau *f.* *(W)* Spöttisch für sehr hässliche Frau, mit der man nicht einmal auf einer Insel allein sein möchte. *(Teuschl 121)*

Irrenhäusler *m.* Abfällig für einen widersinnig, wie ein Wahnsinniger handelnden Menschen. *(Pfeiffer 191)*

Irrer *m.* Wie zuvor. *(Küpper 116, Pfeiffer 191)*

Iwan *m.* Bez. und Spottwort für Russen, im und nach dem Zweiten Weltkrieg vor allem für Soldaten der Roten Armee und der sowjetischen Besatzungsmacht in Ostösterreich; auch für das ganze Volk oder die Armee „der Iwan"; nach dem häufigsten russischen männlichen Vornamen. *(Schuster 82)*

J

Japs *m.*, **Japse** *pl.* Spöttische Kurzform für Japaner. *(Pfeiffer 194)*

Jagnapper *m.* *(V)* Bez. für Menschen ohne eigenes Urteil, jemand, der zu allem bejahend mit dem Kopfe nickt; ma. gnappen „wackeln". *(Jutz I, 1478)*

Jammerling *m.* *(St)* Spöttisch für jemanden, der ständig jammernd um Mitleid heischt. *(Pfeiffer 193, WStWB 161)*

Jammermei *f.* *(V)* Bez. für jammernde Frau; Mei Kurzform von Maria. *(Jutz I, 1482)*

Jaritze *f.* *(St)* Älteres Schpfw. für Frauensperson. Rotenfelser Gerichtsprot. 1644–1654: „... hat geschrien: du Järizen, du Sauschererin und Sacrament Diepin ...". Slow. jarec „Hammel". *(UK 363, Jontes 96)*

Jahrling *m.* *(T)* Abfällige Bez. für unreifen Knaben; eig. einjähriges Rind, Fohlen. *(Schatz I, 316)*

Jauner *m.* *(T)* Ältere Form für Gauner (s. d.). *(Pfeiffer 194, Schatz I, 316, Puchner 237)*

Jausengegner *m.* Spöttisch-abfällig für schwachen Gegner, Konkurrenten, besonders im Sport; Jause *f.* „Zwischenmahlzeit, Brotzeit", mhd. jûs(en); im Mittelalter aus slow. juzina „Mittagessen" *(Kluge 331f., Wintersberger 43, Wehle 90, Teuschl 123)*

Jeierer *m.* *(St)* Bez. und Rügewort für jemanden, der wehklagt oder jammernd kritisiert, Vorhaltungen macht. Zu jeiern „wehklagen, weinerlich schimpfen", lautmalend, Stadtjargon. *(Jontes 96)*

Jeremias *m.* *(T)* Bez. für Jammerer, stets klagenden Menschen; nach dem alttestamentarischen Propheten mit seinen düsteren Weissagungen. *(Pfeiffer 194, Schatz I, 317)*

Jesuit *m. (W)* Schpfw. für Heuchler, Schmeichler; nach dem Mitglied des mächtigsten Ordens der Christenheit. Im Wortspiel seit dem 16. Jh. auch als Jesuwider bez. *(Küpper 116, Pfeiffer 195)*

Jocherl *n. (W)* Bez. und Rügewort für kriecherischen, sich unterwürfig gebenden Menschen; Koseform von Joachim. *(Schuster 84)*

Jochgeier *m.* Scherzhaftes Synonym für Alpinisten, Hochtouristen, der sich wie ein Geier auf den Gebirgsjochen herumtreibt, auch für einen lärmenden Polterer („schreien wie ein J."). *(Aman 87, Jontes 96, Schatz I, 318, Jutz I, 1497)*

Jodel *m.* Bez. und Schpfw. für groben Lümmel, lärmenden Mann, dazu auch Dummkopf, begriffsstützigen Menschen; vgl. auch Bäckenjodel, Kropfjodel (s. d.). Ursprünglich Koseform für Georg und Johann, seltener für Josef, dann auch als Stiername, Idiotikon Fohnsdorf, 1813: „Statt Georg. Oft aber auch der Ausdruck des Schimpfens über einen dummen Mensch. Bist wohl a rechter Jodl! O du Jodl du!" Idiotikon Göß, 1811: „Jodl: Kühestier." *(UK 367, Jontes 96, Jakob 92)*

Jogel, Jockel *m.* Spöttisch für Bauer, Provinzler; ma. Kurzform von Jakob. Auch das Jogelland im niederösterreichisch-steirischen Grenzgebiet bezieht seinen Namen davon. *(Pfeiffer 195, Wintersberger 44, Teuschl 124)*

Jörgel *m. (St)* Koseform für Georg, dazu Bez. für dummen Menschen ähnlich anderen Koseformen, die pejorativ eingesetzt werden. *(UK 368, Jontes 96)*

Juchtendrücker *m. (St, „-drucker")* Geizhals, wörtlich einer, der noch aus dem Käsewasser (ma. Juchte *f.*) das Letzte durch Drücken herausholt. *(WStWB 161)*

Jude *m. („Jud")* Neben der abwertenden Bezeichnung des Juden (im Gegensatz zur wertneutralen Vollform Jude) auch für geizigen, habgierigen Menschen im Allgemeinen („so a Jud! Du Jud du!"). Auch für ungetauftes Kind. Vgl. auch Schneckerljud (s. d.). *(Küpper 117, Pfeiffer 196, UK 369, Jontes 96, Schatz I, 318, Jutz I, 1504)*

Judas *m. (T, „Judes")* Bez. und Schpfw. für Verräter, Betrüger, Lump, auch Schwätzer; nach dem biblischen Verräter. *(Schatz I, 318, Jutz I, 1504)*

Judenspeier *m. (V)* Schpfw. für jemanden, der einen anderen anspuckt; in den drastischen barocken Darstellungen der Verhöhnung Christi, wie sie im geistlichen Passionsspiel und in den plastischen Ausformungen der Kalvarienbergstationen sichtbar werden, scheint dieser Begriff seine Wurzeln zu haben. *(Jutz I, 1505)*

Jugo *m.* Bez. für Jugoslawen, vor allem den jugoslawischen Gastarbeiter; Kurzform von Jugoslawe „Südslawe". Milder als Tschusch (s. d.).

Jüngel *m. („Jingel")* Abfällig für Judenknaben, jungen Juden; jidd. „ds.". *(Jakob 92)*

Junggemüse *n.* Scherzhaft-abfällig für junge Leute, junge Mädchen, unerfahrene Jugendliche.

Juxbruder *m. (W)* Bez. und Spottname für Spaßmacher, Witzbold; lat. jocus „Scherz, Spaß" über frühe Studentensprache ins Deutsche. *(WBÖ III, 1147, Jakob 93)*

Juxvogel *m. (T)* Wie zuvor. *(Schatz I, 319)*

K, C, Ch

Kapp *m.* Schpfw. für geilen Kerl, auch ungeschickten Menschen oder abgeschwächt für Mann überhaupt; auch Kapper *m.* Von der Bez. für verschnittenes Tier (Hengst, Hahn, Widder) oder Kastrat. *(Grimm XI, 188, UK 371, Jontes 97, Jungmair 144)*

Kapaun *m.*, **-er** *m.* Bez. und Spottwort für weibischen Mann, Schwächling; nach dem verschnittenen, kastrierten Hahn. *(Pfeiffer 204, Teuschl 126f., Schatz I, 323)*

Kapazunder *m. (W)* Bez., auch leicht spöttisch, für Könner, Fachmann; umgeformt aus Kapazität *f. (Teuschl 127)*

Kappelbub *m. (W, „-bua")* Abfällige Bez. für Strolch, verkommener Bursche, auch kleiner Gauner. Nach der einst vor allem von den Unterschichten getragenen Kappe (Schirmmütze, Schlägerkappe). Der Bürger trug standesgemäß Hut; später abfällig für Couleurstudenten, die Band und Mütze tragen. *(WBÖ III, 1230, Jakob 94, Teuschl 127)*

Kapelle *f. („Kapellen")* Rügewort für schwerhörigen Menschen, stets in Verbindung mit törrisch „taub, schwerhörig" („du törrische Kapellen") gebraucht. Bei Schmeller a. a. O. alte Kapelle für altes Weib. *(Schmeller I, 1269, Wintersberger 82, Teuschl 127, Jontes 97)*

Kappelhirsch *m.* Abfällig-spöttisch für Polizisten, auch Beamten, den sprichwörtlichen Amtskappel-Träger, einen Pedanten und trockenen Bürokraten; vgl. Hirsch (s. d.).

Kapitalist *m.* Im linksextremen Jargon aus der marxistischen Terminologie zur Bezeichnung für einen Reichen überhaupt geworden und auch zum Schpfw. gewandelt. *(Pfeiffer 204)*

Kapitalistenschwein *m.* Vulgäre Steigerung des Vorigen. *(Pfeiffer 204)*

Kapplmeister *m. (W, „-master")* Spött. Bez. für Kapellmeister, Dirigent; scherzhafte Umformung zu Kappel *n.* „Mütze". *(Jakob 94, Teuschl 127)*

Kapper *m.*, siehe Kapp.

Kabes *m. (V)* Bez. und Schpfw. für Dummkopf; eig. Krautkopf (ahd. chapuz aus lat. caput „Kopf, Haupt"). *(Grimm XI, 9, Pfeiffer 204 „Kappeskopf", Jutz II, 148)*

Kaplan *m. (St, „Kapláun")* Scherzhaft-spöttisch für Hausfreund; volksetym. aus Galan. *(WStWB 161)*

Kaprizenjakel *m. (St)* Bez. für launenhaften, wunderlichen Menschen, einer, der Kaprizen macht, sich widerspenstig zeigt, kapriziert ist. Jakel

Verkleinerungs- und Koseform für Jakob. *(UK 372, Jontes 97)*

Kaprizenkittel *m. (St)* Wie zuvor. *(WStWB 161)*

Kaprizenschädel *m.* Wie zuvor. *(Pfeiffer 204)*

Kaprizensechter *m. (St)* Wie zuvor; vgl. Sechter (s. d.). *(WStWB 161)*

Kapskutscher *m. (W)* Ungeschickter Autolenker; ursprünglich Kutscher der niedrigsten Sorte, der einen Kapswagen, einen zweirädrigen Karren, lenkte. *(Wintersberger 45)*

Kapuzinerweibel *f. (St)* Spottwort für bartlosen Kapuzinermönch, da bei diesem Orden der Vollbart zum äußeren Erscheinungsbild gehört. Siehe auch Bartbruder. *(Jontes 97)*

Kadett *m.* Rügewort (schöner, sauberer K.) allg. Art für Jugendlichen; eig. Offiziersschüler der untersten Stufe. Lat. caput „Haupt" über rom. Zwischenstufen zu frz. cadet „Offiziersanwärter". Kadetten traute man alle möglichen Streiche zu. *(Pfeiffer 199, Kluge 338, Puchner 244)*

Kathel *f.* Bez. für dummes Mädchen, einfältige Frau; auch in Zusammensetzungen wie Ratsch-, Galsterkathel (s. d.); die schnelle Kathel haben bedeutet an Durchfall leiden. *(Schatz I, 327)*

Kater *m. (St)* Bez. und Spottwort für liebesdurstigen Burschen; vereinzelt auch für das männliche Zeugungsglied. *(Pfeiffer 207, Jontes 97)*

Katerpaunel *m. (N, B)* Spottwort wie Kater; Paunel *m.* „Kater" als schallnachahmendes Wort. *(WBÖ II, 550f.)*

Kathóle *m.* Eher abfällig-lässig für eifrigen, praktizierenden Katholiken, auch Angehörigen einer katholischen Studentenverbindung; Gegenstück zu Evangéler (s. d.). *(Pfeiffer 207)*

Kaffeebaberl *f. (W)* Wie die folgenden Wörter spöttische Hinweise auf die vor allem Frauen nachgesagte Leidenschaft für den Kaffee, der seit dem ausgehenden 17. Jh. sich in Europa als Import aus dem Orient rasch verbreitete und alle Volksschichten erfasste. Baberl *f.* „Barbara". *(Jakob 93)*

Kaffeeturl *f. (T)* Wie oben; ma. turlen (= dudeln?) „mit Leidenschaft trinken". *(Schatz II, 668)*

Kaffeelutschel *f. (W)* Wie oben; ma. lutscheln, lutzeln „genussvoll trinken". *(Jakob 93)*

Kaffeelurzel *f. (T)* Wie oben; ma. lurzen, lürzen „trinken, saufen". *(Schatz I, 400)*

Kaffeeschwester *f.* Wie oben; Schwester im Sinne von Angehöriger einer Gemeinschaft. *(Jutz II, 13, allg.)*

Käfer *m.* Bez. für nettes Mädchen, meist anerkennend gebraucht. *(Jakob 93, Jutz II, 2)*

Kaffer *m.* Schpfw. für ungebildeten, ungehobelten Menschen; hebr. kafri „Dorfbewohner" über die Gaunersprache. Das Wort hat nichts mit dem Namen der südafrikanischen Kaffern als Sammelbez. verschiedener indigener Völker zu tun. Dieser aus arab. kafir „Ungläubiger". *(Kluge 338, Küpper 118, Pfeiffer 200)*

Käfig *n.* (!) *(V)* Verächtl. Bez. für hässliche, alte Frau; lat. cavea, ahd. chevia „Käfig". *(Jutz II, 4, Kluge 338f.)*

Kagetzer *m.* Bez. für stets hustenden Mann. Ma. kagetzen „stoßweise husten, hüsteln" (mhd. kîchen, kuchen „keuchen", mit Intensivbildung). *(Aman 88, Jontes 97)*

Kalbel *n. („Kaibl")* Bez. und Rügewort für unbedacht herumtollenden, ungehobelten, unüberlegt handelnden, meist jüngeren Menschen, der mit einem unerfahrenen Kalb verglichen wird. *(Grimm XI, 52, Pfeiffer 200, Jakob 93, Jontes 97, Schatz I, 321, Jutz II, 7)*

Kalbelarsch *m. (O)* Spött. Bez. für bartlosen Mann; vgl. auch die Redensart „glatt wie ein Kinderpopo". *(WBÖ I, 362)*

Kälberschädel *m. (O)* Wie Schädel, Kalbskopf, Kindskopf (s. d.). *(Jungmair 238)*

Kalbskopf *m. (V)* Bez. und Schpfw. für Dummkopf. *(Grimm XI, 60, Pfeiffer 200, Jutz II, 8)*

Kalle *f. (W, „Käuln")* Bez. für Hure, Dirne; hebr., jidd. kalle „Braut". *(Pfeiffer 96, Jakob 96, Teuschl 129)*

Kalfak *m. (O)* Kurzform von Kalfakter (s. d.) mit deutlichem Anklang an Fack „Schwein". *(Jungmair 143)*

Kalfakter *m.* Bez. für großen, tölpelhaften Menschen, auch jemanden mit hinterlistigem, spitzbübischem Charakter, ebenso Schmutzfink. Eigentlich damit früher ein Einheizer, Ofenheizer, wörtl. Warmmacher (lat. calefacere „warmmachen", aber auch schon „aufregen") gemeint, der mit dem Einheizen betraute Schüler der mittelalterlichen Schule; Weitergabe schulsprachlich, doch ist auch das klösterliche Milieu nicht auszuschließen. Es ist auch eine gegenseitige Beeinflussung mit Kohlfachter, „Arbeiter, der in den Eisenwerken mit den Holzkohlen zu tun hatte, für deren Messen und Lagern verantwortlich war" *(UK 401)* möglich, da die Schmutzigkeit dieser Arbeit ebenfalls Grund zum Spott gewesen sein wird. Idiotikon Fohnsdorf, 1813: „Kalfakter: ein Mensch, der niedrige, schmutzige Streiche ausübt." Idiotikon Leoben, 1812 – Vissa-Hs.: „Kolfakter: der Schimpfname eines Herum- besonders Nachtschwärmers, nur meist bey Männern gebräuchlich." *(Grimm XI, 64, Kluge 342, Pfeiffer 201, Aman 89, Wintersberger 44, Jakob 93, Teuschl 126, UK 375, Jontes 97, Ziller 97, Schatz I, 321, Jutz II, 8)*

Kalmäuser *m.* Abfäll. Bez. für Geizhals, neidischen Menschen; Herkunft nicht sicher feststellbar; -mäuser wie in Duckmauser (s. d.). Vielleicht zu kahl oder kalm „still". Idiotikon Fohnsdorf, 1812: „Knauser, Kollmäuser: ein karger Mensch". *(Grimm XI, 70ff, Pfeiffer 201, Lexer, KWB 153, UK 375, Jontes 97f.)*

Kalz *m. (T)* Schpfw. für ungestümes, zorniges Kind, jugendlichen Schreihals; ma. kalzen „laut reden". *(Schatz I, 321)*

Kampel *m.* Synonym anerkennenden und auch negativen Charakters für Geselle, Kamerad, Kumpan. Eigentlich ma. Verkleinerungsform von Kamm (mhd. kamp) als Gerät; möglicherweise aus einer Kurzform von Kamerad in Analogie zu Kamm weitergebildet. *(Grimm XI, 137, Pfeiffer 202, Aman 88, Kapeller 74, UK 376,*

Jontes 98, Lexer, KWB 154, Pohl 73, Ziller 92, Schatz I, 322, Jutz II, 15)

Kamél *n.* Schpfw. für dummen, uneinsichtigen, starrsinnigen, auch hochmütigen Menschen beiderlei Geschlechts. Wort und Begriff (arab. gamal, lat. camelus, mhd. kémel „Dromedar") vor allem durch die Kreuzzüge ins Bewusstsein des Europäers gedrungen und aus den Charaktereigenschaften des Tieres erklärt, das in der religiösen Kunst vor allem in Darstellungen der Hl. Drei Könige, bei der Arche Noah und in Weihnachtskrippen vorkommt. Vgl. auch Trampeltier (s. d.). *(Grimm XI, 95, Pfeiffer 201, Aman 89, Kapeller 74, Jontes 98)*

Kameltreiber *m.* Abfälliges Wort des Nationenspottes für Vorderasiaten und Afrikaner arabischer Muttersprache, auch bedenkenlos auf andere Völker des Nahen Orients ausgedehnt. Häufig für Gastarbeiter oder arabische Studenten verwendet. Möglicherweise von den volkstümlichen Weihnachtskrippen mit beeinflusst, wo im Gefolge der Hl. Drei Könige Kameltreiber häufig sind. *(Grimm XI, 97, Küpper 118, Pfeiffer 202, Teuschl 126, Jontes 98)*

Kamerad Schnürschuh *m.* Spöttisch-herablassende Bez. reichsdeutscher Soldaten für die Angehörigen des österreichischen Bundesheeres nach dem Anschluss 1938, weil dieses im Gegensatz zur Wehrmacht, die Stiefel trug, mit Schnürschuhen ausgerüstet war. *(Pfeiffer 202)*

Kameraden *pl.* Als „die Kameraden" werden oft von Außenseitern die Angehörigen des Österreichischen Kameradschaftsbundes bezeichnet, ebenso – da früher die Anrede „Kamerad" war – die der FPÖ. Vgl. auch Genossen, Mannen (s. d.).

Kanaille *f.*, siehe Kanáli.

Kanake *m. („Kanák")* Bez. und Schpfw. für ungehobelten, primitiven Menschen; eig. Südseeinsulaner, Nähe zu Hanak „Volksstamm in Mähren". *(Pfeiffer 203, Kapeller 74, Aman 88)*

Kanalhase *m. (W, „-has")* Scherzhaft für Kanalräumer. *(Teuschl 126)*

Kanáli *f.* Häufiges Schpfw. für Frauenspersonen, die klatschsüchtig, untreu usw. sind. Frz. canaille „Gesindel" (eigentlich Hundepack). Auch zu Karnáli, Karnatzke umgebildet. Zur Charakteristik von Männern eher Kanatzi, Karnatzi *m.* verwendet. *(Aman 88, Kapeller 74, UK 377, Jontes 98, Schatz I, 322, Jutz II, 16)*

Kanalratte *f. („-ratz")* Bez. und Schpfw. für unsauberen, unappetitlichen Menschen, wie Häuselratz (s. d.). Nach den Ratten des unterirdischen Abwässerkanalsystems der Städte. *(Pfeiffer 203, Aman 89, Teuschl 126)*

Kanalwanze *f. (W, „-wanzen")* Schpfw. für minderwertigen Menschen. *(Teuschl 126)*

Kanári *m. (W)* Spött. Bez. für gelbhaarigen, blonden Menschen; nach dem gelben Kanarienvogel. *(Jakob 94, Teuschl 126)*

Kanarihändler *m. (W, „-handler")* Scherzhaft-spöttisch für den Exekutor, Gerichtsvollzieher, nach der Klebemarke, dem „Kuckuck“, deren Bez. vom Adler des Bundeswappens kommt. *(Teuschl 126)*

Kandel *f. (St, „Kaundl“)* Abfäll. Bez. für beleibte Frau; nach dem großen Schenk- oder Trinkgefäß. Auch ein Rausch wird so bezeichnet. *(Jontes 99, WStWB 161)*

Kanone *f.* Bez. für dicke, gewichtige Frau *(V)*; allg. auch für tüchtigen Menschen, Kapazität auf einem bestimmten Gebiet, anerkennend; ital. cannone „großes Rohr“ aus lat. canna „Rohr, Röhre“ zur Bez. für ein Artilleriegeschütz mit langem Rohr im Gegensatz zu Haubitze und Mörser. *(Grimm XI, 169, Pfeiffer 203, Jutz II, 18)*

Charakterlump *m.* Wie das Folgende. *(Pfeiffer 71)*

Charakterschwein *n.* Schpfw. für besonders schlechten, verdorbenen, charakterlosen Menschen. *(Pfeiffer 71)*

Karpathenschlurf *m. (W)* Abfällig für Südosteuropäer, Balkanesen. Vgl. Schlurf (s. d.). *(Teuschl 127f.)*

Karpfen *m. („Karpf“)* Bez. und Rügewort milderen Charakters für dümmlichen, sturen Menschen. Vergleich mit den langsamen Bewegungen und dem starren Blick des Fisches. *(Pfeiffer 205, Jakob 95, Jontes 98)*

Karpfenberger *m. (W)* Bez. Dummkopf, wie Karpf (s. d.) in Anlehnung an den Namen der steirischen Stadt Kapfenberg. *(WBÖ II, 1095, Jakob 95)*

Kartentippler *m.* Abfäll. Bez. für Kartenspieler; vgl. auch Haderntippler (s. d.). *(Teuschl 128)*

Karfreitagsratsche *f. („-ratschen“)* Bez. und Rügewort für Tratschweib, auch zänkische Person. Nach dem Gerät, das am Karfreitag mit seinem schnarrenden Geräusch die Glocken vertritt. Ausnützung der klanglichen Nähe von Ratsche und tratschen. Vgl. auch Gemeinderatsche, Dorfglocke, Ratschkathel (s. d.). *(Pfeiffer 205, Aman 89, Kapeller 75, Jakob 94, WStWB 161, Jungmair 144, Lexer, KWB 205)*

Karnáli, Karnátzi, Karnátzke *f., m.*, siehe Kanáli.

Karnifel *m.*, auch **Kunifel** *m. (K)* Bez. und Schpfw. für groben, brutalen Menschen; ma. karniffeln „quälen, schikanieren, prügeln“. *(Grimm XI, 219ff., Lexer, KWB 155)*

Karo *m. (W)* Abfäll. Bez. und Schpfw. für hässliche, alte Frau; eig. ein Hundename (ital. caro „teuer, lieb“). *(Jakob 95)*

Kas *m.* Im Häftlingsjargon abfällig für Justizwachebeamten; angebl. auch „Kaiserlicher Arrestanten-Schließer“.

Casanova *m.*, **Casanoverer** *m.* Bez. für liebeshungrigen, vielen Frauen nachstellenden, Liebesabenteuer suchenden Mann. Nach dem bekannten Abenteurer und Schriftsteller Giovanni Giacomo Casanova (1725–1798). *(Pfeiffer 71, Jontes 98)*

Kasper *m.*, **Kasperl** *m. („Kaschper, Kaschperl“)* Bez. für nicht ernst zu nehmenden, lustigen, auch lächerlich wirkenden Mann. Nach der bekannten Spaßfigur des Volkstheaters und Puppenspiels, die im 18. Jh. durch Laroche in Wien eingeführt wurde und an die Stelle des älteren Hanswursts trat. Der Name Kaspar klingt an ma. kaspern „dummes Zeug reden, schmeicheln, sich läppisch betragen, foppen“ an. Kasperl nennen sich auch die Schauspieler selbstironisch. *(Grimm XI, 258f., Küpper 121, Pfeiffer 206, Aman 88, Jakob 95, Teuschl 128, Jungmair 145, Lexer, KWB 156, Jontes 98f., Schatz I, 327)*

Kaspernater *m.* Bez. für Wirrkopf, Menschen, der körperlich und geistig alles durcheinanderbringt. Vielleicht im Schulwitz nach dem Muster „desperat“ aus kaspern, Kasperl (s. d.) gebildet oder im Zusammenhang mit Kaschernad, Kaschana *n.* „Gemengsel, Speisengemenge“ (zu ital. cascio „Käse“) entstanden. *(Grimm XI, 259, UK 379, Jontes 99)*

Kaspernélli *m. (W, „Kaschpernölli“)* Bez. für Hanswurst, Blödian, Tollkopf, aber auch Zweifler, unentschlossener Mensch; ein hybrides Wort aus Kasper (s. d.) + italienischer Endung, ähnlich wie in Sumpraneller (s. d.). *(Jakob 95, Schuster 87)*

Kasperwagler *m. (W)* Bez. und Rügewort für wankelmütigen Menschen ohne Entschlusskraft; ma. wageln „wackeln, schwanken“. *(Schuster 87)*

Kaschomanzel *n.* Ältere kindersprachl. Bez. für junges Mädchen, Backfisch. Rotwelsch Gatzmann „Kind“, zu zig. gatschinig „klein“. *(UK 379, Jontes 99, Puchner 237)*

Kasten *m.* Bez. für stark gebauten, vierschrötigen, auch korpulenten Menschen, auch eher anerkennend. Vergleich mit dem Möbelstück, wie Kleiderschrank (s. d.). *(Pfeiffer 206, Jakob 95, Jutz II, 37)*

Käse *m. („Kas“)* Scherzhaft für Gefängniswärter. *(Teuschl 128)*

Käsepappe *f. (O, „Kaspappen“)* Spött. Bez. für Mann mit schwachem Bartwuchs oder frisch rasiertem Gesicht; Vergleich der Mundpartie („Pappe“) mit einem glatten, bleichen Käselaib. *(WBÖ II, 283)*

Käsebauer *m. (T, „Kas-“)* Spött. Bez. und Schpfw. für Kleinbauer. *(WBÖ II, 586)*

Käsebracker *m. (N, „Kas-“)* Spottname für blassen Menschen, jemanden, der käseweiß, käsebleich ist. *(WBÖ III, 709)*

Käselaibel *n. (St, „Kaslabel, -loabel“)* Wie zuvor. Vergleich mit einem Käselaib.

Kasérnfetzen *m. (W)* Schpfw. für liederliches Frauenzimmer, Soldatenhure, Dirne, die sich vor Kasernen herumtreibt; vgl. Fetzen (s. d.). *(Jakob 95)*

Kasérnmensch *n. (W)* Wie zuvor. Vgl. Mensch *n.* (s. d.). *(Jakob 95)*

Kauderer *m. (T)* Bez. für Beschwätzer, abfällig für Hausierer, Händler; mhd. kaudern „Zwischenhandel treiben“. *(Grimm XI, 307, Schmeller II, 282, Schatz I, 328)*

Kausche *f. (St)* Abfällige Bez. für langsam redende, stotternde Frau. Lautmalend, zu kauen gehörig (ma. kauschen „schmatzen“). Dazu auch der Schweinelockruf kausch! kausch! *(Grimm XI, 362, UK 382, Jontes 99)*

Kauz *m.* Bez. und Rügewort für Sonderling, versponnenen, skurrilen Menschen; nach dem Nachtvogel. *(Grimm XI, 367f., Pfeiffer 207, Kapeller 77, Schatz I, 328)*

Katze *f. („Katz")* Bez. für Mädchen, jüngere Frau (Stadtjargon), kleine oder schwache Person *(W)*, anerkennend („fesche Katz") bis abwertend („falsche K."). *(Küpper 122, Pfeiffer 207, Aman 89, Kapeller 77, Wintersberger 45, Jakob 95, Teuschl 128, Jontes 99, Jutz II, 41)*

Katzel *n. (W)* Bez. für kleinen, schwächlichen Menschen, auch Schmeichlerin. *(Jakob 96)*

Katzelmacher *m.* Abfällige Bez. für Italiener, auch Katzinger *m.* Ursprünglich Handwerkerbezeichnung, vielleicht auch Spott für Zinngießer, die aus der Monopolstellung der Oberitaliener in der Zinngießerei der Alpenländer erklärbar ist. Venez. cazza „Schöpfkelle", über tirol. gatze „ds." lässt den Katzelmacher als einen Gießer von Zinnlöffeln und dgl. erscheinen. In Wien seit 1741 feststellbar. Im abwertenden Sinne auf sodomitische Betätigung im Sinne von Fadelmacher (s. d.) hin gemünzt. *(Kluge 358, Pfeiffer 207, Kapeller 77, Wintersberger 45, UK 373, Jakob 96, Teuschl 128, Ziller 66, Jontes 99)*

Katzenpuderer *m. (O)* Schpfw. allg. Art, jedoch ohne sodomitische Handlungen ausdrücken zu wollen; vgl. Puderant (s. d.). *(WBÖ III, 1311)*

Katzenpuffer *m. (O)* Bez. und Spottwort für Menschen, der Katzen fängt und isst; vgl. Hundspuffer (s. d.). *(WBÖ III, 1321)*

Katzenjäger *m. (V)* Scherzhaft-spöttische Bez. für einen Jäger, der ohne Beute geblieben ist. *(Jutz II, 43)*

Katzenkopf *m. (W)* Schpfw. für Dummkopf. *(Grimm XI, 297, Jakob 96, Schuster 88)*

Katzenmaundler *m. (St)* Abfällig für jemanden, der Katzenfleisch isst. Vgl. Maundler (s. d.). *(WStWB 161)*

Katzennabel *m. (W)* Schpfw. wie zuvor. *(Jakob 96, Schuster 88)*

Katzenrecker *m. (St)* Handwerkerspottname für Lederer. *(UK 373, Jontes 99)*

Katzenschinder *m.* Handwerkerspottname für die Kürschner, denen damit Verfälschung edleren Pelzwerkes mit Katzenfellen nachgesagt wurde. Schinden hier „das Fell abziehen". *(Grimm XI, 300, UK 373, Jontes 99)*

Katzinger *m.*, siehe Katzelmacher. *(Teuschl 129)*

Keppel *f.*, siehe Keppler. *(Teuschl 130)*

Keppelarsch *m. (W)* Schpfw. für zänkisches Weib, xanthippenhafte Frauensperson. *(Teuschl 130)*

Keppelautomat *m.* Bez. und Rügewort für schwatzhaftes Frauenzimmer, zänkisches Eheweib; ma. keppeln „schwatzen, keifen". *(WBÖ I, 491)*

Keppelmaschine *f. („-maschin")* Wie zuvor. *(WBÖ I, 491, Jungmair 146)*

Keppelmeister *m. (W, „-master")* Wie oben, jedoch auf Männer angewendet, „Meister im Zanken". *(Jakob 96)*

Keppelweib *n.* Wie das Folgende. *(Pfeiffer 208)*

Keppelzahn *m. (W)* Scherzhaft für geschwätziges Frauenzimmer; eigentlich einzelner noch verbliebener Vorderzahn. *(Teuschl 130)*

Keppelzange *f. (W, „-zangen")* Bez. für zänkisches Weib; Vergleich mit der Zange und deren beweglichen Backen; vgl. auch Beißzange (s. d.). *(Wehle 77f.)*

Kebi, Kewi *f. (W)* Bez. und Schpfw. für Prostituierte, Dirne; mhd. keibe „Leichnam, Aas" bereits auch als Schpfw. für Schurken. Vgl. Keib (s. d.). *(Grimm XI, 431f., Kapeller 78, Jakob 96)*

Keppler *m.*, **Kepplerin** *f.* Schpfw. für schwatzhaften oder zänkischen Menschen (vgl. auch zurückkeppeln „streitlustig erwidern"). Ma. keppeln „schwatzen", eigentlich „in seine Kappe (Kapuze, Kutte) hineinreden". Auch Keppel *f. (Pfeiffer 208, Jakob 96, UK 382, Jontes 99, Aman 89)*

Kebse *f. (S, „Kebsen")* Schpfw. für Frau, eigentlich Kebsweib „Konkubine, Beischläferin"; mhd. kebes, kebse „ds.". *(Pfeiffer 208, Ziller 98)*

Kefel *f. (S)* Bez. und Schpfw. für zänkisches, schwatzhaftes Frauenzimmer; ma. kefeln „keppeln, schwätzen". *(Ziller 98)*

Keib *m. (T, V)* Schpfw. für unverlässlichen Menschen, Spitzbuben, schlauen Schurken; mhd. keibe „Aas, Leichnam" bereits auch als Schpfw. Im selben Sinne auch Aas, Schelm, Kog, Luder (s. d.). *(Pfeiffer 208, Schatz I, 329, Jutz II, 51f.)*

Keibekoge *m. (T, „Keibekouge")* Schpfw. wie oben; Keib + Kog *m.* „Aas", das auch gesondert als Schpfw. vorkommt (s. d.); mhd. koge „Aas". *(Schatz I, 329)*

Keife *f. („Keifen")* Bez. Rügewort für schimpfendes, tadelndes, keifendes Frauenzimmer; auch ständig bellender und kläffender Hund. Mhd. kîben „scheltend zanken". *(Grimm XI, 422, Pfeiffer 208, Aman 88, Teuschl 129, Jontes 100, WStWB 159, Pohl 72)*

Keifzange *f. („-zangen")* Schpfw. für keifende Frauen, wie Beißzange, Keppelzange, Zange (s. d.). *(Pfeiffer 208, Aman 88)*

Keiwe *m. (T)* Bez. und Rügewort für Jammerer; zu g'hebig, keiwig „sich krank und schwach gebärden" (mhd. keibe „Aas"?). *(Schatz I, 284)*

Keks *n.* Schpfw. für Dummkopf; fraglich, ob damit das Feingebäck gemeint ist, eher zu keck oder vielleicht Kicks *m.* „Fehlstoß beim Billard" *(Grimm XI, 662f.)*, das mit Gickser, Kickser *m.* „krächzender Schrei, stimmliches Überschlagen" übereingeht. *(Teuschl 129)*

Kellerassel *f.* Bez. für unappetitlichen, unsauberen, widerlichen Menschen; nach dem lichtscheuen Krebstierchen; vgl. auch Assel (s. d.). *(Grimm XI, 516, Pfeiffer 208, Aman 89)*

Kellerbass *m.* Wie Bierbass (s. d.) eher abschätzige Bez. für Sänger mit sehr tiefer Stimme. *(Küpper 123)*

Kellerlacher *m. (W)* Scherzhaft für Menschen ohne Humor, einer, der wörtlich so ernst ist, dass er zum Lachen in den Keller geht, um nicht dabei gesehen zu werden. *(Teuschl 129)*

Kelz *m.*, **Kölz** *m. (St)* Schpfw. für vorlauten, kecken Mann. Mhd. kelzen

„laut sprechen, prahlen, schelten", Intensivum zu Kehle. *(Grimm XI, 527, UK 383, Jakob 96, Jontes 100)*

Kelze *f. (S, „Kelzen")* Schpfw. für immer bellenden, kleinen Hund; wie oben. *(Ziller 99)*

Kerl *m.* Bez. abfälligen Charakters für Mann, Bursch, auch Hund („a so a Kerl", „ein mords Kerl"). Ahd. karal, mhd. karl „Mann, Ehemann, Geliebter", trotz der vornamenbildenden Kraft auch schon teilweise verächtlich verwendet. Idiotikon Leoben, 1812: „Kerl: eine niedere Benennung einer Mannsperson, im Scherze und im Ernste sehr gewöhnlich." *(Grimm XI, 570ff., Pfeiffer 208, Kapeller 78, Jakob 96, UK 384, Jontes 100, Schatz I, 331, Jutz II, 57)*

Kerlviech *n. (St)* Wie zuvor.

Kerzelschlucker *m. (W, „-schlicker")* Abfäll. Bez. für bigotten Mann, religiösen Heuchler. Wie Kerzelweib (s. d.). *(Pfeiffer 208f., Teuschl 130)*

Kerzelweib, Kerzelweibel *n.* Abfällige Bez. für bigotte, ältere Frau, Betschwester, die häufig die Kirchen aufsucht. Einst eine Frau, die in Gotteshäusern gegen Bezahlung Kerzen anzündete und Lichtstiftungen betreute. *(Pfeiffer 209, Wintersberger 46, Jakob 97, Teuschl 130, UK 384, Jontes 100)*

Kesp *f. (T)* Bez. und Schpfw. für altes Weib; ma. kespen „zanken".

Kestenbrater *m. (St)* Schpfw. im Sinne von Lump, eigentlich Bez. für den gewerblichen Kastanienbrater (ahd. kestinna, mhd. keste aus spätlat. castinea „Edelkastanie"); vielleicht wegen Schwindels beim Zumessen der verkauften Waren. Keste *f.* auch ma. für Kartoffel. *(UK 385, Jontes 100)*

Keule *f.* siehe Kalle.

Ketzer *m.* Bez. und Schpfw. für widerspenstigen Burschen; nach dem Begriff zur religiösen Verteufelung eines Menschen, mittelalt. catarus „Katharer, Angehöriger einer dem Manichäismus verwandten, südfranzösischen, mittelalterlichen Sekte" (wörtl. die Reinen). *(Grimm XI, 639, Pfeiffer 209, Jutz II, 62)*

Kiber *m. (V)* Bez. und Rügewort für Nörgler, auch streitsüchtigen Menschen; ma. kiben „grollen, mürrisch sein". *(Jutz II, 63)*

Ki(e)berer *m. (W)* Abfällig für Polizist, vor allem Kriminalbeamten; rotwelsch kibitzen „aufpassen, beobachten", nach dem Vogel. Die Polizei als Ganzes wird Kiberei *f.* genannt. *(Pfeiffer 209, Wintersberger 46, Jakob 97, Petrikovits 49, Teuschl 130, Ziller 100)*

Kipfe *n.* Schpfw. für böses altes Weib; zur Etymologie siehe Kipfel. *(Grimm XI, 780, Jutz II, 69)*

Kipfel *n.* Harmlos-spottende Bez. für naiven, dümmlichen Menschen, dummes Kind oder Rügewort für jemanden, der eben eine dumme Antwort gegeben hat (z. B. in der Schule); eigentlich das halbmondförmige Gebildgebäck aus Semmelteig (ahd. kipf aus lat. cippus „Pfahl"). *(Kluge 370, Pfeiffer 211, Teuschl 130, Jontes 100, Pohl 79, Ziller 100, Jungmair 148)*

Kipfelhuber *m. (O, „-huaber")* Bez. und Spottwort für dummen, ungeschickten Mann; zu Kipfel (s. d.), als

Bauernhof- oder Familienname gebildet. *(Jungmair 148)*

Kibhoden *m. (V)* Bez. für zänkischen Menschen; zu Kiber (s. d.), Hoden steht für den ganzen Mann. *(Jutz II, 63)*

Kiebitz *m.* Zuschauer beim Kartenspiel, meist abfällig. Häufig auch die rügende Redensart und Aufforderung für Ratschläge geben wollende Zuseher „Kiebitz, halt's Maul!“, rotwelsch kiebitzen, „aufpassen, untersuchen“. *(Jakob 97, Ziller 99)*

Kittelbub *m. („-bua“)* Bez. und Rügewort für Muttersöhnchen; entweder nach der einstigen Kleinkinderbekleidung auch für Knaben, dem Kittel, oder aber dem in der Redensart „er geht der Mutter nicht von der Kittelfalte“ angesprochenen kindlichen Verhalten, stets bei der Mutter sein zu wollen. Vgl. auch Kittler (s. d.). *(WBÖ III, 1230)*

Kitteltaube *f. (V)* Spött. Bez. für Mädchen; Taube für Mädchen (s. d.) und Kittel als zuordnendes Kleidungsstück. *(Jutz II, 75)*

Kitteldragoner *m. (St)* Scherzhaft für Pantoffelhelden.

Kittelhinwider *m. (K)* Abfällig für unverlässlichen Menschen. *(Pohl 79)*

Kittelhocker *m.* Spött. Bez. für Rügewort für Frauenfreund, jemanden, der sich gerne bei Frauen aufhält, bei den „Kitteln“ hockt. *(Grimm XI, 864, Schatz I, 335)*

Kittelschmierer *m.* Scherzhafte Bez. für Mann, der gerne Frauen nachläuft, wobei das Kleidungsstück für die ganze Person steht. Schmierer „Schmeichler“ (schon mhd. smirer „ds.“). *(UK 386, Jontes 100)*

Kittler *m. (T, S)* Bez. und Spottwort für Frauenfreund, aber auch Buben, der der Mutter an der Kittelfalte hängt (wie Kittelbub s. d.). Siehe auch Kittelhocker, Kittelschmierer. *(Schatz I, 335, Ziller 100)*

Kitsche *f.* Bez. und Schpfw. für leichtfertiges, liederliches Frauenzimmer, Dirne. Vgl. kärntn. Gitsche „Mädchen“. *(UK 386, Jontes 100, Pohl 79)*

Kiefel *m.* Bez. und Schpfw. für dummen Kerl. Ma. kiefeln „abnagen, kauen“. *(Grimm XI, 663ff., UK 386, Jontes 100)*

Kieferer *m. (V)* Bez. und Rügewort für streitsüchtigen Menschen; ma. kiefeln „nagen, auch zanken“. *(Jutz II, 64)*

Kicker *m.* Eher abschätzig für Fußballspieler; zu engl. to kick „treten“, da wegen der Herkunft dieses Sports aus England auch die Grundterminologie (wie Goal, Out, Foul, Match usw.) dieser Sprache entnommen wurde. Auch ein schlechtes Fußballspiel wird in diese Richtung benannt: Topfenkick usw. *(Pfeiffer 209)*

Kielkropf *n.* Älteres Synonym für Wechselbalg, Missgeburt, verunstaltetes Kind. Im 8. Tractätl des Leobener Pestarztes Adam von Lebenwald: „Die Wechselbälck, welche man auch ... Kihlkropf nennt, das seynd großköpfete, dickbauchete, bleyfarbe, talckete oder närrische ... Kinder.“ Vielleicht aus Kehlkropf, „Kropf am Hals“. *(Grimm XI, 680f., Kluge 368, Pfeiffer 210, UK 387, Jontes 100f.)*

Kindertratzer *m. (K)* Scherzhafte ältere Bez. für Schullehrer, einer, der die Kinder ärgert, reizt; ma. tratzen

„reizen, herausfordern“. *(Lexer, KWB 67)*

Kinderverzahrer *m.* Bez. für Kinderverführer, Kinderschänder; stadtma. verzahren „verführen, vom Wege abbringen, wegschaffen“, zu zerren. *(Pfeiffer 211, Jakob 97)*

Kindergefraßt *n. (S, „-gfraßt“)* Abfällig für Kinderschar; vgl. Gefraßt (s. d.). *(Ziller 100)*

Kindermensch *n. (S)* Spöttisch-abfällige Bez. für Mädchen mit einem unehelichen Kind, eig. damit das Mädchen gemeint, das als Dienstbotin auf die Kinder aufpasste. Vgl. Mensch *n.* (s. d.). *(Grimm XI, 743, Ziller 100)*

Kinderschreck *n.* Bez. für Kinderverführer (wie Kinderverzahrer s. d.), aber auch besonders hässlichen Menschen, der mit seinem Aussehen bei Kindern Furcht erregt. *(Grimm XI, 747, Küpper 123f., Pfeiffer 211)*

Kindsbalg *m.* Bez. und Schpfw. für kränkliches Kind *(N)*, auch kindischen Menschen *(T)*; vgl. Balg (s. d.). *(WBÖ II, 122)*

Kindspatz *m. (O, Kinds-patz)* Bez. und Rügewort für kindischen Menschen. *(WBÖ II, 500)*

Kindskopf *m.* Bez. und Rügewort für kindischen Menschen. *(Pfeiffer 211, Aman 90, Jontes 101, Jutz II, 68)*

Kindsmensch *n. (K)* Abfällig für Mutter eines unehelichen Kindes. *(Pohl 79)*

Chineser *m.* Bez. und Rügewort für dummen, begriffsstutzigen, auch leichtgläubigen Menschen. Schon vor längerer Zeit angenommen, da noch die alte Volksnamenbildung sichtbar ist. Alte Anschauungen, volkstümliches Wissen über die als bizarr und kurios empfundene, wenngleich im 18. Jh. als Mode nachgeahmte Kultur der Chinesen führte zu diesem Spottwort. Vgl. auch Pagodel (s. d.). *(Pfeiffer 73, 211, Aman 90, Jakob 45, Teuschl 57, Jontes 101)*

Kirchentschari *m. (W)* Spött. Bez. für Kirchendiener, Mesner; vgl. tschari sein „futsch sein, fehlen“. *(Petrikovits 49)*

Kirchenhansel *m. (W)* Wie zuvor. *(Jakob 97)*

Kirchenwaschel *m. (St)* Abfällige Bez. für Mesner, Kirchendiener, zu dessen Aufgaben auch das Aufwaschen der Kirche gehörte. Vgl. auch Badwaschel (s. d.). *(UK 388, Jontes 101)*

Kirchenweinzerl *m. (St)* Älteres Spottwort für Lehrer, weil diese einst auch Mesnerdienste in der Kirche verrichten mussten und wegen ihrer bitteren Armut sich manchmal auch am Messwein vergriffen. Ma. Weinzerl „Winzer“ (ahd. wînzuril, mhd. wînzürl). *(UK 388, Jontes 101)*

Kiste *f. („Kisten“)* Abfällige Bez. für unförmige, dicke Frau. *(Pfeiffer 212, Jakob 92, Petrikovits 49, Teuschl 131, Jontes 101, Jutz II, 74)*

Kistentischler *m. (St)* Synonym für Homosexueller; Kiste hier für Hintern. *(Teuschl 131, Jontes 101)*

Kistenschieber *m. (W)* Wie zuvor; stadtma. schieben „Geschlechtsverkehr treiben“. *(Petrikovits 49)*

Kitz, Kitzel, Kitzerl *n.* Spött. Bez. für junges Mädchen *(W)*, aber auch schülersprachl. für Schwächling, Feigling *(St)*. Vergleich mit der

Jungziege. *(Jakob 97, UK 386, Jontes 101)*

Kitzmacher *m. (St)* Älteres Schpfw. sodomitischen Anklanges, so Ratsprot. Mürzzuschlag 1581; auch Fadelmacher, Katzelmacher (s. d.). *(UK 386, Jontes 101)*

Klapper *f. (T)* Bez. und Schpfw. für schwatzhaftes Weib; eig. die Karwochenklapper, die am Karfreitag anstelle der Altarglöckchen verwendet wurde; ähnlich Ratsche, Karfreitagsratsche (s. d.). *(Pfeiffer 212, Schatz I, 337)*

Klapperer *m. (V)* Abfäll. Bez. für alten, gebrechlichen Mann, der mit Knochen oder Zähnen klappert. *(Grimm XI, 968, Jutz II, 80f.)*

Klappergestell *n. („-gstell")* Scherzhaft für sehr dürren, hageren Menschen. *(Pfeiffer 212)*

Klapperschlange *f.* Scherzhaft-spöttisch für Stenotypistin, nach dem einst klappernden Geräusch der Schreibmaschinen. *(Küpper 124, Pfeiffer 212)*

Klapetz *m. (W)* Spött.-abfällig für Knaben; tschech. chlapec „ds.". *(Jakob 98, Teuschl 131)*

Klapf *m. (V)* Bez. und Spottwort für schwatzhafte Frau, wie Klapper (s. d.); ma. klapfen „knallen". *(Grimm XI, 953ff., Jutz II, 79)*

Klapschi *m. (W)* Bez. und Rügewort für dummen Jungen; wie Klapetz (s. d.) von tschech. chlapec „Knabe". *(Jakob 98)*

Klachel *m.* Bez. für plumpen, ungehobelten Menschen, schlechten Kerl; ursprünglich der Glockenschwengel, etwas Baumelndes, auch Penis. Verstärkt Landklachel. Idiotikon Fohnsdorf, 1813: „Klachl: soviel als Hallunke"; Idiotikon Admonttal: „Ein unverschämter Mensch"; Idiotikon Eisenerz, 1812: „Ein loser Mensch"; Judenburg 1800: „Ein Tagedieb". *(Grimm XI, 887f., Pfeiffer 212, Aman 65, Wintersberger 46, Jakob 98, Teuschl 131, UK 389, Jontes 101, WStWB 161, Lexer, KWB 158, Pohl 79, Jungmair 148, Ziller 101, Schatz I, 336)*

Klatsche *f. (V)* Bez. und Schpfw. für geschwätzige Frau; zu klatschen „tratschen". *(Grimm XI, 1011, Pfeiffer 213, WStWB 161, Jutz II, 83f.)*

Klatschmaul *n.* Wie zuvor, doch auf beide Geschlechter bezogen. *(Pfeiffer 213)*

Klatschweib *n.* Wie zuvor. *(Küpper 125, Pfeiffer 213)*

Klafte *f. (W, „Klaften")* Schpfw. für böses und zänkisches Weib, eigentlich Hündin. Aus dem Jidd. *(Pfeiffer 212, Teuschl 131)*

Kläffer *m. (V)* Schpfw. für Verleumder, Schwätzer, groben Mann. *(Grimm XI, 900, Jutz II, 76)*

Klaviertippler *m. (W)* Scherzhafte Bez. für Klavierspieler, Pianisten; ma. tippeln eigentlich „Kartenspielen". *(Jakob 98)*

Klaviertiger *m.* Scherzhafte Bez. für leidenschaftlichen Klavierspieler; Tiger allg. für jemanden, der von einer bestimmten Sache besessen ist. *(Küpper 126)*

Klagefist *m. (St, „Klag-")* Ältere kindersprachliche Bez. für Anzeiger, Denunziant; auch Schirgenfist, Schirgengankerl (s. d.). Fist „Furz“, wie in Fistnigel (s. d.). *(UK 389, Jontes 101, WStWB 162, 170)*

Klampfel *m.* Schpfw. unbest. Bed., eig. Wäscheklammer, die einem auch nach einer Redensart als böse Nachrede anhängen kann. Gaunersprachl. auch für Justizbeamten, hier zu verklampfeln „anzeigen, verraten, jemanden ausrichten“. *(UK 391, Jontes 101, Petrikovits 49)*

Klamps *f. (T)* Rügewort für jammerndes Frauenzimmer; ma. klampsen „jammern“ zu klampern „Geräusch machen“. *(Schatz I, 337)*

Klank *f. (T)* Schpfw. für faules Mädchen; ma. klanken „faul herumhängen, -stehen“. *(Schatz I, 337)*

Klankel *m. (K)* Schpfw. wie Schlingel, Taugenichts, mit klanglicher und inhaltlicher Nähe zu Schlankel (s. d.); Herkunft wie zuvor. *(Lexer, KWB 115)*

Klanker *m. (T)* Schpfw. für trägen Menschen; siehe Klank. *(Schatz I, 337)*

Klare *f. (T)* Schpfw. für unordentliches, schlampiges Mädchen; aus dem Vornamen Klara? *(Schatz I, 337)*

Klauber *m. (St)* Abfällig für langsamen, uneffizienten Arbeiter. Ma. klauben „langsam, mühselig herumtun“. *(WStWB 162)*

Kleppe *m. (K)* Abfällig für einfältigen Mann, eigentlich Penis. *(Pohl 81)*

Klebenpatzler *m. (K)* Spöttische Bez. für Rossfleischhauer; ma. Klebe „Klaue, Huf“, patzeln „mit Fleischklumpen herumarbeiten, mit Klümpchen spielen“; siehe auch Pepihacker, Gigerer. *(WBÖ II, 528)*

Klepper *f.* Bez. für schwatzhafte Frau, eigentlich Klappe, vor allem Karfreitagsklapper als Ersatz für die Altarglöckchen. Siehe auch Klapper. *(Grimm XI, 966, UK 391, Jontes 101)*

Klepperbüchse *f. (St)* Wie zuvor; Büchse „Vulva“, für Frau (vgl. auch Büchsenmacher, s. d.). *(UK 418, Jontes 102)*

Kleppermaul *n. (St)* Wie zuvor. *(Grimm XI, 970, UK 391, Jontes 102)*

Klette *f. („Kletten“)* Bez. und Rügewort für jemanden, der einem nicht von der Seite weicht, sich einem wie eine Klette in lästiger Weise anhängt. *(Pfeiffer 217, Jontes 102, Jutz II, 89)*

Klefuzianer *m.* Spöttische Bez. für Pedanten, übergenauen Menschen. Stammwort dunkel, Erweiterung nach dem Muster Konfuzianer. *(Jontes 102)*

Kleehase *m. (St)* Schpfw. für Feigling, jemand, der sich wie ein Hase in den Klee duckt. *(UK 392, Jontes 102)*

Kleehummel *f. (W)* Scherzhaft für hässliche Frau. *(Teuschl 132)*

Klei(b)e *m. (St, „Kleiben“)* Spitzbub; eigentlich der minderwertige Mahlabfall beim Getreide. *(WStWB 162)*

Klei(b)enpeter *m. (N)* Allg. Schpfw. und Spottname; die Kleie als minderwertiges Mahlprodukt drückt allgemein Minderes aus. *(WBÖ II, 1143)*

Klei(b)endrücker *m. (K, „-drucker“)* Bez. für Geizhals; siehe auch Nudeldrucker, Kletzendrucker. *(Lexer, KWB 160)*

Klei(b)enknipfer *m.* Bez. für langsamen und faulen Arbeiter. Ma. knipfen „betrügen“. *(Grimm XI, 1435, UK 392, Jontes 102, Lexer, KWB 160)*

Klei(b)enreiber *m. (St)* Gewerbespottname für Müller. Kleie „minderwertiger Mehlbestandteil". *(UK 392, Jontes 102)*

Klei(b)enscheißer *m.* Abfällige Bez. für Geizhals, einen, der sich nur Kleie als Speise gönnt. *(Wintersberger 47, UK 392, Jontes 102, Lexer, KWB 160, 216)*

Klei(b)ensieder *m. (St)* Wie zuvor. *(WStWB 162)*

Kleiderschrank *m.* Bez. für muskulösen, großgewachsenen, hünenhaften Mann; Vergleich mit dem Möbelstück, wie Kasten (s. d.). Im anerkennenden Sinne. Der Filmschauspieler Curd Jürgens wurde als der „normannische Kleiderschrank" bezeichnet.

Kleiderstock *m. (W)* Spött. Bez. für magere Person, ähnlich wie Schragen (s. d.). Vergleich mit dem Kleiderständer. *(Grimm XI, 1082)*

Kleinpatzler *m. (T)* Abfällige Bez. für Kleinbauer; ma. patzeln, siehe Klebenpatzler. *(WBÖ II, 528)*

Kleinhäusler *m.* Bez. für Kleinbauern, Keuschler, dann allg. für in verschiedener Weise minderbemittelten Menschen, kleinlichen Charakter. *(Jutz II, 88 und allg.)*

Kleinhirn *n. (W)* Unter Verwendung des korrekten anatomischen Begriffes scherzhaft für beschränkten Menschen.

Klecksel, Maler oder **Meister** Scherzhafte Bez. für Maler und Anstreicher; nach der Gestalt des gescheiterten Kunstmalers Klecksel bei Wilhelm Busch.

Kleckser *m.* Schlechter Maler, auch Schriftsteller. *(Pfeiffer 214)*

Klemmmarsch *m. (K)* Bez. und Spottwort für Geizhals, Knicker, eig. einer, der die Gesäßbacken zusammenkneift, damit ihm nichts entfährt. *(Grimm XI, 1137, Lexer, KWB 9)*

Klemperkasten *m. (St)* Wie Klemperling (s. d.) für kränklichen Menschen, aber auch für ein verstimmtes Klavier. *(WStWB 162)*

Klemperle *m., n. (St)* Älteres Schpfw. unbest. Bed. (Fürstenfeld, 17. Jh.). Die Endsilbe deutet wahrscheinlich auf einen schwäbischen Beamten oder Schreiber hin. Solche waren im Zuge der Gegenreformation nach 1600 in größerer Zahl in die St gekommen. Der Bed. nach wie Klepper (s. d.). Ma. klempern „klappern, auf einem Instrumente unbeholfen klimpern". *(Grimm XI, 1143, UK 393, Jontes 102)*

Klemperling *m. (St)* Spöttisch für kränklichen Menschen. *(WStWB 162)*

Klemmerling *m. (St)* Geizhals. *(WStWB 162)*

Klemmfuchs *m. (St)* Wie zuvor. *(WStWB 162)*

Klemmfut *f. (W)* Schpfw. für frigide Frau, eine, die sexuell verklemmt ist. Vgl. Fut (s. d.). *(Teuschl 132)*

Klenbartel *m. (O)* Schpfw. für Schmierfink; ma. klänen „beschmieren", wie Dreck-, Saubartel (s. d.). *(WBÖ II, 373)*

Klensterer *m. (St)* Bez. für langweiligen Menschen, der nichts vorwärtsbringt. Zu ma. klänen „schmieren, mit etwas Zähflüssigem bestreichen". *(UK 390, Jontes 102)*

Klensterling *m. (St)* Bez. für kränklichen, schwächlichen, auch verweichlichten Menschen. Ma. klenstern „kränklich, schwächlich sein". *(UK 393, Jontes 102)*

Klespes *m. (T)* Spottwort unbek. Bed.; Herkunft dunkel. *(Schatz I, 340)*

Klesch *m. (T)* Bez. für großgewachsenen, auch plumpen Menschen; zur Herkunft vgl. Klesche (s. d.). *(Schatz I, 340)*

Klesche *f. („Kleschen")* Bez. und Schpfw. für liederliches Frauenzimmer, auch ungeschlachtes Weibsbild; auch Synonym für Ohrfeige, ebenso Vagina. Ma. kleschen „einen schallenden Schlag versetzen". *(Pfeiffer 216, Wintersberger 47, Jakob 98, UK 393, Jontes 102)*

Kletze *f. („Kletzen", T, „Kloaze")* Bez. für schwache, verweichlichte, unansehnliche Person, auch beschränktes, lästiges Frauenzimmer, ebenso Nonne *(T)*; eig. Dörrobst, vor allem Dörrbirne gemeint, zu klieben „spalten". *(Grimm XI, 1254, Schmeller II, 365, Pfeiffer 216, Jakob 98, Jungmair 150, Ziller 102, Schatz I, 341)*

Kletzenbauer *m. (O, N)* Abfällige Bez. für Kleinbauer. *(WBÖ II, 586)*

Kletzenbrater *pl. (T, „Kloazen-")* Spottnamen der Welschnofener für die Bewohner von Steinegg; wahrscheinlich nach einer Art Schildbürgerstreich. Es ist ein vergebliches Unterfangen, Dörrobst braten zu wollen. *(Schatz I, 341)*

Kletzendrucker *m. (St)* Scherzhaftes Synonym für Geizhals (ähnlich Nudeldrucker, Kleibendrucker, s. d.), einer, der beim Stuhlgang, weil er sich nichts Ordentliches zum Essen gönnt, nur Kletzen, „Dörrobst", zustande bringt. *(UK 392, Jontes 102)*

Kletzenklieber *m. (K, „Kloazenkliaber")* Wie zuvor; einer der Dörrobst spaltet. *(Pohl 81)*

Kletzenseppl *m. (T, „Kloatzen-")* Bez. für langsamen, ungeschickten Mann. *(Schatz I, 341)*

Klitsche *f. (W, „Klitschen")* Dirne; möglicherweise Vermengung von Klesche (s. d.) und Gitsche (s. d.). *(Jakob 99, Teuschl 132)*

Klientsche *f. (St)* Schpfw. unbest. Bed. für Frauen; vielleicht zu ma. klinseln „klingeln", mit Anlehnung an die zahlreichen -tsch enthaltenden Schpfw. *(UK 394, Jontes 103)*

Klimperer, Klemperer *m.* Schlechter Klavierspieler. *(Pfeiffer 216)*

Klimperl *m., n.* (?) *(St)* Älteres Schpfw. unbest. Bed. (Fürstenfeld, 17. Jh.). Vgl. auch Klemperle (s. d.). *(UK 394, Jontes 103)*

Klinge *m. (St)* Bez. und Schpfw. für Dirne, schlechte Frauensperson. *(UK 394, Jontes 103)*

Klingelfee *f.* Einst scherzhaft für das „Fräulein vom Amt", die Telegrafenbeamtin, die die Telefongespräche per Hand und mit einem Klingelzeichen vermittelte; in der Zwischenkriegszeit auch in dem Schlager „Hallo, du kleine Klingelfee ..." besungen.

Klingelflitzer *m. (W)* Spottwort für einen sehr schlechten Musikanten; eig. ein Straßenmusikant, der von Haus zu Haus zieht und anläutet. *(Petrikovits 50)*

Klöppel *m. (St, K „Kleappel")* Bez. und Schpfw. für Dummkopf, wie Klachel (s. d.). Als Gerätename Kloben, Klöbel, etwas Derbes bezeichnend (z. B. Hammer des Klapotetz usw.). Auch Penis. *(UK 394, Jontes 103, Pohl 80)*

Klopfer *m. (St)* Bez. und Rügewort für dümmlichen Menschen. Zu ma. klopfen „bettelnd umherziehen", aber auch „jemanden verprügeln"; vgl. beklopft sein. *(Pfeiffer 217, UK 395, Jontes 103)*

Klobhorner *pl. (V)* Ortsspottname für die Bewohner von Alberschwende. Wahrscheinlich eine Bez. für Ochsen. *(Jutz II, 92)*

Klotacke *f. (W, „-tacken")* Schpfw. für übles Frauenzimmer, eigentlich Klosettbodenvorleger. *(Teuschl 132)*

Klöte *f. (V)* Bez. und Rügewort für unverständige, begriffsstützige, unordentliche Weibsperson; zu Kloder *m.* „Fleck, Klecks". *(Jutz II, 93)*

Klosterforze *f. (St, „-forzen")* Verächtlich-gemeine Bez. für Klosterschwester. Forze „Furzerin", allg. für Frau bzw. auch Hinweis auf die einst hülsenfrüchtereiche Fastennahrung in den Klöstern. *(UK 395, Jontes 103)*

Klosterfummel *f. (St)* Wie zuvor; Fummel „Vulva" (s. d.). *(UK 395, Jontes 103)*

Klosternockerl *n.* Scherzhafte Bez. für weibl. Insassen eines Klosterschulinternates. Vgl. Nockerl (s. d.). *(Jontes 103)*

Clown *m.* (auch als *„Klowen"* ausgesprochen) Wie Kasperl, Hanswurst Spottwort für Dummkopf; zirkussprachl., aus dem Engl. Lat. colonus „Bauer", frz. colon „Siedler" zeigen, dass damit eine bäurisch auftretende lustige Theaterfigur gemeint war. *(Kluge 118, Pfeiffer 74)*

Klotz *m. (T, V)* Bez. und Schpfw. für ungeschickten, groben, auch gefühllosen Menschen; Vergleich mit einem Holzklotz. *(Grimm XI, 1250, Schatz I, 341, Jutz II, 93f.)*

Kluppe *f.*, **Klupper** *m. (T, V)* Bez. und Rügewort für sparsamen Menschen, Geizhals; ma. kluppen „sparen, geizig, knauserig sein" wie Kluppe „Wäscheklammer", zu klemmen. *(Grimm XI, 1307, Schatz I, 342, Jutz II, 96f.)*

Kluppsäckel *m. (!) (V)* Bez. und Rügewort für Geizhals, wie zuvor; einer, der seinen Geldsack, -beutel verschlossen hat. *(Jutz II, 97)*

Klugsberger *m. (O)* Bez. für Geizhals; ma. klug „gering, sparsam"; in Form eines Hof- oder Familiennamens gebildet. *(WBÖ II, 1095)*

Klugscheißer *m.* Bez. und Schpfw. für Klugredner, jemanden, der wichtigtuend Ratschläge gibt, einer, der alles besser weiß; nicht bodenständig, aus dem nördlichen Deutschland zugewandert. *(Grimm XI, 1288, Pfeiffer 217)*

Klumpermél *n. (K)* Älteres Schpfw. für unsauberen Menschen; eig. Kotklümpchen an der Wolle eines Schafes. *(Lexer, KWB 161)*

Klumse, Klunse *f. (St)* Schpfw. für weibl. Person; zu Klumse „Ritz, Spalte", auch „Vulva" (auch übertragen auf Hoden des Mannes, „Klunzen"!). *(Grimm XI, 1299f., Küpper 128, UK 396, Jontes 103)*

Klumsentischler *m. (S)* Spottname für Tischler; eig. einer, der höchstens Ausbesserungsarbeiten an Möbelstücken ausführt; ma. Klumse „Spalt, Ritze“. *(Ziller 102)*

Klunsenspengler *m. (W)* Scherzhaft-spöttisch für Frauenarzt. *(Teuschl 133)*

Klunze *f. (St, K, „Klunzen“)* Abfällig für ältere Frau, die klagt und sich hypochondrisch gibt. *(WStWB 162)*

Knattel *f. (T)* Schpfw. für unsauberes Weib; eig. Kotklumpen im Haar, zu kneten. *(Schatz I, 343)*

Knatterle *n. (T)* Mehr kosende Bez. für unbeholfenes Kind. *(Schatz I, 343)*

Knaffel, Knaifel, Knäufel, Knaufel *m. (St)* Bez. für ungeschickten, groben Menschen, auch jungen Burschen. Idiotikon Eisenerz, 1812: „Knafel: ein kleiner Mensch ohne Wachstum.“ Zu Knauf, wie Knopf (s. d.) als etwas Derbes. Mit Knaffeln auch derbe Schuhe bezeichnet, knaffeln „polternd einhergehen“. *(Grimm XI, 1368, UK 396, Jontes 103)*

Knacker *m.* Allg. abfällige Bez. für Mann, vor allem älteren Mann („alter Knacker“); von den knackenden Gelenken. *(Kapeller 82, Wintersberger 47, Jakob 99, Jontes 103)*

Knallkopf *m.* Blöder, beschränkter Mensch. *(Pfeiffer 219)*

Knallroter *m.* Scherzhaft für Kommunist nach dem „klassischen“ Farbschema der politischen Symbolik, die die rote Farbe den Sozialdemokraten zuordnet. Vgl. Roter (s. d.).

Knastbruder *m.* Bez. für Häftling, Sträfling, wie Häfenbruder (s. d.). *(Pfeiffer 218f.)*

Knaste *f. (T)* Abfäll. Bez. für Betschwester; ma. knastern „knattern, krachen; viel beten“. *(Schatz I, 343)*

Knastel *m. (K)* Schpfw. für plumpes, unbeholfenes Frauenzimmer. *(Schatz I, 343)*

Knauper *m. (K)* Bez. für Knirps, Wesen ohne rechtes Wachstum; eig. Knorren, Knoten, verwandt mit Knopper *f.* „Gallapfel“. *(Lexer, KWB 162)*

Knauer *m.* Bez. für Zänker, streitlustigen Menschen. Zu ma. knauern „keifen, zanken, schimpfen“. *(UK 396)*

Knaufe, Knauferin *f.* Bez. für zänkische, streitlustige Frau. Zu Knaffel (s. d.) mit Bedeutungsinhalt wie Beißzange (s. d.) nach kneifen „zwicken“. *(UK 396, Jontes 103, Jungmair 152, Jakob 99)*

Knaufel *m.*, siehe Knaffel.

Knaufer *m. (St)* Bez. für zänkischen Menschen, auch Hund. Vgl. Knaufe (s. d.). *(UK 397, Jontes 104)*

Knauferl *n. (W)* Bez. für kleinen, zornigen Hund, Kläffer; zu kneifen „zwicken“. *(Jakob 99, Teuschl 133)*

Knaundel *m. (St)* Bez. für ein im Wachstum zurückgebliebenes Kind, auch junger Bursche; damit auch ein Steinblock benannt. *(UK 397, Jontes 104)*

Knaungetze *f. (O, „Knaungátzen“)* Rügewort für jammerndes Frauenzimmer; ma. knaunzen, knauzen, knaungetzen „jammern“; siehe auch Knaunke, Knaunz, Knaunzer, Knautzer. *(Schmeller II, 374, Jungmair 152)*

Knaunke *f. (St)* Bez. und Rügewort für weinerliche, zum Jammern geneigte

Frauensperson. Zur Etymologie vgl. Knautzer (s. d.). *(UK 397, Jontes 104)*

Knaunkerl *n.*, siehe Naunkerl.

Knaunz *f. (T)* Bez. für weinerlichen Menschen; Herkunft siehe Knaungetze. *(Schatz I, 343)*

Knaunzer *m. (W)* Bez. für Geizhals, Knauser; eig. einer, der über Teuerung und Geldausgeben jammert. Mhd. knaunzen „klagen". *(Jakob 99)*

Knaus *m. (St)* Allg. abfällige Bez. für Bursche; mhd. knûz „keck, verwegen, hochfahrend". *(UK 397, Jontes 104)*

Knausche *f. (W, „Knauschen")* Schpfw. für arrogante, aber auch gerne jammernde Frau. *(Teuschl 133)*

Knauser *m.* Synonym für Geizhals; mhd. knûz „hochfahrend", mit Bedeutungswandel zu „knickerig". Idiotikon Hieflau, 1812: „Knauser, Kollmäuser: ein karger Mensch." *(Grimm XI, 1371, Kluge 380, Pfeiffer 219, Kapeller 83, Jontes 104, Jutz II, 98)*

Knäusling *m.* Scherzhaft für Kind, das trotz der Verhütungsmethode nach Knaus-Ogino gezeugt wurde.

Knautzer *m. (St)* Bez. für Wucherer, Geizhals; auch Knaunzer; zu Knauser (s. d.), aber auch für Jammerer, weinerlich redender, klagender Mensch (mhd. knaunzen, knauzen „klagen"). *(UK 396, Jontes 104)*

Knecht *m.* Abfäll. Bez. für Mann; vielleicht Kurzform hochsprachl. Wortbildungen wie Tyrannenknecht, wo das Wort „Handlanger" bedeutet. *(Pfeiffer 219, Teuschl 133, Jontes 104)*

Knetter *m. (T)* Abfäll. Bez. für langsamen Menschen; zu kneten, langsame Bewegungen wie beim Kneten machen. *(Schatz I, 344)*

Knefer *m. (T)* Bez. und Rügewort für unruhigen, lästigen Menschen; ma. knefen „herumkriechen, gehen". *(Grimm XI, 1368, Schmeller II, 372, Schatz I, 344).*

Kneifer *m.* Abfällig für jemanden, der sich einer unbequemen Sache entzieht, auskneift. *(Pfeiffer 219)*

Kneißer *m. (W)* Mensch mit raschem Verstand und Reaktionsvermögen, aber auch Besserwisser, der unangenehm auffällt; mhd. geneussen „begreifen, verstehen". *(Teuschl 133)*

Knerre *f. (O, „Knerren")* Bez. und Schpfw. für Nörgler, schlecht gelaunten Menschen; ma. knerren „brummen, mürrisch reden", ablautend zu knurren. *(Grimm XI, 1355, Jungmair 152)*

Kniepfnatscher *m.* Spottwort für Menschen mit schwachen, einknickenden Beinen, einen, der schwach auf den Beinen ist. Vgl. Pfatsche (s. d.). *(WBÖ III, 94)*

Kniebiss, -beiß *m. (W)* Spöttisch für Hypochonder, eig. alter Scherzname für Podagra, Zipperlein, Gicht, Schmerz in den Kniegelenken. *(Grimm XI, 1426, WBÖ III, 661, Jakob 99)*

Kniebohrer *m.* Bez. für Menschen mit Gehfehler, der mit stark einwärts gebogenen Füßen, Säbelbeinen geht; auch Ortsspott für die Oststeirer, besonders die Einwohner von Friedberg. *(Grimm XI, 1426, WBÖ III, 623, Pfeiffer 220, Jakob 99, UK 397, Jontes 104)*

Kniepuffer *m. (O)* Spottname für Menschen mit X-Beinen; puffen hier „zusammenstoßen". *(WBÖ III, 1321)*

Knieher *m. (W, „Kniarer")* Abfäll. Bez. für besonders charakterlosen, unterwürfigen Menschen; eig. einer, der auf den Knien daherkommt. *(Wehle 87, Teuschl 133)*

Knicker *m.* Bez. und Rügewort für Geizhals; mhd. knicken „knapp halten"; vielleicht gekürzt aus Lausknicker „Geizhals". *(Grimm XI, 1419, Kluge 382, Pfeiffer 220, Ziller 103)*

Knilch *m.* Bez. für lausbübischen Knaben; nicht bodenständig, aus dem Norden zugewandert; viell. zu knellen „knacken, knallen". *(Pfeiffer 220, Kapeller 83)*

Knierutscher *m.* Abfällige Bez. für Frömmler, religiösen Heuchler, Betbruder. *(Pfeiffer 220, WBÖ III, 1146)*

Knirps *m.* Bez. für kleinen Buben, kleingewachsenen Menschen, Zwerg; aus den mitteldt. Mundarten eingewandert; zu Knorpel „Knoten, Verwachsung". *(Grimm XI, 1439, Pfeiffer 220, Jutz II, 102)*

Knieriem *m.* Spöttische Bez. für Schuster, auch Meister K., eig. der Haltegurt, mit dem der Handwerker den in Arbeit begriffenen Schuh festhält. Bekannte Gestalt aus J. N. Nestroys „Lumpazivagabundus". *(Grimm XI, 1431, Küpper 129)*

Knieschwester *m. (V)* Schpfw. für leichtfertiges Mädchen, eines, das ihrem Liebhaber auf dem Knie sitzt. Vgl. auch Bauchschwester (s. d.). *(Jutz II, 101)*

Knoppel *f. (T)* Abfäll. Bez. für altes, dickes Weib; eig. Knorren, Knoten. *(Grimm XI, 1483, Schatz I, 345)*

Knopf *m.* Bez. für eher kleinen, aber muskulösen Menschen, im anerkennenden Tone („ein schöner Knopf"), jedoch auch abfällig. Idiotikon Fohnsdorf, 1813, und Eisenerz, 1812: „Knopf: ein grober Mensch." Weststeirisch auch für Geizhals. *(Grimm XI, 1477f., Pfeiffer 221, Jakob 100, Teuschl 134, UK 398, Jontes 104, WStWB 162, Ziller 103, Lexer, KWB 162, Jutz II, 105)*

Knöpfler *m. (V)* Spottname für die Bewohner von Kennelbach. *(Jutz II, 33)*

Knopflochbohrer *m. (T)* Handwerkerspott für Schneider. *(WBÖ III, 624)*

Knoblauchfresser *m.* Ethnischer Spott für Balkanbewohner oder andere südländische Völker mit ausgeprägter Knoblauchkomponente in ihrer Volksnahrung. *(Pfeiffer 220)*

Knochen *m.* Bez. und Schpfw. für Grobian, unguten Menschen („grober Knochen"), auch für Kind überhaupt bzw. kleines, schlimmes Kind *(K)*. Vgl. auch Bein (s. d.). *(Grimm XI, 1457, Küpper 129, Pfeiffer 220, Lexer, KWB 162, Schatz I, 345, Jutz II, 103)*

Knochengerippe *n.* Scherzhaft für mageren, dürren Menschen.

Knochengestell *n. („-gstell")* Wie zuvor. *(Pfeiffer 220)*

Knödel *m.* Bez. für kleinen, dicken, aber auch starken Menschen, auch im abfälligen Sinne für Knabe, Bursche. Als Vergleich Knödel „Teigkloß". *(Teuschl 133, Jontes 104)*

Knödelpatzer *m. (St)* Tadelnd für Kind, das beim Essen patzt. *(WStWB 170)*

Knödeltenor *m. (W)* Scherzhaft-spöttisch für Sänger mit gepresster Stimme, der singt, als ob er einen Knödel im Hals stecken hätte; ähnlich Krawatteltenor (s. d.). *(Pfeiffer 221, Teuschl 134)*

Knödelmeier *m. (T. „-moar“)* Abfällig-spöttische Bez. für kleinen Bauern, der groß tut. *(Schatz I, 345)*

Knödelzähler *m. (K, „-zöhler“)* Bez. und Schpfw. für Geizhals; eig. einer, der bei Tische die Knödel nachzählt. *(Lexer, KWB 162)*

Knödler *m.* Mensch mit kehliger oder auch undeutlicher Aussprache, dessen Rede klingt, als hätte er einen Knödel im Mund. *(Pfeiffer 221)*

Knolle *m. (V)* Bez. für dicken und plumpen Menschen; wie hochsprachl. *(Grimm XI, 1466, Pfeiffer 221, Jutz II, 104)*

Knortsch *m. (T)* Wie Knorz (s. d.). *(Schatz I, 346)*

Knorre *m. (K, T)* Bez. für dicken, groben Menschen *(T)*, aber auch Knirps, Wesen ohne rechtes Wachstum *(K)*; Knorren „Baumstrunk“. *(Pfeiffer 221, Lexer, KWB 163, Schatz I, 346)*

Knorrenhobler *m. (V)* Bez. und Rügewort für Grobian. *(Grimm XI, 1490, Jutz II, 106)*

Knorz *m.*, auch **Knurz** Bez. für kleinen, untersetzten Menschen, ursprünglich Strunk, kleiner Stumpf (Stadtjargon scherzhaft Gummiknurz für Gummiknüttel der Polizei). Zu Knorren „Baumstrunk“. Vgl. auch Verkleinerungsformen Knörzel, Knürzel (s. d.). *(Grimm XI, 1493, Pfeiffer 221, Jakob 100, UK 399, Jontes 104)*

Knorzel, Knorzer, Knörzel, Knürzel *m.* Wie oben. Verkleinerungsform von Knorz. Vor allem für Kinder. *(Jakob 99, Jontes 104, WStWB 170, Lexer, KWB 162)*

Knospe *m. (T)* Bez. für groben, ungeschlachten Menschen; eig. ein Holzschuh gemeint. *(Grimm XI, 1496, Schatz I, 346)*

Knotze, -er *m.* Bez. und Schpfw. für faulen, auch lästigen Menschen, Stubenhocker, begriffsstutzigen, beschränkten Menschen; ma. knotzen „hocken, faul, bequem, lässig sitzen“. *(Grimm XI, 1512f., UK 399, Jontes 104f., Jungmair 153, Lexer, KWB 163, Jakob 100)*

Knözerl *n. (W)* Bez. für schwächliches Kind; Verkleinerungsform von Knotzer (s. d.). *(Jakob 99)*

Knipfer *m. (T)* Bez. für sparsamen Menschen, Geizhals; ma. knipfat „geizig“, knipfen „ängstigen, betrügen“; vgl. auch Kleibenknipfer (s. d.). *(Schatz I, 346)*

Knut *f. (T)* Abfäll. Bez. für dickes, altes Weib; wohl zu Knüttel. *(Schatz I, 346)*

Knüder *m. (V)* Bez. und Schpfw. für groben Burschen; wie zuvor. *(Grimm XI, 1514, Jutz II, 107)*

Knüse *m. (V)* Bez. für kurz gewachsenen, dicken Burschen; ma. knüsen „kneten“, Knaus „Verwachsung, Knollen“. *(Wintersberger 48, Jutz II, 108)*

Knurz *m.*, siehe Knorz.

Kober *m. (T, „Kouwer")* Bez. und Rügewort für mürrischen, übelgelaunten Menschen; ma. kobern „murren, zanken" *(vgl. Grimm XI, 1546f.), (Schatz I, 347)*

Koberer *m. (W)* Bez. für Wirt, vor allem von Gaststätten mindester Sorte, Bordellwirt, Kuppler, analog Koberin *f.* „Puffmutter, Bordellwirtin"; rotwelsch kubbo, kowo „Schlafstelle". *(Pfeiffer 221, Jakob 100, Wehle 60, Teuschl 134)*

Kopf *m. (St)* Allgemeines Schpfw. für Mann wie Schädel, Birne, Gepel (s. d.). *(Jontes 105)*

Kopfgärtner *m. (St)* Scherzhafte Bez. für Friseur, nach dem Prinzip des Vergleiches mit einem anderen Handwerk; vgl. auch Glatzentischler (s. d.).

Kopfschüssler *m.* Wie Hirnschüssler (s. d.) Hinweis auf eine Kriegsverletzung als Ursache psychischer Veränderungen.

Kochpappe *f. (N, „-pappen")* Bez. für Menschen mit schneller, undeutlicher Sprechweise, auch Faulpelz; vom undeutlichen Sprechen mit vollem Mund, in diesem Falle mit einem Mund („Pappe"), der mit Brei („Koch" *n.*) gefüllt ist. *(WBÖ II, 283)*

Kochbürger *pl. (St)* Ortsspott für Bewohner von Mooskirchen (Weststmk.), „die wegen ihres nicht mehr bodenständigen Dialektes so genannt wurden". *(WStWB 162)*

Köder *n. (St)* Abfällige Bez. und Schpfw. für liederliches Mädchen; eigentlich Lockspeise für die Fallenjagd auf Raubzeug wie Luder (s. d.). *(UK 401, Jontes 105)*

Kotterl, Kötterl *n. (St)* Scherzhaft-abfällige Bez. für älteren Menschen oder allg.; entweder zu Köder (s. d.). oder Kotter „Hundehütte, Käfig, Arrestzelle, Narrenkotter". Letzteres analog der vertraulichen, freundschaftlichen Anrede „du alte Hütten". *(Jontes 105)*

Koffer *m.* Schpfw. für Dummkopf, auch hässlichen Menschen. Gesteigert als Vollkoffer im Gebrauch. Pate stand die Bez. für das ungefüge Reisegepäck, auch benannte die Soldatensprache Geschosse der schweren Artillerie damit. *(Pfeiffer 222, Wintersberger 48, Teuschl 134)*

Kotlerche *f. (W, „-lerchen")* Handwerkerspottwort für Maurer; Vergleich mit einem Vogel, der Haubenlerche. Siehe auch Dreckschwalbe; Kot wird dem Mörtel gleichgesetzt. *(Grimm XI, 1897, Petrikovits 51)*

Kog *m. (T, V, „Koug")* Schpfw. für tückischen, charakterlosen Menschen; urspr. minderwertiges Fleisch von kranken Tieren, auch Aas; mhd. koge „ansteckende Krankheit"; verwendet wie Keib (s. d.), auch in Keibekoge (s. d.). *(Grimm XI, 1577, Schatz I, 301, Jutz II, 111)*

Kogenmännle *n. (V)* Abfällige Bez. für schlauen, jedoch unzuverlässigen Mann; zu Kog (s. d.). *(Jutz II, 112)*

Kogenweible *n. (V)* Wie zuvor, für das weibliche Gegenstück. *(Jutz II, 112)*

Kokolori *m.* siehe Gokolori.

Koksstürler *m. (W, „-stierler")* Schpfw. für Vagabund, Sandler. Ursprünglich einer, der die Aschenkisten nach noch brennbaren Koksresten durchwühlte. *(Teuschl 135)*

Kohlarsch *m. (T)* Ortsspottname für die Einwohner der Ortschaft Steinegg b. Bozen; Kohl „Holzkohle". *(WBÖ I, 362)*

Kolder *m. (V)* Bez. und Rügewort für jähzornigen, aufbrausenden Menschen; ma. koldern „poltern", vgl. Koller „Zornanfall". *(Grimm XI, 1612, Jutz II, 115f.)*

Komplexler *m.* Bez. für Menschen mit unausgeglichenem Innenleben, jemanden, der voller Komplexe steckt; nach dem Begriff aus der Psychologie, der Beeinträchtigungen der Psyche durch unbewältigte, verdrängte Lebenssituationen meint.

Komiker *m.* Als Schpfw. nicht der Darsteller in Lustspielen, sondern ein nicht ernst zu nehmender Mann gemeint. *(Pfeiffer 223)*

Kommissjanker *m. (W)* Bez. und Schpfw. für eingefleischten Militaristen, einer, der im Befehlen und Gehorchen gleichermaßen stur ist, militärischer Pedant; Janker *m.* „Rock". *(Jakob 100)*

Kommissknopf *m.* Wie oben. *(Pfeiffer 224, Jakob 100)*

Kommunist *m.* Undifferenziert-abfällig für Parteigänger und Sympathisanten linksextremer Ideologien, die nicht unbedingt mit einer organisierten kommunistischen Partei einhergehen müssen; ähnlich wie beim Nazi (s. d.) wegen der unerhörten Verbrechen, die aus ideologischen Gründen begangen wurden, zu einem Schpfw. geworden. *(Pfeiffer 224)*

Kommunistenschwein *n.* Steigerung des Vorigen. *(Pfeiffer 224)*

Konfusionsrat *m.* Bez. und Spottwort für verworrenen Denker, zerstreuten Menschen, Meister im unfreiwilligen Verwirrung-Stiften; nach dem Muster eines Amtstitels eines höheren Beamten (wie Hofrat). 1846 wurde die Posse „Der Konfusionsrat" von W. Friedrich in Berlin aufgeführt. *(Pfeiffer 225, Kapeller 85, Wintersberger 49, Jakob 100)*

Konjunkturritter *m.* Abfällige Bez. für Opportunisten, jemanden, der gewisse Situationen für sich wirtschaftlich ausnützt, sein Mäntelchen in jeden Wind hängt. *(Pfeiffer 225)*

Konsorten *pl.* Wertneutral für Leute, die gemeinsam an einem Strang ziehen, aber auch Bez. für üble Gesellschaft, für durch gemeinsame Gaunereien verbundene Gruppe; lat. consortes „Schicksalsgenossen", wie Bagage (s. d.). verwendet. *(Pfeiffer 225, Aman 90, Kapeller 85)*

Konsumtrottel *m.* Abfällig für jemanden, der kritiklos kauft, sich dem oberflächlichen Genuss des Konsums hingibt; in der Zeit der wachsenden gesellschaftskritischen Linken der 60er Jahre, die sich bis zum Begriff Konsumterror verstieg, aufgekommen; auch Konsumidiot. *(Pfeiffer 225)*

Korperl *m.* Scherzhafte Verkleinerungsform als soldatensprachliche Bez. für den Dienstgrad des Korporals im Österr. Bundesheer. *(Teuschl 135, Jontes 105)*

Korps *m., n. (T, V, „Kour")* Verächtl. Wort für Bande, Pack, üble Leute; frz. corps „Gruppe von Menschen, Armeeabteilung“. Wahrscheinlich in der Franzosenzeit übernommen, ursprünglich auf die plündernden, marodierenden französischen Soldaten angewendet. *(Pfeiffer 227, Schatz I, 350, Jutz II, 131)*

Kordel *f. (W, „Kurdel“)* Bez. für einfältige Frau; Kurzform des Vornamens Kordula. *(Jakob 100)*

Korfler *m. (St)* Bez. für einen in einem fort hustenden und spuckenden Menschen; ma. korfeln „husten, räuspern, spucken“ (lautm.). *(UK 401, Jontes 105)*

Körndlfresser *m.* Spöttisch für konsequente Vegetarier oder makrobiotisch lebenden Zeitgenossen, einen, der sich angeblich nur von Getreidekörnern ernährt. *(Pfeiffer 227)*

Kosak *m. (W)* Gaunersprachlich für Falschspieler. *(Jakob 101)*

Kosch *m. (St)* Bez. für ungepflegten, schmutzigen Menschen; eigentlich Fresstrog für Tiere, Korb (slow. koš „Korb“). *(UK 405, Jontes 105)*

Kostprotzer *m.* Bez. für einen, der über die ihm gereichte Kost schimpft. Ma. protzen „widersprechen, großtun“. *(WBÖ III, 1120, UK 405, Jontes 105, Lexer, KWB 356)*

Kotze *m.,f. (K, T)* Bez. und Rügewort für starken, groben, dicken Mann; Vergleich mit der schweren, zottigen Wolldecke. *(Lexer, KWB 165, Schatz I, 351)*

Kotzenmacher *m. (St)* Schpfw. unbestimmter Bed. (Fürstenfeld, 17. Jh.); nach dem Handwerk oder phonetische Schreibweise für Katze wie Katzelmacher (s. d.) im obszönen Sinne. *(UK 401, Jontes 105)*

Krapfen *m. (St)* Bez. und Rügewort für ungefügen, dummen Menschen; ursprünglich eig. Haken, Klaue, im weiteren Sinne das Schmalzgebäck, das inhaltlich die Vorstellung von etwas Aufgedunsenem, Rundem hervorrufen mag.

Krapler *m. (St)* Bez. für erfolglosen, unfähigen Menschen, jemanden, der sich nur mühsam zurechtfindet, verhärmt ist. Ma. krapeln „sich mühsam (auf allen vieren) fortbewegen“, modern schriftsprachlich entsprechend krabbeln. *(Grimm XI, 2062, 2067, Jontes 105, Pohl 86)*

Kracher *m.* Bez. für alten Mann („alter Kracher“); wie Knacker (s. d.) auf Geräusche der Gelenke zu beziehen oder aber auf die mangelnde Beherrschung von Winden. *(Grimm XI, 1923, Pfeiffer 227, Jakob 101, Teuschl 136, UK 406, Jontes 105, WStWB 162, Schatz I, 352, Ziller 104)*

Krachse *f. („Kraxen“)* Abfällige Bez. für altes, abgearbeitetes, verbrauchtes Gerät, auch Möbel, Fahrzeuge u. dgl.; eigentlich Name eines Rückentragekorbes (mhd. krechse). Auch auf Menschen übertragen. Judenburg 1800: „Krachse: ein altes, schlechtes Weib.“ *(Grimm XI, 1923f., Pfeiffer 231, Wintersberger 49, Jakob 103, UK 406, Jontes 105f., WStWB 162, 170)*

Krachsler *m.* Harmlos-spöttische Bez. für Kletterer, Alpinist; ursprünglich der Wanderkleinhändler, Hausierer damit gemeint, der mit einer „Krachse“, einem Tragekorb auf dem Rücken („Buckelkrachsentragen“ noch heute für das Tragen eines Kindes auf dem Rücken), auch unwegsames, steiles Gelände durchwanderte, da er nicht an Straßen gebunden war. *(Vgl. Krachsner, UK 406, Pfeiffer 231, Jontes 106)*

Kratte *m. (V)* Bez. für altes, zänkisches Weib; eig. Korb. *(Jutz II, 142)*

Krattler *m. (S, K)* Schpfw. für Taugenichts, nichtsnutzigen Mann, Landstreicher *(K)*; eig. Korbflechter, Korbhändler; ma. Kratte „Korb", ahd. chratto. *(Grimm XI, 2070, Pfeiffer 229, Ziller 106, Pohl 87)*

Kratsche *f. (K, „Krätschen")* Verächtl. Bez. für Polsterer, Schreimaul; auch der Mund, das Maul an sich; ma. kratschen „knirschen" *(vgl. Grimm XI, 2069, Lexer, KWB 122)*

Kraftlackel *m.* Eher spöttisch für starken Mann, der seine Kräfte wirkungsvoll prahlend zeigt. Vgl. Lackel (s. d.). *(Pfeiffer 227)*

Krähe *f. („Krah")* Abwertende Bez. für ältere, unhübsche Frauensperson („alte, schieche Krah"), auch dürrer Mensch. Nach dem Vogel mit lautmalendem Namen. *(Pfeiffer 228, Teuschl 136, Jontes 106, Pohl 85, Jutz II, 136)*

Krallowatsch *m. (K)* Spött. Bez. für krummbeinigen Menschen; ma. krallowatschet „verbogen, verwirrt"; Wortbildung wie in Pallawatsch *m.* „Verwirrung, Chaos". *(Lexer, KWB 166)*

Krampen *m.* Verächtl. Bez. für schlechtes, altes, krummes Pferd, auch grober Mensch *(T, V)*, schwächliche Person *(W, St)*; zu krumm. *(Grimm VIII, 1813, Pfeiffer 228, Teuschl 136, Jakob 102, Hager 31, WStWB 162, Jungmair 157, Ziller 104, Schatz I, 248f., Jutz II, 138)*

Kramperl *n.* Bez. für schmächtigen, vom Alter gebeugten Menschen, aber auch für kleines, schwächliches Kind; nach der Bez. für Kralle, Finger, Hände, die von Alter gekrümmt sind. Auch Spielform von Krampus (s. d.). Ahd. kramph „Haken", zu krumm. *(UK 407, Jontes 106, WStWB 170, Ziller 105)*

Krampfaderngeschwader *n.* Scherzhaft-spöttische Bez. für Gruppe von älteren Frauen; urspr. wohl soldatensprachlich, wobei Geschwader auf die Deutsche Luftwaffe deutet. *(Pfeiffer 228, Teuschl 137)*

Krampfbruder *m. (T)* Bez. und Schpfw. für Großtuer, Angeber, Renommist; ma. Krampf „Zorn, Groll, auch unausgegorene Sache". *(WBÖ III, 1147, Küpper 134, Pfeiffer 228)*

Krampus *m.* Bez. für hässlichen, auch mürrischen Menschen („schiecher Krampus") nach der teuflischen Brauchtumsgestalt, die den hl. Nikolaus am 6. Dez. begleitet. Junges Wort, das erst seit dem 19. Jh. bezeugt ist und vielleicht eine latinisierte, schülersprachliche Form von Kramperl (s. d.) darstellt, die sich nach den Krallen des Teufels orientiert. *(Schmeller I, 997, Jakob 102, Teuschl 136, UK 407, Jontes 106, Schatz I, 353, Lexer, KWB 166)*

Krämer *m. („Kramer")* Krämerseele, engstirniger, pedantischer, knickriger Mensch; nach Eigenschaften, die man einst dem Kleinhändler nachsagte. *(Pfeiffer 228)*

Krankensessel *m. (W)* Spöttisch für kränklichen Menschen. *(Teuschl 137)*

Krautbäck *m. (St)* Ortsspottname für die Bewohner des südsteirischen Ortes Ehrenhausen wegen der Untertanenarbeit auf den Krautfeldern der Herrschaft. *(UK 409, Jontes 106)*

Krauterer *m.* Bez. für Zauderer, langsamen, uneffektiv arbeitenden Menschen, auch kleinlichen, langweiligen Charakter, auch für ältere Männer ohne Leistung („alter Krauterer"). Möglicherweise nach dem Kräutersucher oder -händler, der mit kleiner Ware umging. Auch als Spitzname für Handwerksmeister bekannt, die ihren Gesellen und Lehrlingen aus Not oder Geiz nur Kraut auftischen ließen. Auch Vogelscheuche, Krautscheuche (*O*, s. d.). *(Pfeiffer 230, Kapeller 87, Jakob 103, Teuschl 138, UK 409, Jontes 106, WStWB 162, Jungmair 160, Ziller 106, Schatz I, 335)*

Krautfresser *m.* Abfällig für Sträfling; nach der Nahrung, deren unterste Stufe einst sprichwörtlich aus „Kraut und Rüben" bestand. *(Pfeiffer 230)*

Krautknödel *pl. (T)* Ortsspottname für die Bewohner von Eggental. *(Schatz I, 353)*

Krautkopf *m.* Bez. für Dummkopf, ähnlich Gepel, Kopf (s. d.). *(Grimm XI, 2121, Pfeiffer 230, Aman 69, Jontes 106, Jutz II, 146)*

Kräutle *n. (V)* Bez. für Tunichtgut; alem. „Kräutlein" entspricht bair. Früchtchen (s. d.). *(Grimm XI, 2122, Jutz II, 145)*

Krautmannl *n. (St, S)* Abfällige Bez. für Schwächling, kleineren älteren Mann, ähnlich Vogelscheuche, Krautscheuche (s. d.). Als Vorbild für die Vogelabwehr auf dem Krautacker gedachte, lumpenbekleidete, schlotternde Puppe. *(UK 410, Jontes 106, WStWB 162, Ziller 106)*

Krautschädel *m. (St)* Schpfw. mehr unbestimmter Bed. *(WStWB 162)*

Krautscheuche *f.* Wie Krautmannl (s. d.); für hässliche Frau. *(Grimm XI, 2124, Pfeiffer 230, Ziller 106, UK 410, Jontes 107)*

Krautschling *m. (St)* Bez. und Rügewort für Menschen mit ungepflegter Frisur, dessen Haare abstehen. Vergleich weniger mit dem Krautkopf (s. d.), sondern eher mit Gras und anderen Pflanzen, Krautwerk. *(UK 410, Jontes 107)*

Krautwächter *m. (W, „-wachter")* Scherzhaft-spöttisch für Polizist, eigentlich Flurwächter. *(Küpper 134, Wintersberger 49, Teuschl 138)*

Krautwalch *m. (T)* Nationenspott der Tiroler für die romanischen Ladiner; ahd. walh „Romane, Welscher", nach der lat. Bez. für den keltischen Stamm der Volcae, daraus wälsch, walisch „romanisch, italienisch". *(Schatz II, 684)*

Krawallbruder *m. („-bruader")* siehe Krawallschani. *(Pfeiffer 230)*

Krawátteltenor *m.* Scherzhaft-spöttische Bez. für Sänger mit gepresster, hoher, schwacher Stimme, Kopfstimme; von der Bewegung des bis zur Krawatte (ursprünglich Halsbinde) aufsteigenden Adamsapfels. *(Küpper 135, Pfeiffer 231, Winters-*

berger 49, Jakob 103, Teuschl 138, Jontes 107)

Krawattenmuffel *m.* Jemand, der ungern Krawatten trägt. Vgl. Muffel (s. d.). *(Pfeiffer 231)*

Krawállkathel *f. (W)* Bez. und Rügewort für streitsüchtiges, laut zankendes Frauenzimmer; vgl. Krawállschani (s. d.); Kathel wie in Ratschkathel, Galsterkathel usw. (s. d.). *(Jakob 103)*

Krawállmacher *m.,* siehe Krawállschani. *(Pfeiffer 230)*

Krawállschani *m.* Bez. und Rügewort für lärmenden, polternden Menschen; Krawall, ein junges Wort des 19. Jh.s (zu bair. grebel „Lärm", aus rebellen „lärmen", lat rebellare „sich auflehnen"); Schani Wiener Kurzform für Johann aus frz. Jean; auch Krawállbruder, Krawállmacher (s. d.). *(Kluge 402, Grimm XI, 2126, Teuschl 138, Jontes 107)*

Kratzbürste *f.* Bez. für widerspenstige, zanksüchtige, kratzbürstige Frauensperson; nach der von Metallhandwerkern verwendeten groben, mit Draht – anstelle von Viehborsten – versehenen Bürste. *(Grimm XI, 2072, Küpper 134, Pfeiffer 229, Aman 69, Kapeller 87, Jontes 107, Jutz II, 143)*

Kraze *f. (T)* Spött. Bez. für mageres, dürres Mädchen; eig. dürrer Zweig. *(Schatz I, 252)*

Kräze *f. (V)* Bez. und Schpfw. für zänkische Frau, auch alte Jungfer; eig. Rückentragekorb entsprechend bair. Krachse (s. d.). *(Jutz II, 148)*

Krätze *f. („Krätzen")* Abfäll. Bez. für charakterlosen Menschen, schlechte, auch lästige, vor allem jugendliche Person; wie in Bubenkrätze (s. d.) von der Hautkrankheit. *(Grimm XI, 2072f., Wintersberger 49, Petrikovits 51, Teuschl 137, Jontes 107, Pohl 88, Ziller 107)*

Krätzenbalg *m. (K)* Verächtlich für Kind mit Hautausschlag. *(WBÖ II, 122)*

Krätzenpeter *m.* Nationenspott für Kroaten; unter Ausnützung des Gleichklanges im Anlaut gebildet. *(WBÖ II, 1143)*

Krätzentegel *m. (O, St)* Bez. für unreines, auch mit Krätze behaftetes Kind; Tegel wie in Granttegel (s. d.) als Gefäßname. *(Jungmair 162, Jontes 107)*

Krätzenkrämer *m. (St, „-kramer")* Wie zuvor für krätzigen Menschen. *(WStWB 162)*

Krätzensimmerl *m. (St)* Scherzhaft-spöttische Bez. und Anrede für Kind, das an Krätze, juckendem Hautausschlag u. dgl. leidet oder einen sichtbaren Wundschorf hat. Simmerl Koseform für Simon. *(Jontes 107)*

Krätzenwaberl *f.* Wie oben für Frau; Waberl Kurzform von Barbara bzw. Wabe *f.* „Frau" (s. d.). *(WBÖ II, 317)*

Kreatur *f.* Stadtsprachl. für verachtenswerten Menschen, charakterlose, verabscheuenswürdige Person, die sich gegen andere missbrauchen lässt, Erfüllungsgehilfe ist; lat. creatura „Geschöpf". *(Pfeiffer 231, Aman 70, Kapeller 87, Jakob 103)*

Krepaunl *n. (W)* Variante von Krepierl (s. d.). *(Jakob 104)*

Krepaunzerl *n. (St, O)* Bez., eher mitleidig, für schwachen, kranken, hinfälligen Menschen; Mischform aus Krepierl (s. d.) und Baunzerl (s. d.). *(WStWB 162, Jungmair 161)*

Krepierl *n.* Abfällige Bez. für schwaches, kleines Tier, Hund usw., grob auch für kränkliches Kind; zu krepieren „sterben, Umstehen von Tieren". Direktbildung wie Verreckerl (s. d.). Lat. crepare „zerplatzen", ital. ds. „Zerbersten von Spreng- und Feuerwerkskörpern". Zu Mischformen desselben Begriffes vgl. Krepaunzerl und Krewecherl (s. d.). *(Pfeiffer 231, Wintersberger 50, Jakob 104, Teuschl 139, UK 410, Jontes 107, Ziller 107)*

Krebsenfängerin *(„-fangerin")* Scherzhafte Bez. für Hebamme; nach dem Tasten nach Krebsen unter Steinen im Bach oder unter der Teichböschung, das mit der Erkundung des Geburtsweges durch die Hebamme verglichen wird. *(UK 411, Jakob 103, Jontes 107)*

Krechse *f. (W, „Krexen")* Bez. für kränkelnde Person; ma. krechsen „krächzen, seufzen, husten". *(Jakob 104)*

Kretéindl *n. (St)* Derbe Bez. für geistig behindertes Kind; Verkleinerungsform von Kretin. Frz. crétin nach lat. christianus als beschönigender Ausdruck. *(Kluge 404, Jontes 107)*

Kredenztischler *m. (W)* Spöttisch für Polizist, auch Dummkopf; Kredenz „Küchenschrank". *(Teuschl 138)*

Kretin *m.* siehe Kreteindl.

Kreidensäger *m. (V)* Bez. und Spottwort für Pedanten, kleinlichen Menschen, jemanden, der bildlich noch so etwas wie ein billiges Stück Kreide sorgfältig zerteilt. *(Jutz II, 150)*

Kreist *f. (T)* Bez. für jammerndes Weib. Siehe Kreister. *(Grimm XI, 2163, Schatz I, 356)*

Kreister, Kreisterer *m. (St)* Bez. für einen in einem fort ächzenden Menschen, auch alter, gebrechlicher Mann, auch fauler Arbeiter. Ma. kreisten „ächzen, stöhnen" (mhd. kreizen, krîzen „kreischen, schreien", krîsten „ächzen). Vgl. auch Hosenkreisterer (s. d.). *(Grimm XI, 2161ff., UK 411, Jontes 108, WStWB 162)*

Kreisling *m. (St)* Bez. für klein geratenen Menschen, Zwerg; ursprünglich sicher auf Kretin bezogen (mhd. krîzen „schreien, kreischen", vgl. auch Kreisterer, s. d.). *(UK 411, Jontes 108)*

Kren *m.* Spöttisch für Betrugsopfer, jemand, der sich schamlos missbrauchen, ausnehmen lässt; wegen des Synonyms Wurze (s. d.) wohl nach dem slaw. Wort koren „ds.". *(Pfeiffer 231)*

Krenbeutel *m.* Bez. und Rügewort für Angeber, stolzen, eingebildeten Menschen. Siehe Krenreißer. *(WBÖ II, 718, Jungmair 161)*

Krenreißer *m.* Bez. für Angeber, Protz, Großtuer. Das Reiben („Reißen") von Kren „Meerrettich" (slaw. Ursprungs etwa slow. koren „Wurzel", mhd. krên) galt als anspruchslose Tätigkeit, die keinerlei Fertigkeit voraussetzte. Ein Krenreißer bläht also etwas Geringwertiges auf. Kren *m.* auch für Schwindel, Lüge, Fantasieprodukt. *(Jakob 104, Teuschl*

139, Ziller 106, Jontes 108, WStWB 162)

Kreuzelschreiber *m.* Älteres Spottwort für Analphabeten, der anstelle seiner Unterschrift einst drei Kreuze unter Verträge und dgl. setzen musste. Durch Ludwig Anzengrubers Schauspiel „Die Kreuzelschreiber" bekannt geblieben. *(Pfeiffer 231)*

Kreuzkopf *m.*, **-köpfel** *m.* Harmlos-spöttische Bez. für begriffsstutzigen Menschen, mit dessen geistigen Fähigkeiten „es ein Kreuz ist". *(Jakob 104, Teuschl 139, Jontes 108, Schatz I, 357)*

Kreuzwackler *m. (St)* Scherzh.-spöttische Bez. für Mitglieder von Trachtenvereinen oder Volkstanzgruppen, die beim Tanz mit ihrem Hintergestell („Kreuz") übertriebene Bewegungen machen. *(Jontes 108)*

Krewecherl *n.* Schwächling; Mischform zu Krepierl (s. d.) zu stellen. *(Wintersberger 50)*

Krippelgespiel *n. („-gspiel")* Abfällige Bez. für schwächliche Menschen, Kinder, die auch herabgekommen wirken, auch Gerät oder Maschine, die nicht funktioniert. Trotz des Bedeutungsinhaltes nicht von Krüppel herzuleiten, sondern von den mechanischen Weihnachtskrippenspielen oder Marionettentheatern fahrender Schausteller der Vergangenheit. Wintersberger a. a. O. geht von „Gerippe" aus. *(Grimm XI, 2325, Wintersberger 34, Jakob 105, Teuschl 140, UK 414, Jontes 108)*

Krippelmannl *n. (W)* Spött. Bez. für Knirps, Schwächling, jemand, der bildlich so klein wie eine Figur in der Weihnachtskrippe ist; Nähe zu Krüppel hier augenscheinlich. *(Grimm XI, 2325, Jakob 105)*

Krippenreiter *m. (W)* Abfäll. Bez. für schlechtes Pferd, aber auch mageren, dürren Mann, Schwächling; von der Futterkrippe. Wie Schragen (s. d.). *(Grimm XI, 2327, Jakob 105)*

Kriecher *m. („Kriacher")* Bez. für Schmeichler, unterwürfigen Menschen, wie hochsprachl. *(Grimm XI, 2210, Pfeiffer 231, Jakob 104, Jutz II, 159)*

Kritikaster *m.* Bez. und Rügewort für kleinlichen Kritikaster, Semperer (s. d.). Nach dem Muster von Kataster gebildet. *(Grimm XI, 2336, Küpper 136, Pfeiffer 232, Kapeller 87f., Jontes 108)*

Krittler *m. (V)* Bez. für Nörgler, Kritisierer; ma. kritteln „kleinlich urteilen". *(Grimm XI, 2339, Pfeiffer 232, Jutz II, 166)*

Kritsch *m. (W)* Abfäll. Bez. für kleines, oft schreiendes Kind; zu kreischen? *(Jakob 105)*

Krienke *m. (St)* Spöttische Bez. für faulen, alten Mann; zu krank? *(UK 415, Jontes 108)*

Krimpes *m. (K)* Bez. und Rügewort für mürrischen Menschen; ma. krimpfen „einschrumpfen" *(Grimm XI, 2312f.)* oder zu Krampus (s. d.)? *(Lexer, KWB 167)*

Krimineser *m. (W)* Kriminalbeamter. *(Küpper 136, Teuschl 139)*

Krispel, Krisperl *n.* Bez. für mageres, schwächliches Wesen, schlecht genährtes Kind, zaundürren Menschen *(N)*, auch Tier. Wohl Bedeutungswandel von mhd. krispel „Krauskopf“ (lat. crispinus). *(Grimm XI, 2332f., Pfeiffer 232, Aman 68, Jakob 73, Hager 31, UK 415, Jontes 108, WStWB 162, Ziller 107, Jungmair 105)*

Krispindel, Krispinderl *n.* Bed. wie zuvor, jedoch wohl Verkleinerungs- oder Koseform des Heiligennamens Crispinus, Krispin, der auch als Schutzpatron der Schneider gilt. *(Wintersberger 50, Jakob 105, Teuschl 140, UK 415, Jontes 108, WStWB 162, Ziller 107)*

Christkindl *n.* Bez. für einen naiv-unbeholfenen Menschen („a so a Christkindl“), Mensch, dessen auf das Jesuskind bezogene, unschuldige Naivität Schwierigkeiten im Alltag bringt. *(Pfeiffer 73, Teuschl 57, Jontes 108f.)*

Kriesepicker *pl. (V)* Spottname für die Bewohner von Andelsbuch; ma. Kriese „Kirsche“. *(Jutz II, 161)*

Kriesehaken *pl. (V)* Spottname für die Bewohner von Schnifis. *(Jutz II, 161)*

Kropfbengel *m. (St)* Älteres Schpfw. (Judenburger Ratsprot. 1611); wahrscheinlich schriftliche Wiedergabe von Pienk (s. d.), der einen Kropf hat, ähnlich Kropfjeute, Kropfjodel (s. d.). *(UK 415, Jontes 109)*

Kropfberger *m. (St)* Allg. Schpfw., besonders für ungeschickte Autofahrer; in Gestalt eines Familiennamens (wie Schwellberger usw.)

Kropftaube *f.*, **-tauber** *m.* Spött. Bez. für Menschen, der mit einem Kropf behaftet ist; eig. damit eine bestimmte Taubenrasse gemeint, die einen überdimensionalen Kropf aufweist. In Wien auch für den Steirer, dessen Spottklischee ja auch den Kropf, Blähhals beinhaltet. *(Teuschl 140)*

Kropfjeute *m., f. (St)* Bez. und Spottwort für jemanden, der einen großen Kropf hat. Ma. Jeute *f.* „Gefäß, Geschirr für Flüssigkeiten“. *(UK 416, Jontes 109)*

Kropfjodel *m. (St)* Wie zuvor; Jodel (s. d.) als Namenskurzform von Georg usw. Idiotikon Rottenmann, 1818: „Du Kropfjodel: eine Schimpfbenennung eines Kropfichten.“ *(UK 416, Jontes 109)*

Kropfle *m. (V)* Spottname für Menschen mit Kropf. *(Jutz II, 168f.)*

Kropfober *m. (St)* Unguter Chef, Vorgesetzter. *(WStWB 162)*

Kropfsimmerl *m. (St)* Wie Kropfjodel (s. d.); Simmerl Koseform von Simon. *(WStWB 162)*

Kröte *f. („Krot“, „Krout“)* Rügewort für unfolgsames Kind, auch abwertende Bez. für kleingewachsenen, hässlichen, auch hinterlistigen Menschen („kleine, schieche, zaundürre, falsche Krot“), auch anerkennend gebraucht („liebe Krot“). Idiotikon Rottenmann, 1818: „Du schwarzaugete Krott: zärtliche Benennung“. Auch Ortsspott für die Bewohner von Bürs *(V)*. *(Grimm XI, 2418, Pfeiffer 233, Kapeller 88, Jakob 105, Teuschl 140, Jontes 109, WStWB 162, Jutz II, 170)*

Krotenlocher *pl. (V)* Spottname für die Bewohner von Fußach am Bodensee. *(Jutz II, 172)*

Krötennabel *m. (St, „Kroutennoppl“)* Gutmütiges Schpfw. *(WStWB 162)*

Krögeler *m. (V)* Abfäll. Bez. für nörgelnden, überempfindlichen, weibischen Mann; mhd. grogezen „heulen". *(Jutz II, 167)*

Krone *f. (W, „Kron")* Abfäll. Bez. für liederliche Frau, Hure; gaunersprachl. Krone „Frau". *(Jakob 105)*

Kroser *m. (V)* Spottname für alten, liebestollen Mann; ma. krosen „schwer atmen". *(Jutz II, 169)*

Kröser *m. (V)* Bez. für Schwächling, schlecht entwickeltes Kind, auch langsamen Arbeiter; ma. krösen „langsam arbeiten, trödeln". *(Jutz II, 169)*

Krowót *m.* Bez. für Kroaten, wertneutral, aber auch im herabsetzenden Sinne gebraucht. Älteres Krabat, Krawat, Krowat aus kroat./slow. hrvat „Kroate". Vgl. auch Zwiefelkrowot (s. d.). Heute vielfach durch das allgemeinere Tschusch (s. d.) ersetzt. *(Pfeiffer 230f., Jakob 103, Teuschl 140, Jontes 109)*

Krowótenpappe *f. (N, „-pappen")* Spöttisch für Menschen mit stark entwickelten Backenknochen, die als typisch slawisch erachtet werden. *(WBÖ II, 283)*

Krüppel *m.* Verächtliches Schpfw. für schlechten Menschen; Vergleich zielt auf die verkrüppelten Bettler der Vergangenheit, verstärkt auch Hundskrüppel (s. d.). Auch Bez. für mageren, schwachen Menschen *(W, S)*, wobei hier auch Gerippe oder Krippelgespiel (s. d.) hereinspielt. *(Pfeiffer 234, Jakob 73, Jontes 109, Pohl 89, Ziller 107, Jutz II, 174)*

Kruck *f. (S)* Schpfw. für böses Weib; wohl Vergleich mit der Ofenkrücke, mit der an der Feuerstätte der alten Rauchkuchel hantiert wurde. *(Ziller 107)*

Krucker *m. (V)* Schpfw. für Angsthase, langsamer Arbeiter, auch Geizhals; ma. krucken „eine Arbeit stehen lassen; sich jämmerlich betragen". *(Jutz II, 172f.)*

Krümpeler *m. (V)* Bez. für gebrechlichen, hinkenden, auch kleinen Mann; ma. krümpelen „hinken" zu krumm. *(Grimm XI, 2467, Jutz II, 174)*

Krümpling *m. (T)* Bez. für krummen, verwachsenen Menschen; auch krummer Baum, zu krumm. *(Schatz I, 359)*

Krummtatzel *m. (St)* Abfällige Bez. für Menschen mit verkrüppelten, krummen Händen. Ma. Tatze, -el, für Hand, Pfote. Selbe Bildungsweise wie in Linkstatzler „Linkshänder" (s. d.). *(UK 417, Jontes 109)*

Krummfußer *m. (V)* Bez. für jemanden, der O-Beine hat. *(Grimm XI, 2462, Jutz II, 174)*

Kruspel *f.* Bez. für schmächtige Person *(T)*, auch sprödes, abweisendes Mädchen *(St)*; eig. Knorpel, harte Schale einer Frucht, Sehnen und Knorpeln im Fleisch. *(Wintersberger 50, Grimm XI, 2478f., UK 417, Jontes 109, Schatz I, 260)*

Kruspi *pl. (T)* Ortsspottname für die Einwohner von Schwaz. *(Schatz I, 260)*

Kruz *m. (St, B)* Bez. für Raufbold, furchterregenden, auch gierigen und gefräßigen Menschen (Wechselgebiet). Wort aus der Zeit der ungarischen Kuruzzeneinfälle im 17. und 18. Jh. in Ostösterreich, das auch im Fluch Kruzitürken!, der die beiden Hauptfeinde des Landvolkes, Kuruzzen und Türken, enthält, bewahrt ist. Ung. kurucz „Aufständischer". Die Kuruzzen traten unter aristokratischen Anführern gegen die habsburgische Herrschaft in Ungarn auf, fielen aber auch in die benachbarten Kronländer ein. *(UK 417, Jontes 109, Schuster 95)*

Kübel *m.* Spöttische Bez. für dicken, unförmigen Menschen; urspr. Bez. für Brunneimer oder Erzkübel im Bergbau, übertragen auch auf Rausch. *(Teuschl 141, Jontes 110)*

Kupferdachl *n. (W)* Scherzhaft für rothaarigen Menschen. *(Teuschl 142)*

Kuchelbär *m.* Älteres Spottwort für ungeschickte Küchenmägde; nach dem als unbeholfen angesehenen Bären. Vgl. Tatzbär (s. d.). *(WBÖ II, 1028, Jakob 106, Teuschl 141, UK 417, Jontes 110)*

Kucheltrabant *m. (W)* Bez. für resolute Köchin, derbes Küchenmädchen. Siehe Trabant. *(Jakob 106)*

Kucheldragoner *m.* Spött. Bez. für Köchin, Küchenmagd; die Dragoner waren die schweren Reiter der Kavallerie und galten als besonders gewalttätig. Vgl. auch Trabant (s. d.). *(Grimm XI, 2501, Küpper 137, Pfeiffer 234, Jakob 106, Teuschl 141, Jontes 110, Kapeller 89)*

Kucheltrampel *m. (St)* Ungeschickte Küchenmagd; vgl. Trampel (s. d.). *(Küpper 137, Pfeiffer 234, WStWB 163)*

Kuchelschmutz *m.* Scherzh. Bez. für jemanden, der in der Küche im Wege herumsteht und wartet, dass für ihn etwas abfällt. *(Grimm XI, 2509, UK 418, Ziller 108, Jontes 110, Jutz II, 178)*

Kuchelzecker *m. (St)* Älteres Schpfw., vielleicht in der Bedeutung wie zuvor, zumal Zecker, Zöger *m.* „geflochtene Handtasche" (s. d.) noch heute als Rügewort für lästigen Menschen verwendet wird. *(UK 418, Jontes 110)*

Küchenfee *f.* Spött. Bez. für Köchin, Küchenmädchen; vgl. auch Fee (s. d.). *(Kapeller 89)*

Küchenschmecker *m. (V)* Schpfw. für Mann, der sich in der Küche herumtreibt, sich in Küchenarbeiten einmischt; wie Kuchelschmutz, Häferlgucker (s. d.). *(Grimm XI, 2509, Jutz II, 178)*

Kuttenbrunzer *m.* Derb-abfällige Bez. und Schpfw. für Mönch, Geistlichen, auch für Laien verwendet. Beim Pissen muss die bodenlange, kittelartige Kutte gerafft werden und kann trotzdem leicht beschmutzt werden. Auch Knaben trugen einst als Kleinkinder wegen der leichteren Säuberungsmöglichkeit Kittel, die oft etwas abbekamen. *(WBÖ II, 1192, Pfeiffer 236, Aman 91, Wintersberger 50, Teuschl 142, Ziller 108, Jontes 110)*

Kuttengeier *m. (W)* Spottwort für katholischen Geistlichen; nach dem Vogel und dem geistlichen Habit. *(Pfeiffer 236, Petrikovits 53)*

Kuttenkläpfer *n. (V)* Spött. Bez. für Mönch; ma. kläpfen „Lärm machen". *(Jutz II, 196)*

Kugel *n.* Scherzhaft für sehr dicken, kugelrunden Menschen; vgl. aber auch Rauschkugel (s. d.).

Kuh *f. („Kuah")* Allg. verächtliches Schpfw. für Frauensperson, häufig verbunden mit näher definierendem Eigenschaftswort („blöde, schieche, alte Kuh"); wegen der Plumpheit, Langsamkeit und geistigen Unbeweglichkeit des Tieres. *(Grimm XI, 2549, Pfeiffer 234, Aman 90, Kapeller 89, Teuschl 140, Jontes 110, Schatz I, 360, Jutz II, 182)*

Kuhbaba *f. (V)* Schpfw. für besonders dumme Frau; das Lallwort als zusätzlicher Ausdruck für Blödheit. *(Jutz II, 182)*

Kuhpanzen *m. (T)* Allg. Schpfw., vgl. Panzen (s. d.). *(WBÖ II, 259)*

Kuhpracker *m. (St)* Handwerkerspottname für Fleischhauer, einst für ärmere Fleischer, da diese meist nicht Ochsen, sondern die minderwertigen Kühe schlachteten. Ma. pracken „schlagen, schießen". *(WBÖ III, 709, UK 419, Jontes 110)*

Kuhpritsche *f.* Verächtliche Bez. für weibischen Mann, Weichling; eigentlich Vagina der Kuh. Vgl. Pritsche (s. d.). *(WBÖ III, 993, UK 419, Aman 90, Jontes 110)*

Kuhpriester *m. (T)* Spottnamen für halbfertigen Studenten, ursprünglich vielleicht für Theologen, der höchstens dem Rindvieh predigen darf. *(WBÖ III, 952, Grimm XI, 2581, Schatz I, 360)*

Kuhfüdle *n. (V)* Schpfw. für Dummkopf; ma. Füdle „Arsch, urspr. weibl. Scham". *(Jutz I, 1014ff., nicht als eigenes Schpfw.!, (Jutz II, 183)*

Kuhhörnerpritsch *m. (St)* Schpfw. unbestimmter Bedeutung. *(WStWB 163)*

Kuhrüpel *m. (St; „-riapl")* Flegel. *(WStWB 163)*

Kuckuck *m. (W)* Spöttisch für hässliches Mädchen. *(Teuschl 141)*

Kuhloch *n. (V)* Wie oben. *(Jutz II, 184)*

Kuhmaul *n. (V)* Altes Schpfw. für Schweizer. *(Grimm XI, 2573, Jutz II, 184)*

Kuhschinder *m. (St)* Bez. und Schpfw. für unzünftigen Fleischhauer (Gerichtsprot. Deutschlandsberg, 1654). Vergleich mit der als ehrlos angesehenen Tätigkeit des Schinders, Abdeckers. *(UK 420, Jontes 110)*

Kujón *m.* Bez. und Schpfw. für Schurke, Lump, jemand, der Untergebene misshandelt, ungerecht behandelt, kujoniert. Ital. coglione „Dummkopf", übertragen aus vulgärlat. coleone „Kastrat" (nach lat. coelus „Hodensack"), frz. coion „Feigling", couillon „Schuft". *(Pfeiffer 235, Kapeller 89, Kluge 411, Lexer, KWB 168, Jontes 110f., Schatz I, 361, Jutz II, 184)*

Couleurschmuser *m.* Studentensprachl. Bez. für Angehörigen einer Studentenverbindung („Couleur"), der vertraulich mit solchen einer anderen umgeht, sich bei ihnen Liebkind macht und somit gegen den Abgrenzungskodex verstößt; schmusen „liebkosen, küssen, vertraulich tun".

Kumpan *m.* Bez. für Spießgeselle, Gefährte in verdächtigen Angelegenheiten; lat. companio „Brotgenosse", altfrz. compain „ds.". *(Grimm XI, 2612, Kluge 412, Pfeiffer 236, Jutz II, 188)*

Kümmeltürke *m.* Studentensprachl. Bez. für verständnislos auswendiglernenden Schüler, Studenten; seit dem 18. Jh. bei uns aus Sachsen eingewandert, wo im Saalekreis besonders viel Kümmel angebaut wurde und eine Landschaft danach Kümmeltürkei benannt war. Heute auch scherzhafte Bez. für Türke, vor allem türkischer Gastarbeiter. Auch Schnapstrinker *(W)*. *(Grimm XI, 2592, Kluge 412, Pfeiffer 235, Jakob 106, Teuschl 141, UK 420, Jontes 111, Aman 89, Kapeller 89)*

Kummerer, Kummerl *m.* Spöttische Bez. für Kommunist. *(Teuschl 141, Jontes 111)*

Kümmerer *m.* Verkümmerter Mensch oder ebensolches Tier. *(Pfeiffer 235)*

Kümmerling *m. (St)* Wie zuvor. *(Pfeiffer 235f., WStWB 163)*

Kümmler *m. (W, „Kimmler")* Scherzhaft für Dummkopf, dummes Kind; zu kümmern. *(Teuschl 130)*

Kuna *f. (K)* Schpfw. für plumpe, dumme Frau. Slow. kuna „Marder"? *(Pohl 93)*

Kunde *m., f.* Bez. für verdächtigen Menschen, Gauner, Landstreicher, jemand, dem man Böses zutraut, auch Geliebter. Ahd. kundo, mhd. kunde „der Bekannte". Heute pejorativ, da die wandernden Handwerksgesellen als Fahrende und damit Verdächtige sich mit einem besonderen Pass, der „Kundschaft", ausweisen mussten. Auch Kundinger *m.* (zur Untersch. des Gewerbekundens). *(Grimm XI, 2612f., Küpper 139, Pfeiffer 236, Aman 91, Kapeller 90, Jungmair 164, Ziller 33, 76, 108, Jontes 111, Schatz I, 362, Jutz II, 188f.)*

Kunter *n. (T)*, **Kunterle** *n. (K)* Abfällig für üblen Menschen, schlechte Gesellschaft, auch leichtfertiges Mädchen *(K)*; mhd. kunter „Monstrum, Ungetüm, wilder Mensch". *(Grimm XI, 2741f., Schatz I, 362, Lexer, KWB 169, Pohl 93)*

Kundin *f. (T)* Weibliches Gegenstück zu Kunde (s. d.), jedoch auch für tüchtiges Mädchen, hart schaffende Frau. *(Schatz I, 362)*

Kundinger *m.*, siehe Kunde.

Kunifel *m.*, siehe Karnifel.

Küniglhase *m. („Kiniglhas")* Bez. für verschreckten Menschen, auch kosend für Kinder, junge Leute; auch Redensart „Augen haben wie ein Küniglhase"; lat. cuniculus „Kaninchen". *(Grimm XI, 2653, Pfeiffer 211, Kluge 346, Schatz I, 362)*

Kürbis *m.* Bez. für dummen Menschen, vom scherzhaften Synonym für Kopf. Lat. cucurbita „Flaschenkürbis". Erweitert auch Flaschenkürbis *m.* *(Grimm XI, 2797, Teuschl 142, Jontes 111)*

Kürbisbürger *m. (St)* Ortsspottname der Hirschegger für die Predinger (Weststmk.). *(Jontes 111)*

Kürbisreiter *m. (St)* Spottwort für Dummkopf. *(UK 421)*

Kurrer *m. (T)* Rügewort und Bez. für mürrischen, übelgelaunten Menschen; mhd. kurren „knurren, murren" (lautm.). *(Schatz I, 363)*

Kurvenkasperl *m. (W)* Spöttisch für Verkehrspolizist. Vgl. Kasperl (s. d.).

Kuschel *f. (St)* Bez. für Plaudertasche, schwatzhafte Frau. Ma. kuscheln „zischeln, schwätzen, leise reden, tuscheln“ (vgl. auch Schweigeaufforderung kusch! aus frz. coucher „sich niederlegen, schlafen“). *(UK 421, Jontes 111)*

Kuscher *m.* Jemand, der unterwürfig schweigt, kuscht. *(Pfeiffer 236)*

Kuschker *m. (K)* Rügewort für schlimmes Kind; eig. Smaragdeidechse. *(Pohl 94)*

Küsser *m. (W)* Schpfw. für Kriecher, Speichellecker. *(Teuschl 142)*

Kusterer *m. (T)* Bez. und Schpfw. für jemanden, dem man nichts recht machen kann; ma. kusterig „befehlend, nörgelnd“ aus lat. custos „Wächter“. *(Schatz I, 364)*

• • • • • • • •

L

• • • • • • • •

Lapp *m.* Bez. für einfältigen, tölpelhaften, dann aber auch gutmütigen, sogar unreflektiert gütigen Menschen („guter Lapp“). Mit Laffe verwandt, das von laffen „lecken, schlürfen“ kommt und kindliches Essverhalten auf den Narren überträgt. Verkleinerungsform Lapperl *n.* (s. d.). Idiotikon Fohnsdorf, 1813: „Lapp: ein guter, geduldiger, einfältiger Mensch.“ *(Schmeller I, 1496, Grimm XII, 192f., Pfeiffer 241, Aman 93, Puchner 251, Wintersberger 51, Jakob 109, Teuschl 145, UK 421, Jontes 112, WStWB 163, Pohl 106, Ziller 110, Schatz I, 373, Jutz II, 222)*

Labarátsche *f.*, **Labrátsche** *f. (St, T)* Bez. für weibliche Plaudertasche; Lab- zu labern „daherschwatzen“. *(UK 421, Jontes 112, Schatz I, 366)*

Labauf *m. (O, S)* Bez. und Rügewort für faden, unentschlossenen Menschen; Schwächling. Zu „Laberl“ (s. d.). *(Jungmair 165, Ziller 109)*

Lappenpatzer *m. (St)* Schpfw. unbestimmter Bed. Vgl. Patzer (s. d.); viell. Zusammenhang mit Lackenpatscher (s. d.). *(WBÖ II, 525, UK 422, Jontes 112)*

Laberl *n.*, siehe Laiberl.

Lapperl *m.* Bez. für einfältigen Menschen, Verkleinerungsform von Lapp (s. d.). Idiotikon Fohnsdorf, 1813: „Lapperl: ein einfältiges Kind“; Judenburg, 1812: „Lapperl: ein guter Narr.“ *(UK 422, Jontes 112)*

Laberling *m. (S)* Wie Laiberl (s. d.). *(Ziller 109)*

Labian *m. (O)* Bez. und Schpfw. für unentschlossenen Menschen; ma. lab „lau, fad“, gebildet nach dem Muster eines Heiligennamens (vgl. Blödian, Fadian usw., s. d.). *(Jungmair 165)*

Lappin *f. (T)* Bez. für dummes, ungeschicktes Weib. Siehe Lapp. *(Schatz I, 373)*

Labling *m. (O)* Bez. für faulen Menschen; ma. lab „lau, fad“. *(Jungmair 165)*

Lappóre *m. (V)* Bez. für Tölpel, einfältigen Menschen; von Lapp (s. d.) ausgehende Bildung ähnlich Balare, Galöre (s. d.). *(Jutz II, 223)*

Lappschwanz *m. (St)* Bez. und Schpfw. für Weichling, Feigling. Entspricht heute dem gemeindt. Schlappschwanz, das eigentlich männliche Impotenz beschreibt. *(UK 422, Jontes 112)*

Labúschi *m. (T)* Bez. für ungeschickten, tölpelhaften Menschen; Herkunft dunkel. *(Schatz I, 366)*

Latte *f. („Latten")* Scherzhafte Bez. für lang gewachsenen, dabei schmalen Menschen („lange Latte"). Vgl. auch Zaunlatte (s. d.). *(Grimm XII, 280, Pfeiffer 240, Jontes 112, WStWB 163, Jutz II, 230)*

Lattel *m. (T)* Bez. für Schwächling, einfachen Menschen. *(Schatz I, 376)*

Ladelschupfer *m.* Abfällige Bez. für Handelsangestellten, Verkäufer, Commis; jemand, der die Laden in den Warenschränken des Geschäftes aufzieht und zustößt („schupft"). Vgl. auch Budelschupfer (s. d.). *(Küpper 141, Jontes 112)*

Ladenbunker *m. (T)* Spött. Bez. für Kaufmannslehrling; siehe Bunker. *(Schatz I, 119)*

Ladenschwengel *m.* Wie Ladenschupfer; Schwengel eigentlich der Glockenschwengel (vgl. Klachel, s. d., und in diesem Sinne). *(Grimm XII, 50, Küpper 141, Pfeiffer 238, Kapeller 91, Jontes 112)*

Lattenseppl *m.*, auch **Lattenpepi** *m.* Älterer Spottname für Soldaten und Gendarmen, wobei Latte das Gewehr ist. Mit Lattenpepi wird heute spöttisch-abfällig ein Vermessungsgehilfe bezeichnet, der mit der Visierlatte umgeht. *(UK 423, Jontes 112, Schatz I, 375)*

Láttere *m. (V)* Bez. und Schpfw. für Lümmel, Dummkopf; ma. latteren „dumm daherreden, nachlässig gehen". *(Jutz II, 230)*

Latterer *m. (T)* Bez. und Schpfw. für lässigen, faulen Menschen; wie zuvor. Vgl. auch Latter (s. d.). *(Schatz I, 376)*

Laderer, Lader *m. (T)* Bez. und Schpfw. für schlampigen, gleichgültigen Menschen, ebenso unfolgsames Kind; wie zuvor. *(Schatz I, 367)*

Ladernymphe *f. (W)* Spött. Bez. für Wäscherin; ma. Lader „Seifenwasser, Lauge" (engl. lather „Seifenschaum"). *(Jakob 107)*

Lattinger *m. (T)* Spöttisch für Gendarm; gaunersprachl.; wie Plattinger (s. d.) mit Latte „Gewehr" gebildet; vgl. auch Lattenseppl (s. d.). *(Schatz I, 375)*

Lattler *m. (T)* Bez. und Schpfw. für Müßiggänger, Faulpelz; vgl. Latterer (s. d.). *(Schatz I, 376)*

Latsch *m.* Bez. für weichlichen, langweiligen Menschen ohne Energie; eigentlich einer, der langweilig daherlatscht. Adjektiv latschet, letschet „weichlich sein". Auch als Letsch *m.* bekannt. Zu Latsche „breiter, plumper Fuß" (übertragen auch auf Schuhe). Mhd. lotze, luz, lubetsch „Lapp, Simpel", oder ma. Lesche „Unterlippe, Lefze", plumper Mensch ohne Stärke und Mut *(UK 437)* damit verwandt. Vgl. auch Tatterlatsch (s. d.). *(Grimm XII, 277, Pfeiffer 242, Aman 94, Kapeller 93, Wintersberger 52, Jakob 145, Teuschl 145, UK 423, Jontes 112f., Lexer, KWB 173, Pohl 107, Jungmair 173, Jutz II, 228f., Schatz I, 376)*

Latschenbacher *m. (W, N)* Bez. und Spottwort für gutmütigen, trägen Menschen, ursprünglich soldatensprachl. auch für Infanteristen; nach Art eines Herkunftsnamens aus Latsch (s. d.) gebildet. *(WBÖ II, 40)*

Läferer *m. (V)* Bez. für Hohlkopf, gedankenlosen Schwätzer, auch willenlosen Menschen; ma. läferen „plappern, einfältig und gedankenlos reden". *(Grimm XII, 55, Jutz II, 205)*

Laggöre *m. (V)* Bez. für ungeschlachten, einfältigen Mann; wie Galöre (s. d.), viell. daraus unter Einfluss von Lackel (s. d.) gebildet. *(Jutz II, 208)*

Laib *m. (T, „Loab")* Bez. und Schpfw. für langsamen und ungeschickten Menschen; eig. Brotlaib. *(Schatz I, 368)*

Laiberl *n. (St, O, „Loaberl", „Laberl")* Bez. für einfältigen, willenlosen Menschen; eig. kleiner Brotlaib. *(Jontes 112, Jungmair 175)*

Laiberlführer *m. (W, „Laberl-")* Spottbez. für ehemaligen Trainsoldaten, der als ein Brotführer angesehen wird. *(Schuster 169)*

Laiblefresser *pl. (V)* Spottname für die Bewohner von Mellau. *(Jutz II, 209)*

Lainzer Girl *f. (W)* Spöttisch für Insassin des Lainzer Altersheimes in Wien. *(Teuschl 143)*

Lackel *m.* Bez. und Schpfw. für einen plumpen, groben, unmanierlichen oder auch gewalttätigen Mann; ursprünglich Bez. für sehr großes Lebewesen, Tier oder Mensch. „Lack" ist eine Nebenform zu „lau" und bedeutet auch „träge, müde". Eine Deutung geht auch über den Namen Melackel, Lackel für große Fleischhauerhunde, die nach dem frz. General Mélac benannt wurden, der 1689 die Pfalz verwüstet hatte. Idiotikon Fohnsdorf, 1813: „Lackl: ein großer Hund." *(Grimm XII, 34, Pfeiffer 237, Aman 92, Kapeller 91, Wintersberger 51, Jakob 107, Teuschl 143, UK 422, Jontes 113, WStWB 162, Pohl 106, Ziller 109, Schatz I, 367, Jutz II, 201, 395)*

Lackenpatscher *m.*, **-pascher** *m.* Ältere, scherzhafte, soldatensprachliche Bez. für Infanterist, weil dieser im Gegensatz zum reitenden Kavalleristen oder fahrenden Artilleristen zu Fuß gehen, durch die Wasserlachen dahinpatschen musste. *(WBÖ II, 398, 494, UK 422, Jakob 107, Jontes 113, Ziller 109)*

Lackenklescher *m. (St)* Wie zuvor, aber auch älteres allg. Schimpfwort für Dummkopf (so Deutschlandsberger Herrschaftsprot. 1737, fol. 1192). Dem Sinne nach jemand, den es in die Wasserlachen hineinklescht, d. h., dass er stumpf vor sich hintrottend in die Wasserpfützen hineinplantscht. *(UK 422, Jontes 113)*

Lackflaschel *n.* Spöttisch-abfällige Bez. für Knirps, zu klein geratenen Menschen, Schwächling. Vgl. auch Flasche (s. d.). Rotwelsch Lack *m.* „Schnaps", von jidd. log „Seidel" (vgl. auch seinen Lack haben „betrunken sein, eine Strafe ausgefasst haben"), also klein wie eine Schnapsflasche. *(Puchner 251, UK 422, Jontes 113)*

Lackierter *m. (W)* Spöttisch für jemand Betrogenen; auch Gelackmeierter, einer, der seinen Lack weg hat. *(Teuschl 143)*

Lall, Lalle *f. (V, T)* Bez. und Schpfw. für kindisches, schlampiges Weib *(T)*, auch liederliche, ungeschickte, faule jugendliche Person *(V)*; zu lallen, Lalli (s. d.). *(Wintersberger 51, Schatz I, 370, Jutz II, 209f.)*

Laller *m. (T)* Wie Lalli (s. d.). *(Schatz I, 370)*

Lalli *m.*, **Lolli** *m.* Bez. und Rügewort für faulen, verschlafenen, unbeholfenen, kindischen, jüngeren Menschen. „Langer L." für großgewachsenen unbeholfenen Menschen. Zu lallen. Idiotikon Fohnsdorf, 1813: „Lali: ein Tölpel". Siehe auch Lolle. *(Grimm XII, 1143f., Pfeiffer 239, Aman 93, Kapeller 92, Jakob 108, Schuster 96, UK 424, Jontes 113, WStWB 163, Ziller 109, Jungmair 166, Schatz I, 370)*

Lallsäckel *m. (T)* Bez. für Dummkopf. *(Schatz I, 370)*

Lahmarsch *m.* Feiger, unentschlossener und dazu noch träger Mensch. *(Pfeiffer 238)*

Lampe *f.*, *m. (V)* Schpfw. und Bez. für schlampig angezogene Frau, nichtsnutzigen Burschen; ma. lampen „schwerfällig gehen, schlaff herunterhängen". *(Jutz II, 212)*

Lampelschweif *m. (T, „-schwoaf", „-schwaf")* Bez. und Schpfw. für unbeständigen Menschen, jemanden, der ohne Entschlusskraft ist; wie der hin und her wedelnde Schwanz eines Lammes; vgl. auch die allg. Redensart „zittern wie ein L.". *(Grimm XII, 85, Teuschl 144, Schatz I, 385)*

Lamperl *n. (W)* Spöttisch für harmlosen, friedfertigen Menschen. *(Pfeiffer 239, Wintersberger 51, Teuschl 144)*

Lahmbruder *m. (W)* Bez. für Faulpelz, arbeitsscheuen Menschen. *(Jakob 107)*

Lampeldieb *m. (W)* Bez. für Balkanesen, besonders Montenegriner. In der österr.-ung. Propaganda des I. Weltkrieges wurde König Nikita von Montenegro häufig als Lämmerdieb, Hammeldieb bezeichnet. *(Jakob 108)*

Lamech *m. (T)* Bez. für trägen, energielosen Menschen; wohl der hebr. Name Lamech, Vater des Noah. *(Schatz I, 370)*

Lamentierplutzer *m. (N, W)* Bez. und Schpfw. für Jammerer; vgl. auch Plutzer (s. d.). *(WBÖ III, 508)*

Lämmerschenkel *m. (St)* Älteres Schpfw. 1602 beschwert sich der Grazer Bürger Veit Peissenpacher über den Weizer Hans Noa, weil dieser „ime ainen Lemperschenckhl gehaisen und gar in die lezt in gar ainen Lember oder Frischling Dieb ..." *(Jontes 113)*

Landbader *m.* Spöttisch für Arzt in der Provinz; siehe Bader.

Landplage *f. („-plag")* Bez. und Schpfw. für lästigen Menschen; Landplagen waren etwa 1480 in der Steiermark Türken, Pest und Heuschrecken. *(WBÖ III, 253, Grimm XII, 126)*

Landpomeranze *f. („-pomerantschen")* Scherzhaft-spöttische Bez. für Frauen oder Mädchen vom Lande, denen das gewandte Auftreten der Städterin fehlt. Hausbackenheit und Verlegenheit schwingen in der Bed. mit. Der konstruierte Gegensatz von Pomeranze (mlat. pomarancia), Orange als kostbarer älterer Glashausfrucht des Adels oder reichen Bürgertums und ländlichem Milieu wurde als komisch empfunden. Auch spielen sicherlich die roten Backen des Naturkindes mit. *(WBÖ III, 595, Pfeiffer 239, Aman 93, Wintersberger 65, Jakob 108, Teuschl 144f., UK 424, Jontes 113f.)*

Landere *m. (V)* Bez. für Vagabund; ma. landeren „herumstrolchen". *(Jutz II, 214)*

Landfahrer *m. (V)* Bez., auch abfällig für Reisenden, Wanderhändler, Landstreicher sowie Zigeuner. *(Grimm XII, 114, Jutz II, 214)*

Landverwalter *m. (St)* Anmaßender Mensch. *(WStWB 163)*

Landhecht *m.* Scherzhaft-spöttische Bez. für Mann vom Lande, der in seinem Auftreten und Benehmen den Gegensatz zum Städter bildet (vgl. auch Landpomerantsche, s. d.). Dieser Gegensatz ist auch schon in der Fabel von der Stadtmaus und der Landmaus herausgebildet. Heute wird im Rahmen des kulturellen Ausgleiches zwischen Stadt und Land dieser Gegensatz nicht mehr so stark empfunden. Der Bauer schimpfte den Städter mit Stadtfrack (s. d.). Bei Hecht Bedeutungswandel feststellbar, da sonst damit ein raufiustiger Kerl bezeichnet wird. *(Aman 80, Jontes 114, UK 425)*

Landklachel *m.*, siehe Klachel.

Landlügner *m. (St)* Älteres Schpfw. in der Bedeutung Erzlügner. *(Grimm XII, 124, UK 425, Jontes 114)*

Landstreicher *m.* Wie hochsprachlich, heute durch Sandler (s. d.) nahezu verdrängt. *(Grimm XII, 144, Pfeiffer 240, Jutz II, 217f. und allg.)*

Landstreifer *m. (V)* Wie Landstreicher. *(Grimm XII, 144f., Jutz II, 218)*

Landsknechthure *f. (S)* Älteres Schpfw. für liederliches Frauenzimmer; nach den Dirnen im Gefolge der Landsknechtheere. *(Ziller, Schelmen 381)*

Landwalch *m. (T)* Spött. Bez. für Italiener, Wälschen; vgl. auch Krautwalch für Ladiner (s. d.); Etymologie dortselbst. *(Schatz II, 684)*

Langarsch *m. (O)* Spottname für kurzbeinigen, gebückt gehenden Menschen. *(WBÖ I, 362)*

Langohrle *m. (V)* Mann mit großen Ohren; eig. der Esel damit gemeint. *(Pfeiffer 240, Jutz II, 220)*

Langsampater *m. (N)* Bez. für langweiligen Menschen; Vergleich mit einem phlegmatischen Mönch. *(WBÖ II, 463)*

Langsamer *m.* Als abfällige Bez. auch für einen geistig Beschränkten, in seinen seelischen Äußerungen Langsamen.

Langweiler *m.* Wie hochsprachlich. *(Grimm XII, 184, Pfeiffer 240, Aman 93, Jutz II, 221)*

Lank *m. (V)* Bez. für kokette Person; mhd. lenken „biegen, richten"; vgl. auch Aberlank (s. d.). *(Jutz II, 222)*

Lanschber *m., f. (St)* Schpfw. unbestimmter Bed. Vielleicht zu launisch. *(UK 426, Jontes 114)*

Lanzler *m. (St)* Faulenzer; einer, der einen „Lenz" hat. *(WStWB 163)*

Lärgge *m. (V)* Bez. und Rügewort für jemand Unordentlichen mit nachlässiger Haltung; vgl. schwäb. lerk „oberflächlich". *(Jutz II, 224)*

Larmel *m. (S)* Schpfw. für Jammerer, mürrisch-weinerlichen Menschen; wohl zu lamentieren. *(Ziller 110)*

Lasche *f.*, **Läsche** *m. (St, T, V)* Bez. und Schpfw. für herumziehende, flatterhafte Menschen, auch für Dirne *(T)*; auch Bez. für Hündin, Fuchsweibchen; ma. Lasche „Stofflappen, Lumpen" *(St)*, läschen „herumstrolchen" *(V)*. Siehe auch Gelasch *n. (Grimm XII, 210, Jontes 114, WStWB 163, Schatz I, 375, Jutz II, 225)*

Laschenzangger *m. (T)* Grobes Schpfw. unbest. Bedeutung. Zu Lasche (s. d.). *(Schatz I, 375)*

Laschge *m. (K)* Schpfw. für dumme Person, auch jemanden, der alles in Unordnung bringt. *(Lexer, KWB 172, Pohl 107)*

Last *m. (W)* Schpfw. für hässlichen Kerl, „schiacher Last". *(Teuschl 145)*

Lastel *m. (St)* Ungefüger Mann. *(WStWB 163)*

Laster *n.* Vor allem gegen Frauen gerichtetes Schpfw. im Sinne von lasterhaftes, böses Weib *(W, V)*, boshafte Frau *(O)*, weibliches Lästermaul *(K)*; wie hochsprachl. Laster *n. (Grimm XII, 254f., Küpper 142, Pfeiffer 241, Jakob 109, Jungmair 169, Lexer, KWB 173, Jutz II, 227)*

Lasterbalg *m. (V)* Schpfw. für lästiges, ungezogenes Kind; mhd. lasterbalc, vgl. auch Balg (s. d.). *(Grimm XII, 255, Jutz II, 227)*

Lästerling *m. (St)* Wie Lästermaul (s. d.). *(WStWB 163)*

Lästermaul *n.* Wie hochsprachl. *(Grimm XII, 259, WStWB 163, Jutz II, 227)*

Lästian *m. (S)* Bez. und Schpfw. für lästigen, Ärger erregenden Menschen; nach dem Muster Blödian usw. wie ein Heiligenname gebildet. *(Ziller 110)*

Lasser *m. (W)* Spöttisch für den passiven, „weiblichen" Teil eines homosexuellen Pärchens. *(Teuschl 145)*

Lauder *f. (T)* Bez. und Rügewort für Frau mit wirrem, zottigem Haar; vgl. Fußlauder „Fußlappen". *(Grimm IV, 1034, Schatz I, 377)*

Läutsch *f. (V)* Schpfw. für mannstolles Frauenzimmer; eig. läufige Hündin; unbekannter Herkunft. *(Jutz II, 243)*

Laufbursche *m. („-bursch")* In der Redewendung „Ich bin ja nicht dein Laufbursche" im Sinne von Untergebener, Diener, Mensch minderer Gattung. *(Grimm XII, 313, Küpper 143, Pfeiffer 242, Jutz II, 236)*

Lauferin *f. (W)* Bez. und Schpfw. für gern herumziehende, vagierende Frauensperson, besonders Dienstmädchen; eig. nach dem Laufer, dem einstigen herrschaftlichen, für Botengänge in der Stadt verwendeten Diener, der stets unterwegs war. *(Grimm XII, 329, Jakob 109)*

Launböckerl *n. (St)* Bez. und Rügewort für brummigen, launenhaften Menschen, wie Laundler (s. d.). *(Jontes 114)*

Laundel *m.*, **Laundler** *m.* Bez. für Faulenzer, gleichgültigen Müßiggänger; ma. launen, laundeln „mürrisch sein, Launen haben, herumlungern, faul herumstehen", zu lehnen, herumlehnen. Judenburg, 1812: „Laundler: langsam fauler Mensch." *(Grimm XII, 347f., Jakob 110, UK 430, Jontes 114, WStWB 163, Schatz I, 378)*

Launwaberl *n. (St)* Bez. für eine mürrische Frau; in Anlehnung an die Spukgestalt der Lahnwaberl mit launen (siehe oben) gebildet. *(UK 424, Jontes 114)*

Laus- In Zusammensetzungen als Steigerung des schimpflichen Charakters; Hinweis auf die einstige Ungezieferplage bei Mensch und Tier, bei der die Läuse dominierten.

Laus *f. (W)* Bez. und Schpfw. für lästigen, boshaften, insistenten Menschen. Wie das Ungeziefer. *(Grimm XII, 351ff., Pfeiffer 242, Jakob 110)*

Lausaffe *m. (V)* Schpfw. für ungezogenes Kind. *(Jutz II, 239)*

Lausbalg *m.* Wie oben; vgl. auch Balg (s. d.). *(Grimm XII, 357, WBÖ II, 122, Pfeiffer 243, Jutz II, 239)*

Lausbankert *m., n. (W)* Wie oben; siehe auch Bankert. *(WBÖ I, 231)*

Lauspauker *m. (K, N, W)* Bez. für armseligen Menschen, auch Schpfw. *(K)*; vgl. Pauggi. *(WBÖ II, 604, Lexer, KWB 19)*

Lauspeter *m. (N)* Bez. und Schpfw. für jemanden, der unter Kopfläusen zu leiden hat. *(WBÖ II, 1143)*

Lausbinkel *m. (W, B)* Schpfw. wie Lausbub, auch Bez. und Rügewort für verlausten Menschen. *(WBÖ III, 1406)*

Lausbub *m. („-bua")* Häufigstes Rüge- und Schpfw. für einen schlimmen, unfolgsamen, Streiche machenden Knaben. Kann von einem Jüngling bereits als grobe Beleidigung empfunden werden. Ursprünglich ein verlauster Knabe oder einer, der lästig wie eine Laus ist. *(Grimm XII, 353, WBÖ III, 1231f., Pfeiffer 242, Aman 92, Kapeller 93, Jakob 110, Jungmair 169, Jontes 114, Schatz I, 378, Jutz II, 239)*

Lauspudel *m. (S)* Schpfw. wie Lausbub; vgl. Pudel (s. d.). *(WBÖ III, 1302)*

Laustanz *m. (St, W)* Kollektives Schpfw. für eine Schar ungezogener junger Leute. *(Jakob 110, UK 430, Jontes 114, WStWB 163)*

Laustasche *f. (V)* Schpfw. für ungezogenes Mädchen. *(Jutz II, 241)*

Laustippel *m. (W)* Schpfw. wie Lausbub; vgl. Tippel (s. d.). *(Jakob 110)*

Lausdirndl *n.* Weibliches Gegenstück zu Lausbub (s. d.). Vgl. auch Lausmensch (s. d.). *(Aman 92, Jontes 114)*

Lauser *m.* Harmloseres Rügewort für einen unfolgsamen, ungebärdigen, spitzbübischen Knaben. Vgl. Lausbub (s. d.). *(Grimm XII, 359, Aman 93, Wintersberger 52, Jakob 110, Teuschl 145, Jungmair 169, Ziller 111, Jontes 115, Schatz I, 378, Pfeiffer 243, Jutz II, 240)*

Lausfratz *m. (V)* Schpfw. besonders für unartiges Mädchen; siehe Fratz. *(Jutz II, 240)*

Laushund *m. (V)* Schpfw. für gemeinen Menschen. *(Jutz II, 240)*

Lauskadett *m. (W)* Schpfw. wie Lausbub; Kadett (aus gaskognisch capdet „Hauptmann") war ein Zögling der Kadettenschulen, in denen einst bereits Knaben auf die Offizierslaufbahn vorbereitet wurden. Siehe auch Kadett. *(Jakob 110)*

Lauskampel *m.* Schpfw. für schmutzigen, ungepflegten Menschen; wörtl.

Lauskamm, eine besondere Art feinzähniger Kämme, mit denen man Läuse und Nissen auskämmt. Vgl. auch Kampel (s. d.). *(Aman 92, Jakob 110, UK 430, Jontes 115, WStWB 163)*

Lauskerl *m.* Wie Mistkerl für nichtswürdigen Menschen. *(Grimm XII, 361, Pfeiffer 243, Jutz II, 240)*

Lausknoden *m. (V)* Schpfw. für einen unflätigen Burschen; Mischung aus Lauskog (s. d.) und Hundsknoden. *(Jutz II, 240)*

Lauskog *m. (V)* Grobes Schpfw. für einen boshaften, bösartigen, heimtückischen Menschen; siehe Kog. *(Jutz II, 240)*

Lauskrämer *m. (St, „-kramer“)* Bez. für einen schmutzigen, ungepflegten Menschen, jemanden, bei dem man sich bei näherem Verkehr Läuse holen kann. *(UK 430, Jontes 115)*

Lauskröte *f. (St, „-krout“)* Wie Lausbub (s. d.). *(Pfeiffer 243, WStWB 163)*

Lausle *m. (V)* Schpfw. wie Lauser, Lausbub. *(Jutz II, 240)*

Lausmaidle *n. (V)* Halb anerkennend für keckes, junges Mädchen, auch spöttisch gemeint; wie Lausdirndl (s. d.) gebildet. *(Jutz II, 240)*

Lausmensch *n. (St)* Vgl. Lausdirndl, Mensch (s. d.). *(Pfeiffer 243, Jontes 115)*

Lausnigel, -nickel *m.* Schpfw. wie Lausbub; siehe Nigel. *(Grimm XII, 361, Pfeiffer 243, Jakob 110)*

Lausschmelge *f. (V)* Wie „Lausmaidle“; ma. Schmelge „Mädchen“ (mhd. smelenge „geringe Person“?). *(Jutz II, 240, 983)*

Lavoirpappe *f. („Lawurpappen“)* Bez. und Spottwort für Menschen mit breitem Mund; frz. lavoir „Waschbecken“. *(WBÖ II, 284)*

Latz *m.* Bez. und Rügewort für unernsten, sich kindisch gebenden Mann. *(Grimm XII, 284, Schatz I, 376)*

Lazimacher *m.* Bez. und Rügewort für Menschen, der Umstände macht, sich geziert gibt, auch Unsinn treibt; ma. Lazi *pl.* „Possen, Witze“ aus ital. lazzo „Grimasse, Narretei“. *(Schatz I, 376, Jakob 110)*

Leberwurst *f.* Rügend in der Redensart „die beleidigte Leberwurst spielen“. *(Grimm XII, 464, Aman 94)*

Ledel *m., n. (St, K)* Bez. und Schpfw. für einen sich kindisch gebärdenden Menschen, auch für verzärteltes Kind *(St)*, ebenso für großen und trägen Menschen *(K)*. Das Wort bezeichnet auch eine Puppe. *(Grimm XII, 489, UK 431, Jontes 115, Lexer, KWB 175)*

Lettenbauch *m. (V)* Spottname für die Bewohner von Altach wegen der dort häufigen Tonerdevorkommen; mhd. lette „Lehm, Ton“. *(Jutz II, 272)*

Lettfeige *f.* Bez. und Schpfw. für feigen, mutlosen Mann, Memme, Schwächling. In dieser Bed. schon von Abraham a Santa Clara in „Judas der Erzschelm“ gebraucht. Lett „Schmutz, Dreck“, wie in Letten „Lehm“. *(Grimm XII, 793, Pfeiffer 247, Jakob 112, Teuschl 147, UK 482, Jontes 115, WStWB 163, Lexer, KWB 92, Ziller 113, Jungmair 173)*

Letsch *m.*, siehe Latsch.

Letsche *f. (K, „Leatsche“)* Abfällig für schwerfälligen, ungeschickten Menschen. *(Pohl 107)*

Leffas *m. (T)* Bez. für albernen Menschen; Herkunft unbekannt. *(Schatz I, 381)*

Legel *m. (St)* Bez. für plumpen, aber gutmütigen Menschen. Nebenform zu Lagel „Fässchen, Fischbehälter“ (vgl. auch Butte, Fassel, Kübel, s. d.). *(UK 432, Jontes 115)*

Lehrhachsen *m. (W, „-haxen“)* Scherzhaft für Lehrling. *(Teuschl 146)*

Lehrmensch *n. (W)* Lehrmädchen, weiblicher Lehrling. *(Teuschl 146)*

Leibelbauer *m.*, siehe Hosenbauer.

Leichtes Mädchen *n.* Dirne, Prostituierte, Mädchen, das leicht zu haben ist. *(Pfeiffer 245)*

Leichenflederer, -fladerer *m.* Einer, der Betrunkene ausraubt. *(Pfeiffer 245)*

Leichenvogel *m. (St)* Spöttisch-abfällige Bez. für Anatomiediener, Prosekturgehilfe. Von Studenten gebraucht.

Leichenschani *m. (St)* Spöttisch für Bestattungsbediensteten, wie Pompfüneberer (s. d.); vgl. auch Schani (s. d).

Leithammel *m.* Scherzhaft-spöttisch für Anführer, dem alle anderen wie eine Tierherde folgen; vom Leittier der Schafherde. *(Grimm XII, 738, Küpper 146, Pfeiffer 246, Jutz II, 270)*

Leierer *m. (T)* Bez. und Rügewort für jemanden, der nichts arbeitet, Faulenzer; wohl vom Leierkastenmann. *(Grimm XII, 685, Schatz I, 384)*

Leierl *m. (T)* Bez. und Rügewort für schwerfälligen, ungeschickten Menschen. *(Schatz I, 387)*

Laiko *m. (T)* Schpfw. für Tölpel, Taugenichts; aus dem ital. laico „Laie, Nichtfachmann“. *(Schatz I, 383)*

Leilei *m. (St)* Spottname für Kärntner (auch Karntner Leilei) wegen des Kennwortes lei „nur“. *(Jontes 115)*

Leimlacketer *m. („Loam-“, „Lam-“)*, **-lackel** *m.* Bez. für langweiligen, unbeholfenen Menschen; jemand, der in einer Lehmpfütze steht. *(Jakob 108, Jontes 115, Pohl 106)*

Leimhengst *m. (W)* Scherzhaft-spöttische Bez. für Tischler; vgl. Hengst in anderen Schpfw. wie Bürohengst (s. d.). *(Petrikovits 55)*

Leimsieder *m. („Loam-“, „Lam-“)* Bez. und Rügewort für langweiligen, ungeschickten Menschen, langsamen Arbeiter, auch einen, der bei einer Unterhaltung nicht recht mitmacht. Wörtlich einer, der Leim siedet, wobei diese einst für Tischler charakteristische Arbeit als eintönig angesehen wird. *(Grimm XII, 701, Pfeiffer 246, Aman 95, Wintersberger 52, Jakob 108, Teuschl 144, Jungmair 176, Jontes 115, WStWB 163, Schatz I, 383, 397, Jutz II, 264)*

Leimzarrer *m. (W)* Träger Mensch, wie zuvor; ma. zarren „zerren“. *(Schuster 96)*

Leingack *m. (T)* Bez. und Schpfw. für langsamen, trägen Menschen, wie Liendel (s. d.) und Gack (s. d.). *(Schatz I, 386)*

Leinischer *m. (T)* Scherzbez. für den Weber, einer, der mit Leinen, Leinwand zu tun hat. *(Schatz I, 384)*

Leisetreter *m.* Bez. für Opportunisten, jemanden, der mit seiner Meinung hinter dem Berge hält, um nirgends Missfallen zu erregen; hochsprachl. *(Grimm XII, 719)*

Leitze *f. (O, „Loatzen")* Bez. und Spottwort für lange, dünne Person; ma. leizen „schaukeln". *(Jungmair 176)*

Lecker *m.* Bez. für jungen, unerfahrenen Burschen. Kurzform von Rotzlecker (s. d.). Auch Liebhaber von Süßigkeiten. *(Grimm XII, 482, Pfeiffer 244, Jakob 111, Jontes 115, Schatz I, 385, Jutz II, 247)*

Leckerpeter *m. (N)* Scherzhafte Bez. für Leckermaul, genäschigen Menschen. *(WBÖ II, 1143)*

Leckerhals *m. (St)* Bez. und Schpfw. für schlechten, bösen Menschen. Saurauisches Gerichtsprotokoll 1630: „... ain verdräter, arger, listiger, boßhafftiger Leckerhals". Bed. vgl. Leckersbube (s. d.). *(UK 431, Jontes 115f.)*

Leckersbube *m. (St)* Ältere Bez. für Gesindel. Seckauer Hirtenbrief, 1588: „haillose Leuth und Lekhersbueben". Mhd. lecker „Fresser, Schmarotzer, Schelm", also jemand, der nach Leckerem aus ist. Vgl. Leckerhals (s. d.). *(Grimm XII, 484f., UK 431, Jontes 116, WBÖ III, 1232)*

Leller *m.*, **Lellerling** *m. (T, St)* Bez. und Rügewort für gutmütigen, jedoch faulen Burschen *(T)*, auch ungeschickten, unbeholfenen Faulpelz *(St)*, hier auch Wiegenkind, Wickelkind als Lellerl *n.* bezeichnet; zu ma. lellen „lallen". *(Grimm XII, 741, UK 437, Jontes 116, Schatz I, 385)*

Lemach *m. (W)* Schpfw. für energie- und antriebslosen Menschen, eigentlich Lähmung. *(Teuschl 147)*

Lempen *m.* Schwächling; eigentlich weicher Gegenstand wie ein „Lempen Fleisch". *(Wintersberger 52)*

Lemperer *m. (S)* Bez. und Schpfw. für schwächliche Person; ma. lempen „sich schwach bewegen". *(Grimm XII, 742, Ziller 112)*

Lehmscheiber *m. (W, „Lam")* Bez. und Schpfw. für arbeitsscheues Subjekt; wie Weichscheiber (s. d.) eig. jemand, der beim Kegelscheiben den Laden verfehlt und die Kugel daher über den Lehmboden der Kegelbahn schiebt. Vgl. auch Weichscheiber (s. d.). *(Petrikovits 54)*

Lenarsch *m. (O, St)* Schpfw. für Weichling *(O)*, auch zaghaften Menschen *(St)*; zu mhd. len „weich". *(WBÖ I, 362)*

Lentegel *m. (O, „-tögel")* Bez. für unentschlossenen, zaghaften Menschen; vgl. Tegel (s. d.), das auch in zusammengesetzten Schpfw. wie Krätzentegel vorkommt. *(Jungmair 172)*

Lehndichan *m. (St, „Loandian")* Jemand, der sich träge anlehnt, herumlümmelt. Wie das Folgende. *(WStWB 165)*

Lehnmichan *m. („Loanmian", „Lahnmian")* Scherzhaft-rügende Bez. für einen einfältigen, trägen Menschen. Nach Art eines Satznamens gebildet: „Lehn mich an", weil er immer gleich die bequemste Lage einnimmt, sich anlehnt. Idiotikon Eisenerz, 1812: „Loanmian: ein träger Mensch". *(UK*

433, Jontes 116, Ziller 114, Schatz I, 397)

Lenzel *m.*, **Lenzer** *m.* Bez. für einen Müßiggänger, trägen Menschen. Zu lenzeln „müßig herumstehen oder -gehen, faulenzen", dazu wohl auch „er hat einen Lenz" = „es geht ihm gut", meist im Sinne von unverdienterma-ßen, aus älterem lenzen „hingestreckt ruhen, säumen, zaudern". Im 16. Jh. auch im Sinne von betrügen. Die Kurzform von Lorenz „Lenz, Lenzel" kann dazugehören. Idiotikon Hieflau, um 1812: „Lenzl: Lorenz, auch ein träger Mensch." *(Grimm XII, 756, UK 437, Aman 94, Jakob 112, Jontes 116, Schatz I, 386)*

Lercherl *n.* *(W)* Spöttisch für Prostituierte; verkleinertes „Lerche". *(Küpper 146, Pfeiffer 247, Teuschl 147)*

Leerschatzer *m.* *(St, „Lar-")* Schpfw. und Bez. für jemanden, der leeres Zeug daherredet; vgl. Schatzer (s. d.).

Leschak *m.* *(W)* Bez. und Schpfw. für Lümmel, Bengel; tschech. ležak „Waldbewohner". *(Jakob 112)*

Leseratte *f.* Gutmütiger Spott für eifrigen bis fanatischen Leser. *(Küpper 146, Pfeiffer 247)*

Leutel *m.* *(T, „Leitel")* Bez. und Spottwort für alten, schwachen Menschen; verkleinertes Leute. *(Schatz I, 389)*

Leuteschinder *m.* *(„Leut-")* Scherzhaft für Zahnarzt. *(WBÖ I, 384, Küpper 146, Pfeiffer 248)*

Leusch *m.* *(O)* Bez. für weibernärrischen Mann, Herkunft dunkel. *(Jungmair 173)*

Lewoterze *m.* *(T)* Bez. und Schpfw. für groben und dummen Menschen; eig. junger Zugochse; ma. Terze „Jungochse". *(Schatz I, 380)*

Lippel *m.*, **Lipperl** *m.* Harmloses Schpfw. für dummen, plumpen Menschen. Verkleinerungsform von Philipp. Vgl. auch Batzenlippel (s. d.). Idiotikon Göß, 1811: „Liperl: er ist dumm". *(Pfeiffer 251, Jakob 114, Teuschl 148, UK 438, Jontes 116, Ziller 114, Schatz I, 392)*

Lippenfürst *m.* *(W)* Spöttisch für Großmaul. *(Teuschl 148)*

Littellattel *m.* *(T)* Bez. und Spottwort für jemanden, der absolut unbedeutend ist; zum Folgenden. *(Schatz I, 376)*

Lietel *n.* *(K)* Bez. für Dummkopf. *(Lexer, KWB 180)*

Lieterer *m.* *(T)* Bez. für Menschen, der es zu nichts bringt, der für nichts zu gebrauchen ist. *(Schatz I, 391)*

Lienpel *m.* *(St, „Leanpel")* Langweiliger, langsamer und träger Mensch. *(WStWB 163)*

Lienel, Liendel, Lendel *m.* Bez. für Tölpel; Verkleinerungsform von Leonhard (vgl. auch Lenzel, s. d.). Idiotikon Fohnsdorf, 1813: „Leandl, Lendel: statt Tölpel, Liendl: ein sinnarmer Mensch." Idiotikon Hieflau, um 1812: „Lienerl: grober Mensch", Judenburg, 1812: „Liendl: ein ungeschickter, großer Mensch." Auch Nähe zu Laundler, Tanderlaun (s. d.) ist zu beachten. *(UK 437, Jakob 110, Ziller 111, Jungmair 170, Jontes 116)*

Liensch *m.* *(O, „Leansch")* Bez. und Schpfw. für langweiligen, schwerfälligen, groben und ungeschlachten Menschen. *(Jungmair 170)*

Linker *m.* Schpfw. für Betrüger, Gauner; ziemlich undifferenziert auf politisch links Stehende gemünzt. Letztes nach der ursprünglichen Sitzordnung der politischen Gruppierungen im französischen Parlament; adjektivisch gebraucht „linke Type“. Steigerungen zum politischen Begriff: Ultralinker, Linksextremer, Linksextremist. *(Pfeiffer 250, Teuschl 148)*

Linkmichel *m. (W)* Gaunersprachlich für Landstreicher, Vagabund. *(Petrikovits 56)*

Linksanwalt *m.* Spöttisch-scherzhaft für Rechtsanwalt. *(Küpper 147, Pfeiffer 251, Teuschl 148)*

Linkstatzler *m.* Scherzhaft-spöttische Bez. für Linkshänder oder auch ungeschickten Menschen allgemein. Im Stadtjargon entspricht es dem bäuerlich-ma. Tenkler, Tenkentippel (s. d.). Bildung ähnlich Krummtatzel (s. d.). *(Grimm XII, 1051, Jontes 116, WStWB 163)*

Linksfaschist *m.* Interessantes, neueres politisches Schpfw., das die Untaten der Linken mit denen der Faschisten aller Spielarten zur Deckung bringt. *(Pfeiffer 251)*

Linkshändler *m. (W, „-handler“)* Wie Linkstatzler (s. d.). *(Jakob 114)*

Liwank *m. (V)* Bez. und Schpfw. für unschlüssigen, wankelmütigen Menschen; wohl durch Umstellung aus dem Schpfw. Willwank (s. d.) gebildet; auch ma. liwanken „wankelmütig sein, schwanken“. *(Jutz II, 290)*

Loch *n.* Kurzform für Arschloch (s. d.), auch für Trinker, der wie ein Loch säuft. *(Pfeiffer 252)*

Lochbär *m. (St)* Grobes Schimpfwort für Frauensperson. Loch „Vagina“, Bär zu ma. bären „läufig sein von Tieren“. Auch Nähe zu Bärfut (s. d.) ist zu beachten. *(UK 440, Jontes 116f.)*

Locherl *n.* Bez. für einen dummen Menschen, auch Dummdreistigkeit und Bauernschläue schwingt mit. Kurzform von Arschloch (s. d.). Die schnippische Einwurfsfloskel „ja beim Papst Locherl“ bezieht sich auf Papst Leo XIII. *(Jakob 114, Teuschl 149, UK 440, Jontes 117, Ziller 114, Jungmair 176)*

Lochhiesel *m. (St)* Grobes Schpfw. für ledigen Mann; Hiesel (s. d., Kurzform von Matthias), der hinter einer Frau her ist. *(UK 440, Jontes 117)*

Löchlebohrer *pl. (V)* Spottname für die Bewohner von Weiler. *(Jutz II, 292)*

Lochlecker *m. (St)* Bez. und Schpfw. für einen aufdringlichen Schmeichler, jemand, der sich nicht scheut, sich für den eigenen Vorteil zu entwürdigen. Lecken im Sinne von Arsch lecken. *(UK 440, Jontes 117, WStWB 156, 163)*

Lochweit *m. (St)* Scherzhaft für jemanden, der stets vergisst, die Türe zu schließen. *(WStWB 163)*

Lochwecken *m. (St)* Schpfw. für groben, unausstehlichen Mann; vgl. Wecken (s. d.).

Lodel *m. (St)* Bez. und Schpfw. für einen gleichgültig-fahrlässig handelnden Menschen. Zu ma. lodeln „herumzotteln, schlaff herumgehen“. *(Grimm XII, 1116, UK 441, Jontes 117)*

Lotter *m.* Allgemein abfällige Bez. für einen Mann im Sinne von Taugenichts, Spitzbube, Faulenzer. Ahd. lotar „leer, eitel“, mhd. lotter „lockerer Mensch, Taugenichts, Gaukler“. Lotter wurde auch für „Geliebter, männliches Verhältnis“ verwendet; Verkleinerungsform Lötterl auch für Knabe. Angeblich aus altfrz. lodier, „Bösewicht“, auch lottern „schlaff sein, schlottern“ ist in Betracht zu ziehen. In der St. wird unter Lotterbett heute nicht mehr das ältere, abfällig gemeinte Faulbett gemeint, sondern eine Liege, wie sie sich in den beliebten „Bauernstuben“ der bürgerlichen Wohnung als Ruhebett findet. Vgl. auch Bettellotter (s. d.). Idiotikon Fohnsdorf, 1813: „Lotter: ein wilder, blödsinniger, unbehülflicher Mensch.“ *(Grimm XII, 1210f., 1214, Kluge 447, Pfeiffer 253, Aman 96, Kapeller 96, UK 441, Jontes 117, WStWB 163, Lexer, KWB 181, Pohl 108, Hager 36, Ziller 115, Schatz I, 396, Jutz II, 304f.)*

Lotterpfaff *m. (St)* Bez. für einen liederlichen Geistlichen. Vgl. Lotter (s. d.). Pfaffe bereits im abwertenden Gebrauch. *(UK 441, Jontes 117)*

Lottervater *m. (T)* Scherzhafte Bez. für Polizist. *(Schatz I, 396)*

Lotteriebruder *m.* Bez. und Spottwort für besessenen Lottospieler. *(WBÖ III, 1148, Jakob 115)*

Lotterieschwester *f.* Wie zuvor für Frau. *(Jakob 115)*

Lötterin *f. (T)* Schpfw. für Bettlerin; zu Lotter (s. d.). *(Schatz I, 401)*

Lotterspatzer *m. (T)* Bez. für Bettelvogt, jemanden, der für die Überwachung der Bettler zuständig ist; ma. spatzen „auf etwas lauern“. *(Schatz II, 582)*

Lodexe *f. (St)* Alte Bez. für unzüchtiges, auch ehebrecherisches Weib. Vielleicht Lodhexe „zottige Hexe“. Leobener Ratsprot. 1574: „... etlich Frauen von Ortten geladen die selbiche seine Lodexen gewesen.“ *(Grimm XII, 1119, UK 441, Jontes 117)*

Lotsche *f., m. (V)* Bez. und Schpfw. für moralisch verkommene, dazu auch äußerlich verwahrloste Person; ma. lotschat „zerlumpt“, lortschen „schleppend gehen“; siehe auch Lortsch. *(Jutz II, 303f.)*

Loff *m. (T)* Bez. und Schpfw. für unverschämt bettelnde Person; zu Laffe? *(Schatz I, 393)*

Löffel *m.* Bez. und Schpfw. für Dummkopf, beschränkten, aber gutmütigen Burschen; Löffel für Ohr als Vergleich, vom schlaffen Herabhängen. Vgl. auch Rotzlöffel (s. d.). *(Pfeiffer 252, Jakob 114, Ziller 115, Lexer, KWB 180, Jutz II, 293f.)*

Loipel, Luipel *m. (S)* Bez. und Schpfw. für Tölpel; Kurzform von Leopold. *(Ziller 115)*

Loitel, Luitel *m. (T)* Bez. für nachlässigen, ungeschickten Menschen, wohl Kurzform von Liutold, Leutold oder zu Leutel (s. d.). *(Wintersberger 53, Schatz I, 394, 398)*

Loisl, Luisl *m. (W)* Spöttisch für Zuhälter, entsprechend dem in Deutschland gebräuchlichen Louis „Lui“; Koseform von Alois. *(Küpper 148f., Pfeiffer 253, Teuschl 149)*

locker- Im Sinne von leichtlebig in Begriffen lockerer Vogel, Zeisig. *(Pfeiffer 252)*

Lolle *f.*, **-er** *m. (T, V)* Bez. für derbes, kräftiges Mädchen *(V)*, aber auch liederliche Frau, schlampig, zerlumpt gekleidete männliche Person; ma. Loller „Lumpen". *(Grimm XII, 1143, Schatz I, 394, Jutz II, 295)*

Lolli *m.*, siehe Lalli, Lulli.

Lomle *m. (V)* Bez. und Rügewort für langsamen Menschen; zu lahm. *(Jutz II, 295)*

Lönterer *m. (V)* Schpfw. für nachlässigen Menschen, jemanden, der unbekümmert durchs Leben geht; ma. löntern „schlendern", viell. zu mhd. lân „lassen". *(Jutz II, 296)*

Longinus *m.* Scherzhafte Bez. für einen großgewachsenen Jüngling oder Mann. Volksetymologisch umgedeutete Verwendung des legendarischen Namens des römischen Hauptmannes bei der Kreuzigung Christi. Vielleicht über Darsteller bei Passionsspielen populär geworden. *(Jontes 117, Jutz II, 296)*

Lórber *m. (St)* Bez. für einen langweiligen, sich unbeholfen bewegenden Menschen, Tölpel; ma. lorbern, lorbeln „herumwandern"; u. U. zu Laib (s. d.). *(Jontes 118)*

Lortsch *m., f. (V)* Schpfw. für schlampiges, auch moralisch verkommenes Frauenzimmer oder ebensolchen Mann; ma. lortschen „schleppend gehen"; vgl. auch Lotsche (s. d.). *(Jutz II, 298)*

Löre *m. (V)* Bez. und Schpfw. für einfältigen Menschen; gebildet wie Balöre (s. d.). *(Jutz II, 296)*

Lorgge *m. (T)*, **Lorka** *f. (K)* Bez. für Tölpel, ungeschlachten Mann, zu groß geratenes Mädchen *(K)*; auch Nähe zu Norgg (s. d.). *(Schatz I, 394, 395, Pohl 108)*

Lösch *m.* Bez. und Rügewort für Dummkopf; Lötsch *m.* oberdt. Bez. für schlecht tauglichen Hund, Bauernhund. *(Grimm XII, 1208, Jontes 118, Jungmair 173, Ziller 112)*

Loser *m. (St)*, **Losner** *m. (T)* Bez. und Schpfw. für neugierigen Menschen, Aufpasser, Schleicher, Horcher, jedoch auch Faulenzer, der ständig zur Arbeit angetrieben werden muss. Mhd., ma. losen „zuhören, horchen". *(UK 442, Jontes 118, Schatz I, 396)*

Lotze *m. (V)* Bez. für ungeschickten, ungefügen Menschen; ungeklärter Herkunft; viell. Nähe zu Lortsch (s. d.). *(Jutz II, 305)*

Lu *m.* Neuere soldatensprachliche Kurzbez. für Leutnant (dazu auch Oberlu für Oberleutnant), nach dem engl. lieutenant (lu-). Österr. Bundesheer der Zweiten Republik. *(Teuschl 149, Jontes 118)*

Luchtel *m. (St)* Schpfw. unbestimmter Bedeutung. *(WStWB 163)*

Luchs *m. (K)* Bez. für heimtückischen Menschen, Herumspäher; nach dem heimischen Raubtier. *(Grimm XII, 1123, Lexer, KWB 181)*

Ludel *m. (St)* Bez. und Schpfw. für Dummkopf, aber auch Bez. für gutmütigen Mann. Zu ludeln „jodeln, vor sich hinpfeifen" oder ludeln „pissen". *(Jontes 118, WStWB 163)*

Luder *n.* Bez. und Schpfw. für meist weibliche, unmoralische, auch falsche

Person. Mhd. luoder „Aas“ meint eine Lockspeise in der Falknerei oder beim Fallenstellen. Vgl. auch Köder (s. d.). Kann auch mitleidige Bed. annehmen („armes Luder“). Idiotikon Fohnsdorf, 1813: „Lueder: eine in schlechtem Ruf stehende unverschämte Weibsperson.“ *(Grimm XII, 1231ff., Pfeiffer 254, Aman 96, Kapeller 97, Jakob 115, UK 443, Jontes 118, Jungmair 178, Schatz I, 397, Jutz II, 306f.)*

Luderleute *pl. (T)* Bez. für üble Gesellschaft, Pack. *(Schatz I, 397)*

Luthersbüffel *m.* Schpfw. für Protestanten bei Abraham a Santa Clara; vgl. Büffel (s. d.). *(WBÖ III, 1318)*

Luderskerl *m. (W)* Wie Luder für Mann. *(Grimm XII, 1235, Jakob 115)*

Ludersmensch *n. (W)* Wie Luder für Mädchen; vgl. Mensch *n.* (s. d.). *(Jakob 115)*

Luderviech *n. (W)* Verstärkt für Viech (s. d.). *(Jakob 115)*

Lutsch *m., f. (T)* Bez. und Rügewort für lässigen, energielosen Menschen. *(Grimm XII, 1353, Schatz I, 401)*

Lutscher *m. (St)* Schpfw. für Dummkopf; zu Lutsch, jedoch auch beeinflusst von (Eis- oder Zucker)Lutscher.

Luftpeitsche *f. (N, „-peitschen“)* Spöttisch für jemanden, der beim Reden oder Arbeiten heftig mit den Armen rudert, die Luft peitscht. *(WBÖ I, 942)*

Luftgeselchter *m. (W, „-gsölchter“)* Scherzhafte Bez. für mageren, dürren Menschen. *(Aman 96, Petrikovits 56, Teuschl 149)*

Luftikus *m.* Spöttische Bez. für leichtsinnigen Menschen, Windbeutel; studentensprachl. aus luftig „leicht, leichtsinnig“ wie Pfiffikus nach dem Muster Praktikus gebildet. *(Kluge 449, Pfeiffer 254, Kapeller 97, Jutz II, 309)*

Luftzauberin *f. (W)* Älteres Schpfw. für Hexe, nach deren angeblicher Flugfähigkeit. *(Jakob 115)*

Lügeter *m. (W, „Lüagader“)* Schpfw. und Bez. für Lügner; ma. lüget „verlogen sein“; vgl. auch Gelogener (s. d.). *(Jakob 115)*

Lügenpater *m. (T, „Lugen-“)* Schpfw. für Lügner, Lügenbeutel; Vergleich mit einem Mönch oder das in Schpfw. häufige -peter. *(Grimm XII, 1282, -peter, WBÖ II, 463)*

Lügenbeutel *m. („Lugen-“)* Bez. und Rügewort für lügenhaften Menschen; einer, der wie ein Beutel mit Lügen vollgestopft ist. Vgl. auch Beutel (s. d.). *(WBÖ II, 718, Pfeiffer 255, Aman 95, Wintersberger 53, Jakob 115, Jontes 118)*

Lügenbinkel *m. (T, „Lugen-“)* Wie Lügenbeutel; vgl. Binkel (s. d.). *(WBÖ III, 1406)*

Lügenbutte *f. (B, „Luigenbutten“)* Wie Lügenbeutel, Butte (s. d.), als Gefäß für die Lügen gemeint. *(WBÖ III, 1544)*

Lügenschüppel *m. („Lugen-“)* Bez. und Rügewort für verlogene Person wie zuvor. Schüppel „Handvoll Haar oder dgl., Haufen, Büschel“ zu Schopf, dazu auch ma. abschüppeln „an den Haaren reißen, tadeln, bestrafen“. Vgl. Grantschüppel, Grindschüppel (s. d.). *(Pfeiffer 255, Teuschl 149, WStWB 163, Pohl 109)*

Lügner *m. (T, „Lugner")* Wie hochsprachl., auch als Schpfw. *(Schatz I, 390, 398)*

Luckel *m. (T)* Bez. für dummen Menschen; viell. wie -lucke in Pfingstlucke (s. d.). *(Schatz I, 398)*

Lullatsch *m.* Scherzhafte Bez. für groß gewachsenen jüngeren Mann („Du langer Lullatsch"). Md. „langer, fauler Kerl", nl. luiak „Faulenzer". Vielleicht Hybridbildung aus Lalli (s. d.). mit einer vorgeblich slaw. oder ungar. Endung, oder zu lullen „einschläfern". *(Pfeiffer 255, Kapeller 97, Teuschl 149, Jontes 118, WStWB 164)*

Luller *m. (T)* Bez. und Rügewort für einen schwächlichen Menschen; zu lullen, einlullen? *(Schatz I, 398)*

Lulli *m. (W)* siehe Lolli. *(Teuschl 149)*

Lulúbrüder *m. pl.* Scherzhaft-spöttisch für Angehörige des geselligen Ritterbundes der „Schlaraffia", deren Gruß „Lulu" lautet.

Lump *m.* Allgemeines Schpfw. für Männer, Vergleich mit Fetzen, Hader. Idiotikon Fohnsdorf, 1813: „Lump: ein liederlicher Mensch.". *(Grimm XII, 1292, Pfeiffer 256, Kapeller 98, Jontes 118, Schatz I, 399, Jutz II, 312)*

Lumpazi *m.* Schpfw. für Strolch, haltlosen Menschen; dem Inhalt nach wiederholt es Lump (s. d.) und Bazi (s. d.), stammt jedoch aus Nestroys „Lumpazivagabundus", wo es der Name einer dämonischen Gestalt ist. *(Grimm XII, 1292f., Pfeiffer 256, Jakob 115, Jutz II, 312 „Lumpaze")*

Lumpel *f. (St)* Bez. für liederliches Frauenzimmer. *(Grimm XII, 1293, UK 444, Jontes 118f.)*

Lumpenbagage *f. („-bagásch, -bagáschi")* Schpfw. für Lumpengesindel, verstärktes Bagage (s. d.). *(WBÖ II, 87f., Pfeiffer 256, Jakob 115)*

Lumpenpack *m.* Hochsprachl., wie zuvor. *(Grimm XII, 1298, Pfeiffer 257, Jutz II, 313)*

Lumpengesindel *n. („-gsindel")* Wie zuvor. *(Pfeiffer 256)*

Lumpenhund *m.* Schpfw. wie Haderlump (s. d.). *(Grimm XII, 1297, Pfeiffer 256, Aman 96, Jutz 313)*

Lumpenkerl *m.* Wie zuvor. *(Pfeiffer 256)*

Lumpenmensch *m., n.* Wie zuvor, jedoch *n.* auch für leichtes Mädchen. *(Pfeiffer 256)*

Lumpensammler *pl. (V)* Spottname für die Bewohner von Götzis. Mit L. wird auch scherzhaft der letzte Autobus oder Zug bezeichnet, mit dem die letzten Wirtshausgäste nach Hause befördert werden. Urspr. der gewerbsmäßige Hadernsammler. *(Jutz II, 313)*

Lumperl *m. (W)* Bez. und Schpfw. für leichtsinnigen Menschen, einen, der gerne, „lumpt, sich zechend herumtreibt". Auch häufiger Hundename. *(Jakob 115)*

Lumpersbube *m. (St)* Älteres Schpfw. im Sinne von Lump. Weißkirchener Gerichtsprot. 1609, fol. 103: „... habe ime ein Lumperspueben gescholten." *(WBÖ III, 1233, UK 444, Jontes 119)*

Lümmel *m.* Bez. für groben Menschen ohne Umgangsformen. Seit dem 16. Jh. über das Rotwelsche aus dem zig. limelo „schleimig". Idiotikon

Fohnsdorf, 1813: „Limml: ein grober Mensch." *(Grimm XII, 1289f., Kluge 449, Pfeiffer 256, Jungmair 179, Jontes 119, Schatz I, 398f., Jutz II, 312)*

Lunze *m. (K)*, **Lünze** *f. (T)* Schpfw. für Faulpelz, trägen Menschen; angeblich ein älteres Wort für Schlaf. *(Lexer, KWB 182, Schatz I, 397)*

Lurker *pl. (V)* Spottname für die Bewohner von Stuben; ma. lurken „stottern, lallend sprechen". *(Jutz II, 316)*

Lüsterer, Lüsterler *m. (V)* Schpfw. und Bez. für heimlichen Lauscher, Späher, Voyeur; ma. lüsteren „spionierer, heimlich lauschen". *(Jutz II, 316)*

Lüstling *m.* Hochsprachliches Wort, das jedoch im Sinne von sexuell lüsterner Mensch populär wurde. *(Pfeiffer 257)*

Lustmolch *m.* Scherzhaft-spöttische Bez. und Rügewort für Mann mit besonderem Hang zur sexuellen Annäherung an das weibliche Geschlecht; Vergleich mit der Amphibie. *(Küpper 150, Pfeiffer 257, Kapeller 98)*

Lutzel *m. (W)* Spöttisch, aber auch kosend für kleines Kind; zu lutzeln „trinken, schlürfen", jedoch auch mit Erinnerung an mhd. lützel „klein". *(Jakob 115)*

Lutzler *m. (St)* Bez. für einen stillen Säufer, Saufbruder; lutzeln „trinken, schlürfen, oft und viel trinken, dem Trunke ergeben sein", von mhd. lüz „klein, gering", also in kleinen Schlucken trinken. Auch Zusammenhang mit lutschen. Judenburg, 1812: „Luzel: ein Saufer." *(Grimm XII, 1353f., UK 444, Jontes 119)*

• • • • • • • • •

M

• • • • • • • • •

Machatschek *m. (W)* Scherzhaft-spöttisch für Chef, Manager, Macher. Ein häufiger böhmischer Familienname. *(Teuschl 151)*

Macho *m. („Matscho")* Abfällig für arroganten, im Grunde gefühllosen Frauenhelden; span. macho „männliches Tier". *(Pfeiffer 259)*

Madame *f. („Madam")* Eher spöttisch für recht damenhaft tuende Frauensperson; früher auch Bez. für die Hebamme. *(Pfeiffer 260)*

Madel *n.* Bez. für Mädchen, Geliebte, auch Hausgehilfin (allg.), jedoch auch Schpfw. für dumme, ungeschickte Frauensperson *(O)*. *(Jakob 116, Teuschl 151, Jungmair 180)*

Madeltschutt *m. (T)* Bez. und Rügewort für Knaben, der lieber mit Mädchen als mit Buben spielt, beisammen ist; ma. Tschuttl „Lamm, das ohne Mutterschaf, mit der Tschutter, „Feldflasche" aufgezogen wird". *(Schatz I, 197)*

Madelfütteler *m. (T, „-fitteler")* Wie zuvor; zu Fut? (s. d.). *(Schatz I, 197)*

Madensack *m. (W)* Bez. und Schpfw. für Faulpelz, trägen Menschen; wohl von der Vorstellung menschlicher Vergänglichkeit mitbestimmt, wie sie in den Predigten anklang und das Bild des von Würmern und Maden verzehrten menschlichen Leichnams vorstellte, wie er auch auf mittelalterlichen Grabsteinen gezeigt wurde.

(Grimm XII, 1427f., Pfeiffer 260, Jakob 116)

Matratze *f. („Matratzen")* Schpfw. und Spottbez. für liederliche weibliche Person; aus arab. matrah „Kissen" über span. almadraque und ital. materazzo; scherzhaft wurde die Abkürzung BDM für den Bund Deutscher Mädel während des Dritten Reiches als Bund Deutscher Matratzen aufgelöst. *(Kluge 466, Pfeiffer 265, Teuschl 153)*

Matschile *f.* Bez. und Schpfw. für unordentliche Frau; ma. matsch „ermattet". *(Schatz II, 418)*

Matschkerer *m.* Bez. für einen zum Schimpfen und Kritisieren geneigten, brummigen Menschen. Vergleich mit den Mundbewegungen beim Tabakkauen „Matschkern". *(Jakob 118, UK 446, Jontes 119)*

Mafioso *m.* Angehöriger der Mafia, der süditalienischen Verbrecherorganisation, deren Methoden heute jedoch von zahlreichen Gruppen anderer, vorzugsweise osteuropäischer und asiatischer Länder skrupellos, wirkungsvoll und schadensträchtig kopiert werden. Als Schpfw. auf Verbrecher jeder Art angewendet. *(Pfeiffer 261)*

Magenwehpatz *m. (T)* Bez. und Rügewort für überempfindlichen Menschen. *(WBÖ II, 501)*

Mägerle *m. (V)* Spött. Bez. für mageren Menschen, Schwächling. Österreichs bedeutendster Barockprediger Abraham a Santa Clara war alemannisch-schwäbischen Stammes und führte vor seinem Ordenseintritt den profanen Familiennamen Megerle. *(Jutz II, 328f.)*

Maidlefiseler *m. (V)* Bez. für Knaben, der gerne mit Mädchen spielt; ma. Fisel, „Penis". *(Jutz II, 325f.)*

Maidlefürzler *m. (V)* Wie zuvor; Fürzler wohl Umbildung von Fützler „Angsthase". *(Jutz II, 336)*

Maidlehocker *m. (V)* Wie zuvor. *(Jutz II, 336)*

Maidlenarr *m. (V)* Spött. Bez. und Schpfw. für Mädchenjäger, Weibernarr. *(Jutz II, 336)*

Maidleschmecker *m. (V)* Wie Maidlehocker (s. d.). *(Jutz II, 336)*

Maienkalb *n. (V)* Bez. für jemanden, der am 1. Mai (ähnlich wie am 1. April) zum Narren gehalten wird. *(Jutz II, 337)*

Mack *m.*, **Macke** *f. (V)* Bez. und Rügewort für griesgrämigen, langweiligen Menschen, auch einen, der heikel beim Essen ist; ma. maggen, macken „nörgeln, übel gelaunt sein". *(Jutz II, 329)*

Makkaronifresser *m.* Ethnischer Spott für Italiener (s. a. Itaker, Spaghettifresser, Katzelmacher, Katzinger) wegen der Nahrungsvorliebe für Teigwaren, unter denen einst die Makkaroni die häufigsten waren, denen die Vielfalt der italienischen Paste, vor allem die Spaghetti den Rang in der Beliebtheit abgelaufen haben. *(Küpper 152, Pfeiffer 261)*

Malchus *m. (V)* Bez. und Schpfw. für faulen, beschränkten, dicken Mann; nach der biblischen Gestalt bei der Gefangennahme Christi. *(Jutz II, 342)*

Maltel *m. (T)* Wie Malterer (s. d.). *(Schatz II, 412)*

Malterpatzen *m. (K, S, O)* Spött. Bez. für Maurer; ma. Malter, G'malter „Mörtel" aus lat. mortarium „ds.". Patzen für unförmigen Klumpen, Nähe zu patzen „schmutzig, wenig sorgfältig arbeiten"; vgl. auch Maurerpatzen (s. d.). *(WBÖ II, 525)*

Malterer *m. (St, T)* Ältere Bez. für armen Blödsinnigen, der durch milde Gaben, besonders solchen von geistlichen Stiftungen und Klöstern (wie etwa in Admont) erhalten wird. Auch Dickkopf *(T)*. Wohl nach dem Getreidemaß der Müller, weil Gaben als Naturalien gereicht wurden. *(UK 448, Jontes 119, Schatz II, 412)*

Malterweibl *n. (W)* Scherzhaft für Arbeiterin auf Baustelle, weil früher das Antragen des Mörtels „Malter" durch weibliche Hilfskräfte geschah. *(Teuschl 151)*

Malefikant *m. (V)* Bez. für durchtriebenen, pfiffigen Burschen. Ursprünglich ein Kapitalverbrecher damit gemeint; lat. maleficere „Übles tun"; vgl. Malefizkerl (s. d.). *(Jutz II, 342)*

Malefizbube *m.* Wie zuvor, auch tadelnd für schlimmen Mann. *(Grimm XII, 1500, WBÖ III, 1233, Pfeiffer 261, Jutz II, 342)*

Malefizer *m. (T, S)* Wie Malefizkerl (s. d.). *(Schatz II, 411, Ziller 117)*

Malefizfratz *m. (V)* Schpfw. und Bez. für schlimmes Kind. *(Jutz II, 342)*

Malefízkerl *m.* Bez. für einen besonderen Spitzbuben (auch in fast anerkennendem Tone wie etwa Teufelskerl); einst jemand, der ein Kapitalverbrechen begangen hatte und deshalb nach dem Malefizrecht bestraft wurde (lat. maleficium „Missetat"). *(Pfeiffer 261, Aman 98, Kapeller 101, Jungmair 181, UK 448, Jontes 119, Schatz II, 411, Jutz II, 343)*

Malefizmaidle *n. (V)* Weibl. Gegenstück zu Malefizbube (s. d.). *(Jutz II, 343)*

Malefizmensch *m. (T)* Wie Malefizkerl (s. d.). *(Schatz II, 144)*

Malefuchser *m. (T)* Hüllform von Malefizkerl. *(Schatz II, 411)*

Malheurpappe" *f. (W, „Malörpappen")* Bez. für jemanden, der eine unangenehme Nachricht überbringt, auch Schwätzer, der mit seinem Gerede Unheil stiftet, ebenso eine Person, die stets mit betrübter Miene herumgeht; frz. malheur „Unglück". *(WBÖ II, 284)*

Mamaburli *m. (W)* Scherzhaft-spöttisch für Muttersöhnchen. *(Teuschl 151)*

Mammeler *m. (V)* Bez. und Rügewort für Muttersöhnchen, verzogenes, verhätscheltes Kind; ma. Mamme „Mutterbrust" Lallwort für Mutter. *(Jutz II, 345)*

Mamlas *m. (W)* Schpfw. für Trottel, auch Feigling oder mürrischen Menschen; tschech. mamlas „Tölpel", ungar. mámlász „ds.". *(Jakob 116, Teuschl 151)*

Mantelgletzer *m. (St)* Alter Handwerkerspottname (15. Jh.) für Kürschner; wörtl. einer, der den Mantel glatzig macht, schlechten Pelz verwendet. *(Grimm VII, 7768, UK 448, Jontes 119)*

Mannen *pl.* Scherzhaft im Zeitungsjargon für Mitglieder und Funktionäre der FPÖ, der deutschtümelnde Tendenzen nachgesagt werden; altertümliche Pluralbildung von Mann, im Stile der Ausdrucksformen der deutschen Heldensagen bzw. Richard Wagners.

Männerhottel *f. (K, „Mannder-")* Schpfw. für leichtfertiges Frauenzimmer; vgl. Hottel (s. d.). *(Lexer, KWB 144)*

Männerklatsche *f. (St, „-klatschen")* Leichtfertiges Frauenzimmer. *(WStWB 164)*

Mankerl, Mankerle *n. (K)* Scherzhaft für Männlein, alten Mann. *(Pohl 111)*

Mankler *m.* Bez. für Täuscher, Betrüger; ma. mankeln, Mankerl machen „heimlich listige Handgriffe tun, fälschend vermengen, auch sich widerspenstig zeigen", zu mengen. *(UK 449, Jontes 119f., Aman 97)*

Mannl, Mandl *n.* Etwas herabsetzende Bez. für Mann, auch älteren Mann, Verkleinerungsform Männlein, Idiotikon Hieflau, um 1812: „Mandl: eine Mannsperson von kleiner Statur." *(Grimm XII, 1595ff., Pfeiffer 262, 263, Aman 97, Jakob 117, Teuschl 151, UK 449, Jontes 120, Pohl 110f.)*

Mannsbild *n.* Bez. für Mann, auch im abfälligen Ton gebraucht; eig. Mannsgestalt gemeint. *(Kluge 844f., Aman 98, Pohl 111, Jutz II, 351f.)*

Manschettenbaron *m.* Spött. Bez. für Mann mit übertriebenem Modebewusstsein, Geck. *(BWÖ II, 354)*

Märchentante *f.* Scherzhaft-spöttisch für Frau, der Wahrheit, Fantasie und Lüge durcheinanderkommen, die viel ungereimtes Zeug daherredet; nach Märchenerzählerin, wie sie etwa im Rundfunk für Kindersendungen gang und gäbe war. *(Pfeiffer 263)*

Märchenonkel *m.* Männliches Gegenstück zur Vorigen. *(Pfeiffer 263)*

Marcherl *n. (St)* Bez. und Schpfw. für Schwächling, einer, dem es an Mark und Kraft fehlt; auch Verkleinerungsform von Mähre „Pferd" (vgl. Mierche, Hundsmierche, s. d.) ist denkbar. *(Jontes 120)*

Martinigans *f. (W)* Bez. für dummes Frauenzimmer; eig. die Gans, die am Martinitag gegessen wird. *(Grimm XII, 1688, Jakob 118)*

Mähre *f. (V)* Verächtl. Bez. für böses, altes Weib; Vergleich mit dem alten, verbrauchten Pferd; siehe auch Mierche; ahd. meriha, mhd. merhe. *(Grimm XII, 1467, Jutz II, 334)*

Märenträger *m. (V)* Bez. für Verbreiter von Klatsch, Schwätzer. *(Grimm XII, 1624, Jutz II, 355)*

Mährenländer *pl. (V)* Ortsspottname für die Bewohner von Au, weil von diesem Orte aus 1585 eine Wiedertäufergemeinde nach Mähren auswanderte. *(Jutz II, 334)*

Maristrotter *m. (O)* Bez. und Schpfw. für jemanden, der Grenzsteine („Maristoan" = Markstein) zu seinen Gunsten versetzt. Nach dem Volksaberglauben drohten einem solchen Verbrecher schwere Strafen im Jenseits. Er musste als Geist ruhelos immer wieder erscheinen. *(Jungmair 183)*

Marktschreier *m.* Schpfw. für Schreihals; nach dem Händler, der auf dem

Markt seine Ware lauthals ausruft. *(Pfeiffer 264, WStWB 164, Jutz II, 360f.)*

Markenschlecker *m. (W)* Spöttisch-scherzhaft für Markensammler, Philatelisten. *(Teuschl 152)*

Markierer *m.* Bez. für jemanden, der Krankheit vortäuscht; markieren „andeuten, vortäuschen". *(Aman 97)*

Markschlucker *m. (W, „Marchschlicker")* Spöttisch für notleidenden Menschen, Hungerleider; einer, der in Ermangelung anderer Nahrung das Mark aus den Knochen saugt. *(Teuschl 152)*

Marmeladebruder *m.* Spottbez. für Reichsdeutsche besonders nach 1938, da diese Marmelade als Brotaufstrich besonders schätzen. *(WBÖ III, 1148, Pfeiffer 264)*

Marmeladinger *m. (W)* Wie zuvor als nahrungsbezogener ethnischer Spott. *(Wintersberger 54, Teuschl 152)*

Märzveigerl, Märzen- *n.* Spottbezeichnung für opportunistische Österreicher, die sich nach dem Anschluss an Deutschland im März 1938 sogleich um die Mitgliedschaft in der NSDAP bewarben, ohne dieser Ideologie vorher besonders nahegestanden zu sein. *(Wintersberger 55, Teuschl 152f.)*

Märzenkater *m.* Scherzhafte Bez. für liebesdurstigen Burschen, der mit einem Kater in der Ranzzeit verglichen wird. *(Jakob 118, Jontes 120)*

Märzenkalbel *n. (St, O)* Harmloses Schimpfwort für jemanden, der sich kindisch-dumm, wie ein Kalb im März, aufführt *(St)*. Auch Spottname für den am 1. März Gefoppten, da dieser sonst dem 1. April vorbehaltene Brauch mancherorts auch am 1. März vorkommt *(O)*. *(Jontes 120, Jungmair 17, 191)*

Mastdarmakrobat *m.* Schpfw. und Spottbez. für Kriecher und Schmeichler, der sich unterwürfig in die Gunst einflussreicher und mächtiger Personen drängt; vgl. auch Arschkriecher (s. d.). *(Wintersberger 55)*

Mastle *m. (V)* Spött. Bez. für beleibten Mann; zu mästen. *(WBÖ II, 373)*

Maselritter *m. (W)* Scherzhaft für Glückspilz, auch Glücksritter; jidd. massel „Glück". *(Teuschl 153)*

Maselscheiber *m. (W)* Wie zuvor. *(Teuschl 153)*

Maslitiker *m. (W)* Wie zuvor. *(Teuschl 153)*

Maskerer, Maschkerer *m.* Bez. für Faschingsnarr, Narr. Gerichtsprot. Rotenfels, 1667, fol. 65: „... er sey ain Maskerer und hab den Neuman umb 2 Kreuzer zum Spendiren angehalten, wie der Maskerer Gebrauch sei." Ital. maschera „Gesichtsmaske, Maskengestalt". Vgl. auch Faschingspapperl (s. d.). *(Grimm XII, 1702ff., UK 452, Jontes 120, Schatz II, 418, Jutz II, 368)*

Massler *m.* Bez. und Schpfw. für jemanden, der in einem fort schimpft und kritisiert; ma. masseln „schimpfen". Wertneutral ist die ma. Bez. Massler für Eisschützen. *(Pfeiffer 265, Aman 97)*

Mäuchle *m. (V)* Bez. für Dickwanst, beleibten Mann; vgl. schweizerdt. Mauch „Vielfraß, dickes Kind"; Herkunft ungeklärt; vgl. auch Mauke (s. d.). *(Jutz II, 375)*

Mauerblümchen *n.* Spött. Bez. für Mädchen, das bei Tanzveranstaltungen keinen Kavalier findet, an der Mauer des Saales still vor sich hinblüht. *(Kapeller 101)*

Mauke *m. (K)* Spött. Bez. für korpulenten Menschen; viell. mit Mauke „Pferdekrankheit, Beingeschwulst bei Pferden" verwandt; siehe auch Mäuchle. *(Grimm XII, 1781, Lexer, KWB 188)*

Maulaffe *m.* Bez. und Rügewort für frechen, neugierigen Gaffer, dummen Müßiggänger, jemanden, der Maulaffen feilhält; volksetym. Umdeutung von „Maulauf", wenn jemandem vor Staunen der Mund offenbleibt. *(Grimm XII, 1796, WBÖ I, 100, Pfeiffer 266, Aman 98, Kapeller 101, Jutz II, 378)*

Maulaufähnel *f. (St, „-ahnl")* Spottbez. für neugierige alte Frau; ma. Ähnel, Ahnel „Großmutter". *(WBÖ I, 231)*

Maulaufpeter *m. (K)* Spottbez. für jemanden, der seinen Mund stets offen hat. Peter wie in zahlreichen Spott- und Schpfw. *(WBÖ II, 1142)*

Maulaufer *m. (N)* Bez. und Schpfw. für Schwätzer. *(WBÖ I, 450)*

Maulaufwaberl *f. (St)* Bez. und Rügewort für vorlaute, geschwätzige Frauensperson; vgl. Waberl (s. d.). *(WBÖ II, 317)*

Maulprotz *m. (K, St)* Bez. und Schpfw. für Großsprecher, Angeber, jemanden, der stets das letzte Wort haben muss. *(WBÖ III, 1119, Lexer, KWB 43)*

Mauldrescher *m. (W)* Bez. und Schpfw. für Großmaul, Schwätzer. *(Grimm XII, 1801, Jakob 119)*

Mauler *m.* Bez. und Rügewort für jemanden, der „mault", zornig erwidert, schimpft, unmutig brummt; nach dem Verziehen des Mundes (ma. Maul). *(Grimm XII, 1801f., Pfeiffer 266, Aman 98, UK 454, Jontes 120, Jutz II, 378f.)*

Maulesel *m.* Schpfw. für sturen, uneinsichtigen Menschen, da dem Maulesel und seinen Artgenossen (vgl. Muli, Esel s. d.) ein störrischer Charakter eigen ist. *(Pfeiffer 266)*

Maulverbeißer *m. (V)* Bez. für schweigsamen, zurückhaltenden Menschen, der schweigend den Mund geschlossen hält. *(Jutz II, 380)*

Maulheld *m.* Bez. und Schpfw. für Großmaul, jemanden, dessen Heldentaten vor allem im verbalen Auftrumpfen bestehen. *(Pfeiffer 267)*

Maulmacher *m. (W, St, O)* Wie zuvor. *(Grimm XII, 1807, Jakob 119, WStWB 164, Jungmair 185)*

Maulreißer *m.* Wie zuvor, jedoch auch Verleumder, Maulheld. *(Grimm XII, 1807, Jakob 119, Teuschl 154, Jontes 120, WStWB 164)*

Maulschlosser *m.* Scherzhafte Bez. für Zahnarzt, wie Pappenschlosser (s. d.). *(WBÖ I, 384)*

Mauncher *m. (St)* Abfällige Bez. für schwächliches, kränkliches, im Wachstume zurückgebliebenes Kind. Dunkler Herkunft. Vgl. auch Mauncherl *n.* „Stachelbeere". *(UK 454, Jontes 120)*

Maundler *m. (St)* Bez. für langsamen, trägen Menschen, auch einen, der umständlich herumarbeitet. Ma. maundeln „sich langsam bewegen, zaudernd und langweilig vorgehen". Vielleicht zu älterem mandeln „auf der Wäscherolle (Mandel, Mangel) glätten". Idiotikon Fohnsdorf, 1813: „Maundler, Maudler: ein träger, zaudernder, zögernder Mensch." *(Grimm XII, 1537, UK 454, Jontes 120, WStWB 164)*

Maungetzer *m. (St)* Bez. für missmutigen, brummigen Menschen; ma. maungetzen, munketzen „unterdrückte Töne von sich geben", zu maunen „schreien wie eine Katze, Maunzen"; auch oberdt. munk „griesgrämig" zu beachten. *(Grimm XII, 1814, 2695, UK 454, Jontes 120f.)*

Maurerpatzen *m. (W)* Spottbez. für schlechten Maurer; vgl. Malterpatzen (s. d.). *(WBÖ II, 515)*

Maus *f.* Spöttisch für Mädchen, gelustige M. („glustani M.") für genäschige Person, auch Menschen mäuseartigen Aussehens und überbescheidenen Auftretens. *(Küpper 155, Pfeiffer 267, WStWB 159)*

Maus, graue *f.* Spöttisch-abwertend für weibliches Wesen nichtssagenden Aussehens und Auftretens.

Maus, weiße *f.* Scherzhafte Bez. für Verkehrspolizisten; wegen der weißen Dienstmütze bzw. des weißen Mantels bei der Verkehrsregelung. *(WBÖ III, 574, Teuschl 154)*

Mausche *m. (V)* Bez. für einsilbigen, wortkargen Menschen; ma. mauschelen „geheimnisvoll tun, tuscheln". *(Jutz II, 382)*

Mauschel *m.* Bez. für Wucherer, gewinnsüchtigen Menschen, Geschäftsmann; der Spottname für Juden (jidd. Mauschel „Moses"). Idiotikon Hieflau, um 1812: „Mauschel: Gewinnsüchtiger". Daraus in verwandter Bed. Mauschler *m.* „geschickter Händler". *(Grimm XII, 1819f., Pfeiffer 267, Jontes 121, Schatz II, 419)*

Mausdreck *m.* Bez. und Rügewort für unbedeutenden, auch kleingewachsenen Menschen, der sich wichtigtuerisch, großspurig gibt. Auch als „aufgestellter Mausdreck" häufig verwendet; ähnlich Hühnerdreck (s. d.). *(Grimm XII, 1822, Pfeiffer 29, Aman 98, Jakob 119, Teuschl 154, Jontes 121)*

Mauser *m.* Diebischer Mann von ma. mausen „stehlen", aber auch für sexuell sehr aktiven Mann, Schürzenjäger gebraucht, hier nach ma. mausen „coire", wohl nach der Redensart „Die Katze lässt das Mausen nicht". *(Pfeiffer 267)*

Mauserl *n. (W)* Kosewort, auch leicht spöttisch verwendet für niedliches Mädchen. *(Jakob 119, Teuschl 154)*

Mauskopf *m. (S)* Altes Schpfw. für Dieb, einst als sehr beleidigend empfunden. *(Grimm XII, 1824, Ziller 119, Ziller, Schelmen 373)*

Mauskönig *m. (St)* Alte derbes Schpfw. für Dirne, Hure; Hüllwort für Vulva. *(Ziller, Schelmen 383)*

Mausmelker *m.* Schpfw. für pedantischen Menschen, der bildlich auch auf das Kleinste und Unnötigste eingeht. *(Pfeiffer 267)*

Maxl *m. (W)* Scherzhaft für eine männliche Person; Koseform von Maximilian. *(Teuschl 154)*

Matz *f.*, **-e** *f.* *(O, T, V)* Schpfw. für Hure, leichtes Mädchen; eig. läufige Hündin, zu Metze *f.* „Hure", dieses ist eine Kurzform von Mathilde, Mechthild. *(Kluge 477, Pfeiffer 266, Wintersberger 55, Jungmair 184, Ziller 118, Schatz II, 375, Jutz II, 375)*

Matzfotz *m.* Bez. und Schpfw. für Schwächling, Weichling, verzagter Mensch ohne Energie, aber auch in der Bed. falscher Mensch, Schuft. Idiotikon Fohnsdorf, 1813: „Mazfotz: ein Lasse, Schuft; ein Mensch ohne Energie, ohne Courage, ohne Muth." Siehe Matz. *(Grimm XII, 1768ff., Pfeiffer 266, Aman 98f., Jakob 119, UK 446, Jontes 121)*

Mette *f.* *(St)* Bez. für dickes, schwerfälliges Frauenzimmer. Mette „Lärm, Gepolter" im Bedeutungswandel aus lat. matutina „erste morgendliche Gebetszeit der Mönche, Frühmesse", auch „Spaß, Fröhlichkeit" (wie ma. Hetz „a so a Metten"). *(Grimm XII, 2147, UK 455, Jontes 121)*

Meterprügel *m.* *(W)* Scherzhaft-spöttisch für kleingewachsenen Menschen, nach dem auf Meterlänge zurechtgeschnittenen Brennholz. *(Teuschl 155)*

Maikel *(T)* Schpfw. für schlampigen Menschen; Herkunft unklar; vgl. auch Hader-, Zadermaikel (s. d.). *(Schatz II, 419)*

Meingge *f.* *(T)* Schpfw. und Bez. für raunzendes Weib; ma. meinggen „lästig klagen, fordern, raunzen". *(Schatz II, 423)*

Meinnutz *m.* *(St)* Älteres Schpfw. im Sinne von Nichtsnutz; viell. auch in der Bed. von eigennütziger Mensch. *(UK 457, Jontes 121)*

Meise *f.* *(W, „Masen")* Schpfw. und Bez. für vorlauten Menschen; Vergleich mit dem Vogel. *(Jakob 118)*

Meckerer *m.* Bez. für jemanden, der stets etwas zu kritisieren hat. Im Dritten Reich zu den Meckerern gezählt zu werden, konnte sehr gefährlich werden. Vergleich mit der Ziege. *(Pfeiffer 268, Kapeller 101, Jontes 121)*

Mecketzer *m.* *(St)* Bez. für Stotterer, auch Mann, der oft hustet oder sich räuspert. Vgl. auch Kagetzer (s. d.), Maungetzer (s. d.). Ma. mecketzen „meckern, blöken, stottern", Intensivum von meckern. *(UK 455, Jontes 121)*

Mehlpumpf *m.* *(St)* Bez. für dicken Menschen; vgl. Pumpf (s. d.), jedoch hier auch pampfen „gierig, in großen Mengen in sich hineinessen" mitspielend. *(UK 456, Jontes 121)*

Melcherl *m.* *(St)* Unbeholfener Mensch; von Melchior. *(WStWB 164)*

Melkkuh *f.* Spöttisch für Steuerzahler, wenn etwa Lobbyisten behaupten, der Autofahrer sei die Melkkuh der Nation. *(Pfeiffer 268f.)*

Mehllackel *m.* *(St)* Gewerbespottname für Müller, Mehlhändler und Bäcker, auch Bez. für dicken Menschen. Vgl. Lackel (s. d.). *(UK 456, Jontes 121)*

Mehlsack, **-sackl** *m.* *(W)* Spottbez. für dicken, plumpen Menschen. *(Grimm XII, 1869, Pfeiffer 268, Jakob 120, Teuschl 154)*

Mehlspeistiger *m.* Scherzhaft für Menschen mit besonderer Vorliebe für Kuchen. *(Teuschl 154)*

Mehlspeislotter *m.*, **-lötterle** *n. (K)* Scherzhaft für kleines Männlein, jemanden, der sich anscheinend nur mit Mehlspeisen im ursprünglichen Sinn als nicht sehr nahrhaft verköstigt.

Mehlstauber *m.* Ältere scherzhafte Bez. für Soldaten des österr. Infanterieregimentes Nr. 49 in St. Pölten („Hesser"), das graublaue, wie mit Mehl bestaubte Uniformaufschläge trug. *(Jakob 120, Schuster 105)*

Mehlwurm *m.* Spöttisch für Bäcker oder Müller nach einer alten Berufsschelte. *(Küpper 155, Pfeiffer 268)*

Mehlwurmpelzer *m. (K)* Spottbez. für einen eingebildeten Bäcker; pelzen „einen Baum durch Aufpfropfen veredeln". *(WBÖ II, 986)*

Menge, Mengerl *m.* Spöttisch allg. für Mann, aber auch für Lehrer, Professor.

Menkarsch *m. (T)* Schpfw. für jemanden, der durch sein Reden lästig fällt; ma. menken, menten „raunzen, klagen". *(WBÖ I, 362)*

Menke *f.*, **Menker** *m. (V)* Schpfw. für raunzenden Menschen, Jammerer; wie oben. *(Jutz II, 399)*

Mensch *n.*, **Menscher** *pl. („Mentsch")* Heute eher abfällige Bez. für gewöhnliche, jüngere Frauensperson, einst aber wertneutrale Bez. für Mädchen der unteren Gesellschaftsschichten, vor allem Magd (Kindermensch, Kuchelmensch). Verstärkt als Dreckmensch, Rotzmensch, Saumensch (s. d.). Verkleinerungsform Menscherl, kosend für kleines Mädchen. Bedeutungseinengung von Mensch allg. auf Frau. Puchner a. a. O. nennt Rotwelsch Minsch *f.* „Vulva" aus zig. mintsch „ds". *(Grimm XII, 2036ff., Pfeiffer 269, Aman 99, Kapeller 102, Wintersberger 56, Jakob 120, Teuschl 155, Hager 20, Puchner 256, UK 459, Jontes 121f., WStWB 164, Pohl 112, Ziller 120, Schatz II, 423, Jutz II, 400)*

Menschin *f. (St, K)* Bez. für ledige Frauensperson. *(Grimm XII, 2082, Wintersberger 56, UK 459, Jontes 122, Pohl 112)*

Meerfadel *n. (W, „Mierfadl")* Scherzhaft für Schmutzfink, ungepflegten Menschen, eigentlich Meerschweinchen. Vgl. Fadel (s. d.). *(Teuschl 156)*

Merkwürden *m.* Scherzhafte Anrede „Euer Merkwürden" für Priester nach dem Muster „Hochwürden". *(Pfeiffer 270, Teuschl 155)*

Merse *f. (St)* Geringschätzige Bez. für Mutter; schülersprachliche Spontanbildung in Anlehnung an Mutter; vgl. auch Vetsch (s. d.). *(Jontes 122)*

Meuterer *m.* Bez. und Schpfw. für jemanden, der sich gegen etwas auflehnt, meutert, aber auch für einen Schimpfer; frz. émeute „Aufruhr". *(Grimm XII, 2166, Kluge 477, Pfeiffer 271, Aman 97)*

Metze *f.* Älteres Schpfw. für Hure, Prostituierte; vgl. auch Matz (s. d.). *(Pfeiffer 270)*

Metzelstehler *m. (T)* Schpfw. für Müller, dem Getreidediebstahl unterschoben wird; der das Getreide metzenweise entfremdet; Metzen „Getreidemaß" aus lat. modius „Scheffel". *(Schatz II, 425)*

Metzger *m. (V)* Scherzbez. für Chirurgen, auch groben Fußballspieler;

entsprechend bair. Fleischhacker, Fleischhauer (s. d.). *(Pfeiffer 270, Jutz II, 409)*

Michel *m. (T)* Bez. für dummen, eingebildeten Menschen; Kurzform von Michael, analog der Verkörperung des Deutschen, des geduldigen, langsamen, aber ehrlichen Michel. *(Grimm XII, 2168, Schatz II, 426)*

Mitesser *m.* Tadelnd für Schmarotzer; nach der Hautunreinheit durch Talgabsonderung, die einst für ein eigenes Lebewesen gehalten wurde. *(Pfeiffer 275)*

Milchbart *m.* Spött. Bez. für jungen, unerfahrenen Menschen, dessen Bart noch nicht entwickelt ist, wie Milchgesicht (s. d.). *(Grimm XII, 2190, Pfeiffer 272)*

Milchpantscher *m.* siehe das Folgende. *(Küpper 157, Pfeiffer 272)*

Milchpritschler *m. (W, „Milli-")* Spött. für Milchhändler, dem die Verwässerung seiner Ware vorgehalten wird; ma. pritscheln „mit Wasser hantieren, herumspritzen". Synonym Milchpantscher. *(WBÖ III, 999, Wintersberger 57, Jakob 121)*

Milcherl *n. (St)* Wie Milchbart; hier kann auch noch der Begriff des Säuglings, der Muttermilch, mitklingen. *(Jontes 122)*

Milchgesicht *n. („-gsicht")* Bez. für jungen Menschen, den man in der Anrede mit dem Hinweis auf seine Jugend und Unerfahrenheit rügen oder beleidigen will; abgeleitet von der zarten Gesichtshaut. *(Grimm XII, 2193, Pfeiffer 272, Jontes 122)*

Milchkind *n. (W)* Scherzhaft für Muttersöhnchen, verweichlichten Menschen. *(Teuschl 156)*

Milchkreuzerbaron *m.* Spött. Bez. für einen Mann, der gleichzeitig für mehrere Kinder Alimente („Milchkreuzer") zahlen muss. *(WBÖ II, 354)*

Milchsüppler *pl. (V)* Ortsspottname für die Bewohner von Gisingen; eig. Milchsuppenesser. *(Jutz II, 417f.)*

Millionbesen *m. (W)* Schpfw. für Prostituierte; vgl. Besen (s. d.). *(WBÖ II, 1122)*

Mimose *f.* Spöttisch-tadelnd für übersensiblen Menschen beiderlei Geschlechts; nach der Pflanze, die bei Berührung einknickt und sich so dem Zugriff entzieht. *(Pfeiffer 273)*

Minutenfuchser *m.* Spottwort und Bez. für Pedanten, der es mit der Zeit sehr genau nimmt. *(WBÖ II, 799)*

Mierche *f.* Schpfw. allg. Art für jemanden, der schlechtes Verhalten an den Tag legt. Zur Etymologie siehe Hundsmierche. *(Jakob 121, Jontes 122, WStWB 164, Lexer, KWB 190)*

Miezl *f.*, **Miezerl** *n. (W, St)* Leicht spött. Bez. für Bauernmädchen, auch Bauernmiezl, beschränktes, langweiliges Mädchen; Kurzform des häufigsten Mädchennamens in bäuerlichen Kreisen, Maria. *(Jakob 121, WStWB 164)*

Mischpóche *f.* Abfällige Bez. für Familie, Verwandtschaft, auch für Juden insgesamt („die ganze M."); jidd. mischpoche „Familie" von hebr. mischpaha „Stamm, Genossenschaft". *(Kluge 481, Lötzsch 120, Pfeiffer 273, Kapeller 104, Wintersberger 56, Jakob 122, Teuschl 156)*

Mist- Häufig zur Steigerung von Schpfw. verwendet, um Schmutz und Ungepflegtsein auszudrücken. Siehe auch Dreck-.

Mistamsel *f.* Wie Dreckamsel (s. d.) für schmutzigen Menschen. *(Pfeiffer 274, Aman 99)*

Mistbankert *m., n.* Verstärkt für Bankert (s. d.). *(WBÖ II, 231, Jakob 122)*

Mistbauer *m.* Derbes Schpfw. für Bauer allg., eig. der Mistkutscher, der einst in den Städten mit seinem Fuhrwerk die Müllabfuhr bewerkstelligte; Nähe von Mist und Bauer durch die Düngewirtschaft im Ackerbau ohnehin gegeben. *(Grimm XII, 2267, WBÖ II, 587, Küpper 157f., Pfeiffer 274)*

Mistbiene *f.* Derbe Bez. für ungepflegte Weibsperson; auch Dirne. Vgl. Biene (s. d.). *(Küpper 158, Pfeiffer 274)*

Mistbinkel *m. (O)* Schpfw. für ungezogenes Kind; vgl. Binkel (s. d.). *(WBÖ III, 1407)*

Mistpoppe *m. (K)* Wie zuvor; siehe Poppe (s. d.). *(WBÖ III, 610)*

Mistbratel *n.*, **-en** *m.* Bez. und Schpfw. für schlechten Menschen. Vgl. Bratel (s. d.). *(WBÖ III, 754, Jungmair 189, Jontes 122)*

Mistpracker *m. (N)* Schpfw. für Bauer, wie Mistbauer (s. d.); ma. pracken „schlagen, festklopfen" von der Tätigkeit des Mistaufhäufens auf dem Düngerhaufen. *(WBÖ III, 709)*

Mistpritsche *f. (O, N, „-pritschen")* Schpfw. für flatterhafte Frau; ma. Pritsche (s. d.) „Vulva". *(WBÖ III, 993)*

Mistbube *m. („-bua")* Schpfw. wie Lausbub (s. d.); mag zuerst auf die bäuerliche Stallarbeit bezogen sein, zu der die unterste Kategorie der Dienstboten herangezogen wurde. *(WBÖ III, 1233, Pfeiffer 274, Aman 99, Jakob 122, Ziller 121, Jontes 122)*

Mistbutte *f. (W, „-butten")* Schpfw. für dicke, schmutzige Person; siehe Butte. *(Grimm XII, 2268, WBÖ III, 1545, Jakob 122)*

Mistdirndl *n.* Wie zuvor, auf Mädchen bezogen. *(Aman 100, Jontes 122)*

Mistelbacher *m. (W, N)* Spottname für Polizisten; aus Mist in Form eines Herkunftsnamens nach der Stadt Mistelbach, NÖ, gebildet. *(WBÖ II, 40, Wintersberger 57, Jakob 122, Teuschl 156)*

Misterle *n. (K)* Luder, schlimmes Kind. *(Pohl 113)*

Mistvieh *n. („-viech")* Derbes Schpfw. für eine bösartige, charakterschlechte Weibsperson, auch für Tiere, besonders Hund, verwendet. *(Pfeiffer 275, Aman 100, Jakob 122, UK 468, Jontes 122, Schatz II, 428)*

Mistfink *m.* Grobes Schpfw. für einen Menschen mit schmutziger Gesinnung. Wie in Schmutzfink (s. d.) wird angedeutet, dass der Vogel seine Nahrung aus dem schmutzigen Milieu eines Misthaufens oder Pferdeapfels holt. *(Grimm XII, 2270, Küpper 158, Pfeiffer 274, Kapeller 105, Jontes 122, Jakob 122, Jutz II, 426)*

Mistgestätte *f. (W, „-gstätten")* Schpfw. für hassenswerte Person; eig. unbebaute, verwahrloste Gegend, in der Abfall, Mist, Müll abgelagert wird. *(Jakob 122)*

Misthammel *m.* Schpfw. und Bez. für ungeschliffenen, charakterschlechten

Mann. Vgl. auch Dreckhammel (s. d.). *(Grimm XII, 2271, Pfeiffer 274, Aman 100, UK 463, Jontes 122)*

Misthund *m.* Abfällige Bez. und Schpfw. für charakterlich minderwertigen Menschen; Steigerung von Hund (s. d.). *(Pfeiffer 274, Aman 100)*

Mistkäfer *m.* Schpfw. für schmutziges Kind, besonders Mädchen; nach dem Pillendreher, Skarabäus, der seine Eier in selbstgedrehte Mistkugeln ablegt; vgl. Käfer (s. d.). *(Grimm XII, 2272, Küpper 158, Pfeiffer 275, Jutz II, 427)*

Mistkerl *m.* Schpfw. für Menschen unlauteren Charakters; vgl. Kerl (s. d.). *(Pfeiffer 275)*

Mistkratzer *m.* Abfällige Bez. für Bauern, nach der niedersten Arbeit, dem Zusammenkratzen des Mistes im Viehstall. *(Jontes 122)*

Mistkübel *m. (W)* Spöttisch für einen, der alles isst und keinesfalls wählerisch ist. *(Teuschl 156)*

Mistkübler *m. (W)* Scherzhaft für Angehörigen der Städtischen Müllabfuhr. *(Teuschl 157)*

Mistmensch *n. (W)* Schpfw. für tadelnswertes Mädchen; siehe Mensch. *(Jakob 122)*

Mistsau *f. (W)* Derbe Verstärkung von Sau. *(Pfeiffer 275, Aman 100, Jakob 123)*

Mistschlampe *f.* Derbes Schpfw. für verkommenes Frauenzimmer; vgl. Schlampe (s. d.). *(Aman 100)*

Miststück *n.* Derbes Schpfw. für weibliches Wesen schlechten Charakters. *(Pfeiffer 275)*

Miststürer *m. (W, „-stierer")* Jemand, der Mülltonnen nach brauchbaren oder genießbaren Dingen durchwühlt. *(Teuschl 157)*

Mistwabe *f. (St, „-waben")* Derbes Schpfw. für Frauenzimmer. Vgl. Wabe (s. d.). *(UK 463, Jontes 123)*

Miese *m. (V)* Bez. und Rügewort für langweiligen, verdrossenen, unentschlossenen, energielosen alten Mann; ma. miesen „Moos sammeln". *(Jutz II, 411)*

Missgeburt *f.* Abfällige Bez. für Menschen mit angeborener, vor allem körperlicher Behinderung. Heute weitgehend durch den Begriff „Behinderter" ersetzt. *(Grimm XII, 2286, Pfeiffer 274, Aman 99)*

Miesmacher *m.* Schpfw. für jemanden, der sich abfällig äußert, der in negativer Weise kritisiert, eine Sache heruntermacht; umgangssprachl. mies „schlecht" aus jidd. mi(er), misnick(er) „schlecht, miserabel". *(Pfeiffer 271, Kapeller 103, Kluge 478)*

Moppel *m.* Ältere, abfällige Bez. für Hund, besonders Schoßhund. Zu Mops als Hunderasse. Dazu ma. moppeln „unbeholfen laufen". *(UK 463, Jontes 123, Jakob 123)*

Mopsle *m. (V)* Spottbez. für Menschen mit Stupsnase wie ein Mops. *(Pfeiffer 278, Jutz II, 446)*

Möchtegern *m.* Satzname als Spottwort für jemanden, der, seine Fähigkeiten überschätzend, sich allzu gern in den Vordergrund schiebt. Auch in Zusammensetzungen wie Möchtegerndichter usw. *(Pfeiffer 276)*

Modepuppe *f. („-puppen")* Spöttisch für besonders modebewusstes weibliches Wesen; nach der Schneiderpuppe. Vgl. auch Puppe (s. d.). *(Pfeiffer 276)*

Modegeck *m.* Hochsprachlicher Spott für sich besonders herauszierenden, dazu arroganten Mann; populärer ist aber Gigerl (s. d.). *(Pfeiffer 276)*

Motsch *m. (T)* Bez. und Rügewort für mürrischen, verdrossenen Menschen; wie Mock (s. d.). *(Schatz II, 430)*

Mogler *m.* Schpfw. und Bez. für Schwindler, besonders beim Kartenspiel; studentensprachl. zu maucheln „betrügen, heimlich handeln, verstecken". *(Kluge 484, Pfeiffer 277, Kapeller 104)*

Moidel *f. (St)* Ältere abfällige Bez. für einfache Frau niedersten Standes, auch altes Weib. Koseform für Maria. *(UK 464, Jontes 123)*

Mock *m. (V)* Bez. und Schpfw. für mürrischen, verdrießlichen Menschen, auch Trotzkopf; eig. spröde, plumpe Sache, Brot von schlechtem Mehl, Klumpen. *(Grimm XII, 2434, Aman 100, Wintersberger 57, WStWB 164, Schatz II, 430)*

Mockel *m. (V)* Schpfw. für schweren, unbeholfenen, ungeschlachten Menschen; eig. Holzklotz, mhd. mocke „ds.". *(Jutz II, 436f.)*

Mockkäfer *m. (St)* Wie Mock (s. d.). *(WStWB 164)*

Molle *m.* Bez. für eigensinnigen, beschränkten, plumpen Menschen; auch Bez. für Stier, Ochse; mhd. molle „Molch, Eidechse", zu mollig „weich anzufühlen, rundlich". *(Jutz II, 440f.)*

Mondfänger *pl. (V)* Spottname für die Bewohner von Hard, die als eine Art Schildbürger das Spiegelbild des Mondes im Wasser sahen und herausfischen wollten. *(Jutz II, 443)*

Mondgesicht *m.* Scherzhaft-spöttische Bez. für Menschen mit rundem, auch ausdruckslosem Gesicht. *(Grimm XII, 2507, Pfeiffer 277)*

Mondkalb *n.* Bez. und Schpfw. für dummen, unbeholfenen Menschen; eig. die Missgeburt der Kuh, von der man glaubte, dass sie unter dem üblen Einfluss des Mondes zustande gekommen sei. *(Grimm XII, 2508, Kluge 486, Jutz II, 443)*

Mondscheinbruder *m. (W)* Bez. und Spottwort für Nachtschwärmer, nächtlichen Herumtreiber. *(WBÖ III, 1148, Pfeiffer 277)*

Mondsüchtiger *m.* Schpfw. für jemanden, der närrisch handelt, nicht bei vollem Bewusstsein erscheint, Schlafwandler, Nachtwandler; nach dem Phänomen des Somnambulismus. *(Jutz II, 445f.)*

Monster *n.* Derb für körperlich besonders missgestalteten Menschen, Wesen mit monströsen Missbildungen; durch den Film und seine Filmmonster popularisiert; lat. monstrum „etwas, das man herzeigt".

Morassel *f.*, **Morastel** *f. (W, „Murassel")* Bez. für unsympathischen, ungepflegten Menschen; zu Morast aus Assel, Astel (s. d.) als unappetitliches Insekt. *(Wehle 100, Teuschl 157)*

Mörderer *m. (T, „Mearderer")* Schpfw. für jemanden, der beim Arbeiten viel beschädigt oder zerstört. *(Schatz II, 432)*

Mord-, Mords- Zur Steigerung und Verstärkung verwendet, jedoch nicht immer im negativen, sondern teilweise auch im anerkennenden Sinne. *(Pfeiffer 279)*

Mörderhase *m. (W, „-has“)* Scherzhaft für besonders attraktives weibliches Wesen. *(Teuschl 157)*

Mordviech *n. (W)* Schpfw. und Bez. für äußerst dummen und rohen Menschen; vgl. Viech (s. d.). *(Jakob 124)*

Mordsbagage *f. („-bagásch“)* Verstärktes Bagage (s. d.), wie Pack, Gesindel. *(WBÖ II, 87f., Jakob 124)*

Mordskerl *m.* Verstärkt für Kerl (s. d.), auch anerkennend. *(Grimm XII, 2548, Kapeller 105, Jutz II, 448)*

Mordslackel *m.* Verstärktes Lackel (s. d.). *(Jutz II, 448)*

Mordsmensch *n. (V)* Bez. für derbes, starkes Weibsbild. *(Jutz II, 448)*

Mordsspitzbube *m. (V)* Verstärktes Spitzbube (s. d.). *(Jutz II, 448)*

Mordsweib *n.* Bez. für großes, derbes Weib, auch anerkennend für tüchtige Frau. *(Jakob 124, Jutz II, 448)*

Möhrenfresser *m. (St)* Spottname der deutschen Untersteirer für ihre slowenischen Nachbarn. Auf die Kost bezogenes Schpfw. wie Brein-, Sterzfresser (s. d.). *(UK 464, Jontes 123)*

Mohrl *m. („Muhrl“)* Spött. Bez. für Neger, auch dunkelhäutigen, krausshaarigen Europäer. *(Jutz II, 439)*

Morscher *m. (T)* Bez. und Rügewort für unbeholfenen Arbeiter; ma. morschen „langsam, ungeschickt arbeiten“. *(Schatz II, 432)*

Most *m.* Schülersprachl. Schpfw. allgemeiner Art („Jeder Most geht zur Post“, als Berufsspott, Graz). Zum Getränk Apfelmost gehörig, das für das bäuerliche Milieu charakteristisch ist. *(Jontes 123)*

Mostagént *m. (St)* Scherzhaft-spöttische Bez. für Handwerksburschen, weil diese einst auf ihrer Wanderschaft gern um Most bettelten; Agent „Vertreter, Hausierer im abträglichen Sinne“. *(WBÖ I, 110)*

Mostblunzen *pl. (O)* Spottname für die Bewohner des oberösterr. Mostviertels, ähnlich Mostschädel (s. d.); Blunze „Blutwurst, Dickwanst“ (s. d.). *(WBÖ III, 489)*

Mostel *m. (St)* Bez. für kleinen, dicken Menschen (auch mostig, mostet „dick, aufgedunsen“). Verkleinerungsform zum Vorigen. *(UK 466, Jontes 123)*

Mosthäfen *m. (St)* Bez. und Schpfw. für dicken Menschen; in der Art von Schpfw. nach Gefäßbez. (vgl. Butte, Kübel, Sechter usw., s. d.). *(UK 466, Jontes 123)*

Mostschädel *m.* Bez. für Mann mit ungefügem, dickem, klobigem Haupte, übertragen auch auf Querkopf, Dickschädel. Der Oberösterreicher wird scherzhaft so genannt, weil dieser als besonderer Mosttrinker gilt. *(Wintersberger 57, Jakob 123, Teuschl 157, Jungmair 192, UK 466, Jontes 123, Jutz II, 453)*

Müchteler *m. (V)* Bez. und Rügewort für weltscheuen, unbeholfenen, vor sich hinbrütenden Menschen; ma. müchteln, müchtlen „dumpf, schimmelig riechen“. *(Jutz II, 455)*

Muche *m. (V)* Bez. für verschlossenen, stillen Menschen; eig. Molch, Unke. *(Jutz II, 454)*

Mutte *m. (V)* Bez. und Rügewort für launischen, mürrischen Menschen; ma. mutten „niedergeschlagen sein", zu ital. muto „stumm, sprachlos"? *(Jutz II, 480)*

Muttel *f. (T)* Schpfw. für schlampig gekleidetes Weib; eig. Kuh, die sich die Hörner abgestoßen hat. *(Schatz II, 440)*

Mudel *f. (St)* Bez. für dickes Frauenzimmer, dralle Dirne; wie in mudelfein „besonders weich, zart, fein", mudelsauber „sehr schön (von Menschen)", mudlet „weich anzufühlen". Nebenform von Nudel? *(UK 466, Jontes 123)*

Mutterbinkel *m. (St)* Synonym für Müttersöhnchen; vgl. Binkel (s. d.). *(WBÖ III, 1407)*

Muttertuttler *m. (K)* Schpfw. für Feigling, Memme; eig. einer, der der Mutter noch an der Brust liegt. *(Lexer, KWB 80)*

Mutterl *n. (W, „Muatterl")* Scherzhaft für Weichling, Feigling. *(Teuschl 158)*

Mutterzartel *n. (St)* Bez. für Lieblingskind, abfällig auch für verzärteltes, verweichlichtes Kind, Muttersöhnchen. Vgl. auch Zarterl (s. d.). *(UK 466, Jontes 123)*

Mutti *f.* Das Kosewort kann auch leicht abwertenden Charakter annehmen, wenn es eine eher bieder anmutende Frau bezeichnet. *(Pfeiffer 283)*

Muttler *m. (T)* Bez. für Lieblingskind, abfällig auch für verzärteltes, verweichlichtes Kind, Muttersöhnchen. Vgl. auch Zarterl (s. d.). *(UK 466, Jontes 123)*

Müdsack *m. (T, S)* Schpfw. für lästigen, zudringlichen Menschen, auch Langweiler. *(Schatz II, 434, Ziller 123)*

Mutsch *m. (V)* Schpfw. für dicken, plumpen Menschen, besonders Frau, auch Dickkopf; zu Mock (s. d.) oder mhd. mutsche „kleines geringes Brot". *(Jutz II, 480)*

Muff *m.* Bez. für missmutigen, übelgelaunten Menschen, Sauertopf, auch. brummigen Hund. Ma. muffen „brummende Laute ausstoßen", muffig „missmutig, beleidigt". *(Grimm XII, 2622f., Aman 101, Jakob 124, Teuschl 158, Lexer, KWB 192, Ziller 123, UK 467, Jontes 123, WStWB 164)*

Mufti *m. (W)* Scherzhafte Bez. für mürrischen Menschen; Umbildung von Muff (s. d.) nach arab. mufti „Rechtsgelehrter"; vgl. auch Fetzenmufti (s. d.). *(Küpper 160, Pfeiffer 281, Jakob 124)*

Muffel I *m.* Übelgelaunter, verdrießlicher Mensch; zu Muff (s. d.). In jüngerer Zeit in Zusammensetzungen wie Sexmuffel, Krawattenmuffel, Gurtenmuffel usw. gebräuchlich, die damit andeuten, dass jemand für eine bestimmte Sache wenig Begeisterung zeigt. *(Pfeiffer 281, Wintersberger 57)*

Muffel II *f. (V)* Bez. für altes, verschrumpeltes Weiblein; ma. muffelen „mit zahnlosem Munde kauen, mümmeln". *(Jutz II, 458)*

Muffengänger *m.* Bez. für Angsthase, furchtsamen Menschen, jemanden, der Angst vor den Folgen seines Handelns hat; Muffe anscheinend Synonym für Arschloch, einer, dem „die Muffe geht". *(Jontes 123f.)*

Mugerl *n. (St)* Bez. für dickes, kleines Mädchen oder Frauenzimmer. Ma. Mugel „Brocken, großes Stück, Stein" (vgl. auch den oststeirischen Familiennamen Hirschmugl „Hirsebrocken, Knödel im Hirsebrei"). *(UK 467, Jontes 124)*

Muggler *m. (V)* Schpfw. und Bez. für kleinen Gauner, Dieb, der Kleinigkeiten stiehlt; ma. muggeln „heimlich wegnehmen", zu munkeln, zu stehlen. *(Jutz II, 459f.)*

Mücke *f. (V)* Scherzhafte Bez. für kleinwinzige Person. *(Pfeiffer 280, Jutz II, 455)*

Mucker *m.* Bez. und Schpfw. für heimtückischen, verschlagenen Menschen; ma. mucken „murren, brummen; sich auflehnen". *(Grimm XII, 2614, Pfeiffer 280, Kapeller 106, Jungmair 192, Jutz II, 456)*

Müllbruder *m.* Synonym für Bankert (s. d.); Herkunft unklar. *(WBÖ II, 231)*

Multenschorre *m. (V)* Scherzhafte Bez. für das letztgeborene Kind einer Familie; eig. Brot, das aus Teigresten gebacken wird, die mit einem Kratzeisen aus dem Backtrog („Multe") gescharrt werden; vgl. Geschrapp (s. d.). *(Jutz II, 464)*

Mulle *f. (T)* Schpfw. für ein gefallenes Mädchen; eig. Katze, auch hornlose Geiß. *(Schatz II, 437)*

Mulfer *m. (V)* Bez. und Rügewort für jemanden, der undeutlich spricht; ma. mulfen „undeutlich reden"; vgl. auch Murfler (s. d.). *(Jutz II, 463)*

Mullgrind *m. (T)* Bez. und Rügewort für mürrischen Menschen, Murrkopf; Grind „Kopf" auch in anderen Schpfw.; vgl. Grindschippel (s. d.) u. a. *(Schatz II, 437)*

Muli *n.* Bez. für starrköpfigen, sturen, dummen Menschen; Muli *n.* „Maultier", ital. mulo „ds."; vgl. auch Maulesel (s. d.). *(Pfeiffer 281, Jakob 124, Pohl 114, Schatz II, 437, Ziller 123)*

Mumak *m. (W)* Mürrischer Mensch; in Art slawischer Namensbildung. *(Teuschl 158)*

Muhme *f. (V)* Verächtl. Bez. für schwatzhafte, alte Frauensperson; eig. Muhme, „Mutterschwester", mhd. muome. *(Jutz II, 462)*

Mumie *f.* Scherzhaft-spöttische Bez. für alte, eingetrocknete, runzelige Frau; Vergleich mit der einbalsamierten Leiche, arab. mumija. *(Kluge 492, Pfeiffer 281)*

Mumientupfer *m.* Scherzhaft für Mann mit sexueller Vorliebe für wesentlich ältere Partnerinnen; ma. tupfen „coire". *(Pfeiffer 281 „Mumienschänder")*

Mummle *m., f. (V)* Bez. für zahnlose alte Person; ma. mummlen „mühsam kauen, mümmeln". *(Jutz II, 465)*

Mundel *n. (S)* Bez. und Rügewort für beschränkte Person, Tolpatsch, unbeholfenen Menschen; eig. Mündel „Schutzbefohlener", mhd. munt „Schutz". In letzter Zeit auch durch die vulgär gezeichnete Titelgestalt einer Wiener Fernsehserie belebt, die allerdings die Kurzform des Vornamens Edmund, Raimund darstellt. *(Ziller 123, Teuschl 158)*

Mune *m. (V)* Bez. und Schpfw. für störrischen, grobschlächtigen Mann;

eig. ein Stier damit gemeint; Herkunft dunkel. *(Jutz II, 467)*

Munggerle *n. (V)* Mehr spött. Bez. für zahnloses, altes Weiblein; ma. munggen „herumkauen". *(Jutz II, 467)*

Muramatsche *f. (T)* Schpfw. für lästiges und schwatzhaftes Frauenzimmer; ma. Murre „verdrießliches Gesicht". *(Schatz II, 439)*

Murre *m. (V)* Bez. und Rügewort für unzufriedenen, brummelnden Mann; zu murren. *(Jutz II, 471)*

Murreule *f. (N, „-eulen")* Bez. für jemanden, der mit ärgerlichem, mürrischem oder betrübtem Gesicht herumläuft. *(WBÖ I, 473f.)*

Murfler *m. (T)* Bez. und Rügewort für jemanden, der undeutlich spricht, murmelt; ma. murflen, murfeln „undeutlich reden", Murfel „Mund"; vgl. auch Mulfer (s. d.). *(Schatz II, 438)*

Murgel *f. (W)* Bez. und Schpfw. für mürrische Frau; zu murren. *(Jakob 124)*

Mürgel *f.* Bez. für verkümmertes, altes Weiblein. Zu oberdt. Murk „in Wachstum und Sprache zurückgebliebener Mensch". Vgl. Murkse (s. d.). *(Grimm XII, 2716, UK 468, Jontes 124)*

Mürggele *m. (V)* Bez. für altes, verschrumpeltes Weiblein; ma. murggen „schrumpfen". *(Jutz II, 470)*

Murgetzer *m. (St)* Bez. für Faulpelz, faulen Knecht, langsamen Arbeiter. Ma. murgetzen „träge und langsam arbeiten", zu murken „stückweise arbeiten", murksen „schlecht arbeiten". *(Grimm XII, 2715, UK 468, Jontes 124)*

Murke *f. („Murken")* Nebenform zu Gurke (s. d.). *(Teuschl 159, WStWB 164)*

Murksel, Murkse, Murkserl *f. (St)* Abfäll. Bez. für schwächliche und klein geratene Frauensperson. Vgl. Mürgel (s. d.). Ma. murksen „schlecht arbeiten, sich abplagen" zu mhd. murc „brüchig, schadhaft", daraus oberdt. Murk „in Wachstum und Sprache zurückgebliebener Mensch". *(Grimm XII, 2716, Pfeiffer 282, UK 469, Jontes 124, Hager 38)*

Murkser *m.* Bez. für schlecht, stümperhaft arbeitenden Mann; wie zuvor. *(Aman 101, Kapeller 107, Jakob 124, Jontes 124, WStWB 164, Schatz II, 438, Jutz II, 470)*

Murl *m. (W)* Scherzhaft für Neger, dunkelhäutigen Menschen, schwarzhaariges Tier; Verkleinerungsform von Mohr. *(Teuschl 159)*

Musch, Musche *f. („Muschen")* Bez. für liederliche Weibsperson, Dirne. Zu Musch *f.* „Vulva" (vielleicht aus frz. mouche „Fliege, Schönheitspflästerchen"). *(Grimm XII, 2731, Küpper 160f., Pfeiffer 282, Aman 101, Wintersberger 57, Jakob 124, Schuster 108, Puchner 257, Ziller 193, Jungmair 193, UK 469, Jontes 124, Schatz II, 433)*

Musche *m. (V)* Bez. und Schpfw. für schweigsamen, beschränkten Menschen; schweizerdt. muschen „schmollen, niedergeschlagen sein". *(Jutz II, 472)*

Muschge *m. (T)* Abfäll. Bez. für rotziges Kind, auch Rotzmuschge; Herkunft dunkel. *(Schatz II, 439)*

Musspopper, -pamper *m. (St, „Muaß-")* Spöttisch für ungewolltes Kind.

Musterbalg *m. (St)* Bez. für missgestaltetes Kind im Sinne von Wechselbalg; Muster wohl ironisch gemeint. *(UK 469, Jontes 124)*

Muskelprotz *m.* Spött. Bez. für Mann, der mit seinen Muskeln angibt, gerne zeigt und beweist, wie stark er ist. *(Pfeiffer 282, Kapeller 107)*

Musle *m. (V)* Bez. für unbeholfenen, langsam arbeitenden, schwerfälligen Menschen; ma. muslen „schwerfällig arbeiten". *(Jutz II, 475)*

Musmehlvogel *m.* Scherzhafte Bez. für Wiegenkind, das nicht gestillt, sondern mit Mehlkoch gefüttert wird, was als minderwertig gilt. *(Jutz II, 475f.)*

Musschleifer *pl. (V)* Ortsspottname für die Einwohner von Fraxern. *(Jutz II, 476)*

• • • • • • • •

N

• • • • • • • •

Nabel *m. („Napel")* Schpfw. für bedeutungslosen Menschen, auch Katzennabel *(W)*; ebenso scherzhaft für Knaben etwa im Volksschulalter; eig. einer, der einem Erwachsenen gerade bis zum Nabel reicht. *(St) (UK 470, Jontes 125, Jakob 125)*

Nappel *f. (T)*, auch **Noppel** Abschätzig für Betschwester, auch Betnappel; ma. nappen, noppeln „bejahend nicken; die Lippen betend bewegen", gnappen „wackeln, hin- und herrutschen". *(Grimm XIII, 886, Schatz II, 445, 454)*

Nappetzer, Napfetzer *m.* Bez. für schläfrigen, langweiligen Menschen, auch ebensolchen Arbeiter; auch der leichte Schlummer, das „Einnappsen" als solches. Alte Intensivbildung zu napfen „einnicken, sitzend schlummern" (ahd. hnaffezen, mhd. nafzen). *(Grimm XIII, 350, UK 470, Aman 103, Jontes 125)*

Napf *m.*, **Napfer** *m. (K, T)* Bez. und Rügewort für aufgeblasenen, eitlen Menschen, auch ungeschickten Burschen; Vergleich mit dem Gefäß. *(Grimm XIII, 349, Lexer, KWB 196, Schatz II, 445)*

Napfähnel *f. (N, „-ahnl")* Bez. und Rügewort für schläfrige Person; zu napfen, napsen, napfeten „einnicken, schlafen", Ähnel *f.* „Großmutter". *(WBÖ I, 232)*

Nachtänzer *m. (O, „Nachitanzer")* Bez. für Schmarotzer, der zwar nicht zum Hochzeitsmahl geladen ist, sich aber dennoch an den Resten desselben gütlich tut, dies nach geendigtem Tanz besorgt. *(Jungmair 194)*

Nachtbesen *m. (T)* Synonym für Hexe, die man sich nächtlicherweile auf ihrem Besen zum Stelldichein mit dem Teufel reitend vorstellte. *(WBÖ II, 1122)*

Nachtbube *m. (T, V)* Bez. und Schpfw. für Nachtschwärmer, Herumtreiber. *(Grimm XIII, 170, WBÖ II, 1234, Pfeiffer 284, Schatz II, 443, Jutz II, 504)*

Nachteule *f. („-ahln")* Schpfw. für hässliches altes Weib, auch Frau, die gerne nachts ausgeht; Vergleich mit dem Nachtgreifvogel. *(Grimm XIII,*

175, WBÖ I, 474, Küpper 162, Pfeiffer 284, Kapeller 108, Jutz II, 504)

Nachtfalter *m.* Wie das Folgende. *(Küpper 162, Pfeiffer 284)*

Nachtflittersch *m. (V)* Bez. und Schpfw. für Nachtschwärmer; eig. ein Nachtschmetterling damit gemeint. *(Jutz II, 504)*

Nachtvogel *m.* Bez. für Nachtschwärmer oder allgemein Abendmensch. *(Grimm XIII, 221, Küpper 162, Pfeiffer 284, Jakob 126, Schuster 109, Jontes 125, Jutz II, 506)*

Nachtgeist *m.* Bez. für jemanden, der nachts im Hause herumgeht („herumgeistert") oder -arbeitet. *(Grimm XIII, 179, Jutz II, 504)*

Nachtkönig *m.* Scherzhafte ältere Bez. für den Kanalräumer, besonders aber Fäkalienführer, der in der Zeit vor der allgemeinen Kanalisierung der Städte in der Nacht die Abortfässer entleerte und den Inhalt wegbeförderte; vgl. auch Häuselräumer (s. d.). *(Jakob 126, Teuschl 161, Schatz II, 443)*

Nachtrabel *m. (W)* Bez. und Rügewort für Nachtschwärmer; zu Rabe. *(Grimm XIII, 205, Pfeiffer 284, Schuster 109)*

Nachtraup *m.*, siehe Raup.

Nachtreiberl *n. (T)* Scherzbez. für das jüngste Kind in der Familie, das mit einem Tier in einer Viehherde verglichen wird, das als Nachzügler hinterhergetrieben wird. *(Schatz II, 443)*

Nachtschattengewächs *n.* Stadtsprachlich für jemanden, der sich gerne nächtlicherweile herumtreibt; scherzhafter Vergleich mit einer Pflanze aus der Gattung Solanum. *(Pfeiffer 284)*

Nachtschwärmer *m.* Wie hochsprachlich für nächtlichen Herumtreiber. Im Schwärmer klingt auch die gleichnamige, am Abend aktiv werdende Schmetterlingsfamilie an. *(Grimm XIII, 215, Pfeiffer 284, Kapeller 108, Jutz II, 506)*

Nachtwächter *m. („-wachter")* Bez. und Rügewort für langweiligen, langsamen, begriffsstutzigen Menschen; aus dem Berufsspott der Vergangenheit, weil für dieses Amt keine besonderen geistigen und körperlichen Fähigkeiten vonnöten waren. *(Grimm XIII, 222, Pfeiffer 285, Aman 102, Kapeller 108, Teuschl 161, Jontes 125, Schatz II, 443)*

Nachzügler *m.* Bez. auch für Kind, das spätgeboren als letztes in der Familie zur Welt kommt; ursprünglich der Soldat, der hinter der Armee zurückgeblieben war. *(Grimm XIII, 238, Pfeiffer 285, Jutz II, 508)*

Naderer *m.* Verächtliche Bez. für Angeber, Spitzel, einst Geheimpolizist der Metternich-Ära. Zu Stadtjargon einnähen („einnahen") „einsperren". *(Küpper 163, Pfeiffer 285, Wintersberger 58, Jakob 126, Teuschl 161, Ziller 124, UK 473, Jontes 125)*

Natscher *m. (V)* Bez. und Rügewort für jemanden, der schmatzend nascht, auch ein undeutlich Redender; lautmalend. *(Grimm XIII, 426, Jutz II, 525)*

Nätschker *m. (W)* Schpfw. für Schnorrer, Geizkragen. Zu Nätsch „Kleingeld, kleine Münze". *(Teuschl 163)*

Naturapostel *m.* Ursprünglich eher spöttisch für naturbewusst lebende Menschen, früher lebensreformerischer Zirkel, heute durch die wieder stark wirkenden Alternativbewegungen ins Positive verkehrt; auch der missionarische Drang dieser Menschen kommt darin zum Ausdruck. *(Pfeiffer 287)*

Naturprügel *m. (W)* Scherzhaft für naiven Menschen, Naturburschen. *(Teuschl 163)*

Naturtepp *m.* Einer, der als Dummkopf geboren wurde, von Natur aus ein solcher ist. *(Wintersberger 59)*

Nagel *m. (T)* Spöttische Bez. für kleingewachsenen Menschen. *(Schatz II, 144)*

Naivling *m.* Spöttisch für ahnungslosen, naiven Menschen. *(Pfeiffer 285)*

Nackerbatzel *n.* Schpfw., wenn mit entsprechendem Tonfall oder mit einem Zusatz („geistiges Nackerbatzel") versehen. Ursprünglich Kosewort in der Bed. „kleines, noch halbnackt herumlaufendes Kind, dessen körperliches Schamgefühl noch nicht ausgebildet ist". Batzel „ein bisschen" und nacket „nackt". *(WBÖ II, 260, 515, Wintersberger 58, Jakob 126, Teuschl 161, UK 472, Jontes 125, Pohl 115, Jungmair 195, Ziller 124, Schatz II, 444)*

Nandel *n., f. (W, B),* auch **Nannerl** *n. (St)* Bez. für zaghaften, feigen, weibischen Mann, Schwächling *(St)*, auch für schüchterne, ratlose Frauensperson; Koseform von Anna; vgl. auch „wie das Nanerl im Traum" für ratlos sein. *(WBÖ I, 250, UK 474, Jontes 125, WStWB 164, Jakob 125 .)*

Nangge *f. (T)* Schpfw. für klagendes, raunzendes Frauenzimmer; ma. nanggen „zudringlich sein, jammern". *(Schatz II, 445)*

Nangger *m. (T)* Bez. und Schpfw. für lästigen Menschen; wie oben. *(Schatz II, 445)*

Narr *m.* Wie hochsprachlich; weniger für einen sich zum Narren machenden Menschen, als vielmehr für geistig Gestörten, außerhalb gesellschaftlicher Normen sich bewegenden, auch exaltierten Menschen; ahd. narro, mhd. narre, viell. von spätlat. nario „Nasenrümpfer, Gesichterschneider, Spötter". Auch in Komposita für manische Menschen wie etwa Büchernarr, Waffennarr, Weibernarr, Pferdenarr (s. d.). *(Grimm XIII, 354ff., Kluge 503, Pfeiffer 285, Aman 102, Jakob 126, UK 474, Pohl 115, Schatz II, 446, Ziller 125, Jutz II, 517f.)*

Narrentatel *m.* Bez. und Rügewort für Halbnarr, Mensch ohne Verstand. Vgl. Tatel (s. d.). *(Jakob 126, Teuschl 162, Hager 42, UK 474, Jontes 125, WStWB 164, Ziller 125)*

Narrenhäusler *m.* Wie Narr; Narrenhaus heute für psychiatrische Klinik, Nervenkrankenhaus, einst auch für das neben dem Pranger stehende Gitterhäuschen zur öffentlichen Ausnüchterung von Betrunkenen usw. *(Pfeiffer 286, Jutz II, 519)*

Närrischer *m. („Narrischer")* Wie Narr.

Narken *m.*, siehe Norgge.

Narziss *m.* Spöttisch für selbstverliebten, eitlen Mann; nach der antiken Sagengestalt des Jünglings, der in sein eigenes Spiegelbild verliebt war. *(Pfeiffer 286)*

Narzisse, Nazisse *f.* Schpfw. für Nationalsozialistin; Hüllwort zu Nazi (s. d.). *(Teuschl 162)*

Naschiwaschiweib *n. (W)* Schpfw. für klatschsüchtige Frauensperson; wie wischiwaschi nach Waschweib gebildet. *(Teuschl 162)*

Naschkatze *f. („-katz“)* Bez. für genäschige Person beiderlei Geschlechts, die besonders auf Süßes aus ist. *(Grimm XIII, 395, Pfeiffer 286, Kapeller 109, Jakob 126, Teuschl 162, Jontes 125)*

Naschmaul *n.* Wie zuvor. *(Pfeiffer 286)*

Nase *f.* Abfällige Bez. und Schpfw. für frechen, meist jüngeren Menschen; Kurzform von Rotznase (s. d.). Auch von der Schmäh- oder Bosheitsgeste der „langen Nase“ her bestimmt. *(Jakob 126f., Jontes 125f.)*

Nasenpauli *m. (W, „-päuli“)* Spottbez. für Menschen mit langer Nase. *(WBÖ II, 608, Jakob 127)*

Nasenpeter *m. (N)* Wie zuvor; auch für Menschen mit ausgeprägtem Riechorgan. *(WBÖ II, 1143, Teuschl 162)*

Nasenbär *m. (W)* Scherzhaft für Menschen mit großer Nase; nach dem tatsächlich existierenden Tier. *(Pfeiffer 286, Teuschl 162)*

Nasenbohrer *m.* Abfällige Bez. und Rügewort für langweilig-dummen, auch bornierten Menschen. Hinweis auf die in der Öffentlichkeit verpönte Tätigkeit einer vitalen Körperpflege, der Entfernung des Nasenschleimes. Vgl. die Schpfw. mit Rotz- (s. d.). *(WBÖ III, 624, Pfeiffer 286, Aman 103, Teuschl 162, Jontes 126)*

Naserer *m. (W)* Bez. und Schpfw. für Voyeur, neugierigen Menschen, jemanden, der seine Nase überall hineinsteckt. *(Teuschl 162)*

Naseweis *m.* Spottwort für jungen, vorwitzigen Menschen; ursprünglich damit ein scharf witternder Jagdhund gemeint. *(Pfeiffer 286)*

Nasle *m. (V)* Spöttisch für Menschen mit großer Nase. *(Jutz II, 523)*

Nasswadi *m. (W)* Schpfw. für Säufer, vgl. auch Gieswaderer; unklarer Herkunft; im Nd. Näswater „frecher Kerl, Rotznase“, von dorther übernommen? *(Schmeller II, 850, Kapeller 109)*

Nauntscherl *n. (St)* Bez. für schwaches, unterentwickeltes weibliches Wesen, auch für Schweinchen; zu ma. naunketzen „hin- und herwackeln“. *(UK 474, Jontes 126)*

Naungge *f. (T)* Schpfw. für Betschwester, auch langweilige Frau; ma. naunggen „einnicken“. *(Grimm XIII, 473, Schatz II, 447)*

Naunkerl *n. (S)*, auch **Gnaunkerl** Bez. und Schpfw. für kleine, nichtsnutzige Person, Schwächling; ma. naunketzen „leise Töne von sich geben“. *(Ziller 125)*

Naunler *m. (St)* Bez. für schläfrigen, langsamen Menschen, trägen Arbeiter; zu naunketzen wie zuvor. *(UK 474, Jontes 126)*

Naunze *f. (St)* Bez. wie zuvor, Schlafhaube. *(UK 474, Jontes 126)*

Nauser *m. (T)* Bez. und Rügewort für lässigen Arbeiter; ma. nausen „langsam, schlampig arbeiten“. *(Schatz II, 447)*

Naz *m.*, **Nazl** *m. (T)* Kurzform von Ignaz, auch als Schpfw. für dumme, unbeholfene Männer verwendet. *(Schatz I, 310)*

Natze *f. (T)* Bez. und Rügewort für sich zierendes Mädchen; eig. Puppe; eine „hearische N.“ ist ein Frauenzimmer, „das sich vornehm herausputzt“; für Betschwester auch Betnatze. *(Schatz II, 447)*

Nazi *m.* Kurzform für Nationalsozialist; in den Anfängen der NS-DAP spöttisch von den Gegnern verwendet, später zur allg. Bez. geworden; in früheren Zeiten einfach auch die Kurzform von Ignatius; vgl. auch Hakenkreuzler, Hackinger (s. d.). *(Pfeiffer 287, Teuschl 163)*

Nazi- In zahlreichen Schpfw. wie Nazigesindel, Nazigröße, Nazischerge, Nazischwein. *(Pfeiffer 288f.)*

Neandertaler *m. (W)* Scherzhaft für Niederösterreicher nach dem vormaligen Autokennzeichen N. *(Teuschl 163)*

Nebelbosser *m. (B)* Spottbez. der Pöttschinger für die Bewohner von Marz; ma. bossen „schlagen, schütteln“. *(WBÖ III, 667)*

Nebler *m.* Spött. Bez. für einen starken Raucher.

Nebochant *m.* Schpfw. für unwissenden, ungebildeten, auch kleinkarierten Menschen; jiddisch, aus dem Tschech. nebohý „armselig, elend“. *(Wintersberger 58, Teuschl 163)*

Netserl *n. (O)* Bez. für kleine, unscheinbare Person; Herkunft unklar. *(Jungmair 196)*

Neff *f.*, auch **„Neafe“, „Nueff“** *(T)* Bez. und Schpfw. für Frau, die lästig fällt, raunzt, herumschnüffelt; ma. neffen „reiben, scheuern, langsam handeln“. *(Schatz II, 448, 456)*

Neger *m.* Ursprünglich wertneutral für Schwarzafrikaner, Schwarzamerikaner, heute im Sinne der Political correctness tabuisiert und durch in ihrem Wertgehalt sich ebenfalls wandelnde Begriffe wie Farbiger, Afroamerikaner, Schwarzer ersetzt. Scherzhaft auch für Europäer, der durch stark gebräunte Haut einem Afrikaner gleicht; die Redensart „Neger sein“ (pleite sein) nicht damit im Zusammenhang. *(WBÖ I, 104, Pfeiffer 288, Teuschl 163)*

Negerant *m. (W)* Spöttisch für jemanden, der kein Geld hat, „neger“, stier ist, auch unzuverlässiger Geselle. *(Teuschl 163)*

Neidhafen *m. (V)* Bez. und Rügewort für neidischen Menschen. *(Jutz II, 530)*

Neidhals *m. (T)* Wie zuvor, analog zu Geizhals. *(Grimm XIII, 558, Schatz II, 448)*

Neidhammel *m.* Bez. für neiderfüllten Menschen, den Besitz oder Erfolg anderer mit Missgunst erfüllen; vgl. mit demselben Tier Dreckhammel (s. d.). *(Grimm XIII, 559, Pfeiffer 288f., Aman 102, Kapeller 110, Wintersberger 58, Jungmair 196, Jontes 126, Jutz II, 530)*

Neidkragen *m.* Wie zuvor, analog Geizkragen (s. d.). *(Grimm XIII, 563,*

Pfeiffer 289, Aman 102, Jakob 127, Teuschl 163, UK 475, Jontes 126, Lexer, KWB 165, Schatz II, 448)

Neidkrompen *m. (St)* Wie zuvor; vgl. Kramperl (s. d.). *(UK 475, Jontes 126, WStWB 164)*

Neidnigel, -nickel *m.* Wie zuvor; vgl. Nigel (s. d.). *(Pfeiffer 289, Aman 102)*

Nervenbinkel, -binkerl *n.* Nervöser Mensch, Nervenbündel. Vgl. Binkel (s. d.). *(Pfeiffer 289, Teuschl 163)*

Nerventandler *m.* Wie zuvor. *(Teuschl 163)*

Nervensäge *f.* Bez. und Schpfw. für jemanden, der einem auf die Nerven geht, einem durch sein Benehmen lästig fällt. *(Pfeiffer 289, Kapeller 110)*

Nervenzwicker *m. (V)* Scherzhafte Bez. für Masturbanten. *(Jutz II, 533f.)*

Nerverl *m.* Bez. für nervösen Menschen. *(Pfeiffer 289, Teuschl 163)*

Nestpatz *m. (T)* Scherzhafte Bez. für das letztgeborene, jüngste Kind einer Familie; eig. das zuletzt geschlüpfte Vogeljunge; ma. patzen „beschmutzen". *(Grimm XIII, 625, WBÖ II, 500f., Schmeller I, 1767, Schatz II, 449)*

Nestpatzer *m. (T)* Schpfw. für Nestbeschmutzer. *(WBÖ II, 526)*

Nestpflutter *m. (V)* Wie Nestpatz (s. d.); eig. der Vogel, der zuletzt flügge wird. *(Jutz II, 535)*

Nestpupper *m. (V)* wie zuvor. *(Jutz II, 535)*

Nestgack *m. (T)* Wie zuvor. *(Grimm XIII, 631 „Nestquack", Schatz II, 449)*

Nesthäkerl *n. (W)* Wie zuvor, entsprechend dem hochsprachl. Nesthäkchen. *(Grimm XIII, 630, Pfeiffer 290, Jakob 128, WStWB 170)*

Nesthocker *m.* Unbeweglicher, auch sich nur ungern aus seinem Umfeld hinausbegebender Mensch; vom Typ des Nesthockers, also einer Vogelart, die im Gegensatz zum Nestflüchter der Brutpflege bedarf. *(Pfeiffer 290)*

Nestscheißerl *n.* Bez. für das Lieblingskind der Eltern, dann auch scherzhaft für einen Erwachsenen, der jemandes besonderes Liebkind ist. *(Grimm XIII, 631, Pfeiffer 290, Jakob 128, Teuschl 163, Jungmair 198, Ziller 125, UK 476, Jontes 126, WStWB 170, Schatz II, 449)*

Neujahrbloch *n. (T)* Spottname für denjenigen, der am Neujahrsmorgen als Letzter aufsteht; vgl. auch Oster-, Pfingstbloch (s. d.); siehe Bloch. *(WBÖ III, 423, Schatz I, 201, II, 450)*

Neunmalgescheiter *m. („-gscheiter")* Schpfw. für jemanden, der sich für besonders klug hält, hochspr. Neunmalkluger. *(Grimm XIII, 683, Pfeiffer 290)*

Nippel *m. (St)* Bez. für Kleinkind, aber auch zwergenhaften und schwächlichen Menschen allgemein; ma. nippern „hüpfen, hopsen". *(UK 477, Jontes 126)*

Nichts *n.* Wie das Folgende; „ein Nichts sein". *(Pfeiffer 291)*

Nichtserl *n. (W, „Nixerl")* Spött. Bez. für unbedeutende Person, verkl. Personifikation von Nichts; vgl. auch Nixerl (s. d.). *(Jakob 129, Teuschl 165)*

Nichtsnutz *m. („Nixnutz")* Bez. für faulen, unfähigen Menschen mit dem

Beigeschmack auch der moralischen Minderwertigkeit. *(Grimm XIII, 729, Pfeiffer 291, Aman 104, Kapeller 111, Jakob 129, Jontes 126, WStWB 164, Schatz II, 451, Jutz II, 543)*

Niete *f.* *(„Niatn")* Bez. und Schpfw. für Versager, unfähigen Menschen (verstärkt „schöne, saubere Niete"), auch kleinen Mann *(T)* oder Nörgler *(V)*. Im 18. Jh. über das Lotteriespiel populär geworden, niederländisch niet „nichts" für ein Los, das keinen Treffer bringt. *(Grimm XIII, 842, Kluge 512, Pfeiffer 291, Aman 103f., Jontes 126, Schatz II, 452, Jutz II, 549)*

Nitsche *m.* *(V)* Bez. für beschränkten Menschen, Dummkopf; Herkunft unklar. *(Jutz II, 552)*

Nigawitz *m.*, **Nigowitz** *m.* *(W, St)* Bez. für Knirps, Zwerg; eig. Bergfink; Bühnengestalten dieses Namens im „Bauer als Millionär" und „Das Mädchen aus der Feenwelt" von Ferdinand Raimund. *(Jakob 128, Schuster 110, UK 478)*

Nigel, Nickel *m.* Bez. für kleines Kind, kleingewachsenen Menschen; eigentl. ma. für Igel, auch Kurzform von Nikolaus. Stark pejorativ in Zusammensetzungen wie Saunigel, Schweinnigel. Judenburg, 1812: „Nigl: ein kleiner Mensch". *(Pfeiffer 291, Aman 104, Jakob 128, Teuschl 164, Lexer, KWB 198, Ziller 126, UK 478, Jontes 126f., Schatz II, 452, Jutz II, 550, Jungmair 197)*

Nilpferd *n.* Spottbez. für jemanden, der besonders dick und ungraziös ist. *(Grimm XIII, 845, Pfeiffer 292)*

Nille *m.* *(V)* Bez. für Einfaltspinsel, dummen Menschen; zu schweizerdt. Nell „Dummkopf". *(Jutz II, 551)*

Nimmersatt *m.* Wie hochsprachl. für Fresser, Vielfraß. *(Grimm XIII, 850f., Pfeiffer 292)*

Nisch *m.* *(K)* Bez. für Dummkopf; zu ma. nuscheln; nüscheln „undeutlich reden, schnüffeln". *(Lexer, KWB 198)*

Nissenbeutel *m.* Älteres Schpfw. in der Bed. Lausbube; Niss „Lausei", vgl. auch Flohbeutel (s. d.). *(WBÖ II, 719, UK 478, Jontes 127)*

Nixscheißer *m.* *(W)* Scherzhaft für unbekümmerten, sorglosen, auch rücksichtslosen Menschen, jemanden, der sich „um nichts scheißt". *(Teuschl 165)*

Noppel *f.*, siehe Nappel.

Nobelhure *f.* *(„-hur")* Bez. für Prostituierte besserer Kategorie.

Notveitel *m.* *(W)* Bez. für Armen, auch Geizhals, Knicker; Veitel Verkleinerungsform von Veit. *(Jakob 129, Schuster 111)*

Notian *m.* *(W)* Bez. für Hungerleider, Habenichts, auch Knauser, Geizhals; nach dem Muster von Heiligennamen gebildet (wie Dummian usw.). *(Jakob 129)*

Notnagel *m.* Bez. für Lückenbüßer, jemanden, der für etwas einspringen muss, auch „armer Tropf, der doch groß tun will" (Lexer, a. a. O.). *(Pfeiffer 293, Kapeller 112, Lexer, KWB 195)*

Notnigel *m.* *(O, K)* Bez. und Schpfw. für Geizhals; vgl. Nigel (s. d.). *(Grimm XIII, 948, Schmeller I, 1773, Jungmair 198, WStWB 164, Pohl 116)*

Nocke *f. („Nocken")* Bez. und Rügewort für dumme, fade, hochnäsige, eingebildete, aber auch unsicher-verlegene Frauensperson; ursprünglich damit ein bekanntes alpenländisches Mehlgericht gemeint, aus Teig herausgestochene, im Wasser gekochte und dann auf verschiedene Weise durch Zutaten schmackhafter gemachte kleine, längliche Klöße (auch Nockerl); in der einfachsten Form ein unschmackhaftes, fades Gericht, daher die Übertragung auf den menschlichen Charakter. Ursprünglich Bez. für bestimmte Bergformen (Nock); ital. gnocco „Teigware bestimmter Form", vielleicht aus dem Dt. entlehnt. Dazu auch die Bed. plumpes Weib *(T)*. Verkleinerungsform Nockerl *n.* für kleinere Mädchen mit den getadelten Eigenschaften. Vgl. auch Klosternockerl (s. d.). *(Grimm XIII, 877f., Kluge 513f., Pfeiffer 292, Aman 104, Wintersberger 59, Jakob 129, Teuschl 165, UK 479, Jontes 127, WStWB 164, Pohl 117, Jungmair 198, Ziller 126, Schatz II, 454, Jutz II, 554)*

Nockerl *n.*, siehe Nocke. *(Pfeiffer 292)*

Nockerlbäcker *m. (N, „-bäck")* Spottnamen für Bäcker, wegen der Unansehnlichkeit der Erzeugnisse. *(WBÖ II, 773)*

Nockerle *n. (K)* Scherzhaft für kleinen, dicken Menschen. *(Pohl 117)*

Nolle *m. (T)* Bez. und Rügewort für dummen, unbeholfenen Menschen; ma. nollen „schütteln, stoßen; pfuschen". *(Schatz II, 454)*

Norgge *m. (T, S)* Bez. für etwas Kleines, Verkrüppeltes, sowohl für Sache als auch für Lebewesen; Herkunft dunkel, Ziller a. a. O. stellt zu mhd. orke „böser Dämon". *(Grimm XIII, 899, Schatz II, 455, Ziller 125)*

Nörgler *m.* Kleinlicher Tadler; vor allem hochsprachlich verwendet. *(Pfeiffer 293)*

Noß *n. (K)* Schpfw. allg. Art, eig. Vieh, auch Aas. *(Grimm XIII, 900, Lexer, KWB 198)*

Nowak, Novak *m.* Derjenige, der in einer leidigen Sache zum Handkuss kommt; tschech. „der Neue", im Sinne von Neubauer, Neuansiedler; Redensart „einer ist immer der Nowak". *(Wintersberger 59)*

Nupf *m. (St)* Dummkopf, wie Gupf (s. d.).

Nudel *f.* In Verbindung mit dick, lustig, ulkig zur spöttischen Kennzeichnung von Mädchen und Frauen verwendet. *(Pfeiffer 293, Aman 104, Kapeller 113, Jutz II, 564)*

Nudelauge *n. (W, „-aug")* Schpfw. für Blödian, schlechten Menschen. *(Wintersberger 59, Teuschl 165)*

Nudeldrücker *m. („-drucker")* Abfällige Bez. für knickrigen, geizigen Menschen, Sparmeister; eigentlich das Gerät, mit dem Nudeln erzeugt werden, indem man eine Teigmasse durch kleine Löcher einer Form drückt („druckt"). Vgl. auch Juchtendrücker (s. d.). *(Grimm XIII, 976, Pfeiffer 293f., Kapeller 113, Jakob 129, Teuschl 165, UK 479, Jontes 127, WStWB 164, Jungmair 199)*

Nudelfriedhof *m.* Abfällig-scherzhaft für Nymphomanin, mannstolle Person; ma. Nudel „Penis". *(Wintersberger 59)*

Nudelkopf *m. (W)* Dummkopf. *(Teuschl 165)*

Nudelwalker *m. (W, „-walger")* Scherzh.-spöttische Bez. für kleinen, dicken Menschen; Vergleich mit dem Teigholz. *(Grimm XIII, 977, Jakob 129)*

Nudler *m.* Bez. für einen schlampigen, hastigen Arbeiter (wie Hudler, s. d.), auch Fußballspieler, der einen Ball halbverfehlt abschießt (davon Nudelkick *m.* für ein schlechtes, langweiliges Fußballspiel). Auch vom allgemein abfälligen Sinngehalt von Nudel bestimmt. *(UK 479, Jontes 127)*

Nutsch *n. (W)* Schpfw. für Schmutzfink; vgl. Nutscherl (s. d.).

Nutscherl *n.* Bez. und Schpfw. für dicke kleine Weibsperson *(S)*, auch unsauberes Kind *(W)*; eig. Schweinchen, Ferkel nach dem lautmalenden Lockruf „nutsch nutsch!". *(Jakob 130, Teuschl 166, Ziller 127)*

Nutschifadel *n. (W)* Wie zuvor. Fadel „Ferkel". *(Jakob 130)*

Nuingge *f. (T)* Bez. und Schpfw. für Betschwester, lästiges Frauenzimmer; ma. nuinglen „langweilig reden". *(Schatz II, 457)*

Null *f.* Schpfw. und Bez. für vollkommen unbedeutenden, unfähigen Menschen; auch geistige Null; Personifikation des Nichts. *(Grimm XIII, 979f., Pfeiffer 294, Jutz II, 566)*

Nullenscheißer *m. (St)* Älterer Spottname für Rechnungs- oder Finanzbeamte. *(UK 480, Jontes 127)*

Nullerl *n.* Wie Null (s. d.), jedoch durch die Verkleinerungsform ein wenig gemildert; popularisiert durch das Erfolgsstück „'s Nullerl" des Dramatikers Karl Morré (1884), der darin einen solchen Charakter schildert. Heute auch für jemanden, der mangels Zugehörigkeit zu einer politischen Großpartei über nur geringe Berufschancen verfügt; besonders spöttisch bei Lehrern verwendet, die keinem der parteigebundenen Lehrervereine angehören. *(Pfeiffer 294, Jakob 129, Teuschl 166, Ziller 127)*

Nummer *f.* Ironische, auch abwertende Bez. für minderwertigen Menschen, auch Witzbold, ebenso für flatterhaftes Mädchen *(V)*, hier im Zusammenhang mit Nummer „Koitus". *(Teuschl 166, Pfeiffer 294, Jutz II, 567)*

Nuss *f.* Bez. und Schpfw. für untauglichen Menschen; gekürzt für „taube (= unfruchtbare, faule) Nuss" als Kennzeichnung eines solchen Charakters; Nuss auch scherzhaft für Kopf bzw. Kopfstück. *(Pfeiffer 294, Jakob 130, Teuschl 166, Jontes 127)*

Nussenschupfer *m. (T)* Schpfw. für Dummkopf.

Nusch *m.* Schpfw. für schlampiges Mädchen; eig. unordentlicher Haarschopf. *(Jutz II, 569)*

Nuschler *m.* Bez. für jemanden, der undeutlich, hastig, verschluckend spricht. Inbegriff des Nuschlers war der Schauspieler Hans Moser; ma. nuscheln „undeutlich sprechen". *(Pfeiffer 294)*

Nussjäk *m. (V)* Scherzhafte Bez. für junges Mädchen; eig. Nusshäher. *(Jutz II, 571, Grimm XIII, 1017)*

Nussknacker *m.* Spöttisch für Griesgram, mürrischen Mann; nach der martialischen Gestalt des Gerätes, wie es die Volkskunst darstellt. *(Pfeiffer 294)*

Nüssler *n. (V)* Bez. und Schpfw. für unzugänglichen, mürrischen, sauertöpfischen Menschen; ma. nüsslen „Nüsse ernten“:

• • • • • • • • •

O

• • • • • • • • •

Opa *m.* Jugendsprachlich wie Oma (s. d.) für Mann, vielfach auch schon ab dem etwa 30. Lebensjahr. *(Pfeiffer 299)*

Obenaus *m. (W)* Bez. und Rügewort für jemanden, der leicht zornig wird, auch einen, der hoch hinaus will. *(Grimm XIII, 1070, Jakob 130)*

Ober- Zur Steigerung von Schpfw. häufig gebraucht; Andeutung einer Hierarchie auch im Schimpf. *(Pfeiffer 296)*

Obertan *n.* Wortspiel mit Untertan, das damit spöttisch den Vorgesetzten bezeichnet. *(Küpper 167)*

Obertrottel *m.* Verstärkung des Schimpfwortes Trottel (s. d.) durch Andeutung einer vorgeblichen Rangordnung. *(Jontes 128)*

Obergauner *m.* Besonderer Schurke. *(Pfeiffer 296)*

Obergescheiter *m. („-gscheiter“)* Bez. und Rügewort für jemanden, der sich vordrängt, um sich zur Lösung eines Problems anzubieten, und dabei mangelndes Wissen und Können offenbart. Auch „ganz Gescheiter“. *(Pfeiffer 296, Jontes 128)*

Oberkneißer *m. (W)* Spöttisch für Neunmalklugen, Obergescheiten. Vgl. auch Blitzkneißer, Gachkneißer (s. d.). *(Teuschl 167)*

Oberlehrer *m.* Ursprünglich der Schuldirektor damit bezeichnet; ebenso Amtstitel für Pädagogen, jedoch als Schpfw. auch für einen besonders autoritären Besserwisser gebraucht; Ludwig Thoma sprach einmal vom „wildgewordenen Oberlehrer“. *(Pfeiffer 296)*

Opferstockmarder *m.* Kirchendieb, der Opferstöcke plündert. *(Küpper 168)*

Ochse *m.* Schpfw. für Dummkopf, ungeschickten, sturen Menschen; Bezug auf die sprichwörtliche Grobheit und Dummheit des Tieres. *(Grimm XIII, 1131, Pfeiffer 297, Jakob 130, Aman 106, Jontes 128, Schatz II, 460, Jutz II, 588)*

Ochsengrind *m. (V)* Bez. und Schpfw. für Sturschädel, eigensinnigen Menschen; Grind *m.* „Kopfausschlag“ abwertend für den ganzen Kopf. *(Jutz II, 589)*

Ofengabelprinz *m. (K)* Spött. Bez. für Bäckerlehrling. *(WBÖ III, 987)*

Ofenhocker *m.* Bez. für jemanden, der nie ausgeht, von der Welt nichts erfahren will, der bildlich hinter dem Ofen sitzt. Der Ofen galt einst als bevorzugter Platz der Faulenzer. *(Grimm XII, 1160, Pfeiffer 297, Jakob 130, Teuschl 167)*

Ofenläppin *f. (S)* Bez. für ein dummes Frauenzimmer, das einst mit dem Hüten des Ofenfeuers betraut war. Vgl. Lapp (s. d.). *(Ziller 110)*

Ofenröhre *f. (W, „-röhren")* Schpfw. für hässliches Weib; eig. Bratrohr oder Ofenrohr, übertragen auch Zylinderhut. *(Jakob 131)*

Oimel *m. (St)* Schpfw. und Bez. für Dummkopf, Blödian; Herkunft ungeklärt. *(Pfeiffer 106, 298)*

Ölberger *m.* Spottbez. und Schpfw. für schläfrigen Menschen *(V)*; nach den auf dem Ölberg schlafenden Jüngern Jesu. Im 17. Jh. wurden die Mitglieder der Grazer Stadtwache auf diese Weise verspottet. Hier ist der Vergleich mit den Schergen der Gefangennahme Christi auf dem Ölberg offensichtlich. *(Grimm XIII, 1275, WBÖ II, 1095f., UK 484, Jontes 128, Jutz II, 604)*

Ölberghusaren *pl. (W)* Spottbez. für die Mitglieder der christlich-sozialen Wehrverbände der Zwischenkriegszeit; auch Bibelhusaren. Die Nähe zur Kirche soll damit verspottet werden. *(Schuster 112)*

Ölbergindianer *m. (W)* Spöttisch für frömmelnden Christen. Wie zuvor. *(Teuschl 168)*

Oldie *m.* Gutmütiger Spott für ältere Leute; aus der amerikanisierten Jugendsprache. *(Pfeiffer 298)*

Ölträger *m. („-trager")* Die Redensart „reden wie ein Öltrager" verweist auf die einstigen, meist aus Tirol kommenden Pechölhändler, die als besonders geschwätzig galten. *(Grimm XIII, 1286, Schmeller I, 61, Ziller 128)*

Ölfe *m. (T)* Schpfw. für Dummkopf; zu mhd. olben-(tier) „Kamel", olfent „Elephant"? *(Schatz II, 462)*

Ölscheich *m.* Spöttisch für orientalischen, arabischen Potentanten, auch reichen Mann aus dem Vorderen Orient. Ebenso scherzhaft für Betrunkenen, einen, der „im Öl" ist. *(Pfeiffer 299)*

Oma *f.* Jugendsprachlich wie Opa (s. d.) für weibliches Wesen schon ab etwa dem 30. Lebensjahr. *(Pfeiffer 299)*

Onkel *m.* Abfäll. Bez. allg. Art für Mann. *(Pfeiffer 299)*

Ortjosel *m. (St)* Scherzhafte Bez. für jemanden, der das entlegenste Haus eines Dorfes bewohnt. Ma. Ort „Ende"; Josel Koseform zu Josef. *(UK 485, Jontes 128)*

Ohrenbläser *m.* Schpfw. und Bez. für Verleumder, Schmeichler, Zuträger; hochsprachl. *(Grimm XIII, 1254, WBÖ III, 282, Pfeiffer 298)*

Orgel *f. (T)* Schpfw. für lästig schwätzenden Menschen. *(Schatz II, 463)*

Ohrle *m. (V)* Spottbez. für Mann oder Burschen mit großen, abstehenden Ohren. *(Jutz II, 603)*

Ohrwaschel *n. (St)* Schpfw. und rügende Anrede allgemeiner Art für dummen Mann. Vgl. auch Waschel (s. d.). *(Grimm XIII, 1267, UK 618, Jontes 128)*

Ohrwaschelkaktus *m.* Scherzhafte Bez. für Menschen mit großen, abstehenden Ohren. *(Teuschl 168)*

Osterpflasterling *m. (S)* Spottbez. für denjenigen, der am Ostersonntag als Letzter aufsteht, wie Pfingstlucke, Osterbloch, Neujahrsbloch (s. d.); siehe Pflasterling. *(WBÖ III, 74)*

Osterbloch *n. (N)* Wie zuvor. *(WBÖ III, 423)*

Osterhase *m. („-has")* Spöttisch für etwas skurrilen Menschen („Mit der Brille auf der Nase schaut er wie ein Osterhase ..." in einem Scherzlied). *(Pfeiffer 300)*

Outwachler *m. („Aut-")* Scherzhaft für Linienrichter beim Fußball. *(Teuschl 168)*

• • • • • • • •

Qu

• • • • • • • •

Quadratratsche *f.* Bez. und Schpfw. für sehr geschwätzigen Menschen; vielleicht in Anlehnung an Quadratlatschen *f.* „Plattfuß, großer Fuß" gebildet, Steigerung von Ratsche (s. d.). *(Pfeiffer 329, Aman 108)*

Quadratschädel *m.* Bez. für Menschen, der einen Quadratschädel, einen unförmigen, großen oder auch harten Kopf hat. Sturheit ist impliziert, Querkopf. Möglicherweise besteht aber Zusammenhang mit älterer, spottender Bez. für Geistlichen, da Quadrat *(UK 486)* auch das viereckige Barett oder Birett bezeichnete. *(Pfeiffer 329, Aman 108, Jakob 141, Teuschl 183, Jontes 129)*

Quatschkerente *f. (N, „-anten")* Bez. und Rügewort für Menschen, der gerne schwatzt, tratscht; lautmalend das Geräusch schnatternder Enten nachahmend. *(WBÖ I, 255)*

Quatschkopf *m.* Bez. für Dummkopf; aus dem mitteldt. Mundartsbereich beeinflusst; quatschen „gehaltlos reden, schwatzen", lautmalend. *(Pfeiffer 331, Schatz I, 364)*

Quacksalber *m.* Abfällige Bez. für Kurpfuscher, auch schlechten Arzt; quacken „prahlen, schwatzen", Salber „Salbenhändler, Arzt", also Prahlarzt gemeint. *(Grimm XIII, 2293, Kluge 572, Pfeiffer 329, Jutz II, 619)*

Quälgeist *m.* Bez. für lästigen Menschen, Plagegeist, auch lebhaftes Kind. Idiotikon Hieflau, um 1812: „Quälgeist: ein plagender Mensch, von dem man nicht loswerden kann." *(Grimm XIII, 2307, Pfeiffer 330, Kapeller 132, Aman 108, Jontes 129, Jutz II, 621)*

Quart *f. (W)* Bez. und Schpfw. für Gesindel, Pack; vielleicht von Guardia *f.* „Polizeiwache, Stadtwache" oder Kurzform von Quartierer (s. d.). *(Jakob 141)*

Quartalsäufer *m. (St)* Bez. für Alkoholiker, der seine großen Räusche etwa alle Vierteljahre absolviert. Umgangssprachl. *(Pfeiffer 330, Kapeller 133)*

Quartalstudent *m. (St)* Spöttische Bez. für faulen Studenten, der gerade alle Vierteljahre einmal seinen Studien nachgeht; ähnlich wie Quartalsäufer gebildet. *(UK 486, Jontes 129)*

Quartierer *m. (O)* Bez. für Landstreicher, Vagabund, einen, der auf Quartiersuche ist, auch Einleger,

Gemeindearmer, der von der Behörde verschiedenen Bauern abwechselnd ins Quartier gelegt wird. *(Jungmair 216)*

Quargeltreter *m. (W)* Schpfw. für Nörgler, pedantischen Menschen. Vgl. Quargler (s. d.). *(Teuschl 183)*

Quargelstecher *m. (W)* Wie zuvor. *(Teuschl 183)*

Quargler *m. (St)* Abfällige Bez. für Schwätzer, der Unsinn daherredet. Ma. quarren, „jämmerlich schreien, weinen", oder Bezug zum Quargel, dem besonders stinkenden Käse, der hier Synonym für Käse, Topfen (Quark) sein mag, wie er in der Redensart „Käse, Topfen daherreden" für Unsinn verzapfen steht. *(Grimm XIII, 2326, Jontes 129)*

Quargeltändler *m. (W, „-tandler")* Spöttische Bez. für kleinen Lebensmittelhändler, Greißler. (Jakob 141)

Quargelritter *m. (W)* Bez. und Spottwort für Verkäufer in Käsegeschäft oder Greißlerei, auch armer Aufschneider. *(Jakob 141)*

Quechse *f. (St, „Quexe")* Bez. für Frau, die stets klagt und jammert. Ma. quecken, quacken „ächzen, greinen, schreien". *(Grimm XIII, 2229, UK 486, Jontes 129)*

Quetsch *m.* Scherzhaft-abfällige Bez. für Polizisten, auch Poliquetsch (s. d., nach dem Einquetschen beim Festnehmen. *(Grimm XIII, 2302, Jungmair 216)*

Quetsche *f. („Quetschen")* Bez. und Rügewort für knauserigen Menschen, Geizhals, einer, aus dem man nichts mehr herausquetschen kann. *(Wintersberger 67, Jakob 142)*

Quecksilber *n.* Bez. und Rügewort für unruhigen Menschen, besonders Kind, lebhafte Person; nach dem Metall, dessen Name eine Lehnübersetzung aus dem lat. argentum vivum „lebendiges Silber" ist. *(Grimm XIII, 2336, Pfeiffer 331, Aman 108, Jakob 141, Schatz II, 697, Jutz II, 624)*

Quäl *m.*, **Quäle** *f. (O, T)* Bez. und Rügewort für aufdringlichen, quälend lästigen Menschen. *(Grimm XIII, 2302, Jungmair 216)*

Quenkerl *n. (W)* Schpfw. für lästigen kritisierenden Menschen, Quengler. *(Teuschl 183)*

Quertreiber *m.* Bez. für jemanden, der etwas zu verhindern sucht, gegen etwas intrigiert; eig. jemand, der ein Boot, eine Viehherde gegen den Strom treibt. *(Grimm XIII, 2364, Pfeiffer 332, Jutz II, 624)*

Querkopf *m.* Schpfw. und Bez. für eigensinnigen Menschen, einen, der sich nicht einzuordnen vermag. *(Pfeiffer 331)*

Querulant *m.* Bez. für kleinlichen Kritiker, Schimpfer, jemanden, der an allem etwas auszusetzen hat; lat. querulus „klagend, weinerlich tuend, jammernd". *(Pfeiffer 332, Kapeller 134)*

Quire *f. (T)* Bez. und Schpfw. für jammerndes Weib; ma. Quieren „ächzen, klagen". *(Grimm XIII, 2370, Schatz I, 365)*

Quirl *m.* Spöttisch für ruhelosen, quirligen Menschen; Vergleich mit dem Küchengerät. *(Pfeiffer 332)*

R

Rabaser *m.*, **Rabasle** *n. (K)* Scherzhaft für aufgewecktes Kind. Herkunft dunkel. Zu Rabenaas? *(Pohl 119)*

Rabe *m.* In der Redensart „Stehlen wie ein Rabe" für den Dieb schlechthin; ähnlich auch für das weibliche Geschlecht Elster (s. d.). *(Pfeiffer 333)*

Rappelkopf *m.* Bez. und Schpfw. für Wirrkopf, jemanden, der einen Rappel hat, verrückt ist. So auch eine Gestalt in Ferdinand Raimunds „Alpenkönig und Menschenfeind" benannt. *(Grimm XIV, 117, Pfeiffer 336, Kapeller 136, Schatz II, 472)*

Rabenaas *n.*, auch **Rabaas** Grobes Schpfw., das wie alle mit Rabe gebildeten auf den Galgenvogel (s. d.), den Raben als Besucher der einstigen Richtstätten hinweist und auf Menschen deutet, die ihm als Speise am Galgen zugedacht sind. *(Grimm XIV, 7f., Pfeiffer 333, Jontes 130, Lexer, KWB 201, Ziller 141)*

Rabenband *n. (St)* Schpfw. für schlechten Kerl. *(UK 487, Jontes 130)*

Rabenbein *n.* Wie zuvor; verstärkt für Bein (s. d.). *(UK 487, Jontes 130, WBÖ II, 884)*

Rabenbeuschel *n. (N)* Schpfw. in der Bed. von Rabenbraten (s. d.). Beuschel *n.*, „Lunge, Innereien". *(WBÖ II, 703)*

Rabenbraten *m.*, **-bratel** *n.* Wie zuvor; vgl. auch Höllenbraten, Satansbraten (s. d.). *(WBÖ III, 754f., Wintersberger 68, Jakob 142, Teuschl 185, UK 487, Jontes 130, Pohl 119, Ziller 141, Jungmair 216)*

Rabeneltern *pl.* Bez. für schlechte Eltern, die ihre Kinder vernachlässigen oder misshandeln; nach den angeblich schlechten Brutpflegegewohnheiten des Raben; auch auf die einzelnen Elternteile angewendet: Rabenvater, Rabenmutter. *(Grimm XIV, 9, 12, Pfeiffer 333, Jungmair 216, Kapeller 134, Jontes 130)*

Rabenvater *m.*, siehe Rabeneltern. *(Pfeiffer 333)*

Rabenvieh *n. („-viech")* Schpfw. für schlechten Menschen, besonders für Frauen gebraucht, aber auch für Tiere, besonders für Hunde verwendet, wenn diese unfolgsam sind. *(Grimm XIV, 12, Pfeiffer 333, Kapeller 134, Jakob 142, Teuschl 185, Jontes 130, Pohl 119, Ziller 141, Jungmair 216)*

Rappengescheuch *n. (V, „-gschüch")* Abfäll. Bez. für altes, hässliches, zerlumptes Weib, jemand, „mit dem man Rappen verscheuchen kann". *(Jutz II, 648)*

Rabenhaut *f. (St)* Schpfw. wie Rabenbraten (s. d.). *(UK 487, Jontes 130)*

Rabenmutter *f.*, siehe Rabeneltern. *(Pfeiffer 333)*

Rabenschädel *m. (O)* Schpfw. wie Rabenbraten (s. d.); vgl. auch Schädel (s. d.). *(Jungmair 238)*

Rappler *m. (V)* Bez. und Rügewort für sich verrückt gebärdenden, aufgeregten Menschen; ma. rapplen „einen Rappel haben, verrückt sein". *(Jutz II, 659)*

Radaubruder *m.* Bez. und Rügewort für Lärmer, Randalierer; wie Krawallschani (s. d.), umgangssprachl., aus Berlin zugewandert, wo Radau als lautmalendes Wort im 19. Jh. entstanden sein dürfte. *(Kluge 577, Pfeiffer 334, Aman 109, Kapeller 135, Teuschl 185)*

Radaumacher *m.* Wie zuvor. *(Pfeiffer 334)*

Ratte *f.* siehe Ratz.

Radfahrer *m. („Radlfahrer")* Bez. und Schpfw. für nach oben schmeichlerischen und nach unten gehässigen Menschen, jemand, der wie ein Radfahrer nach oben einen Buckel macht („ein Buckerl reißt") und nach unten tritt. Wort mit der Sache entstanden. *(Pfeiffer 334, Aman 110, Jontes 130)*

Radibub *m. (W, „-bua")* Schpfw. für Taugenichts, Tagedieb, Lump; eigentlich Rettichverkäufer als einstiger ambulanter Händler letzter Kategorie. Ma. Radi „Rettich". *(Teuschl 185)*

Radikalinski *m.* Mensch mit radikalen politischen Ansichten; durch die rigorose und menschenverachtende Durchsetzung anarchistischer und marxistisch-kommunistischer Ideen in Russland kam es zu dieser sprachlichen Mischbildung mit dem slawischen Element, das Zugehörigkeit zu einer Gruppe andeuten soll. *(Pfeiffer 335)*

Ratsche *f. („Ratschen")* Abfällige Bez. und Rügewort für geschwätzigen Menschen (wie Dorfglocke, Tratsche, Ratschkathel, s. d.); nach dem hölzernen Schall- und Lärmgerät, das in der Karwoche anstelle der Glocken Verwendung findet. Ein lautmalendes Wort, ma. ratschen „schwätzen", auch „den Laut R nur fehlerhaft aussprechen können". Auch Karfreitagsratsche (s. d.) als eigenes Schpfw. *(Grimm XIV, 190, Pfeiffer 337, Aman 109, Jakob 143, Teuschl 186, Hager 47, Idiotikon Eisenerz 1812, UK 488, Jontes 130, Jungmair 219, Schatz II, 473, Jutz II, 656)*

Ratschfüdle *m. (V)* Schpfw. für Klatschmaul, auch jemanden, der in der Schule seine Mitschüler beim Lehrer denunziert; Füdle „Arsch". *(Jutz II, 657)*

Ratschkathel *f.* siehe Tratschkathel. *(Pfeiffer 337)*

Ratschkatzel *f.* Wie Ratsche und Tratschkathel (s. d.). *(Aman 109, Jontes 130, Schatz I, 327)*

Ratschketter *f. (V)* Wie zuvor; Ketter ist Kurzform von Katharina. *(Jutz II, 657)*

Ratschmaul *n. (V)* Wie zuvor. *(Jutz II, 657)*

Ratschweib *m. (V)* Wie zuvor; auch für Männer gebraucht, lautliche Nähe zu Tratschweib. *(Pfeiffer 337, Jutz II, 657)*

Raffel *f.* Bez. und Schpfw. für alte, hässliche, auch schwatzhafte Frau; ursprünglich Gerätename für Feile, Raspel. *(Grimm XIV, 55f., Pfeiffer 335, Wintersberger 68, UK 489, Jontes 130, WStWB 165, Schatz II, 466, Jutz II, 634)*

Raffelscheit *n. (V)* Schpfw. für altes, keifendes, zänkisches Frauenzimmer; eig. Kamm zum Flachskämmen. *(Jutz II, 634, Ziller 141)*

Raffer *m.* Raffgieriger Mensch. *(Pfeiffer 335)*

Rafferl *n. (W)* Bez. und Spottwort für Frau mit zerrauftem Haar. *(Schuster 125)*

Rafler *m. (W)* Schpfw. für leichtfertiges Mädchen; eigentlich Papierdrachen zum Drachensteigen damit gemeint. *(Teuschl 185)*

Raffler *m. (St, V)* Ältere Bez. für Lärmmacher, Polterer, auch gewalttätiger Stänkerer, auch Vagabund; ma. raffeln „poltern, stoßen, schlagen". *(Grimm XIV, 59, Wintersberger 68, UK 489, Jontes 130, Jutz II, 634)*

Raintodel *m. (St, S, „Roan-")* Trottel, einer, der quasi im Vorübergehen am Rain, Wegrand gezeugt wurde.

Raingack *m.* Wie zuvor. Vgl. Gack (s. d.).

Rainschinder *m. (St, O, „Roan-")* Abfällige Bez. für jemanden, der Grenzsteine zu seinem Vorteil versetzt oder verdächtig ist, dies zu tun; auch Bauer, der ins Nachbarfeld hinüberpflügt; der Volksaberglaube verdammt den Täter zu unerlöster Wiederkehr nach dem Tode, was in zahlreichen Volkssagen zum Ausdruck kommt. Schinden im Sinne von „etwas herausschinden". *(UK 490, Jontes 131, Jungmair 227)*

Rainzucker *m. (St)* Ältere Bez. wie zuvor; ma. zucken „verrücken, bewegen". *(UK 491, Jontes 131)*

Rackel *f. (T)* Schpfw. für Frauen; eig. magere, unscheinbare Kuh; zu recken, vgl. auch Racker (s. d.). *(Schatz I, 467)*

Racker *m.* Bez. für abgearbeiteten Menschen oder ebensolches Tier, von abrackern; dann aber auch Schpfw. allgemeiner Bed., etwa wie schlechter Kerl (s. d.). im Nd. ursprünglich damit der Schinder, Abdecker, Totengräber (vgl. Wrack) gemeint, dann ins Oberdt. eingewandert. Idiotikon Fohnsdorf, 1813: „Racker: ein Schimpfname, der gewöhnlich im Zorne Menschen beygelegt wird." *(UK 488, Grimm XIV, 34f., Kapeller 135, Aman 109, Jontes 131, Ziller 141, Jakob 142, Schatz II, 467, Jutz II, 630)*

Ramanaster *m.* Abfällige Bez. für schmutziges, ungepflegtes Weib; mhd. râm „Schmutz, Ruß", oder abgewandeltes Rabenaas (s. d.). *(UK 490, Jontes 131, Jakob 142)*

Rampfe *f. (St, „Rampfen")* Tratschsüchtige Frau; Herkunft dunkel, vielleicht zu ma. Ranft „Rand, Mund". *(WStWB 165)*

Rahmbeuterl *n. (S)* Schpfw. für ungepflegte, unsaubere Person; mhd. râm „Schmutz". *(WBÖ II, 719, Ziller 146)*

Rahmkalbel *n. (St, „-kaibl")* Schpfw. für kindischen, unbeholfenen Menschen.

Rambo *m.* Bez. für einen rücksichtslosen, kämpferischen Mann; erst jüngst durch den Filmhelden, den Sylvester Stallone verkörperte, in Gebrauch gekommen. *(Pfeiffer 335)*

Rammel *m.* Bez. und Schpfw. für ungehobelten, rohen, sturen, gefühllosen Mann („gescherter, blöder Rammel"), raufflustigen Burschen *(T)*, auch schmutzigen Menschen, ebenso mannstolles Frauenzimmer *(V)*. Ursprünglich Tier, das bei der Begattung „rammelt" (Stier, Widder), bez. mhd. râm „Schmutzfleck, Rußkruste". *(Grimm XIV, 76, Pfeiffer 335, Kapel-*

ler 135, Wintersberger 68, Jakob 143, UK 490, Jontes 131, Pohl 122, Jungmair 218, Schatz II, 469, 470, Jutz II, 639)

Rammelkater *m. (W)* Spöttische Bez. und Schpfw. für Schürzenjäger; ma. remmeln „coire", auch Rammel „Schmutzfleck" spielt mit. *(Jakob 143, Teuschl 186)*

Rammelnase *f. (W, „-nasen")* Bez. und Schpfw. für Rotznase, unreifer Mensch. *(Jakob 143)*

Rammerl *n. (St)* Tadelnd zu Kleinkind, das unsauber isst. *(WStWB 170)*

Rammle *m. (V)* Bez. und Schpfw. für Herumtreiber, Vagabund; eig. ein gern herumstreifender Hund. *(Jutz II, 639)*

Rammler *m. (V)* Bez. und Schpfw. für Nachtschwärmer, erotisch zügellosen Menschen, auch ungebärdiges, übermütiges Kind; eig. männlicher Hase; mhd. rammeler „Widder während der Brunftzeit", rammeln „Geschlechtsverkehr treiben". *(Grimm II, 639, Pfeiffer 335, Jutz II, 639)*

Ramostel *n. (S)* Schpfw. für liederliches, ungepflegtes Mädchen; wohl von Rabe und Assel, Astel (s. d.). *(Ziller 141)*

Ramsampel *m.*, **-samperl** *m.*, auch **Tramsamper** Bez. und Rügewort für mutwilligen, übermütigen, wild herumtollenden, jungen Menschen; zu oberdt. ramsen „sich wie ein Widder gebärden". *(WBÖ I, 183, Grimm XIV, Jakob 143, UK 490, 82, Jontes 131, WStWB 170)*

Ramser *m. (V)* Bez. für Mann, der anstatt zu arbeiten lieber Karten spielt; frz. ramasser „die Spielkarten zusammentun". *(Jutz II, 641)*

Randalierer *m.* Bez. für Raufbold und lärmenden Störer; Randal *m.* „Lärm" als studentensprachl. Wort im 19. Jh. entstanden. *(Kluge 580, Pfeiffer 336)*

Randlböhm *m. (W)* Scherzhaft für Wanderhändler, Hausierer. *(Teuschl 186)*

Rantsch *m. (T)* Bez. und Rügewort für jemanden, der unruhig hin und her schießt, vgl. Schussbartel (s. d.), aber auch Frau, die nicht zu Hause bleiben will; ma. rantschen, ranzen „herumstreunen, rennen". *(Schatz II, 471)*

Ranftelbauer *m. (St)* Spöttische Bez. für Kleinbauer, Keuschler; ma. Ranft *m.* „Rand, Randstück". *(WBÖ II, 588, UK 491)*

Rankel *f. (V)* Bez. und Rügewort für altes, geiziges Frauenzimmer; zu ma. Rankel, Ranken *m.* „derbes Stück Brot oder Fleisch". *(Jutz II, 642)*

Ransche *m. (V)* Bez. und Rügewort für unruhigen, umherstreifenden Menschen; ma. ranschen „vagieren, streunen", mhd. ransen „die Glieder strecken". Siehe auch Ronsche. *(Jutz II, 645)*

Ranz *m.*, **Ranzer** *m. (T)* Schpfw. für Lausbub; ma. ranzen „coire", Ranzzeit bei Tieren „Brunst". *(Schatz II, 471)*

Ranzel *f. (W)* Schpfw. für alte Vettel, ungepflegtes Weib; nach ranzigem Geruch. *(Teuschl 186)*

Ranzen *m. (K)* Schpfw. und Bez. für habsüchtigen Menschen; nach der Tragetasche. *(Grimm XIV, 110f., Lexer, KWB 204)*

Ranzenbarthansel *m. (St)* Spöttische Bez. für Mann mit rauem, ungepflegtem Bart; Umbildung von Razen-, nach den Razen, Raizen „Serben im Banat", die einst als Wanderhändler, besonders Mausfallen verkaufend, umherzogen. *(WBÖ II, 364, UK 491, Jontes 131)*

Raspel I *f. (T)* Schpfw. und Bez. für lästige Frau; wie Raffel (s. d.) nach dem feilenähnlichen Werkzeug. *(Grimm XIV, 141, Schatz II, 473)*

Raspel II *f. (W)* Schpfw. für untüchtigen, faulen Menschen. *(Teuschl 186)*

Rasse *f. („Rass")* Schpfw. für Gesindel, üble Sippschaft, schlechte Gesellschaft, wie Rasse. Vgl. auch Packelrasse (s. d.). *(Pfeiffer 336, Jakob 143, Teuschl 186, Jungmair 219, Ziller 129)*

Rassel *f.* Schpfw. allg. Art für Frau, aber auch für Nymphomanin; ma. rasseln „lärmen, toben". *(Grimm XIV, 144f., Pfeiffer 336, UK 492, Jontes 131, Jutz II, 652)*

Rassist *m.* Schpfw. für jemanden, der rassistische Äußerungen macht, was immer man darunter verstehen mag. Nach den Spielregeln der Political correctness kann auch ethnischer Spott mit diesen gleichgesetzt werden, auch wenn dabei anthropologisch-rassenkundliche Grundlagen nicht berührt werden. Ein äußerst gefährliches Schpfw. für den, der damit bedacht wird! *(Pfeiffer 336)*

Rasskachel *n., m. (W)* Schpfw. für hässliches weibliches Wesen; ma. Kachel „Nachttopf". *(Teuschl 186)*

Raup *m. (T, V)* Schpfw. und Bez. für groben Burschen, Lümmel, ungezogenes Kind, auch in Zus. wie Gassenraup, Nachtraup, Schulraup; zu ma. Raupen „Schwänke, unflätige Reden". *(Grimm XIV, 299, Schatz II, 475, Jutz II, 671)*

Räuber *m. („Rauber")* Abfällig auch für Kaufleute oder Wirte, die ihre Kunden mit überhöhten Preisen schädigen. *(Pfeiffer 338)*

Räuberbande *f. („Raubers-")* Schpfw. für schlechte, nichtsnutzige Gruppe von Menschen. *(Grimm XIV, 225, WBÖ II, 199, Pfeiffer 338)*

Räubersbub *m. („Raubersbua")* Scherzhaftes Rügewort, etwa wie Lausbub; Andeutung der Mitgliedschaft zu einer Räuberbande. *(WBÖ III, 1235, Jakob 144, Teuschl 187, Jontes 131)*

Raubritter *m.* Abfällig für rücksichtslosen Geschäftsmann. *(Küpper 186, Pfeiffer 338)*

Rauchfangtaube *f. (W, „-tauben")* Schpfw. für ungepflegte Frauensperson; wie eine Taube, die dem schmutzigen Rauchfang zu nahe gekommen ist. *(Teuschl 187)*

Raudi *m.,* siehe Rowdy.

Raufbold *m.* Hochsprachl., für Rauflustigen, Raufer. *(Grimm XIV, 257, Pfeiffer 339, Kapeller 136)*

Raufeisen *n. (S)* Schpfw. und Bez. für zanksüchtiges Weib; wie Raffel eine Werkzeugsbezeichnung, eine eiserne Klinge, siehe auch Raffelscheit. *(Grimm XIV, 258, Ziller 143)*

Raufer *m. („Raffer")* Bez. für rauflustigen Burschen oder Mann, Raufbold. *(Grimm XIV, 261, Pfeiffer 339, Aman 109, Teuschl 185, Jontes 131)*

Raufhansel *m. („Raff-“)* Wie zuvor. *(UK 493, Jontes 131, Aman 109)*

Raufjodel *m. („Raff-“)* Wie zuvor; vgl. auch Jodel (s. d.). *(Jontes 131)*

Raupudel *m. (O, N)* Spöttische Bez. für Menschen mit wirrem, zerrauftem Haar. Siehe auch Pudel. *(WBÖ III, 1302)*

Rauhegel *m. (V)* Schpfw. und Bez. für groben, rücksichtslosen Mann, siehe auch Hegel. *(Jutz II, 669)*

Raurachel *m. (W)* Schpfw. für ungehobelten Kerl, Grobian. *(Teuschl 187)*

Rauschädel *m. (O)* Scherzhafte Bez. für Mädchen mit vollem, lockigem Haar. *(Jungmair 221)*

Rauwaschel *m. (W)* Bez. und Schpfw. für widerwärtigen, abstoßenden jungen Menschen; vgl. Waschel (s. d.) und Raurachel (s. d.), auch Finsterling. *(Aman 110, Jakob 144, Schuster 128, Teuschl 187)*

Raundel *f.* Bez. und Schpfw. für altes, streitsüchtiges Weib, eigentlich ist ein verstimmtes Instrument (Geige oder Harmonika) damit gemeint. Vgl. Raundler (s. d.). *(UK 494, Jontes 131f., WStWB 165, Schatz II, 475)*

Raundler *m. (St)* Spöttisch-abfällige Bez. für stümperhaften Musikanten, der ohne jeden Ausdruck spielt. Ma. raundeln „raunen, brummen, schnurren wie Katzen“. *(Grimm XIV, 294, Jontes 132)*

Raunkerl *n.* Bez. für einen im Wachstum zurückgebliebenen Menschen, aber auch für Tiere verwendet; eigentlich eine Speise, die aus kleinen Brocken besteht: Nockerln oder eine Art Krapfen, eine brauchtümliche Speise, die die Sennerinnen beim Almabtrieb austeilen; von Raunke „Krume, Rinde, Wundschorf“. *(Jakob 144, UK 494, Jontes 132, WStWB 165)*

Raunze *f.*, **Raunzer** *m. („Raunzen“)* Bez. für jammernde und kritisierend klagende Person; ma. raunzen „wie eine Katze schreien“, Intensivum zu raunen. Der Einiraunzer *m.* ist jemand, der sich durch Süßtun einschmeicheln will. *(Grimm XIV, 297, Aman 111, Kapeller 136, Jakob 144, Teuschl 187, UK 494, Jontes 132, Jungmair 221)*

Raunzerl *n. (W)* Bez. und Rügewort für weinerliches Kind; wie zuvor. *(Jakob 144)*

Rauschgiftler *m.* Bez. für suchtgiftabhängigen Menschen, auch Giftler; vgl. auch Haschbruder (s. d.).

Rauschkönig *m. (S, „-kini“)* Bez. und Schpfw. für Säufer. *(Ziller 143)*

Rauschkugel *f.* Wie zuvor; ma. kugeln „sich am Boden herumwälzen“. *(Pfeiffer 339, Wintersberger 69, Teuschl 187)*

Rawútzel *m. (W, O, N)* Bez. für rohen, bärtigen, ungepflegten Mann, auch Schreckgespenst, mit dem man Kindern droht; wohl zu rau und Wutzel „Zusammengedrehtes, Dickes“. Teuschl a. a. O. stellt zu mlat. babucarius „Poltergeist“. *(Wintersberger 69, Teuschl 187, Jungmair 222, Hager 47)*

Ratz *m.* Schpfw. für hässliches Mädchen *(W)*, auch spöttische Bez. für leidenschaftlichen Kartenspieler *(V)*; eig. Ratte. *(Grimm XIV, 209f., Pfeiffer 337, Teuschl 187, Jutz II, 658)*

Ratzbart *m. (N)* Bez. für schnippische, auch energische Person; vgl. Ranzenbart- (s. d.). *(WBÖ II, 364)*

Ratzen *pl. (T)* Spottname für die Bewohner von Rattenberg, eig. Ratten. *(Schatz II, 473)*

Rebéller *m. (V)* Bez. für widerspenstigen, aufbrausenden Menschen, Aufwiegler; lat. rebellare „sich auflehnen". *(Jutz II, 673)*

Rebetzer *m. (St)* Lästig drängender Mensch; gekürzt aus Rebelletzer? *(WStWB 165)*

Rechter *m.* Von politisch links Stehenden für die übrigen Gesinnungsträger konservativer, bürgerlicher Weltanschauungen ziemlich unterschiedslos zur Abqualifizierung verwendet, so wie es vice versa auch von dort her auf die Linken (s. d.) geschieht. Steigerung: Ultrarechter, Rechtsaußen, Rechtsextremer, Rechtsextremist, Rechtsradikaler. *(Pfeiffer 339)*

Rechtsaußen *m.* Wertneutral ursprünglich für einen Fußballspieler nach seiner Aufstellung, dann auch zur Kennzeichnung eines Menschen nach seiner politischen Einstellung. Vgl. Rechter (s. d.). *(Pfeiffer 340)*

Rechtsextremer, -extremist *m.* siehe Rechter. *(Pfeiffer 340)*

Rechtsradikaler *m.* siehe Rechter. *(Pfeiffer 340)*

Rechtsverdreher *m.* Scherzhafte Verballhornung für Rechtsvertreter, Rechtsanwalt, Advokat. *(Küpper 186, Pfeiffer 340)*

Redhaus *n. (O, S)* Bez. und Rügewort für jemanden, der gerne und viel redet, Prahler; das Redhaus (mhd. redehûs) war ein Raum im Kloster, in dem Mönche und Nonnen Laien empfangen und mit ihnen sprechen durften. Auch für Mund gebraucht. *(Grimm XIV, 476, Jungmair 229, Ziller 143)*

Rettichbub *m. (W, „Radibua")* Bez. und Schpfw. für Strolch, Herumtreiber; eig. der Knabe, der auf der Straße oder beim Heurigen Rettiche verkaufte. *(Jakob 143)*

Reff *n. (V)* Bez. und Schpfw. für zänkisches, altes Frauenzimmer; eig. Gerippe gemeint, auch Bez. für eine hölzerne Rückentrage, wie Riff (s. d.). *(Pfeiffer 340, Jutz II, 692)*

Rehfeige *f. (W, „-feigen")* Schpfw. für verlebte Frauensperson. Vgl. Feige (s. d.). *(Teuschl 188)*

Revolúzzer *m.* Spöttisch für Revolutionär, Aufwiegler, auch Schreihals. *(Pfeiffer 342, Kapeller 138)*

Revolvergosche *f. (V)* Schpfw. für Menschen mit großem Mundwerk, Vielredner, auch Frechling. *(Pfeiffer 342, Jutz II, 715)*

Regiments- Steigerung für verschiedene Schpfw. durch Bezug auf eine große in sich geschlossene Gruppe von Menschen. Siehe die folgenden Wörter. *(Pfeiffer 340)*

Regimentsesel *m. (V)* Schpfw. für besonders dummen Menschen. *(Jutz II, 692)*

Regimentskerl *m. (V)* Bez. für großen, starken Mann. *(Jutz II, 692)*

Reibeisen *n.*, **Riebeisen** *n. (V)* Bez. und Schpfw. für zänkische Frau, wie andere Gerätenamen (Raffel, Raspel usw.). *(Grimm XIV, 563, Jutz II, 694)*

Reifenschuster *m. (W, „Rafenschuaster") Scherzhaft für Autoreifenmonteur. (Teuschl 185)*

Reimer *m. (T)* Bez. und Rügewort für Schwätzer, Prahler; ma. reimen „fabulieren, etwas zusammenreimen"; auch für schlechten Dichter, Reimeschmied. *(Grimm XIV, 673, Pfeiffer 341, Schatz II, 479)*

Reißteufel *m.* Bez. für jemanden, der seine Kleider oder sonstigen Sachen schnell abnützt und zerreißt; wie in Saufteufel Personifizierung einer menschlichen Untugend ins Mythologische hinein. *(Grimm XIV, 765, Pfeiffer 341, Jakob 146, Teuschl 189, Jontes 132, WStWB 165, 170)*

Reißer *m. (W)* Bez. für Wucherer, jemanden, der viel Geld verdient; umgangssprachl. reißen, etwas reißen „Gewinn machen". *(Jakob 146)*

Reisgänger *m. (St)* Spöttische Bez. für furchtsamen Menschen; es geht jemandem der Reis, Reisgang haben „sich ängstigen, Furcht empfinden". Ob Zusammenhang zu Reisläufer „einer, der sich als Landsknecht verdingen will" besteht, ist unklar. *(Jontes 132, Teuschl 189)*

Reisriesler *m. (St)* Wie zuvor; hier scheint das glückbringende Ausstreuen von Getreidekörnern oder Reis bei Hochzeiten mitzuspielen, womit der Reisriesler wie der Reisstreuer (s. d.) zu einem Banner von Unglück wird. *(Jontes 132)*

Reisstreuer *m. („-strahrer")* Wie zuvor. *(Jontes 132, Teuschl 189)*

Reißzusammen *m. („Reißzamm", St, O)* Einer, der alles zusammenreißt; auch anerkennend für tüchtigen, einsatzfreudigen und fleißigen Arbeiter. *(UK 500, Jontes 132, Jungmair 224)*

Remonte *f., m. (W, „Remont")* Bez. und Rügewort für ungebärdigen, jungen Menschen; frz. remonte „junges Ersatzpferd für das Militär". *(Schuster 131)*

Rennstute *f. (W, „-stuaten")* Bez. für Hoteldirne; vgl. auch Pferderl (s. d.) und die Redensart ein Rennen haben „zu einem Stelldichein gehen". *(Petrikovits 70)*

Rehrpappe *f. (N, „-pappen")* Bez. und Rügewort für Kind, das viel und anhaltend weint, Schreihals; Pappe *f.* „Mund", siehe Rehrbeutel. *(WBÖ II, 284)*

Rehrbeutel *m.* Bez. und Rügewort für leicht zum Weinen kommendes Kind oder allg. für jemanden, der lästig klagt; ma. rehren (schriftsprachl. fälschlich röhren, jedoch mit diesem verwandt) „schreien, blöken, brüllen, weinen"; auch Rehrer *m. (Grimm XIV, 561, WBÖ II, 715, UK 497, Jontes 133, WStWB 165, 170, Ziller 144)*

Rehre *m. (V)* Wie zuvor. *(Jutz II, 649)*

Rest *m.*, **Restel** *n.* Bez. für untersetzten, starkleibigen Mann. *(Ziller 145)*

Reservechristus *m.* Bez. und Spottwort für einen Mann, der mit langem Haar und Bart einen christusähnlichen Eindruck macht, auch jemand, der mit solchem Aussehen und frömmelnder Haltung auftritt. Besonders zu Zeiten gebräuchlich, als langes Haar und Bart noch nicht allgemein geläufig waren.

(Küpper 188, Pfeiffer 341, Teuschl 189)

Resitante *f. (W, „-tant“)* Scherzhaft für spießerhafte, kleinbürgerlich denkende und handelnde Frau; „Tante Theresia“. *(Teuschl 189)*

Rippe *f. („Rippen“)* Bez. für Mädchen, Frau, auch altes, zänkisches Weib sowie für mageren, knochendürren Menschen; nach Adams Rippe, aus der Eva geschaffen wurde bzw. allg. Vergleich mit Knochen; mit dem Wort wird auch in leicht abfälliger Weise eine Gruppe von Buben *(St)* bezeichnet. *(Grimm XIV, 1030, Pfeiffer 343, Jakob 148, Petrikovits 70, Teuschl 190, Jutz II, 739)*

Ritter *m.* Als damischer Ritter für verrückten Menschen, zerstreute Person; Ritter wie in Spinnritter (s. d.) abfällig im Sinne älteren Standesspottes. *(Pfeiffer 344, Aman 112, Jakob 148)*

Rittmeister *m. (W)* Als damischer Rittmeister wie zuvor; hier zum alten Kavallerieoffiziersdienstgrad (= Hauptmann) erweitert. *(Jakob 148)*

Ritsche *f. (T, „Ritschen“)* Schpfw. für zottiges, ungepflegtes Weib; zu rutschen. *(Grimm XIV, 1050, Schatz II, 488)*

Riff *n. (V)* Wie Reff (s. d.) Schpfw. für altes, böses Frauenzimmer; eig. Gestell, Skelett. *(Jutz II, 730)*

Riffel *f. (V, S, K)* Wie zuvor, auch für ungehobelten Menschen *(K)*; eig. Gerät zum Flachskämmen oder Heidelbeerensammeln, ähnlich anderen Gerätenamen als Schpfw. *(Grimm XIV, 956, Jutz II, 730, Ziller 146, Pohl 121)*

Riegel *m. (St, S)* Anerkennende Bez. für starken, großgewachsenen Mann oder Burschen („a mords Riegel“, „ein schöner Riegel“); nicht nach dem Türriegel, sondern nach dem gleichnamigen Bundtram des Dachstuhles. *(Grimm XIV, 922, Wintersberger 69, Teuschl 190, UK 504, Jontes 132, Ziller 146)*

Rieggi *m. (T)* Bez. für läppischen Menschen; Herkunft dunkel. *(Schatz II, 484)*

Rindel *n. (St)* Harmloses Spottwort für jemanden, der dumm wie ein Rindvieh ist. *(Jontes 132)*

Rindvieh *n.* Häufiges Schpfw. wie Kuh, Ochse, Kalbel (s. d.) nach den Charaktereigenschaften der Grobheit und Dummheit. *(Grimm XIV, 979, Pfeiffer 343, Aman 112, Jakob 148, Kapeller 138, Jontes 132f., Jutz II, 732f.)*

Rhinozeros *n.* Bez. und Schpfw. für dummen, unbeholfenen, groben Menschen; wörtl. griech. „Nashorn“, wie Nilpferd als Name eines exotischen Tieres zum Schpfw. geworden. *(Kluge 598, Pfeiffer 342, Aman 112)*

Rinnsalfregatte *f. (W, „-fregatten“)* Scherzhaft für Prostituierte des Straßenstrichs. Fregatte als ursprünglicher Segelschiffstyp lässt an den anderen Marinebegriff „aufgetakelt sein“ denken, der „unter vollen Segeln“ bedeutet und übertragen auf die am Rande des Bürgersteiges dahinsegelnde Dirne mit ihrem auffallend zurechtgemachten Äußeren denken lässt. *(Teuschl 190)*

Riesen- Zur Steigerung von Schpfw. gebräuchlich, etwa in Riesentrottel u. dgl. *(Pfeiffer 343)*

Riesenkopf *m. (St)* Älteres Schpfw. unbest. Bed. Landrecht Sauer, 1725: „... er sich mit Hurenprocuratorin und Riesenkopf mich zu titulieren und injuriren erkhinet." *(UK 505, Jontes 133)*

Riesenweib *n.* Spöttisch-abfällig für sehr groß gewachsene Frau. *(Pfeiffer 343)*

Ritzenkratzer *m. (W)* Scherzhaft für Schienenwärter bei der Straßenbahn; wie Schienenkratzer. *(Küpper 189, Teuschl 191)*

Röpfling *m.,* **Rüpfling** *m. (T)* Bez. für Schwächling; zu rupfen. *(Schatz II, 490, 497)*

Robler *m. (T)* Bez. und Rügewort für Raufbold, auch Prahler; Herkunft dunkel. *(Schatz II, 488)*

Roter *m.* Abfällige, verallgemeinernde Bez. für Anhänger linker Ideologien bzw. Mitglied der SPÖ, Knallroter für Kommunisten als weitere Steigerung; heute eher durch Linker (s. d.) ersetzt, da sich in der gegenwärtigen österreichischen Innenpolitik auch liberale und Grünbewegungen der Linken zuzählen lassen und nicht mehr dem „klassischen" Farbschema der politischen Symbolik unterliegen. *(Pfeiffer 345f., Jontes 133)*

Rotfuchs *m.* Spöttische Bez. für rothaarigen Burschen oder Mann, auch Rotschädel, Rotschädleter, Rotkopf; die im süddt.-österr. Raum seltenere rote Haarfarbe versetzt den Betroffenen in einen Ausnahmezustand, da damit in der abergläubischen Volksmeinung schlechte Charaktereigenschaften verbunden sind; auch Judas war nach dem Volksglauben rothaarig. Für weibl. Personen meist Rothaarete, Rothaarige. *(Grimm XIV, 1308, Pfeiffer 346, Aman 113, Jakob 148, UK 507, Jontes 133, Jutz II, 767)*

Rothaarete *f.*, **Rothaarige** *f.*, siehe Rotfuchs, Rotschädleter, Rostiger. *(Jontes 133, Aman 113)*

Rothosen *pl. (V)* Spottname für die Franzosen aus der Zeit der Napoleonischen Kriege nach der Farbe der Uniformhosen bestimmter Armeeteile. *(Jutz II, 767)*

Rotkäppchen *n. (W)* Scherzhaft-spöttisch für uniformierten Polizeioffizier, dessen Tellerkappe ein rotes, umlaufendes Band aufweist. Nach der bekannten Märchenfigur. *(Teuschl 192)*

Rodler *m. (St)* Bez. für Menschen, der laut und stark atmet, schnauft, auch Schnarcher; zu oberdt. rodeln „röcheln, stark atmen" (Nebenform von rütteln). *(UK 507, Jontes 133)*

Rötling *m. (V)* Spottbez. für Rothaarigen. *(Jutz II, 768)*

Rotröckel *n. (S)* Altes Schpfw. für Scherge, Gerichtsdiener, der wie der Henker rot gekleidet war und wie dieser und der Abdecker als unehrlich galt. *(Ziller, Schelmen 381)*

Rotschädel *m.*, **Rotschädleter** *m.* Bez. für Rothaarigen. *(Jontes 133, Jungmair 238)*

Roggenstehler *m. (T)* Spottbez. für den Müller, der häufig als Dieb und Beschneider des ihm anvertrauten Mahlgutes angesehen wurde; auch im

Spottvers „Miller, Meahler, Roggensteahler". *(Schatz II, 600)*

Rollauger *m. (T)* Bez. und Spottwort für Glotzäugigen. *(Schatz II, 490)*

Rolle *m. (V)* Bez. und Schpfw. für leichtfertiges Mädchen, triebhaften Menschen, auch herumstreunendes Kind; eig. Kater, läufige Katze, ma. rollen „Brünstig sein des Katers". *(Grimm XIV, 1140, Jutz II, 750)*

Rohling *m.* Bez. und Rügewort für rohen Menschen, besonders jemanden, der grausam gegen Menschen und Tiere ist; eig. ein rohes unbearbeitetes Werkstück. *(Küpper 189, Pfeiffer 344, Kapeller 138)*

Rollmops *m.* Spöttisch für dicken, eher kleingewachsenen Menschen; nach der sauren Delikatesse aus einem gerollten Hering und Kraut. *(Pfeiffer 345)*

Römmer *m. (K)* Schpfw. für groben Menschen; eig. Widder, zu rammeln. *(Lexer, KWB 210)*

Römerling, Römling *m.* Spöttisch für einen prononcierten papst-, d. h. romtreuen Katholiken; aus dem Wortschatz der Los-von-Rom-Bewegung des ausgehenden 19. Jh.s, die in Österreich von Georg v. Schönerer angeführt wurde. *(Pfeiffer 345)*

Ronsche *m. (V)* Rügewort für jemanden, der unruhig auf seinem Sitz hin und her rutscht; ma. ronschen „sich müßig herumtreiben". Siehe auch Ransche. *(Jutz II, 754)*

Röhre *f. (W, „Röhren")* Schpfw. für alte Frau, besonders alte Dirne; Synonym für Vulva. *(Jakob 148)*

Rohrkrepierer *m.* Wie Blindgänger (s. d.) aus der neueren Soldatensprache für einen Versager, unfähigen, unbedacht und voreilig handelnden Menschen; beim R. lässt ein fehlerhafter Zünder das Artilleriegeschoss bereits im Geschützrohr detonieren. *(Pfeiffer 344)*

Rohrsau *f.* Schpfw. allg. Bed., soldatensprachliche Fantasiebildung analog etwa Wurzelsau (s. d.). *(Jontes 133)*

Rossbollenkocher *pl. (V)* Spottname für die Bewohner von Lochau; Rossbollen „Rossäpfel". *(Jutz II, 759)*

Rossböhnel *m. (K, „-beanl")* Spottwort für kleingewachsenen Burschen; Herleitung wie oben. *(WBÖ III, 604)*

Rosstäuscher *m.* Wie hochsprachlich, ursprünglich für betrügerischen Pferdehändler, dann auch allgemein für Betrüger. *(Grimm XIV, 1276, Pfeiffer 345)*

Röstel *n. (St, „Reastl")* Ungeschicktes Mädchen; Herkunft unklar. *(WStWB 165)*

Rostiger *m. (W)* Scherzhaft für rothaarigen Menschen; wie Rotfuchs, Rothaareter, Rötling, Rotschädleter (s. d.). *(Teuschl 192)*

Rossgalgen *m. (V)* Schpfw. für Pferdeschinder. *(Jutz II, 760)*

Rossjucker *m. (St)* Älteres Schpfw. unbest. Bed. (17. Jh.); ma. jucken „juckenden Schmerz verursachen, mit der Peitsche schlagen" (vgl. Jucker, „Rennpferd"). *(UK 510, Jontes 133)*

Rossknödel *m. (St)* Schpfw. wie Rossböhnel (s. d.).

Rosslump *m. (V)* Schpfw. für Rosstäuscher, betrügerischen Pferdehändler. *(Jutz II, 762)*

Rossmocke *m. (St)* Schpfw. unbest. Bed.; zu mocket, mockig „trotzig, verdrossen, widerspenstig", also jemand, der sich widerspenstig wie ein schlechter Gaul zeigt. *(UK 511, Jontes 133)*

Rossschinder *m. (V)* Scherzbez. für Pferdefleischhauer; eig. jemand, der Pferde schlecht behandelt oder ihnen die Haut abzieht. Siehe auch Schinder. *(Jutz II, 762)*

Rowdy *m. („Raudi")* Flegelhaft-brutaler Mensch; engl. „ds."; vgl. auch Pistenrowdy, Verkehrsrowdy. *(Pfeiffer 347)*

Rotz- Nasenschleim als Körpersekret häufig in Schimpfwortverbindungen zur weiteren Kennzeichnung von Verächtlichkeit. *(Pfeiffer 346)*

Rotzapotheke *f. (N, W)* Schpfw. im Sinne von Rotzbub (s. d.). *(WBÖ I, 287, III, 1236)*

Rotzaffe *m. (V)* Schpfw. für ungezogene Kinder, junge Leute. *(Grimm XIV, 1327, Pfeiffer 346, Jutz II, 770)*

Rotzpappe *f. (St, O, „-pappen")* Schpfw. wie Rotzpippe (s. d.). *(WBÖ II, 284)*

Rotzbalg *m. (V)* Schpfw. für ungezogenes Kind; siehe Balg. *(Jutz II, 771)*

Rotzbankert *m., n.* Derbe Erweiterung von Bankert (s. d.), ungezogenes Kind. *(WBÖ II, 231, Pfeiffer 346, Aman 113)*

Rotzbeutel *m. (O)* Schpfw. für verrotzten, aber auch weinerlichen Menschen, wie Rehrbeutel (s. d.). *(WBÖ II, 719)*

Rotzpfleger *m. (K)* Schpfw. für rotzigen Buben; Pfleger „Herrschaftsverwalter". *(WBÖ III, 81)*

Rotzpippe *f. („-pippen")* Grobes Schpfw. für frechen Jugendlichen; vgl. auch Pippe, Rotzer (s. d.) als selbstständige Einzelglieder, auch Nase (s. d.), aus der der Rotz „Nasenschleim" (ahd. hroz) wie aus einer Fasspippe rinnt. Die Sache als unappetitliches Sekret in zahlreichen Schpfw., die Frechheit und Schmutz andeuten; im Vordergrund steht der Vergleich mit dem Kleinkind. *(WBÖ III, 195, Pfeiffer 347, Aman 113, Wintersberger 64, Jakob 149, Teuschl 192, UK 508, Jontes 133f., WStWB 165, Ziller 135)*

Rotzbinkel *m. (S, N)* Schpfw. für Rotzbub; siehe Binkel. *(WBÖ III, 1407)*

Rotzpommer *m. (W)* Schpfw. für unausstehlichen Menschen. Siehe Pommer. *(WBÖ III, 596)*

Rotzbub *m. („-bua")* Häufigstes Schpfw. für unbotmäßige, freche Knaben. *(Grimm XIV, 1327, WBÖ III, 1236, Pfeiffer 346f., Aman 113, Wintersberger 70, Jakob 149, Hager 48, Jontes 134, Jungmair 231, Schatz II, 493, Jutz II, 771)*

Rotztasche *f. (St)* Wie zuvor. *(UK 508, Jontes 134)*

Rotztegel *m. (O)* Schpfw. wie Rotzbub; siehe auch Krätzentegel. *(Jungmair 231)*

Rotztippel *m. (O)* Wie zuvor; vgl. Tenkentippel (s. d.). *(Jungmair 231)*

Rotzdirndel *n.* Wie zuvor; weibliches Gegenstück zu Rotzbub (s. d.), schwächer als Rotzmensch (s. d.). *(Aman 114, Jontes 134)*

Rotzer *m.* Schpfw. wie zuvor, das jemanden, der schon reifer ist, als jugendlich-übermütig, unreif kennzeichnen soll; jedoch auch beleidigend für einen Jugendlichen. Wie alle mit Rotz zusammengesetzten Schpfw. deutet es auf das Kleinkind hin, das noch nicht fähig ist, seine Nase selber zu putzen. In der Vergangenheit, als Taschen- und Schnäuztücher noch nicht Allgemeingut waren, schwang in der Bed. allerdings das im Volk gewöhnliche Schnäuzen mit, bei dem der Nasenschleim durch Zuhalten des einen und kräftiges Blasen durch das andere Nasenloch hinaus und zu Boden geschleudert wurde. Vgl. auch Spiegelhienz (s. d.). *(Grimm XIV, 1328, Pfeiffer 347, Jakob 149, Jontes 134, Schatz II, 493, Jutz II, 771)*

Rotzfetzen *m.* Wie zuvor; eigentlich das Sacktuch, Nasentuch gemeint. *(Jakob 149, UK 508, Jontes 134)*

Rotzgeige *f. (St)* Wie Rotzpippe (s. d.) meist für Kinder verwendet. *(WStWB 165)*

Rotzglocke *f.* Scherzhaft-rügende Bez. für Kind, aus dessen Nase der Schleim wie eine Glocke heraushängt; auch für ungepflegtes Kind allgemein. *(Grimm XIV, 1328, Pfeiffer 347, Jakob 149, UK 508, Jontes 134, WStWB 165)*

Rotzkrüppel *m.* Grobes Schpfw., verstärktes Krüppel (s. d.). *(Aman 114, Jontes 134)*

Rotzkübel *m. (V)* Wie Rotzbub (s. d.) *(Jutz II, 771)*

Rotzle *m. (V)* Wie zuvor. *(Jutz II, 771)*

Rotzlecker *m.* Schpfw. für frechen, auch unerfahrenen Jugendlichen, der wie ein Kleinkind den Nasenschleim nicht abwischt, sondern ableckt. Vgl. auch Lecker (s. d.). *(UK 508, Jontes 134, Jungmair 231)*

Rotzlöffel *m.* Wie zuvor; Löffel nicht das Essgerät, sondern zu Laffe „Tölpel". *(Grimm XIV, 1330, Pfeiffer 347, Aman 114, Wintersberger 70, Jakob 149, UK 508, Jontes 134, WStWB 165, Jungmair 231)*

Rotzmensch *f.* Schpfw. für freches, junges, unfolgsames, auch moralisch nicht einwandfreies Mädchen; stärker als Rotzdirndel (s. d.). Vgl. auch Mensch (s. d.). *(Jontes 134, Hager 48)*

Rotzmuschge *m. (T)* Schpfw. für rotziges Kind; siehe Muschge. *(Schatz II, 439)*

Rotznase *f. („-nasen")* Schpfw. für frechen Jugendlichen, wie Rotzpippe (s. d.). *(Grimm XIV, 1330f., Pfeiffer 347, Aman 114, Jakob 149, Kapeller 139, Jontes 134, WStWB 165, Jungmair 231, Jutz II, 771f.)*

Rotznigel, -nickel *m.* Wie zuvor; siehe Nigel (s. d.). *(Pfeiffer 347, Wintersberger 70, Jungmair 231)*

Rotzschnegel *m.* Wie zuvor; eigentlich eingetrocknetes Schleimklümpchen in der Nase (wie Bettler „ds."). Judenburg, 1812: „Rotzschnegl: Auswurf aus der Nase." *(Grimm XIV, 1331, -schnödel, UK 508, Jontes 134f.)*

Rübe *f. („Ruaben")* Bez. und Schpfw. für einen ungeschlachten, ungehobelten, bäurischen Menschen; häufig auch als scherzh. Bez. für den menschlichen Kopf; von daher auf die ganze Person übertragen. Erweitert als „gescherte

Rübe“ (vgl. Gescherter, s. d.) oder „kraupete Rübe“ (ungekämmt); grüne R. („greane R.“) scherzhaft-spöttisch für Polizisten wegen der ehem. grünen Uniform. *(Grimm XIV, 1331ff., Pfeiffer 347, Wintersberger 88, Aman 114, Jakob 149, Teuschl 192, Jontes 135)*

Rüpel *m. („Riapel“)* Bez. für groben, ungehobelten Mann, auch Knaben ohne Manieren; Kurzform von Ruprecht, Rupert („Ruep“). *(Grimm XIV, 1528, Aman 112, Kapeller, 139, Jakob 149, UK 511, Jontes 135, WStWB 165, Schatz II, 494, Jutz II, 793)*

Rübenbauer *m. (K, „Ruaben-“)* Spöttische Bez. für armen, schlecht wirtschaftenden Bauern. *(WBÖ II, 588)*

Rübenloch *n. (St)* Derbes Schpfw. unbest. Bed., wohl mit Bezug auf ungewaschenen Körper, der Rübenanbau ermöglicht. *(UK 511, Jontes 135)*

Rübensauger *m.* Schpfw. unbestimmter Bed. *(Wintersberger 70)*

Rübenschädel *m. (S, „Ruaben-“)* Schpfw. für dummen Mann. *(Ziller 148)*

Rübenschäler *m. (K, „Ruabenschöler“)* Bez. für armen Tropf, einer, der sich mit Rüben begnügen muss. *(Grimm XIV, 1336, Lexer, KWB 216)*

Rübenschwanz *m., (V, „Räben-“)* Spottname für die Bewohner von Übersaxen. *(Jutz II, 628)*

Rübensimmerl *m. (St, „Ruabn-“)* Spottname für einen dummen, dabei aber gutmütigen Menschen. Rüben gehörten neben Kraut zur Alltagsnahrung des bäuerlichen Menschen, stehen deshalb für das Gewöhnliche. Simmerl, auch für sich als Spottname gebräuchlich, ist Verkleinerungsform für Simon. Vgl. auch Warzensimmerl (s. d.). *(UK 511, Jontes 135)*

Rübenzuzler *m. („Ruaben-“)* Bez. für Nichtskönner, Blödian, vor allem in der Bed. Schwächling. Wörtlich einer, der Rüben aussaugt (vgl. Zuzel „Kinderschnuller“). Nach Wehle a. a. O. aus Gruabenzuzler, wienerisch für Senkgrubenräumer, einem städtischen Gewerbe. Das allgemeine Bild eines Menschen, der die fad schmeckenden Rüben noch aussaugt (aus Armut oder Pedanterie), scheint jedoch treffender. *(Wehle 97, Teuschl 192, Jontes 135)*

Rübezahl *m.* Scherzhaft-spöttisch für großgewachsenen Mann mit langem Vollbart wie die riesengebirgische Sagengestalt. *(Pfeiffer 347)*

Rüpfel *m. (T)* Schpfw. für ungebärdiges Kind; eig. Gerät zum Heurupfen, jedoch auch lautliche Nähe zu Rüpel. *(Schatz II, 487, 497)*

Rüpfling *m.*, siehe Röpfling.

Ruch *m.*, **Rucherl** *n. („Ruach“, „Ruacherl“)* Bez. und Schpfw. für charakterschlechten, egoistischen, habgierigen und rohen Menschen, auch Polterer. Mhd. ruochen „begehren, raffen“, auch schon übertragen in mhd. ruoch „Krähe, Häher“. *(Pfeiffer 348, Aman 114, Jakob 149, Teuschl 192, UK 511, Jontes 135, Lexer, KWB 210, Jungmair 231, Ziller 148, Schatz II, 494, Jutz II, 777f.)*

Ruchler *m. (O, „Ruachler“)* Schpfw. für Wucherer; Herkunft wie zuvor. *(Teuschl 192, Jungmair 231)*

Rüde *m.*, **Rüedle** *m. (V, „Rüede“)* Bez. und Rügewort für Wildfang, ungebärdigen Jugendlichen; ma. ruedlen „herumbalgen“. *(Jutz II, 778)*

Rudi *m. (W)* Scherzhaft für Dummkopf, blöden Menschen; Koseform von Rudolf, scherzhaft belegt auch durch die Witzfigur des Grafen Rudi als Gegenstück zu Graf Bobby (s. d.). *(Teuschl 192)*

Rutschipeter *m.* Bez. und Rügewort für einen Menschen ohne Rast und Ruhe, der unüberlegt handelt; einer, der wörtlich hin und her rutscht, auch Kind. *(Grimm XIV, 1570, WBÖ II, 1143, Pfeiffer 349, Jakob 150, UK 512, Jontes 135, Jungmair 233, Ziller 149)*

Rufenbartel *m.* Scherzhaft, auch rügend für ein Kind, das unter Gesichtsausschlag leidet; ma. Rufe *f.* „Schorf, Kruste“, wie Krätzensimmerl (s. d.). *(WBÖ II, 373)*

Rufer *m. (T)* Spottname für Tischler, der grobe und schlechte Arbeit leistet. *(Schatz II, 495)*

Ruffian *m. (T)* Schpfw. wie Lump; ital. ruffiano „Kuppler“. *(Grimm XIV, 1408f., Schatz II, 495)*

Rühele *m. (V)* Schpfw. für weinerliches, jammerndes Kind; ma. rüheln „schreien, jammern“, mhd. rücheln „wiehern, brüllen, röcheln“. *(Jutz II, 782)*

Rühelzapfen *m. (V)* Wie zuvor; siehe Zapfen. *(Jutz II, 782)*

Ruine *m.* Abfällig für ältere bis alte Frau, die durch das Alter ihre einstige Schönheit eingebüßt hat. *(Pfeiffer 348)*

Rülp *m. (V, T)* Bez. und Schpfw. für groben, rohen Kerl; eig. Aufstoßen, Rülpser, ma. rülpig „ungestüm“. *(Grimm XIV, 1477, Jutz II, 785f.)*

Rulz *m.*, **Rülz** *m. (W, V)* Bez. und Schpfw. wie zuvor; Herkunft ebenso. *(Grimm XIV, 1478f., WBÖ II, 285, Jutz II, 785f.)*

Rumpel *f. (O)* Bez. für grobschlächtiges, altes Weib; eig. eine Art Schlitten, Schleipfe. *(Jungmair 232)*

Rumpelkugel *f. (O)* Spottbez. für eine hinkende Person. *(Jungmair 233)*

Rumbutte *f. (W, „-butten“)* Spöttische Bez. und Schpfw. für Säufer, Rumtrinker; vgl. Butte (s. d.). *(WBÖ III, 1545, Teuschl 193)*

Rumpumpel *f.*, auch **Rungunkel**, **Runkunkel** *f.* Bez. und Schpfw. für alte, missmutige Frau, auch Vulva; lautmalend für schwerfällige, rumpelnde Bewegung, mit Reduplikation wie in Schlampampe (s. d.). *(Grimm XIV, 1498, 1521, Pfeiffer 348, Jakob 150, Teuschl 193, Jontes 135, WStWB 165, Schatz II, 497, Jutz II, 791)*

Rumkugel *f. (W)* Scherzhaft-spöttisch für Schnapstrinker, Rumsäufer; eigentlich ein schnapsgefülltes Bonbon, jedoch schwingt auch herumkugeln „sich rauschig am Boden wälzen“ mit. *(Teuschl 193)*

Ruß *m. („Ruaß“)* Abfällige Kollektivbezeichnung für Pöbel, Gruppe von verachtenswerten Menschen; wörtl. Ruß, Schmutz. *(Jakob 149, Teuschl 192, UK 514, Jontes 135)*

Rußbartel *m. (N)* Bez. und Schpfw. für Schmutzfink; vgl. Bartel (s. d.). *(WBÖ II, 372)*

Rusch *f.*, *m. (T, O, „Ruesch“)* Schpfw. und Bez. für Frau mit schlechtem Ruf, auch Hudler, Rüpel; ma. rueschen „übereilt arbeiten". *(Schatz II, 495, Jungmair 232)*

Rüsche *f. (St)* Jugendsprachlich für Gruppe von Menschen, wie Rippe (s. d.); Herkunft ungeklärt.

Russe *m. („Russ")* Älteres Rügewort für groben, gewalttätigen Menschen, wahrscheinlich schon aus den Franzosenkriegen, wo Mitteleuropa zum ersten Mal Bekanntschaft mit der verbündeten russischen Armee machte; dasselbe Wort bezeichnet auch die als lästig empfundene Küchenschabe (auch Schwab) bzw. sogar in Essig eingelegte kleine Heringe. Auch die russische Originalbez. Russki wird verwendet und war besonders in der Zeit der russischen Besatzung Ostösterreichs 1945–1955 im Schwange. *(Grimm XIV, 1539, Pfeiffer 349, Aman 115, Jakob 150, Teuschl 193, Jontes 136, Jutz II, 796)*

Russenhure *f. („-hur")* Freundin eines russischen Besatzungssoldaten 1945–1955. Vgl. Hure (s. d.).

Rüsselputzer *m.* Scherzhafte Bez. und Handwerkerspott für Barbier; Rüssel derb für Mundpartie. *(WBÖ II, 77, Küpper 190f., Jutz II, 797)*

Rüsselscherer *m.* Wie zuvor. *(WBÖ II, 100)*

Russerl *n. (St)* Scherzhaft für schmutziges Kind; zu Ruß. *(WStWB 170)*

Rußkater *m.* Schpfw. für unsauberen Menschen. *(Pfeiffer 349, Aman 114, Jungmair 232)*

Rußkäfer *m.* Bez. für Menschen, der sonst reinlich ist und sich nur bei einer Arbeit schmutzig, rußig gemacht hat; auch spöttisch für Prostituierte *(W)*. Von der Küchenschabe (vgl. Russe, s. d.), die im Schmutz unter dem Küchenherd lebt. *(Teuschl 192, Jontes 136)*

Rußkehrer *m. (St)* Synonym für Rauchfangkehrer, Schornsteinfeger; zur Rüge schmutziger oder verschmutzter Menschen gebraucht („du schaust aus wie ein Rußkehrer"). *(Jontes 136)*

Russki *m.,* siehe Russe. *(Pfeiffer 349)*

Rußmannl *n. (N, „Ruaß-")* Scherzhaft für Rauchfangkehrer. *(Hager 48)*

Rußsack *m. (St)* Älteres Schpfw. in der Bed. Schmutzfink. *(UK 514, Jontes 136)*

S

Sacher *m. (T)* Schpfw. und Bez. für Schwächling; zu seichen („soachen") „urinieren". *(Schatz II, 499)*

Satan *m.* Emphatische Bez. und Schpfw. für böse Menschen („ein wahrer S., du S."); hebr. satan, griech. satan, lat. satanas „Widersacher, Teufel". *(Grimm XIV, 1806ff., Kluge 624, Pfeiffer 353, Aman 117, Jutz II, 827)*

Satansbraten *m.* Schpfw. und Bez. für widerwärtigen, schlechten Menschen, nach dem Muster von Raben-, Höllen-, Galgenbraten (s. d.). *(Pfeiffer 353, Aman 117)*

Satanskerl *m.* Eher anerkennend für Draufgänger, aber auch abfällig für bösen, satanischen Mann. *(Pfeiffer 353)*

Sättian *m. (St)* Bez. für missmutigen, übelgelaunten Menschen, Ekel. Gebildet nach dem Muster von Heiligennamen wie Cassian, Cyprian (vgl. auch Fadian, Schmutzian usw.); zu ma. sättig „satt, überdrüssig". *(UK 515, Jontes 136)*

Safaladebruder *m. (W, „Safaládebruader")* Schpfw. für Menschen, der nicht vertrauenswürdig ist; zu ma. Safalade „Lüge, Blödsinn", das sich wiederum von der Cervelatwurst „Gehirnwurst" herleitet. *(Teuschl 195)*

Sägler *m. (St, „Sagler")* Scherzhafte Bez. für Schnarcher; ma. sageln „sägen"; nach den sägenden Geräuschen des Schnarchers. *(Jontes 136)*

Sack *m.* Schpfw. für Mann, Bursche; meist in Verbindung mit dumm, blöd, müde usw. Nach dem Hodensack pars pro toto. *(Grimm XIV, 1613, 1614, Küpper 191, Pfeiffer 350, Schatz II, 501, Jutz II, 810)*

Säckel *m. (T)* Schpfw. und Bez. für lästigen, auch faulen Menschen („müder, lästiger S."); wie zuvor. *(Grimm XIV, 1619, Pfeiffer 350f., Aman 130, Schatz II, 570)*

Sackelpicker *m.* Bez. und Rügewort für dummen Menschen, auch Synonym für Strafgefangenen, Zuchthäusler; nach der einst als Häftlingsarbeit in Strafanstalten häufigen Arbeit des Klebens von Papiersäckchen; Sackel *n.* „Papiersäckchen, -tüte", picken „kleben". *(Wintersberger 71, Teuschl 195)*

Säckeldieb *(St)* Älteres Schpfw. in der Bed. von Taschendieb. Weißkirchener Gerichtsprot., 1539: „... er ime ainen Sekhelteup gescholten." *(Grimm XIV, 1620, UK 514, Jontes 136)*

Sackelhüpfer *m. („-hupfer")* Spöttisch für Drachen-, Gleitschirmflieger, nach den Textilien des Sportgerätes, die mit Sackleinwand verglichen werden. *(Wintersberger 71)*

Säckelschneider *m. (V)* Älteres Schpfw. im Sinne von Taschendieb, Beutelschneider (s. d.). *(Grimm XIV, 1620, Jutz II, 810)*

Saker *m. (V)* Schpfw. für geriebenen Burschen, Teufelskerl; frz. sacré (nom de Dieu) „geheiligter Name Gottes" als Kraftausdruck, wahrscheinlich während der Zeit der frz. Besatzung in den Napoleonischen Kriegen übernommen. Vgl. auch Sakra (s. d.). *(Jutz II, 815f.)*

Sackgreifer *m. (V)* Wie Säckeldieb (s. d.). *(UK 514, Jontes 136, Jutz II, 810)*

Sackgütscher *m. (V)* Bez. und Rügewort für jemanden, der heimlich die Taschen anderer durchstöbert; ma. gütschen „durchsuchen, stöbern". *(Jutz II, 811)*

Sakra *m.* Schpfw. im Sinne von verfluchter Kerl; nicht immer unbedingt negativ gemeint, sondern auch anerkennend gebraucht. Kurzform von Sakrament, Sakramenter. Das Wort stammt aus dem theologischen Streit zwischen Katholiken und Protestanten in der Reformation. Bei Luther wurden diejenigen als Sakramenter beschimpft, die seiner Sakramentslehre nicht beitraten. Idiotikon Rottenmann,

1818: „Ei du Saggara: Ein Liebesausdruck.“ Vgl. auch Saker (s. d.). *(Grimm XIV, 1675, Pfeiffer 351, Aman 116, UK 515, Jontes 136f., Lexer, KWB 211)*

Sakrament *n. (V)* Bez. für Teufelskerl; vgl. das unter Sakra (s. d.) Gesagte, Vollform zu diesem. *(Grimm XIV, 1673, Aman 116, Jutz II, 816)*

Sakramentsdieb *m. (St)* Böses Schpfw. seit dem Mittelalter, als Entwendung und Schändung von konsekrierten Hostien als Kapitalverbrechen angesehen und von der weltlichen Hand mit dem Tode bestraft wurde. Besonders Hexen, Teufelsbündern und Juden wurde Hostiendiebstahl wegen zauberischer Praktiken immer wieder in die Schuhe geschoben. *(UK 363, Jontes 137)*

Sakramentsvogel *m. (St)* Älteres Schpfw. unbestimmter Bed., vielleicht wie zuvor. *(Ratsprot. Oberwölz, 1673)*

Sakristeiwanze *m.* Spött. Bez. und Schpfw. für Frömmler, religiösen Heuchler.

Salbader *m. (V)* Bez. und Rügewort für langweiligen Menschen, faden Schwätzer, jemand, der salbadert; salbadern „leer schwätzen“. Herkunft dunkel. *(Grimm XIV, 1681f., Kluge 621, Jutz II, 817)*

Salon- In abfälligen Begriffen zur Bez. von Personen, die etwas unecht vorgeben, als ob es in einem der einstigen großbürgerlichen Salons geschehe. *(Pfeiffer 353)*

Salonbolschewik, -bolschewist *m.* Vgl. Bolschewik (s. d.) und das Folgende. *(Pfeiffer 352)*

Salontiroler *m.* Einst Herren der besseren Gesellschaft, die sich in den alpinen Sommerfrische- und Kurorten wie die Einheimischen kleideten und sich auch in anderer Hinsicht als solche zu geben versuchten. Sie standen um 1900 besonders im Visier der Satiriker und Karikaturisten. *(Pfeiffer 352)*

Salonkommunist *m.* Spöttisch für Linksintellektuellen, der sich entweder weltanschaulich verirrt hat oder sich mit seinem Bekenntnis in bürgerlichen Kreisen, im Salon also, interessant zu machen glaubt. *(Pfeiffer 352)*

Salonlöwe *m.* Eher anerkennend als spöttisch für eleganten Herrn, der sich als Mittelpunkt einer Gesellschaft fühlt. *(Pfeiffer 352)*

Salsenmacher *m. (St)* Bez. für Müßiggänger, Faulpelz; eigentlich einer, der Salse „Marmelade, Fruchtsirup“ macht (ital. salsa „salzige Sauce“). *(UK 516, Jontes 137)*

Salzrolle *m. (V)* Altes Schpfw. auf reiche Salzhändler; vgl. Rolle (s. d.). *(Jutz II, 821)*

Sandhase *m. (W, „-has“)* Schpfw. für Landstreicher, Sandler; jemand, der „am Sand“ ist. *(Pfeiffer 353, Teuschl 196)*

Sandler *m.* Bez. für Müßiggänger, Vagabund (entsprechend dem frz. chlochard), denkfaulen, begriffsstutzigen Menschen. Zur Etymologie wird auf hebr. zandik „Parasit, Mitwisser“ verwiesen, jedoch scheint durchaus ein innerer Zusammenhang zum dt. Sand vorzuliegen. Der Händler mit Reibsand zum Putzen und Scheuern von Geschirr und Holzböden könnte damit gemeint sein. Auch ist auf die Redensart am Sand sein „wirtschaftlich, körperlich, geistig, emotional erschöpft sein" zu verweisen. Auch ma. saundeln „zaudern, säumen" *(Lexer, KWB 212)* ist zu berücksichtigen. *(Pfeiffer 353, Wintersberger 71, Wehle 73, Teuschl 196, Jontes 137)*

Sanggel *m., f.*, **Sanggelot** *m. (V)* Bez. und Rügewort für liederlichen, schlampigen, nachlässig gekleideten Menschen. Die zweite Form weist vielleicht auf frz. sansculotte „Revolutionsproletarier, Radikaler". Dieser Begriff „Mensch ohne (Knie)Hosen" wurde in der Französischen Revolution geprägt, da die Revolutionäre nicht wie der Adel Kniehosen (frz. culotte), sondern lange Beinkleider (frz. pantalon) trugen. Vielleicht hat noch ein anderes Wort (etwa Sapperlot?) auf diese Bildung eingewirkt. *(Jutz II, 826)*

Sangger *f.*, **Sanggerer** *m. (T)* Bez. und Schpfw. für unzufriedenen Menschen, Raunzer, Meckerer, lästige Person; ma. sanggern „murren" zu ma. zanger „scharf, raß"? *(Grimm XXXI, 226f., Schatz II, 504)*

Sangerl *m.* Nachlässig gekleideter Mensch; Herkunft unklar. *(Wintersberger 71)*

Sarah *f.* Abfällig für Jüdin; da als typisch jüdisch-alttestamentarischer Name bekannt, wurden die Juden im Dritten Reich gezwungen, ihrem Vornamen zur schmähenden Kennzeichnung als Mann Israel, als Frau Sarah beizufügen; trotzdem heute ein beliebter christlicher Taufname. *(Pfeiffer 353)*

Sardellenbändiger *m. (St)* Scherzhaft-abfällige Bez. für Verkäufer, Kommis im Lebensmittelhandel. *(Jontes 137)*

Sardellenreiter *m. (W)* Scherzhaft-spöttische Bez. für Schneider. *(Petrikovits 72)*

Sargant *m. (T)* Bez. und Rügewort für ungeschickten, gleichgültigen Menschen; mhd. sargant „Diener, Knappe". *(Schatz II, 504)*

Sargnagel *m.* Bez. für Menschen, ein missratenes Kind oder eine andere Person, die jemanden stets Schwierigkeiten bereitet und damit gleichsam am Tod des Betroffenen in der Zukunft mitschuldig sein wird („du wirst noch einmal mein S. sein"). Scherzhaft auch für Zigarette verwendet. *(Grimm XIV, 1801, Pfeiffer 353, Kapeller 108, Jutz II, 827)*

Sau- Als grob verstärkendes Wort in zahlreichen zusammengesetzten Schpfw.

Sau *f.* Gröbstes Schpfw. unter den dafür verwendeten Tiernamen. Das über Schwein (s. d.) noch hinausgehende Wort impliziert körperliche wie moralische Unsauberkeit und wird für beide Geschlechter verwendet. In verschiedenen Zusammensetzungen spezifiziert es aber darüber hinaus verschiedene Eigenschaften und verstärkt das Grundwort. Idiotikon Rottenmann, 1818: „Du faule Sau: Müßiggänger." *(Grimm XIV, 1843ff., Pfeiffer 354,*

Aman 116, Kapeller 141, Jakob 152, Teuschl 196, Jontes 137, Schatz II, 505, Jutz II, 830)

Sauaffe *m. (V)* Schpfw. für freches, ungezogenes Mädchen. *(Jutz II, 831)*

Sauäugler *m. (V)* Scherzhafte Bez. für Menschen mit lustigen, kleinen Augen; vgl. scherzhaft Schweinsäugerl „kleines Auge". *(Jutz II, 831)*

Saubagage *f. („-bagásch")* Verstärktes Bagage (s. d.). *(WBÖ II, 87f.)*

Saubayer *m.* Schpfw. für einen Bayern (analog zu Saupreuß in Bayern selbst), auch für moralisch und physisch verkommenen Menschen; vor allem von den anrainenden Tirolern und Vorarlbergern verwendet; die Ursachen der Verwendung als Schpfw. liegen sicherlich auch in der Tatsache begründet, dass Bayern diese Länder von 1806 bis 1814 besetzt gehalten hatte. Lautliche Nähe zu Saubauer. *(Grimm XIV, 1848, WBÖ II, 850, Pfeiffer 355, Jutz II, 83f.)*

Saubäcker *m. („-bäck")* Schpfw. für schlechten Bäcker. *(WBÖ II, 773)*

Saubalg *m.* Schpfw. für schlimmes, ungezogenes Kind; siehe Balg. *(Grimm XIV, 1848, WBÖ II, 122f., Pfeiffer 354, Jutz II, 831)*

Saubande *f.* Bez. und Schpfw. für schlechte Gesellschaft, üble Sippschaft; siehe Bande. *(WBÖ II, 199, Aman 116, Schatz I, 46)*

Saubankert *m., n.* Schpfw. für schlimmes Kind; siehe Bankert. *(WBÖ II, 231, Pfeiffer 354)*

Saubanz *m. (K)* Lästiges kleines Kind. Vgl. Panzen (s. d.). *(Pohl 125)*

Saubär *m.* Grobes bis scherzhaftes Schpfw. allg. Bed. für Männer, besonders solcher besonderer sexueller Aktivität; eigentlich die Bez. für den Eber des Hausschweins. *(Grimm XIV, 1848, WBÖ III, 1030, Pfeiffer 354, Aman 116, Jakob 152, Teuschl 196, Jontes 137, Schatz II, 505, Jutz II 831)*

Saubartel *m.* Bez. für schmutzigen, unsauberen Menschen oder solchen, der genussvoll oder unbekümmert mit schmutzigen Dingen oder Schmutz umgeht, besonders solchen, die mit seinen eigenen Körperfunktionen zusammenhängen. Auch jemand, der obszöne Worte gebraucht. Bartel ist Kurzform von Bartholomäus und ist hier durch seinen Gleichklang mit Bart auffällig, sodass ein ursprüngliches Wortspiel vorliegen könnte, das Schwein und Bart für einen seinen Bart beschmutzenden Esser vereint. *(Grimm XIV, 1848, WBÖ I, 371ff., Pfeiffer 355, Wintersberger 71, Jakob 152, Teuschl 196, UK 518, Jontes 137f., WStWB 165, Pohl 125, Jungmair 236, Jutz II, 831)*

Saubauch *m. (W)* Schpfw. für Schuft, verwerflichen Menschen. *(Teuschl 196)*

Saubauer *m. (St)* Grobes Schpfw. für Bauer; siehe Bauer. *(Pfeiffer 355)*

Saubazi *m.* Verstärktes Bazi (s. d.). *(Aman 116)*

Saubeutel *m.* Schpfw. wie Beutel (s. d.). *(WBÖ II, 719, Pfeiffer 355, Aman 116, Teuschl 196)*

Saubock *m. (N)* Schpfw. für unausstehlichen Burschen; siehe Bock. *(WBÖ III, 520)*

Sauböhme *m. („-böhm")* Derbes Schpfw. für Tscheche, Böhme, aus der Zeit, als bes. in Wien zahlreiche Böhmen aus dem Stammland zuwanderten und die Unterschichten der Reichshauptstadt dominierten. Vgl. auch Saubüttelböhme (s. d.), Gleisböhme (s. d.). *(WBÖ II, 810)*

Saupreuße *m. („-preiß")* Siehe Preuße. *(Pfeiffer 357)*

Saupritsche *f.* Derbes, grobes Schpfw. für Frau; eig. Vulva des Schweins. *(Aman 116)*

Saubub *m. („-bua")* Schpfw. und Bez. für schlimmen, unfolgsamen Knaben; Sau- als Andeutung von Verworfenheit tritt an die Seite einer ursprünglich wertneutralen Bez. in der Dienstbotenhierarchie der bäuerlichen Arbeitswelt, wo der Saubub der geringste der Hirten war, der die Schweine zu betreuen hatte. *(Grimm XIV, 1860, WBÖ III, 1236, Pfeiffer 355, Aman 116, Jakob 152, Jontes 138)*

Saubüttelböhme *m. (W, N, „-böhm")* Derbes, verächtliches Schpfw. für Böhme, Tscheche; siehe auch Sauböhme; Saubutte „Holzgebinde für Schweinefutter". *(WBÖ II, 809, Jakob 152)*

Saubuckel *m. (V)* Schpfw. für niederträchtigen, buckeligen Menschen. *(Jutz II, 833)*

Saudirndel *n.* Das weibliche Gegenstück zu Saubub (s. d.). *(Aman 116, Jontes 138)*

Sautodel *m. (St)* Verstärkt für Todel (s. d.). *(UK 518, Jontes 138)*

Sautrattenstürer *m. (O, „-stierer")* Mieser, auch ungepflegter Mensch; Sautratte „Auslauf des Hausschweins".

Sautrampel *m. (W)* Schpfw. für schlampigen weiblichen Dienstboten; siehe Trampel. *(Jakob 153)*

Sautreiber *m.* Schpfw. für rüpelhaften Kerl, groben Menschen; eig. Schweinehirt, der als der minderste galt. *(Grimm XIV, 1938, Küpper 192, Pfeiffer 358, Aman 116, Jakob 153)*

Saufaus *m.* Bez. und Rügewort für Säufer in Form eines Satznamens. *(Grimm XIV, 1876, Pfeiffer 355f., Aman 116, Jontes 138, WStWB 165, Schatz II, 506)*

Saufbeutel *m.* Schpfw. für Säufer; siehe Beutel. *(Aman 116)*

Saufbold *m.* Wie zuvor; dem hochsprachl. Trunkenbold entsprechend. *(Pfeiffer 356)*

Saufbruder *m.* Schpfw. und Bez. für Alkoholiker, Säufer, der gerne in Gesellschaft zecht. *(Grimm XIV, 1876, WBÖ III, 1148, Pfeiffer 356, Aman 116, Jutz II, 836)*

Saufbutte *f. (St, „-butten")* Wie zuvor; wie zahlreiche andere Bez. für Säufer aus einem Behälternamen gebildet; vgl. auch Rumbutte (s. d.). *(Grimm XIV, 1876, WBÖ III, 1545)*

Saufgurgel *m.* Drastisch wie zuvor. *(Pfeiffer 356)*

Saufkanne *m. (St, „-kandl")* Wie zuvor.

Saufkittel *m. (St)* Bez. und Rügewort wie zuvor, wobei ein Kleidungsstück für den ganzen Menschen steht. *(UK 518, Jontes 138)*

Saufkübel *m. (St)* Wie zuvor, in Verbindung mit einer Gefäßbezeichnung. *(UK 518, Jontes 138, WStWB 165)*

Saufkumpan *m.* Abschätzige Bez. für Trinkgenossen; siehe Kumpan. *(Grimm XIV, 1887, Pfeiffer 356)*

Saufloch *n.* Drastisch gesteigert für Säufer. *(Pfeiffer 356)*

Saufratz *m. (St)* Schpfw. für besonders schlimmes Kind, verstärktes Fratz (s. d.). *(Aman 117, Jontes 138)*

Saufuß *m. (S)* Altes Schpfw. unbest. Bedeutung. *(Ziller, Schelmen 384)*

Saugast *m. (V)* Schpfw. in der Bed. von Saukerl (s. d.). *(Jutz II, 837)*

Saugerl *n. (W)* Scherzhaft für Geldverleiher, Wucherer, aber auch Untersuchungsrichter, also jemand, der einen so oder so aussaugt. *(Teuschl 196)*

Saugorsch *m. (V)* Schpfw. für freches, schlimmes, ungezogenes Kind; siehe Gorsch. *(Jutz II, 838)*

Saugosche *f. (St, „-goschen")* Einer, der obszön, „schweinisch" redet. *(WStWB 165)*

Saugröll *m. (St)* Grobes Schpfw., verstärktes Gröll „Schwein, Ferkel". *(UK 519, Jontes 138)*

Sauhaufen *m.* Koll. Rügewort für undisziplinierte Gruppe von Menschen, besonders beim Militär und in der Schule. Über Soldatensprache eingedrungen. *(Pfeiffer 356, Jakob 153, Jontes 138, Jutz II, 839)*

Sauhachselbarbier *m. (St, „-haxel")* Scherzhafte Bez. für schlechten Barbier; wie Schafhachselbarbier (s. d.). *(WBÖ II, 101)*

Sauhund *m.* Grobes Schpfw. für moralisch verkommenen, schlechten Menschen; das durch Sau verstärkte Schpfw. Hund hat auch eine ursprünglich auf die Jagd bezogene Wurzel. Ein großer, aggressiver Jagdhund, der auf Wildsauen gehetzt wurde, hieß so. Siehe auch Schweinehund. *(Grimm XIV, 1898, Pfeiffer 356f., Aman 117, Jakob 153, Jontes 138, Schatz II, 505, Jutz I, 839, 1459)*

Sauigel *m. (V)* Schpfw. für unreinliches Kind, auch Zotenreißer; ähnlich Saunigel (s. d.). *(Grimm XIV, 1899, Pfeiffer 357, Jutz II, 839)*

Saukerl *m.* Grobes Schpfw. für moralisch oder körperlich verkommenen Menschen; verstärktes Kerl (s. d.). *(Grimm XIV, 1899, Pfeiffer 357, Jakob 153, Jungmair 236, Jontes 138, Schatz II, 505, Jutz II, 839f.)*

Saukog *m. (V)* Bez. und Schpfw. für unflätigen Menschen; siehe Kog. *(Jutz II, 840)*

Saulappe *m. (V)* Bez. für dummen Kerl; siehe Lapp. *(Grimm XIV, 1900, Jutz II, 840)*

Saulackel *m. (V)* Derbes Schpfw., verstärktes Lackel (s. d.). *(Jutz II, 840)*

Saulalle *m. (V)* Schpfw. für Tölpel, auch schmutziges Kind; siehe Lalle, Lolli. *(Jutz II, 840)*

Sauleder *n.* Schpfw. und Bez. für schmutzige oder unsittliche Person. Vielleicht nicht auf Leder zu beziehen, sondern kontaminierte Form aus Leder und Luder (s. d.). Idiotikon Fohnsdorf, 1813: „Sauleder: schlechtes Weibsbild." *(Grimm XIV, 1903, 1905, Jontes 138, WStWB 165, Jutz II, 841)*

Sauloch *n. (V)* Derbes Schpfw. für schmutziges, auch sittlich verkommenes Frauenzimmer; eig. Vulva der Sau. *(Jutz II, 841)*

Saulode *m. (V)* Grobes Schpfw. wie Sauhund; von Ludwig. *(Jutz II, 841)*

Sauluder *n.* Grobes Schpfw. als Verstärkung von Luder (s. d.). Vgl. auch Sauleder (s. d.). *(Grimm XIV, 1905, Aman 117, Pfeiffer 357, Jakob 153, Jontes 138f., Jutz II, 842)*

Saulump *m.* Verstärktes Lump (s. d.). *(Pfeiffer 357, Jutz II, 842)*

Saulümmel *m.* Verstärkt für Lümmel (s. d). *(Pfeiffer 357)*

Saumagen *m.* Bez. und Rügewort für schmutzigen, unflätigen, groben Menschen, auch für jemanden, der einen sprichwörtl. „Saumagen" hat, d. h., der unappetitliche Dinge oder Speisen in großen Mengen und eigenwilligen Zusammenstellungen unbekümmert in sich hineinschlingt. *(Grimm XIV, 1909f., Pfeiffer 357, Aman 117, Wintersberger 72, Jontes 139, WStWB 165, Pohl 125, Jungmair 237, Schatz II, 505, Jutz II, 842)*

Saumensch *n.* Grobes, moralisch abwertendes Schpfw. für Mädchen, junge Frau; verstärktes Mensch *n.* (s. d.). *(Grimm XIV, 1915, Pfeiffer 347, Aman 117, Jakob 153, Jontes 139, WStWB 165, Jutz II, 843)*

Saunigel, -nickel *m.* Bez. und Schpfw. für schmutzigen, ungewaschenen Menschen oder jemanden, der gerne von unsauberen Dingen spricht. Vgl. auch Nigel, Grindnigel, Sauigel (s. d.). *(Grimm XIV, 1922, Pfeiffer 357, Aman 117, Jakob 153, Teuschl 197, Jungmair 237, UK 520, Jontes 139, WStWB 165, Jutz II, 839)*

Saurier *m.* Mit dem Namen dieser urzeitlichen Echsen bezeichnet man personelle Relikte aus ideologisch und politisch längst verwichenen Epochen. *(Pfeiffer 357)*

Sauschädel *m.* Schpfw. allg. Bed. für groben, dummen Mann; verstärktes Schädel (s. d.); auch Name eines bäuerlichen Kartenspieles. *(UK 520, Jontes 139, Jungmair 238)*

Sauschererin *f. (St)* Älteres, grobes Schpfw. für Frau, Futschererin (s. d.). *(UK 363, „Jaritzen", Jontes 139)*

Sauschwanz *m.* Mehr scherzhaftes als grobes Schpfw. für pfiffigen Mann; auch W. A. Mozart verwendete es in seinen Briefen; verstärktes Schwanz (s. d.). *(Grimm XIV, 1928, Pfeiffer 358, Jontes 139, Schatz II, 561, Ziller, Schelmen 384, Jutz II, 847)*

Sausiech *m. (V)* Schpfw. als Verstärkung von Siech (s. d.). *(Jutz II, 848)*

Sauwirt *m. (W)* Bez. und Schpfw. für groben Gastwirt; ursprünglich angeblich ein Wirt in Hetzendorf, der wegen seiner originellen Grobheit viele Gäste gehabt haben soll. *(Jakob 153)*

Sauzahn *m. (St)* Schpfw. für Schuft, schlechten Kerl; nach dem Typus, der einzelne Körperteile für Schpfw. verwendet. Einst wurden Eberzähne auch als auffallende Gehänge an den Uhrketten des bäuerlichen Sonntagsstaates getragen. *(Grimm XIV, 1939, Pfeiffer 358, UK 520, Jontes 139)*

Sauzehe *m. (St, „Sauzechen")* Verächtl. Schpfw. für moralisch schlechten Menschen; verstärktes Zehe (s. d.). *(Teuschl 197, Jontes 139)*

Später *m. (W, „Spater")* Älterer Herr, alter Junggeselle. *(Teuschl 216)*

Spadifankerl *m.*, auch **Spadafankerl**, **Sparefankel** *m.* Bez. für leichtfertigen Menschen *(K)*, heiteren Witzbold *(W)*, auch Teufel *(T)*; ähnlich Spirifankerl (s. d.). Spadefantel *m.* („Bube im Kartenspiel, durchtriebener Schalk" von ital. spada, span. espada „Haudegen". *(Grimm XVI, 1831, Pfeiffer 401, Aman 131, Schuster 149, Jakob 174, Teuschl 216, Lexer, KWB 89f., Schatz II, 581)*

Spattler *m. (T)* Bez. für Bettler, Sammler; ma. Spatel „Dose, Sammelbüchse" aus ital. scatola „Schachtel". *(Schatz II, 581)*

Spätlauber *m. (V)* Bez. und Rügewort für Langschläfer, Faulpelz, eig. Name einer spät reifenden Apfelsorte. *(Jutz II, 1200)*

Spätlese *f.* Eigentlich ein sehr spät im Herbst gelesener Wein, der deshalb besonders gehaltvoll ist; scherzhaft übertragen aber auch auf ältere Menschen gemünzt, die noch jünger erscheinen wollen, als sie in Wahrheit sind; vgl. Teenagerspätlese (s. d.). *(Pfeiffer 403)*

Spagatscheißer *m. (W, „Spáchert-")* Bez. und Schpfw. für jemanden, der mit einer Arbeit nicht rasch zu Ende kommt; Spagat *m.* „Bindfaden, Schnur" aus ital. spaghetto „Faden". *(Jakob 174, Teuschl 216)*

Spaghettifresser *m.* Ethnischer Spott für Italiener; vgl. das bei Makkaronifresser (s. d.) Gesagte. Kurzform Spaghetti. *(Pfeiffer 401)*

Spanner *m.* Scherzhafte Bez. für kleinen Buben, dessen Schritte genau eine Spanne lang sind *(T)*; umgangsspr. auch Bez. für Voyeur, ma. spannen „etwas bemerken". *(Küpper 212, Pfeiffer 402, Schatz II, 580)*

Spanfudler *m.* Bez. für Stümper, Geizhals, missmutigen Stubenhocker; auch Kleingewerbetreibender; ursprünglich jemand damit gemeint, der Leuchtspäne für die einfachste Form der Hausbeleuchtung schnitt; ma. fudeln „Späne schneiden", Fudel *f.* „Spanhobel". *(Jakob 175, Teuschl 216, UK 521, Jontes 139)*

Spanleuchterl *n. (St)* Scherzhafte ältere Bez. für mageres, schmächtiges Mädchen; Verkleinerungsform für den hölzernen oder aus Eisen geschmiedeten Leuchter, in den Kienspäne eingeklemmt wurden. *(UK 521, Jontes 139)*

Sparagáller *f. (T)* Bez. und Spottwort für überaus schlankes Frauenzimmer, Mädchen; eig. Bachstelze. *(Schatz II, 581)*

Spargel *m.*, siehe Gespargel.

Sparitán, -er *m. (T)* Bez. und Rügewort für Geizhals, Knauserer; viell. Bildung aus spartanisch + Puritaner oder ähnlich. *(Schatz II, 581)*

Spasettelmacher *m.* Bez. und Rügewort für unernsten Menschen, der stets zu Streichen und Witzen (Spasettel *n.*) aufgelegt ist; ähnlich Fachsenmacher (s. d.). *(Aman 131)*

Spaßvogel *m.* Eigentlich lustiger Mensch, der immer in heiterer Stimmung ist und seine Umgebung mit Späßen unterhält; rügend aber auch für einen gebraucht, der Unsinn treibt oder mit einer schlimmen Nachricht kommt. *(Pfeiffer 402)*

Spatz *m.* Bez. für schmächtigen, kleinen Menschen, auch Kind, eher mitleidig als abfällig gebraucht, jedoch mit deutlichem Bezug auf den unscheinbarsten, häufigsten und lästigsten Vogel. *(Grimm XVI, 2005, Pfeiffer 402, Aman 131, Jakob 175, Teuschl 216, UK 521, Jontes 139f., Jutz II, 1200)*

Spatzenhirn *n.* Bez. für Dummkopf, jemanden, der nur über ein Gehirn in der Größe eines Spatzenhirnes verfügt. Siehe auch Spatzenkopf. *(Pfeiffer 402, Aman 131, Teuschl 216)*

Spatzenkopf *m.* Bez. für Dummkopf, Naivling, nach der landläufigen Meinung, dass die Kopfgröße mit der geistigen Kapazität zusammenhänge (daher auch abfällig vom Spatzenhirn die Rede). Rationalistische Regierungsverordnungen des 18. Jh.s schrieben den Herrschaften und Gemeinden die Ablieferung von bestimmten Mengen von Spatzenköpfen vor, um diese Vogelart wegen der angerichteten Schäden auf den Feldern zu bekämpfen. Eigene Spatzenkopfregister wurden angelegt und Spatzenkopfkollektanten kümmerten sich – mit geringem Erfolg – um die Durchführung der Bestimmungen. *(Grimm XVI, 2008, Küpper 212, Pfeiffer 402, Aman 131,UK 521, Jontes 140)*

Spatzenschrecker *m. (W)* Bez. für hässlichen, zerlumpten Menschen; eig. Vergleich mit einer Vogelscheuche (s. d.). *(Grimm XVI, 2007, Pfeiffer 403, Jakob 175)*

Spatzenschütze *m. (St)* Bez. für Schmarotzer bei einer Bauernhochzeit, wie Buckelkratzer (s. d.). *(UK 521, Jontes 140)*

Spechtler *m. (W)* Spöttisch für neugierigen Zuschauer, Voyeur; ma. spechteln „angestrengt schauen“. *(Teuschl 217)*

Speichellecker *m.* Widerlich-unterwürfiger Kriecher. *(Pfeiffer 403)*

Speckpasser *m. (St)* Bez. für umherziehenden Bettler; einer, der auf Speck (als Synonym für fette, gute Nahrung) wartet („passt“). Vgl. auch Speckjäger (s. d.). *(WBÖ II, 435, UK 523, Jontes 140)*

Speckpatzerl *n. (St)* Scherzhaft für dickes Kind. *(WStWB 170)*

Speckjäger *m. (St, K, „-jager“)* Wie zuvor, jedoch in etwas aktiverem Sinne; in der Gegenwartssprache auch für pfründeschwere Politiker gebraucht. *(Küpper 212, Pfeiffer 403, Puchner 273, UK 523, Jontes 140, Lexer, KWB 149)*

Speckle *m. (V)* Scherzhafte Bez. für dicken Mann; zu Speck. *(Jutz II, 1203)*

Speckmichel *m. (W)* Ethnischer Spott für Ungarn. *(Teuschl 217)*

Speckspanner *m. (V)* Scherzh. Anrede für mutwilligen, kleinen Burschen. *(Jutz II, 1204)*

Speckwastl *m. (St)* Dicker Mann; vgl. Wastl (s. d.). *(WStWB 165)*

Spelte *f. (O, „Spelten“)* Scherzhaft-spöttische Bez. für mageren, zaundürren Menschen; eig. geklobenes Zaun- oder Schindelholz; zu spalten. *(Grimm XVI, 2140, Jungmair 272)*

Spennadelforzer *m. (St)* Scherzhaft für zaundürren Mann; ma. forzen „furzen“.

Spennadler *m. (W)* In der Form stotternder („stotterter") Spennadler für Stotterer, Stammler; eig. Erzeuger von Stecknadeln, Spennadeln. *(Teuschl 217)*

Spengler *m. (V)* Spottname für die Einwohner von Sulz bei Röthis; eig. die Handwerkerbezeichnung, die jedoch auch scherzhaft für Müdigkeit verwendet wurde. *(Jutz II, 1208, Grimm XVI, 2155)*

Spereicherl *n. (St, „-oacherl")* Spöttische Bez. für schwächlichen, mageren Menschen, jemanden, der sper „mager" (mhd. spör, sper „hart, trocken") wie ein Eicherl „Eichkätzchen" ist. *(UK 525, Jontes 140)*

Spermeise *f. (W, „-masen")* Bez. für kränkliche, magere Person; ma. sper „ausgetrocknet, hart"; Vergleich mit dem Vogel; ähnlich Spereicherl (s. d.). *(Jakob 176)*

Sperrstundenengel *m. (W)* Scherzhaft für Polizisten, der die Einhaltung der polizeilich vorgeschriebenen Sperrstunde von Lokalen überwacht. *(Teuschl 217)*

Spesenritter *m.* Bez. für BeamtInnen, PolitikerInnen, die auf Entschädigungsgelder aus sind. *(Küpper 212, Pfeiffer 403)*

Spetzger *m. (T)* Bez. und Rügewort für einen Menschen, der oft ausspuckt; ma. spetzgen „spucken", nach dem Muster von Metzger. *(Grimm XVI, 2196, Schatz II, 585)*

Spezi *m.*, auch **Spezel** *m.* Bez., auch leicht abfällig, für Busenfreund, Kumpan, Vertrauter; Kürzung etwa von spezieller Freund. *(Grimm XVI, 2201, Pfeiffer 403, Jakob 176, Teuschl 217, WStWB 165, Lexer, KWB 236, Schatz II, 585, Jutz II, 1211f.)*

Spichs *m.*, **Spichsel** *m. (St)* Abfällige Bez. für Spitzel, Spion, Denunziant. Nebenform zu Spitz, das gaunersprachl. (wie der Hundename Spitz) Aufpasser bedeutet. *(Kluge 728, Jontes 142)*

Spitalbojázer *m. (W)* Spöttische Bez. für Patient im Krankenhaus; früher gehörte zur Krankenkleidung im Spital auch eine Mütze besonderer Form, die zu einem Vergleich mit einem Bojázer „Kasperl" (s. d.) herausforderte. *(Schuster 152, Jakob 177, Teuschl 218)*

Spitalbruder *m.* Bez. für kränklichen Menschen; wie Spitaler (s. d.). *(WBÖ III, 1148)*

Spitaler *m.* Abfällige Bez. für schwachen, kränklichen, älteren Menschen; nach den Insassen der früheren Bürgerspitäler, den sozialen Einrichtungen der Städte, Märkte seit dem Mittelalter, die meist als private Stiftungen gegründet, nicht Krankenhäuser im heutigen Sinne, sondern Altersheime und Siechenhäuser waren. Die Spitaler trugen oft eine besondere Kleidung und waren in der Öffentlichkeit besonders bei Prozessionen und Begräbnissen zu bemerken, an denen sie kollektiv betend teilnahmen. Körperliche und geistige Schwäche prägen das spätere Schpfw. *(Grimm XVI, 2559, UK 525, Aman 132, Jontes 140)*

Spitalfetzen *m. (W)* Verächtliche Bez. für weibliche Patientin eines Spitals, auch Krankenpflegerin, die ihrer Pflicht nur ungenügend nachkommt; siehe Fetzen. *(Jakob 177)*

Spitalgretel *f. (W)* Bez. für krankes Mädchen im Spital, auch Krankenpflegerin; siehe Gretel. *(Jakob 177)*

Spitaljanker *m. (W)* Bez. für Spitalsinsassen, Patienten; wie Spitalbojázer (s. d.); nach dem Krankenkittel. *(Jakob 177)*

Spiting *m. (St)* Ältere schülersprachl. Bez. für Polizeimann; dunkler Herkunft, wahrscheinlich Spontanbildung. *(UK 525, Jontes 140)*

Spienzer *m. (T)* Bez. für schwächlichen, mageren Menschen; ma. spienzig „hässlich, klein, mager". *(Grimm XVI, 2430, Schatz II, 585)*

Spiegelhienz *m. („-heanz")* Spöttische Bez. für Burgenländer der südlichen und mittleren Landesteile, die „Heanzen", „Hienzen" (Hinz, Heinz als ältere Verkleinerungsform für Heinrich), denen man nachsagt, dass sie sich beim Schneuzen des Rockärmels bedienten, der dadurch glänzend, spiegelnd ausgesehen habe. Der an sich wertneutrale Stammesname Hienzen wird durch die Häufigkeit des Namens in den erwähnten Gebieten erklärt. Andere meinen, dass die deutschen Siedler unter Kaiser Heinrich IV. (1190–1197) nach Westungarn gekommen seien und deshalb seinen Namen trügen. *(Grimm XVI, 2254, UK 526, Jontes 140f.)*

Spickerl *m. (St)* Spött. Bez. für schmächtigen Menschen, jemanden, der wegen seiner Magerkeit das Spicken wie bei einem Braten vertragen könnte. *(Wintersberger 78, UK 525, Jontes 141)*

Spielgurr *m., f. (T)* Bez. und Rügewort für leidenschaftlichen Spieler; dunkler Herkunft. *(Grimm XVI, 2390, Schmeller I, 933, Schatz I, 266)*

Spielgurgel *f.* Bez. für leidenschaftlichen Spieler, der wie ein Säufer nicht von seiner Passion lassen kann. Erweitert aus Spielgurr (s. d.)? *(UK 526, Grimm XVI, 2398f., Jontes 141)*

Spielhansel *m. (W)* Bez. für Menschen, der gerne spielt. *(Grimm XVI, 2400, Jakob 177)*

Spielkatze *f.* Bez. für verspieltes Kind, auch Erwachsenen. *(Grimm XVI, 2403, Jakob 177, Jontes 141)*

Spielledel, -letzel *m. (St)* Bez. für verspieltes Kind, wie zuvor; vgl. Ledel (s. d.). *(UK 526, Jontes 141)*

Spiellump *m. (St)* Bez. für einen leidenschaftlichen, rücksichtslosen Spieler. *(Grimm XVI, 2407, Jontes 141)*

Spielratz *m.* Wie zuvor; ma. Ratz *m.* „Ratte", für jemanden, der einer Sache sehr zugetan ist (wie etwa Wasserratz für leidenschaftlichen Bader und Schwimmer). *(Grimm XVI, 2414, UK 526, Aman 133, Jakob 177, Jontes 141)*

Spináterer *m.*, siehe Spinatwachter.

Spinatstecher *m.* Bez. und Schpfw. für Homosexuellen. *(Aman 131)*

Spinatwachtel *f.* Abfällige Bez. für hageres, ältliches Frauenzimmer, vom Vogel her über Spinatwachter (s. d.) übertragen. *(Grimm XVI, 2491, Pfeif-*

fer 404, Kapeller 136, Jakob 176, Teuschl 218, Jontes 141)

Spinatwächter *m. („-wachter")* Bez. für wichtigtuerischen, lächerlich wirkenden Mann, Wächter; früher spöttisch für Angehörige der Finanzwache und die an den Mautstellen tätigen Verzehrsteuerbeamten verwendet, die an ihren Uniformen (spinat-)grüne Aufschläge trugen. Als Kurzform auch Spináterer *m. (Grimm XVI, 2491, Küpper 213, Pfeiffer 404f., Aman 132, Wintersberger 88, Jakob 176, Schuster 150, UK 527, Jontes 141)*

Spinner *m.* Bez. für skurrilen, missmutigen, launischen, querköpfigen Mann; von der einsilbig machenden, geisttötenden Arbeit des Spinnens. *(Grimm XVI, 2535, Küpper 213, Pfeiffer 404, Aman 132, Jontes 141, Schatz II, 586)*

Spinnerin *f.* Wie zuvor, als weibliches Gegenstück, wobei hier noch der Tiername, ma. Spinnerin *f.*, miteinbezogen wird. *(Jontes 141)*

Spinnritter *m. (St)* Wie zuvor; vielleicht nach dem achtunggebietenden Herrschaftsinhaber, der durch seine gutsherrlichen Launen die Untertanen vergrämte. *(Jontes 141)*

Spirifankerl *m.* Erweiterte Form von Fankerl (s. d.). Vgl. auch Spadifankerl (s. d.). *(UK 527, Pfeiffer 402, Aman 131f., Jakob 177, Jontes 142)*

Spießbürger *m.* Wie Spießer (s. d.). *(Grimm XVI, 2455, Pfeiffer 404, Kapeller 156, Jutz II, 1218)*

Spieß *m.* Soldatensprachl. für Dienstführenden Unteroffizier; aus dem Sprachgebrauch der Deutschen Wehrmacht auch nach Österreich gelangt. *(Küpper 212f.)*

Spießer *m.* Neben der gemeindt. Bez. für engstirnigen Bürger (Kurzform von Spießbürger, nach der einstigen Bewaffnung der Bürgerschaft mit Spießen, der anspruchslosesten Waffe der Stadtverteidigung) als steir. Besonderheit. Benennung für den geschiedenen Ehemann, der hier scherzhaft mit dem Spießer der Jägersprache „einjähriger Rehbock oder Hirschkalb" verglichen wird. In Wien auch Voyeur. *(Grimm XVI, 2460f., Jakob 177, Teuschl 218, UK 526, Jontes 142, Jutz II, 1218, Aman 132)*

Spießgeselle *m.* Hochsprachl., wie Kumpan (s. d.), Mitwisser, Komplize; urspr. ein Landsknecht desselben Fähnleins. *(Grimm XVI, 2462)*

Spitzbartel *m.* Spöttische Bez. für Mann mit Spitzbart, auch Name des Teufels. *(WBÖ II, 374, Grimm XVI, 2574)*

Spitzbub *m. („-bua").* Schpfw. alter Herkunft mit beträchtlichem Bedeutungswandel. Zu frühnhd. spitz „überklug, betrügerisch" (vgl. „etwas spitz kriegen"). Einst wie Schelm ein arges Schpfw. in der Bed. Gauner, heute dagegen verharmlost für pfiffig-schlimmen Knaben oder jüngeren Mann. *(Grimm XVI, 5276ff., WBÖ III, 1238, Pfeiffer 404, Aman 132, Kapeller 156, Jakob 177, Jungmair 273, Jontes 142, Schatz II, 587, Jutz II, 1224)*

Spitzlederl *n. (St)* Älteres Schpfw. unbest. Bed. (Ratsprot. Judenburg, 1680); vgl. Spitzbub, Ledel (s. d.). *(UK 526, Jontes 142)*

Spitzmaus *f.* Abfällig-spöttische Bez. für Menschen mit mageren Gesichtszügen und spitzer Nase, einer, der „gspitzt" aussieht. *(Grimm XVI, 2641, Pfeiffer 405, Aman 132, Jakob 178, Jontes 142, Jutz II, 1226)*

Spleenbeutel *m. (O, „Splehn-")* Schpfw. für eingebildeten, närrischen Menschen; engl. spleen „Milzsucht, dann üble Laune, fixe Idee", auch umgangssprachl. verwendet. *(WBÖ II, 720)*

Spoiche *f. (T)* Verächtl. Bez. für Frau, die keine Kinder hat; ma. Spuche *f.* „Geiß, die nicht trächtig wird", vgl. auch Spuchtel „ds." (s. d.). *(Schatz II, 588)*

Spornritter *m. (W)* Bez. und Schpfw. für Narr; wie Spinnritter (s d.). *(Jakob 179)*

Spraderer *m. (T)* Bez. und Rügewort für eingebildeten Menschen; zu ma. spraden „anspritzen"? *(Schatz II, 589)*

Sprandler *m. (V)* Bez. und Spottwort für dünnbeinigen, hageren Menschen; Herkunft unklar, vielleicht zu einem Wort für dünne Beine (bair. Sprudler, Sprießler oder ähnlich). *(Jutz II, 1230)*

Sprecher *m. (T)* Bez. und Rügewort für Prahler, Großsprecher. *(Grimm XVII, 2, Schatz II, 589)*

Spreißer *m. (T)* Bez. für eitlen Menschen; siehe Spreizer. *(Schatz II, 589)*

Spreizbeutel *m. (O, T)* Bez. und Rügewort für sich gespreizt gebenden, eingebildeten, stolzen, vornehm tuenden Menschen; siehe Beutel. *(WBÖ II, 720, Jungmair 274, Schatz II, 589)*

Spreizenbart *m.* Bez. für Prahlhans, in Form eines Satznamens für jemanden, der seinen Bart sträubt, um imponierend zu wirken. *(Grimm XVII, 24, UK 528, Jontes 142)*

Spreizer *m.* Wie zuvor; jemand, der sich wichtigtuerisch gespreizt gibt. Voitsberg, 19. Jh.: „Die Voitsberger Bueben san rechti Spreizer, ham sunsten koa Geld als Kupferkreuzer." Nebenform ist Spreißen (s. d.). *(UK 528, Grimm XVII, 24, Jontes 142, Lexer, KWB 237, Schatz II, 589)*

Springginkerl *n., m.* Bez. für kleinen, jedoch temperamentvollen, agilen, witzigen, springlebendigen Menschen, Springinsfeld. Auch durchaus anerkennend gemeint. *(Grimm XVII, 110, Pfeiffer 406, Aman 133, Wintersberger 79, Jakob 178, Teuschl 218f., UK 529, Jontes 142, Pohl 136, Jungmair 274, Jutz II, 1235)*

Sprissel *m. (T)* Bez. und Rügewort für gespreizten, stolzen Burschen; wie Spreizer u. dgl. (s. d.); eig. Leitersprosse, zu spreizen. *(Schatz II, 591)*

Spritzbüchse *f. („-büchsen")* Scherzh. Bez. für jähzornigen Menschen; auch eingebildete Frauensperson; von der Spritzbüchse, einer Handfeuerspritze, oder der Hollerbüchse, einem einst aus Holunderholz hergestellten Spielzeug, die plötzlich einen Wasserstrahl von sich gibt. *(Grimm XVII, 126, WBÖ III, 1282, Küpper 213, Pfeiffer 407, UK 528, Jontes 142)*

Spritze *f. („Spritzen")* Bez. und Spottwort für hoch aufgeschossenes, auch naseweises junges Mädchen; alte S. derb für Weib, Dirne. *(Grimm XVII, 128, Küpper 213, Pfeiffer 407, Jakob 178, Jutz II, 1236)*

Spritzer *m.* Abschätziges Wort für gespreizten, eitlen Menschen *(T)*; junger S. für jungen, aufbrausenden Mann. *(Grimm XVII, 135, Küpper 214, Teuschl 219, Schatz II, 591)*

Sprücheklopfer *m.* Abfällig für Menschen, der hohle Phrasen und nicht zu haltende Versprechungen macht; besonders bei Politikern gebräuchlich; köstlich die Beobachtung, wenn ein Sprücheklopfer dem anderen Sprücheklopfer seine Sprücheklopferei vorhält. *(Pfeiffer 407)*

Spruchführer *m. (St)* Bez. und Rügewort für Aufschneider, Angeber, Maulheld; wie Schmähführer (s. d.).

Sprüchmacher *m.* Wie zuvor. *(Küpper 214, Pfeiffer 407, Aman 133)*

Sprüchreißer *m. (V)* Bez. und Rügewort für Prahler, jemanden, der große Worte in den Mund nimmt; wie Schmäh-, Goschenreißer (s. d.). *(Jutz II, 1238)*

Spuchtel *f. (T)* Spött. Bez. für unfruchtbare Frau; wie „Spoiche" (s. d.). *(Schatz II, 591)*

Sputtel *f. (V)* Bez. und Spottwort für junges Mädchen; ma. Spohe „Ziege". *(Jutz I, 1243)*

Spuckerl *n., m. (W)* Spött. Bez. für Pikkolo, Kellnerlehrling; auch Bez. für etwas Kleines, Unbedeutendes, etwa für Öfchen, Moped, Kleinauto. *(Wintersberger 79, Jakob 179)*

Spule *m. (W)* Knirps. *(Teuschl 219)*

Spund *m.* Als junger Spund für jungen, unerfahrenen Burschen; eig. Verschlusszapfen des Fasses; dem Inhalt nach wie Pippe (s. d.). *(Grimm XVII, 231, Küpper 214)*

Seppl *m. (W)* Bez. für Bauernburschen nach dem einst häufigsten ländlichen männlichen Vornamen. *(Pfeiffer 394, Jakob 172)*

Seebrünzler *m. (V)* Spottname für die Bewohner von Bregenz. *(Jutz II, 1120)*

Sechter *m.* Spöttische Bez. für einen beleibten Mann, auch Säufer; nach dem holzgebundenen Melkgefäß (mhd. sehster aus lat. sextarius „Hohlmaß, das den sechsten Teil eines congius, einer großen Maßeinheit, hält"); einer der zahlreichen Schpfw. für Beleibte, die nach Gefäßnamen gebildet sind. „Gleichweiter S." für jemanden, der wenig Gemütsbewegungen zeigt. Vgl. in Zusammensetzung auch Sittensechter (s. d.). *(Grimm XVI, 2796, Kluge 696, Pfeiffer 391, Jakob 171, Teuschl 214, UK 588, Jontes 142f., WStWB 167)*

Sechterling *m. (St)* Wie zuvor; vor allem für Säufer. *(UK 588, Jontes 143)*

Sechser, falscher *m.* Bez. und Schpfw. für falschen, auch unzuverlässigen Menschen; ursprünglich für eine Münze, das Sechskreuzerstück, „Sechserl" gebraucht. Auch nach der Aufgabe des Sexagesimalsystems beim Gulden wurde der Name für das neue 10-Kreuzer-Stück weiterverwendet. *(Jontes 143)*

Sechserlbube *m. (St)* Ältere, schülersprachliche, abfällige Bez. für Polizisten; vielleicht nach der einst sichtbar getragenen Dienstnummer bzw. der geringen Entlohnung der Wachebeamten, mit der spöttisch auch allg. oder soziale Minderwertigkeit ausgedrückt werden sollte. *(UK 598, Jontes 143)*

Sechsschillinger *m. (St)* Älteres Schpfw. für Gauner, Schwindler (Ratsprot. Kapfenberg, 1684–1709, und Mürzzuschlag, 1582); mit Bezug auf eine schlechte Münzsorte der Zeit. *(Grimm XV, 2788, UK 589, Jontes 143)*

Sechsschillingin *f. (S)* Altes Schpfw. für Frauen; wie oben. *(Grimm XV, 2788, Ziller, Schelmen 382)*

Segelflieger *m.* Scherzhaft für Menschen mit abstehenden Ohren. *(Teuschl 214)*

Seehase *m. (V)* Spottname für die Anwohner des Bodensees. *(Grimm XV, 2837, Jutz II, 1121)*

Seehund *m. (V)* Schpfw. für Dummkopf. *(Grimm IX, 2839, Jutz II, 1121)*

Seichaffe *m. (V)* Grobes Schpfw. für freches Mädchen; ma. seichen „urinieren". *(Jutz II, 1129)*

Seichbalg *m. (V)* Grobes Schpfw. für ungezogenes Kind; siehe Balg. *(Jutz II, 1130)*

Seichbeutel *m. („Soach-")* Schpfw. allg. Art für Mann; siehe Beutel. *(Pfeiffer 392, Aman 130)*

Seichtasche *f. (V)* Schpfw. für freches, unartiges Mädchen. *(Jutz II, 1131)*

Seicher *m. („Soacher")* Bez. und Schpfw. für Feigling, unreifen, feigen Burschen; eig. Pisser. *(Grimm XVI, 169, Pfeiffer 392, Aman 130, Schatz II, 500, Jutz II, 1130)*

Seicherl *n.* Bez. für energielosen, auch feigen Mann ohne Auftreten, ähnlich Trauminet (s. d.); eigentlich der Gerätename für Seiher, Sieb (vgl. auch seicherln „schmeicheln", Seiche *f.* „schwerer Rausch"). *(Pfeiffer 392, Wintersberger 78, Teuschl 214, Hager 51, UK 572, Jontes 143)*

Seichfetzen *m. (V)* Schpfw. für ungezogenes Kind. *(Jutz II, 1130)*

Seichkröte *f. (St, „Soachkrout")* Verstärktes Kröte (s. d.) als Schpfw. für schlimmen, jüngeren Menschen; eigentlich eine Kröte, die ätzenden Saft verspritzt (ma. seichen „urinieren"). *(UK 591, Jontes 143)*

Seidenpinsch *m. (N)* Spött. Bez. für Menschen mit feinem, seidigem, weichem Haar; siehe auch Pinsch (s. d.); Vergleich mit einem Hund der gleich benannten Rasse. *(WBÖ III, 191)*

Seifensieder *m. („Soafen-", „Safen-")* Abfällige Bez. für langweiligen, dummen Menschen; vielleicht alter Handwerkerspott nach der Umständlichkeit des Seifensiederprozesses. Vgl. auch Leimsieder (s. d.). *(Grimm XVI, 194, Pfeiffer 393, Wintersberger 71, Jakob 151, Teuschl 195, Jontes 143)*

Seckierhansel *m. (St)* Bez. für jemanden, der andere mutwillig ärgert, hänselt, auch pedantisch auftritt, jemanden seckiert (ital. seccare „quälen"). *(Pfeiffer 393, UK 589, Jontes 143)*

Seckierer *m.* Wie Seckierhansel (s. d.). *(Aman 129)*

Seelenschlieferl *n., m. (W, „-schliaferl")* Scherzhaft-spöttisch für Psychiater. *(Teuschl 214)*

Selkerling *m. (O)* Bez. und Rügewort für schwachen, energielosen Menschen; Herkunft unklar. *(Jungmair 264)*

Semperer *m.* Bez. und Rügewort für missmutigen, mürrischen, klagenden, kritisierenden Menschen; zu oberdt. semmern „wimmern“, zimpern „leise weinen“ (vgl. zimperlich, dazu skand. semper „geziert“). *(Grimm XVI, 567f., 570, XXXI, 1368, Kluge 884, Pfeiffer 394, UK 593, Jontes 143, WStWB 167, Schatz II, 571)*

Semperkasten *m. (St)* Wie zuvor.

Semperling *m. (St)* Wie zuvor.

Semmelaffe *m. (K, „-aff“)* Handwerkerspottname für Bäcker; wie Teigaffe (s. d.). *(WBÖ I, 100)*

Semmeltrenzer *m. (St, O)* Weinerlicher, stets zu Jammern geneigter Mensch. *(Wintersberger 78)*

Semmelhund *m. (W, O)* Bez. für einen weichherzigen Hund, auch im Rügecharakter; ebenso für Homosexuellen *(W)*. *(Jakob 172, Teuschl 215, Jungmair 265)*

Semmler *m. (T)* Bez. und Schpfw. für lästigen Menschen; Herkunft unklar, viell. zu ma. semeln „Butter von der Milch trennen, lästig bitten“ oder ma. semmeln, hineinsemmeln „jemanden eine Ohrfeige hineinhauen“. *(Schatz II, 571)*

Senderling, Semmerling *m. (St)* Nebenform zu Semperling (s. d.). *(UK 593, Jontes 144)*

Senger *m. (T)* Bez. und Rügewort für lästig Bittenden; ma. sengen „ungestüm bitten, fordern“. *(Schatz II, 572)*

Sequéster *m. (W)* In der Form buckliger S. („buckleter S.“) für Buckligen, aber auch allg. als Schpfw. Lat. sequester „Verwalter beschlagnahmten Gutes“. *(Grimm XVI, 617, Jakob 172)*

Serggel *m. (V)* Bez. und Rügewort für schlampig Gekleideten, zerlumpte Person, auch allg. für Mädchen; schweizerdt. surggen „schleppend gehen“, viell. aber auch zu gaunersprachl. serchen „stinken“. *(Grimm XVI, 622, Jutz II, 1148)*

Servierkörper *m. (W)* Scherzhaft für Serviererin, Kellnerin. *(Teuschl 215)*

Sesselpicker *m.* Wie hochsprachl. Sesselkleber für Personen, besonders Politiker gebraucht, die berufliche oder Machtpositionen auch trotz Alters oder Unfähigkeit nicht aufgeben, den Platz an ihrem Schreibtisch nicht aufgeben wollen. *(Pfeiffer 395, Jontes 144)*

Sesselträger *m. (W, „-trager“)* Schpfw. für Grobian, unwirschen Menschen; nach der einst sprichwörtlichen Grobheit der Wiener Sänftenträger, Träger der Tragsessel, mit denen man sich innerhalb der Stadt befördern lassen konnte. *(Grimm XVI, 635, Jakob 173, Schuster 145)*

Sesselreiter *m.* Ältere Spottbez. für Beamte und Schreiber, die sich für Angehörige einer höheren Schicht hielten, deren Ausdruck das Sitzen „hoch zu Ross“ war. *(UK 594, Jontes 144)*

Sexbombe *f.* Scherzhaft-anerkennende Bez. für üppige, gut gebaute Frau, ebensolches Mädchen; mit dem Modewort Sex gebildet, das nach dem Zweiten Weltkrieg aus dem Amerikanischen kommend sich in Europa festsetzte und gewisse Bedeutungsinhalte, die mit Liebe, Erotik und dergl. ausgedrückt wurden, übernimmt. *(Küpper 209)*

Sexmuffel *m.* Mann, der Desinteresse an sexuellen Aktivitäten zeigt. Vgl. Muffel (s. d.). *(Pfeiffer 395)*

Sexualrat *m.* Scherzhafte Bez. für sexuell sehr aktiven Mann; nach einem Beamtenamtstitel gebildet; auch als scherzhafte Anrede „Herr Sexualrat" verwendet.

Siebengescheiter *m.* Bez. und Rügewort für sich besonders weise Dünkenden; analog Neunmalkluger. *(Grimm XVI, 808, Pfeiffer 396, Aman 130, WStWB 167)*

Siebenknödelfresser *m. (St)* Scherzhafte Bez. für Kraftmenschen, dessen Stärke sich auch in seinen Essgewohnheiten spiegelt. *(UK 594, Jontes 144)*

Siebenschläfer *m.* Bez. und Rügewort für Langschläfer, Faulpelz; nach der Schlafmaus, dem Bilch (siehe auch Bilcherl). Das Tier hat seinen Namen wiederum von der Gruppe der hl. Siebenschläfer. Diese waren christliche Jünglinge aus Ephesus, die nach der Legende in einer Höhle schlafend eine Christenverfolgung überdauerten und erst nach 200 Jahren wieder erwachten. *(Grimm XVI, 818f., Pfeiffer 396, Jutz II, 1157)*

Sippschaft *f.* Im abfälligen Sinne für Gruppe minderwertiger Leute, Gesindel; eig. größere Verwandtschaft, Sippe. *(Grimm XVI, 1229, Pfeiffer 397, Aman 130, Pohl 126, Jungmair 268, Schatz II, 576f.)*

Siebzehner, falscher *m. (W)* Bez. und Schpfw. für unzuverlässigen Menschen; nach den gefälschten Siebzehnermünzen, die seit etwa 1660 üblich waren. *(Grimm XVI, 830, Jakob 173, Schuster 145)*

Siech *m. (V)* Grobes Schpfw. für Schurken, niederträchtigen Kerl; eigentlich Aussätziger. Diese wurden im Mittelalter aus der menschlichen Gesellschaft verstoßen. Der Begriff wurde deshalb auch zum Schpfw. *(Grimm XVI, 839f., Aman 130, Jutz II, 1158)*

Sittensechter *m. (St)* Mensch üblen Charakters; vgl. Sechter (s. d.). *(WStWB 167)*

Siedhäfen *m. (St)* Bez. für jemanden, der in aufgeregter und aufdringlich-lästiger Weise immer wieder über dieselbe Sache spricht; bildhaft auf einen ständig siedenden Topf bezogen (wie Brodelhäfen, s. d.). *(UK 594, Jontes 144)*

Sidian *m. (V)* Schpfw. in der Bed. elender Kerl; aus frz. citoyen „Bürger", das als Anrede auch in der frz. Armee, zumindest bis zur Inthronisation Napoleons üblich war und deshalb in den besetzten Gebieten gehört und übernommen werden konnte. *(Pfeiffer 396, Jutz II, 1155)*

Sittich *m. (W)* Scherzhaft für Prostituierte; zu ma. Sitte „Sittenpolizei". *(Teuschl 215)*

Siefling *m. (St)* Bez. für Säufer; Nebenform von Süffel *m.* „ds.". *(Jontes 144)*

Sigari *m. (St)* Bez. für frechen, kecken und mutwilligen Menschen, meist im Ausruf gebraucht; dunkler Herkunft, vielleicht ungar. szikár „schwächlich, mager". *(UK 595, Jontes 144)*

Simandl *n., m.* Spöttische Bez. für Pantoffelheld, Ehekrüppel. Wie Simmerl (s. d.), das ebenfalls Spottname ist, Kurzform von Simon. Spätere Volksetymologie erklärt auch mit Sie-Mannl mit Bezug auf die Frau. Der Name wurde erstmals durch eine Bühnengestalt des Wiener Komödiendichters Wolfgang Schmelzel (1500–1560) populär, der in seiner „Comoedia der Hochzeit Cana Galilee“ von 1543 einen seinem Weibe untertänigen Simon vorstellte. Scherzhaft sprach man auch von Simandl-Bruderschaften als Zusammenschluss solcher Männer; so bei der 1517 für Innerösterreich gegründeten adeligen St.-Christophorus-Bruderschaft wider das unmäßige Saufen und Fluchen, weil man regulierte Dezenz als von Ehefrauen inspiriert oder erzwungen betrachtete. Der Sinn wird durch die verschriftlichte Form Sienmandl noch deutlicher. *(Pfeiffer 397, Aman 130, Kapeller 153, Wintersberger 78, Jakob 173, Teuschl 215, UK 596, Jontes 144, Jungmair 267)*

Simpel *m.*, **Simperl** *m.* Bez. und Schpfw. für Dummkopf, einfältigen Menschen. Aus dem frz. simple „einfach“ (lat. simplex) übernommen; vgl. auch Bachsimpel (s. d.), gleichlautend mit Simperl „Brotform, Brotkörbchen“ (verkleinert aus Sumper „Korb“). *(Grimm XVI, 1061, Pfeiffer 397, Aman 130, Kapeller 153, Jakob 173, UK 596, Jontes 144, Schatz II, 576, Jutz II, 1164)*

Simmerl *m.* Bez. für beschränkten, einfältigen, dümmlichen Menschen. Ma. für Simon wegen sprachlicher Nähe zusammengeflossen mit Simpel (s. d.), „Einfaltspinsel“. Auch in Zusammensetzung wie Rübensimmerl, Warzensimmerl (s. d.). *(Grimm XVI, 1060, Pfeiffer 397, Aman 130, Jakob 173, UK 596, Jontes 144f., WStWB 167)*

Simsenbacher *m.*, auch **Sumsenbacher** *m. (W, N, O)* Bez. und Rügewort für einfältigen, unbeholfenen, auch eigensinnigen, zurückgezogenen, bäurischen Menschen; zu Sumser (s. d.), nach Art eines Herkunfts- oder Hofnamens gebildet. *(WBÖ II, 40)*

Singerl *n. (W)* Scherzhaft für Amateursänger, auch für Denunzianten, einen, der vor Gericht belastende Aussagen macht, „singt“. *(Teuschl 215)*

Sissy *m., f. (W)* Bez. und Spottwort für Homosexuellen; durch den weiblichen Vornamen (Kurz- und Koseform von Elisabeth) soll der weibische Charakter betont werden. *(Wehle 26)*

Sitzenbleiber *m.* Bez. für Schüler, der den Aufstieg in die nächste Klasse nicht geschafft hat; wie Hockenbleiber (s. d.); auch für Gasthaussitzer, der nicht nach Hause will. *(WBÖ III, 345, Pfeiffer 398, Jontes 145)*

Sitzriese *m.* Spöttisch für jemanden, der im Sitzen als sehr großgewachsen erscheint, beim Aufstehen jedoch eher klein ist; überraschender Effekt bei manchen Fernsehleuten. *(Pfeiffer 398)*

Skandalnudel *f.* Scherzhaft-spöttisch für weibliche Person, die in erotischer Hinsicht für Skandale sorgt; früher häufig bestimmten Filmschauspielerinnen zugeordnet. *(Pfeiffer 398)*

Skelettgigerl *m. (W)* Spöttische Bez. für mageren, zaundürren jungen

Mann; Vergleich mit dem Totengerippe, siehe auch Gigerl. *(Jakob 174)*

Skües *m. („Skis“)* Ältere scherzhafte Bez. für Gymnasialdirektor, eigentlich die höchste Karte im Tarockspiel. *(Küpper 210)*

Sklaventreiber *m.* Abfällig für Unternehmer, Vorgesetzten, der seine Bediensteten ausbeutet. *(Pfeiffer 398)*

Slowake *m. (V, „Schlawák“)* Bez. und Schpfw. für unordentlichen, schlampigen Menschen; eig. Hausierer gemeint, die häufig Slowaken waren. *(Aman 122, Jutz II, 1171)*

Snob *m.* Stadtsprachl. für vornehm tuenden Angeber; engl. snob „Protz“, angeblich aus lat. sine nobilitate „ohne Adel“ gekürzt. *(Pfeiffer 399)*

Socher *m. (T)* Spöttische Bez. für kränklichen Menschen; mhd. sochen „siechen, kränkeln, abmagern“, ma. sochen „abwelken, siechen“. *(Grimm XVI, 1389, Lexer, Mhd. 202, Schatz II, 577)*

Soder *m. (V)* Rügend für Vergeuder von Speisen, Verschwender, Menschen, der beim Essen unsauber hantiert; ma. soden „verschütten“. *(Jutz II, 1174)*

Södere *m. (V)* Wie zuvor. *(Jutz II, 1174)*

Softie *m.* Jugendsprachlich für allzu sanften, sensiblen Menschen; engl. soft „weich“. *(Pfeiffer 399)*

Socke *m. (K) („Socken“)* Schpfw. und Bez. für Faulpelz, trägen Menschen. *(Pfeiffer 399, Lexer, KWB 234)*

Socker *m. (T)* Bez. für gedrungenen, stämmigen Menschen; Herkunft dunkel. *(Grimm XVI, 1393, Schatz II, 577)*

Sockle *m. (V)* Bez. für unordentlichen, schlampigen Mann; ma. socklen „nachlässig arbeiten“. *(Jutz II, 1173)*

Solcher, Solchener *m.* Auch weiblich gebraucht; in der Form ein solcher, eine solche für Menschen schlechten Rufes, etwa Prostituierte. Die nähere Bestimmung der tadelnswerten Eigenschaft wird dabei unterdrückt. *(Küpper 210, Aman 129, Jakob 174, Teuschl 215)*

Soldatenschädel *m. (W)* Bez. und Schpfw. für Mann mit militärisch geprägten Anschauungen (wie Kommissknopf, s. d.), Starrkopf, Sturschädel; siehe auch Schädel (s. d.). *(Grimm XVI, 1442, Jakob 174)*

Sonntagsjäger *m.* Spöttische Bez. für Jäger, der der Jagd nur außerhalb seines Wirkungskreises, aus Prestigegründen, am Sonntag nachgeht und dementsprechend ungeübt ist. *(Küpper 211, Pfeiffer 400, Jutz II, 1184)*

Sonntagsmaler *m.* Laienkünstler, der gelegentlich, also in seiner Freizeit, seiner Passion nachgeht. Heute werden diese Wortbildungen weitgehend durch Zusammensetzungen mit Hobby- ersetzt. *(Küpper 211, Pfeiffer 400)*

Sonntagsredner *m.* Abfällig für Politiker, die Schönwetterpolitik treiben, ihre Reden in nichtssagender, hohltönender Sprache in Art einer Sonntagspredigt halten. *(Pfeiffer 400)*

Sonderling *m.* Bez. für mit Lebensart und Anschauungen außerhalb der Norm stehenden Menschen, der sich dazu noch absondert. Hochsprachl. *(Grimm XVI, 1583, Pfeiffer 400, Aman 131)*

Sörpfel *m. (K)* Bez. und Rügewort für Säufer; ma. sörpfeln „trinken, schlürfen" (bair. sürfen). *(Lexer, KWB 235)*

Sorgentodel *m. (St)* Abfällige ältere Bez. für jemanden, der an materiellen und weltlichen Werten hängt, sich darum sorgt und darüber das Jenseits vergisst. *(UK 399, Jontes 145)*

Sozi *m.* Spöttisch bis abfällig für Sozialist, Sozialdemokrat. *(Pfeiffer 401, Jakob 174)*

Sozialschmarotzer *m.* Um 1985 aufkommendes Wort, das Personen kennzeichnet, die sich unter Ausnützung der gesetzlichen Möglichkeiten, ohne sich um Arbeit zu bemühen, von der öffentlichen Hand aushalten lassen. Der Begriff wurde ziemlich stark kritisiert und diskutiert. Siehe auch Schmarotzer. *(Pfeiffer 401)*

Suppenbürger *pl. (T)* Spottname für die Bewohner von Imst, Innichen, Kauns. Vgl. Suppenschwabe (s. d.). *(WBÖ III, 1441)*

Suppenhenne *f. (St „-henn")* Abfällig-spöttische Bez. für ältliches Frauenzimmer oder Mädchen, das bildlich kein knuspriges Brathuhn mehr, sondern nur mehr ein Kochhuhn für die Suppe abgibt; meist als „alte Suppenhenn" verwendet. *(Pfeiffer 421, Jontes 145)*

Suppenkaspar *m. („-kasper")* Bez. und Rügewort für Menschen, vor allem Kind, das keine Suppe essen will, keinen Appetit hat; nach der Gestalt aus Heinrich Hoffmanns populärem Kinderbuch „Struwwelpeter" (1845), wie Zappelphilipp, Hans-Guck-in-die-Luft. *(Pfeiffer 421)*

Suppenstürer *m.* Bez. und Rügewort für heikligen Menschen, der bildlich in der Suppe herumrührt. *(WBÖ II, 928)*

Suppenschwabe *m. („-schwab")* Bez. und Spottwort für leidenschaftlichen Suppenesser; nach der angeblichen Vorliebe der Schwaben für Suppe, auch einer der Sieben Schwaben ist so benannt. *(Grimm XX, 1240f., Jakob 189, Schuster 160)*

Subjekt *n.* Abfällige Bez. für charakterlose Person; eig. Untertan, Untergebener, Unterworfener, lat. subjectus. Früher auch für Diener verwendet. *(Grimm XX, 814, Pfeiffer 419, Kapeller 160, Lexer, KWB 245)*

Sucher *m. (St)* Bez. für ungeladenen Hochzeitsgast, der einen zum Mahl Geladenen vertritt oder schmarotzt; vielleicht, weil er unter dem Vorwand, jemanden unter der Hochzeitsgesellschaft suchen zu wollen, sich Zutritt verschafft. *(Grimm XX, 856, UK 599, Jontes 145)*

Sucherl *m. (W, „Suacherl")* Gaunersprachl. für Untersuchungsrichter. *(Wehle 76, Teuschl 226)*

Sud *m. (St)* Abfällige, meist schülersprachliche Bez. oder Jargonbez. für Mann, Bursche („alter Sud, schiecher Sud"); vielleicht vom Aufsieden, Aufwallen eines leicht erregbaren Charakters oder Ausdruck der Abgebrauchtheit wie etwa beim Kaffeesud. *(Teuschl 226, Jontes 145)*

Suttere *f. (V)* Bez. und Rügewort für dummes, faules, langsames Frauenzimmer; ma. suttern, sudern „zischen, brodeln". *(Jutz II, 1394)*

Südere *m. (V)* Bez. und Rügewort für schlampigen, beim Essen unsauberen Menschen, auch Griesgram; Herkunft wie oben. *(Jutz II, 1383)*

Suderer *m. (St, O)* Bez. und Rügewort für Schwätzer, Vielredner; ma. sudern „sieden, viel reden". *(Jungmair 286)*

Sudle *m. (V)* Bez. und Schpfw. für Schmutzfink, unsauberer Mensch; ma. sudeln „unordentlich, schmutzig arbeiten". *(Jutz II, 1383)*

Sudler *m.* Bez. und Schpfw. für unsauberen Arbeiter, auch Nestbeschmutzer, Journalisten; wie oben. *(Grimm XX, 970ff., Pfeiffer 419)*

Suff *m. (T)* Bez. und Schpfw. für Säufer; wie Besuff (s. d.), eig. das Saufen an sich. *(Grimm XX, 1000, Schatz II, 619, Lexer, KWB 245, Kapeller 160)*

Süffel *m.* Wie zuvor; ma. süffeln „genussvoll trinken". *(Grimm XX, 1001, Pfeiffer 419, Kapeller 160, Schatz II, 619, Jutz II, 1385)*

Süffling *m. (O, T)* Wie zuvor. *(Pfeiffer 419, Jungmair 286, Schatz II, 619)*

Sultel *m.* In der Form junger Sultel Bez. für jungen, unerfahrenen Burschen; nach dem Hundenamen Sultan. *(Grimm XX, 1049)*

Sumper *m. (W, O)* Bez. und Schpfw. für langweiligen, versumpften Menschen, Spießbürger; eig. Brotform, geflochtener Bienenkorb; vgl. Sumperer *m.* (s. d.). *(Jakob 188, Pfeiffer 420, Teuschl 226, Jungmair 286f.)*

Sumpertedel *m. (T)* Wie zuvor; siehe Sumper und Tedel. *(Schatz II, 634)*

Sumperer *m.* Bez. für missmutigen, auch langweilig-dummen Menschen (wie Semperer, s. d.), ma. sumpern „summen, unaufhörlich jammern". Vgl. auch Sumper, Bachsumper (s. d.). *(Jakob 188, Jontes 145, WStWB 167, Schatz II, 621)*

Sumpfente *f. (St, „-anten")* Scherzhaft-spöttische Bez. für Burgenländer; wie Gelbfüßler (s. d.), nach der angeblich vorwiegend lehmigen Bodenbeschaffenheit.

Sumpfzehe *m. (W, „-zechen")* Spöttisch für nachtschwärmerisches Mädchen. *(Teuschl 226)*

Sumpernelli *m. (W, O)* Wie Sumpraneller (s. d.) für stumpfsinnigen, langweiligen Menschen. *(Jakob 188, Schuster 160, Jungmair 287)*

Sumpraneller *m. (W, St)* Scherzhafte Weiterbildung von Sumperer (s. d.) in Gestalt eines pseudoromanischen Wortes, vielleicht in Anlehnung an Sanprell, den Namen für eine einst beliebte Schnupftabaksorte (nach frz. Sanspareille). *(Jakob 188, Jontes 145, WStWB 167)*

Sumsenbacher *m.*, siehe Simsenbacher. *(Teuschl 226)*

Sumser *m.* Bez. für Sauertopf, brummigen Alten, auch Blödian; eigentlich einer, der ein summendes Geräusch hervorbringt, weil es bildlich in seinem Kopfe wirr zugeht. *(Pfeiffer 420, Jakob 188, UK 600, Jontes 145, Schatz II, 621, Jutz II, 1387)*

Sündenbalg *m. (T)* Schpfw. für großen Sünder; vielleicht aus der älteren Predigerliteratur. *(WBÖ II, 123)*

Sündenbinkel *m. (T)* Scherzhafte Bez. für jemanden, dem immer die Schuld für bestimmte Dinge zugesprochen wird, der immer an allem schuld ist. *(WBÖ III, 1408)*

Surbel *f. (T)* Bez. und Schpfw. für lästig klagendes, stets jammerndes Frauenzimmer; eig. Brummkreisel; ma. surblen „surren, jammern", lautmalend. *(Schatz II, 622)*

Surre *m. (V)* Bez. und Rügewort für Nörgler, Kritikaster; zu surren. *(Jutz II, 1392)*

Surgele *m. (T)* Bez. für Schwächling; ma. surfeln „vor sich hinmurmeln". *(Schatz II, 623)*

Surm *m., f.* Bez. und Rügewort für Dummkopf; bedeutet auch Lärm, Getöse; ma. surmen „tosen, lärmen", mit späterem Bedeutungswandel zu „mürrisch, unfreundlich sein". *(Grimm XX, 1263f., Pfeiffer 421, Wintersberger 81, Jakob 189, Teuschl 226, UK 601, Jontes 146, Jungmair 288)*

Süßtuer *m.* Bez. und Rügewort für Schmeichler, jemand, der honigsüße Worte findet. *(Grimm XX, 1356)*

Süßer *m. („Siaßer")* Spött. Bez. für Schmeichler wie zuvor *(T)*, auch Homosexueller wegen des weibischen, unmännlichen Gehabens. *(Pfeiffer 421, Aman 130, Teuschl 226, Schatz II, 619)*

Süßerl *n. (W)* Wie zuvor. *(Jakob 186)*

Süßholzraspler *m.* Bez. für Schmeichler, jemanden, der komplimentreiche Reden führt; Süßholz wurde einst in großen Mengen angebaut. Man erzeugte aus dem Saft Lakritzen. *(Grimm XX, 1336, Pfeiffer 421, Kapeller 160)*

Süßler *pl. (V)* Spottname für die Bewohner von Dornbirn. *(Jutz II, 1394)*

Süßling *m. (W, O, „Siaßling")* Bez. und Spottwort für überfreundlichen Menschen, Schmeichler, auch Homosexuellen *(W)*, auch für Liebhaber süßer Speisen und Kanditen *(O)*. *(Pfeiffer 421, Jakob 186, Jungmair 286)*

Süßwurzkrämer *m. (St, „-kramer")* Wie Süßholzraspler (s. d.). *(WStWB 167)*

Sutzel *n. (V)* Bez. und Rügewort für schmutziges Kind; nach dem Lockruf für Schweine sutz! sutz! oder nach Sutzel, Zutzel „Kinderschnuller". *(Grimm XX, 1365, Jutz II, 1396)*

Sch

Schabenkitzler *m. (St)* Älterer soldatensprachl. Spottname für Soldaten des Monturwesens; Schabe *f.* „Motte"; vgl. auch Grillenkitzler (s. d.). *(UK 529, Jontes 146)*

Schaberle *n. (K)* Spöttische Bez. für das letzte Kind einer Ehe, eig. das Zusammengeschabte; vgl. in derselben Bed. auch Geschrapp, Multerschorre (s. d.).

Schabbetzbande *n. (K)* Abfällige Bez. für schlecht spielende Musikkapelle;

ma. schabbetzen „auf der Geige kratzen" (Iterativ von schaben), Bande „Musikkapelle" (ital. banda). *(WBÖ II, 199, UK 529, Jontes 146)*

Schäbian *m.* Bez. für schäbigen, schmutzigen, auch geizigen Menschen. Nach Art von Heiligennamen wie Cyprian, Kassian usw. gebildet. *(UK 529, Jontes 146, Jakob 153, Schatz II, 514)*

Schappler *m. (St)* Ältere Bez. für unzüchtigen Priester (Ratsprot. Judenburg, 1615), jünger für Masturbant; ma. schappeln „schaben, stark reiben". *(UK 529, Jontes 146)*

Schapó *(St, W)* Abfällige Bez. für Liebhaber, Verlobter, Galan; frz. chapeau „Mannsperson" (eig. Hut). *(UK 530, Jontes 146, Schuster 136)*

Schabracke *f. („Schabracken")* Abfällige Bez. für älteres Frauenzimmer („alte Schabracken"); obszöner Zusammenhang zwischen der abgerittenen Satteldecke (aus türk čaprak) und der Frau. *(Grimm XIV, 1955, Pfeiffer 358, Jakob 153, Teuschl 197, Jontes 146f., Jutz II, 851)*

Schapsel *m.* Abfällige ältere Bez. für jüdischen Hausierer, Straßenhändler, auch hässlichen, kleinen Hund; wohl Mischung aus jidd. Schabbes „Sabbat, Samstag" und einer jüdischen Vornamenendung wie in Mauschel, Amschel und dgl. *(Jakob 153, Teuschl 198, UK 530, Jontes 147)*

Schachtel *f.* Abfällige Bez. für ältere Frau, jägersprachl. auch für unfruchtbare, alte Rehgeiß. Eines der häufigen, nach Behälterbez. gebildeten Schimpfwörter. Vgl. auch Gestatel (s. d.). *(Grimm XIV, 1965, Pfeiffer 359, Jakob 153, Teuschl 197, Jungmair 238, UK 530, Jontes 147, Schatz II, 507, Jutz II, 852)*

Schächer, linker *m.* Abfällig über Menschen üblen Charakters; Vergleich mit dem biblischen Räuber, der zur Linken Jesu gekreuzigt wurde und in der Legende den Namen Gesmas führt; mhd. schach „Raub". *(Pfeiffer 359)*

Schacherer *m.* Bez. für Menschen mit ausgeprägter Neigung zu Handel und Tauschgeschäften, auch bei Schülern; schachern aus hebr. sahar „als Händler herumziehen". *(Grimm XIV, 1969, Kluge 629, Pfeiffer 359, Jakob 153, Aman 119, Jontes 147)*

Schädel *m.* Schpfw. für sturen, dummen Menschen, auch sehr verallgemeinernd gebraucht (wie Kopf, Plutzer, Birne, Rübe, s. d.), ebenso in Zusammensetzungen. *(Grimm XIV, 1980, Pfeiffer 359, Aman 120, Jakob 154, Teuschl 197, Jontes 147, Jungmair 238)*

Schadelmaul *n. (V)* Bez. für Schleckermäulchen, jemanden, der gerne nascht; ma. schadlen „naschen". *(Jutz II, 852)*

Schattenpflanze *f., -pflanzerl n. (N)* Bez. für schwächliches Kind, eines, das wie eine Pflanze im Schatten aufwachsen muss. *(WBÖ III, 67)*

Schadenhalter *m. (St)* Harmloses Schpfw., das vielleicht aus einem Hirtenspott entstand, der einen Halter kennzeichnete, dessen Herde auf fremden Grund entwichen war. *(WStWB 165)*

Schättere *m. (V)* Bez. für altersschwachen, hinfälligen Mann; ma. schättern „scheppern, knarren". *(Jutz II, 879)*

Schaf *n.* Häufiges Schpfw., das Dummheit und alle anderen inferioren Eigenschaften, die diesem Tier nachgesagt werden, kennzeichnen soll. Rügend auch in der Mehrzahl („ös Schouf"). *(Grimm XIV, 1996, Pfeiffer 359, Aman 119, Kapeller 142, Jontes 147, Jutz II, 855)*

Schafbauch *m. (T, S)* Bez. und Rügewort für dummen Menschen, wie in den meisten Zusammensetzungen mit Schaf Hinweis auf Blödheit. *(WBÖ II, 546)*

Schafpelz *m. (V)* Wie zuvor. *(Grimm XIV, 2044, Jutz II, 860)*

Schafbeutel *m.* Wie zuvor, auch mit Erweiterung auf langweiliger Mensch hin; ma. Beutel „Hodensack" (s. d.). *(Pfeiffer 359, Aman 119)*

Schafbock *m.* Wie zuvor. *(Aman 119)*

Schäfeler *pl. (V)* Spottname für die Bewohner von Schoppernau. *(Jutz II, 856)*

Schafhaxelbarbier *m.*, **-balbierer** *m. (W)* Spottname für Barbier mit kleinem Laden, auch Barbiergeselle, schlechter Barbier; wie Geißhaxelbarbier (s. d.). *(WBÖ II, 101, Jakob 154, Schuster 136)*

Schaffkatze *f. (V)* Rügewort für naschhaftes Kind; wie Naschkatze (s. d.). *(Jutz II, 859)*

Schafknie *n. (St, S)* Dummer Knabe mit schmalem Gesicht.

Schafkopf, Schafs- *m.* Bez. und Rügewort für dummen Menschen, wie zuvor; danach auch ein ländliches Kartenspiel „Schafköpfeln" benannt *(UK 531)*. *(Grimm XIV, 2046f., Pfeiffer 359, Aman 119, Jontes 147, Jutz II, 861)*

Schaffler *m. (W)* Scherzhaft für Kraftfahrer, Chauffeur. *(Teuschl 197)*

Schafmelker *m. (V)* Bez. und Schpfw. für dummen Burschen, Kerl. *(Jutz II, 860)*

Schafnase, Schafs- *f. (St, V)* Bez. für Dummkopf oder jemanden, der eine große Nase besitzt; damit auch eine Apfelsorte bezeichnet, deren Früchte diese Gestalt haben. *(Grimm XIV, 2047, Pfeiffer 360, UK 532, Aman 119, Jontes 147, Jutz II, 860)*

Schaffreitegucker *m. (V)* Bez. für Mann, der sich in der Küche aufhält und hofft, dass beim Kochen etwas für ihn zum Naschen abfällt, Häferlgucker, Küchenschmutz (s. d.); ma. Schaffreite *f.* „Lebensmittelschrank". *(Grimm XIV, 2036, Jutz II, 859)*

Schafsäckel *m. (T, V)* Grobes Schpfw. für dummen Kerl; nach dem Hodensack des Widders; siehe auch Säckel. *(Pfeiffer 359, Schatz II, 508, Jutz II, 860f.)*

Schafzipfel *m.* Bez. und Schpfw. für dummen Menschen; ma. Zipfel *m.* „Penis". *(Aman 119)*

Schägge *m. (V)* Bez. und Schpfw. für faulen, unausstehlichen Menschen; viell. zu frz. Jacques „Jakob". Siehe auch Schackel. *(Jutz II, 861)*

Schackel *n.* Spöttische Bez. für Unterläufel, Menschen, der nur für untergeordnete Arbeiten zu gebrauchen ist, der gutmütig solche Arbeiten übernimmt; frz. Jacques „Jakob", mit dt.

Verkleinerungssilbe, einst ein häufiger Diener- und Lakaienname; auch Tschackel *m.* „Häher" mag mitklingen. *(Jakob 154, Wintersberger 72, Teuschl 197, Jontes 147)*

Schalper *f. (T)* Bez. und Schpfw. für schwatzhaftes Weib; eig. großer Holzsplitter; siehe auch Schalder *f. (Schatz II, 510)*

Schalte *m., f. (K)* Bez. und Schpfw. für Narr, Närrin, Schalk; zu schelten. *(Lexer, KWB 213)*

Schalder *f. (T)* Wie Schalper (s. d.). *(Schatz II, 510)*

Schalk *m.* Bez. für unterhaltsamen Menschen, Possenreißer; urspr. in der Bed. Knecht. *(Grimm XIV, 2067f., Pfeiffer 360)*

Schalksnarr *m.* Wie zuvor, auch Hofnarr. *(Grimm XIV, 2085f., Pfeiffer 360, Schatz II, 510, Jutz II, 865)*

Schaluppe *f. (W, „Schaluppen")* Abfällig für alte Frau; eigentlich baufälliges Häuschen, tschech. chaloupka „Hütte". *(Pfeiffer 360, Teuschl 198)*

Schalúhexe *f. (B, „-hex")* Wie das Folgende.

Schalúspatz *m. (W, B)* Spött. Bez. für neugierigen Menschen, der hinter den Fensterläden, Jalousien hervorspäht, um seine Umgebung zu belauschen; Schalú Kurzform von Jalousie.

Schammes *m. (W)* Abfällig für Untergebenen, Diener, Hilfskraft; jidd. „Tempeldiener". *(Wintersberger 72, Teuschl 198)*

Schamflickerin *f. (S)* Altes Schpfw. für Hure, Dirne; ma. flicken „coire". *(Ziller, Schelmen 382)*

Schandpatzel *n. (T)* Bez. für uneheliches Kind im abfälligen Sinne; ma. Patzel *n.* „Fleck, Klümpchen". *(WBÖ II, 515)*

Schandfleck *m.* Wie hochsprachl., Bez. und Schpfw. für jemanden, der eine Familie, Gruppe usw. in Verruf gebracht hat. *(Grimm XIV, 2145, Pfeiffer 360, Jutz II, 870)*

Schandgosche *f. (W, „-goschen")* Bez. für Verleumder, Übelredner; wie Schandmaul (s. d.). *(Aman 119, Jakob 155)*

Schandi, Schanti *m.* Kurzform von Gendarm, auch spöttisch gebraucht, zuweilen auch auf die Polizei übertragen. *(Teuschl 198, Jontes 147, Pohl 127)*

Schandkerl *m.* Wie hochsprachl., Bez. für üblen Burschen, Kerl. *(Grimm XIV, 2148, Pfeiffer 360, Jutz II, 870)*

Schandmaul *n.* Bez. und Schpfw. für jemanden, der üble Reden führt, verleumdet und spottet; wie Schandgosche (s. d.). *(Grimm XIV, 2154, Pfeiffer 360, Aman 119, Kapeller 143, Jutz II, 870)*

Schandweib *n.* Bez. für verrufenes, liederliches Frauenzimmer. *(Grimm XIV, 2159, Pfeiffer 360, Jutz II, 871)*

Schani *m.* Abfällige Bez. für jemanden, der niedere Arbeiten verrichtet, Diener, Laufburschen („den Schani machen"), ähnlich Schackel (s. d.); Verkleinerungsform von frz. Jean „Johann", einst ein häufiger Diener- und Kellnername. *(Pfeiffer 360f., Kapeller 143, Wintersberger 72, Jakob 154, Teuschl 198, Hager 49, Jontes 147)*

Scharbe *f. (St, „Scharben")* Bez. und Schpfw. für alte, abgelebte Frau („alte Scharben"); nach dem Gerät zum Schneiden von Kraut und Rüben, die als die gewöhnlichste Kost angesehen wurden, weshalb man auch den plumpen Krauthobel als etwas Minderwertiges betrachtete. *(Grimm XIV, 2177, Jontes 148)*

Scharbetze *f. (St)* Wie zuvor; ma. scharbetzen, Intensivbildung zu scharben „blättrig schneiden, reiben". *(UK 533, Jontes 148)*

Scharteke *f. („Scharteken")* In der Form alte Scharteke Bez. und Schpfw. für altes Weib; eig. altes Buch, mndt. scarte „Urkunde" ins Frz. als charte. *(Grimm XIV, 2224ff., Kluge 637, Pfeiffer 361, Aman 118, Jakob 155, Teuschl 198)*

Scharrer *m. (V)* Abfällige Bez. für jemanden, der Geld gierig zusammenrafft, zusammenscharrt. *(Grimm XIV, 2218, Jutz II, 877)*

Scharfmacher *m.* Bez. für jemanden, der in einer Situation rigoros handelt oder dazu aufruft, radikal ist; urspr. im Müllergewerbe ein Arbeiter, der die Mühlsteine wieder schärfte, wenn sie abgenutzt waren. *(Grimm XIV, 2195, Pfeiffer 361, Kapeller 143)*

Scharlatan *m.* Schpfw. für jemanden, der sich als Fachmann ausgibt, in Wirklichkeit aber ein Nichtskönner ist; über ital. Vermittlung aus mlat. ceretanus „fahrender Schüler". Die Gegenwart ist mit ihrer sogenannten Esoterik- und New-Age-Welle wahrscheinlich die bisher größte Ära aller Arten von Scharlatanen, die auf den Gebieten Medizin, Pharmazie, Psychologie, Theologie, aber auch Politik ihr Unwesen treiben. *(Kluge 636, Pfeiffer 361)*

Scharnagel *m. (T)* Spottname für die Mitglieder der Bürgermiliz und der Kongregationen, die bei kirchlichen Festen mit Hellebarden bewaffnet in der Kirche Dienst versahen; eig. Bez. für eine bestimmte Nagelart. *(Grimm XIV, 2212, Schatz II, 512)*

Scharonekeib *m. (V)* Schpfw. für schlechten Kerl; frz. charogne „Aas, Luder", während der Franzosenzeit aus dem Schimpfwortrepertoire der Besatzungsarmee übernommen; siehe auch Keib. *(Jutz II, 876)*

Schäse *f.* Als alte Sch. Schpfw. für altes Weib; frz. chaise „Stuhl, Kutsche"; auch Tschäse, vgl. Bummtschäse (s. d.). *(Pfeiffer 364, Aman 120, Jutz II, 878)*

Schaumschläger *m.* Abfällige Bez. für Vielredner, Vortäuscher, jemanden, dessen Leistungen wie Seifenblasen zerplatzen.

Schawe *m.* Spottname für alten, abgelebten Mann; viell. bei UK a. a. O. für Schabel (vgl. Baumschabel, s. d.). als Gerätename eines Entrindungsinstrumentes missverstanden. Grimms *(XIV, 1948)* Schabelle „Schemel" (aus ital. scabello) auch als Schpfw. verwendet, scheint hier doch zu weit entfernt zu liegen. *(UK 535, Jontes 148, Schatz II, 514)*

Schatzer *m. (St)* (*„Schatzer"* mit hellem a!) Bez. für Aufschneider, Plauscher, Fantast, gutmütiger Lügner; ma. schatzen „reden, sprechen, plauschen“, wohl im ursprünglichen Sinne von „abschätzen, bewerten“, weil es bei der Aufnahme und Schätzung des Besitzes im Todes- oder Übergabsfalle bei der Abfassung der Schätzinventare oft zu fantasievollen Irrtümern oder absichtsvollem Betrug in der Bewertung der Habe gekommen sein dürfte. *(UK 531, Jontes 148)*

Schepper *f. (W, O, „Scheppern“)* Bez. und Schpfw. für alte, redselige, auch magere Frau; scheppern „rasseln, klirren“. *(Jakob 156, Teuschl 200, Jungmair 241)*

Scheibenstock *m. (T)* Schpfw. für Spitzbub, Schelm; in Anlehnung an Haubenstock (s. d.) gebildet? *(Schatz II, 515)*

Scheiber *m. (St)* Spöttische Bez. für Radrennfahrer, ursprünglich für Kegelscheiber verwendet; ma. scheiben „dahinrollen lassen“. *(Jontes 148)*

Scheich *m.* Spöttisch für Kerl, Anführer; nach dem arab. Titel für ein Stammesoberhaupt. *(Kluge 640, Küpper 194, Pfeiffer 362)*

Scheit *n. (T)* Als altes Scheit Bez. und Schpfw. für alte, magere Frau; Vergleich mit einem harten, dürren Holzscheit; vgl. auch Raffelscheit (s. d.). *(Schatz II, 516)*

Scheinheiliger *m.* Bez. und Rügewort für Heuchler, Frömmler, nach außen hin moralisch Tuenden. *(Grimm XIV, 2453, Pfeiffer 362, Aman 118)*

Scheiß- *(„Schaaß“, „Schoaß“)* Zusammensetzungen mit Scheiß- können spontane Bildungen zu jedem Substantiv sein, die damit als verächtlich bezeichnet werden (Scheißauto, Scheißwetter usw.). Sie sind von scheißen bzw. Scheiße abgeleitet. Wenn Scheiß *m.* „Furz“ („Schaß“, „Schoaß“) gemeint ist, ist die Zahl der Zusammensetzungen weitaus geringer. *(Pfeiffer 362, Teuschl 198f., Jontes 148)*

Scheiß *m. (W, „Schaß“)* Bez. und Schpfw. für Geck, Protz; auch Sch. auf Stelzen „nichtiger Kerl, Wichtigmacher“; eig. Furz, auch ein Nichts. *(Jakob 155, Teuschl 198f.)*

Scheißtacke *f. (St, „Schaßtacken“)* Rügende Bez. für stark, häufig und unbekümmert furzenden Menschen, aber auch allg. Schpfw. Tacke *f. (UK 135)* bezeichnete für sich einst eine aus Rohrkolbenstroh geflochtene Decke für Fuhrwagen oder eine aus Stroh geflochtene Überdecke; solche Decken wurden als minderwertig angesehen (vgl. die Redensart auf der Tacken sein „gesundheitlich, körperlich, seelisch heruntergekommen sein“). Zur abfälligen Bedeutung dürfte auch die lautliche Nähe zu tacken „befruchten“, tackeln „besudeln“ beigetragen haben. *(Jontes 148f.)*

Scheißdreckulaner *m. (W)* Bez. und Schpfw. für Schwächling, Knirps; siehe Dreckulaner. *(Jakob 156)*

Scheißtrommel *f. („Schoaß-“, „Schaß“)* Abfäll. Bez. für ältere Frauensperson, die die größere Unbekümmertheit des Furzens im Alter, das mit Trommelklang verglichen wird, zum Ausdruck bringen soll. *(Aman 51, 127, Wintersberger 72, Jakob 155, Teuschl 199, Jungmair 254, UK 536, Jontes 148)*

Scheißer *m.* Bez. und Schpfw. für Feigling, jemand, der vor Angst die Hose voll hat („Schiss hat"), oder auch für alten, kraftlosen Mann („alter Scheißer"); wie Hosenscheißer, Scheißkerl (s. d.). Hingegen ist die Verkleinerungsform Scheißerl *n.* als echtes Kosewort für Kleinkinder, aber auch unter Liebespaaren geläufig. Auch Schisser (s. d.). *(Grimm XIV, 2468, Pfeiffer 362, Aman 118, Kapeller 144, Jakob 156, Teuschl 200, Jungmair 242, Jontes 149, WStWB 170, Lexer, KWB 216, Schatz II, 516, Jutz II, 891f.)*

Scheißerl *n.* Verkleinerung des Vorigen für Kleinkind. *(Pfeiffer 362f.)*

Scheißgefrieß *n. („-gfrieß")* Bez. und Schpfw. für besonders verächtlichen Menschen; siehe Gefrieß. *(Aman 118)*

Scheißhaufen *m.* Derb und verächtlich für nichtswürdigen Menschen. *(Pfeiffer 363)*

Scheißheckerl *n. (St)* Feigling; vgl. Heckerl (s. d.). *(WStWB 165)*

Scheißhund *m. (V)* Bez. und Schpfw. für Feigling, Angsthase. *(Grimm XIV, 2470, Jutz II, 892)*

Scheißkerl *m.* Wie zuvor. *(Grimm XIV, 2470, Pfeiffer 363, Aman 118, Jakob 156, Jungmair 242, Jontes 149, WStWB 166, Schatz II, 516, Jutz II, 892)*

Scheißkrüppel *m.* Bez. und Schpfw. für feigen, verächtlichen Menschen. *(Aman 118)*

Scheißkübel *m. (St)* Wie zuvor.

Scheißmichnichts *m. (W, „Scheißminix")* Scherzhaft für unbekümmerten Menschen. *(Teuschl 200)*

Scheißquaste *f. (St, „Schaßquasten")* Verächtlich für unsympathischen Menschen; „Scheiß mit Quasteln" auch für minderwertige Dinge gebräuchlich.

Scheißrodel *f. (W)* Schpfw. für Vettel, Matrone. *(Teuschl 199)*

Scheißzecker *m. (St, „Schaß-", „Schoaß-")* Verächtl. Bez. für alten, kränklichen Mann; vgl. Zecker (s. d.). Bildlich jemand, der seine Darmwinde wie aus einer geflochtenen, undichten Tasche entweichen lässt. *(UK 536, Jontes 149)*

Scheck *m. (V)* Spött. Bez. für Menschen mit teilweise ergrautem Haar, auch Sommersprossiger; Vergleich mit Pferden und Rindern. *(Grimm XIV, 2382, Jutz II, 884f.)*

Scheckpeter *m. (St)* Spottbez. für geckenhaften, auffallend gekleideten Mann; nach der buntscheckigen („gescheckerten") Kleidung. *(UK 535, Jontes 149)*

Schelbhals *m. (V)* Schpfw. allg. Art; ma. schelb „schief, scheel". *(Jutz II, 896)*

Schelbling *m. (V)* Bez. und Rügewort für ungeschickten, schief und krumm dastehenden Menschen, Tölpel; wie zuvor. *(Jutz II, 896)*

Schelle *f. (O, „Schellen")* Bez. und Rügewort für aufdringliche Person, Tratschweib; Vergleich des Schwatzens mit dem Schellengeklingel. *(Grimm XIV, 2495, Jungmair 242)*

Schelm *m.* Einst eines der ärgsten Schpfw. überhaupt. Der Bedeutungswandel von mhd., frühnhd. schelm „Aas, Kadaver, Bösewicht" zum heutigen Begriff ist augenscheinlich, ebenso wie der von schelmisch „böswillig“ zu fröhlich, spitzbübisch verniedlicht wurde. Siehe auch Viechschelm. *(Grimm XIV, 2506ff., Pfeiffer 363, Aman 120, Jungmair 242, Jontes 149, Schatz II, 517, Lexer, KWB 216)*

Scherenschädel *m. (St)* Bez. für einen Menschen, der pechschwarzes Haupthaar wie ein Maulwurf („Scher“) hat. *(Jontes 149)*

Scherenschleifer *m. (T, V)* Bez. und Schpfw. für charakterlosen, unzuverlässigen Menschen *(V)* oder auch Schwätzer (*T*, „Er hat ein Maul wie ein Sch.“). Die Scherenschleifer übten ein Wandergewerbe aus und waren deshalb wie die meisten anderen Fahrenden soziale Außenseiter. *(Grimm XIV, 2578f., Pfeiffer 363, Schatz II, 512, Jutz II, 903)*

Scherg-, siehe auch Schirg-, Schörg-.

Schergantel *m. (St)* Bez. für Denunzianten; eigentlich der Gerichtsdiener, der wie Abdecker und Henkersknecht als ehrlos und gesellschaftlich geächtet galt; frühe Entstellung von frz. Sergeant mit Anlehnung an das Wort Scherge, ebenso Zusammenklang mit ma. schirgen, schergen „heimlich anzeigen, verklagen, verraten“. Vgl. auch Schirgenfist, Schirgengankerl, -simmerl (s. d.). *(Grimm XIV, 2584, UK 537, Jontes 149)*

Scherge *m. (T, „Scherg“)* Bez. für Angeber, Denunziant; eig. Gerichtsdiener. Diese waren wie Henker und Abdecker ehrlos. *(Grimm XIV, 2584ff., Pfeiffer 363, Schatz II, 519)*

Schergenbiene *f. (T, „-bein“)* Schpfw. für Angeberin, Verräterin, besonders in der Schule. *(WBÖ II, 843)*

Schergenhamal *n. (T)* Bez. und Schpfw. wie Schirgengankerl (s. d.), Hinterbringer, Denunziant; viell. Hammer des Schergen gemeint *(vgl. Grimm XIV, 2586), (Schatz II, 519)*

Schergenhure *f. (S)* Altes Schpfw. für liederliches Frauenzimmer. *(Ziller, Schelmen 381)*

Schermtanz *m. (W)* Spottbez. für Offiziersbursche, Pfeifendeckel (s. d.); viell. zu Scherm *m.* „Nachttopf“. *(Jakob 157)*

Scherzbold *m.* Witzige Umformung von Witzbold. *(Pfeiffer 364)*

Scherzelpecker *m.* Scherzhaft zur Kennzeichnung eines Homosexuellen; Scherzel „Hintern, Steiß“, pecken „picken, coire“.

Scherzkeks *n. (W)* Spöttisch für Witzbold, Dummkopf. Vgl. Keks (s. d.). *(Pfeiffer 364, Teuschl 201)*

Scherzküberl *n. (W)* Wie zuvor. *(Teuschl 201)*

Scheusal *n.* Wie hochsprachlich für charakterlich schlechten, grausamen Menschen; zu scheuen, mhd. schusel. *(Grimm XIV, 2627ff., Pfeiffer 364, Aman 118, Jutz II, 908)*

Schieber *m. („Schiaber“)* Schpfw. für Wucherer im Handel, Schleichhändler, Kriegsgewinnler, Korruptionisten, auch ungerechten Schiedsrichter im Fußball. *(Pfeiffer 364, Aman 121, Jakob 157, Teuschl 201)*

Schibes, Schebes *m. (T)* Bez. für Dummkopf; Herkunft unklar. *(Schatz II, 521)*

Schipse *f.*, **Schipsel** *n.* Bez. für liederliches Mädchen, Dirne; Schipsel auch ein Hundename; vielleicht zu Haarschuppe. *(Grimm XV, 207, UK 537, Jakob 158, Jontes 149)*

Schiechling *m. (St)* Bez. für hässlichen Menschen, für beide Geschlechter in körperlicher und charakterlicher Hinsicht gebraucht. Mhd. schiech „scheu, verzagt, abschreckend, scheußlich" ist heute hochsprachl. verlorengegangen und erscheint nur mehr ma. für hässlich. *(UK 538, Jontes 149f.)*

Schideladam *m. (St)* Bez. und Rügewort für grantiges, schmollendes Kind; ma. Schidel „Teufel". *(WBÖ I, 80)*

Schiefernickel *m. (St)* Älteres Schpfw. in der Bed. unwilliger, brummiger, bärbeißiger Mensch (Ratsprot. Neumarkt, 1631); zu ma. schieferig „reizbar, zornig, mürrisch", und schiefern „seinen Unwillen ausbrechen lassen"; Nickel, Verkleinerung von Nikolaus oder zu Nigel „Igel" (vgl. Bosnigel). *(Grimm XV, 6f., UK 538, Jontes 150)*

Schiengelbock *m. (N, „Scheangel-")* Spött. Bez. für Schieler; wie zuvor. *(WBÖ III, 520)*

Schiengler, Schiengleter *m. („Scheangler")* Spött. Bez. für schielenden Menschen; mhd. schilhen „schief blicken, schielen"; in grober Weise als „schiengleter Hund" verwendet. *(Schmeller II, 368f., Aman 119, Jakob 155, Teuschl 199, UK 538, Jontes 150)*

Schickeria *f.* Abfällig für die Tagediebegesellschaft höherer Stände; ital. sciccheria „Eleganz, Schick". *(Pfeiffer 364)*

Schickse *f.*, **Schicksel** *f.* Grobes Schpfw. im Sinne von Dirne, Nachtschwärmerin; urspr. jiddisch in abfälliger Weise für Christenmädchen (aus hebr. siqqus „Gräuel", d. h. „Unbeschnittener" für Christ); über das Rotwelsche. *(Grimm XIV, 2664, Kluge 646, Lötzsch 154, Küpper 194, Pfeiffer 364, Aman 121, Kapeller 144, Wintersberger 73, Jakob 157, Teuschl 202, Puchner 267, UK 537, Jontes 150, Jutz II, 910)*

Schildbürger *m.* Wie Spießbürger Bez. für dummen, unverständigen Menschen; nach den Bewohnern des sächsischen Städtchens Schilda, denen die Deutschen Volksbücher besonders dumme Streiche zusprechen. *(Grimm XV, 125, Pfeiffer 365)*

Schielenbögge *m. (V)* Spottbez. für Schielenden. *(Jutz II, 915)*

Schielenmungge *m. (V)* Wie zuvor; vgl. schweizerdt. Munggi „mürrischer Mensch". *(Jutz II, 915)*

Schillingdieb *m. (W, „-diab")* Scherzhaft für Taxifahrer. *(Teuschl 202)*

Schimmel *m. (T)* Spöttisch für lichtblonden Menschen. *(Grimm XV, 157, Schatz II, 523)*

Schienbein *n. (V)* Scherzhafte Bez. für magere Frau; Weiterbildung von Bein (s. d.) in derselben Bedeutung. *(Jutz II, 916)*

Schindaas *n.* Grobes Schpfw. für altes Weib, Hexe, auch für griesgrämige Personen beiderlei Geschlechts. *(Grimm XV, 187, WBÖ I, 385)*

Schindassel *f.* Bez. und Schpfw. für üble Frauensperson; vgl. Assel (s. d.). *(WBÖ I, 407)*

Schinder *m.* Bez. für groben, sadistischen Menschen; ursprünglich der Abdecker, dessen Tätigkeit als ehrlos angesehen wurde, wodurch die Berufsbezeichnung als Schpfw. stark beleidigenden Charakter bekam. Deshalb auch ältere Bez. für Straßenräuber. Heute häufig auch für Ärzte, Lehrer, militärische Ausbildner verwendet; schinden „abhäuten, abschaben". In *K* auch für hart arbeitenden Mann. *(Grimm XV, 195, Kluge 650, Küpper 195, Pfeiffer 365, Aman 121, Jakob 158, Jontes 150, WStWB 166, Lexer, KWB 217, Pohl 129, Schatz II, 524)*

Schinderband *n. (N)* Schpfw. für nichtswürdigen Menschen, auch wertloses Vieh. *(WBÖ II, 190)*

Schinderbande *f. (W)* Schpfw. für Bande (s. d.), Gruppe nichtswürdiger Menschen. *(WBÖ II, 199)*

Schinderpatz *m. (O)* Spött. Bez. für Menschen mit kurzgeschnittenem oder geschorenem Haar; zu schinden „die Haut abziehen". *(WBÖ II, 501)*

Schinderbratel *n. (St)* Wie Rabenbratel (s. d.) gemeint und mit dem Schinder (s. d.) als sozialer Außenseiterfigur verbunden. *(Jontes 150)*

Schinderviech *n. (T)* Schpfw. allg. Art; Vergleich mit Vieh, das für den Abdecker bestimmt ist. *(Grimm XV, 203, Schatz II, 524)*

Schinderhure *f. (S)* Altes Schpfw., wie in Schergenhure (s. d.) zwei soziale Außenseiter werden miteinander verbunden und damit in ihrer Schimpflichkeit gesteigert. *(Ziller, Schelmen 381)*

Schinderklachel *m. (St)* Älteres Schpfw. für rohen Burschen; vgl. Klachel und Schinder (s. d.). *(UK 539, Jontes 150)*

Schinderhammel *m. (St)* Schpfw. für boshaften Burschen. *(UK 540, Jontes 150)*

Schindluder *n. (O, T, V)* Neben der Bed. „Schindluder treiben" noch für sich stehend als Schpfw. für wertloses, nichtsnutziges Vieh, auch zänkisches Weib, schlechten Menschen; eig. für den Schinder, Abdecker bestimmtes Aas. Siehe Luder. *(Grimm XV, 202, Pfeiffer 365, Jungmair 245, Schatz II, 524, Jutz II, 927)*

Schienenkratzer *m. (W)* Scherzhaft für Schienenwärter bei der Straßenbahn. Wie Ritzenkratzer (s. d.).

Schirg-, siehe auch Scherg-, Schörg-.

Schirgenfist *m. (St)* Spött. Bez. für Denunzianten, Angeber, Ohrenbläser; ma. schirgen „heimlich anklagen, verraten" (vgl. auch Schergantel, s. d.) von schergen „Scherge sein, verraten" *(Grimm XIV, 2586);* Fist *m.* „heimlicher Furz" *(Grimm III, 1691),* zum Ausdruck der Heimlichkeit und Verachtung. *(Schmeller II, 466, UK 540, Jontes 150)*

Schirgengankerl *m. (St)* Wie zuvor; vgl. auch Gankerl, womit der Bezug zum Teuflischen gegeben ist. Ein Kinderspruch als Spott auf den Denunzianten lautet „Schirgengankerl mit dem roten Jankerl" (= Röcklein) und deutet auf die alte Zuweisung der roten Farbe an soziale Randgestalten. *(UK 540, Jontes 150, WStWB 166, 170)*

Schirgengefrieß *n. (St, „-gfrieß")* Wie zuvor; vgl. Gefrieß (s. d.) *(WStWB 166)*

Schirgensimmerl *m. (St)* Wie zuvor, vgl. Simmerl (s. d.), Verkleinerungsform von Simon, als eigenes Schpfw. *(UK 540, Jontes 151)*

Schirgerl *n. (St)* Wie zuvor. *(Jontes 151)*

Schießbudenfigur *f.* Abfällig für Menschen lächerlichen Auftretens, trauriger Gestalt; auf Rummelplätzen waren früher Nachbildungen bekannter Zeitgenossen aufgestellt, auf die man schießen konnte. *(Pfeiffer 365)*

Schießer *m. (W)* Person, die es stets eilig hat, die „herumschießt". *(Teuschl 201)*

Schisser *m.* Wie Scheißer (s. d.) für Feigling. *(Grimm XV, 227, Pfeiffer 366, Aman 121)*

Schlapp *m., f. (T)* Bez. und Schpfw. für ärmlichen, erbärmlichen Menschen; eig. schlaffer Mensch von der Körper- und Geisteshaltung her. *(Grimm XV, 482, Schatz II, 528)*

Schlappe *m. (V)* Bez. für einfältigen, jedoch gutmütigen Menschen, wie zuvor. *(Grimm XV, 485, Jutz II, 941)*

Schlapper *f.*, **Schlapperer** *m. (T)* Bez. und Rügewort für schwatzhaften Menschen; ma. schlappen „schlürfend trinken". *(Schatz II, 528)*

Schlapfen *m.*, siehe Schleipfe.

Schlappohrer *m. (V)* Spöttische Bez. für Mann mit abstehenden, eigentlich schlaffen, hängenden Ohren. *(Grimm XV, 492, Jutz II, 941)*

Schlappschwanz *m.* Bez. und Schpfw. für feigen, energielosen Mann; eig. Charakterisierung von männlicher Impotenz; Wort nach dem Lautbefund aus Norddeutschland zugewandert, wohl über das Militär popularisiert. *(Grimm XV, 493, Pfeiffer 369, Kapeller 146, Aman 122)*

Schlachse *f. (St, „Schlaxen")* Abfällige Bez. für liederliche Frauensperson, mhd. slach „schlaff, welk, herabhängend". *(UK 540, Jontes 151)*

Schlat *m. (T)* Bez. und Schpfw. für schlampigen, üblen Menschen; siehe auch Schlott *m.*; Herkunft unklar. *(Schatz II, 528)*

Schlattenschammes, Schlackenschammes *m. (W)* Scherzhaft-spöttisch für dienende Person, untergeordneten Helfer; jidd. Schammes (s. d.). *(Lötzsch 152, Küpper 196, Pfeiffer 369, Teuschl 202f.)*

Schladriwakönigin *f. (W)* Bez. und Rügewort für eitle, aufgeblasene Frau; Herkunft dunkel. *(Jakob 158)*

Schlafhaube *m. („-hauben")* Scherzhaft-spöttische Bez. und Rügewort für verschlafenen Menschen, jemanden, der gerne und viel schläft, dazu auch für geistig träge Personen; vgl. auch „alte Haube" als vertrauliche, gemütliche Anrede unter Freunden. Das Wort ist Hinweis auf die einstige Gewohnheit, wegen der kalten, unbeheizten Schlafkammern im Bett eine Haube zu tragen.
(Grimm XV, 297, Aman 122, Jakob 158, Teuschl 202, Jungmair 245, UK 541, Jontes 151, Jutz II, 931)

Schläfer *m. („Schlaffer")* Bez. und Rügewort für Langschläfer, Faulpelz. *(Grimm XV, 289, Schatz II, 525)*

Schlaffi *m.* Jugendsprachlich für trägen, antriebslosen, weichlichen Menschen. *(Pfeiffer 366)*

Schlafmütze *f.* Hochsprachl. für Schlafhaube (s. d.). Der zuwartende, entscheidungsschwache römisch-deutsche Kaiser Friedrich III. trug den Spitznamen „Schlafmütze des Hl. Römischen Reiches". *(Pfeiffer 366)*

Schlafratte *f. („-ratz" m.)* Wie zuvor. Auch alte Bez. für Murmeltier. *(Grimm XV, 305, Pfeiffer 366, Jakob 158, Jungmair 220, 245, Jutz II, 604, 931)*

Schlagg *m. (T)* Bez. für Gauner; zu Slowake (s. d.)? *(Schatz II, 526)*

Schlamánt *m.*, **-in** *f. (W, N)* Scherzhafte Bez. für Liebhaber, Amant, Geliebter (-e); lat. amans „Liebender" vermengt mit „schlampig" (vgl. ein schlampiges Verhältnis haben). *(WBÖ I, 170)*

Schlamp *m.*, siehe Schlampe *f.*

Schlampampe *f.* Bez. für unordentliches, liederliches Weibsbild; früh auch literarisch bezeugt durch die Gestalt der Frau Schlampampe in Christian Reuters Barockdrama (1695); zu frühnhd. slampen „geräuschvoll essen und trinken" und nhd. ma. schlampen „schlürfen, schlaff herabhängen, nachlässig sein" (vgl. auch Schlampertatsch, s. d.). Idiotikon Fohnsdorf, 1813: „Schlampampen: ein liederliches Weibsbild." *(Grimm XV, 436f., Schmeller II, 524, Kluge 653, Pfeiffer 367, Aman 122, UK 541, Jontes 151)*

Schlampanges *f. (T)* Bez. und Rügewort für schlampig, zerfetzt gekleidetes Mädchen; Anges Nebenform von Agnes; vgl. auch Angerl, Fetzennese (s. d.). *(WBÖ I, 241)*

Schlampe *f.*, auch **Schlamp** *m. („Schlampen")* Abfällige Bez. und Schpfw. für unordentliche, nachlässig gekleidete Frau, auch Weib, das ein liederliches Leben führt. *(Grimm XV, 438, Kapeller 145, Küpper 196, Pfeiffer 367, Aman 122, Wintersberger 74, Teuschl 203, Jungmair 245, UK 541, Jontes 151, Lexer, KWB 219, Schatz II, 527, Jutz II, 937)*

Schlampertatsch, Geschlampertatsch *m. (St, „Gschlamper-")* Bez. für schlampigen, unordentlichen, nachlässigen Menschen; ma. schlampen „schlottrig herabhängen", verbunden mit Tatsch (s. d.). *(Pfeiffer 367, Wintersberger 74, Jakob 159, Teuschl 203, Hager 50, UK 541, Jontes 151, WStWB 162)*

Schlamperl *n.* Bez. für unordentliche, liederliche, auch nachlässig gekleidete Frauensperson, besonders Mädchen; Verkleinerungsform von Schlampe (s. d.). *(Pfeiffer 367, Aman 121, Jakob 159, UK 541, Jontes 151)*

Schlamphans *m. (O)* Bez. und Rügewort für schlampigen Burschen, Mann, einen, der seine Sachen nicht in Ordnung hält. *(Grimm XV, 439, Jungmair 246)*

Schlampsack *m. (W)* Wie Schlampertatsch (s. d.). *(Teuschl 203)*

Schlanderer *m. (T)* Bez. und Schpfw. für Herumtreiber; ma. schlandern „schlendern"; siehe auch Schlenderer. *(Schatz II, 527)*

Schlange *f.* (meist hochsprachl. artikuliert) Schpfw. für falsche, hinterlistige Frauensperson. *(Pfeiffer 368)*

Schlangerl *n.* Bez. für schlaues, aber auch spitzbübisches oder falsches Frauenzimmer; im Sinne des Tiernamens in der Nähe von Schlingel, Schlankel (s. d.). *(Aman 122, Jontes 151)*

Schlank *f. (T)* Bez. und Schpfw. für unordentliches, schlampiges Frauenzimmer; ma. Schlangge „Fetzen“, zu schlenkern. *(Schatz II, 527)*

Schlankel *m.* Bez. für Spitzbuben, Schlingel, heute bereits verharmlosend für pfiffigen, jüngeren Menschen; zu schlank im Sinne von wendig, sich überall durchdrängend bzw. schlankeln „müßig herumgehen, schlendern“. *(Grimm XV, 480, Küpper 196, Pfeiffer 368, Aman 121, Kapeller 146, UK 541, Jontes 151, WStWB 170, Lexer, KWB 219, Pohl 130, Jungmair 246, Schatz II, 528)*

Schlankerle *n.* Scherzhaft für anmutiges, verführerisches Mädchen. *(Wintersberger 74)*

Schlanze *f. (K, „Schlanzen“)* Schpfw. für liederliches Frauenzimmer; ma. schlanzen „umherschweifen, nachlässig herumgehen“. *(Grimm XV, 639, Lexer, KWB 219)*

Schläre *m. (V)* Schpfw. für dummen, gedankenlosen, stupiden Kerl; ma. schlarr „dumm“. *(Grimm XV, 499, Jutz II, 941)*

Schlark *m. (T)* Bez. und Rügewort für schlampig gekleideten Menschen; ma. schlarken „den Boden streifend gehen“. *(Schatz II, 528)*

Schlärke *m., f. (V)* Wie zuvor; ma. schlärken „beim Gehen die Füße nachschleppen“. *(Jutz II, 941f.)*

Schlauberger *m.* Bez. für schlauen, aber auch sich nur schlau dünkenden Menschen; wie Schlaumeier (s. d.) als ein vermeintlicher Familien- oder Hofname gebildet. *(Grimm XV, 505, WBÖ II, 1096, Pfeiffer 369, Kapeller 146, Jontes 151f.)*

Schlaucherl *n., m.* Bez. für Schlaukopf, pfiffig-geriebenen Menschen, auch solchen mit leicht moralischer Schlagseite; in Anlehnung an Schlauch (vgl. Weinschlauch) als Behälternamen in sprachlicher Nähe zu schlau gebildet. Älteres Schlauch auch abfällig für „Schlemmer, Prasser“. *(Grimm XV, 505, Pfeiffer 369, Aman 122, Kapeller 146, Wintersberger 74, Jakob 159, Teuschl 203, UK 542, Jontes 152)*

Schlauder *f. (T)* Bez. und Rügewort für nachlässiges und faules Frauenzimmer; ma. schlaudern „oberflächlich arbeiten, schludern“; siehe auch Schluderer. *(Grimm XV, 516, Aman 122, Jontes 152, Kapeller 146)*

Schlaumeier *m.* Wie Schlauberger (s. d.). *(Grimm XV, 516, Pfeiffer 369, Aman 122, Jontes 152, Kapeller 146)*

Schlawiner *m.* Abfällige Bez. und Schpfw. für falschen, haltlosen Menschen; eigentl. sprachgesetzlich weiterentwickeltes Wort Slowene im Nationenspott der Vergangenheit. *(Pfeiffer 369, Aman 122, Kapeller 146, Wintersberger 74, Jontes 152, Schatz II, 529)*

Schlepper *m.* Zuvor hauptsächlich auf Anreißer von Nachtlokalen usw. angewendet, heute aktuell angepasst auf kriminelle Personen, die Ausländer illegal über die Grenze einschmuggeln. *(Küpper 196)*

Schlepperer *m. (St)* Bäuerl. Spitz- und Spottname für Stadtbewohner; zu ma. schleppern „hörbar schlürfen, gierig trinken", oder Schlepper „Schlappschuh", also jemanden, der in Schuhen geht und damit im Gegensatz zum meist barfüßigen Bauern steht (vgl. auch Bloßfüßiger, s. d.). *(Grimm XV, 647, UK 542, Jontes 152)*

Schleppsack *m. (W)* Bez. für einen lästigen Begleiter, den man wie einen Sack mitschleppen muss. *(Grimm XV, 649f., Jakob 160)*

Schlechtmacher *m.* Bezeichnung für jemanden, der alles herabsetzt, Miesmacher. *(Aman 123)*

Schleipfe *f., m. („Schloapfen", „Schlapfen")* Abfäll. Bez. und Schpfw. für liederliches, schlampiges, auch moralisch verkommenes Frauenzimmer (wie Schlampe, s. d.); ursprünglich für am Boden schleifende Dinge wie Pantoffel oder auch eine besondere Wagenform mit Rädern und Kufen, für schwere Lasten verwendet. *(Grimm XV, 587ff., Aman 124, Jakob 159, Teuschl 203, UK 542, Jontes 152)*

Schleicher *m. (T, V)* Bez. für unheimlichen, heimtückischen Menschen, jemand, dem man nicht über den Weg trauen kann. *(Grimm XV, 571f., Küpper 196, Pfeiffer 370, Aman 121, Schatz II, 530, Jutz II, 949)*

Schleife *f. (V)* Wie Schleipfe (s. d.), auch Mann, der einer solchen Person nachläuft. *(Grimm XV, 589f., Jutz II, 950)*

Schleifer I *m.* Älteres Schpfw. für jemanden, der Geliehenes nicht zurückgibt; vielleicht nach dem wandernden Scherenschleifer, der zum Schleifen übergebene Werkzeuge nicht mehr zurückstellte. In der neueren Soldatensprache für einen Ausbildner, der die Rekruten besonders hart hernimmt, „schleift". *(Grimm XV, 602f., Küpper 196, Pfeiffer 370, UK 542, Jontes 152)*

Schleifer II *m. (V)* Abfällige Bez. wie Scherenschleifer (s. d.). Auch Spottname für die Bewohner von Schwarzach, weil sich dort eine Wetzsteinerzeugung, -schleiferei befand. *(Jutz II, 952)*

Schleimerl *n. (St)* Abfällige Bez. wie Kriecher, Schmeichler; nach den haptisch und optisch unappetitlichen Eigenschaften menschlicher Schleimabsonderungen. *(Pfeiffer 370, Jontes 152)*

Schleimscheißer *m.* Wie zuvor, dazu noch für Weichling, Mann ohne Saft und Kraft. *(Pfeiffer 370, Aman 121, Jontes 152)*

Schleiße *f. (W, „Schleißen")* Bez. und Schpfw. für schlampiges, liederliches Frauenzimmer; umgangssprachlich schleißig „fadenscheinig, abgebraucht". *(Grimm XV, 615, Jakob 160)*

Schlecker *m.* Bez. und Rügewort für Leckermaul, genäschigen Menschen, jedoch auch Schmeichler, Speichellecker. *(Grimm XV, 551, Pfeiffer 369, Schatz II, 948, Lexer, KWB 219, Jutz II, 948)*

Schleckerbartel *m. (W, N, B)* Bez. und Rügewort für Kind, das häufig die

Zunge zeigt, auch für schmutziges Kind *(B)*; verwandt damit ist Schleckerbatzel, ein Ausdruck des triumphierenden Verhöhnens unter Kindern: „Schleckerbatzel, lange Möhren, kurze iss ich selber gern.“ *(Grimm XV, 551, WBÖ II, 373)*

Schleckmaul *n. (V)* Bez. und Rügewort für Leckermaul. *(Grimm XV, 554, Pfeiffer 369f., Jutz II, 948)*

Schlenderer *m. (T)* Bez. und Rügewort für Müßiggänger; schlendern „ungezwungen, müßig umhergehen“; siehe auch Schlandern. *(Grimm XV, 629, Schatz II, 531)*

Schlenkel *m. (V)* Bez. und Rügewort für boshaften und heimtückischen Burschen; wie Schlingel, Schlankel (s. d.). *(Grimm XV, 634, Jutz II, 956)*

Schlenz *m. (O, „Schleanz“)* Bez. und Schpfw. für faulen, grobschlächtigen Menschen; ma. schlenzen „müßig umhergehen“. *(Grimm XV, 639, Jungmair 247)*

Schlieberer *m. (W)* Bez. für Taschendieb; gaunersprachl. zu schliefen, schlüpfen. *(Wehle 56f., Teuschl 204)*

Schlich *m. (K)* Bez. und Rügewort für jemanden, der sich schmeichlerisch gibt, auch als Schpfw. für Heuchler, heimtückischen Menschen; zu schleichen. *(Grimm XV, 664f., Lexer, KWB 220)*

Schlitten *m.* Abfällig-derbe Bez. für alte, abgelebte Frau („alter Schlitten“), auch schlechte, magere Kuh, sowie für liederliches Frauenzimmer, gefallenes Mädchen; Vergleich mit dem räderlosen Fahrzeug wie Schleipfe (s. d.), heute auch Bezeichnung für Kraftfahrzeuge, besonders schnelles Auto. Siehe auch Halbschlitten. *(Grimm XV, 754, Schmeller II, 537, Küpper 197, Pfeiffer 371, Jakob 160, UK 544, Jontes 152, WStWB 166, Schatz II, 534, Jutz II, 963)*

Schliffel *m.*, siehe Schlüffel.

Schliefer *m.*, **Schlieferl** *n.* Bez. für kriecherischen Menschen, der einem, von dem er sich Vorteile erhofft, hineinschlieft, „sich in lästiger Weise aufdrängt“ (vgl. auch Arschkriecher, s. d.). Ähnlich Ohrenschliefer „Ohrwurm, ein Insekt“, und Schliefhansel *m.* ein Unkraut (Mäusegerste), dessen schlüpfrige Ähren man gerne und boshafterweise jemandem in den Halskragen steckt. Unter Schlieferlin wurde einst auch ein Jagdhund verstanden, der dazu abgerichtet war, in Dachs- und Fuchsbaue hineinzuschliefen. *(Grimm XV, 566f., Pfeiffer 371, Aman 123, Jakob 160, Wintersberger 74, Teuschl 204, Jungmair 247, UK 544, Jontes 152f., Pohl 131, Jutz II, 959)*

Schliefhansel *m.* Wie zuvor; auch Bez. für Mäuse-, Mauergerste, ein Unkraut. *(Jakob 160, Teuschl 204)*

Schligowitz *m. (W)* Scherzhaft für Balkanesen, Serben, Kroaten; zu Slibowitz „Pflaumenschnaps“ als dem südslawischen Nationalgetränk. *(Teuschl 204)*

Schlieme *f. (T)* Bez. und Rügewort für naschhaftes Mädchen; ma. schliemen „naschen“. *(Schatz II, 532)*

Schlingel *m.* Bez. und Rügewort für unartigen, spitzbübischen Knaben, einst auch Müßiggänger; zu schlingen „schlendern“. *(Grimm XV, 728f.,*

Kluge 658, Pfeiffer 371, Aman 123, Jontes 153, Jutz II, 961)

Schlitzauge *n.* Ethnischer Spott auf Ostasiaten, Angehörige der mongolischen Rasse, die als Kennzeichen u. a. eine besondere Lidfalte aufweisen, die die Augenspalte schlitzförmig verkleinert. Landläufig meist auf Chinesen und Japaner angewendet, obwohl zahlreiche andere asiatische Völker ebenso diese Eigenheit aufweisen. *(Pfeiffer 371)*

Schlitzkrowót *m. (W)* Scherzhafte Bez. für Mädchen; Schlitz *m.* „Schamspalte, Vulva"; vgl. Schlitzdragoner, -husar in ders. Bed. (Preußen, *Grimm XV, 763*); eig. Kroate mit bestimmter Hose gemeint. *(Küpper 197, Jakob 160)*

Schlitzohr *n.* Bez. für hinterlistigen, verschlagenen Menschen; aus Deutschland zugewandert; einst wurden Verbrechern neben der Brandmarkung zur Kennzeichnung auch die Ohrmuscheln aufgeschlitzt. *(Pfeiffer 371, Aman 124)*

Schloare *f. (T)* Bez. und Schpfw. für unordentliches, schlampiges Frauenzimmer; ma. schloaren „schlurfend gehen". *(Schatz II, 534)*

Schlot *m.* Als langer Schlot für großgewachsenen Burschen; Vergleich mit dem Schornstein, Schlot; wie Lullatsch (s. d.). *(Pfeiffer 371)*

Schlott *m. (T)* Bez. und Schpfw. für Landstreicher, Vagabund, Lump; zu schlottern. Siehe auch Schlat. *(Grimm XV, 782, Schatz II, 534)*

Schlottere *m., f. (V)* Bez. und Rügewort für unordentliche, ungepflegte Person; zu schlottern. *(Grimm XV, 785, Jutz II, 966f.)*

Schlögel *m. (O)* Bez. und Rügewort für flegelhaften, ungezogenen Menschen, wie Flegel (s. d.); eig. Keule, Schenkel eines geschlachteten Tieres. *(Grimm XV, 343, Jungmair 248)*

Schlongge *m. (V)* Bez. und Schpfw. für unordentlich gekleideten, auch moralisch verkommenen Burschen; ma. schlonggen „nachlässig herabhängen". *(Jutz II, 965)*

Schlorgg *m.*, **Schlorgge** *m., f. (T, V)* Wie zuvor für Personen beiderlei Geschlechts; eig. schiefgetretener Schuh; ma. schlorggen „mit den Füßen schleifend gehen, schlurfen", vgl. auch schweizerdt. Schlorze „liederliche Frau" *(Grimm XV, 767), (Schatz II, 534, Jutz II, 965)*

Schlotzer *m.*, **Schlözer** *m. (V)* Bez. und Rügewort für unsauberen Menschen, Schmierfink, schmatzend und schlürfend Trinkenden, auch Schmeichler; eig. Kinderschnuller. *(Grimm XV, 793, Schmeller II, 540, Jutz II, 968)*

Schluderant *m. (W)* Scherzhaft-spöttisch für schlampigen, schludrigen, oberflächlichen Arbeiter. *(Teuschl 205)*

Schludere *m. (V)* Bez. und Rügewort für ungenauen, schlampigen Arbeiter; zu schludern. *(Grimm XV, 808, Aman 124, Jutz II, 970)*

Schluderer *m. (W)* Spött. Bez. für Priester, der die Messe schnell und hastig liest.

Schlufe *m. (V)* Bez. und Schpfw. für körperlich und moralisch verkommenen, schlampigen, unzuverlässigen, auch prahlerischen Mann oder Burschen; vgl. schweizerdt. schlufen „in den Tag hineinleben". *(Grimm XV, 810, Jutz II, 970)*

Schlüffel *m.* **Schliffel** *m.* Bez. für rohen Menschen, groben Wicht, Flegel; wörtl. einer, der erst noch wie eine rohe Klinge zurechtgeschliffen werden muss. Idiotikon Fohnsdorf, 1813: „Schliffel: Wicht, Schelm". *(Grimm XV, 810f., Pfeiffer 372, Aman 123, Kapeller 147, UK 545, Jontes 153, Lexer, KWB 220, Schatz II, 533, Jutz II, 971)*

Schlucker *m.* Meist als armer Schlucker zur geringschätzigen Kennzeichnung eines bitterarmen Menschen, einer, der kaum etwas zu schlucken hat. *(Pfeiffer 372)*

Schlumpe *f. (T)* Bez. und Schpfw. für schlampiges, liederliches Frauenzimmer, wie Schlampe (s. d.); ma. Schlump *m.* „Tuchfetzen". *(Grimm XV, 827, Pfeiffer 372, Schatz II, 535)*

Schlumpel *m. (W)* Bez. und Schpfw. für arbeitsscheues, unmoralisches Weib, wie Schlampe (s. d.). *(Pfeiffer 372, Schuster 138)*

Schlumpf *m.* Spöttisch für kleinen, zwergwüchsigen Menschen; nach den bekannten Comicfiguren. *(Pfeiffer 372)*

Schlungetzer *m. (St)* Älteres Schpfw. in der Bed. gieriger Fresser. Neumarkter Gerichtsprot., 1684, fol. 31: „...sey er durch des Purger Ehewirthin auf den Rathauß für einen Landtlugner und Schlungetzer außgericht worden"; ma. schlungetzen „hastig schlucken, hinunterschlingen", als Intensivum zu schlingen. *(Grimm XV, 837, UK 545, Jontes 153)*

Schlunggi *m.* Bez. für Herumlungerer, Tagedieb; ma. schlunggen „schlottern". *(Grimm XV, 837, Schatz II, 535)*

Schlurf *m.* Bez. für mit schäbiger Eleganz gekleideten Burschen oder Mann; ein Wort der späten vierziger und frühen fünfziger Jahre, bevor der Halbstarke als Begriff und Name an seine Stelle trat. Zum Schlurf gehörten Schuhe mit dicken Kreppsohlen („Schleich", „Böck"), enge Hose, ein Sakko („Sackl") mit stark wattierten Schultern und brillantierte, im Nacken lange, aber gerade abgeschnittene Haare („Packl", „Biber"), die an der Stirne in eine Welle gelegt waren. Das Fahrzeug der frühen Jugendmotorisierung in den sechziger Jahren, das Moped, hieß Schlurfrakete; zu schlurfen „lässig dahinschlendern, schleichend gehen", als Ausdruck der angestrebten Lässigkeit im Auftreten. *(Pfeiffer 372, Wintersberger 75, Teuschl 205, Jontes 153)*

Schmattel *f. (T)* Bez. und Schpfw. für ungefüges, dickes Frauenzimmer, auch liederliches Weib; ma. schmattern „zersplittern, verspritzen". Siehe auch Schwattel. *(Schatz II, 538)*

Schmatter *m. (S)* Bez. für körperlich und geistig zurückgebliebenes Wesen, Schwächling zu ma. schmettern (mhd. smetern) „klappern, schwatzen". *(UK 546, Jontes 153)*

Schmafúkerl *m.* Schpfw. in der Bed. sittenloser Lump, elender Schuft; schmafú „schlecht, verachtenswert", angeblich von frz. je m'en foute fiche

„ich mache mir nichts daraus". *(Pfeiffer 372, Jakob 161, UK 546, Jontes 154)*

Schmähberger *m.* *(W)* Wie Schmähtandler (s. d.). *(Teuschl 205)*

Schmähtandler *m.* Bez. und Rügewort für Lügner, Aufschneider, Blender; wörtlich jemand, der mit „Schmäh" handelt. Schmäh meint Lüge bis herunter zu sanfter Wahrheitsentstellung, aber auch trickreiches Gebaren (aus mhd. smaehe „schmählich, niedrig, geringschätzig"). *(Pfeiffer 373, Wintersberger 75, Teuschl 205, Jontes 153)*

Schmähführer *m.* Wie zuvor; führen „wie ein Händler ausführen"; vgl. auch Spruchführer (s. d.). *(Teuschl 205)*

Schmähreißer *m.* Wie zuvor. *(Teuschl 205)*

Schmalterer *m.* *(T)* Bez. und Rügewort für schlampigen Menschen; ma. schmaltern „verstreuen". *(Schatz II, 538)*

Schmalgepickter *m.* *(„Schmalpickter")* Abfällige Bez. für schmächtigen, dünnen, mageren Menschen; ma. picken „kleben". *(Teuschl 205, Jontes 154)*

Schmalgeiß *f.* Spött. Bez. für junges, unentwickeltes, mageres Mädchen; jägersprachl. junge Rehgeiß. *(Grimm XV, 921, Schmeller II, 548, WStWB 166)*

Schmalranftler *m.* *(W)* Scherzhaft für mageren, sehr dünnen Menschen; eigentlich schmalkrempiger Hut, ma. Ranft „Rand". *(Teuschl 206)*

Schmalspuringenieur *m.* Mehr abfällige Bez. für Fachschulingenieur, Absolvent einer BULME oder HTL, im Gegensatz zum akademischen Diplomingenieur. Siehe auch das Folgende. *(Küpper 198, Pfeiffer 373f.)*

Schmalspuroffizier *m.* Bez. wie oben für sog. Sonderführer der Deutschen Wehrmacht, Fachleute im Offiziersrang, die sich von den eig. Offizieren durch schmälere Schulterstücke unterschieden. *(Küpper 198)*

Schmalzpater *m.* *(T)* Bez. für Mönch, der für sein Kloster die Sammel- und Betteltour macht. Siehe Schmalzbettler. *(Schatz II, 538)*

Schmalzbettler *m.* In der Redensart „schwitzen wie ein Schmalzbettler" erhalten. Die Bettelorden hatten einst eigene Mönche oder Brüder, die Nahrungsmittel bettelnd und sammelnd umherzogen. Besonders begehrt war das Butterschmalz als bestes Backfett. *(WBÖ II, 1171, UK 546, Jontes 154, WStWB 166, Jutz II, 976)*

Schmalzbruder *m.* Ältere soldatensprachliche Bez. für Soldaten, die sich vor lästigen Pflichten und Arbeiten drückten (heute Abseiler, s. d.); jünger auch für sentimentalen Menschen, auch Sänger rührseliger Lieder, deren Stimmungsgehalt „schmalzig" ist. Vielleicht auch Beziehung zum vorerwähnten Bettelmönch. *(WBÖ III, 1148, Aman 124, Jakob 161, Jontes 154, UK 546)*

Schmalzbüchse *f.* Spöttisch-scherzhafte Bez. für dicke Frau; siehe auch Büchse. *(WBÖ III, 1281)*

Schmalzbuttenschmecker *m.* *(V)* Bez. und Schpfw. für Schnüffler. *(Jutz II, 977)*

Schmalzel *m. (W, „Schmäuzli") Bez.* für Liebling, auch Schmeichler, Protektionskind. *(Jakob 161)*

Schmalzgeselle *m. (W, „-gsöll")* Schpfw. für arbeitsscheues Subjekt, aber auch sentimentalen Menschen. *(Teuschl 206)*

Schmalzhäfen *m. (W)* Scherzhaft-spöttisch für schmalzigen Sänger kitschiger Lieder und Schlager. *(Teuschl 206)*

Schmalzheiliger *m. (T)* Synonym für Scheinheiliger, abstruser Charakter. *(Schatz II, 538)*

Schmalzundbrötler *m. (V)* Bez. und Rügewort für Speichellecker, unterwürfigen Menschen. *(Jutz II, 979)*

Schmalzzauberin *f. (St)* Älteres Schpfw. für Hexe, da solchen besonders auch die Verzauberung des Rindviehs, der Milch und anderer Produkte nachgesagt wurde, unter denen das Butterschmalz besonders begehrt war. Gerichtsprot. Deutschlandsberg, 1625: „Er hab sy ain Schmalzzauberin gescholten." *(UK 546, Jontes 154)*

Schmanderling *m. (St)* Bez. und Rügewort für nachlässig gekleidete, unordentliche und unsaubere Frauensperson; ma. Schmant „Schmutz, Kot" (neben Milchrahm, Obers). *(Grimm XV, 935, UK 547, Jontes 154)*

Schmanke *f. (St)* Bez. und Schpfw. für böses Weib; vielleicht zum Vorigen. *(UK 547, Jontes 154)*

Schmankerl *n.* Halb scheltendes, halb kosendes Wort für Kinder, die etwas angestellt haben. Vielleicht Nebenform zu Schlankel (s. d.); ursprünglich die Kruste, die „vom Brei oder Mus am Geschirr anbrät", dann auch allgemein als Leckerbissen. *(Schmeller II, 552, UK 547, Jontes 154)*

Schmarokes *m. (W)* Umbildung von Schmarotzer (s. d.). *(Jakob 161)*

Schmarotzer *m.* Bez. und Schpfw. für Parasiten, jemanden, der auf Kosten anderer lebt; Herkunft dunkel, frühnhd. schmorotzen „schmarotzen"; siehe auch Sozialschmarotzer. *(Grimm XV, 939, Kluge 662, Pfeiffer 374, Kapeller 148, Jutz II, 980)*

Schmauswaberl *f. (W)* Scherzhaft für biedere, aber leichtgläubige ältere Frau; ursprünglich Besitzerin eines Wiener Speiselokals, die das Privileg hatte, die nicht verzehrten Reste der kaiserlichen Hoftafel weiterverkaufen zu dürfen. *(Teuschl 206)*

Schmatzer *m. (T)* Bez. und Rügewort für unbeholfenen Menschen, auch Spottname für die Tuxer („Tuxer Schmatzer"). *(Schatz II, 538)*

Schmetterant *m. (St)* Wie das Folgende, mit pseudolat. Endsilbe, nach dem Muster von Federant als Mischbildung.

Schmetterer *m. (St)* Bez. für leichtfertigen Lügner, jemanden, der in seinen Schilderungen und Erzählungen mit der Wahrheit nicht sehr genau umgeht, der dick aufträgt, aufschneidet. Etwa wie Schmähtandler (s. d.); mhd. smetern „plappern, schwatzend verleumden". *(Grimm XV, 1050, Jontes 154)*

Schmeichelkatze *f.* Bez. für sich einschmeichelnden Menschen, besonders für Kinder. *(Grimm XV, 979, Pfeiffer 374, Aman 124, Jutz II, 982)*

Schmeißer *m. (W)* Bez. für jemanden, der einen „Umschmiss" macht, durchfeiert, „draht"; „Umschmiss" aus der Fuhrmannssprache für „einen Wagen umwerfen". *(Jakob 161)*

Schmecksbeutel *m. (St)* Bez. und Rügewort für neugierigen Menschen, der in alles seine Nase steckt; ma. schmecken „riechen, auf etwas draufkommen" (vgl. Redensart „Schmeck's, Kropfeter"); Beutel (s. d.) als allg. verächtliches Schpfw. *(WBÖ II, 719, UK 547, Jontes 154f.)*

Schmelchenbieger *m. (K)* Bez. und Rügewort für einen schlechten Mäher, einen, der das Gras nicht sauber schneidet, sondern nur niederbiegt; ma. Schmelche *f.* „eine Grasart, Schmiele". *(Grimm XV, 1009, 1075ff., WBÖ III, 148)*

Schmelgenschmecker *m. (V)* Bez. und Spottwort für Mädchennarr; ma. Schmelge „Mädchen", dunkler Herkunft. *(Jutz II, 983)*

Schmerak *m.* Älteres Schpfw. (Abraham a Santa Clara) für Spitzbube, Zigeuner; Schmer, Schmiere + slaw. Suffix -ak für Herkunftsbezeichnungen. Auch Nähe zu Schwerak (s. d.) zu beachten. *(WBÖ I, 119)*

Schmerbauch *m.* Bez. und Schpfw. für Dickwanst, Schlemmer. *(Grimm XV, 1032f., Pfeiffer 374, Jutz II, 985)*

Schmier *m.* Abfällige Bez. und Spottwort für Polizist; die Polizei insgesamt wird Schmier *f.* genannt; zu jidd. schemiro „Wächter" (vgl. Schmiere stehen) mit deutlicher Anlehnung an den Sinngehalt von dt. Schmiere, schmierig. Siehe auch Geschmierter. *(Grimm XV, 1080, Küpper 199, Wehle 59, Teuschl 207, Puchner 269, Jontes 155)*

Schmierampel *m., n.* -**amper** *m.*, -**amperl** *n.* I Scherzhaft-abfällige Bez. für verliebt tuenden, schmeichelnden Menschen, Schmuser; zu ma. schmieren „zärtlich tun, schmeicheln", von der schmeichelnden, streichelnden Handbewegung wie beim Einschmieren (vgl. „Süßes um den Mund schmieren"); Ampel dissimiliert aus Amper „Eimer", also Wortspiel mit dem Behälter für Wagenschmiere. *(WBÖ I, 182f., Jakob 162, UK 547, Jontes 155)*

Schmierampel *m.*, **-amper** *m.*, **-amperl** *n.* II Bez. und Schpfw. für schmierigen, unsauberen, ungepflegten Menschen, Schmutzfink, auch unreinliches Kind; eig. der Eimer für die Wagenschmiere. Auch Schmierkübel (s. d.). *(WBÖ I, 182, Grimm XV, 1080 „Schmiereimer", Jakob 162, Jungmair 250)*

Schmieranski *m. (W)* Spöttisch für Journalisten, Reporter; pseudoslawische Namensbildung zu ma. schmieren „übles Zeug schreiben". *(Teuschl 207)*

Schmierbartel *m.* Bez. für Schmutzfink; vgl. Bartel, Saubartel (s. d.). *(WBÖ II, 372)*

Schmiertegel *m.* Bez. für Schmierfink, unsauberen Menschen; schmieren im Sinne von sich mit Schmutz beschmieren; Tegel als Gefäßname auch in Granttegel (s. d.). *(Jakob 162, UK 547, Jontes 155)*

Schmierer *m.* I Bez. für Schmeichler, Schöntuer; dazu auch noch als Rügewort für unordentlichen Schreiber, der das Papier mit Tinte beschmiert. Siehe auch Zeitungsschmierer. *(Grimm XV, 1086f., Küpper 199, Pfeiffer 375, Jakob 162, Jontes 155, Jutz II, 987.)*

Schmierer *m.* II *(W)* Bez. für Schürzenjäger, auch Wüstling; schmieren „schmusen". *(Jakob 162)*

Schmierfadel *n. (W)* Schpfw. für schmutzigen Menschen, Schmutzfink; vgl. Fadel (s. d.). *(Teuschl 207)*

Schmierfink *m.* Bez. und Rügewort für schmutzigen Menschen oder solchen, der mit Schmutz und Schmutzigem unbekümmert umgeht, auch übertragen auf Charakterschwächen, dazu vor allem im Schulbereich für beim Schreiben schlampigen Schüler, der mit der Tinte patzt und diese verschmiert. In letzter Zeit auch immer häufiger zur Geißelung politischer Gegner im Sinne von Wahrheitsverfälscher und Verleumder, auch für Journalisten verwendet. *(Grimm XV, 1087, Pfeiffer 375, Aman 124f., Jakob 162, Jontes 155, Jutz II, 988)*

Schmierjakel *m. (St)* Bez. für unsauberen Menschen wie zuvor; Jakel als Kurzform von Jakob. *(UK 547, Jontes 155)*

Schmierkatze *f. (St)* Bez. für zärtlich und verliebt tuenden, schmeichelnden, auch liebes- und zärtlichkeitsbedürftigen Menschen; Vergleich mit der sich anschmiegenden Schmeichelkatze (s. d.). *(UK 547, Jontes 155, WStWB 170)*

Schmierkübel *m.* Wie Schmierampel (s. d.). *(WBÖ I, 182)*

Schmotzer *m. (K)* Bez. und Schpfw. für zudringlichen Menschen, Schmarotzer; ma. schmotzen „schmarotzen", zu Schmutz? *(Lexer, KWB 222)*

Schmudel *f.*, **Schmuderl** *n.* Bez. für unreinliche, unflätige Personen, besonders Frauen oder Kinder; ma. Schmudel „Schmutz, Unreinheit", und schmudeln „beschmutzen, abschmieren". *(Grimm XV, 1129, Aman 125, Wintersberger 75, Schuster 139, Jakob 166, UK 548, Jontes 155)*

Schmuderling *m. (St)* Wie zuvor. *(WStWB 166)*

Schmucker *m. (V)* Spottname für die Tiroler, weil angeblich ein solcher sich in einer Felskluft versteckte, als ihm der Teufel begegnete; ma. schmucken „sich anschmiegen". *(Jutz II, 989)*

Schmuser *m.* Bez. für Schmeichler; eig. jemand, der gerne kost und küsst; jidd. schmusen „reden, Worte machen" aus hebr. semouth „Erzählungen". Siehe auch Couleurschmuser. *(Grimm XV, 1135, Kluge 667, Küpper 200, Pfeiffer 376, Aman 125, Schatz II, 541)*

Schmuserant *m. (W)* Wie zuvor. *(Teuschl 207)*

Schmutzbeutel *m. (K)* Bez. für Geizhals, wie Schmutzian (s. d.). *(WBÖ II, 719)*

Schmutzfink *m.* Wie Dreckfink (s. d.). *(Pfeiffer 376)*

Schmutzian *m.* Bez. und Schpfw. für einen geizigen oder auch allgemein schlechten Menschen. Gebildet nach dem Muster von Heiligennamen wie Cyprian, Kassian usw. *(Pfeiffer 376, Jakob 162, Teuschl 207, UK 548, Jontes 155, Schatz II, 541)*

Schmutzling *m. (V)* Wie zuvor, auch ein eigennütziger, gewinnsüchtiger Mensch; wie Schmutzian, jedoch mit dt. Endsilbe. *(Jutz II, 992)*

Schnappe *f. („Schnappen")* Bez. für jemanden, der frech, vorlaut, „geschnappig" ist. *(Grimm XV, 1169, Aman 125)*

Schnabel *m.* Bez. und Rügewort für freches, vorlautes, schnippisches, geschwätziges widersprechendes Kind, ein Mensch, dem „der Schnabel geht". *(Grimm XV, 1143, Pfeiffer 376, Aman 125, Jakob 162, Jungmair 251, Schatz II, 541, Jutz II, 992f.)*

Schnabelachter *m. (O)* Bez. und Rügewort für vorlautes Kind; zu ma. afterschnabeln „frech antworten, nachreden", Bildung wie Patschachter (s. d.)? *(WBÖ I, 59)*

Schnapper *m. (W)* Bez. für Modegeck, Mann, der hinter Mädchen her ist, Schürzenjäger; ma. schnappen „fangen, sich etwas greifen". *(Grimm XV, 1173, Jakob 163)*

Schnappler *m. (V)* Bez. für einen sich im Reden überstürzenden Schwätzer, einer, der beim Reden kaum zum Luftschnappen kommt. *(Jutz II, 999)*

Schnappsack *m. (W)* Bez. für kleinen Dieb, Schnipfer (s. d.); eig. Brot-, Beutesack. *(Grimm XV, 1176, Jakob 163)*

Schnapsbruder *m.* Schpfw. für Branntweintrinker, auch allgemein für Alkoholiker; Bruder im älteren Sinne als Angehöriger einer Gemeinschaft, Bruderschaft. *(Grimm XV, 1176, WBÖ III, 1148, Pfeiffer 377, Jontes 156, WStWB 166, Jutz II, 1000)*

Schnapsdrossel *f.* Scherzhaft-abfällige Bez. für Frau, die dem Alkohol, besonders dem Schnaps, ergeben ist; Drossel allg. als ein frecher Vogel betrachtet. *(Pfeiffer 377, Jontes 156, Kapeller 148)*

Schnapsleiche *f.* Wie Alkoholleiche, Bierleiche (s. d.) Bez. für besinnungslos Betrunkenen. *(Pfeiffer 377)*

Schnapsler *m.* (mit hellem a!) Wie Schnapsbruder (s. d.); vom Schnapsel *n.* als ein Quantum Schnaps. *(Pfeiffer 377, UK 549, Jontes 156, Jutz II, 1000)*

Schnapslump *m. (V)* Bez. und Schpfw. für Schnapssäufer. Schnaps als das jüngste der alkoholischen Getränke galt als das vulgärste, weil es wegen seiner minderen Qualität hauptsächlich von den Unterschichten genossen wurde. *(Jutz II, 1000)*

Schnapsmichel *m. (St)* Wie zuvor. *(UK 549, Jontes 156)*

Schnapsnase *f.* Als Kennzeichen des Alkoholikers wird die rote Nase auch für die ganze Person verwendet (wie Bierbauch, s. d.). *(Küpper 201, Jutz II, 1000)*

Schnatter *m. („Schnattern", „Schnadern")* Bez. und Rügewort für schwatzhafte Person, Klatschmaul; siehe Schnatterbüchse. *(Grimm XV, 1194, Pfeiffer 377, Aman 125, Jakob 163, Teuschl 208, Jungmair 251, Schatz II, 541, 543)*

Schnätterbase *f. (V)* Analog hochsprachl. Klatschbase für Schwätzerin. *(Jutz II, 1001)*

Schnatterbüchse *f.*, **Schnader-** *f.* *(„-bixen")* Bez. und Rügewort für jemanden, der unentwegt redet, schnattert (mhd. snateren „schwätzen, schnattern"). *(Grimm XV, 1195, WBÖ III, 1281, Pfeiffer 377, Jakob 162, UK 549, Jontes 156, WStWB 166, Lexer, KWB 223, Pohl 132)*

Schnatterente *f.* *(N, St, „-anten")* Wie oben, wie Schnattergans (s. d.). Vergleich mit dem Wasservogel. Häufig für Frauen verwendet. *(Grimm XV, 1195, WBÖ I, 255, Pfeiffer 377, Jontes 156)*

Schnatterer *m.* Wie zuvor; vor allem für geschwätzige, redelustige Kinder, Schüler, gebraucht. *(Grimm XV, 1195, Pfeiffer 377, Jakob 162, Jontes 156)*

Schnattergans *f.* Wie Schnatterente (s. d.) *(Pfeiffer 377, Jakob 162, Jontes 156)*

Schnattergosche *f.* *(W, „-goschen")* Bez. und Schpfw. für Plappermaul, Schwätzer; siehe Gosche. *(Jakob 163)*

Schnätterkatharina *f.* *(V)* Wie zuvor, meist für weibl. Personen verwendet; gleich wie Tratschkathel (s. d.) gebildet. *(Jutz II, 1002)*

Schnatterling *m.* *(St)* Jemand, der schnell und undeutlich spricht. *(WStWB 166)*

Schnagge *m.* *(T)* Bez. und Rügewort für geschwätzigen Menschen; ma. schnaggen „mit dem Schnabel hacken". *(Schatz II, 542)*

Schnagel *m.*, **Schnackel** *m.* *(St)* Bez. für Geck, auch für faden, langweiligen Menschen; wohl zu oberdt. schnegel „Schnecke" (mhd. snegel, engl. snail), auch schnackeln „mit den Fingern schnalzen, Schluckauf haben" liegt nahe. *(Wintersberger 76, UK 549, Jontes 156)*

Schnagerlmadám *f.* *(W)* Bez. und Schpfw. für vornehm tuende, angeberische, in Wirklichkeit jedoch ärmliche Frau; Herkunft wie zuvor. Anrede frz. Madame spöttisch. Vgl. auch Schneckerlmadám (s. d.). *(Jakob 163, Schuster 139)*

Schnackenreißer *m.* *(T)* Bez. und Rügewort für Possenreißer, Kasperl; ma. Schnacks *m.* „Scherz, Posse", mhd. snacke. *(Grimm XV, 1158, Schatz II, 542)*

Schnackitzer *m.* *(S)* Altes Schpfw. für Schwätzer, Prahler; wie zuvor. *(Ziller, Schelmen 379)*

Schnalle *f.* *(„Schnallen")* Abfällige Bez. und Schpfw. für Dirne, liederliches Frauenzimmer; aus dem jägersprachlichen Schnalle *f.* „Geschlechtsteil der Wölfin oder Füchsin" in die Gaunersprache. *(Grimm XV, 1163, Küpper 200, Pfeiffer 376, Aman 125, Jakob 163, Teuschl 208, Puchner 269, UK 549, Jontes 156, Schatz II, 543, Jutz II, 996)*

Schnallenputzer *m.* Synonym für Bettler, wie Schnallendrücker (s. d.). *(Grimm XV, 1165, WBÖ I, 340, Teuschl 208)*

Schnallendrücker *m.* *(„-drucker")* Bez. und Schpfw. für Bettler, der von Tür zu Tür geht und dabei Schnalle um Schnalle drückt. *(Grimm XV, 1164, Jakob 163, Jungmair 251, UK 549, Jontes 156, Lexer, KWB 222, Schatz II, 543, Jutz II, 997)*

Schnarchpeter *m. (K)* Spöttische Bez. für Schnarcher. *(WBÖ II, 1143)*

Schnarcher *m. (St)* Neben der allg. Bez. des im Schlafe schnarchenden Menschen damit in der älteren Sprache auch ein Prahlhans oder Gewalttäter bezeichnet. *(Grimm XV, 1183, UK 549f., Jontes 156)*

Schnareler *m. (T)* Bez. für Schwätzer; ma. schnaren „schwatzen, auch annagen". *(Grimm XV, 1188, Schatz II, 545)*

Schnauer *m. (St)* Bez. für einen heftigen Schnarcher oder heftig atmenden Menschen; ma. schnauen, schnauern „schnaufen, schnarchen" (mhd. snâwen „ds."). *(Grimm XV, 1205, UK 550, Jontes 156)*

Schnauk *m. (V)* Bez. und Schpfw. für diebischen Menschen; ma. schnäuggen „schnüffeln". *(Grimm XV, 1208, Jutz II, 1003)*

Schnäuker *m. (V)* Bez. und Rügewort für Schnüffler, auch heiklen, kaprizierten Esser; wie zuvor. *(Grimm XV, 1208, Jutz II, 1003)*

Schnauzle *m. (V)* Scherzhafte Bez. für Mann, der einen großen Schnurrbart, Schnauzbart hat. *(Jutz II, 1004)*

Schnepper *f. (St)* Bez. für geschwätziges, zungenflinkes Frauenzimmer, zu schnappen in der Bed. von Luft schnappen oder Vergleich mit einem schnappende Geräusche erzeugenden Gerät, wie der etwa ebenfalls Schnepper genannten leichten Armbrust für die Vogeljagd. *(Grimm XV, 1318, UK 550, Jontes 156f.)*

Schnepfe *f. („Schnepfen")* Abfällige Bez. und Schpfw. für leichtes Mädchen, Dirne; nach dem Vogel, der geschäftig hin und her rennt (ahd. snepfa, nach dem langen Schnabel); erweitert auch als Waldschnepfe schimpfwörtlich gebraucht; Schnepfenstrich jägersprachl. für das Einfallen der Schnepfen im Frühling bringt mit Strich „Revier der Prostituierten" in Verbindung; auch Zusammenhang mit ma. schnepfen „mit dem Finger wegschnellen" könnte bestehen, das Verächtlichkeit ausdrücken kann, ebenso umgangsspr. schnepfen „coitieren". *(Grimm XV, 1314, Küpper 201, Pfeiffer 378, Aman 126, Kapeller 148, Jontes 157)*

Schneebrunzer *m.* Abfällige Bez. und Rügewort für jemanden, der nichts Rechtes zusammenbringt; häufig in direkter Rede gebraucht. Vielleicht Hinweis auf einen geistig minderbemittelten Mann, der seine Freude daran findet, beim Urinieren in den Schnee allerlei Gestalten oder Schriftzüge zu erzeugen. Die Form „alter Schneebrunzer" weist auch auf den scherzhaften Spottnamen für einen alten, gebrechlichen, von häufigem Harndrang geplagten Mann hin, der immer gleich vor die Haustüre ging, um sein Geschäft zu verrichten; es findet sich auch die Bed. Dreikäsehoch, Mensch ohne Tatendrang, Stubenhocker. *(WBÖ III, 1192f., Pfeiffer 378, Aman 126, Wintersberger 76, Jakob 164, Teuschl 208, UK 551, Jontes 157, WStWB 166, Lexer, KWB 44)*

Schnedrelle *f. (T)* Bez. und Schpfw. für Schwätzerin; lautmalend? *(Schatz II, 545)*

Schneegans *f. (St)* Abfällige Bez. für dummes Frauenzimmer; Erweiterung von Gans (s. d.). *(Pfeiffer 378, Jontes 157)*

Schneegewähde *f. (St, „-gwahn")* Bez. für dummen Menschen; eigentlich durch Sturm zusammengewehte Schneemasse, Wechte, mit deren Plumpheit und Zufälligkeit anscheinend verglichen wird. *(UK 551, Jontes 157)*

Schneeheiliger *m. (T)* Bez. für scheinheiligen Menschen, dessen Frömmigkeit wie der Schnee nicht lange anhält. *(Schatz II, 544)*

Schneider *m.* Bez. und Spottwort für mageren, schwächlichen, auch mutlosen Menschen, Pfuscher, jemanden, der ohne Beute von der Jagd heimkehrt, beim Spiel kein Glück hat. Da das Schneiderhandwerk am wenigsten Kraftaufwand erforderte, stand es auch schwächlichen Personen offen. Dies trug zum Entstehen eines spezifischen Schneiderspotts bei. *(Pfeiffer 378, Jakob 164, Schatz II, 545, Jutz II, 1009f.)*

Schneidergeiß *f. (W, „-gaß")* Spottname für Schneider, der oft mit Geiß und Ziegenbock in Verbindung gebracht wird. *(Grimm XV, 1272, Schuster 139)*

Schneidergeselle *m. (St)* In der Verbindung „windischer Schneidergeselle" verächtliche ältere Bez. für aus der slowenischen Unterstmk. in das Oberland kommende Handwerksburschen oder Kleinhandwerker; nationale Gegensätze zwischen deutsch und slawisch treffen hier mit dem einst weit verbreiteten Schneiderspott zusammen. *(Jontes 157)*

Schneiser *m. (T, „Schnoaser")* Bez. und Schpfw. für Schmarotzer (s. d.); ma. schnoasen „sich auf Kosten anderer gütlich tun". *(Schatz II, 542)*

Schnecke *f. (W, „Schneck" m.!)* Kosewort, manchmal auch spöttisch für hübsches, adrettes, liebes Mädchen. *(Pfeiffer 378, Jakob 163f., Teuschl 208)*

Schnecken *pl. (V)* Spottname für die Bewohner von Frastanz. *(Jutz II, 1004)*

Schneckensucher *m. (T)* Bez. für langsamen Arbeiter, Vergleich mit dem Schneckensammler, dem seine Beute auch nicht davonläuft. *(Grimm XV, 1221, Schatz II, 545)*

Schneckerljude *m. (St, „-jud")* Scherzhafte Bez. für jemanden, der stark gekraustes Haar hat; nach den schneckenartig eingedrehten Schläfenlocken (jidd. Pejess, Pejkeles) der orthodoxen Ostjuden. *(Jontes 157)*

Schneckerlmadám *f. (St)* Scherzhaft für Mädchen mit für einen festlichen Anlass zu Locken („Schneckerln") gedrehtem Haar. Vgl. auch Schnagerlmadám (s. d.). *(WStWB 171)*

Schnellsieder *m.* Bez. für jähzornigen, schnell aufbrausenden Menschen; nach dem Kochgeschirr aus der Zeit vor der Erfindung des E-Herdes, das nicht auf die Platte des Heizherdes gestellt, sondern in das Ofenloch desselben gehängt wurde, wodurch der Inhalt schneller als auf dem üblichen Wege erhitzt wurde, zum Sieden kam.

Übereilte Ausbildung wird scherzhaft-abfällig als Schnellsiederkurs bezeichnet. *(Jakob 164, UK 552, Jontes 157f.)*

Schnipfer *m. (W)* Bez. und Schpfw. für Dieb, Schelm; ma. schnipfen „stehlen, listig wegschnappen". *(Grimm XV, 1333, Küpper 201, Pfeiffer 379, Jakob 164)*

Schnittlauchgagg *m. (T, „Schnittla-")* Schpfw. für Dummkopf (vgl. „Schnittlauch auf allen Suppen" für jemanden, der überall dabei sein muss); siehe auch Gack. *(Schatz II, 546)*

Schnitz *pl. (V)* Spottname für die Bewohner von Göfis, auch von Sulz; eig. Abschnitzel von Holz, Obst und dgl. *(Jutz II, 1018)*

Schnitzbase *f. (V)* Scherzh. Bez. für Erbtante. Herkunft unklar. *(Jutz II, 1018)*

Schnitzmacher *m. (W)* Bez. und Schpfw. für Aufschneider, jemand, der Unfug, „Schnacksen", „Schnicksen" macht. *(Grimm XV, 1368, Jakob 164)*

Schnödel *n. (K, „Schneadele")* Scherzhaft-abfällige Bez. für das letzte Kind einer Ehe, Nachzügler; ma. schnöd „unansehnlich, ärmlich". *(Lexer, KWB 224)*

Schnoferlritter *m. (W)* Bez. und Rügewort für mürrischen, verdrossenen Menschen; Herkunft wie bei Schnofler (s. d.). *(Jakob 165)*

Schnofler *m.* Bez. für unangenehmen Schnüffler, Spion; ma. schnofeln „durch die Nase atmen, schnüffeln" (vgl. auch ein Schnoferl ziehen „die Nase rümpfen"). *(Grimm XV, 1377, UK 553, Jakob 165, Jontes 158)*

Schnolp *m. (T)* Bez. und Rügewort für groben Menschen; Herkunft unklar. *(Schatz II, 547)*

Schnorrenputzer *m. (V)* Grobes Spottwort für Barbier; ma. Schnorre *f.* „Schnauze, Maul", wie Rüsselputzer (s. d.). *(Jutz II, 650, 1021)*

Schnorrer *m.* Abfällige Bez. für Geizhals, aber auch um kleine Dinge bittenden bzw. bettelnden Menschen, einen, der sich dieses Betteln als ständige Gewohnheit zu eigen gemacht hat („Zigarettenschnorrer", in Anlehnung daran auch erbettelte Zigaretten als Schnorrillos bezeichnet); ursprünglich damit der Betteljude gemeint, der in der alten jüdischen Gesellschaft seinen festen Platz hatte und in einem bestimmten Revier die jüdischen Familien aufsuchte, die bei ihm ihre Pflicht zur Wohltätigkeit erfüllen konnten; der Begriff kommt wahrscheinlich vom wandernden Bettelmusikanten, der mit einer Schnurrpfeife herumzog. *(Grimm XV, 1421, Kluge 672, Küpper 201, Pfeiffer 379, Aman 126, Jakob 165, Jontes 158, Kapeller 149)*

Schnorfler *m. (T)* Abfällige Bez. für schwächlichen, eingeschrumpften Mann; ma. Schnorfe *f.* „Seilschlinge". *(Schatz II, 547)*

Schnorrle *m. (V)* Bez. und Rügewort für jemanden, der ständig schimpft und keift; zu schnurre*n*. *(Jutz II, 1021)*

Schnösel *m.* Bez. und Schpfw. für geckenhaften, arroganten, eingebildeten Menschen, aus Norddeutschland zugewandert. *(Grimm XV, 1380, Pfeiffer 379, Aman 126)*

Schnuderbalg *m. (V)* Schpfw. für rotziges, auch freches und vorlautes Kind, wie Rotzbube (s. d.); ma. Schnuder *m.* „Nasenschleim, Rotz". *(Jutz II, 1022)*

Schnuderer *m. (T)* Bez. und Rügewort für jemanden, der seinen Rotz durch die Nase aufzieht; Herkunft wie zuvor. *(Schatz II, 547)*

Schnudergof *m. (V)* Schpfw. wie Schnuderbalg (s. d.); ma. Gof, Goff *m.* „Narr, Balg" (s. d.). *(Jutz II, 1023)*

Schnuderl *m. (St)* Kosewort, aber auch geringschätzige Bez. für kleines Kind; zu ma. schnudeln, abschnudeln „abschlecken, abschmieren, schmusen". *(UK 533, Jontes 158)*

Schnudi, Prinz *m.* siehe Prinz Schnudi.

Schnurchel *f. (T)* Verächtliche Bez. für alte, kränkelnde Frau; ma. schnurcheln „schnarchen, röcheln". *(Schatz II, 548)*

Schnurre *m. (V)* Bez. und Schpfw. für grob und drohend sprechenden Mann, auch freches Weibsbild; mhd. snurre „ds.". *(Grimm XV, 1417, Jutz II, 1026)*

Schnurer *m. (S)* Altes Schpfw. für Bettler, Strolch, Schnorrer (s. d.); mhd. snurraere „Possenreißer, Vagabund". *(Grimm XV, 1421, Ziller, Schelmen 378)*

Schnürschuh, Kamerad *m.* Scherzhaft-spöttische Bez. der Soldaten des Österreichischen Bundesheeres durch die Angehörigen der Deutschen Wehrmacht bei und nach dem Anschluss 1938, da die Österreicher im Gegensatz zur Wehrmacht geschnürte Kommissschuhe trugen, während diese mit Stiefeln ausgerüstet war.

Schopper *m. (St)* Älterer Spottname für Sattler; siehe Hundschopper (s. d.). *(Grimm XV, 1568, UK 553, Jontes 158)*

Schöps *m.* Bez. und Schpfw. für Dummkopf, Blödian, wie Hammel (s. d.); Schöps *m.* „Hammel" zu altslaw. skopiti „verschneiden", tschech. skopec „Hammel". *(Grimm XV, 1570, Kluge 676, Pfeiffer 381, Aman 120, Teuschl 210, Pohl 128)*

Schotte *m.* Bez. und Rügewort für Geizhals, Knicker, sparsamen Menschen; nach dem angeblichen Hauptmerkmal des schottischen Nationalcharakters. Der österr. Finanzminister Salcher wurde in der Presse zuweilen scherzhaft als der Schotte aus Tirol bezeichnet. *(Pfeiffer 381)*

Schottenauerin *f.* Älteres Synonym für Hure (Ratsprot. Neumarkt, 1592); zu Schotte „Landfahrer, Hausierer", aus rotwelsch/jidd. Schote „Narr", rotwelsch auch Schottenzinker „Ladendieb". *(Grimm XV, 1610, UK 554, Puchner 266, Jontes 158)*

Schottenbauch *m. (V)* Spottname für die Bewohner von St. Anton im Montafon; ma. Schotten *m.* „Topfen" aus lat. excocta (materia) „durch Kochen gewonnene Masse". *(Jutz II, 1041)*

Schoderhenne *f. (W, „-henn")* Zänkische Frau. *(Teuschl 210)*

Schoderhexe *f. (St)* Bez. für eine ungepflegte Frauensperson, die vor allem durch wirres, ungepflegtes Haar auffällt, die „geschoderte" Haare hat.

Hexe als verächtliches Wort für Frau; zum Kennzeichen der Hexe gehörte auch das wirre Haar; vgl. auch Zoderwascherl (s. d.). *(Grimm XV, 1438, Jontes 158)*

Schottler *pl. (V)* Spottname für die Bewohner von Haselstauden; zu Schotten „Topfen", siehe Schottenbauch. *(Jutz II, 1042)*

Schoitl *m. (W)* Dummkopf, Schwachkopf. Herkunft dunkel. *(Teuschl 210)*

Schöckleverl *n. (St)* Scherzhafte Bez. für skurriles Weiblein mit wirren Haaren und zerlumptem Gewand; nach einem stadtbekannten Grazer Original der Jahrhundertwende. Die Verbindung zum Schöckl, dem Grazer Hausberg nördlich der Stadt, der als steirischer Blocksberg und Ort nächtlicher Hexentreffen und Stätte des Wetterzaubers galt, verweist auf die Qualifizierung von Personen solchen Aussehens als Hexen. *(Jontes 158)*

Schöcklflieger *m. (St)* Ältere Bez. für Zauberer, Hexenmeister, Wettermacher, Teufelsbünder, denen nachgesagt wurde, dass sie gemeinsam mit den Hexen nächtlicherweile auf den Schöckel flogen, um dort zu zaubern. Solche Beschuldigungen wurden in zahlreichen Hexenprozessen erhoben. *(UK 554, Jontes 159)*

Schöcklhexe *f. (St, „-hex")* Wie zuvor; weibliches Gegenstück im Volksaberglauben, dazu auch noch gegenwärtiges, lokalgebundenes Schpfw. für ungepflegtes, ungekämmtes, wie eine Hexe aussehendes Frauenzimmer. *(UK 554, Jontes 159)*

Scholder *f. (T)* Abfällige Bez. für Frau, die sich gerne herumtreibt; ma. scholdern „hinbringen, zutragen, herumtreiben, Würfel spielen". *(Grimm XV, 1451, Schatz II, 549)*

Schollenfresser pl. *(V)* Spottname für die Einwohner von Koblach, wo einst viel Torf gestochen wurde. *(Jutz II, 1030)*

Schollenstecher *pl. (V)* Wie zuvor; vom Torfstechen als Gewinnungsart. *(Jutz II, 1030)*

Schöntuer *m.* Spöttisch für eine Person, die sich bei jemandem einschmeicheln will, sich heuchlerisch freundlich gibt. *(Pfeiffer 380)*

Schönfärber *m.* Bez. und Rügewort für Beschöniger, jemanden, der etwas hochlobt; ursprünglich Bez. für den Buntfärber im Gegensatz zum Schwarzfärber. *(Grimm XV, 1507, Pfeiffer 380)*

Schörg-, siehe auch Scherg-, Schirg-.

Schörger *m. (K)* Bez. und Schpfw. für Angeber, Denunziant; ma. schörgen „verraten". *(Lexer, KWB 216)*

Schörghansel *m. (K)* Wie zuvor. *(Lexer, KWB 216)*

Schörghaxe *f. (O, „Schörihaxen", „Schörign-")* Bez. und Schpfw. für Lügner, unaufrichtigen Charakter, Denunzianten, auch Kind, das andere verklagt, wie Schirgengankerl (s. d.). *(Jungmair 255)*

(Ge)Schrapp *m.* Abfällige Bez. für Kind, Schüler, Halbwüchsigen; ursprünglich Kollektivbildung in der Bed. „Zusammengekratztes, Zusammengescharrtes", etwa im Backtrog, Kochtopf; zu oberdt. schrappen „kratzen, schaben“, aus nd. schrapen „ds“. Siehe auch Multerschorre. *(Grimm XV, 1648, Jakob 165, Teuschl 210, Jontes 159, Schatz II, 552)*

Schrattel *m.*, **Schrat** *m.* Bez. für schmächtigen, skurrilen Menschen etwas unheimlichen Aussehens, auch für lebhaftes, schlimmes Kind; im Volksglauben eine Unfug treibende, neckende Geistergestalt in Form eines Männchens im grünen Rocke mit federgeschmücktem Hut; ahd. scrato, mhd. schrat mit anord. skratti „Zauberer, Kobold“ zu vergleichen (dazu nd. schrade „dürr, mager“), auch Waldschrattel. *(Grimm XV, 1649, Kluge 678, Pfeiffer 381, UK 555, Jontes 159, WStWB 171, Lexer, KWB 226, Jungmair 256, Schatz II, 552)*

Schrattelbauer *m. (St)* Älteres Schpfw. unbest. Bed., das wahrscheinlich Aussehen oder Auftreten eines Schrattels (s. d.) impliziert, so in den Schwanberger Pflegeraitungen 1678. *(UK 555, Jontes 159)*

Schrattelbruder *m. (St)* Wie zuvor. *(UK 555, Jontes 159)*

Schrättling *m. (V)* Bez. und Schpfw. für böses, altes Weib; wie zuvor nach dem Kobold. *(Jutz II, 1046)*

Schragen *m.* Abfällige Bez. für magere Menschen, besonders Frauen, mit langen Beinen wie ein Schragen, ein Gestell mit zwei schräggestellten Stützen. *(Grimm XV, 1620ff., Aman 127, Wintersberger 77, Jakob 165, Teuschl 210, Jontes 159, Pohl 132, Jungmair 256)*

Schrackel *m. (T)* Bez. und Rügewort für Geck, Gigerl (s. d.); zu Schreck? Vgl. auch Herrenschrackel (s. d.). Scherzhaft zuweilen auch palindromartig für „Leck Arsch“. *(Schatz II, 551)*

Schrankenpasser *m. (K)* Spottname für die Schrankenwärter der Eisenbahn; ma. passen „auf etwas warten“. *(WBÖ II, 435)*

Schraube *f. („Schrauben“, „Schraufen“)* Bez. für hässliches Mädchen oder Frauenzimmer („alte Schrauben“); hochsprachl. übernommen, da die ma. Form Schraufe *f.* lautet, die für Niederlage besonders in Mannschaftsballspielen wie Fußball gebraucht wird; verstärkt auch als Schreckschraube *f.*; Bezug auf die Handhabung im Sinne von „etwas Verdrehtes“ (vgl. auch eine Schraube locker haben für nicht ganz zurechnungsfähig sein.). *(Grimm XV, 1652, Pfeiffer 382, UK 555, Aman 127, Jakob 166, Jontes 159)*

Schraubendampfer *m.* Als alter oder abgetakelter Sch. spöttisch für alte Frau, auch dicke, überladen gekleidete oder geschmückte Person. *(Pfeiffer 382, Aman 127, Teuschl 210f.)*

Schratz *m.* Bez. für Kind (abfällig bis lieb), auch lediges, uneheliches Kind oder kleiner, nicht ernst genommener Mann (*pl.* Schratzen); zu Schrat (s. d.); Nebenform Schrutz. *(Pfeiffer 382, Teuschl 211, Jungmair 256)*

Schreppe *f. (St)* Bez. für geschwätzige, unentwegt redende Frau; eigentlich der Gerätename „Klapper“ (zu schrappen, schreppen, „kratzen, schaben“). *(Grimm XV, 1648f., 1735, UK 556, Jontes 159f.)*

Schrepler *m. (St)* Abfällige ältere Bez. für Bettler; eigentlich einer, der seine Nahrung zusammenkratzen (ma. schrappen, schreppen) muss; vgl. auch (Ge-)Schrapp (s. d.). *(Grimm XV, 1735, UK 556, Jontes 160)*

Schreipappe *f. (St, S, „-pappen")* Bez. und Rügewort für ständig weinendes, schreiendes Kind; ma. Pappe *f.* „Mund". Wie Schreihals (s. d.). *(WBÖ II, 285)*

Schreibalg *m.* Wie zuvor; siehe Balg. *(Grimm XV, 1687, WBÖ II, 123)*

Schreibtischtäter *m.* Jüngeres Schpfw., das den vom Schreibtisch aus agierenden Veranlasser eines Verbrechens inkriminiert. Dazu auch etwa Schreibtischattentäter, Schreibtischmörder, Schreibtischverbrecher. Ursprünglich auf Politiker und Beamte des Naziregimes angewendet, wird es heute auch auf hetzerisch agierende Publizisten angewendet. *(Küpper 203, Pfeiffer 383)*

Schreiberling *m.* Spöttisch für willfährigen, auch unfähigen Journalisten. *(Küpper 203, Pfeiffer 383)*

Schreibeutel *m. (K, S)* Wie zuvor. *(WBÖ II, 719)*

Schreibstubenhengst *m.* Militärisches Gegenstück zum Bürohengst (s. d.). *(Pfeiffer 383)*

Schreier *m. (V)* Neben der Bez. für jemanden, der schreit, laut redet, auch für Polterer, Aufwiegler. *(Grimm XV, 1722f., Pfeiffer 383, Jutz II, 1049)*

Schreifritz *m.* Wie das Folgende. *(Pfeiffer 383)*

Schreihals *m.* Bez. und Rügewort für jemanden, der laut schreit, auch Kind, das ständig weint und schreit. *(Grimm XV, 1724, Pfeiffer 383, Jutz II, 1049)*

Schreckschraube *f.*, siehe Schraube *f.* *(Pfeiffer 382, Jontes 160)*

Schrote *m. (T)* Bez. und Schpfw. für plumpen, ungefügen Menschen, unförmiges Tier; ma. Schrot *m.* „Fels, Felsengegend". *(Grimm XV, 1781, Schatz II, 554)*

Schroffentodel *m.*, **-trottel** *m. (St)* Scherzhaft-spöttische Bez. für Alpinist, Hochtourist, einer, der auf den Bergschroffen herumklettert und deshalb für einen Todel (s. d.) gehalten wird. *(UK 1738, Jontes 160)*

Schroll *m.* Bez. und Rügewort für groben, ungebildeten, flegelhaften Menschen; eigentlich Erdklumpen, Scholle (mhd. schrolle „ds."). Idiotikon Fohnsdorf, 1813: „Schroll: ein grober Mensch." *(Grimm XV, 1768, Jungmair 257, Jontes 160, Schatz II, 554)*

Schrumpfgermane *m.* Spöttische Bez. für kleingewachsenen Deutschen; auch Deutschtümler dieser Statur; der Witz folgert aus der Gleichsetzung von germanisch mit großgewachsen, blond, blauäugig. Ähnlich auch Beutegermane (s. d.) für Volksdeutsche, die „heim ins Reich" geholt wurden. *(Pfeiffer 384, Teuschl 211)*

Schrumpfgrieche *m. (W)* Wie zuvor unter ironischer Vergleichung einer klassischen, griechischen Idealskulptur eines Mannes. *(Teuschl 211)*

Schrumpfhellene *m. (W)* Wie zuvor. *(Teuschl 211)*

Schrutz *m. (W)* siehe Schratz. *(Teuschl 211)*

Schüppel *m.* Bez. und Schpfw. für Kerl, unangenehmen Burschen in allg. schlechter Bed.; auch lüsterner, alter Mann; übertragen von dem Haarschopf, verkleinert aus Schuppe; in verschiedenen Zusammensetzungen als Lügenschüppel, Grantschüppel, Grindschüppel, Zornschüppel (s. d.). *(Grimm XV, 2018, Pfeiffer 385, Jakob 167, UK 557, Jontes 160)*

Schúbiak *m.* Bez. für schlechten Kerl, verachtenswerte Person; dt.-slaw. Mischbildung, soviel wie einer, der „per Schub" befördert, abgeschoben, aus dem Lande gewiesen wird. *(Grimm XV, 1818, WBÖ I, 119, Pfeiffer 384, Kapeller 149, Jontes 160)*

Schübling *m. (T)* Bez. für jemanden, der vom Gericht abgeschoben, in eine andere Gerichtsbarkeit überstellt wurde. *(Grimm XV, 1821, Schatz II, 555)*

Schupo *m.* Noch einige Jahre nach dem Zweiten Weltkrieg auch in Österreich verwendete, eher abfällige Bez. für Polizisten; eig. Abkürzung für die Schutzpolizei des Deutschen Reiches.

Schuchtel *f. (T)* Bez. und Schpfw. für oberflächliches, nervöses, schlampiges Frauenzimmer; ma. schuchteln „überhastet handeln". *(Grimm XV, 1824, Schmeller II, 366, Schatz II, 555)*

Schuft *m.* Wie hochsprachl; nach dem Ruf des Uhus lautmalend im nd. schuf ut „schieb aus", auf lichtscheues Raubgesindel übertragen. *(Grimm XV, 1833f., Kluge 682, Aman 127f., Schatz II, 556, Jutz II, 1058)*

Schuftian *m. (W)* Wie zuvor; nach dem Muster von Heiligennamen wie Blödian (s. d.) gebildet. *(Jakob 167)*

Schuftwutzel *m. (St)* Bez. und Rügewort für geizigen Menschen; verstärktes Wutzel (s. d.). *(Jontes 160)*

Schuhfetzen *m.* Bez. für minderwertigen Menschen; eig. der Lappen zum Schuheputzen; vor allem in der Redensart „Ich bin ja nicht dein Sch." für „Ich lasse mir nicht alles gefallen, mich nicht zu allem gebrauchen". *(WStWB 166)*

Schülerpatzen *m. (O, N)* Spöttische Bez. für Schulkind einer unteren, meist der ersten Klasse; siehe auch Patzen. *(WBÖ II, 516)*

Schülerbub *m. („Schulerbua")* Abfällig bis spöttisch für Schüler; ältere Mundartform: auch in der Redensart „sich aufführen wie ein Schulerbub", wenn ein Erwachsener sich kindisch beträgt. *(Grimm XV, 1940, Teuschl 212)*

Schulmeister *m.* Ursprünglich wertfrei für Lehrer, dann abfällig für Besserwisser, jemand, der einen schulmeistert. *(Pfeiffer 384)*

Schulraup *m.* Wie Raup (s. d.). *(Schatz II, 475)*

Schulschwänzer *m. („-schwanzer")* Bez. und Rügewort für Schüler, der der Schule unerlaubterweise fernbleibt, auch für Herumtreiber. *(Grimm XV, 1969, Küpper 204, Pfeiffer 384, Aman 128)*

Schulstürzer *m.* Wie zuvor.

Schummler *m.* Bez. und Rügewort für Schwindler, besonders im Kartenspiel; auch für den Schüler, der sich bei Schularbeiten unerlaubter Hilfsmittel oder Kontakte zum Banknachbarn bedient. Ursprünglich damit Händler und Bewohner der drei jüdischen Hochburgen im Mittelalter, Speyer, Worms und Mainz, gemeint, deren Herkunftsstädte hebräisch mit den Buchstaben Schin, Waw und Mem gekürzt wurden, die man dann als Schum las. *(Grimm XV, 1997, 1999, Kluge 69, Pfeiffer 385, Aman 128, Kapeller 149, Wehle 36f., UK 559, Jontes 160)*

Schünder *m. (T, „Schinter")* Bez. und Schpfw. für Antreiber, Aufhetzer; ahd. scunten „aneifern". *(Grimm XV, 2002, Schatz II, 557)*

Schundian *m.* Bez. für Geizhals, einen, der seinen Mitmenschen das Geld „herausschindet" (schinden „die Haut abziehen", vgl. Schinder, s. d.). Gebildet nach dem Muster von Heiligennamen; zu oberdt. ma. schundig „geizig, verächtlich". *(Grimm XV, 2003, Jakob 167, UK 559, Jontes 160)*

Schundnigel, -nickel *m.* Wie zuvor; siehe Nigel. *(Pfeiffer 385, Aman 128)*

Schunkengesicht *n. (W, „-gsicht")* Bez. für jemanden, der ein rundes, dickes Gesicht wie ein Schinken hat; ma. Schunken *m.* „Schinken". *(Jakob 167)*

Schürer *m.* Bez. und Schpfw. für Hetzer, Anstifter, auch politischen Agitator; schüren „Glut anfachen". *(Pfeiffer 385, Jakob 167, Jutz II, 1068)*

Schuri *m. (St)* Älteres Schpfw. unbest. Bed. (Gerichtsprot. Deutschlandsberg, 1630); vgl. Tschurimuri (s. d.). *(Jontes 160)*

Schurimuri *m.* Bez. und Rügewort für aufbrausenden, unruhigen Menschen, jemand, der der übereilt, unüberlegt handelt; siehe Tschurimuri, Schurm. *(Grimm XV, 2054, Schuster 143, Jontes 160, Schatz II, 558)*

Schurke *m.* Hochsprachlich verwendet; zu schüren. *(Grimm XV, 2047, Pfeiffer 385, Jutz II, 1069)*

Schurl *m.* Bez. und Schpfw. für Kerl, auch Dummkopf; Kurzform von Georg; vgl. auch schurlen „schleppend herumgehen", das zur Charakteristik dienen könnte; scherzhaft wurde der hl. Georg, Patron der Ritter und Soldaten, wegen seines Helmes Schurl mit der Blechhaube genannt. *(Pfeiffer 385, Wintersberger 77, Jakob 167, Jontes 160f.)*

Schurm *m. (T)* Bez. und Rügewort für übereilt handelnden Menschen; ma. schurm „übereilt handeln", zu Schurimuri (s. d.). *(Grimm XV, 2054, Schatz II, 558)*

Schürzenjäger *m.* Scherzhafte Bez. für Mann, der hinter Frauen und Mädchen, hinter jeder Schürze her ist. *(Pfeiffer 385)*

Schuss *m.* Bez. und Rügewort für hastigen, alles übereilenden, auch unvorsichtigen Menschen; wie Schussbartel (s. d.). *(Grimm XV, 2095, Jakob 168, Lexer, KWB 218, 228, Schatz II, 558)*

Schussbartel *m.* Bez. und Rügewort wie zuvor, einer, der hin und her schießt; Bartel als Kurzform von Bartholomäus (vgl. auch Saubartel, s. d.). Idiotikon Fohnsdorf, 1813: „Schußbartel: ein leichtsinniger, unbesonnener Mensch". *(Grimm XV, 2097, WBÖ*

II, 373, Pfeiffer 385, Jakob 168, Jungmair 258, Jontes 161, WStWB 166, 171, Lexer, KWB 17, Schatz II, 558)

Schusspeter *m.* Wie zuvor. *(WBÖ II, 1142)*

Schussbeutel *n. (N)* Wie zuvor. *(WBÖ II, 720)*

Schusspurre *m. (O, „-purren")* Bez. für sich lebhaft bewegenden, eilig herumlaufenden, auch unüberlegt handelnden Menschen; ma. purren „laut schnarren, tönen; rasch laufen". Siehe auch Purre. *(WBÖ III, 1451)*

Schuster *m. („Schuaster")* Abfäll. Bez. und Rügewort für Patzer, unbeholfenen Arbeiter; auch Streikbrecher *(W)*; alter Handwerkerspott, der sich besonders auf Schneider und Schuster richtete, da sich bei ihrer Arbeit Fehler besonders störend auswirkten. *(Grimm XV, 2077ff., Küpper 204, Pfeiffer 385, Aman 127, Kapeller 150, Jakob 166, Teuschl 211, Jontes 161, WStWB 166, Jungmair 257, Jutz II, 1073)*

Schusterbass *m. („Schuaster")* Spöttische Bez. für Sänger mit ungefüger, grober, tiefer Bassstimme. *(WBÖ II, 406, Jakob 166)*

Schusterseele *f. (St)* Nachtschwärmer. Anscheinend Hinweis auf abergläubische Vorstellungen von herumirrenden Handwerkerseelen, die nicht die ewige Ruhe finden können. *(WStWB 166)*

Schussel *m.*, **Schussler** *m.*, **Schusserl** *n.* Wie Schussbartel (s. d.). *(Grimm XV, 2077, Aman 128, Jakob 168, Jungmair 258, UK 560, Jontes 161, Schatz II, 558)*

Schüsserlgreißler *m. (W)* Bez. und Spottwort für Menschen, der alles glaubt, was ihm erzählt oder vorgelogen wird; siehe Greißler; eig. Hintergrund dunkel. *(Jakob 168, Teuschl 212)*

Schussgatter *m. (V)* Wie Schussbartel für fahrigen Menschen; eig. Fallgitter, -gatter. *(Grimm XV, 2099, Jutz II, 1072)*

Schussle *m. (V)* Wie zuvor; siehe Schussel *m. (Jutz II, 1072)*

Schusslukas *m. (T)* Wie zuvor. *(Schatz II, 558)*

Schwappe *f. (St, „Schwappen")* Keckes Mädchen. *(WStWB 166)*

Schwäbin *f. (St)* Älteres Schpfw. unbest. Bed. für Frauen (Rotenfelser Briefnotelbuch 1710–20); vielleicht zu Schwabe *f.* „Küchenschabe". *(UK 561, Jontes 161)*

Schwachkopf *m.* Wie hochsprachl. für Dummkopf, schwach Begabten. *(Grimm XV, 2164, Pfeiffer 386, Schatz II, 559)*

Schwachmatiker, Schwachmatikus *m.* Scherzhafte Bez. für Menschen geringer geistiger Kapazität; pseudolateinische, studentensprachl. Wortbildung mit schwach nach dem Muster Mathematicus, Rheumaticus u. dgl. *(Grimm XV, 2166, Küpper 205, Pfeiffer 386, Jontes 161, Kapeller 150)*

Schwattel *f. (T)* Bez. und Schpfw. für dickes, ungefüges Frauenzimmer; ma. schwatteln, schwattlen „watscheln, plätschern", lautmalend; vgl. auch Schmattel (s. d.). *(Schatz II, 562)*

Schwadere *m. (V)* Bez. und Schpfw. für Schwätzer, Großmaul; ma. schwaderen „herumplätschern, schwadronieren, lügen“, mhd. swaderer „Lügner“. *(Grimm XV, 2172, Jutz II, 1078)*

Schwaderer *m. (St, O)* Wie zuvor. *(Grimm XV, 2172, WBÖ III, 325, WStWB 166, Jungmair 259)*

Schwadroneur *m.*, **Schwadronierer** *m.* Wie zuvor; urspr. ein Ausdruck aus der Fechtschule für wildes, planloses Drauflosschlagen, als ob eine Schwadron Reiter um sich schlüge; Nähe auch zu Schwaderer (s. d.). *(Grimm XV, 2175f., Kluge 687, WBÖ III, 325, Pfeiffer 386, Kapeller 150, Schatz II, 560)*

Schwafler, Schwefler *m.* Bez. und Rügewort für gehaltlosen Schwätzer; ma. schwafeln „gedankenlos und inhaltsleer daherreden“ und daherschwefeln „ds.“; vgl. auch studentensprachl. Bierschwefel „Scherzrede an der Kneiptafel“. Siehe auch Schwefler. *(Grimm XV, 2176, Pfeiffer 386, Aman 128, Teuschl 213, UK 561, Jontes 161)*

Schwalbensimmerl *m. (St)* Bez. und Spottwort für dummen, aber gutmütigen Mann; ma. schwalbeln, Nebenform zu schwafeln „Unsinn reden, schwätzen“; Simmerl Kurzform von Simon, wie in Krätzensimmerl (s. d.). *(UK 561, Jontes 161)*

Schwammertommerl *m. (W)* Bez. und Spottwort für Säufer; ma. Schwammer *m.* „Rausch“, Tommerl Koseform von Thomas. *(Jakob 168, Schuster 143)*

Schwammerl *n.* Bez. und Spottname für kleinen, nicht ernst genommenen Mann; bekannt auch als Spitzname für Franz Schubert; Redensart der Überraschung „ich werd’ ein Schwammerl“; eig. kleiner Pilz. *(Pfeiffer 386, Aman 128)*

Schwammerlbrocker *m. (W)* Scherzhaft für pedantischen, kleinkarierten, kleinbürgerlich denkenden Menschen; eigentlich Pilzsucher. *(Teuschl 213)*

Schwanerer *m. (O)* Bez. und Rügewort für Vielredner, Fantasierer, Lügner; ma. schwanern „lügen, fantasieren“. *(Jungmair 259)*

Schwanz *m.* Abfällige Bez. und Schpfw. für Mann; wie Schweif (s. d.); meint mit der Nennung des Penis geringschätzig den ganzen Mann; siehe auch Sauschwanz (s. d.). Auch die ältere Form Zagel (s. d.) als Schpfw. gebräuchlich. Idiotikon Fohnsdorf, 1813: „Schwanz: hat eine ganz eigene Bedeutung, ohne die Eigenschaft bezeichnen zu wollen. Schwanz kann in der Sprache der Vertraulichkeit, so wie in der Sprache des Schimpfes der höchste epopöe Ton seyn. Wo bist du gwösn, du Schwanz? Nun kommen die ästhetisch malenden Wörter: Du Sauschwanz, du Fuxschwanz.“ *(Grimm XV, 2262f., Küpper 205, Pfeiffer 387, Aman 128, Jakob 169, Jontes 161, Lexer, KWB 228, Schatz II, 561, Jutz II, 1083)*

Schwanztruhe *f. (St, „-truchen“)* Grobes Schpfw. für Frau, der man Mannstollheit nachsagt; wie ein Behälter zum Aufbewahren der membra virilia. *(UK 562, Jontes 161f., WStWB 166)*

Schwänzer *m.* Rügewort für jemand, der sich einer Verpflichtung durch

Fernbleiben entzieht; vgl. Schulschwänzer (s. d.). *(Pfeiffer 387)*

Schwanzreibe *f. (St, „-reiben")* Wie Schwanztruhe. *(WStWB 166)*

Schwarte *f. (V)* Bez. und Schpfw. für altes Weib, sonst als alte Schwarte für altes Buch; eig. dicke Haut. *(Grimm XV, 2298, Jutz II, 1087)*

Schwarzarscheter *m. (S)* Ortsspott der steirischen Murauer für die Salzburger Lungauer.

Schwarzer *m.* Landläufige, kaum mehr als ausgesprochen beleidigend empfundene Bez. für Parteigänger der ÖVP; seit Längerem spöttischer Ausdruck für Anhänger klerikal orientierter, konservativer Parteien; nach dem Schwarz der priesterlichen Alltagskleidung, der allg. negative Gefühle evozierenden Farbe; wertneutral auch für den Rauchfangkehrer, übertragen auch auf den Teufel. In Wien auch für Geistlichen, Straßenbahnkontrollor und Fußballschiedsrichter. *(Küpper 205, Pfeiffer 387, Aman 129, Teuschl 213, Jontes 162)*

Schwärzer *m.* Bez. für Schmuggler, das oberdt. bodenständige Wort dafür. *(Grimm XV, 2331, Küpper 205, Pfeiffer 387, Kapeller 151, Jakob 170, Jutz II, 1090)*

Schwarzerl *n. (W)* Scherzhafte Bez. für schwarzhaariges Mädchen. *(Jakob 169)*

Schwarzfärber *m.* Gaunersprachl. für Geistlichen; wegen der schwarzen Farbe des Habits; eig. der Beruf gemeint, der als ein gesonderter neben dem des Schönfärbers (s. d.) stand. *(Petrikovits 79)*

Schwarzfahrer *m.* Bez. und Rügewort für jemanden, der ohne zu zahlen („schwarz") ein öffentliches Verkehrsmittel benützt. *(WBÖ II, 421, Pfeiffer 388)*

Schwarzhörer *m.* Dasselbe für einen, der sein Rundfunkgerät nicht angemeldet hat und keine Gebühren zahlt. *(Pfeiffer 388)*

Schwarzkappler *m. (W)* Scherzhaft für Straßenbahnkontrollor; wahrscheinlich nach der Farbe der Amtskappe. *(Wintersberger 77, Teuschl 213)*

Schwarzseher *m.* Dasselbe wie der Schwarzhörer, aber beim Fernsehen; die ursprüngliche Bed. für Pessimisten, einen, der alles nur in düsteren Farben sieht, ist dem gegenüber in den Hintergrund getreten. *(Pfeiffer 388)*

Schwarzwälder *m.* Studentensprachl. Bez. im internen Gebrauch studentischer Verbindungen für Kommilitonen, die wegen Verstößen gegen Komment oder Couleurzucht einige Zeit lang nicht in Farben (Band und Mütze) erscheinen dürfen; unter schwarz hier der Zustand ohne Farben gemeint. *(Jontes 162)*

Schwätzer *m.* Bez. für gehaltlosen Redner, Plauderer, in der Schule auch für Schüler, der ohne Sprecherlaubnis redet. *(Grimm XV, 2357ff., Pfeiffer 388, Jutz II, 1091)*

Schwede *m. („Schwed")* Als alter Sch. für erfahrenen Mann, als damischer Schw. für alten Narren; als negative Erinnerung an den 30jährigen Krieg in der Volkssprache. *(Grimm XV, 2383, Jakob 169)*

Schwefelbande *f.* (teilw. *„-banda“*) Schpfw. für Gesindel, Schelmenbande, auch mehr scherzhaft für Gruppe lebhafter Menschen; gedeutet u. a. aus den schwefelgelben Uniformaufschlägen der alten Wiener Stadtwache (WBÖ a. a. O.), bzw. nach einer verrufenen studentischen Verbindung Sulphuria zu Jena (Grimm a. a. O.); siehe auch Banda. *(Grimm XV, 2393, WBÖ II, 1999, Pfeiffer 388, Jakob 169)*

Schwefelbruder *m. (W)* Bez. und Schpfw. für Schwätzer, Lügner; siehe Schwefler, Schwafler. *(Jakob 169)*

Schwefelquart *f. (W)* Wie Schwefelbande (s. d.). Vgl. auch Quart (s. d.). *(Jakob 169)*

Schwefler, Schwafler *m.* Wie Schwafler (s. d.) Schpfw. und Bez. für Schwätzer, Schwindler, Prahler; ma. schwafeln „schwätzen, daherreden“; siehe auch Schwafler. *(Grimm XV, 2406, Pfeiffer 388, Jutz II, 1094)*

Schweif *m. („Schwaf“, „Schwoaf“)* Wie Schwanz (s. d.); für Mann, Kerl. *(Jontes 162, Schatz II, 560)*

Schwein *n.*, auch *f.* Schpfw. für charakterlich und/oder körperlich schmutzigen, verkommenen Menschen; graduell unter dem Schpfw. Sau (s. d.). Auch hier kann das Wort zur verstärkenden Zusammensetzung mit anderen Begriffen verbunden werden. *(Grimm XV, 2438ff., Pfeiffer 389, Aman 128, Jontes 162, Schatz II, 563, Jutz II, 1086)*

Schweinbartel *m.* Bez. und Schpfw. für unsauberen oder unflätigen Menschen; Bartel Kurzform von Bartholomäus, wie in Saubartel (s. d.). Siehe auch Schweinbratel. *(Grimm XV, 2442, WBÖ II, 372, Jakob 170, Jontes 162)*

Schweinpelz *m.* Bez. und Schpfw. für sittlich und körperlich verkommenen Menschen. *(WBÖ II, 974, Jakob 170)*

Schweinbratel *m.* Schpfw. wie Schweinbartel (s. d.); entweder Metathesis dazu oder Wortspiel mit Schweinebraten. *(WBÖ III, 756, Jakob 170)*

Schweindel *n.* Verkleinerungsform von Schwein; Schpfw. für unreinlichen oder lasziven Menschen. *(Pfeiffer 389, Jakob 170)*

Schweinehund *m.* Gemeindt. Schpfw. für charakterschlechten, gemeinen Menschen; wie Sauhund (s. d.); ursprünglich ein Jagdhund, der besonders zur Wildschweinjagd tauglich war. *(Grimm XV, 2448, Pfeiffer 390, Kapeller 151, Jutz II, 1097)*

Schweingagglenfresser *pl. (V)* Grobes Schpfw. für Großbauern; Gagglen *pl.* „Schweinsexkremente“. *(Jutz II, 1097)*

Schweinkerl *m.* Grobes Schpfw. für unsittlichen, verschlagenen, verkommenen Mann. *(Grimm XV, 2449, Pfeiffer 390, Jutz II, 1097)*

Schweinnigel *m.* Wie zuvor; besonders für jemanden, der gerne unflätige Witze erzählt, verbal die Sauglocken läutet; vgl. auch Nigel (s. d.). *(Grimm XV, 2448, Aman 128, Jakob 170, Teuschl 214, UK 564, Jontes 162, Schatz II, 563, Jutz II, 1097)*

Schweinsänder *m. (T)* Bez. und Schpfw. für schweinischen, unsauberen, verkommenen Menschen; Änder Kurzform von Andreas; Bildung wie Starander (s. d.). *(WBÖ I, 213, 223, Schatz II, 597)*

Schweißer *m. (W, „Schwasser")* Bez. und Spottwort für Lebemann, Schürzenjäger, Mädchenverführer, auch trinkfester Mann. *(Jakob 169, Teuschl 213)*

Schweißfußindianer *m.* Scherzhaft-spöttisch für Menschen mit ausgeprägten Schweißfüßen; nach dem Muster Schwarzfußindianer gebildet. *(Pfeiffer 390)*

Schwell *m. (St, „Schwöll")* Schpfw. für dummen Menschen, das Aufgedunsenheit, ein angeschwollenes Gesicht, auch den Wasserkopf als Kennzeichen von Kretinismus zum Ausdruck bringt; Kurzform von Schwellschädel (s. d.). *(Jontes 162)*

Schwellberger *m. (St)* Wie zuvor; wie ein Pseudoherkunfts- oder Hofname gebildet; möglicherweise auch im negativen Anklang an Ölberger (s. d.). *(Jontes 162)*

Schweller *m. (St)* Bez. für Säufer, Zecher; wörtl. einer, der Flüssigkeiten im Schwall genießt. *(UK 564, Jontes 162)*

Schwellkopf *m.* siehe Schwellschädel.

Schwelllotter *m. (St)* Wie zuvor. Vgl. Lotter (s. d.). *(WStWB 166)*

Schwellschädel *m. (St)* Schpfw. wie Schwell, Schwellkopf (s. d.); eigentlich geschwollener Kopf als Ausdruck von Dummheit, wie Wasserschädel (s. d.). *(Grimm XV, 2510, Pfeiffer 390, Jontes 162)*

Schwenkel *m. (T)* Bez. und Schpfw. für Schlingel, Lausbube; eig. Dreschflegel, zu Schwengel. *(Aman 128f., Schatz II, 564)*

Schwerak *m. (W, N)* Bez. und Spottwort für Schelm, stets lustigen Menschen; tschech. čtverák „Spaßvogel, Schalk"; siehe auch Schmerak. *(WBÖ I, 119, Grimm XV, 2558, Jakob 170, Schuster 144)*

Schwerf *m. (T)* Schpfw. für dummen Menschen; eig. Drehgriff, Kurbel an einem Gerät. *(Schatz II, 564)*

Schwibel *m. (T)* Bez. und Schpfw. für lästigen Menschen, auch für jemanden mit schwankendem Gang; eig. Reiber, Griff, mhd. swibel. *(Schatz II, 565)*

Schwiegerdrachen *m.* Scherzhaft für Schwiegermutter; siehe auch Drachen.

Schwihak *m.* Ältere studentensprachliche Bez. für Schwindler, auch öder, leerer Schwätzer; tschech. swihák „Stutzer". *(WBÖ 119, UK 566, Jontes 162)*

Schwilch *m. (T)* Bez. und Schpfw. für grobschlächtigen, derben Mann; eig. Zuchteber. *(Grimm XV, 2624, Schatz II, 565)*

Schwindler *m.* Unehrlicher Mensch. *(Pfeiffer 391)*

Schwindliger *m.* Bez. und Rügewort für Dummkopf, Neurotiker, Mensch mit unausgeglichenem Charakter; nach dem Schwindelgefühl als landläufigem Symptom von Nervenkrankheiten. *(Jontes 162f.)*

Schwindelmeier *m. (W)* Bez. und Schpfw. für Gewohnheitsschwindler, Lügner; nach Art eines Familiennamens gebildet. *(Jakob 120)*

Schwinkelkopf *m. (T)* Bez. und Rügewort für leichtsinnigen Menschen; ma. Schwinkel, Schwenkel *m.* „Dreschflegel". *(Schatz II, 566)*

Schwinkler *m. (T)* Bez. für Geistesgestörten, Narren; wie zuvor. *(Schatz II, 566)*

Schwitzbeutel *m. (N)* Spottbez. für Menschen, der leicht und viel schwitzt. *(WBÖ II, 720)*

Schwuler *m.* Abfällig gebraucht, wenngleich von den Betroffenen unbefangen verwendet; aus dem bundesdeutschen Sprachgebrauch eingewandert, scheint es den österreichischen Begriff Warmer, warmer Bruder langsam zurückzudrängen. Form von „schwül". *(Pfeiffer 391)*

Schwürberl *m.* Bez. für Menschen voller Unrast, jemanden, der unruhig hin und her rennt; wie Zappelhans *m.* (s. d.); mhd. swerben „sich wirbelnd bewegen". *(Grimm XV, 2715, UK 567, Jakob 171, Jontes 163)*

Schwürmler *m. (St)* Ältere Bez. und Schpfw. für religiösen Schwärmer, Sektierer, Schwarmgeist; zu schwärmen „sich im Schwarme fortbewegen". *(UK 567, Jontes 163)*

St

Stapfengiggeler *m. (V)* Schpfw. für Nichtskönner. *(Jutz II, 1263)*

Stadtfrack *m.* Geringschätzig-scherzhafte bäuerliche Bez. für den Städter, Ausdruck des älteren Standesgegensatzes in Schimpf- und Spottwörtern (vgl. auch Bauerngretel, s. d.); der Spott bedient sich hier des Gegensatzes in der Kleidung. *(Grimm XVII, 458, Pfeiffer 408, Aman 133, Jontes 163)*

Stättgrind *m. (V)* Schpfw. für Starrkopf, eigensinnigen Menschen; ma. stättig „widerspenstig". *(Jutz II, 1266)*

Stättkopf *m. (V)* Wie zuvor. *(Jutz II, 1267)*

Stadträuber *m. (T, „-rauber")* Bez. und Rügewort für ungebärdigen Knaben, auch Tagedieb, Müßiggänger, Gelegenheitsarbeiter. *(Grimm XVII, 492, Schatz II, 474, 598)*

Stadtschnack *m.* Wie zuvor; lautl. Nähe zu Stadtfrack (s. d.) über Schnacke „Possen". *(Schmeller II, 565, Grimm XVII, 497, UK 567, Jontes 163)*

Staatskrüppel *m. (W)* Spöttische ältere Bez. für bei der militärischen Musterung als untauglich Befundenen. *(Schuster 155)*

Staffler *m. (T)* Bez. für Menschen, der ungeschickt auf den Beinen ist, Stolperer; ma. stafflen „stolpern". *(Schatz II, 593)*

Stagel *f. (V)* Bez. und Spottname für mageres, dürres, hoch aufgeschossenes Mädchen; eig. Stütze, Schragen. *(Grimm XVII, 538, Jutz II, 1251)*

Stagger *m. (T)* Bez. für mageren, großen Mann; ma. staggetzen „stottern". *(Grimm XVII, 539, Schatz II, 593)*

Stalinist *m.* Abfällig für einen Anhänger von politischen Doktrinen, die selbst bei Kommunisten außer Kurs sind und sich aus den politischen Thesen des sowjetischen Diktators Stalin ableiten lassen. *(Pfeiffer 408)*

Stampe, Stampin *f. (T)* Bez. für großes, kräftiges Frauenzimmer; im Volksglauben auch eine weibliche Gestalt in der Wilden Jagd, aus deren Spuren Misteln wachsen. *(Schatz II, 595)*

Stamperer *m. (W)* Bez. und Rügewort für Schürzenjäger, Mädchenverführer; zu ma. stampern „coire, aber auch stöbern, verjagen", viell. aus ital. stampare „stempeln". *(Jakob 180, Schuster 155f.)*

Stammtischpolitiker *m.* Mensch, der am Stammtisch politisiert. *(Pfeiffer 408)*

Stammle *m. (V)* Spött. Bez. für Stotterer, Stammler; stammeln „stottern". *(Jutz II, 1255)*

Standerling *m.* Bez. für Faulpelz, Müßiggänger; nach dem Kesselgerüst über dem offenen Feuer am Herd der Rauchküche und seiner Unbeweglichkeit. Idiotikon Fohnsdorf, 1813: „Standerling: Ständchen; Standerling nennt man auch einen Müßiggänger." *(Grimm XVII, 747, Aman 133, UK 569, Jontes 163)*

Stange *f. („Stangen")* Spött. Bez. für lang gewachsenen, hageren Menschen („lange St."); wie Bohnen-, Hopfenstange (s. d.). *(Grimm XVII, 808, Pfeiffer 408, Teuschl 220, Jutz II, 1262)*

Stangge *f. (T)* Bez. für großen, derben Menschen; eig. Strunk, dicker Stengel einer Pflanze. *(Schatz II, 596)*

Stangelputzerin *f. (W)* Scherzhaft-spöttisch für Prostituierte; ma. Stangel „Penis". *(Teuschl 220)*

Stangenputzer pl. *(V)* Spottname für die Bewohner von Rankweil. *(Jutz II, 1262)*

Stänker, Stänkerer *m.* Bez. für verbal aggressiven Mann oder Burschen, aber auch rauflustigen Menschen; zu stinken, Stunk machen „üblen Geruch verbreiten", das auch die Bed. Unruhe stiften annimmt. Idiotikon Fohnsdorf, 1813: „Stenker, einer, der gerne Raufhändel anfängt"; Idiotikon Hieflau, um 1912: „Stänker, Ruhestörer, Zänker, auch Mensch, der gerne Raufhändel anfängt". *(Grimm XVII, 832f., Schmeller II, 771, Pfeiffer 409, Kapeller 157, Jontes 163f.)*

Staránder *m.*, **Stärränder** *m. (T)* Bez. für unbeholfenen, ungelenken Menschen; zu starr; Ander, Änder Nebenform von Andreas; vgl. auch Schweinander (s. d.). *(WBÖ I, 213, 223, Schatz II, 597)*

Starterin *f. (W)* Scherzhaft für Prostituierte; eine, die wie eine Sportlerin an den Start geht. *(Teuschl 221)*

Starrkopf *m.* Wie hochsprachl. *(Grimm XVII, 928f., Pfeiffer 409, Jutz II, 1265)*

Staubente *f. (W, „-anten")* Weiblicher Landstreicher, Sandlerin.

Staudenbruder *m.*, *(T, teilweise „-bruider")* Bez. für Burschen, Männer, die dasselbe Mädchen lieben. *(WBÖ II, 1148, Schatz II, 598)*

Staudenhocker *m.* Älterer Spottname für Mautbeamte, Beamte der einstigen Verzehrsteuerämter, die – scherzhaft gesehen – hinter Büschen („Stauden") auf Opfer lauerten. Auch für feigen Kartenspieler *(W)* oder jemanden, der an der Scholle klebt. Auch Staudensitzer (s. d.). *(Teuschl 221, WStWB 166)*

Staudenhupfer *m.* Neuerer soldatensprachl. Spottname für Infanteristen, der sich bildl. von Staude zu Staude hüpfend fortbewegt. *(Jontes 164)*

Staudenkind *n.* Spött. Bez. für uneheliches Kind, eines, das unter einer Staude im Freien gezeugt wurde. *(WBÖ II, 231)*

Staudenräuschel *n. (O)* Wie zuvor; ein Kind, das im Liebesrausch unter einer Staude gezeugt wurde oder bei dessen Zeugung die Stauden rauschten. *(Jungmair 276)*

Staudenrauscher *m. (O)* Bez. und Schpfw. für Verführer, gewissenlosen Menschen. *(Jungmair 276)*

Staudenscheißer *m. (W)* Soldat der Jägertruppe; wie Staudenhupfer (s. d.). *(Küpper 214, Jakob 181)*

Staudensitzer *m. (W)* Wie Staudenhocker (s. d.). *(Jakob 181)*

Statzger *m. (V)* Bez. und Spottname für Stotterer, Stammler; ma. statzgen „stottern", mhd. statzen „ds.". *(Grimm XVII, 1068, Jutz II, 1267)*

Stehaufmannl *n.* Bez. für jemanden, der sich jeder Situation anpasst, jedes Missgeschick überwindet, bald wieder auf den Beinen steht und ganz so wie das bekannte Spielzeug reagiert. *(Grimm XVII, 1394ff., Pfeiffer 410, Teuschl 221, Jungmair 277)*

Stehpeter *m. (O)* Spött. Bez. für langsamen Menschen, einer, der mehr steht als geht. *(WBÖ II, 1144)*

Stecher *m. (St)* Älteres Schpfw. (16. Jh.) unbest. Bed., vielleicht im Sinne von Messerstecher. *(Grimm XVII, 1273, Pfeiffer 409, UK 571, Jontes 164)*

Stegerlmeier *m. (St)* Scherzhafte Bez. und Rügewort für Kleinkind, das eben erst gehen lernt und doch schon der Aufsicht entweichen will; in Form eines Familiennamens gebildet (wie Angstmeier u. dgl.); ma. stegerln „stolpernd gehen, torkeln". *(UK 572, Jontes 164)*

Stehkragenprolet *m. (St)* Spött. Bez. und Schpfw. für verarmten, besitzlosen Herrn, Aristokraten. *(WBÖ III, 1042, Pfeifer 410)*

Stehchrist *m.* Scherzhaft für jemanden, der nicht als Säugling, sondern erst viel später, wenn er bereits stehen kann, getauft wird. Besonders nach dem Zweiten Weltkrieg gab es eine Menge von Kindern und Jugendlichen, die auf diese Weise die Taufe erhielten, nachdem ihre vordem „gottgläubigen" Eltern der Kirche wieder beigetreten waren.

Steigaufdieleut *m. (St)* Bez., Hüll- und Rügewort in Form eines Satznamens für weibstollen Mann; einer, der bildlich die (Weibs)Leute besteigt. *(UK 572, Jontes 164)*

Steiger *m.* Bez. für Mann, der gerne hinter Frauen her ist, ihnen „nachsteigt"; ma. steigen „geziert gehen", nachsteigen „einer Frau in der Absicht folgen, sie anzusprechen"; rotwelsch für Wanderer, Handwerksburschen, auch älteres Wort für Zuchtstier, werden bedeutungsmäßig überdeckt von der Funktionsbez. im Bergbau, die einen Vorarbeiter unter den Knappen meint; analog dazu auch verstärkt Obersteiger *m.* *(Grimm XVIII, 1922ff., Jakob 182, Jontes 164)*

Steighansel *m.* *(W)* Bez. und Rügewort für einen Menschen, der leicht in Zorn gerät; umgangssprachl. steigen „sich erregen, zornig werden". *(Jakob 182)*

Steignachi *m.* *(W)* Scherzhafte Bez. für Mann, der Frauen, Mädchen nachgeht; umgangssprachl. nachsteigen „einer Frau nachgehen, auf der Straße folgen". In Form eines Satznamens. *(Jakob 182)*

Steinbeißer *m.* *(W, „Stan-")* Scherzhafte Bez. für Zuchthäusler; nach der bekannten Männerstrafanstalt Stein a. d. Donau. *(Wehle 83, Teuschl 219)*

Steinbock *m.* *(T)* Bez. für Einzelgänger, Hagestolz, Junggeselle; nach dem Alpentier. *(Grimm XVII, 2050f., WBÖ III, 521, Schatz II, 594)*

Steinbruder *m.* *(W, „Stan-")* Wie Steinbeißer (s. d.) für Zuchthäusler; nach der Männerstrafanstalt Stein a. d. Donau. *(WBÖ III, 1148, Jakob 180, Teuschl 219)*

Steinerer *m.* *(W, „Stan-")* Wie zuvor. *(Wehle 83, Teuschl 220)*

Steinesel *m.* *(V)* Bez. und Schpfw. für unbelehrbaren, sturen Menschen; verstärktes Esel (s. d.). *(Grimm XVII, 2074, Jutz II, 1287f.)*

Steinhähnl *n.* *(St, „Stoanhahnl")* Bez. für kleinen, aber sehr aggressiven Menschen (wie Hahnl, s. d.); nach der Zwerghuhnrasse, deren Hähne besonders kampflustig sind. *(Uk 573, Jontes 164)*

Steinhäusler *m.* *(W, „Stan-")* Wie Steinbeißer, Steinbruder, Steinerer (s. d.). *(Wehle 83, Teuschl 220)*

Steinscheißer *m.* *(W)* Nicht sehr gescheiter Mensch. *(Teuschl 220)*

Steinschneider *m.* *(W)* Scherzhaft für Chirurgen; nach dem alten Begriff des Steinoperateurs. *(Teuschl 220)*

Stellenlecker *m.* *(St)* Bez. für Liebhaber einer Sennerin; ma. Stelle „Felsenstufe, auch Lagergestelle im Haus". *(UK 574, Jontes 164)*

Steller *m.* *(T)* Bez. und Rügewort für langsamen Menschen; eig. Vorrichtung zum Abstützen einer Traglast beim Rasten. *(Schatz II, 600)*

Stenz *m.* Bez. und Schpfw. in der Bed. von Zuhälter, Gauner; in der oberdt. Gaunersprache für Stock, Prügel. *(Grimm XVIII, 2370, Küpper 216, Pfeiffer 411, Aman 133, Kapeller 157, Jontes 164)*

Sterngucker *m.* Spöttische Bez. für Astronom, auch für jemanden, der aus Stolz oder aus Gewohnheit immer in die Höhe schaut (vgl. auch Hans-Guck-in-die-Luft, s. d.), oder für Idealisten, den naheliegende Probleme nicht interessieren. *(Grimm XVII, 2495f., Jakob 182, Jutz II, 1299)*

Sternskog *m.* *(V)* Verstärkung von Kog (s. d.) als Schpfw. *(Jutz II, 1299)*

Sterzbauer *m.* *(St)* Scherzhaft für Bauer, nach dem steirischen Nationalgericht.

Sterzpeter *m.* *(N, O)* Spottbez. für jemanden, der gerne Sterz isst. Hier nicht spezifisch für den Steirer. *(WBÖ II, 1144)*

Sterzel *m.* Bez. für untersetzten, kleingewachsenen Menschen, auch kleinwüchsiges, sonst aber normal entwickeltes Kind; Vergleich mit Sterzel „junger, kleiner Stier", Nebenform von Terzel „Stierkalb, das noch nicht ins Joch gespannt wurde", auch „Ochse, der als dreijähriger Stier verschnitten wurde" *(UK 151);* möglich ist auch Kontamination zu Scherzel/Sterzel „Endstück des Brotlaibes oder -weckens". *(Grimm XVIII, 2537, Jakob 183, UK 575, Jontes 164f.)*

Sterzfresser *m. (St)* Abfälliges Spottwort für die Steirer nach ihrer angeblichen Nationalspeise, dem Sterz aus Maisgrieß (Türkensterz) oder anderen Mehlen (z. B. Heidensterz aus Buchweizenmehl); im regionalen Spott für die Bewohner von St. Veit am Vogau. „Es gibt über hundert Sterzarten, von denen die einen schmarrenartig zerbröckeln, die anderen feste Formen bilden wie der Ofensterz" *(UK 575).* Im Volkslied heißt es: „Lusti wohl auf / is der steirische Brauch / A türkischer Sterz / Und a Schwammsuppen drauf." Die früheste steirische Nennung in Leoben, 1578 (Ratsprot.), wo ein Seilergeselle aussagt: „Mein Meister gibt mir ain Sterz, der weder gesalzen noch geschmalzen ist, zu essen ..." Hauptgebiete des Sterzes waren die mittleren, südlichen und östlichen Landesteile. Das Wort gehört ablautend zu stürzen und verweist auf die Manipulation während des Kochvorganges und nach dem Kochvorgang. Kurzformen für Sterzfresser sind auch Sterzler, Sterzinger. *(Grimm XVIII, 2535f., UK 575, Jontes 165)*

Sterzgams *m. (St)* Scherzhaft-abfällige Bez. für steirische Autofahrer außerhalb des Landes, besonders in Wien, die am ehemaligen Buchstabencode St für Steiermark kenntlich waren, auch für ländliche Lenker im Stadtgebiet von Graz gebraucht, in dem die Autonummern mit dem Buchstaben G beginnen. Im Stammesspott werden die Steirer als schlechte, bäuerlich-dumme Autofahrer hingestellt; Verbindung des Namens der Nationalspeise mit einem ebenfalls als typisch steirisch-alpin angesehenen Tier. *(Jontes 165)*

Sterzinger *m.*, siehe Sterzfresser.

Sterzler *m.*, siehe Sterzfresser.

Stift *m.* Abschätzige Bez. für kleinen Buben, Jüngsten einer Gruppe von Knaben, auch kaufmännischen Lehrling; rotwelsch, dunkler Herkunft (dazu auch stiften gehen, abfällig für „flüchten, davonlaufen"). *(Grimm XVIII, 2873, Kluge 749, Küpper 217, Kapeller 158, Jontes 165)*

Stiftsgack *m. (St)* Bez. für Kretin oder Taubstummen, der in einem Kloster, Stift versorgt und verpflegt wurde, so etwa in Admont, wo seit dem Mittelalter eine eigens dazu ins Leben gerufene Stiftung existierte; vgl. Gack (s. d.). *(UK 578, Jontes 165)*

Stiefeladam *m. (O)* Bez. für Dummkopf; vgl. umgangssprachl. Stiefel *m.* „Unsinn". *(WBÖ I, 80)*

Stiefelwichser *m. (V, „Stiefele-")* Spottname auf die Bewohner von Feldkirch; eig. Stiefelputzer. *(Jutz II, 1307)*

Stiegelhüpfer *m. (St, T, „-hupfer“)* Scherzhaft-spöttisches Synonym für Viehhirten, Almhalter, älter auch für Geistliche in der Oberstmk. und im Ortsspott für die Bewohner von St. Lorenzen bei Trieben; die Weidegebiete sind von Almzäunen umgeben, die man durch „Stiegeln“ überwindet, Holztreppchen verschiedener Konstruktion zum Übersteigen des Zaunes. *(Grimm XVIII, 2825f., UK 557, Jontes 165, Schatz II, 604)*

Stickelscheißer *pl. (N)* Spottname für die Bewohner von Klaus und Sulz; ma. Stickel *m.* „Stange, Pfahl“. *(Jutz II, 1305)*

Sticketzbartel *m. (N)* Spött. Bez. für Stotterer; ma. sticketzen „stottern, stammeln“, siehe auch Bartel. *(Grimm XVIII, 2746f., WBÖ II, 374)*

Stimmvieh *n.* Die zum Stimmvieh herabgewürdigte Wählerschaft, Leute, die man nur braucht, damit sie mit ihrer Wählerstimme den Politiker ermächtigen, das zu tun, was seine Partei für richtig erachtet; im 19. Jh. engl.-amerik. voting cattle „ds.“. *(Pfeiffer 412)*

Stimsel *m. (T)* Bez. und Rügewort für Dummkopf, auch unachtsamen Menschen; Herkunft dunkel. *(Schatz II, 605)*

Stina *f.* Spött. Bez. und Schpfw. für beschränktes, dummes Frauenzimmer; Kurzform von Auguste, Christine, Ernestine. *(WBÖ I, 470)*

Stinanzer *m. (St)* Ältere Bez. und Schpfw. für Gauner, Betrüger, ursprünglich für ungarische oder niederösterreichische Viehhändler verwendet, die anscheinend als besonders geschäftstüchtig galten; vielleicht nach dem grenznahen burgenländischen Ort Stinatz. *(UK 578, Jontes 166)*

Stinkaas *n. (T)* Bez. und Schpfw. für faulen Menschen, wie faules Aas. *(Grimm XVIII, 3143, Schatz II, 605)*

Stinkawitz, **Stinkowitz** *m. (W)* Bez. und Rügewort für Menschen, der Gestank von sich gibt; in Form eines Vogelnamens wie Nigawitz u. dgl. *(Jakob 184, Teuschl 223)*

Stinkpeter *m. (T)* Schpfw. für Dummkopf. *(WBÖ II, 1144, Schatz II, 605)*

Stinktier *n.* Abfällig-spöttisch für übelriechenden, auch furzenden Menschen. *(Küpper 218)*

Stinker *m.* Wie zuvor. *(Pfeiffer 412)*

Stier *m. (V)* Bez. und Schpfw. für groben, sturen, auch sexuell ausschweifenden Mann. *(Grimm XVIII, 2848f., Jutz II, 1310)*

Stierbeutel *m. (T)* Wie zuvor; Vergleich mit dem Hodensack des Stieres. *(WBÖ II, 720, Pfeiffer 411)*

Stierer *m. (W)* Bez. und Rügewort für Hetzer, Stocherer, in anderer Ableitung auch für jemanden, dem das Geld ausgegangen ist; ma. stieren, stüren „stochern, suchen“. *(Grimm XVIII, 2860, Jakob 183)*

Stiergrind *m. (V)* Schpfw. für eigensinnigen Menschen, wie Stierschädel, -kopf (s. d.); ma. Grind *m.* „Kopf“ (s. d.). *(Grimm XVIII, 2861, Jutz II, 1310)*

Stierkopf *m. (V)* Wie zuvor. *(Grimm XVIII, 2863, Jutz, 1311)*

Stiermelker *pl. (V)* Spottname für die Bewohner von Dafins, die angeblich einmal einen Stier anstelle einer Kuh melken wollten. *(Jutz II, 1311)*

Stiersäckel *m. (V)* Schpfw. für groben, sturen, bockbeinigen Mann, wie Stierbeutel (s. d.). *(Jutz II, 1311)*

Stierschädel *m.* Bez. für eigensinnigen, widerspenstigen, sturen (vgl. auch Sturschädel, Stiergrind, -kopf, s. d.) Menschen; nach dem sprichwörtlich widerspenstigen Stier; studentensprachlich auch für die schwere Fechtmaske. *(Grimm XVIII, 2865, Aman 134, Jungmair 238, UK 577, Jontes 166)*

Stierwäscher *m. („-wascher")* Stammesspottwort für Salzburger; nach der Geschichtssage, in der die Verteidiger der Feste Hohensalzburg zur Täuschung der Belagerer über die Verpflegungslage den letzten Stier auf stets neue Weise bemalt auf den Zinnen gezeigt und die Feinde damit zum Abzug bewogen hätten. Anschließend sei der Stier gewaschen worden. Dem Nichtsalzburger mag auch die ma. Bez. waschen „prügeln, schlagen" eingeflossen sein, die dem Charakter damit eine gewisse Brutalität zuspricht. In *V* auch ein Spottname für die Bewohner von Dafins. *(Wintersberger 80, Jakob 183, Teuschl 223, Jontes 166, Jutz II, 1311)*

Stoppel *m.* Abfällig-spöttische Bez. für kleinen Buben, auch kleingewachsenen jüngeren Menschen; auch Stöpsel, Gestoppel (s. d.). *(Aman, 135, Jakob 184, Teuschl 224, Jontes 166, WStWB 166, 171)*

Stopsel, Stöpsel *m.*, **Stöpserl** *n.* Wie Stoppel (s. d.) Bez. und Spottwort für kurzen, dicken Menschen, auch beschränkte Person *(V, T)*. Nach dem Flaschenverschluss. *(Grimm XIX, 357, Pfeiffer 414, Jakob 184, Jontes 166, WStWB 166, 171, Schatz II, 607, Jutz II, 1322)*

Stotterer *m.* Bez. für Stammler, Menschen mit Sprachfehler, hochsprachl. und umgangssprachl. *(Grimm XIX, 576, Pfeiffer 414, Jutz II, 1330)*

Stoffel *m.* Bez. für einfältigen Menschen, Dummkopf, auch ungeschlachten, plumpen Mann, ebenso spöttisch für Bauernburschen; nach dem hl. Christophorus (Kurzform des Namens), der als einer der 14 Nothelfer als großer und ungeschlachter Christusträger dargestellt wird. *(Grimm XIX, 163f., Kapeller 158, Jakob 184, Lexer, KWB 242, Schatz II, 358, 606, Jutz II, 1320)*

Stogge *m. (T)* Bez. für großen, beleibten Mann; eig. Kohlstrunk, dicker Stängel. *(Schatz II, 593)*

Stock *m. (W)* Bez. und Rügewort für sturen, dickköpfigen Mann; Vergleich mit dem Baumstumpf. *(Grimm XIX, 40f., Pfeiffer 413, Jakob 184)*

Stockfisch *m.* Bez. für sturen, dummen Menschen, auch Schüler; verstockt „in sich gekehrt, verhärtet, stur", als Charakterkennzeichen mit der einstigen Fastenspeise in Zusammenhang gebracht, dem getrockneten Kabeljau. *(Grimm XIX, 91ff., Pfeiffer 413, Aman 135, Jakob 184, Jontes 166, Jutz II, 1318)*

Stockmauser *m. (V)* Bez. und Rügewort für Dummkopf, faulen, arbeitsscheuen Menschen; eig. Mäusebussard. *(Jutz II, 1319)*

Stockwedel *m. (St)* Bez. und Schpfw. für besonders dummen Menschen; verstärktes Wedel (s. d.). *(UK 580, Jontes 166)*

Stolle *m. (K)* Spöttische, abfällige Bez. für Menschen mit körperlicher Behinderung, Krüppel; mhd. stolle „Stütze, Krücke". *(Lexer, KWB 242)*

Stolzbeutel *m.* Bez. und Rügewort für eingebildete, stolze Person; siehe Beutel. *(WBÖ II, 720)*

Stolzbinkel *m.* Wie zuvor; siehe Binkel. *(WBÖ II, 720)*

Stolzkragen *m.* Wie zuvor. *(WBÖ II, 720)*

Stor *m. (V)* Bez. und Rügewort für eigensinnigen, widerspenstigen, uneinsichtigen, auch unbedacht handelnden, dummen Menschen; zu Storre *m.* „Baumstrunk" (s. d.). *(Jutz II, 1322f.)*

Storax *m.* Bez. und Schpfw. für Dummkopf, störrischen Menschen; eig. Mastixstrauch; Anklang an störrisch und Exotik des Apothekerlateins tragen zur Bildung bei. In *St* auch Bez. für einen starken Rausch *(UK 580)*, *(Grimm XIX, 363, Schmeller II, 779, Pfeiffer 414, Jungmair 282, Lexer, KWB 242, Schatz II, 607)*

Storre *m. (K, V)* Bez. und Schpfw. für alte, magere Frau *(V)*, krüppelhaften Menschen *(K)*; ma. Storre *m.* „Baumstumpf", mhd. storre „ds.". *(Lexer, KWB 242, Jutz II, 1325)*

Storgge *m. (V)* Bez. und Rügewort für langsam arbeitenden, auch langweiligen Menschen; Herkunft wie zuvor. *(Jutz II, 1324)*

Storle *m. (V)* Bez. und Rügewort für Trotzkopf, eigensinnigen Menschen; ma. storlen „trotzig sein", zu starr. *(Jutz II, 1324)*

Storrnasle *m. (V)* Bez. und Rügewort für Nasenbohrer; ma. storren „stüren, bohren". *(Jutz II, 1326)*

Storz *m. (T)* Bez. für kleingewachsenen Menschen; eig. Strunk, Baumstumpf. *(Schatz II, 607)*

Störzel *m. (S)* Altes Schpfw. für Vagabund, Streuner, Betrüger; störzen, stürzen wie in „Schule stürzen", „Landstörzer". *(Ziller, Schelmen 378)*

Storzenfresser *pl. (V)* Spottname für die Bewohner von Bludenz und des Walgaues; ma. Storze *m.* „Krautstrunk". *(Jutz II, 1327)*

Stoßpudel *f. (St)* Ältere abfällige Bez. für dickes, fleischiges Frauenzimmer; nach einer kleinen, tragbaren Kegelbahn, auf der die Kugel mittels eines Stockes gestoßen wurde; mit obszönem Hintergrund zu ma. stoßen „koitieren". *(Grimm XIX, 564, UK 581, Jontes 166)*

Stössel *m.* Geringschätzige Bez. für klein gewachsenen, gedrungenen Menschen; nach dem Stampf- und Stoßgerät zum Zerkleinern und Einstampfen von Kraut und dgl. Vgl. auch Dreckstössel (s. d.). *(Grimm XIX, 485ff., Aman 133, Teuschl 224, UK 581, Jontes 166, WStWB 166, 171, Jungmair 279)*

Stotze *m.*, **Stötzel** *n. (K)* Bez. und Rügewort für dummen, auch unsauberen, ungepflegten Menschen; eig. Kübel, hölzernes Aufrahmgefäß. *(Lexer, KWB 243)*

Strabanzer *m.* Bez. und Schpfw. für Landstreicher, faulenzenden Strolch,

Müßiggänger, auch als Rügewort für einen gerne entlaufenden, streunenden Hund; ital. stravagante „ausschweifend", jedoch wird auch Weiterbildung von strabeln „zappeln, schnelle Bewegungen machen" (zu streben) nicht auszuschließen sein. *(Grimm XIX, 589, Pfeiffer 414, Aman 135, Jakob 185, Teuschl 225, Hager 53, Jungmair 284, UK 581, Jontes 166f., WStWB 167, Schatz II, 610)*

Stracholder *m. (W)* Schpfw. für Herumtreiber; Anklang an Wacholder, ansonsten dunkel. *(Teuschl 224)*

Stradafüssel *m.*, **-fiesel.** *(St)* Ältere Bez. und Schpfw. für Landstreicher, Vagabund, Angehörigen einer wandernden Gaunerbande; rotwelsch aus ital. strada „Straße"; -füssel zu Fuß oder Fiesel *m.* „Ochsenpenis" (als Raufwaffe). *(Grimm XIX, 614, UK 581, Jontes 167)*

Stragin, Strangin *m. (T)*, auch **Strachin** *m. (W)* Bez. und Schpfw. für Bettler, heruntergekommenen Menschen; zu ital. straccare „ermüden". *(Schatz II, 608, Jakob 184)*

Strahlhure *f. (St)* Älteres Schpfw. unbest. Bed. Ratsprot. Kapfenberg, 1684: „... begehrt zu weisen, ob sie ein Strallhuer seye." Vielleicht Hinweis auf Blitz, Wetterstrahl, also auf hexenhaften Wetterzauber; auch strahlen „kämmen", im obszönen Sinne (Grimm a. a. O., 808) wie bürsten, „koitieren". *(Grimm XIX, 791, UK 581, Jontes 167)*

Stramperl *n. (St)* Bez. für dummes Frauenzimmer; Nebenform von Trampel, Tramperl (s. d.). *(UK 581, Jontes 167)*

Stramhans *m. (St)* Bez. und Rügewort für ungekämmten, ungepflegten Mann, analog Struwwelpeter; eig. ein Mann, dem die Haare strähnenweise herabhängen. *(Grimm XIX, 932, UK 582, Jontes 167, WStWB 167)*

Strandhure *f. (W, „-hur")* Dirne, Prostituierte niedrigster Kategorie; zu stranden? *(Grimm XIX, 846, Küpper 218, Jakob 185)*

Stranze *f. („Stranzen")* Bez. und Schpfw. für faule, träge, auch sich geziert gebende, unfreundliche Frauensperson; ma. stranzen „müßig umherlaufen". Siehe auch Strenze. *(Grimm XIX, 874, Jakob 185, Hager 53, Jungmair 283)*

Straßenbesen *m. (V)* Spött. Bez. für jemanden, der sich öfter als nötig auf der Straße aufhält. *(Jutz II, 1336)*

Straßenpotpourri *n.* Scherzhaft für gemischtrassigen Hund, dessen Mischung auf der Straße zustande kam. Wie Promenadenmischung (s. d.).

Straßengams *f.* Synonym für Bettler. *(WBÖ II, 1170)*

Straßengrind *m. (V)* Derbe Bez. und Schpfw. für Straßenkind. Siehe Grind und Zusammensetzungen. *(Jutz II, 1337)*

Straßenkramperl *m. (St)* Scherzhafte Bez. für Straßenkehrer; ma. kramperln „herumhacken, -graben".

Straßgütel *m., n. (St)* Bez. für Landstreicher, liederlichen Menschen; Gütel „Kobold". *(Grimm XIX, 932, UK 582, Jontes 167)*

Straun *m. (St)* Bez. und Schpfw. für Dummkopf; Kurzform von Kastraun *m.* „kastrierter Widder“ (ital. castrone). *(Schmeller I, 1306, UK 582, Jontes 167)*

Strawanzer *m.*, siehe Strabanzer.

Strawes *m. (W)* Umbildung von Strabanzer (s. d.). *(Jakob 185)*

Stratzerbube *m. („-bua“)* Bez. für ungeladenen männlichen Hochzeitsgast; ma. Stratzen „Lumpenbündel“ (ital. stracci „ds.“ zu stracciare „zerfetzen“). *(Grimm XIX, 936, WBÖ III, 1239, UK 581, Jontes 167)*

Streber *m.* Bez. abfälligen Charakters für strebsamen Menschen, auch für karrieresüchtigen Beamten. *(Grimm XIX, 1077ff., Pfeiffer 415, Kapeller 158)*

Streberer *m.* Erweiterungsbildung des vorigen Wortes; vor allem schülersprachl. für lernwütigen, unkameradschaftlichen Mitschüler; auch Straberer; zu streben, Streber. Gaunersprachl. auch für Bettler. *(Grimm XIX, 1079, Jontes 167)*

Streich *m. (T, „Stroach“)* Bez. und Rügewort für Dickkopf, auch unberechenbaren Menschen; zu Streich „Hieb, Possen“. *(Schatz II, 608)*

Streichmacher *m. (W, „Strach-“)* Bez. und Schpfw. für Prahler, Nichtsnutz; einer, der Streiche macht. *(Grimm XIX, 1235, Pfeiffer 415, Jakob 184)*

Streichmuster *n. (W, „-muaster“)* Spöttische Bez. für stark geschminkte Frau; wohl Vergleich mit dem Anstrichmuster eines Malers; umgangssprachl. anstreichen „schminken“. *(Schuster 159)*

Streitbartel *m. (O)* Bez. und Rügewort für streitsüchtigen Menschen; wie Streithansel (s. d.). Siehe auch Bartel. *(WBÖ II, 374)*

Streithammel *m.* Bez. und Rügewort wie Streithansel (s. d.). *(Grimm XIX, 1380, Pfeiffer 415, Jontes 167, Jutz II, 1345)*

Streithahnel *m., n. (O)* Wie zuvor; Verkleinerungsform von Hahn, der als kampflustiges Tier gilt; lautl. Nähe zu Streithansel, -hammel (s. d.). *(Pfeiffer 415, Jungmair 284)*

Streithansel *m.* Bez. und Rügewort für streitlustigen, unverträglichen, zänkischen Mann, auch prozesssüchtigen Menschen (wie Prozesshansel, s. d.); lautl. Nähe zu Streithahn, Streithammel (s. d.). *(Pfeiffer 415, Aman 135, Jakob 186, Teuschl 225, Jungmair 284, UK 583, Jontes 167, WStWB 166)*

Strenze *f. (St)* Bez. und Schpfw. für starkes, aber faules, auch unfreundliches Frauenzimmer; zu strenzen „sich faul ausstrecken“. Vgl. auch Stranze (s. d.). *(Grimm XIX, 874, 1474, UK 583, Jontes 167, WStWB 166)*

Strenzer *m. (W)* Vagabund, Sandler. *(Teuschl 225)*

Streuner *m.* Hochsprachlich für Vagabund, Strolch, Herumtreiber. *(Grimm XIX, 1508f., Jakob 186)*

Strichbub *m. („-bua“)* Bez. und Schpfw. für Zuhälter, auch männl. Prostituierten, Strichjungen; Strich *m.* „Revier der Prostituierten“. *(Grimm, XIX, 1549, WBÖ III, 1240, Küpper 219, Pfeiffer 416, Jakob 186, Teuschl 225)*

Strichkatze *f. („-katz“)* Verächtliche Bez. für Dirne, Straßenprostituierte, die „auf den Strich“ geht; vgl. auch Katze (s. d.). *(Küpper 219, Jakob 186, Teuschl 225, Jontes 167)*

Strichmensch *n.* Wie zuvor. *(Jakob 186, Teuschl 225)*

Strick *m.* Bez. für Menschen, der an der Grenze zum Verbrecher steht, auch schlimmes Kind; Kurzform von Galgenstrick (s. d.). *(Grimm XIX, 1572, Pfeiffer 416, Aman 136, Jakob 186, Teuschl 225, Jungmair 284, Jontes 168, Jutz II, 1349)*

Stricklöser *m. (St)* Älteres Schpfw. unbest. Bed., vielleicht jemand damit gemeint, der Vieh boshafterweise losbindet. *(UK 584, Jontes 168)*

Stritzi, **Strizzi** *m.* Abfällige Bez. und Schpfw. für Nichtstuer, Herumlungerer, auch Zuhälter; ital. strizzare „auspressen, mit den Augen blinzeln“. *(Grimm XIX, 1630, Küpper 220, Pfeiffer 416, Aman 136, Kapeller 159, Wintersberger 81, Jakob 186, Teuschl 225, Jungmair 284, Jontes 168)*

Strobelkopf *m. (W)* Bez. und Rügewort für jemanden mit wirrem Haar, auch ruppigen, verwahrlosten Menschen; analog dem nd. Struwwelpeter (s. d.); zu sträuben und ma. strobeln „emporstehen“. *(Grimm XIX, 1632f., Pfeiffer 416, Jakob 186)*

Strotter *m.* Bez. für Vagabund, wie Strabanzer (s. d.); zu strotten, strutten „durchwühlen, nach Verwertbarem durchsuchen“, mhd. struten „plündern, auch für Leute, die den Müll nach Brauchbarem untersuchen („Miststierer“) oder in Kanälen zu diesem Zwecke unterwegs sind. *(Grimm XX, 151, Küpper 220, Pfeiffer 416, Jakob 186, Teuschl 225, UK 584, Jontes 168, Ziller, Schelmen 379)*

Strohbändler *pl. (N, „-bandler“)* Ortsspottbez. für die Weinbauern von Stammersdorf bei Wien, die Stroh aufkauften, um damit die Weinreben aufzubinden. *(WBÖ II, 205)*

Strohpudel *m. (O)* Scherzhafte Bez. für Dachdecker; nach dem einst geübten Decken der Dächer mit Stroh. *(WBÖ III, 1302)*

Strohkopf *m.* Bez. für dummen Menschen (vgl. strohdumm) mit meist blondem Haar; nach der Redensart „Stroh im Kopfe haben“. Auch Strohschädel (s. d.). *(Grimm XIX, 1667f., Pfeiffer 416, Jontes 168, Jutz II, 1353)*

Strolch *m.* Hochsprachl. für Herumtreiber, moralisch verkommenen Menschen; zu ma. strollen „ziellos herumziehen“. *(Grimm XIX, 1685f., Pfeiffer 416, Jutz II, 1353)*

Stromer *m.* Wie zuvor; rotwelsch Strom *m.* „Bordell“. *(Grimm XX, 59f., Küpper 220, Pfeiffer 416)*

Strohriedel *n. (T)* Scherzhafte Bez. für das vorletzte Kind einer Familie; eig. Strohband, -geflecht. *(Grimm XIX, 1675, Schatz II, 613)*

Strohschädel *m. (W)* Wie Strohkopf (s. d.). *(Jakob 186, Teuschl 225)*

Strözer *m. (V)* Bez. und Rügewort für unreifen Burschen, Lausbub; ma. strözen „pissen“. *(Jutz II, 1354)*

Struble *m. (V)* Bez. und Rügewort für Menschen mit wirrem, struppigem Haar; wie Strobelkopf, Struwwelpeter (s. d.). *(Jutz II, 1354)*

Strudelkopf *m. (W)* Bez. und Rügewort für Wirrkopf, Menschen mit wirren Gedanken; zu strudeln „wallen, durcheinanderfließen“; Nähe zu Strobelkopf (s. d.). *(Grimm XX, 104, Pfeiffer 417, Jakob 187)*

Strudler *m. (V)* Bez. und Rügewort für hastigen Sprecher, Menschen, der schnell und unüberlegt redet; ma. strudlen „wallen, wirbeln“. *(Grimm XX, 108, Pfeiffer 417, Jutz II, 1355)*

Strüele *m. (V)* Bez. für Vagabund, Strolch; ma. strüelen „herumschlendern“. *(Jutz II, 1355)*

Strufler *m. (V)* Bez. und Schpfw. für schlampigen Arbeiter; ma. struflen „oberflächlich arbeiten“. *(Jutz II, 1356)*

Strugerl *n.* Bez. und Schpfw. für dummes Frauenzimmer; zum Worte Struckel *m.* „Strudel, Speise aus gerollten, mit verschiedenen Füllungen versehenen Teigblättern“, das auch für Wirrwarr, Durcheinander steht (vgl. auch Strudelkopf, s. d.). *(UK 585, Jontes 168, Jakob 187)*

Strumm *m.*, **-erl** *n. (T)* Bez. für widerspenstigen, grobschlächtigen Mann, auch Taubstummer; ma. strummen „überstürzt laufen, hasten“. *(Jutz II, 1375)*

Strumpf *m.* Bez. und Schpfw. für Dummkopf; urspr. Baumstumpf, Rumpf, damit gemeint, daraus auch Bez. des Kleidungsstückes im Sinne von Halbhose. Idiotikon Fohnsdorf, 1813: „Strumpf: ein Dummkopf.“ *(Grimm XX, 116, Pfeiffer 417, UK 585, Jontes 168)*

Strumpfgidi *m.* Bez. und Rügewort für unbesonnenen Menschen; Gidi Kurzform von Ägidius; siehe auch Strumpf. *(WBÖ I, 111, Schmeller I, 873)*

Struwwelpeter *m.* Rügewort für Buben mit struppigem, ungepflegtem Haar; nach der Hauptgestalt des 1844 erstmals erschienenen, gleichnamigen Buches des Frankfurter Arztes Heinrich Hoffmann, aus welchem auch noch Hans-Guck-in-die-Luft, Suppenkaspar und Zappelphilipp als Rügewörter Verwendung finden. Oberdt. Entsprechung ist Strobel- (s. d.). *(Grimm XX, 154, WBÖ II, 1144, Pfeiffer 417)*

Strutzerl *n. (St)* Bez. für üppiges, aber hübsches Mädchen; zu Strutz, Strützel, Striezel „Brotwecken“, auf die Leibesgestalt bezogen. *(Grimm XXI, 152f., UK 585, Jontes 168)*

Stubenhocker *m.* Bez. für faulen Menschen, den die Welt nicht interessiert, der stets zu Hause bleibt. *(Grimm XX, 178, Pfeiffer 417)*

Stuppenlukas *m. (V)* Bez. und Schpfw. für geistig trägen, schwerfälligen Menschen, Pechvogel, auch Spitzbuben; ma. stupp „dumm“. *(Jutz II, 1375)*

Student, ewiger *m.* Scherzhafte, auch rügende Bez. für Studenten, der sein Studium nicht abschließt.

Stucketzer *m. (St)* Bez. und Spottwort für Stotterer; ma. stucketzen „sich verschlucken, stottern“, aus sticken, sticketzen, „keine Luft bekommen“. *(Grimm XVII, 2746f., XX, 236, UK 586, Jontes 168)*

Stumpen *m. (V)* Bez. für kleingewachsenen, dicken Menschen; eig. Baumstumpf. *(Grimm XX, 436, Pfeiffer 418, Jutz II, 1371)*

Stumper *m. (T)* Wie hochsprachl. Stümper Bez. für jemanden, der schlecht, ungekonnt arbeitet. *(Grimm XX, 420f., Pfeiffer 418, Schatz II, 617)*

Stumpferlarretierer *m. (W)* Wie Tschickarretierer (s. d.) für jemanden, der Zigarettenstummel („Stumpferl" *n.*) sammelt. *(WBÖ I, 354, Jakob 182)*

Stumpler pl. *(V)* Spottname für die Bewohner von Dornbirn, da früher einmal angeblich viele Hausierer aus dieser Stadt mit Maismehl unterwegs waren, das sie in Säcken („Stumpen" *m.*) trugen. *(Grimm XX, 482f., Jutz II, 1372)*

Stümpler *m.* Bez. und Rügewort für Stümper, Pfuscher; ursprünglich Handwerker, der keiner Zunft angehörte, der mit stumpfem, untauglichem Werkzeug herumpfuschte. *(Grimm XXI, 483, Kluge 761, UK 587, Jontes 168)*

Stummel *m.*, siehe Stummerl.

Stummerl *n.* Abschätzige Bez. für stummen, meist taubstummen Menschen, auch Schüler, der kein Wort hervorbringt. *(Grimm XX, 415, Pfeiffer 418, Aman 136, Jakob 187, Teuschl 225, UK 587, Jontes 168f., WStWB 167)*

Stüramperl *n. (N)* Bez. und Rügewort für jemanden, der gerne herumsucht, -stochert, „stürlt", hinter alles zu kommen sucht; Nähe zu Schmierampel (s. d.). *(WBÖ I, 183)*

Stürbrand *m. (St)* Bez. und Rügewort für Unruhestifter, Aufhetzer, Aufwiegler. Satzname „Schüre den Brand", zu stüren, stieren „herumstochern, aufwiegeln" (ahd. stôran). *(WBÖ III, 1730, UK 587, Jontes 169)*

Stürer *m. (T)* Bez. für langsamen, zögernden Menschen; ma. stüren „herumstochern, zögern, lässig sein". *(Schatz II, 618)*

Stürfler *m. (V)* Bez. für ungeschickt Gehenden, Stolperer; ma. stürflen „stolpern". *(Jutz II, 1375)*

Stürgger *m. (T)* Bez. und Rügewort für einen schlampigen, lässigen Arbeiter; ma. stürggen „stochern, langsam arbeiten". *(Schatz II, 617)*

Stürler *m. (St, O)* Bez. und Rügewort für Hetzer, Aufwiegler; auch für Menschen, die gerne in Kästen und Laden nach irgendetwas Verwertbarem herumsuchen. *(Jontes 169, Jungmair 285)*

Sturschädel *m.* Wie Stierschädel (s. d.) als Bez. und Rügewort für starrsinnigen Menschen. *(Jontes 169)*

Stürzler *m. (K)* Schpfw. für Herumtreiber, Vagabund. In der älteren Sprache Landstürzer. Vgl. Grimmelshausens Landstörzerin Courage oder auch Schulstürzer „Schüler, der die Schule schwänzt". *(Pohl 137)*

Stutzel *n.* Bez. und Schpfw. für kleinen, dicken Menschen, wertneutral für kleines, liebes Kind; zu stutzen „abschneiden", unter Bezug auf die Körpergestalt, auch unter Mitklang des Wortes Stutzen „Trinkgefäß gedrungener Form". *(Jakob 188, UK 587, Jontes 169, WStWB 171)*

Stutzelberger *m. (St)* Erweiterungsform des Vorigen auf einen bäuerlichen Pseudohofnamen hin. *(WStWB 171)*

Stutzen *m. (O)* Wie zuvor; auch Kosewort für kleines Kind. *(Jungmair 286)*

Stützenlecker *m. (St)* Schmeichler. *(WStWB 166)*

Stutzkopf *m. (V)*, **Stütz-** *m. (T)* Bez. und Rügewort für Starrkopf, trotzigen Menschen; ma. stutzen „stoßen“, stützig „widerstrebend“. *(Grimm XX, 799, Schatz II, 618, Jutz II, 1381)*

• • • • • • • •

U

• • • • • • • •

Übelhäusler *m. (V)* Bez. für Verschwender, jemanden, der übel wirtschaftet, haust, schlechte Hauswirtschaft führt. *(Jutz II, 1399)*

Überbein *n. (W, „-baan“)* Schpfw. für besonders hässliche Frau, auch Prostituierte. *(Teuschl 237)*

Übergellischer *m. (St)* Unbesonnener Mensch. Dunkler Herkunft. *(WStWB 167)*

Übergescheiter *m. (St)* Damit wie beim Obergescheiten (s. d.) eigentlich ein ganz Dummer gemeint. *(Pfeiffer 440, WStWB 167)*

Überundüber *m. (N, O)* Scherzhaft für übermütigen, zügellosen Burschen, ebensolches Kind. *(Hager 57, Jungmair 306)*

Übler *m. (St)* Ältere Bez. für Übeltäter. *(UK 605, Jontes 169)*

Uhu *m.* Bez. und Spottwort für unschöne Frau („schiecher Uhu“); nach dem Eulenvogel (auch Buhudl *m.*). *(Grimm XXIII, 1750, WBÖ II, 1332f., Pfeiffer 441, Kapeller 168, Teuschl 237, Jontes 169)*

Ultralinker *m.* siehe Linker.

Ultrarechter *m.* siehe Rechter.

Umfaller *m.* Jemand, der ein Versprechen nicht einhält, seine Meinung plötzlich aus opportunistischen Gründen ändert; oft in politischen Zusammenhängen verwendet. *(Pfeiffer 441)*

Umfanz *m. (T)* Bez. und Rügewort für widerspenstiges, ungezogenes Kind; zu Fant *m.* „Knabe“? *(Schatz I, 156)*

Umiheber *m.* Bez. und Schpfw. für Betrüger, Übervorteiler; ma. umiheben „hinüberheben, betrügen“. *(Jontes 169)*

Umschuss *m. (W)* Wie Schussbartel (s. d.) für hastigen, übereilt handelnden, auch geschäftigen Menschen, jemanden, der herumschießt. *(Jakob 202)*

Umstandsmeier *m.* Bez. und Rügewort für umständlichen, unbeholfenen, auch pedantischen Menschen, einer, der viele Umstände auch bei problemlosen Angelegenheiten macht; nach Art der Namensbildung von Angstmeier (s. d.). *(Jontes 169)*

Umundumtodel *m. (St, „Umadum-“)* Abfällige Bez. für einfältigen Menschen, der sich gutmütig für alles gebrauchen lässt; umundum „rundum, vielseitig“; vgl. Todel (s. d.). *(Jontes 169, WStWB 167)*

Umurke *f.* Nebenform für Gurke (s. d.); vor allem für sich zierende weibliche Person verwendet. *(Wintersberger 86, Teuschl 239)*

Unband *m.* Bez. und Rügewort für widerspenstigen, zügellosen Menschen, schlimmes Kind, eine kaum zu bändigende Person. *(Grimm XXIV, 240, WBÖ II, 197, Pfeiffer 442, Jakob 203, Jutz II, 1445)*

Untám *n.*, *m.* Bez. für ungehobelten, widerspenstigen, dummen Menschen; bair. untüem „unziemlich, ungewöhnlich". *(Schmeller I, 604f., Teuschl 239, Hager 57, Jontes 169)*

Unterfuteler *m. (St)* Altes Schpfw. unbest. Bed. (16. Jh.); vielleicht vom Unterfutter der Kleidung, das im Gegensatz zur Oberseite von Optik und Qualität her als minder schön angesehen wird. *(Grimm XXIV, 1556, UK 608, Jontes 169f.)*

Unterläufel *m.* Geringschätzige Bez. für Untergebenen, Bediensteten ohne Macht und Entscheidungsbefugnisse, Helfershelfer; urspr. Unterhändler, Bote. *(Grimm XXIV, 1658, Wintersberger 86, Teuschl 239, Jungmair 309)*

Unterseeboot, **U-Boot** *n.* Jemand, der aus verschiedenen Gründen untergetaucht ist, im Untergrund lebt, um sich Erkennen oder Verfolgung zu entziehen. Als geistiges U. scherzhaft-spött. Bez. und Schpfw. für Dummkopf, jemand, der mit seinem Geist sich in der untersten Region bewegt; ähnlich wie Tiefflieger (s. d.) aus dem militärischen Milieu. *(Grimm XXIV, 1806f., Pfeiffer 441)*

Unflat *m.* Bez. und Schpfw. für unflätigen, körperlich wie moralisch verkommenen, schmutzigen Menschen; Unflat *m.* „Schmutz, Exkremente". *(Grimm XXIV, 552, Pfeiffer 442, Kapeller 168)*

Unfrut *m. (T, „Unfrüet")* Bez. für hässlichen Menschen; eig. Unrat, auch Ungeziefer. ahd. unfrôt. *(Grimm XXIV, 597, Schatz II, 675)*

Ungehattle *n. (T, „Unghatl")* Schpfw. allg. Art für Frauen; eig. Gespenst, ma. hatlen „geistern".

Ungunst *m. (T)* Bez. und Rügewort für missgünstigen, neidischen Menschen; Übertragung der Charaktereigenschaft oder Stimmung auf die ganze Person. *(Grimm XXIV, 1036ff., Schatz II, 675)*

Ungustel *m.* Bez. für unappetitlichen, auch hässlichen Menschen; von ungustiös mit Angleichung an Gustel als Kurzform von Gustav. *(Pfeiffer 443, Wintersberger 86, Wehle 100, Teuschl 239, Jontes 170, Hager 57)*

Unhulf *m. (T)* Bez. und Rügewort für unbeholfenen Menschen. *(Schatz II, 676)*

Unikum *n.* Bez. für skurrilen, auch eigensinnigen Menschen; wohl über Studentensprache (lat. unicus „einzigartig"). *(Pfeiffer 443, Kapeller 169, Jontes 170)*

Unmann *m. (V)* Bez. und Rügewort für ungefälligen, unverständigen Mann, auch wie Unmensch (s. d.). *(Grimm XXIV, 1161ff., Jutz II, 1462)*

Unmensch *m.* Bez. und Schpfw. für grausamen Menschen, hochsprachl. *(Grimm XXIV, 1173ff., Pfeiffer 443, Jutz II, 1462)*

Unschuld vom Lande *f.* Spöttisch für naives Mädchen; schon 1874 in der Operette „Die Fledermaus". *(Küpper 230)*

Unschuldsengel *m.* Bez. für jemanden, der gute Eigenschaften vorspielt, eine begangene Missetat hinter unschuldsvollem Gebaren verbirgt. *(Pfeiffer 444, Kapeller 170)*

Unschuldslamm *n.* Wie zuvor; aus dem kirchlichen Sprachgebrauch. *(Grimm XXIV, 1350, Pfeiffer 444)*

Ungeziefer *n. (W)* Bez. und Schpfw. für schlechten, verabscheuenswürdigen Menschen, auch schlimmes Kind, Ungeziefer, wie Ziefer (s. d.). *(Grimm XXIV, 2297, Pfeiffer 442, Jakob 226, Schuster 174)*

Unzuk *m. (T)* Bez. und Rügewort für unordentlichen Menschen; Herkunft unklar. *(Schatz II, 676)*

Uole *m. (K)* Bez. und Rügewort für Dummkopf; anscheinend Form von Ulrich, Uli. *(Lexer, KWB 247)*

Urass *m. (K)* Bez. und Schpfw. für Vielfraß; eig. Speise- und Futterreste; ma. urassen „verschwenden, vergeuden, bes. von Nahrung", mhd. urezzen „aus-, aufessen".

Ureigerl *n. (St)* Spöttisch für letztes Kind einer Ehe; eigentlich ma. Sauerteig.

Urvieh *n. („-viech")* Bez. für Possenreißer, überlustigen, originellen Menschen, eher anerkennend, einst aber auch für groben, grob übermütigen Kerl. *(Grimm XXIV, 2601f., Pfeiffer 445, Kapeller 172, Schatz II, 679)*

Urschel *f.* Bez., Rüge- und Schpfw. („blöde Urschel") für dummes, auch schlampiges, unbekümmertes Frauenzimmer; ma. Kurzform für Ursula. *(Grimm XXIV, 2527, Pfeiffer 445, Wintersberger 86, Jakob 204, Teuschl 239, UK 612, Jontes 170, Lexer, KWB 248, Pohl 143, Schatz II, 679)*

Urstrumpftante *f. (W, „-tant")* Scherzhaft zur Definierung eines komplizierten Verwandtschaftsverhältnisses. *(Teuschl 239)*

W

Wabe *f.* Abfällige Bez. für alte, hässliche Frau; slaw. baba „altes Weib"; mit Nähe zu Waberl, der Kurzform von Barbara. *(Grimm XXVII, 10, Schmeller I, 190, Jakob 212, Teuschl 245, UK 612, Jontes 170, Lexer, KWB 247, Pohl 144, Schatz II, 680)*

Wappler *m. (St)* Bez. für dummen, unbekümmerten Menschen, auch Polizeistreife zu Fuß; ma. wappeln „sich schwankend bewegen, wackeln". *(Wintersberger 89, Teuschl 246)*

Wächter *m. („Wachter")* Abfällig für Polizisten, Gendarmen. *(Wintersberger 88, Teuschl 245)*

Wachel *m.* Bez. für schwerfälligen, dummen Menschen, wie Hallawachel (s. d.), Hadrawachel (s. d.); eigentlich Fächer, mit dem man wachelt, „wedelt", der sich aufgrund des Luftwiderstandes schwerfällig bewegt, oder Wachel an der Sense, eine Vorrichtung, die beim Getreideschneiden das gleichmäßige Fallen der Halme bezweckt; auch älteres soldatensprachliches Synonym für Wachtmeister in der alten Armee; vgl. auch Wedel (s. d.). *(Grimm XXVII, 33, Wintersberger 88, Jakob 212, Teuschl 245, UK 612, Jontes 170, WStWB 167)*

Wadelbeißer *m.* Bez. und Schpfw. für hinterhältigen, kleinlich-intriganten Menschen, jemanden, der einem anderen wie ein Hund unversehens in die Wade beißt. *(Pfeiffer 455, Teuschl 245)*

Watsack *m. (T)* Bez. für Dickwanst, beleibten Menschen; eig. Reisesack, Sack zum Befördern von Gewand; vgl. auch Watschker (s. d.). *(Grimm XXVII, 2588, Schatz II, 691)*

Watschel *m. (St)* Bez. für dicken, schwerfälligen Menschen; nach dem watschelnden Gang; auch lautliche Nähe zu Watsche „Ohrfeige", Watschker „Kröte" (s. d.). *(Grimm XXVII, 2595, UK 613, Jontes 170)*

Watschengesicht *n.* Abfäll. Bez. für Menschen mit rundem, dickem, auch unsympathischem Gesicht, das förmlich zum Ohrfeigengeben einlädt; Watsche *f.* „Ohrfeige" (mhd. ôrewetzelin) als Mittel, Ohr und Gedächtnis zu schärfen (Kluge 841) zu ahd. waz „scharf". *(Aman 139, Wintersberger 89, Jakob 215, Teuschl 248, Jontes 170f.)*

Watschenkadi *m.*, siehe Watschenrichter. *(Teuschl 248, Jontes 171)*

Watschenmann *m.* Spöttisch für Prügelknaben, einen, der für alle Schuldzuweisungen da zu sein scheint; nach der Figur im Wiener Wurstelprater, den man gegen Bezahlung ohrfeigen kann; ma. Watsche *f.* „Ohrfeige". *(Pfeiffer 458)*

Watschenrichter *m.* Älterer Spottname für junge Richter, die in Bagatellsachen Recht sprechen; jünger auch Watschenkadi *m.*, nach dem orientalischen Richter. *(UK 613, Jontes 171)*

Watschker *m.* Bez. und Spottwort für einen dicken, unbeholfenen, zugleich faulen Menschen beiderlei Geschlechts; in älteren Quellen damit eine große Umhängetasche bez., diese aus mhd. wat-sac „Mantelsack, Reisetasche"; anscheinend auch Weschgi (s. d.) als Schpfw. in Verbindung (*UK 630*, aus ital. bestia unwahrscheinlich); Typus des Behälternamens für Schimpf und Spott; tirol. Watschker für die große Wurfkugel beim Schmirackeln, dem alpenländischen Wurfkegelspiel aus ital. boccia. *(Grimm XXVII, 2596ff., UK 613f., Jontes 171, WStWB 167)*

Waffennarr *m.* Spöttisch für fanatischen Waffenliebhaber oder -sammler. *(Pfeiffer 455)*

Wagerlfanger *m. (St)* Altes Schpfw. (17. Jh.), unbest. Bed., dunkler Herkunft. *(UK 614, Jontes 171)*

Wackelente *f. („-anten")* Spött. Bez. für trägen, schwerfälligen Menschen; Vergleich mit dem Watscheln einer Ente. *(WBÖ I, 255)*

Walperl *n., f.* Bez. für dummen Menschen, besonders Frau; Kurzform von Walburga. Siehe auch Halperl. *(Grimm XXVII, 1321, Schmeller II, 907, Teuschl 246, UK 615, Jontes 171)*

Walch *m. (T)* Bez. für den Italiener, Welschen; zur Etymologie vgl. Krautwalch (s. d.). *(Grimm XXVII, 1071, Schatz II, 684)*

Waldtrottel *m.* Steigerung des Trottels (s. d.) auf das Hinterwäldlerische hin.

Waldesel *m. (W)* Bez. und Schpfw. für Dummkopf. *(Grimm XXVII, 1116f.)*

Waldl *m. (W)* Spöttisch für dummen Menschen; Kurzform von Walter, Oswald, Waldemar. *(Teuschl 245f.)*

Waldnerpienk *m. (N, „-peank")* Scherzhaft-spöttische Bez. der nö. Weinviertler für die Bewohner des Waldviertels. Siehe Pienk. *(WBÖ III, 151)*

Waldschnepfe *f.*, siehe Schnepfe. *(Jontes 171)*

Waldschrattel *m.*, siehe Schrattel. *(Pfeiffer 456, Jontes 171)*

Waldunform *f.* Schpfw. unbest. Bed. für Frauenzimmer. *(UK 616, Jontes 171)*

Wäller *m. (W)* Bez. für Italiener, Wälscher; zu Walch (s. d.). *(Schuster 184)*

Walger *m. (K, T)* Bez. und Spottwort für dicken Menschen *(T)*, aber auch heimatlosen Armen *(K)*; eig. Walze, Walker, ma. walgen „wälzen, rollen, herumrollen". *(Lexer, KWB 249, Schatz II, 685)*

Walgerl *n.* Bez. und Rügewort für leichtfertiges Mädchen, wankelmütiges Liebchen; zu ma. walgen „herumwälzen, walken" (vgl. Nudelwalger *f.* „Teigwalze"). *(Grimm XXVII, 1236, UK 616, Jontes 171)*

Walküre *f.* Scherzhaft-spöttisch, aber auch anerkennend für stattliche, wenn möglich auch noch blonde Frau nach dem Muster der germanischen Sagengestalt, die die toten Helden nach Walhall bringt. *(Pfeiffer 456)*

Walross *n.* Scherzhaft für ungefüg erscheinenden, im Wasser aber äußerst beweglichen und mit dem nassen Element vertrauten Mann. *(Pfeiffer 456)*

Walzbruder *m.* Bez. für Vagabund, Landstreicher; eig. ein wandernder Handwerksbursche, -geselle, einer, der „auf der Walz" ist. *(Grimm XXVII, 1403, Pfeiffer 456, Petrikovits 92)*

Wampe *f.*, siehe Wampeter. *(Pfeiffer 456, Jontes 171)*

Wampeter *m.*, auch **Gewampeter** *m.* Spöttisch-abfällige Bez. für dicken Menschen; ma. Wampe *f.* „Bauch, Dickbauch" (ahd. wamba, mhd. wambe „Bauch, Mutterleib, Eingeweide"); vgl. auch Gefüllter (s. d.). *(Aman 140, UK 616, Jakob 213, Teuschl 246, Jontes 171)*

Wampenwäscher *m. (St, „-wascher").* Spöttisch-verächtliche Bez. für Fleischhauer; Wampe in der Bed. Eingeweide, Innereien, die als das Minderwertigste am Schlachttier galten. *(UK 616, Jontes 171)*

Wamper *m.*, **Wampeler** *m. (T)* Spött. Bez. für dickbäuchigen Mann; ma. Wampe *f.* „Bauch". Auch dickbäuchige Brauchtumsgestalten der Tiroler Fastnacht heißen so. *(Grimm XXVII, 1455, Schatz II, 686)*

Wams *m.*, **Wamser** *m. (W)* Bez. und Schpfw. für Denunziant, Verräter; ma. Wams „Verrat". Umgangssprachlich wamsen, hineinwamsen „eine Ohrfeige versetzen". *(Grimm XXVII, 1469, Jakob 213, Teuschl 246)*

Wamstel *m. (W, St)* Bez. für dicken, beleibten, unbeweglichen Menschen; zu Wanst *m.* „Dickbauch" oder Nebenform von Bambstel (s. d.); auch Wanzel und Wastel (s. d.) lautlich und inhaltlich nahestehend. *(Grimm XXVII, 1471, Jakob 213, UK 617, Jontes 171, WStWB 167)*

Wamsterling *m. (St, O)* Wie zuvor. *(WStWB 167, Jungmair 320)*

Wanbauch *m.* Spött. Bez. für mageren, schlecht genährten Menschen, Hohlbauch; ma. wan „halbleer, nur halb gefüllt" (ahd., mhd. wan „ds."). *(Grimm XXVII, 646, UK 617, Jontes 171f., WBÖ II, 546)*

Wantschel *m. (T)* Bez. für dicken, kleingewachsenen Menschen; zu Wanst. *(Schatz II, 688)*

Wanst *m.* Bez. für dicken, beleibten Menschen; eig. dicker Bauch. *(Grimm XVII, 1912ff., Schatz II, 688)*

Wanze *f.* Bez. und Rügewort für lästigen Menschen, besonders Kind, das auf die Nerven fällt; nach dem Ungeziefer; ähnlich Penze (s. d.). *(Grimm XXVII, 1929, Pfeiffer 457, Aman 140, Jontes 172)*

Wanzel *m.* Bez. für dicken Menschen; vgl. Wamstel (s. d.). *(Jontes 172, Wudi 23)*

Wärmel *m.*, **Wärmler** *m.* Bez. und Schpfw. für Homosexuellen; wie das Folgende.

Warmer *m.* Bez. und Schpfw. für Homosexuellen; Kurzform von warmer Bruder „ds."; wie Geheizter, Gebackener (s. d.). mit Bezug auf animalische Wärme. *(Pfeiffer 457, Aman 143, Teuschl 246, Jontes 172)*

Warzensimmerl *m. (St)* Spött. Bez. für jemanden mit starkem Warzenbefall an Gesicht und Händen; Simmerl als Kurzform von Simon, wie auch in anderen Spottwörtern. *(Jontes 172)*

Warzenzupferin *f. (W)* Spött. Bez. für alte Frau. *(Jakob 214, Schuster 185)*

Waschtrognymphe *f. (W)* Scherzhafte Bez. für Wäscherin; ähnliche Bildung wie Grabennymphe (s. d.). *(Jakob 214)*

Waschel *m.* Bez. für großen, groben, ungefügen, auch rohen Menschen, ebenso für Tiere; wie Badwaschel (s. d.) auf grobes Gebaren hinweisend, auch Nähe zu Ohrwaschel (s. d.). *(Grimm XXVII, 2223, Pfeiffer 457, Wintersberger 89, Jakob 214, Teuschl 247, Jungmair 321, UK 618, Jontes 172, Schatz II, 691)*

Waschkittel *m. (St)* Bez. und Rügewort für Schwatzmaul, klatschsüchtigen Menschen; zu ma. waschen „schwätzen", Kittel für die ganze Person. *(Grimm XXVII, 2259, UK 618, Jontes 172)*

Waschlappen *m.* Bez. und Schpfw. verächtl. Bed. für Weichling, Mann ohne Energie; nach dem gestaltlosen Waschgerät. *(Pfeiffer 457, Aman 140, Jontes 142)*

Waschweib *n.* Bez. für schwatzhafte Person, auch feigen Mann. *(Grimm XXVII, 2270, Pfeiffer 458, Kapeller 173, Jakob 214, Jutz II, 1536)*

Wastel *m.* Bez. für dicken Menschen („dicker Wastel"); lautliche und inhaltliche Nähe zu Bambstel, Wamstel (s. d.); eigentlich Kurzform von Sebastian. In *W* auch für Tiroler. *(Pfeiffer 458, Aman 140, Jakob 214, Teuschl 247f., UK 619, Jontes 172, Lexer, KWB 251)*

Wasen *m. (T)* Bez. und Schpfw. für plumpen, groben, ungefügen Menschen; eig. Rasenstück. *(Schatz II, 690)*

Wasserpritschler *m. (O)* Spöttische Bez. für Arzt, der gerne Wasserkuren verordnet; ma. pritscheln „plätschern, mit Wasser umgehen". *(WBÖ III, 999)*

Wasserhahn *m. (St)* Spött. Bez. für nicht zeugungsfähigen Mann, dessen Geschlechtsteil als nur zum Urinieren brauchbar angesehen wird. *(Jontes 172)*

Waserl *n.* Bez. und Rügewort für mutlosen, kleinmütigen Menschen ohne Auftreten, auch furchtsamen Charakter; ma. Form von Waise, Waisenkind. *(Grimm XXVII, 1054, Pfeiffer 458, Wintersberger 89, Jakob 214, Teuschl 247, Hager 59, Jungmair 331, UK 615, Jontes 172, WStWB 167, Pohl 145)*

Wassermacher *m. (W)* Bez. und Rügewort für Aufschneider, Schwätzer, umgangssprachl. ein Wasser machen „Aufhebens von einer Sache machen, etwas aufblähen, hinter dem nichts steckt"; Wasser als Begriff einer zwar quantitativ bedeutenden, qualitativ jedoch minderwertigen Sache. Wie Windmacher (s. d.). *(Jakob 215)*

Wasserratte *f. („-ratz")* Scherzhaft für Menschen, der sich gern im Wasser aufhält, leidenschaftlicher Schwimmer und Taucher ist. *(Pfeiffer 458)*

Wasserschädel *m.* Spött. Bez. für Menschen mit großem Kopf, auch Dummkopf; die anatomische Missbildung Wasserkopf (griech.-lat. Hydrocephalus) ist meist auch mit Idiotie verbunden. *(Pfeiffer 458 „Wasserkopf", Aman 140, Kapeller 174, Jontes 172)*

Waudel *m. (T)* Spött. Bez. für Mann mit dichtem, buschigem Haarwuchs; eig. eine Schreckgestalt des Volksglaubens, wie Wauwau (s. d.) aus dem Ausruf des Abscheus wau! *(Grimm XXVII, 2607, Schatz II, 692)*

Waugel *m. (W)* Schpfw. für blöden Menschen. *(Teuschl 248)*

Waucker *m.*, **Waukerl** *n.* Bez. für hässlichen, garstigen Menschen; aber auch für kleines, ärmliches Wesen, Kümmerer, krankes Kleinkind, ebenso für Laus; Ableitung wie bei Waudel (s. d.). *(Grimm XXVII, 2608, Aman 140, Jakob 215, UK 621, Jontes 172f.)*

Wauwau *m.* Bez. für Kinderschreck, wilden Mann, Schreckgestalt, auch Aufpasser für junge Mädchen, Anstandsdame („Anstandswauwau"); nach dem Ausruf des Abscheus wau! *(Grimm XXVII, 2608f., Küpper 236, Pfeiffer 459, Jakob 215, Teuschl 248, Jungmair 322)*

Watzel *m. (W)* Dicker, ungefüger Mensch. *(Teuschl 248)*

Weber *m. (W)* Bez. abschätziger Art für ärmlichen, auch geizigen, tölpelhaften Menschen; Anspielung auf die einst im Volke behauptete Unehrlichkeit der Weber. *(Grimm XXVII, 2655f., Jakob 216)*

Weberknecht *m.* Spött. Bez. für großgewachsenen, dünnen Menschen mit langen Gliedern, spinnenfingerigen

Händen; nach der gleichnamigen Spinne, deren Name Webergeselle bedeutet, was wohl von der häufigen Unterernährung dieser einstigen Handwerker abgeleitet ist bzw. von der ständigen Tätigkeit der Hände im Geflecht der Fäden auf dem Webstuhl kommt. *(Grimm XXVII, 2663, Jontes 173)*

Wechselbalg *m.* Bez. und Schpfw. für schlimmes, ungezogenes, boshaftes Kind, etwas milder auch für aufgewecktes, unruhiges Kind, leichtsinnige, auch faule Person; im Volksglauben ein vom Teufel gezeugtes oder von diesem oder Hexen ausgetauschtes Kind, das aufgrund dieser Manipulation alle schlechten Eigenschaften zeigt. Siehe auch Balg. *(Grimm XXVII, 2705ff., WBÖ II, 122ff., Pfeiffer 459, Aman 141, Kapeller 174)*

Wechselbube *m. (St, „-bua“).* Bez. für flatterhaften Liebhaber, der seine Freundinnen oft wechselt. *(WBÖ III, 1240, UK 621, Jontes 173)*

Wedel *m.* Häufiges Schpfw. und Bez. für dummen Menschen, auch Flegel, Lümmel; wie Wachel (s. d.) Bez. für Fächer, Gerät zum Fliegenverscheuchen, auch Viehschweif, Weihwassersprenger; zu wehen „in fächelnde Bewegung setzen“. In *K* auch für streitsüchtigen Menschen, Zänker. Lesacher Wedel für die Lesachtaler, denen man diese Eigenschaften nachsagte. *(Grimm XXVII, 2825, Pfeiffer 459, Aman 141, Teuschl 248, UK 622, Jontes 173, WStWB 167, Lexer, KWB 252)*

Wettel *f. (W, B, O)* Bez. und Rügewort für lebhafte Person, Plauderin, auch einfältiges Frauenzimmer; Kurzform von Barbara über frz. Babette. *(WBÖ II, 316)*

Wedelarsch *m. (T, „Widel-“)* Bez. und Schpfw. für eitle Frau; nach den koketten Bewegungen beim Gehen; auch tadelnd für unruhiges Kind. *(WBÖ I, 363, Schatz II, 704)*

Wetterfahne *m.* Wankelmütiger Mensch, der sich wie eine Wetterfahne nach der jeweiligen für ihn opportunen Lage ausrichtet, wetterwendisch ist. *(Pfeiffer 462)*

Wetterfrosch *m.* Scherzhaft für Meteorologen. *(Küpper 237, Pfeiffer 462)*

Wetterhexe *f. („-hex“)* Bez. und Schpfw. für zerlumptes, ungepflegtes Weibsbild; auch älteres Schpfw. für Hexe überhaupt, nach dem besonders Frauen angedichteten Wetterzauber. *(Grimm XXIX, 734f., Pfeiffer 462, Aman 141, Ziller, Schelmen 382, Jutz II, 1599)*

Weh *m., n.* Bez. und Schpfw. wie Wedel (s. d.), dessen Kurz- und Hüllform es ist; eigentlich nur der Buchstabenname (wie Ha für Hure), weshalb auch die sächliche Form erklärbar ist. *(Wehle 83, Teuschl 249, Jontes 173)*

Weib *n.* Ursprünglich wertneutrale Bez. für Frau, dann auch negativ für weibliche Personen der sozialen, dienenden Unterschichten im Gegensatz zur Frau. Heute hauptsächlich im abfälligen Sinne verwendet. *(Grimm XXVII, 329ff., Pfeiffer 459)*

Weibl *n.* Bez. für Weiblein, altes Mütterchen. *(Jakob 216 und allg.)*

Weibeler *m. (V)* Bez. und Rügewort für einen Mann, der gerne Frauen nachstellt bzw. sich bei ihnen aufhält. *(Jutz II, 1558)*

Weiberpatzer *m. (T)* Bez. und Scherzname für einen Mann, der gerne Frauen kneift, zärtlich zwickt. *(WBÖ II, 526)*

Weiberpuffer *m. (O)* Bez. und Spottname für Frauenheld, wie Weiberheld (s. d.); ma. puffen „jemanden anstoßen", auch „niederschießen" (siehe Hundspuffer).

Weiberer *m. (St)* Bez. und Schpfw. für Mann, der hinter Frauen her ist. *(Wintersberger 89, Jontes 173, WStWB 167)*

Weiberfäller *m. (St)* Älteres Schpfw. im Sinne von Frauenheld; Ratsprot. Oberwölz, 1637: „... deß Andre Ehewürthin hat ihren Nachbarn für ainen Weiberfäller ausgescholten"; fällen im Sinne von moralisch zu Fall bringen. *(Grimm XXVIII, 384, UK 623f., Jontes 173)*

Weiberfuchser *m. (St)* Bez. für Frauenschänder (Gerichtsprot. Voitsberg, 1757, fol. 12); ma. fuchsen „in Zorn versetzen, ärgern, plagen, misshandeln". *(Grimm XXVIII, 386, UK 624, Jontes 173)*

Weiberheld *m.* Bez. und Rügewort für Mann, der sich als Eroberer von Frauen gibt, Frauen nachstellt, aber auch Feigling, der nur Frauen gegenüber aufzutreten wagt *(V)*; wie Frauenheld. *(Grimm XXVIII, 392, Pfeiffer 459, Jutz II, 1559)*

Weiberknecht *m.* Pantoffelheld (s. d.). *(Pfeiffer 459)*

Weiberlapp *m. (T)* Spött. Bez. für Mann, der sich gerne bei Frauen aufhält. *(Schatz II, 695)*

Weibernarr *m.* Bez. und Rügewort für Mann, dessen ganzes Sinnen und Trachten nur auf Frauen gerichtet ist, der in die Weiblichkeit vernarrt ist. *(Grimm XXVIII, 402, Pfeiffer 460)*

Weibin *f. (St)* Bez. für altes Mütterchen, altes Weiblein; pleonastische, doppelte weibliche Form wie Menschin (s. d.). *(Grimm XXVIII, 420, UK 624, Jontes 173)*

Weibsperson *f.* Abfäll. Bez. für Frau, wie Weib (s. d.). *(Grimm XXVIII, 450ff.)*

Weibsbild *n.* Abfällige Bez. für Frau im Allg.; Bedeutungswandel nach der negativen Seite hin, während das analoge Mannsbild mehr anerkennenden Charakter behalten bzw. erlangt hat; frühnhd. Weibes Bild im Sinne von Gestalt. *(Grimm XXVIII, 441ff., Kluge 844f., Pfeiffer 460, Jontes 173)*

Weibsteufel *m.* Bez. und Schpfw. für moralisch verkommene, von satanischer Bosheit durchdrungene Frau; auch fixiert durch Karl Schönherrs Drama „Der Weibsteufel" (1915). Im Volksaberglauben gab es auch weibliche Teufelsgestalten. *(Pfeiffer 460, Kapeller 175)*

Weibse *f. („Weibsen")* Abfällige Bez. wie zuvor; aus frühnhd. Weibes Name. *(Grimm XXVIII, 447, Pfeiffer 460, Schmeller II, 831, UK 624, Jontes 173)*

Weichling *m.* Verweichlichter, schwächlicher Mensch. *(Pfeiffer 460)*

Weichscheiber *m. (St)* Bez. und Rügewort für Feigling, charakterschwachen Menschen, Opportunisten; ein Begriff beim Kegelscheiben: Wer mit der Kegelkugel beim Wurf nicht auf dem Holzladen blieb, sondern mit ihr auf den weichen Lehm der Bahn geriet; ma. scheiben „schieben, rollen lassen"; ähnlich Lehmscheiber (s. d.).

Weihwasserfrosch *m. (W)* Scherzhaft-spöttisch für Frömmler, Katholiken. *(Teuschl 249)*

Weihwasserratte *w. (W, „-ratz", m.)* Wie zuvor. *(Teuschl 249)*

Weihwasserente *f. (W, „-anten")* Spött. Bez. für Frömmlerin.

Weinpantscher *m.* Betrügerischer Weinhändler oder Wirt, der den Wein mit Wasser „tauft". *(Küpper 236, Pfeiffer 460)*

Weinbeißer *m.* Scherzhafte Bez. für Weingenießer, passionierten Weintrinker; von der kauenden Bewegung bei der Geschmacksprobe. *(Teuschl 249)*

Weinbeere *f. (O, „-beer, -bier")* Bez. und Rügewort für Schmeichler, Kriecher, jemand, der sich bei einer Person „einweinberln", einschmeicheln, will. *(Jungmair 324)*

Weintatschker *m. (St)* Abfällige Bez. für Säufer; vgl. Tatschker (s. d.). *(UK 626, Jontes 173)*

Weingartesel *m. (V)* Bez. und Schpfw. für Dummkopf. *(Jutz II, 1571)*

Weinlutschel *m. (W)* Bez. und Rügewort für Weinsäufer, passionierten Weintrinker; ma. lutscheln „schlürfen, lutschen". *(Jakob 217)*

Weinlutze *f. (K)* Wie zuvor. *(Lexer, KWB 184)*

Weinseiherin *f. (St)* Altes Schpfw. für Wein pantschende Wirtinnen (Gerichtsprot. Weißkirchen, 1650); ma. seichen „urinieren". *(UK 628, Jontes 174)*

Weißerl *n. (St)* Altes Schpfw. für Menschen, dessen Sauberkeitsbedürfnis schon fast überentwickelt ist, der in allen Situationen stets gepflegt und sauber bleibt.

Weißgeschädleter *m. (W, „-geschägleter")* Bez. und Spottwort für Blondkopf oder auch weißhaarigen Menschen, Greis. Ähnlich Rotschädel (s. d.). *(Jakob 217)*

Wecken *m.* Bez. und Rügewort für dummen, groben Menschen ohne Einsicht; Vergleich mit dem Holzspaltekeil, ma. Wecken (ahd. wecki, mhd. wecke), der nach seiner Ähnlichkeit mit einem länglichen Brotwecken so benannt wurde; übertragen auch auf einen unförmig dicken Menschen. In Wien auch für fesches Mädchen. Siehe auch Lochwecken. *(Grimm XXVIII, 2784ff., Kluge 842, Teuschl 248, UK 622, Jontes 174)*

Weckerl *n. (W)* Lächerliche Person, jämmerliche Figur. *(Teuschl 248)*

Weltblatt *n.* **-blattel** *n. (W)* Bez. und Rügewort für geschwätzige Person, Herumträger von Neuigkeiten; wie Extrablatt (s. d.) nach einem Presseerzeugnis. *(WBÖ III, 299)*

Weltpuppe *n. („-puppen")* Wie Welthase (s. d.) anerkennend für hübsches Mädchen; siehe Puppe.

Weltverdruss *m. (St)* Bez. für Menschen, der mit sich und der Welt zerfallen ist, Unglücksrabe; popularisiert vor allem durch das gleichnamige, volkstümliche Lied des Roseggerfreundes Franz Keim (1840–1918). *(Jontes 174)*

Weltgosche *f. (V)* Bez. und Schpfw. für Lästermaul, Vielredner; Welt- als Steigerungswort; ma. Gosche *f.* „Maul, Mund, Mundpartie" (s. d.). *(Jutz II, 1585)*

Welthase *m.* Die Weltpuppe (s. d.) anerkennend für hübsches Mädchen; siehe Hase.

Weschga *f.*, **Weschgi** *m. (St)*, **Weschke** *f. (K)* Altbezeugtes Schpfw. für dummen, unbeholfenen Menschen (Gerichtsprot. Frohnleiten, 1631–1634); vgl. Watschker (s. d.); Ableitung von ital. bestia eher unwahrscheinlich; vielleicht auch in Zusammenhang mit Wetsch *m.* „Gerichtsdiener" (Idiotikon Rottenmann, 1818). *(UK 630, Jontes 174, WStWB 167, Pohl 146)*

Wespe *f. („Wepsen")* Schpfw. für lästige, zudringliche Person, auch lebhaftes Kind *(K)*. *(Pfeiffer 462, Teuschl 250, Pohl 145, 146)*

Weschgruber, Wetschgruber *m. („-gruaber")* Wie zuvor; Erweiterung von Weschgi zu einem Pseudonamen. *(Teuschl 250)*

Wetze *f. („Wetzen")* Bez. und Rügewort für unruhigen, in lästiger Weise agilen Menschen, jemand, der stets unruhig auf der Bank hin und her wetzt. In Wien auch für Dirne (vgl. Wetzer, s. d.). *(Pfeiffer 463, Aman 141, Jakob 219, Jungmair 334, UK 622, Jontes 174)*

Wetzer *m.* Bez. und Schpfw. für Mann, der sexuell sehr aktiv ist; ma. wetzen „koitieren", nach den ostinaten Bewegungen des Wetzens einer Sense oder dgl. *(Teuschl 251, Jontes 174)*

Wetzerling *m. (St)* Tadelnd für unruhig sitzendes, herumwetzendes Kind. *(WStWB 171)*

Wippel *m. (St)* Bez. und Schpfw. für Geizhals, verwilderten, rohen, bösartigen Menschen, auch gefräßiges, unersättliches Kind; nach der Larve des Kornwurmes, eines Getreideschädlings (ahd. wibil, mhd. wibel, zu wibelen „wimmeln, sich hin und her winden"). *(Grimm XXIX, 804ff., UK 631, Jontes 174)*

Wipfitzer *m. (T)* Bez. und Rügewort für unruhigen, unsteten Menschen; wipfitzen Intensivbildung zu ma. wipfen „springen". *(Schatz II, 708)*

Wicht *m.* Bez. für kleinen Menschen, hauptsächlich aber abfällig für moralisch minderwertigen Mann; hochsprachl., emphatisch gebraucht „armseliger Wicht"; ahd. with „Ding, Wesen" (vor allem für Dämonen). *(Grimm XXIX, 813ff., Kluge 856, Pfeiffer 463)*

Wichtel *m.* Bez. für unruhiges, lebhaftes Kind, auch anerkennend für geistig bewegliches, agiles Kind (vgl. Wichtel bei den Pfadfindern, hier die jüngsten Mädchen). *(Grimm XXIX, 821f., Schatz II, 703)*

Wichtigmacher *m.* Wie hochsprachl. Wichtigtuer. *(Grimm XXIX, 836, Pfeiffer 463, Aman 142, Jakob 219)*

Wichtler *m. (T)* Bez. und Schpfw. für Narr, Geistesgestörten; zu ma. wachteln „wehen, wackeln". *(Schatz II, 703)*

Wichser *m.* Abfälliges Schpfw. im Sinne von Masturbant; zu wichsen, ursprünglich „mit Wachs bestreichen, glänzend polieren", dann auch „mit Ruten schlagen"; auch für Betrüger. *(Grimm XXIX, 809ff., Pfeiffer 463, Aman 142f., Jontes 174, WStWB 167)*

Widder *m. (K, T)* Bez. und Rügewort für groben Menschen *(K)*, mutwilligen, übermütigen Knaben *(T)*; nach dem Schafwidder als aggressivem Tier. *(Lexer, KWB 257, Schatz II, 703)*

Widerling *m. (T)* Bez. und Rügewort für ungefügen, widerspenstigen Knaben; wider „gegen etwas gerichtet" mit Zugehörigkeitsendung. *(Grimm XXIX, 1117, Pfeiffer 464, Schatz II, 704)*

Widerwart *m. (K)* Bez. und Rügewort für widerspenstigen, widerwärtigen Menschen. *(Grimm XXIX, 1363f., Lexer, KWB 250)*

Witwentröster *m.* Scherzhaft für Mann, der sich gerne an Witwen heranmacht bzw. versucht, sich zeitweilig allein lebenden Frauen („grünen Witwen") zu nähern. Auch Synonym für Vibrator, künstl. Phallus, Massagestab.

Wiegelwackel *m. (St, „Wiegelwogel")* Unentschlossener Mensch; zu hin-und herwiegen, wackeln. *(WStWB 167)*

Wiffi *m. (W)* Scherzhaft für Schlaumeier. Zu frz. vif „lebendig, aktiv". *(Teuschl 251)*

Wiffzack *m. (W)* Wie zuvor. *(Teuschl 251)*

Wickerl *m. (W)* Bez. für Zuhälter; Koseform von Ludwig, entsprechend dem im nördl. Deutschland in derselben Bed. gebrauchten Louis („Lui"). *(Wehle 89, Teuschl 251)*

Wickler *m.* Bez. für Menschen mit großem Appetit, herzhaften Esser; ma. wickeln „herzhaft essen, schlingen". *(Grimm XXIX, 853, 860, Schmeller II, 846, Jontes 174)*

Wilder *m.* Wie Halbwilder (s. d.) für einen ungebärdigen, lauten, lärmenden, herumtollenden Menschen, meist Jugendlichen verwendet; Wilde als ältere Bez. für außereuropäische Naturvölker, denen man diese Eigenschaften zusprach.

Wildfang *m.* Bez. und Rügewort für wilden, ungestümen, meist jüngeren Menschen; im Sinne von Jagdbeute, eingefangenes Wild. *(Grimm XXX, 71ff., Kapeller 176, Aman 144, UK 633, Jontes 174f., Lexer 89, „Wintfank"!)*

Wildling *m.* Wie Wilder und Wildfang (s. d.) für ungezügelten Menschen; eig. Wildpflanze, unveredelter Obstbaum oder -strauch, wilder Schössling. *(Grimm XXX, 101ff., Pfeiffer 464, Aman 144, Jakob 220, Teuschl 251, Jungmair 329, WStWB 167, Schatz II, 705)*

Wildsau *f.* Bez. und Schpfw. für rücksichtslos handelnden Menschen, jemanden, der unbekümmert um moralische Hemmnisse agiert. *(Grimm XXX, 117, Pfeiffer 464, Aman 144, Jakob 220, Teuschl 251, Jontes 175, Jutz II, 1619)*

Wildschaden *m. (K)* Scherzhaft für uneheliches oder außereheliches Kind. *(Pohl 146)*

Wimmerlagent *m. (W)* Scherzhafte Bez. für Mann, Jüngling mit vielen Wimmerln, Pusteln, Akne im Gesicht; Agent *m.* „Vertreter, Hausierer, im abträglichen Sinne". *(WBÖ I, 110, Teuschl 252)*

Wimmerlmadáme *f. (W, „-madam")* Wie oben, auf Frauen gemünzt. *(Jakob 220)*

Windbeutel *m.* Schpfw. für hohlen, haltlosen, unzuverlässigen Menschen; bildlich einer, der wie ein leerer Sack nur mit Luft gefüllt ist; vgl. auch Windhund (s. d.). *(Grimm XXX, 269f., WBÖ II, 720, Küpper 237, Pfeiffer 465, Aman 142, Jakob 220, Kapeller 176, Jontes 175, Pohl 146, Jungmair 329)*

Winterschwalbe *f. (W)* Scherzhafte Bez. für Maronibrater, weil diese nach dem Abflug der Schwalben vor dem Winter ihre Tätigkeit aufnehmen. *(Jakob 221)*

Windhund *m.* Wie zuvor, auch auf erotisches Gebiet erweitert für wankelmütigen, untreuen Liebhaber; Zusammenfügung zweier negativer Begriffe zu einem neuen, aber altbekannten Wort. *(Grimm XXX, 305f., Küpper 237, Pfeiffer 465, Aman 142, Jakob 220, Jontes 175, Jutz II, 1624)*

Windmacher *m.* Bez. und Rügewort für jemanden, der von einer Sache viel Aufhebens macht; wie Wassermacher (s. d.); auch scherzhaft für Organisten oder den Balgtreter, Kalkanten an der Orgel. *(Grimm XXX, 315, Küpper 238, Pfeiffer 465, Jakob 220)*

Windspreize *f. (St „-spreizen")* Spottwort für Menschen mit außergewöhnlich langen Beinen, durch die der Wind streichen kann, wenn sie gespreizt werden. *(UK 635, Jontes 175)*

Wienerbazi *m. („Weaner-"),* siehe Bazi. *(Jontes 175)*

Wienerberger *m.* Spöttisch für hässliches Mädchen, als Hüllwort von Ziegel (s. d.) derselben Bedeutung. Nach dem Wienerberg, wo sich einst die meisten Ziegeleien Wiens befanden. *(Teuschl 251)*

Winkeladvokat *m.* Bez. und Schpfw. für schlechten Rechtsvertreter (spött. auch „Rechtsverdreher"), eig. behördlich nicht konzessionierter Rechtsanwalt, ähnlich Winkelschreiber. *(Grimm XXX, 364f., WBÖ I, 89, Pfeiffer 465)*

Wirbler *m. (St)* Bez. für rauflustigen Mann, Unruhestifter; ma. wirbeln „Wirbel, Tumult verursachen, raufen". *(Jontes 175)*

Wirtshausbruder *m.* Bez. und Rügewort für Mann, der sich gerne und häufig in Wirtshäusern aufhält; Bruder (s. d.) im abfälligem Sinne. *(WBÖ III, 1147)*

Wirtshaushocker *m.* Wie zuvor. *(Pfeiffer 466, Aman 141, Jutz II, 1635)*

Wirschel *m. (O)* Bez. und Rügewort für unruhiges, schlimmes Kleinkind; mhd. wirsen „schlimmer machen, verschlechtern". *(Jungmair 330)*

Wirrwarrbruder *m. (W)* Bez. und Schpfw. für Wirrkopf, auch vergesslichen, zerstreuten Menschen; alliterierend-ablautende Bildung zu wirren „durcheinanderbringen". *(Jakob 221)*

Wispel *f. (T)* Bez. und Schpfw. für loses Frauenzimmer; eig. Quirl, auch Blaspfeife. *(Grimm XXX, 735, Schatz II, 710)*

Wischiwaschi *m. (T, „Wispiwasso")* Bez. und Schpfw. für jemanden, der beim Reden alles durcheinanderbringt, „Wischiwaschi" daherredet; eig. lautmalend für Geschwätz. *(Grimm XXX, 725f., Schatz II, 709)*

Witzbold *m.* Rügewort für jemanden, der so absurde Gedanken in einer ernsten Situation von sich gibt, dass diese als schlechter Witz verstanden werden. *(Pfeiffer 466, Kapeller 177, Jontes 175, Jutz II, 1640)*

Witzfigur, Witzblattfigur *f.* Bez. und Schpfw. für lächerliche Person, jemanden, der sich zum Gespött der Leute macht; auch Witzblattfigur, was die Herkunft aus der satirischen Welt der Karikatur verdeutlicht. *(Pfeiffer 466)*

Witzkarte *f. (St, „-karten")* Bez. für jemanden, der witzig und lustig ist, Spaßmacher, durchaus anerkennend gemeint; viell. nach Spielkarten mit Scherzdarstellungen.

Wohldiener *m. (T)* Bez. und Rügewort für Kriecher, Schmeichler, jemanden, der sich allen andienert, in unterwürfiger Weise nähert. *(Grimm XXX, 1104, Aman 143, Schatz I, 130 II, 711)*

Wolfdarm *m. (K)* Bez. und Rügewort für Fresser, Nimmersatt; nach dem Wolf als Inbegriff der Gier. *(Lexer, KWB 52)*

Wortklauber *m.* Bez. und Rügewort für kleinlichen Menschen, vor allem Sprachpedanten oder gefinkelten Juristen. *(Grimm XXX, 1589, Kapeller 177)*

Wuchtel *f.* Bez. für unförmige Person meist weibl. Geschlechts; nach dem bekannten Germgebäck gleichen Namens, das beim Backen aufgeht (aus tschech. buchta „Germgebäck"); auch Bez. für großes, fettes Schwein *(St)* und abfällig für Ball, Fußball. *(Grimm XXX, 1729, Teuschl 253, Jungmair 334, UK 638, Jontes 175, WStWB 167)*

Wucherer *m. (T)* Wie hochsprachl., aber auch für jemanden, der alles übertreibt, durcheinanderbringt, auf den Kopf stellt. *(Grimm XXX, 1700f., Schatz II, 712)*

Wutte *f.* Spott- und Neckwort für allzu lustiges Mädchen; zu ma. wutteln „schwatzen", aus wudeln „sich unstet hin und her bewegen". *(Grimm XXX, 2552f., UK 639, Lexer, KWB 262, Jontes 175)*

Wutnigel *m. (B)* Jähzorniger Mensch; vgl. Nigel (s. d.).

Wuffún *m. (T)* Bez. und Schpfw. für Narr; ital. buffone „Narr". *(Schatz I, 713)*

Wuck *m.* Bez. und Schpfw. für Dummkopf, Blödian; Kurzform von Wuckel (s. d.). *(Jontes 175)*

Wuckel *m.* Bez. für einfachen, geduldigen, einfältigen Menschen, auch für einfachen Soldaten; aus kroat. vojak „Soldat, Krieger"; aus der Soldatensprache der alten Armee. *(Jontes 175)*

Wuckerl *n. (St)* Bez. für kleines, unscheinbares Kind, auch Ferkel; eigentlich kleine zusammengedrehte

Haarlocke (aus frz. boucle „Schnalle, Locke“). *(Grimm XXX, Wintersberger 90, UK 639, Jontes 175)*

Wühlhuber *m. (W, „-huaber“)* Bez. und Schpfw. für Wühler, Aufwiegler, um 1900 auch für Sozialdemokraten gebraucht; nach einer Scherzfigur in den Fliegenden Blättern, der bekannten Münchener satirischen Zeitung. *(Grimm XXX, 1749, Schuster 191)*

Wunderbutte *f. (K, „-butten“)* Bez. für wunderliche, launenhafte Frau; siehe auch Butte *f. (WBÖ III, 1546)*

Wunderer *m. (T)* Bez. und Rügewort für neugierigen Menschen; ma. wundern „neugierig sein“ (engl. to wonder). *(Grimm XXX, 1871f., Schatz II, 714)*

Wunderfut *f. (T)* Grobes Schpfw. für neugierige Frau; wie oben; siehe Fut. *(Schatz II, 714)*

Wunderfuteva *f. (T)* Wie zuvor, verstärkt durch den exemplarischen Frauenvornamen. *(Schatz II, 714)*

Wundergack *m. (T)* Bez. und Rügewort für neugierigen Menschen; siehe Gack. *(Schatz II, 714)*

Wunderling *m. (St)* Wunderlicher, verschrobener Mensch. *(Pfeiffer 468, WStWB 167)*

Wundernase *f. (V)* Wie zuvor. *(Grimm XXX, 1844, Jutz II, 1657)*

Wunderscherben *m.* Bez. für verdrießlich-mürrischen, launenhaften Menschen, wunderlichen Charakter; Scherben wie in Grantscherben (s. d.). *(UK 639, Jontes 176)*

Wurm *m.* Bez. und Schpfw. für Nichtsnutz, moralisches Nichts, emphatisch wie hochsprachl. gebraucht; urspr. Schlange, Drachen, Wurm *m., n.* auch für hilfloses Geschöpf, Kleinkind „armer, armes Wurm“). *(Grimm XXX, 2234f., Pfeiffer 468, Jakob 222, Jutz II, 1661)*

Wurmbader *m.* Scherzhaft-spöttisch für Angelfischer, der seinen Wurm als Köder nur badet, ohne etwas zu fangen. *(WStWB 167)*

Wurstel *m. („Wurschtel“)* Bez. für nicht ernstzunehmenden Menschen, Narr, Hanswurst; Kurzform von Hanswurst (s. d.), der bekannten närrischen Bühnenfigur, wie Kasperl (s. d.). *(Grimm XXX, 2312, Pfeiffer 468, Kapeller 60, Aman 143, Jakob 222, Teuschl 253)*

Würstel *m. („Würschtel“, „Wirschtel“)* Bez. und Schpfw. für unfähigen, dummen, ungeschickten Menschen; wie norddt. armes Würstchen. Jungmair a. a. O. stellt zu Wirschel (s. d.). *(Teuschl 253, Jungmair 330)*

Wurstle *m. (V)* Bez. und Rügewort für Mann, der schlampig arbeitet; ma. wursteln „sich fortbringen, lässig arbeiten“, nach dem Wurstmachen des Fleischhauers. *(Jutz II, 1664)*

Wurstler *m. (T)* Wie zuvor. *(Grimm XXX, 2319, Pfeiffer 468, Schatz I, 715)*

Wurze *f. („Wurzen“)* Bez. für Menschen, der in seiner Gutmütigkeit immer wieder von anderen ausgenützt wird, für andere Geld ausgibt; zu wurzen, auswurzen „ausnützen, eine Wurzel aus der Erde ziehen“. *(Grimm XXX, 2333, Pfeiffer 469, Aman 143, Kapeller 178, Jakob 223, Teuschl 254, Jungmair 335, UK 640, Jontes 176, Jutz II, 1665)*

Wurzelsau *f.* Soldatensprachlich für jemanden, der ungepflegt ist und auf Waffen und Geräte wenig Sorgfalt aufwendet; wie eine Sau, die herumwühlt und dabei bis auf die Wurzeln kommt. *(Jontes 176)*

Wurzelsepp *m.* Bez. für urwüchsigen, naturverbundenen, knorrigen, aber auch verwilderten, ungepflegten Menschen; ursprünglich der im Wald umherstreifende Wurzelsammler, auch Drogist und Betreiber eines Reformhauses. *(Pfeiffer 468f., Aman 143, Teuschl 254, Jontes 176)*

Wurzer *m. (T)* Bez. für unansehnlichen Menschen, auch jemanden, der hart arbeitet; vgl. umgangssprachl. wurzen, auswurzen „jemanden ausbeuten". *(Schatz II, 715)*

Wusch *f.*, **Wuscherl** *n. (W)* Abfäll. Bez. für Dirne, Prostituierte; viell. Wusch *m.* „Haarbusch (des Schamhaares"?). *(Jakob 223, Schuster 192)*

Wuserer *m. (T)* Bez. und Rügewort für unachtsamen Menschen, oberflächlichen Arbeiter; ma. wuseln „flink bewegen, auch oberflächlich, schnell arbeiten". *(Schatz II, 715)*

Wutzel *m.* Bez. für kleinen, dicken Menschen, eigentlich zusammengedrehter Staub, Haare usw., auch Erdäpfelnudeln; zu wutzeln „hin- und herrollen, um etwas in eine längliche Form zu bringen". *(Grimm XXX, 2555 f., UK 639, Jungmair 335, Jontes 176)*

Wutzerl *n.* Bez. für kleines Kind, kleine Person, eher im kosenden Tone. *(Grimm XXX, 2557, Pfeiffer 469, Aman 144, Wintersberger 91, Jakob 223, UK 639, Jontes 176, WStWB 171, Pohl 147)*

• • • • • • • • •

X

• • • • • • • • •

Xandel *f.* Schpfw. für dummes Frauenzimmer; Kurzform von Alexander, Alexandra. *(WBÖ I, 138)*

Xanthippe *f.* Scherzhaft bis abfällig für böse Ehefrau; nach der Gattin des griech. Philosophen Sokrates, der diese Charaktereigenschaft zugeschrieben wurde. *(Pfeiffer 470)*

• • • • • • • • •

Y

• • • • • • • • •

Yeti *m.* Scherzhaft für plumpen, großen Menschen; tib. „Schneemensch". *(Teuschl 256)*

Ytong *m. (W)* Spöttisch für hässliche Frau, wie Ziegel (s. d.); als Hüllwort dafür, ein Produktname für besondere Formziegel. Vgl. Wienerberger (s. d.). *(Teuschl 256)*

• • • • • • • • •

Z

• • • • • • • • •

Zappelpeter *m. (T)* Bez. und Rügewort für lebhaftes, unruhiges, zappeliges

Kind; wie Zappelhans, -philipp (s. d.). *(WBÖ II, 1144, Pfeiffer 472)*

Zappelphilipp *m.* Wie zuvor; eig. Gestalt aus Heinrich Hoffmanns „Struwwelpeter" (wie Hans-Guck-in-die-Luft, Suppenkaspar, s. d.). *(Küpper 240, Pfeiffer 472)*

Zappelhans *m. (St)* Bez. und Rügewort für unruhigen, unsteten, zappeligen Menschen, besonders Jugendlichen oder Kind; analog dem Zappelphilipp im Struwwelpeter (s. d.). *(Jontes 177)*

Zapfl *n. (St)* Wie das Folgende. *(WStWB 167, 171)*

Zapfen *m. (St)* Bez. und Schpfw. für frechen, anmaßenden, dummdreisten Knaben oder Jüngling; Übertragung des Fasszapfens vielleicht im erotisch-nachzeichnenden Sinn. Idiotikon Fohnsdorf, 1813: „Zapfn: ein einfältiger Mensch: Du bist a rechter Zapfen." *(Grimm XV, 258ff., Pfeiffer 471, Teuschl 257, UK 641, Jontes 177)*

Zapfinger *m. (St)* Wie zuvor.

Zappler *m. (T, V)* Bez. und Rügewort für mühsam, langsam arbeitenden *(T)*, auch nervösen, ungeduldigen, aufgeregten Menschen *(V)*. In *W* alter Zappler für Greis. *(Grimm XXXI, 279, Pfeiffer 472, Schatz II, 716, Jutz II, 1683)*

Zacherl *m. (St)* Kretin; vielleicht zu ma. Zacherl „Träne" > Zähre. *(WStWB 167)*

Zaderer *m. (T)* Bez. für jemanden, der hart, mühsam arbeitet. *(Schatz II, 716)*

Zadermaikel *m. (T)* Schpfw. für schlampigen Menschen; Herkunft dunkel. *(Schatz II, 419)*

Zafe *f. (V)* Bez. und Rügewort für eitles Frauenzimmer; ma. zafen „sich aufputzen"; siehe auch Zofe. *(Grimm XXXI, 20, Jutz II, 1672)*

Zagel *m.* Schpfw. für Mann, Übertragung des Penisnamens auf die ganze Person, wie Schwanz (s. d.); auch für kurzen, dicken Mann bez. unordentliches Kind *(St)*. Verstärkt auch Donnerzagel (s. d.). *(Grimm XXXI, 23ff., UK 642, Jontes 172, Jutz II, 1673)*

Zaggle *m., f. (V)* Bez. und Schpfw. für zerlumpten, schlampig gekleideten Menschen; ma. zagglen „nachlässig gekleidet umhergehen". *(Jutz II, 1674)*

Zaggler *m. (T)* Wie zuvor; zu ital. zacchera „Plunder"? *(Schatz II, 717)*

Zähbartel *m. (O, „Zach-")* Bez. und Schpfw. für langsamen Menschen. *(WBÖ II, 374)*

Zalder *f.*, **Zalderer** *m. (T)* Bez. und Schpfw. für schlampigen, schmutzigen Menschen. *(Schatz II, 719)*

Zalfter *f. (T)* Bez. und Schpfw. für schlampiges Frauenzimmer; eig. Fetzen, Lumpen. *(Schatz II, 719)*

Zámpano *m.* Fachmann, Macher, der sich überall durchsetzt; nach der von Anthony Quinn verkörperten Filmrolle in „La Strada". *(Pfeiffer 471)*

Zannarsch *m. (N)* Bez. und Rügewort für weinerliches Kind; ma. zannen „den Mund verziehen, das Maul aufsperren". *(WBÖ I, 363)*

Zannpappe *f. (W, „-pappen")* Wie zuvor; auch für Erwachsene; ma. Pappe *f.* „Mund". *(WBÖ II, 285)*

Zahnbrecher *m.* Scherzhaftes Synonym für Zahnarzt; tadelnd „schreien wie ein Zahnbrecher“ nach dem einstigen marktschreierischen Gehaben der wandernden Z. *(Grimm XXXI, 150ff., WBÖ I, 384, Teuschl 257)*

Zahnel *f. (St)* Beschränktes Weib. *(WStWB 168)*

Zanner *m. (W)* Bez. und Rügewort für Grimassenschneider, auch Griesgram, jemanden, der sein Gesicht mürrisch verzieht; ma. zannen „das Maul aufsperren, Grimassen schneiden, weinen“. *(Jutz II, 1680)*

Zange *f.*, **Zangel** *n. („Zangen“)* Bez. und Schpfw. für bissiges, mürrisches, aggressives, auch geiziges Frauenzimmer. Wie Beißzange (s. d.), Nähe zu zanken. *(Grimm XXXI, 222, Pfeiffer 471, Jakob 224, Teuschl 257, Schatz II, 720, Jutz II, 1679)*

Zanke *f. (T)* Bez. und Schpfw. für zänkisches Weib. *(Schatz II, 720)*

Zankeisen *n. (T)* Bez. und Schpfw. für zänkischen, streitlustigen Menschen; eig. Gegenstand, um den gestritten wird. *(Grimm XXXI, 234f., Pfeiffer 471, Schatz II, 720)*

Zanggel *f. (V)* Bez. und Schpfw. für äußerlich und innerlich unordentliche Person. *(Grimm XXXI, 235, Jutz II, 1679)*

Zankel *m. (St)* Älteres Schpfw. für einen zänkischen Menschen. Herrschaftsprot. Deutschlandsberg, 1713: „... es habe ihm des Flödl Ehewürthin, als er ime Flödl zu pfendten seye verschaffen worden, einen Zänggl gehaißen.“ Siehe auch Zanke. *(UK 643, 644, Jontes 177)*

Zankraunke *f. (St)* Wohl andere Lesart für Zaunraunke (s. d.), „böses, boshaftes Weib“; Raunke „kleine Krätze, Wundschorf“, Raunkerl „Brauchtumsgebäck der Almabfahrt“. *(UK 644, Jontes 177)*

Zarterl *n.* Bez. für Lieblingskind, Muttersöhnchen, rügend auch für jemanden, der sich bei einem Lehrer, Vorgesetzten usw. einschmeichelt und deshalb bevorzugt behandelt wird. *(Grimm XXXI, 298, Jontes 177, WStWB 168, 171, Pohl 150)*

Zarftel *f. (St)* Schpfw. unbestimmter Herkunft für Frauenspersonen; vielleicht auch Verbindung zu Zeichtel (s. d.).

Zaspe *f.*, **Zasper** *m. (K, „Zaschpe, -er“)* Bez. für Menschen, dem eine Arbeit nicht gelingen will; mhd. zaspen „scharren“. *(Lexer, KWB 263)*

Zasche *f. (St, O, „Zaschen“)* Bez. für unordentliche, auch liederliche Frauensperson; übertragen von Zasche „Schleppe eines Kleides“, scherzhaft für Lumpengewand, Fetzen als Bekleidung (wie heute noch Fetzen spöttisch für Kleid); mhd. zaspen „schleifend gehen“. Im Wechselgebiet wurden damit weibliche Spukgestalten oder Hexen bezeichnet, die den Kühen die Milch stehlen. *(Grimm XXXI, 313, UK 643, Jontes 177, Jungmair 337)*

Zaschel *f. (St)* Bez. für leichtfertige, auch für geschwätzige Frau, Plaudertasche, wie Tratsche (s. d.); ma. zascheln, Nebenform zu zischeln, wispern. *(Grimm XXXI, 313, UK 643, Jontes 177)*

Zauk *f.* Derbes Schpfw. für widerspenstige, aufbegehrende, auch lästige weibliche Person, auch im Sinne von mannstoll; eigentlich die läufige Hündin damit bezeichnet, zu Zoch „Zuchtsau, Hündin“, zauchen, Nebenform zu ziehen, doch mögen auch die Bedeutungsinhalte von Auk und Zecke (s. d.) mitwirken. *(Grimm XXXI, 399, Küpper 240, Pfeiffer 472, Aman 147, Kluge 887, Jakob 224, Teuschl 257, Jungmair 337, UK 644, Jontes 177f., WStWB 167, Lexer KWB 263)*

Zaungast *m.* Spöttisch für jemanden, der, ohne eingeladen zu sein, über den Zaun hinweg, ein Fest oder dgl. beobachtet; nicht zahlender Zuschauer jenseits einer Absperrung. *(Pfeiffer 472)*

Zaunke *f. (St)* Bez. und Schpfw. für streitsüchtige Frau; zu zanken. *(UK 644, Jontes 178)*

Zaunlatte *n. (St, „-latten“)* Scherzhaft-spöttisch für dürren, lang gewachsenen Menschen; wie Latte, Zaunstecken (s. d.). *(Pfeiffer 472, WStWB 168)*

Zaunmaunke *f. (St)* Bez. für böses, geiziges Weib; anscheinend Kontamination von Zaunraunke und Maungetzer (s. d.). *(Jontes 178)*

Zaunraunke *f.* Wie oben; vgl. Raunkerl (s. d.) und Zankraunke (s. d.). *(Jakob 224, Teuschl 257, UK 644, Jontes 178)*

Zaunspelte *f. (O, „-spelten“)* Bez. und Scherzname für dünne, zaundürre Person; eig. Zaunlatte; siehe auch Spelte *f. (Jungmair 337)*

Zaunstecken *m.* Scherzhaft-boshafte Bez. für langen, dürren Menschen, wie Hopfen-, Bohnenstange (s. d.); nach dem Zaunpfahl. *(Grimm XXXI, 414, Jakob 224, Jontes 178)*

Zauserl *n. (W)* Abfäll. Bez. für schwächliches, verwahrlostes, zerzaustes Geschöpf. *(Jakob 224, Teuschl 258)*

Zausewitz *m. (W)* Wie zuvor; nach Art eines Vogelnamens auf -itz gebildet. *(Jakob 224)*

Zausle *f. (V)* Bez. und Rügewort für weibliche Person mit wirrem, zerzaustem Haar. *(Jutz II, 1688)*

Zauzel *f. (K)* Bez. und Schpfw. für Hure, Dirne; zu Zauk (s. d.). *(Lexer, KWB 263)*

Zatzer *m. (V)* Bez. und Rügewort für Menschen mit zerzaustem Haar; ma. zatzen „zausen“. *(Grimm XXX, 323, Jutz II, 1685)*

Zechbruder *m.* Bez. und Schpfw. für Säufer, wie Saufbruder. *(Grimm XXXI, 427f., Pfeiffer 472, Jutz II, 1689)*

Zeche *m. (K)* Bez. und Schpfw. für unausstehlichen, lästigen Menschen; Nebenform zu Zecke *f.* (s. d.). *(Lexer, KWB 263)*

Zettenscheiße *f. (St, „-scheißen“)* Bez. für ein zimperliches Frauenzimmer (Ennstal); zu ma. zetten, zetteln „ausstreuen, verschütten, unreinlich essen“? bei Grimm a. a. O. Zettenscheiß als Satzname „Laßdenfurz“. *(Grimm XXXI, 824, UK 645, Jontes 178)*

Zehe *m. („Zechen“)* Abfällige Bez. für hässliches, meist jüngeres Frauenzimmer; gröber für Männer „Sauzehe“ (s. d.). *(Wintersberger 92, Teuschl 258, Jontes 178)*

Zehenbohrer *m. („Zechen-“)* Bez. und Spottwort für Menschen mit stark einwärts gebogenen Füßen; wie Kniebohrer (s. d.). *(WBÖ III, 625)*

Zeichtel *f. (St, „Zoachtel")* Schpfw. für Frauenspersonen. Gerichtsprot. Deutschlandsberg, 1735ff.: „Andree hete seine Tochter ain Zeichtel und Vetl gescholten." Zu Zuchtel (s. d.), vielleicht auch Verbindung zu Zarftel (s. d.). *(UK 646, Jontes 178)*

Zeitungsblatt *n.*, **-blattel** *n. (W)* Bez. und Rügewort wie Plaudertasche, schwatzhafte Person, jemanden, der Neuigkeiten verbreitet; wie Tagblatt, Extrablatt, Weltblatt (s. d.). Vergleich mit einem Presseerzeugnis. *(Jakob 225)*

Zeitungsschapsel *m. (W)* Abfällig für Journalist, Reporter. Vgl. Schapsel (s. d.). *(Teuschl 258)*

Zeitungsschmierer *m.* Bez. und Schpfw. für einen üblen Journalisten. *(Grimm XXXI, 597, Küpper 241)*

Zeitungsschurl *m. (W)* Wie zuvor. Kurzform von Georg. *(Teuschl 258)*

Zeikel *f., n. (St)* Abfällige Bez. für leichtsinniges, liederliches Frauenzimmer. Verkleinerungsform von Zauk (s. d.). *(UK 646, Jontes 178)*

Zeilbesen *m.* Bez. und Schpfw. für Straßenmädchen, herumstreunende Person, auch Klatschbase. Besen (s. d.) als eigenes Schpfw.; Zeil „Gesträuch". *(WBÖ II, 1124)*

Zeiserl *n.* Spottname und Bez. für unansehnlichen, kleingewachsenen, schmächtigen, mageren Menschen, vielfach für Kinder gebraucht. In Wien auch für liederlichen Menschen. Redensart „Er isst wie ein Zeiserl" (d. h. so wenig) aus der Zeit, als der Zeisig als Singvogel noch im Vogelbauer im Hause gehalten wurde. *(Grimm XXXI, 319f., Jakob 225, Teuschl 258, Jontes 178, WStWB 171)*

Zeisig *m.* Bez. für neugierigen, auch frechen Menschen; lockerer Zeisig wie lockerer Vogel als Bez. für einen flatterhaften Menschen. *(Grimm XXXI, 519, Pfeiffer 473)*

Zecke *m., f. („Zeck")* Bez. für lästigen, schmarotzerhaften, auch faulen Menschen; nach den schlechten Eigenschaften der Zecke. Ein Schmarotzer kann feist wie eine Zecke, „zeckfoast", werden. Siehe auch Zeche *m. (Grimm XXXI, 437, Pfeiffer 472f., Aman 146, Teuschl 258, Jungmair 337, UK 645, Jontes 178, Jutz II, 1689)*

Zecker *m.* **Zöger** *m. (St)* Bez. für faulen, lästigen Menschen, der sich von anderen bedienen oder aushalten lässt; übertragen vom Zecker, einer geflochtenen Tragetasche mit Handhaben; erweitert auch zu Zeckerer „Zauderer, Zögerer, Faulpelz". Idiotikon Fohnsdorf, 1813: „Zöcker: ein Handkorb, auch wohl als Schimpfname gewöhnlich." *(Grimm XXXI, 438f., UK 645, Jontes 178, WStWB 168)*

Zemperling *m. (St)* Bez. für zimperliches Kind, auch ungeduldigen Menschen (Mittelstmk.); ma. zempern „voller Ungeduld umhertrippeln". *(Grimm XXXI, 631f., UK 648, Jontes 179)*

Zerreißanderl *m. (O)* Bez. und Rügewort für Kind, das sein Gewand zerrissen hat, ähnlich Reißteufel (s. d.), Anderl Koseform von Andreas. *(WBÖ I, 213, 223)*

Zergdirne *f. (St)* Alte Bez. für fahrende Dirne; ma. zergen „vagabundieren, herumstreichen“ (eigentlich reißen, zerren); vgl. auch Zerghund „herrenloser Hund“. *(Grimm XXXI, 691, UK 648, Jontes 179)*

Zeschge *f. (T)* Verächtliche bauernma. Bez. für Frau in städtischer Kleidung; zur Herkunft vgl. Zasche (s. d.). *(Schatz II, 726)*

Zeugler *m. (W)* Scherzhaft für Schlagzeuger. *(Teuschl 259)*

Zetze *f. („Zetzen“)* Spottbez. für sich zierendes, fades, dabei weinerliches Mädchen; mhd. zecketzen „reizen, foppen, Quälen“. *(Grimm XXXI, 825, Wintersberger 92, Jakob 225, Teuschl 259, Jungmair 339)*

Zipf *f.* Abfällige Bez. und Rügewort für faden, langweiligen Menschen, Spielverderber („fader Zipf“); wie Schwanz, Zagel vom Penis her auf den ganzen Mann übertragen; daraus auch anzipfen „langweilen, sich ärgern“. *(Grimm XXXI, 1544, Pfeiffer 475, Jakob 226, Jungmair 340, Jontes 179, Schatz II, 730)*

Zipfelhuber *m.* Synonym für Pedant; in Art eines Familiennamens gebildet. *(WBÖ II, 799)*

Zitterer *m. (O, T)* Bez. und Rügewort für furchtsamen Menschen, jemanden, der vor Angst zittert. *(Grimm XXXI, 1685f., Schatz II, 732, Jungmair 339)*

Ziefer *n.* Abfällige Bez. für verächtlichen Menschen, liederliches Frauenzimmer, schlimmes Kind, Ungeziefer; von Letzterem abzuleiten. *(Grimm XXXI, 896f., Aman 146, Jakob 226, Schuster 194, Jungmair 340, Lexer, KWB 265, Jutz II, 1707)*

Ziffernhengst *m.* Scherzhaft-spöttische Bez. für Beamte des Rechnungsdienstes. Ähnlich Bürohengst. *(WBÖ I, 199)*

Ziffernspion *m.* Wie oben bzw. für Finanzbeamten, Rechnungsprüfer.

Ziege *f.* Als blöde Ziege hochsprachlich aus Deutschland zugewandert; bodenständig ist Geiß (s. d.) in derselben Bed. *(Pfeiffer 474)*

Ziegel *m. (W, „Ziagel“)* Abwertend für hässliche Frau. Als Hüllwörter vgl. Wienerberger, Ytong (s. d.). *(Teuschl 259)*

Zigeuner *m.* Bez. für unzuverlässigen, unsteten, herumstreunenden Menschen mit verwahrlostem Äußeren, auch Betrüger; mit dem Zeitwort „herumzigeunern“ aus der Zeit der mit Ross und Wagen ziehenden Zigeuner. Die ersten Vertreter dieses aus Indien stammenden Volkes erschienen 1417 in Deutschland und nannten sich angeblich selbst Secaner. Ihnen wurden und werden die verschiedensten Ressentiments entgegengebracht; das Wort ist im Sinne der politischen Korrektheit heute schon fast tabuisiert, die Volksgruppe wird von den Vertretern des neuen Tugendzwanges in Unkenntnis der tatsächlichen Stammesgliederungen stark vereinfachend als Roma und Sinti bezeichnet. In Vorarlberg Spottname für die Bewohner von Lustenau. *(Grimm XXXI, 1257ff., Kluge 884, Pfeiffer 474, Aman 146, Teuschl 261, Jontes 179, WStWB 168, Schatz II, 728, Jutz II, 1717)*

Zigeunerpack *n.* Kollektive Bez. wie Zigeunergesindel. *(Grimm XXXI, 1270, Jutz II, 1717)*

Zigeunerbande *f.* Abfällige Bez. für Gruppe von Zigeunern, deren Sippenverbände mit Verbrecherbanden gleichgesetzt wurden, auch für Menschengruppen allg., die in ungeordneten Verhältnissen leben. *(Grimm XXXI, 1264, WBÖ II, 200)*

Zigeunerbub *m. (N, „-bua")* Auch Schpfw. für herumstreunende, ungezogene Knaben. *(Grimm XXXI, 1265, WBÖ III, 1241)*

Zigeunergesindel *m. („-gsindel")* Wie Zigeunerpack (s. d.). *(Grimm XXXI, 1265, Aman 146)*

Zigúrisitzer *m. (W)* Spött. Bez. für knauserigen Kaffeehausgast, der sich nicht von Dirnen verlocken lässt. Zigúri *m.* „Zichorie, Pflanze, deren geröstete Wurzel als Kaffee-Ersatz diente". *(Schuster 194)*

Zimper *m., f. (St)* Abfällige Bez. für überzartes Wesen, Menschen, der überempfindlich ist; zu zimperlich. *(Grimm XXXI, 1361ff., UK 652, Jontes 179)*

Zimperling *m. (St)* Wie zuvor. *(Grimm XXXI, 1368, Pfeiffer 474, Jontes 179)*

Zimmerknotzer *m. (W)* Bez. und Rügewort für jemanden, der nicht ins Freie gehen will, Stubenhocker; ma. knotzen „herumsitzen, -liegen". *(Grimm XXXI, 1314, Jakob 226)*

Zinsbagage *f. (N, „-bagásch")* Abfällig-gehässige Bez. für Mieter in einem Zinshaus; Zins *m.* „Wohnungsmiete". Siehe auch Bagage. *(WBÖ II, 87f.)*

Zinsgeier *m.* Abfäll. Bez. für den Hausherrn, der vom Wohnungszins der Mieter lebt und sich auf diesen wie ein Geier stürzt. *(Küpper 242, Teuschl 260)*

Ziergans *f. (T)* Bez. und Rügewort für eitles Mädchen. *(Schatz II, 728)*

Ziss *m. (W)* Gaunersprachl., auch schülersprachl. für Polizist; Kurzform davon. *(Jakob 226, Teuschl 260)*

Zibibé *m. (W)* Bez. und Spottwort für Hausfreund, ständigen Begleiter einer Frau; ital. cicisbeo „ds., Galan"; lautl. Nähe zu den lautmalenden Zizibé *m.* „Meise". *(Jakob 227)*

Zitronenschüttler *m. (W)* Scherzhafter ethnischer Spott für Italiener. *(Teuschl 260)*

Zlótzalan, Zlotzer *pl. (K)* Spöttisch für die Klagenfurter; nach dem slowenischen, nichtoffiziellen Namen Celovec für diese Stadt.

Zópak *m.* Abfäll. Bez. für alten, beleibten Mann *(St)*; wohl über alte Handels- und Verkehrswege aus dem ungar. czopákás „speckig", Schuster a. a. O. nennt das Wort für *W* als scherzhafte Bez. der Tschechen „wegen der häufigen Frage copak? was denn?". Auch Zolpak *m. (K)* für rohen, plumpen Menschen scheint hierher zu gehören. Auch auf zig. tschopachani „Hexe" ist zu verweisen (Puchner a. a. O.). *(WBÖ I, 119, Schuster 196, Puchner 227, Jontes 179)*

Zobele *n. (V)* Bez. und Rügewort für mutwilligen, jungen Burschen, wie Früchtchen; nach dem Tier? *(Jutz II, 1729)*

Ziber *m. (T)* Bez. und Rügewort für widerspenstiges Kind; wie das Folgende. *(Schatz II, 732)*

Zoberl *n.* Bez. für leichtfertiges Frauenzimmer, auch Rügewort für jähzornige Kinder. Verkleinerungsform des Tiernamens Zobel, der in der Bed. Pelz für das weibl. Schamhaar in abfälliger Weise auf die ganze Person übertragen wird. *(Grimm XXXII, 12f., UK 653, Jakob 227, Jontes 179)*

Zopf *m. (W)* Bez. und Schpfw. für Reaktionär, Fortschrittsfeind. Im beginnenden 19. Jh. vom Zopf der Männerhaartracht, der als überkommen und altmodisch betrachtet wurde, übertragen; vgl. auch verzopft „altmodisch". *(Jakob 227)*

Zoch *m. (T, V)* Bez. und Schpfw. für groben, rohen Mann, auch eigensinniges Kind; mhd. zoche „Prügel". *(Grimm XXXII, 14, Aman 147, Schatz II, 732, Jutz II, 1729)*

Zocht *m. (T)* Bez. für kleinen, schmächtigen Menschen; eig. Docht im Talglicht, Kartoffelkeim, verkrüppelter Baum; auch Zache *m.*, mhd. zâche „ds.". *(Grimm XXXII, 10, Zache, Schatz II, 716)*

Zocher *m. (O)* Bez. und Rügewort für schwerfälligen Mann; eig. ein Zählwort für Flachsbündel (1 Z. = 18 Paar Bündel; siehe auch Zoch). *(Grimm XXXII, 14, Jungmair 342)*

Zotte *f.* Bez. und Schpfw. für liederliche Frau, vagabundierende Dirne; vgl. Zottel (s. d.). *(Jakob 227, UK 654, Jontes 179, Lexer, KWB 266)*

Zottel *m.* Bez. und Schpfw. für ausschweifenden, unmoralischen, untreuen Mann, früher auch für herumschweifenden Bettler, Landstreicher, die „herumzottelten"; in *V* auch für ebensolche Frauen; Synonyma Zottler, Zottelbock; vom Lumpenwerk („Zotten"), in das sie gekleidet waren, bzw. von ebenfalls so genannten, ungepflegt herabhängenden Haarsträhnen; auch weibl. Form Zotte (s. d.) gebräuchlich; Kollektivbildung Zottelwerk „Lumpenpack, Landstreicherbande"; Zottel auch als Rügewort für unfolgsame Hunde. *(Grimm XXXII, 133, Pfeiffer 476, UK 654, Jontes 179f., WStWB 168, Pohl 152, Schatz II, 733, Jutz II, 1735)*

Zottelbär *m. (W)* Bez. und Rügewort für Menschen mit zerzaustem, wirrem Haar. *(Grimm XXXII, 132, Jakob 227)*

Zottelpinsch *m.* Spöttisch-scherzhafte Bez. für jemanden, der einen dichten Haarwuchs hat; nach der Hunderasse, siehe auch Pinsch. *(Grimm XXXII, 135, WBÖ III, 191)*

Zottelbock *m.* Wie zuvor; mit Hinweis auf Unmoral durch die Verwendung von Bock (s. d.). *(WBÖ III, 522, UK 654, Jakob 227, Jungmair 342, Jontes 180)*

Zottelwerk *n.*, siehe Zottel.

Zottenklauber *m. (K)* Scherzhaft für Lumpen-, Altkleidersammler. *(Pohl 153)*

Zottenklescher *m. (St)* Schpfw. für ungepflegte Personen. Ursprünglich Synonym für Lumpensammler, -händler, der an der untersten sozialen Stufe gerade noch über dem Bettler stand; vgl. auch Fetzenbeiner (s. d.); ma. kleschen „durch einen Schlag einen Schall erzeugen", hinkleschen „hinwerfen, hinschlagen", übertragen davon verkleschen „verkaufen"; auch Zottenkrämer. *(UK 654, Jontes 180)*

Zottenkrämer *m.*, siehe Zottenklescher. *(Jontes 180, WStWB 168)*

Zottenschüppel *m. (St)* Verwahrloster Mensch; vgl. Schüppel (s. d.). *(WStWB 168)*

Zottler *m.*, siehe Zottel.

Zoderwaschel *m.*, **-wascherl** *n. (St)* Älteres Schpfw. in der Bed. Lump im Gösser Gerichtsprot. 1783; in der Bed. „einer, der zoderte (zottige, von Haaren umstandene, vielleicht auch durch Raufverletzungen verstümmelte) Ohrmuscheln, ‚Wascheln' hat". Als mitleidig-kosendes „Zoderwascherl" *n.* kommt die Bez. in verschiedenen steirischen Perchtensagen vor, wo die unwillkürliche Benennung einer von der Percht mitgeführten Gestalt eines ungetauft verstorbenen Kindes durch einen Zeugen der nächtlichen Geisterwanderung mit diesem Namen zur Erlösung führt, da sie eine Quasi-Taufe vorstellt; in der Weststeiermark auch für Kind mit ungekämmtem Haar; dazu auch Tschodernigel (s. d.). *(UK 654, Jontes 180, WStWB 158, 169)*

Zotfachse *f. (St)* Älteres Schpfw. für Frauenspersonen (Gerichtsprot. Neumarkt, 1616ff.); mit Zottel verbundenes Fachs (s. d.). *(UK 654, Jontes 180)*

Zottle *m., f. (V)* Bez. und Schpfw. für faulen, schlampigen Menschen; ma. zotteln „schlendern". *(Jutz II, 1735)*

Zotwolf *m. (T)* Bez. und Rügewort für ungekämmten Menschen. *(Schatz II, 733)*

Zofe *f. (T)* Bez. und Schpfw. für schlampige Frauensperson; ma. zofen „geifern, sich beschmutzen". *(Schatz II, 716)*

Zögerlscheißer *m. (W)* Bez. und Schpfw. für zögernd-unentschlossenen, langsamen Menschen; siehe auch Zecker. *(Jakob 227, Teuschl 261)*

Zockel *m. (St)* Bez. für einen unverlässlichen, nicht vertrauenswürdigen Menschen; vielleicht übertragen von der Bez. für Holzschuh (aus ital. zoccolo) als etwas Derbes oder zu ma. zockeln „unruhig ziehen, zerren, hinterherzotteln". *(Grimm XXXII, 15ff., UK 653, Jontes 180)*

Zoll *n. (St, T)* Bez. für Mädchen, das gerne außer Haus herumstreicht; dunkler Herkunft; vgl. auch Zoller. *(UK 654, Jontes 180, Schatz II, 733)*

Zolpak *m. (K)*, siehe Zopak. *(WBÖ I, 119)*

Zolpel *m. (W, T)* Bez. und Schpfw. für derbe, plumpe Frau, auch sittenlose Person *(W)*, ebenso rügend für Frauenzimmer mit ungepflegtem Haar *(T)*; zu Zaupe *f.* „Hündin"? *(Aman 147, Jakob 227, Schuster 196, Schatz II, 733)*

Zolper *f. (St)* Bez. für ein sich kindisch aufführendes, halbwüchsiges Mädchen, übertragen von Zolp, Zulp, Zolper „Kindersauger" (von zullen „säugen"). *(Grimm, XXXII, 71f, UK 654, Jontes 180)*

Zoller *m. (St)* Abfällig für Herumtreiber, Streuner; vgl. Zoll (s. d.).

Zolgge *m. (T)* Bez. und Schpfw. für üblen Menschen, Person mit minderwertigem Charakter; Herkunft dunkel. *(Schatz II, 733)*

Zornbeutel *m.* Für jähzornigen Menschen wie das Folgende. *(Grimm XXXII, 107, WBÖ II, 720f.)*

Zornbinkel *m.* Bez. und Rügewort für leicht aufbrausenden, jähzornigen, hitzköpfigen Menschen; vgl. Binkel und Zornbeutel (s. d.). *(Pfeiffer 476, Aman 147, Kapeller 180, Jakob 231, Teuschl 261, UK 654, Jontes 180f., WStWB 171)*

Zornbock *m. (St, B)* Wie zuvor unter Miteinbeziehung der dem Bock eigenen Starrsinnigkeit. *(WBÖ III, 522)*

Zornbündel *m. (V)* Bez. und Rügewort für jähzorniges Kind. *(Jutz II, 1734)*

Zorntrudel *f. (St)* Bez. und Rügewort für leicht in Zorn geratendes Mädchen; wie in Zornbinkel, Zornhansel (s. d.); Trudel Koseform von Gertrud, Ehrentrud. *(UK 654, Jontes 181)*

Zornhapperl *n. (St)* Bez. für zorniges und eigensinniges Kind; Happerl Verkleinerungsform von ma. Haupt, Kopf. *(UK 654, Jontes 181)*

Zornhansel *m. (St)* Bez. für heißblütigen, zum Zorne geneigten, schnell erzürnten und leicht aufbrausenden Mann. *(UK 654, Jontes 181)*

Zornnigel *m. (T, V)* Wie zuvor, besonders auch für Kind. Siehe auch Nigel. *(Grimm XXXII, 119, Jutz II, 1734, Schatz II, 733)*

Zornschüppel *m. (St)* Wie zuvor; Schüppel „Haarschopf". *(Jontes 181)*

Zuchtel, **Züchtel** *f. (W)* Schpfw. und Bez. für liederliches Frauenzimmer, Dirne; übertragen von dem ma. Namen für Hündin, Zuchtsau; vgl. auch Zeichtel (s. d.). *(Jakob 230, Pfeiffer 477, Teuschl 263, UK 655, Jontes 181, Aman 148)*

Zuchthauspflanze *f.* Scherzhaft für Häftling, Strafgefangenen, auch Kriminellen allg. *(WBÖ III, 67)*

Zuder *f. (T)* Bez. und Rügewort für nachlässigen, schlampigen Menschen, ma. zudern „schlurfend gehen". *(Schatz II, 734)*

Zutreiber *m. (W, „Zua-")* Zuhälter. *(Teuschl 263)*

Zutsche *f. (St) („Zutschen")* Älteres Schpfw. unbest. Bed. für Frauenspersonen; viell. übertragen von der Bez. für Nadelbaumzapfen bzw. zutschen „säugen". Idiotikon Fohnsdorf, 1813: „Zutschen: ein weiblicher Schimpfname." *(UK 655, Jontes 181)*

Zutüttler *m. (St)* Bez. für Schmeichler, Ohrenbläser, Angeber, Zuträger; mhd. tütelaere „Schmeichler". *(Grimm XXXII, 876f., UK 655, Jontes 181)*

Zufahrer *f. (St)* Scherzhaft-spöttische Bez. für Hausfreund, Geliebter einer verheirateten Frau; ursprünglich Bez. für Bergwerksbesitzer, der seine Erze in fremden Schmelzhütten verarbeiten ließ. *(Grimm XXXII, 341, UK 655, Jontes 181)*

Zugereister *m. („Zuagroaster")* Spöttisch bis abfällig für nicht Bodenständigen, jemanden, der sich als frisch Zugezogener erst in die neue Umgebung eingliedern muss. *(Pfeiffer 477, Aman 148, Pohl 153)*

Zuckerbäcker *m. („-bacher")* Bez. und Rügewort für empfindlichen Menschen; nach der subtilen Arbeit des Konditors. *(WBÖ II, 41)*

Zuckerpatzer *m. (N)* Scherzhaftes Synonym für Zuckerbäcker; ma. patzen, herumpatzen „mit einer halbflüssigen Masse, mit Teig arbeiten". *(WBÖ II, 526)*

Zuckerbreze *f. (W. „-brezen")* Spöttisch für Luxusgeschöpf. *(Teuschl 264)*

Zuckergoscherl *n. (W)* Spöttisch-scherzhaft für Schleckermäulchen. *(Teuschl 264)*

Zulukaffer *m.* Scherzhafte Bez. für jemanden, den die Sonne sehr stark gebräunt hat; wie Afrikaner, Neger (s. d.); nach der südafrikanischen Stammesgruppe der Zulu (Xhosa). *(WBÖ I, 104, Pfeiffer 477)*

Zumpel *m.* Bez. und Schpfw. für unschöne, ungeschlachte, uncharmante, jüngere weibliche Person; zu Zumper „Stumpf"; verwandte Formen anderer dt. Mundarten verweisen auf die Bed. „Vulva"; dazu auch ma. zumpeln „nachlässig gehen". *(Grimm XXXII, 541, Pfeiffer 477, Jontes 181)*

Zumpeler *m. (V)* Bez. für im Wachstum zurückgebliebenen Knaben; mhd. zumpe, zumpf „Penis". *(Jutz II, 1755)*

Zumperer, Zumperling *m. (St)* Bez. für ungeduldig drängenden Menschen. *(UK 656, Jontes 181)*

Zumpf *m. (T)* Schpfw. für Mann im allg., wie Schwanz, Zagel (s. d.); mhd. zumpe, zumpf „Penis". *(Schatz II, 736)*

Zumpfel *f. (St)* Verächtliche Bez. für Frauenzimmer; wie Zumpel (s. d.). *(Grimm XXXII, 541f., UK 656, Jontes 181)*

Zündhölzelgestell *n. (St, „-gstell")* Scherzhaft für hageren Menschen. *(WStWB 168)*

Zündler *m. (St)* Bez. und Rügewort für jemanden, der gerne mit Feuer spielt, besonders für Kinder gebraucht; auch für Hetzer, Aufwiegler. *(Pfeiffer 477)*

Zunichtel *n. („Zniachtl")* Abfällige Bez. und Schpfw. für schmächtigen, bedeutungslosen Menschen, der nichtig, zunichte ist. *(Jakob 227, Teuschl 260, Hager 62, Jontes 181, Pohl 152, Jungmair 341)*

Zurfer *m. (T)* Bez. und Rügewort für schlampig, zerlumpt gekleideten Menschen; Herkunft unklar. *(Schatz II, 737)*

Zurückschieber *m. (W, „Zruckschiaber")* Bez. und Rügewort für schüchternen, verlegenen Menschen, Traumichnicht; viell. Vergleich mit einem Zugtier, das nicht anzieht, sondern nach hinten entweichen will. *(Petrikovits 95)*

Zusammscherberl *n. (St)* Scherzhaft für das letzte Kind einer Ehe, eines, das gerade noch aus Resten zusammengescharrt wurde.

Zuspeisgefraßt *n. (W, „-gfraßt")* Bez. und Schpfw. für Gesindel, Pack; siehe Gefraßt; Zuspeis *f.* „Beilage zum Braten". *(Wehle 97)*

Zuspel *f. (St)* Älteres Schpfw. unbest. Bed. für Frauen; dunkler Herkunft. *(UK 657, Jontes 181)*

Zusche, Zuschel *f. (W, St, O)* Bez. für liederliches Weib, Dirne, auch Homosexueller, ebenso dumme, grobe, lästige Frau; zur Nebenform zuscheln von zischeln, zuraunen.

(Grimm XXXII, 790, Aman 148, Teuschl 264, UK 657, Jontes 181f., Jungmair 346)

Zuschge *f. (T)* Bez. und Rügewort für fahrlässiges, unbekümmertes Mädchen; wie zuvor. *(Schatz II, 738)*

Zussel *f. (T)* Bez. und Schpfw. für schlampiges, auch aufgedonnertes Frauenzimmer, flatterhaftes Mädchen; ma. zusseln „zausen“. *(Pfeiffer 478, Wintersberger 93, Schatz II, 737)*

Zusel *f. (K)* Bez. und Schpfw. für liederliches Weib; eig. Rindervulva. *(Grimm XXXII, 823, Pfeiffer 478, Lexer, KWB 267)*

Zusserer *m. (O)* Bez. und Rügewort für Schmeichler, auch knauserigen, geizigen Menschen, ebenso als Spottname für die Bewohner des Alpenvorlandes; zu ma. zusseln „zausen“?

Zuwider- siehe Zwider-.

Zuwisteiger *m. (N)* Rügend für einen, der sich den Leuten stets in lästiger Weise nähert, besonders auch für zudringliche Männer. *(Hager 62)*

Zuwiwachser *m. (W)* Zudringlicher Mensch, ma. zuwiwachsen „sich jemandem in bedrohlicher Weise nähern“. *(Teuschl 264)*

Zuzel *f. (T)* Bez. und Rügewort für schlampige, nachlässige Frau; wie Zussel (s. d.). *(Schatz II, 732)*

Zwack *m. (T)* Scherzhaft-derbe Bez. für kleines Kind; zu zwicken. *(Schmeller II, 1171, Schatz II, 738)*

Zwang *m. (T)* Bez. und Rügewort für plumpen Menschen. *(Schatz II, 738)*

Zwangler *m. (W)* Bez. und Schpfw. für Hysteriker, Neurotiker, jemanden, der unter Zwangsvorstellungen leidet. *(Wehle 90)*

Zwatzel *m.* Bez. für einen kleinen und dicken Menschen; zu oberdt. ma. zwatzeln „sich ungeschickt wie ein Kind bewegen“. *(Grimm XXXII, 954f., Wintersberger 93, UK 657, Jakob 232, Jontes 182)*

Zwetschke *f. (St, „Zwetschken“)* Spöttisch für eher kleinen Menschen. Vgl. auch Zwetschkerl (s. d.). *(Pfeiffer 479)*

Zwetschkenkrampus *m.* Abfällige Bez. für dürren, hässlichen, skurrilen Mann; nach dem aus Dörrpflaumen zusammengesetzten Krampus des Nikolaustages; vgl. Krampus (s. d.). *(Jakob 232, Teuschl 265, Jungmair 349, Jontes 182)*

Zwetschkenröster *m.* Scherzhaft-rügende Anrede „Mein lieber Freund und Zwetschkenröster“.

Zwetschkerl *n. (St)* Spöttisch für eher kleines Mädchen. Vgl. Zwetschke (s. d.).

Zweifelscheißer *m.* Abwertende Bez. für Zauderer oder unschlüssigen und ängstlichen Menschen, jemand, der von Zweifeln geplagt ist. *(Jakob 232, Teuschl 265, UK 659, Jontes 182, Jutz II, 1778)*

Zweischneidiger *m. (St, „-schneidener“)* Falscher und hinterlistiger Mensch. *(WStWB 168)*

Zweck *m. (St)* Spottname für Schuster nach dem breitköpfigen und kurzen Schuhnagel. *(UK 658, Jontes 182)*

Zweckerl *n. (O)* Bez. und Spottname für kleines Kind, Tier; Verkleinerung des Vorigen. *(Jungmair 347)*

Zwerg *m.* Auch abfällig-spöttisch für kleingewachsenen Menschen, wie hochsprachl. *(Grimm XXXII, 1095ff., Pfeiffer 479, Jutz II, 1781)*

Zwergel *m., n.* Wie zuvor. *(Jakob 232, Aman 148, Schatz II, 740 und allg.)*

Zwergrattler *m.* Scherzhaft-spöttisch für sehr kleinen Menschen; nach der winzigkleinen Hunderasse.

Zwespel *m. (K)* Schpfw. für einfältigen jungen Burschen. Herkunft dunkel. *(Pohl 154)*

Zwidarm *m.* Bez. für sauertöpfischen, „zwidaren" Menschen, wie Zwiderwurze (s. d.), auch Missgeburt; volksetymologische Entstellung von mhd. zwitarn „Zwitter, Bastard" in Anlehnung am Darm. *(Grimm XXXII, 1141f., UK 659, Jakob 232, Jontes 182)*

Zwiderbitzel *m. (St)* Bez. für übelgelaunten Menschen wie zuvor; wie die folgenden Zusammensetzungen mit zwider „zuwider, übellaunig"; vgl. auch Bitzel (s. d.). *(UK 660, Jontes 182)*

Zwiderbock *m. (O)* Bez. und Rügewort für mürrischen, unfreundlichen Menschen. *(WBÖ III, 522)*

Zwidertegel *m. (St)* Wie zuvor; vgl. auch Tegel (s. d.). *(UK 660, Jontes 182)*

Zwiderer *m. (W)* Wie zuvor. *(Jakob 232)*

Zwiderling *m.* Wie zuvor; Idiotikon Rottenmann, 1818: „Du Zwiderling: wenn man unangenehm ist." *(UK 660, Jungmair 348, Jontes 182, Schatz II, 740)*

Zwidernigel *m. (St)* Wie zuvor; vgl. Nigel (s. d.). *(WStWB 171)*

Zwidernuss *f. (W)* Wie zuvor. *(Jakob 232)*

Zwiderwurze *f., („-wurzen")* Wie zuvor; Wurze (s. d.) zu einem Wort verbunden, das wie ein dem Gebiete der Volksmedizin entstammendes Naturprodukt klingt. *(Pfeiffer 479, Kapeller 181, Wintersberger 93, Jakob 232, Teuschl 265, UK 660, Jontes 182, WStWB 168, Pohl 154, Jungmair 348)*

Zwitschkerl *n. (St)* Spöttisch für kleines, aber herziges Mädchen; vielleicht im Zusammenhang mit Zwetschke (s. d.). *(WStWB 171)*

Zwiefelkrowót *m.* Synonym für Kroate; vgl. Krowót (s. d.); nach den Nahrungsgewohnheiten der einstigen kroatischen Wanderhändler und heutigen Gastarbeiter, in denen die Zwiebel eine große Rolle spielt. *(Jontes 182)*

Zwickel *m. (W)* Bez. für komischen Kauz („gaudiger Z."), starken Mann, auch eine Nestroy'sche Possenfigur; zu zwicken. *(Jakob 232, Teuschl 265)*

Zwilling *m. (W)* Bez. und Rügewort für ungeschickten Menschen; vgl. die Redensart „so dumm, ungeschickt usw. kann einer allein gar nicht sein". *(Jakob 233, Teuschl 266)*

Zwinz *m. (W)* Spöttische Bez. für ständig blinzelnden, auch augenkranken Menschen; ma. zwinzen „blinzeln". *(Jakob 233)*

Zwirnblader *m.* Scherzhaft-spöttisch für zaundürren, sehr mageren Menschen, vgl. Blader (s. d.). Der Witz ergibt sich aus der Gegensätzlichkeit der Begriffe ähnlich wie bei der

„schweinernen Auszehrung“, die eine sehr beleibte Person kennzeichnet. *(Wintersberger 93)*

Zwirnbock *n. (W)* Spottname für Schneider; Vergleich mit dem Geißbock als Bestandteil des Schneiderspottes. *(Grimm XXXII, 1309, WBÖ III, 522)*

Zwirnspinner *m. (St)* Bez. für unangenehmen Pedanten; vgl. auch Spinner (s. d.); dazu ma. zwirnen „jemanden ärgern, durch Pedanterie in Ärger versetzen“, als Wort alter Handwerkersprache der Weber und Posamentierer. *(Grimm XXXII, 1320, UK 661, Jontes 182)*

Zwirnscháni *m. (W)* Spottname für Schneiderlehrling; siehe Zwirnbock; Schani „Johann“ über frz. Jean. *(Jakob 233)*

Zwirnscheißer *m. (W)* Bez. und Rügewort für Umstandskrämer, jemanden, der kein Zeitgefühl hat, zu allem viel Zeit braucht. *(Wintersberger 93, Jakob 233, Teuschl 266)*

Zwois *m. (O)* Bez. und Rügewort für schwerfälligen Menschen; Herkunft unklar. *(Jungmair 349)*

Zwutschkerl *n.* Abfällig für kleines Ding, Kind, Mädchen. *(Wintersberger 93, Teuschl 266, Pohl 154)*

Zwuck, Zwuckerl *n. (W, O)* Spöttische Bez. für Knirps, kleines Geschöpf; zu abzwicken „abschneiden“. *(Grimm XXXII, 1449, Jakob 233, Teuschl 266, Jungmair 349)*

Zwusche *f. (W, „Zwuschen“)* Bez. und Schpfw. für liederliche Weibsperson; zu Zusche (s. d.)?

Quellen und Literatur

Aman
Reinhold AMAN: Bayrisch-österreichisches Schimpfwörterbuch. München 1979, 2. Aufl. (Goldmann-Taschenbuch 26.523).

Bornemann
Ernest BORNEMANN: Sex im Volksmund. Der obszöne Wortschatz der Deutschen. Band 1: Wörterbuch von A–Z. Reinbek b. Hamburg 1974 (rororo-Sachbuch 6852).

Grimm
Jacob und Wilhelm GRIMM: Deutsches Wörterbuch. Nachdruck der Erstausgabe 1854–1971. München 1984 (dtv. 5945), 33 Bände.

Hager
Gerhard HAGER: Wie die Oidn gredt haum. Mundartausdrücke aus dem mittleren Pielachtal. Eine kleine Sammlung von Mundartausdrücken und deren Erklärung. Hofstette, Grünau 1992.

Hornung
Maria HORNUNG: Wörterbuch der Wiener Mundart, Wien 1998

Idiotikon Admonttal
Versuch eines obersteyermärkischen Idiotikons, vorzüglich mit Rücksichtnehmung auf den Sprachgebrauch im Admontthale um 1812. Stmk. Landesarchiv, Handschriftenreihe, Hs. 972.

Idiotikon Eisenerz
N. AMBROSI: Entwurf eines obersteyermärkischen Idiotikons mit Rücksichtnehmung auf den Sprachgebrauch im Bezirke Eisenärzt. 1812. Stmk. Landesarchiv, Handschriftenreihe, Hs. 967.

Idiotikon Fohnsdorf
Joh. N. Felix KNAFFL: Die Mundart des obersteyerischen Landmannes im cammeralischen Bezirke Fohnsdorf. Ein kleiner Beytrag zur Volkskunde und zur Statistik der oberen Steyermark, 1813. Stmk. Landesarchiv, Handschriftenreihe, Hs. 940.

Idiotikon Gallenstein
Versuch eines obersteyermärkischen Idiotikons vorzüglich mit Rücksichtnehmung auf den Sprachgebrauch im Bez. Gallenstein. Um 1812. Stmk. Landesarchiv, Handschriftenreihe, Hs. 973.

Idiotikon Göß
N. BECK: Idioticon der ... Wörter auch eigener Ausdrücke im Bezirke der k. k. Staatsherrschaft Göss. 1811. Stmk. Landesarchiv, Handschriftenreihe, Hs. 968.

Idiotikon Hieflau
Idioticon über die in dem Werbbezirke Hieflau ... üblichen Wörter. Um 1812.

Stmk. Landesarchiv, Handschriftenreihe, Hs. 968.

Idiotikon Leoben
Idiotikon als Anhang V von „Fragentwürfe an sämtliche steyermarkische Werbbezirke zum Behufe einer physikalischen Statistik dieses Landes, beantwortet von Philipp Edlen von VISSA und SABASSI, Bürgermeistern des regulirten Magistrates der k. k. Stadt Leoben. 1812. Handschrift am Museum der Stadt Leoben.

Idiotikon Rottenmann
N. BECK: Bruchstücke zu einem Idiotikon der ... Wörter auch eigener Ausdrücke ... in dem Bezirke Rottenmann. 1818. Stmk. Landesarchiv, Handschriftenreihe, Hs. 969.

Jakob
Julius JAKOB: Wörterbuch des Wiener Dialektes mit einer kurzgefaßten Grammatik. Wien – Leipzig 1929. (Reprint Die bibliophilen Taschenbücher 156, Dortmund 1980).

Jontes
Günther JONTES: Steirisches Schimpfwörterlexikon. Schimpf und Spott in Vergangenheit und Gegenwart. Fohnsdorf 1986.

Jontes, Österr.
Günther JONTES: Das große österreichische Schimpfwörterbuch. Fohnsdorf 1987

Jungmair
Otto JUNGMAIR: Wörterbuch zur oberösterreichischen Volksmundart. Für die Drucklegung bearbeitet von Albrecht ETZ. Lind 1983, 3. Aufl. (33. Band des Sammelwerkes „Aus dá Hoamat“).

Jutz
Leo JUTZ: Vorarlbergisches Wörterbuch mit Einschluß des Fürstentums Liechtenstein. 2 Bände. Wien 1960, 1965.

Kapeller
Ludwig KAPELLER: Schimpflexikon von Armleuchter bis Zimtziege. Mit einem juristischen Ratgeber für allzu eilfertige Benützer. München 1968 (Heyne-Taschenbuch 104.)

Kluge
Friedrich KLUGE: Etymologisches Wörterbuch der deutschen Sprache. Berlin 1967, 20. Aufl.

Küpper
Heinz KÜPPER: Wörterbuch der deutschen Umgangssprache. Band IV: Berufsschelten und Verwandtes. Hamburg 1966.

Landmann
Salcia LANDMANN: Jiddisch. Abenteuer einer Sprache. München 1964 (dtv-Taschenbuch 252).

Lexer, KWB
Matthias LEXER: Kärntisches Wörterbuch. Leipzig 1862.

Lexer, Mhd.
Matthias LEXER: Mittelhochdeutsches Taschenwörterbuch (mit Nachtrag). Stuttgart 1965, 31. Aufl.

Lötzsch
Ronald LÖTZSCH: Jiddisches Wörterbuch. Leipzig 1990.

Petrikovits
Albert PETRIKOVITS: Die Wiener Gauner-, Zuhälter- und Dirnensprache, Herausgegeben und mit einem Nachwort versehen von Inge STRASSER. Wien, Köln, Graz 1986.

Pfeiffer
Herbert PFEIFFER: Das große Schimpfwörterbuch. Über 10.000 Schimpf-, Spott- und Neckwörter zur Bezeichnung von Personen. Frankfurt a. M. 1997, 2. Aufl.

Pohl
Heinz-Dieter POHL: Kärntnerisch von A–Z. Ein kleines Wörterbuch. Klagenfurt 1994.

Puchner
Günter PUCHNER: Kundenschall. Das Gekasper der Kirschenpflücker im Winter. Übersetzungen ins Rotwelsch. München 1976. (dtv-Taschenbuch 1192.)

Renner
Fritz und Margareta RENNER: Das niederösterreichische Mundartlexikon. Highuacht und aufgschriebm. Eine umfangreiche Sammlung verkehrssprachlicher und alter bäuerlicher Begriffe. Staasdorf 2009

Schatz
Josef SCHATZ: Wörterbuch der Tiroler Mundarten. Für den Druck vorbereitet von Karl FINSTERWALDER. 2 Bände. Innsbruck 1955, 1956 (Schlern-Schriften 119/120).

Schmeller
Johann Andreas SCHMELLER: Bayerisches Wörterbuch. Sonderausgabe der von Karl FROMMANN bearb. 2. Ausgabe. München 1872–1877 (Reprint München 1985).

Schuster
Mauriz SCHUSTER: Alt-Wienerisch. Ein Wörterbuch veraltender und veralteter Wiener Ausdrücke und Redensarten. Wien 1985, 2. Aufl.

Sonntag
J. v. SONNTAG: Die Steiermarker. Naturgetreu geschildert. 1845. Stmk. Landesarchiv, Handschriftenreihe, Hs 12.

Teuschl
Wolfgang TEUSCHL: Wiener Dialektlexikon. Purkersdorf/Wien 1990.

UK
Theodor UNGER – Ferdinand KHULL: Steirischer Wortschatz als Ergänzung zu Schmellers Bayerischem Wörterbuch. Graz 1903.

WBÖ
Wörterbuch der bairischen Mundarten in Österreich. Begründet von Viktor DOLLMAYR und Eberhard KRANZMAYER. Wien 1963ff. (Berücksichtigt die Lieferungen bis No. 24, Wien 1985).

Wehle
Peter WEHLE: Die Wiener Gaunersprache. Eine stark aufgelockerte Dissertation. Wien – München 1977.

Wintersberger
Astrid WINTERSBERGER – H. C. ARTMANN: Österreichisch-Deutsches Wörterbuch. Salzburg, Wien 1995.

WStWB
Walter KAINZ, Eduard WALCHER, Claus Jürgen HUTTERER (Hrsg.): Weststeirisches Wörterbuch. Grammatik und Wortschatz nach Sachgruppen. Wien, Köln, Graz 1987 (Schriften zur deutschen Sprache in Österreich 13/14.).

Wudi
Johann WUDI: Judenburger Dialekt um 1800. In: Berichte des Museumsvereines Judenburg 8 (1975), S. 20–23.

Ziller
Leopold ZILLER: Was nicht im Duden steht. Ein Salzburger Mundart-Wörterbuch. Salzburg 1979. (Mitt. d. Ges. f. Salzburger Landeskunde, 7. Ergänzungsband).

Ziller, Schelmen
Leopold ZILLER: Von Schelmen und Schergen. Alte strafbare Schelten aus salzburgischen Gerichtsakten. In: Mitt. d. Ges. für Salzburger Landeskunde 112/113 (1972/73), S. 377–384.